Klaus Kamps

Politisches Kommunikationsmanagement

Klaus Kamps

Politisches Kommunikations-management

Grundlagen und Professionalisierung
moderner Politikvermittlung

VS VERLAG FÜR SOZIALWISSENSCHAFTEN

Bibliografische Information Der Deutschen Nationalbibliothek
Die Deutsche Nationalbibliothek verzeichnet diese Publikation in der
Deutschen Nationalbibliografie; detaillierte bibliografische Daten sind im Internet über
<http://dnb.d-nb.de> abrufbar.

1. Auflage März 2007

Alle Rechte vorbehalten
© VS Verlag für Sozialwissenschaften | GWV Fachverlage GmbH, Wiesbaden 2007

Lektorat: Barbara Emig-Roller

Der VS Verlag für Sozialwissenschaften ist ein Unternehmen von Springer Science+Business Media.
www.vs-verlag.de

Umschlaggestaltung: KünkelLopka Medienentwicklung, Heidelberg
Druck und buchbinderische Verarbeitung: Krips b.v., Meppel
Gedruckt auf säurefreiem und chlorfrei gebleichtem Papier
Printed in the Netherlands

ISBN 978-3-531-13280-8

für Nikolas *und* David
für Tanja

Inhalt

1   Einleitung 11

2   Das Umfeld: Politik und Medien 33

2.1   Politik, Medien, Demokratie 33
2.2   Medien und Politik: Modelle zur Einführung 39
2.3   Medien als Akteure des intermediären Systems 44
2.4   Öffentlichkeitswandel – Demokratiewandel? 51
2.5   Trans-Atlantik: Die Amerikanisierungsthese 60
2.6   Professionalisierung: Grundannahmen 70
2.7   Zwischenfazit 78

3   Das Skript: Öffentlichkeitsarbeit, Marketing 83

3.1   Einleitende Anmerkungen 83
3.2   Kurze Geschichte der Meinungspflege und PR 85
3.3   Public Relations, Marketing: Begriffe, Modelle 92
    3.3.1   Public Relations 92
    3.3.2   Politische Öffentlichkeitsarbeit 98
    3.3.3   Politisches Marketing 101
3.4   Strategien und Instrumente politischer PR 104
3.5   Journalismus und politische Öffentlichkeitsarbeit 108
3.6   Professionalisierung politischer Öffentlichkeitsarbeit 117
3.7   Zwischenfazit 123

4   Der Normalfall: Inszenierungsalltag Politik 129

4.1   Einleitende Anmerkungen 129
4.2   Zufall und Notwendigkeit politischer Inszenierung 133
4.3   Politik als Theater – Talkshowisierung 140
4.4   Prime-Time-Politics: Newsmanagement 143
4.5   Entertainisierung und Privatisierung 148
4.6   Zwischenfazit 155

5   Der Ernstfall: Wahlkampf 159

5.1   Einleitende Anmerkungen 159
5.2   Funktionen und Kontext von Wahlkämpfen 160
5.3   Grundlagen der Wahlkampfkommunikation 164
    5.3.1   Wissensmanagement 167
    5.3.2   Botschaftsmanagement 170
    5.3.3   Zeit- und Eventmanagement 173
    5.3.4   Medienmanagement 175
    5.3.5   Zielgruppenmanagement 177
    5.3.6   Partei- und Kandidatenmanagement 180
5.4   Professionalisierung der Wahlkämpfe: Die Hexenmeister 183
5.5   Wahlkampf mit den Medien 190
5.6   Exkurs: Medienwirkungsforschung – Medienwirkungen 197
    5.6.1   Die Frühphase relativ starker Medienwirkungsvermutungen 199
    5.6.2   Minimale Medienwirkungsvermutungen 202
    5.6.3   Komplexe und transaktionale Medienwirkungsvermutungen 205
    5.6.4   Politische Medienwirkungsvermutungen 210
5.7   Wahlkampf und Wählen 214
5.8   Modernisierung? Die Wahlkampagnen 1998 und 2002 225
5.9   Zwischenfazit 233

6   Der Einzelfall: Kampagnenkommunikation 237

6.1   Einleitende Anmerkungen 237
6.2   Mobilisierung von Solidarität 239
6.3   Kampagnenpolitik und Publizitätskompetenz 245
6.4   Kampagnenmanagement 251
6.5   Zwischenfazit 255

7   Der Sündenfall: Skandalkommunikation 257

7.1   Einleitende Anmerkungen 257
7.2   Grundzüge und Funktionen des politischen Skandals 260
7.3   Skandalisierung durch Medien? 266
    7.3.1   Exkurs aus ewigem Anlass: Die CDU-Spendenaffäre 271
    7.3.2   Exkurs aus vergangenem Anlass: Die Lewinsky-Affäre 277
7.4   Skandalkommunikation als Krisenkommunikation 283
7.5   Zwischenfazit 289

8 Das Potenzial? Internet und Politik 293

8.1 Einleitende Anmerkungen 293
8.2 Kommunikationsraum Cyberspace, Öffentlichkeit 300
8.3 Online-Partizipation 310
8.4 Wahlkampf mit dem Netz 320
8.5 Informationslotsen, Informationsplattformen im Internet 329
8.6 Optionen jenseits des Wahlkampfs 333
8.7 Optionen für nicht-etablierte Akteure 339
8.8 Zwischenfazit 344

9 Kommunikation und politische Strategie 349

9.1 Politiksteuerung, Organisation, Kommunikation 349
9.2 Strategie und Steuerung 353
9.3 Regierung, Mitregenten, Öffentlichkeit 359
9.4 Regierungskommunikation und politisches Marketing 366
9.5 Zwischenfazit 371

10 Resümee 375

Epilog : Die Politik und ihren Bedingungen am 11. März 1999, am 14. Dezember 2003, am 8. August 2004 und am 22. Mai 2005 393

Literatur 405

Verzeichnis der Abbildungen:

Abb. 1: Typen politischer Kommunikation 25
Abb. 2: Modellannahmen zur Trias politischer Kommunikation 40
Abb. 3: Thematisierungsprozesse in der klassischen Medienlandschaft 43
Abb. 4: Massenmedien im politischen Vermittlungsprozess 48
Abb. 5: Öffentlichkeit als intermediäres Beobachtungssystem der
        Gesellschaft 55
Abb. 6: Ebenen der Öffentlichkeit nach Neidhardt 56
Abb. 7: Veränderung der Politikvermittlung im Wahlkampf 68
Abb. 8: Wahlkampagnen im Grundriss 163
Abb. 9: Politikvermittlung im Wahlkampf 166
Abb. 10: CDU-Generalsekretär Hintze präsentiert ein Anti-SPD-Plakat 195
Abb. 11: SPD-Bundesgeschäftsführer Müntefering präsentiert ein Anti-
         CDU-Plakat 196
Abb. 12: Grundmuster des Stimulus-Response-Modells 201
Abb. 13: Erweiterung des Stimulus-Response-Modells 203
Abb. 14: Grundmuster des dynamisch-transaktionalen Ansatzes 207
Abb. 15: SPD-Kampagnenzentrale 1998 229
Abb. 16: Thematisierungsprozesse einschließlich Online-Kommunikation . 304

Verzeichnis der Tabellen:

Tab. 1: Wahlkampfformen und Modernisierungsetappen 236
Tab. 2: Handlungsoptionen von Skandalierern und Skandalierten 285
Tab. 3: Anwendungsgebiete des Internet im demokratischen Prozess 311
Tab. 4: Argumente pro/contra einer „elektronischen Demokratie" 314
Tab. 5: Interaktive Elemente im US-Online-Wahlkampf (Auswahl) 323

1 Einleitung

Das Ende näherte sich im Stil der *Gerd-Show*: „Glückshormone – oder doch Kalkül?", fragte die *Süddeutsche Zeitung* am Tag nach der Bundestagswahl 2005 angesichts einer Elefantenrunde – „interessanter als Sabine Christiansens Streichelzoo"[1] –, nach der selbst des Kanzlers Gattin des Gatten Auftritt „krawallig" fand; Gerhard Schröders Benehmen in der *Berliner Runde* des Wahlabends verwirrte bis amüsierte nicht nur die anwesenden politischen Freunde oder Kontrahenten[2]: ein „Medienkanzler a. D."[3] polterte gegen die moderierenden Chefredakteure von ARD und ZDF, die ihre Branche stellvertretend Schelte bezogen: mit „Kampagnen" hätten sie ihn, den Kanzler, aus dem Amt reden wollen – vergebens, wie Schröder an jenem Abend noch glaubte, respektive glauben machen wollte. Dass er dann noch seiner Opponentin, Angela Merkel, begegnete, „als säße er auf dem Thron und sie auf dem Fußboden" passte in den Gesamteindruck: „Einen solchen Auftritt von Größenwahn hat es in der bundesdeutschen Politik selten gegeben"[4]. Selten auch kumulierte in der politischen Kommunikationskultur der Bundesrepublik die Gemengelage aktueller Machtpolitik derart dicht in einer Fernsehsendung. Der „Medienkanzler", wie Schröder lange Jahre apostrophiert wurde, fand – immerhin dies – ein bemerkenswertes, fast schon historisches Entree für seinen (vorläufig) letzten Auftritt auf der politischen Bühne: die Koalitionsverhandlungen einer Regierung, der er schließlich nicht mehr angehören würde.

Dabei hatte alles so vielversprechend angefangen.

Presse und Rundfunk hatten überrascht bis irritiert reagiert, und so schwankte der Tenor ihrer Kommentare zum Leipziger SPD-Wahlparteitag im April 1998 zwischen Staunen und unverhohlenem Zynismus. Damals betrat der angehende Kanzlerkandidat Schröder unter Fanfaren die Arena und „zelebrierte [...] eine Krönungsmesse". Unter „Der Erwählte" beschrieb

---

1   Süddeutsche Zeitung, Online-Ausgabe v. 19. September 2005.
2   Alle im Folgenden verwendeten Personenbezeichnungen beziehen sich, sofern nicht anders spezifiziert, auf Frauen und Männer.
3   Focus, Wahlspezial v. 20. September 2005, S. 46.
4   Der Spiegel, Wahlsonderheft '05 v. 19. September 2005, S. 7.

Die Zeit die Szene: „[S]chon der weihevoll choreographierte Einzug in die Halle [...] war papales Schreiten zum Hochamt; dem Volk wurde huldvoll zugewinkt, zugelächelt und mit dem leeren Blick des Entrückten die Hände geschüttelt. Gerhard Schröder trug Ornat". Der Stilschicht angemessen firmierte sein Vortrag als „‚Habemus-Papam'-Rede", er selbst gab „*bella figura*"[5]. „Die Gladiatoren waren wie bei Henry Maskes RTL-Fights einmarschiert"[6], kommentierte die *Süddeutsche Zeitung*, und *Der Spiegel*, selten puritanisch, meldete „Hollywood an der Pleiße. [...] Die Genossen haben sich von den Sitzen erhoben, ungläubig, belustigt, stolz"[7]. *America ante portas?*

Rasch rückten in der Folge des Leipziger Ereignisses „amerikanische Verhältnisse" in den Medienfokus. „Wie amerikanisch wird der Bundestagswahlkampf?", fragte *Die Zeit* – und ahnte doch, was da komme: „Konfetti statt Programme, Musik statt Diskussionen, Betroffenheitsbekenntnisse statt Politik"[8]. Einen „erbitterte[n] Kampf um Symbole, um Begriffe, um Bilder und Gefühle"[9], erwartete *Der Spiegel*; und dass der „Widerhall wichtiger werde als der Hall", wusste die *Süddeutsche Zeitung*; nun also drohe eine „Entpolitisierung politischer Entscheidungen"[10]. Die Leipziger Inthronisation und ihre Dramaturgie hatte so manchen Beobachter nachhaltig ergriffen: DIE WELT und die TAZ veröffentlichten Auszüge der Regieanweisung, und die *Frankfurter Rundschau* unterwarf „im Meinungsteil das inkriminierte Theaterstück einer erzieherischen Kritik" (Meyer 1998: 23). Markierte der Parteitag – ein „Gesamtkunstwerk aus Lichtern, Farben, Tönen, Gesichtern, Posen, Gesten und mythischen Szenen [...]" (ebd.: 22) – in Anlehnung an die „Conventions"[11] ein (seinerzeit?) neues Selbstverständnis politischer Kommunikation US-amerikanischer Provenienz?

In einer Generalbilanz ging *Der Spiegel* kurz vor dem Urnengang unter dem Titel „Der verlogene Wahlkampf" mit den Parteien hart ins Kampfgericht: „Natürlich, Wahlkampf war nie die Stunde der Wahrheit. Doch dieser

---

5   Die Zeit, Nr. 18, vom 23. April 1998, S. 6, Herv. i. O.
6   Süddeutsche Zeitung, Nr. 114, vom 19. Mai 1998, S. 15.
7   Der Spiegel, Nr. 17, vom 17. April 1998, S. 26.
8   Die Zeit, Nr. 39, vom 19. September 1997, S. 5.
9   Der Spiegel, Nr. 11, vom 6. März 1998, S. 92.
10   Süddeutsche Zeitung, Nr. 39, vom 17. Februar 1998, S. 4.
11   Die „Conventions", die Parteitage der US-amerikanischen Parteien, werden oft als Idealtypus einer politischen Inszenierung angeführt, deren einziger Zweck die Kür der Amtsbewerber sei; anzumerken bleibt, dass dort in den „Platforms" auch wesentliche inhaltliche Positionen diskutiert und formiert werden.

ist in der Geschichte Nachkriegsdeutschlands wohl der größte aller Schwindel"[12] – die Rede ist, wie gesagt, vom Wahlkampf 1998. In der Tradition
solchen Tadels nehmen anspruchslose Inhalte und mangelnde Bodenhaf-
tung eine erlesene Position ein. Quer durch alle Medien und Genres fand
sich dann, neben anderem, die übliche Kritik auch an der Bundestagskam-
pagne 2002: „Symbole statt Taten", „Politik lustig" – manifestiert im *Guido-
mobil*, einer 18-Prozent-Tournee im Stil eines Beachvolleyballturniers, Auf-
den-Deichen-Auftritten in den Katastrophengebieten des Elbhochwassers,
einer den transatlantisch-alliierten Partner womöglich überraschenden
Nichtmitmacherklärung der Bundesregierung in der Irak-Krise und mehr.
„Inszenierung" war länger schon ein Allgemeinplatz politischer Kommunikation. Die Auseinandersetzungen um Form und Frequenz der Spitzenkandidatenduelle (und die strategischen Optionen der Parteien) schafften es
dann 2002 auf die Titelseiten der Zeitungen und in die *Tagesthemen*. Später
begleitete die *Bild-Zeitung* die der Wahl 2005 folgenden Koalitionsverhandlungen mit wechselnden, wenn auch allzu bekannten „Lügen"-
Metaphern[13], und ein *Spiegel*-Essay, schließlich, befand nach einem Jahr großer Koalition die „vernebelte Republik" und: „Man kann sich den Wahlkampf nicht mehr auch nur annähernd als Zeit der Verklarung vorstellen. Es
ist das Gegenteil, es wird verdammt oder beschönigt, jedenfalls übertrieben
oder gelogen."[14]

Wahlkampagnen wurden und werden selten als abwägende, räsonieren-
de Bürger ansprechende Angebote der Politik kommentiert. Vor rund zehn
Jahren schrieb *Die Zeit*: „Die Grenzen zwischen Politik, Medien, Werbung
und Demoskopie schwinden. Das neue Zauberwort heißt Inszenierung"[15].
Bereits im '94er-„Superwahljahr" hatte Stiltadel Konjunktur: „‚Amerikanisierung Igitt, Igitt, Igitt' – So lautet die stereotype Kommentierung deutscher
Wahlkämpfe" (Radunski 1996: 33). 1997 bahnte die Kampagne von Tony
Blair der Inszenierungsrhetorik weiter den Weg: „Ein beinah unheimlich
perfektes Medienmanagement"[16]. Blairs Wahlsieg wurde u. a. damit erklärt,

---

12   Der Spiegel, Nr. 30, vom 20. Juli 1998, S. 23.

13   Die hier und in den folgenden Kapiteln angeführten Beispiele sollen den der jeweiligen Argumen-
      tation folgende Ereignis-, Inszenierungs- oder Symbolgehalt aufweisen und sind daher von allein
      relativer Aktualität; zumeist wird hierbei auf Vorgänge aus der siebenjährigen Regierungszeit Ger-
      hard Schröders rekurriert.

14   Der Spiegel, Nr. 39, vom 4. Oktober 2006, S. 35 f.

15   Die Zeit, Nr. 39, vom 23. September 1994, S. 3.

16   Die Zeit, Nr. 40, vom 24. September 1998, S. 20.

er wisse eben professioneller denn sein damaliger Kontrahent John Major die Klaviatur der politischen Kommunikation zu spielen – und stütze sich auf Erfahrungen eines amerikanischen Politikmarketings (vgl. Blumler 1998). „The first word in President is PR" kokettieren längst nicht mehr nur eingeweihte Kreise in den Vereinigten Staaten. Und man muss nicht erst an Ronald Reagan erinnern – jenen „Great Communicator" – oder an Arnold Schwarzenegger in Kalifornien, um auf solche Dimensionen des)Darstellens von Politik zu stoßen, die rasch unter allgemeinem Manipulations- und Verblödungsverdacht stehen. Telegene Ähnlichkeiten zwischen den Eheleuten Blair, Clinton und Schröder eingeschlossen deutete sich Ende der 90er Jahre jedenfalls ein Wandel öffentlicher Kommunikation an: Die Reaktionen auf mediengestählte Spitzenpolitiker, Choreographie und Chiffre des erwähnten Leipziger Parteitages – Kostproben anderer Kombattanten wären reichlich anzuführen – markieren hierzulande zumindest ein wachsendes Bewusstsein für medienorientiertes Handeln, für eine „Logik" des politischen Manövrierens in der „Mediendemokratie" und dafür, „daß das langfristige Erzeugen von Images und Gefühlen die zeitgemäße Form der Kampagne ist"[17] – *Hollywood vor den Toren*. Konsequenterweise übernahm Schröder seinerzeit als Kanzlerkandidat in einer Folge der RTL-Seifenoper „Gute Zeiten, schlechte Zeiten" einen vernachlässigbaren, wenngleich vielbeachteten Part, während Noch-Regierungschef Kohl „für die Kameras wie jeden Sommer ein sorgsam ausgewähltes Voralpentier herzt[e]"[18]. – Auch dies wäre fortzuschreiben: Schröders Auftritt bei *Wetten dass?*, der Besuch Westerwelles in einem Kölner Vorort-Container, Münteferings Frisurendiskussion bei *Harald Schmidt* usf. usf.

Ende der 90er Jahre zeigte sich aber auch die Rückseite des Medien-Spiegels: Im September 1998 übergab Sonderermittler Kenneth Starr seinen Untersuchungsbericht zur „Lewinsky-Affäre" dem US-Kongress und – dem Internet, wo sofort rekordverdächtige Zugriffszahlen verbucht wurden, und forcierte damit eine Schlammschlacht mit Vorbildcharakter. Kurz darauf musste sich ein zerknirschter, freilich angriffslustiger William Jefferson Clinton damit abfinden, dass Auszüge seiner ursprünglich nicht-öffentlichen Anhörung vor der „Grand Jury" im Fernsehen ausgestrahlt wurden und aus dem Netz herunterzuladen waren – in Europa aufmerksam verfolgte Episo-

---

17   Der Spiegel, Nr. 30, vom 20. Juli 1998, S. 27.
18   Ebenda.

den der Lewinsky-Saga, die sich trefflich dafür eigneten, über Puritanismus und Doppelmoral in den Vereinigten Staaten zu parlieren[19], und deren Bewertung durch Kanzler Kohl („das ist für mich zum Kotzen"[20]) sogleich durch alle Gazetten geisterte. „Monicagate", alternativ: „Zippergate" (vgl. Schwelien 1999) taugte vorzüglich für den Fingerzeig auf eine skandalverliebte Kommunikationskultur, deren transatlantische Exkursion *nicht* anstünde: Die seinerzeit größte innenpolitische Krise der Vereinigten Staaten nach Watergate, gelegentlich als Mischung aus Seifenoper und *Science Fiction* interpretiert, gab Anlass und Atem für die befreiende Erkenntnis, dass es mit amerikanischen Medienverhältnissen und mit einer „Clintonisierung" der Politik hierzulande noch nicht so weit sei. Dass Sabine Christiansen in ihrer Sendung Bill Clinton im Sommer 2004 anlässlich des Deutschlandstarts seiner Autobiografie mehrfach auf Spuren auf Monicas Kleid ansprach, ja schon boulevardesk insistierte, sei nur nebenbei erwähnt.

Nachdem er sich im August 2001 mit seiner Lebensgefährtin Kristina Gräfin Pilati-Borggreve im *People*-Magazin Bunte – „Total verliebt auf Mallorca" – im Pool fotografieren ließ und damit Rücktrittsforderungen auf sich zog (statt sein *Image* als „staubtrockener Aktenfresser" aufzupolieren), konnte sich Verteidigungsminister Scharping, „Rudolf der Eroberer", nach Offenlegung seiner Aktivitäten mit dem PR-Berater Moritz Hunzinger im August 2002 trotz oder wegen anstehender Wahlen nicht länger im Amt halten und wurde kurzerhand entlassen. Scharpings Nachfolger, Peter Struck, verkörperte seinerseits gleich eine neuerliche Transformation des Politischen und präsentierte sich bei der Truppenbetreuung in Afghanistan mit einer „Blues-Brothers"-Imitation: Hut, Sonnenbrille und ein „Jailhouse Rock" zur Popularisierung des drögen Einsatzalltages?

Jahre zuvor, im Sommer 1995, hatte der wochenlange Streit um die Entsorgung der Ölverlade- und Lagerplattform „Brent Spar" eindrucksvoll Potenzial, Reichweite und Effekt öffentlicher Kommunikation und Kampagnenstrategien jenseits der engeren Politikarena demonstriert. Spätestens mit dieser spektakulären Referenz an das David-gegen-Goliath-Bildnis ist die Mediengesellschaft als „Gesellschaft der Zeichen und Wunder" bekannt, in der „Inszenierungen und Symbole nötig [sind], um [...] Aufmerksamkeit sowohl der Medien als auch des Publikums zu erhalten" (Röttger 1997b: 15).

---

19   Vgl. u. a. Die Zeit, Nr. 39, vom 17. September 1998, S. 1.
20   Zit. n. Rheinische Post, Nr. 219, vom 21. September 1998, S. 1.

Allerdings konkurrieren in der Analyse dieses Vorganges mindestens zwei Versionen (vgl. Klaus 1997a): Da wäre zum einen der Triumph des Umweltbewusstseins gepaart mit einem ungeahnten Mobilisierungspotenzial bei der Bevölkerung. Eine andere Leseart erkennt in „Brent Spar" allein ein Täuschungsmanöver jenseits jeder Authentizität. Für die Umweltschützer weniger erfolgreich verlief kurz darauf ihr „Feldzug um die Öffentliche Meinung" (Vowe 1997) in der Südsee: Weltweite Proteste verhinderten nicht (auch nicht ein „In-dubio-Prosecco"-Boykottaufruf des Feuilletonisten Hellmuth Karasek) die Zündung französischer Atombomben im Mururoa-Atoll.

Dann ein Mediencoup für das Lehrbuch des 21. Jahrhunderts: „Bush weinte eine Träne vor Rührung", überschrieb es die Rheinische Post[21] – und überließ es dem Vorstellungsvermögen der Leser, ob sich die Träne emotionaler Überwältigung schuldete: Zum höchsten amerikanischen Familienfeiertag, *Thanksgiving*, stattete US-Präsident Bush im November 2003 den in Bagdad stationierten amerikanischen Truppen einen Überraschungsbesuch ab. Die ahnungslose Truppe, vor Monaten noch von Bush auf einem kameragerecht vor Kalifornien beigedrehten Flugzeugträger in einen „Frieden" nach dem „Sieg" entlassen, zeigte sich von der professionellen Stippvisite zum Truthahn-Diner begeistert – und die Medien, weltweit, von der (bildlastigen) Operation eines politischen Bühnenstücks der offenbaren Art.

Ein katastrophales Stück in Form von Bildern aus den Kriegsgefängnissen im Irak rauschte wenig später im DVD-Format um die Erde und diskreditierte die Politik der US-Regierung nachdrücklich. Verteidigungsminister Rumsfeld sah sich vor den Kongress zitiert, Präsident Bush versuchte, mit einem Zwischensprint an Interviews in arabischen Sendern deren Publikum von einer „gänzlich anderen Natur Amerikas" zu überzeugen. Von den Menschenrechtsvergehen einmal abgesehen: ein Kommunikationsdesaster ohnegleichen; die Freiheit, so die unterschwellige Botschaft, kleidet sich mitunter im Gewand des Bösen – jenes Bösen, das Amerikas Außenpolitik in schon traditioneller *Good-versus-Bad*-Diktion zum höheren Sinn des Waffengangs erklärt hatte.

Wie gewinnt respektive verliert man Wahlkämpfe oder eben jene „Feldzüge um die Öffentliche Meinung"? Wie unterbindet man, so erwünscht, eine „Clintonisierung" der Politik? Was bewirkt – bei den Medien, beim Publikum – das private Wasserspiel eines Ministers oder das „Präsentieren

---

21   Rheinische Post, Nr. 277, vom 28. November 2003.

des Präsidenten"? Was soll, was kann die Inszenierung einschließlich der subtileren *Inszenierung der Inszenierung* erreichen? Wie ist politische Kommunikation – generell – und dann politisches Kommunikationsmanagement – speziell – in das Gefüge pluraler Großgesellschaften, in den korporativen wie auch konkurrenzintensiven Verhandlungsstaat einzuordnen?

Sicher, sowohl politische Kampagnen (als besondere Form öffentlicher Kommunikation), die Skandalisierung der Politik (als besondere Form des Fabulierens über Macht) als auch das „In-Szene-Setzen" von Macht (als besondere Form der Propaganda) sind so alt wie die Politik selbst. Doch spiegeln die angesprochenen Episoden Modernisierungs- und Transformationsprozesse öffentlicher Kommunikation wider, die mit der vieldiskutierten „Amerikanisierung" wohl plakativ aber weitgehend unzureichend beschrieben sind: Die *Reflexe* auf die Greenpeace-Kampagnen, den Leipziger Parteitag, das Dreigestirn Clinton-Lewinsky-Starr, fallschirmspringende Fraktionsvorsitzende, „Hasta-la-vista"-Kampagnen von Aktionsschauspielern oder schlicht auf einen „Medienkanzler" mit Cohiba in Brioni-Anzügen entspringen einer Kommunikationsumwelt, in der das Geplauder über das Auftreten anderer trefflich in Szene gesetzt wird. In dieser Umwelt, in der „Informations"- oder „Kommunikationsgesellschaft" beruhen nicht nur wirtschaftliche Aktivitäten und Erfolg, sondern auch soziales, gesellschaftliches und politisches Handeln zunehmend auf der Kompetenz, Informationen und Positionen aufzuarbeiten und öffentlich zu vermitteln (vgl. Münch 1995a). Wir erleben seit etwa Mitte der 80er Jahre eine „kommunikative Revolution im globalen Maßstab", die sich im Kern durch eine „ungeheure Vermehrung, Beschleunigung, Verdichtung und Globalisierung von Kommunikation" auszeichnet (Münch 1992: 13). Und so verbindet sich die Steuerungsfähigkeit des politischen Systems mit diffizilen Sach- und zugleich Darstellungsfragen, die das Politikmanagement und die Auseinandersetzung um materielle Politikziele zu einem für einzelne Akteure immer schwerer kontrollierbaren Prozess gestalten (vgl. Korte 2003): Demokratie unter „Kommunikationsstress" (Sarcinelli 2003)? – Eine Frage, die im Mai 2005 mit der Ankündigung von Neuwahlen durch Franz Müntefering und Gerhard Schröder nach der Niederlage in Nordrhein-Westfalen eine dann leidlich diskutierte, verfassungspolitische Dimension erhielt.

Natürlich kann in modernen Flächen- und Industriestaaten demokratische Teilhabe nicht nach dem Vorbild der griechischen *Agora* als Präsenzprojekt realisiert werden. „Volkssouveränität" ist nicht buchstäblich als „Selbstregierung" umzusetzen – das verhindert allein schon der immense Verhandlungs- und Steuerungsbedarf solcher Staaten. Bereits Aristoteles erkannte die Bedeutung der Herolde, im Wortsinn Vorläufer der Medien, für den Zusammenhalt größerer Gemeinschaften[22]. Im Anbeginn der modernen Presse formulierte dann einer der Gründerväter der Vereinigten Staaten, Thomas Jefferson: „Were it left to me to decide whether we should have a government without newspapers, or newspapers without a government, I should not hesitate a moment to prefer the latter"[23]. Damit referierte Jefferson, den hohen demokratietheoretischen Wert der Meinungs- und Pressefreiheit im Sinn, auf „klassische" Funktionen der Medien: Information, Meinungsbildung, Kritik und Kontrolle – als „vierte Gewalt" den Mächtigen einen Spiegel vorzuhalten, sie zu mäßigen, gegebenenfalls Besserung anzumahnen, die Bevölkerung zu informieren und ihr Räsonnement zu stützen. „In diesem Sinne sind sie [...] Anwälte der Bürger. Sie sollen keine Richter sein [...] aber doch zumindest Zeitzeugen im Dienste derjenigen, die Zeitungen kaufen und den Fernsehapparat einschalten." (Weischenberg 1997: 120)

In Demokratien darf politische Macht nicht Ausdruck einer geheimen Kabinettsdiplomatie sein; sie kann sich nicht auf ein Gottesgnadentum oder allein das staatliche Gewaltmonopol stützen, da sich Herrschaft grundsätzlich aus einem Einverständnis der Beherrschten ableitet. Die Exekution politischer Entscheidungen und Programme bindet sich an ihre Akzeptanz. Erst ein *Prozess* politischer Öffentlichkeit legitimiert dann, normativ recht anspruchsvoll, das Handeln der Politik. „Die politische Ordnung wird durch *öffentliches* Handeln sichtbar und erfährt u. a. darin ihre Legitimation." (Jarren 1998a: 15; Herv. i. O.) Kommunikation gerät zum Gebot, zur *conditio sine qua non*, und Demokratie selbst ist prägnant als „government by discussion" zu begreifen (vgl. Sartori 1992: 3). Politische Unterstützung mag man periodisch in Wahlen einfordern, sie kann sich jedoch nicht *allein* auf den Wahlakt berufen: Legitimationsrelevante Öffentlichkeit formiert sich in ausdifferenzierten Industriegesellschaften über Massenkommunikation innerhalb eines pluralistischen Mediensystems. Mit der Akzeptanz der Medien als gesellschaftlich umfassende Informationskanäle hat sich dann ein Verständnis der

---

22   Aristoteles, Politik, 7. Buch, 1326b.
23   Zitiert nach Chaffee 1975: 13.

politischen Öffentlichkeit als *medienvermittelte* Öffentlichkeit weitgehend etabliert. Mit *Politikvermittlung* ist dabei der Sachverhalt zu fassen, „daß jedes demokratische System spezifischer Verfahren und Institutionen [bedarf], durch die Politik zwischen Herrschenden und Beherrschten, zwischen den politischen Führungseliten und den Bürgern vermittelt [wird]" (Sarcinelli 1998b: 11). *Die* Politik, *das* Politische eröffnet sich dabei den meisten von uns als so mannigfache wie vielfältige, mitunter marginale und gelegentlich überwältigende Sekundärerfahrung.

Idealtypisch konstituiert sich politisches Handeln aus einer wechselseitigen, responsiven Kommunikation zwischen Politik und Bevölkerung: Politische Willensbildung und Entscheidungsfindung vollziehen sich auf der Basis beständig aktualisierter Erkenntnisse über einerseits Interessen und Wünsche der Betroffenen sowie andererseits Zwänge und Ziele der politisch Verantwortlichen. Diese Situation bürdet den Medien als Institutionen eines „intermediären Systems", als Mittler zwischen Souverän und Repräsentant eine demokratietheoretisch wie auch demokratiepraktisch essenzielle Verantwortung auf. So formulierte das Bundesverfassungsgericht 1966 im „Spiegel-Urteil": „Soll der Bürger politische Entscheidungen treffen, muß er umfassend informiert sein, aber auch die Meinungen kennen und gegeneinander abwägen können, die andere sich gebildet haben. Die Presse hält diese Diskussion beständig in Gang; sie beschafft die Informationen, nimmt selbst dazu Stellung und wirkt damit als orientierende Kraft in der öffentlichen Auseinandersetzung. In ihr artikuliert sich die öffentliche Meinung [...]"[24].

Jetzt sind die Komplexität und oft Intransparenz politischer Handlungsalternativen und Entscheidungsfolgen zentrale Merkmale moderner Industriestaaten. „[D]as Feld der Politik hat sich ausgedehnt" (Jäger 1992: 3) – und mit ihm die Vielfalt der Angelegenheiten, über die debattiert werden kann oder muss. Paradoxerweise erlangen wir dabei in der „Informationsgesellschaft" zum einen immer mehr Informationen, sind aber zum anderen zugleich immer erfahrungsärmer in einer Welt, die immer erfahrungswerter erscheint, da mehr und mehr Informationen auf uns einströmen (vgl. Münch 1992, 1995a). Folgerichtig wird in der „beschleunigten Gesellschaft" (Glotz 1999) schon länger eine *Informationsflut* befürchtet, die nur noch „Kommunikationsvirtuosen" (Münch 1995b) bewältigen könnten, während der überwiegende Teil der Bevölkerung ihr allein mit „Resignation und Fatalismus"

---

24   BVerfGE 20, 162 ff.; hier: 174 f.

(Freudenfeld 1985: 32) zu begegnen vermag: Das „Informationszeitalter"
wartet auf mit einem „Antagonismus von universellem Öffentlichkeitsan-
spruch und chronisch knapper Aufmerksamkeit" – und mit der symptoma-
tischen Folge, „daß Massenkommunikation nur durch temporäre Ignoranz
der meisten Informationsangebote zu realisieren ist" (Merten/Westerbarkey
1994: 199). Wissens- und Informationsmanagement erfahren hierüber eine
gesteigerte Relevanz für die Trias politischer Kommunikation – für Politik,
Medien, Bevölkerung.

Für die Politik wird Kommunikation immer voraussetzungsvoller und
risikoanfälliger. Einerseits ist das zurückzuführen auf Entwicklungen, auch
Umbrüche innerhalb der Gesellschaft oder der Politik selbst: etwa auf den
Wandel der Sozialstruktur, den Rückgang der Parteibindungen, die Ein-
engung des politischen Entscheidungs- und Steuerungsspielraums im Zuge
einer Globalisierung einer informationellen Wirtschaft und mehr. Mit dem
schwindenden Vermögen der Politik, die Sicherung materieller Bedürfnisse
glaubhaft in Aussicht zu stellen – „der politische Streit handelt fast nur noch
von den verschiedenen Varianten der Rücknahme bislang garantierter Leistungen" (Meng 1997) –, steigt zugleich der Bedarf an „symbolischer Politik"
(vgl. Edelman 1976; Sarcinelli 1987b). Andererseits gewinnen in Zeiten zu-
nehmender Komplexität *und* Kontingenz des Kommunikationsgefüges einer
Gesellschaft die Handlungslogik des Journalismus, Selektionskriterien öffentlicher Wahrnehmung und Interdependenzen wie auch Interpenetratio-
nen zwischen der Politik und dem Mediensystem für politischen Erfolg oder
Misserfolg an Gewicht – womit Publizität der Rang einer Schlüsselkompe-
tenz zukommt. Öffentlichkeit als Horizont und kritische Instanz der Demokratie stellt Politik eben unter Vorläufigkeit und damit permanenten Lern-
zwang (vgl. Sarcinelli 2003: 39). Und so verlangt heute die Optimierung
politischer Selbstdarstellung (u. a.) zu und zwischen Wahlen nach Strategie
und Taktik, einer nachgerade generalstabsmäßigen Instrumentalisierung der
Medien. *Public Engineering* nennen das die Amerikaner (vgl. Alger 1989),
und der Franzose Roger-Gérard Schwartzenberg (1980) hat vor über zwei
Jahrzehnten hierfür *Marketing Politique* geprägt, gleichsam als „transformation des stratégies de communication des acteurs politiques" (Cazenave 1992:
64). Die Spannweite politischer Öffentlichkeitsarbeit und Selbstdarstellung,
teils unter jener „symbolischen Politik" subsumierbar (Sarcinelli 1987b),
erstreckt sich von der Zurschaustellung politischen Handelns, von einem

„Politainment" (Dörner 2001) über Politik als personenorientierte Unterhaltung, die Anpassung politischen Handelns an die Medienlogistik bis zur Kreation übersichtlicher Informationshappen für ausgesuchte soziale Gruppen. Politik und Medien gehen eine Symbiose ein – ein Tauschverhältnis, das sich dadurch kennzeichnet, dass „man einander braucht" (Weischenberg 1990: 105). „Getauscht wird Publizität gegen Information" (Sarcinelli 1992: 46): ein Verfahren, das in der „Informationsgesellschaft" angesichts steigender Wahrscheinlichkeit kommunikativer Fehlschläge mehr denn je der „Risikoreduzierung" dient.

„Was wir über unsere Gesellschaft, ja über die Welt, in der wir leben, wissen, wissen wir durch die Massenmedien": Mit diesem programmatischen Satz eröffnet Niklas Luhmann (1996: 9) seine systemtheoretische Analyse einer „Realität der Massenmedien". Grundlage der angedeuteten Symbiose-, Symbolisierungs- und Inszenierungsdebatte in der politischen Kommunikationsforschung ist zum einen die Expansion der Medien, die mittlerweile alle gesellschaftlichen Gebiete durchdringt, und zum anderen der Umstand, dass den Wirklichkeitsofferten der Medien filternde Mechanismen vorgeschaltet sind. So sind Medien wie andere gesellschaftliche Systeme zu erheblichen Komplexitätsreduktionsleistungen gezwungen: Sie sehen und übersehen, sie wählen aus, vergessen, kommentieren, verwerfen, redigieren, betonen, gewichten, wägen ab. Die ihnen eigenen Darstellungs- und Aussagemöglichkeiten bringen je eigene Wirklichkeiten hervor: „Mit der naiven Vorstellung, die Massenmedien seien bloß Spiegel der Wirklichkeit, Vehikel im gesellschaftlichen Kommunikationsprozeß, Medium im Sinne neutraler Vermittler, hat auch die empirische Forschung inzwischen gründlich aufgeräumt" (Schulz 1997: 50; vgl. Merten/Schmidt/Weischenberg 1994) – im Gegensatz zu einer intuitiven „Spiegeltheorie", nach der die Medien eine Wirklichkeit doch lediglich *abbildeten*.

In einer Erzählung von Jorge Luis Borges („Von der Strenge der Wissenschaft") werden Kartografen beauftragt, eine möglichst getreue Landkarte des Staates zu entwerfen. Nach längerem Hin und Her fertigen sie, man soll ja genau sein, eine Karte im Maßstab *eins zu eins* an. Mit allerhand Mühe, wie man sich vorstellen mag, wird das Werk schließlich ausgerollt, und es ist präzise, „wirklich". Aber die Karte bedeckt das ganze Land, sie ist nutzlos: eine *perfekte* Abstraktion hilft keiner Alltagspraxis. „Das ist die Lage der Medien. Ein unkontrollierbarer, undurchdringlicher Informationsfluß, ge-

trieben von dem Wunsch, der Welt eine Art Zwangsnetz überzuwerfen [...]"
(Bettetini 1988: 120). Das veranschaulicht auch, warum Mediendarstellungen
stets kontingent sind, also *immer so oder anders denkbar* – was den amerikanischen Publizisten Walter Lippmann schon 1922 zu der lapidaren Feststellung bewegte, dass „Nachrichten und Wahrheit nicht dasselbe sind und klar
voneinander geschieden werden müssen" (Lippmann 1990 [1922]: 243).
Nicht zu vernachlässigen sind daneben medieninterne Konditionen, strukturelle oder logistische Zwänge und Vorgaben: Nachrichtenwerte, ethische
und normative oder schlicht pragmatische Auffassungen journalistischen
Handelns, Idealismen oder informelle Übereinkünfte zum Verhältnis von
Politik und Medien, der medienrechtliche Rahmen, die Verfügung über
Ressourcen, die Entwicklungs- und Innovationsdynamik der Medientechnik, neue Formate und mehr.

Durch diese interne wie externe Komplexität wird der Journalismus anfällig für Versuche strategischer Einflussnahme durch ein *politisches Kommunikationsmanagement*. Verstärkt nutzt die Politik, durchaus mit Blick auf
Wirtschaftswerbung und Produktvermarktungsstrategien, die Instrumente
der Public Relations, der Werbung, des Marketings oder einer „Polit-PR"
(Pauli-Balleis 1987) zur Promotion der eigenen Personen, Positionen, Vorhaben, Ziele. Und so wenden Parteien, Verbände und andere Institutionen
mittlerweile erhebliche Mittel auf, „to ensure that the information they seek
to impart to their citizens has an appropriate ‚spin' on it" (Negrine 1996: 10).
Themen- und Ereignismanagement sind Ausdruck einer Modernisierung
politischen (Kommunikations-)Handelns im Zuge einer „Mediatisierung"
oder „Medialisierung" der Politik: Der *Interpretation* des politischen Geschehens begegnet die Politik aktiv. Man begnügt sich nicht mit einer passiven
Rolle, die es den Journalisten überlässt, das politische Argumentationsspekt-
rum einem (dispersen, fragmentierten) Publikum näher zu bringen; man
greift nach der „‚Macht der Definition' bezüglich der Themen [...] und [...]
Kandidatenimages" (Holtz-Bacha 1996: 12); man betritt die Bühne einer
Darstellungspolitik. „La vie publique est devenue un show ultra-médiatisé."
(Schwartzenberg 1998: 7) Politische Vorhaben oder Entscheidungen sind
dann häufig nicht die Ursache für eine Meldung oder Reportage, sondern
diese ist, umgekehrt, ihr *Ziel*: „Die Kausalbeziehung zwischen Ereignis und
Bericht entwickelt sich zur Finalbeziehung" (Kepplinger 1985: 256) – womit
die Politik selbst eine „Kolonialisierung" durch die Medien und ihre Pro-

zesslogik mit entsprechendem Kontrollverlust voran treiben würde (vgl.
Meyer 2001). „Polit-Product-Placement" nennt Siegfried Weischenberg
(1987: 711) das schwer zu bändigende Streben der Politiker nach medialer
Beachtung, und Ulrich Sarcinelli (1987a: 30) spricht mit Blick auf politische
Prominenz von einer „Machtprämie" – einer Prämie, die Tag für Tag aufs
Neue ausgeschrieben wird: „[N]o holidays or days off in the political publi-
city game" (Blumler 1998: 87).

„Politik als Theater" (Meyer 1998) – auch in ihrer wohl problematischs-
ten Version: der „Inszenierung des Scheins" (Meyer 1992) – entfaltet sich
häufig genug als politisches *Alltagsgeschäft*. Sie beschränkt sich nicht auf eine
„Olympiade der Demokratie" (Grafe 1994), den Wahlkampf, sondern um-
und erfasst sie im Wortsinn: den Zeitraum zwischen Wahlen. „Gute Wahlen,
schlechte Wahlen"? Aus politik- und kommunikationswissenschaftlicher
Sicht stellen sich eher Fragen nach Brüchen und Kontinuitäten, Bedingungen
und Effekten der Politikvermittlungsmuster für die Effizienz, Verfassung
und Evolution des demokratischen Prozesses; und das mehr denn je, wenn
„die zunehmend professionelle Herstellung von Öffentlichkeit – heißt sie
nun Information, Öffentlichkeitsarbeit, politische Inszenierung oder wie
auch immer – [...] als ein zentraler Kompetenzbereich der Politik selbst angesehen wird" (Sarcinelli 1998b: 13). Kommunikation in all ihren Facetten konstituiert als *Modus Operandi* mit Permanenz den politischen Prozess mit, und
angesichts eines Wandels des kommunikativen Selbstverständnisses der
Politik und ihres Publikums oder Veränderungen im Mediensystem und
Journalismus stehen „politische Akteure und Institutionen vor erheblichen
Herausforderungen, zumal dann, wenn demokratische Einrichtungen nicht
weiter an Vertrauen einbüßen und Legitimität sichern sollen" (Jar-
ren/Sarcinelli 1998: 19).

In einer weit gefassten Definition meint *Politische Kommunikation* alle
„sprachlichen Äußerungen oder Handlungen mit anderen Symbolen [...], die
mit politischer Relevanz, von wem auch immer, getan werden" (Bergsdorf
1990: 30). Der Allgemeinheitsgrad dieser Bestimmung deutet schon an, dass
jeder „Versuch, politische Kommunikation zu definieren [...] mit deren
Grenzenlosigkeit und Hyperkomplexität konfrontiert" ist (Saxer 1998: 22; Herv.
i. O.; vgl. Jarren/Donges 2002a: 20 ff.). Nun lässt sich Politik prägnant als
jenes gesellschaftliches Teilsystem definieren, das allgemein verbindliche
Entscheidungen hervorbringt. Und Kommunikation kann knapp und hand-

habbar als Vorgang der Bedeutungsvermittlung verstanden werden. Als *Arbeits*definition liegt dann hier zugrunde: *Politische Kommunikation* ist als Prozess der Bedeutungsvermittlung zwischen Personen, Gruppen und Organisationen ein zentraler Mechanismus bei der Herstellung, Durchsetzung und Begründung von allgemein verbindlichen Entscheidungen (vgl. Jarren 1998f: 35; Jarren/Donges 2002a: 22). Sie umfasst jene menschliche Kommunikation, die sich „entweder thematisch oder aufgrund der Beteiligung von Akteuren des politischen Systems der Politik zurechnen läßt" (Bentele 1998a: 130). Politische Kommunikation in Demokratien realisiert sich darüber als Wettbewerb um Begründungsansprüche und Gestaltungsspielraum, und so ist sie „nicht nur Mittel der Politik. Sie ist auch selbst Politik" (Saxer 1998: 25; i. O. kursiv). Zu denken ist an (McNair 1995: 2; vgl. Bentele 1998a: 130 f.): [25]

- jegliche, auch nonverbale Kommunikation von Politikern oder anderen Akteuren mit Anspruch auf Durchsetzung von politischen Zielen *im Zusammenhang mit ihren Aktivitäten und Operationen im politischen System*;
- Kommunikation von Akteuren jenseits des engeren politisch-administrativen Systems wie Journalisten oder Demonstranten, deren *Adressat* die Politik ist;
- Kommunikation *über* Politiker oder ihre Aktivitäten oder über Vorgänge innerhalb der Politik, etwa Editorials oder Diskussionsrunden, Features oder Porträts.

Damit ist die Bandbreite wie Persistenz politischer Kommunikationsaktivitäten angedeutet. Gleichwohl verweisen trotz der „unbestreitbaren Dichte der Beziehungen zwischen Politik und Kommunikation" empirische Analysen kontinuierlich darauf, dass „Kommunikation nur einen beschränkten Teil an politischen Gestaltungsprozessen zu erklären vermag, wohl in sehr vielen Fällen eine notwendige, aber nur selten eine hinreichende Bedingung für substanzielles politisches Geschehen, für die Ergebnisse von Politik zu sein scheint" (Saxer 1998: 22).

Ein von Günter Bentele vorgeschlagenes Schema (Abb. 1) skizziert eine Typologie politischer Kommunikation aus der Perspektive der Akteure des

---

25   Für eine systematische Auseinandersetzung mit dem Forschungsfeld „Politische Kommunikation" und seiner Konzeptionsproblematik vgl. Jarren/Sarcinelli/Saxer 1998, dort insbesondere die Beiträge von Jarren/Sarcinelli sowie Saxer; auch: Schulz 1997; Bentele 1998a: 130 ff.; Jarren/Donges 2002a.

politischen Systems, wobei vier Kernkategorien differenziert werden: Politische Werbung, politische Öffentlichkeitsarbeit[26], politische Berichterstattung sowie direkte Kommunikation.

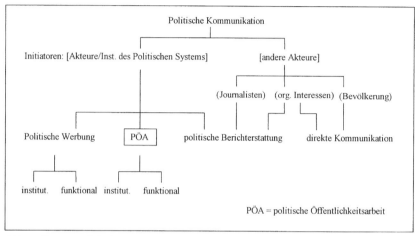

Abb. 1: Typen politischer Kommunikation
Quelle: Bentele 1998a: 131.

Dieses Schema bildete den Rahmen für den hier zugrunde gelegten Begriff des politischen Kommunikationsmanagements: *Politisches Kommunikationsmanagement* meint die Ausrichtung, Steuerung und Kontrolle, die strategische Planung und den operativen Einsatz von Kommunikation durch politische Akteure mit dem Anspruch und Ziel, eigene Positionen und Interessen allgemein verbindlich durchzusetzen. Politische Werbung, politische Öffentlichkeitsarbeit oder Public Relations sind zwar nahe liegende, zentrale Elemente dieses Kommunikationsmanagements; daneben fallen gleichwohl andere Formen politischer Kommunikation (als Routinehandeln) ins Gewicht. Die Arbeit fokussiert gleichwohl Akteure des politischen Systems, indem sie sich auf den strategischen wie taktischen Einsatz der unterschiedenen Aktivitäten aus deren Sicht konzentriert. Hierfür wiederum ist der *Professionalisierungs*begriff bedeutsam: die Frage nach einem von politischen Inhalten abgehobenen, systematischen Vorgehen von spezialisierten Kommunikatoren bei der Politikvermittlung: Es ist eher die Rede von den kom-

---

26   Einer Gepflogenheit folgend werden „Öffentlichkeitsarbeit" und „Public Relations" hier synonym verwendet, „Public Relations" als Singular; vgl. Bentele 1998a: 124.

munikativen Mitteln und Wegen, von den Instrumenten und Strategien politischer Kommunikation und ihren Initiatoren, weniger von Inhalten, Argumenten und Positionen, wenngleich sie als Handlungshorizont stets präsent bleiben. Damit soll nicht der Trennung zweier Sphären – Politik hier, Kommunikation dort – das Wort geredet werden. Vielmehr werden Schwerpunkte gesetzt, die dem funktionalen Bedeutungsgewinn der Kommunikation für das politische System und die Gesellschaft insgesamt Rechnung tragen. Sicher: „Professionalität" ist letzthin keine vorderhand sichtbare Qualität einer Person oder eines Berufsstandes[27]. Sie ist kein Zustand, der mittels generalisierbarer Indikatoren beschrieben werden könnte – und sie mag sich häufig selbst allein als Darstellungsleistung entfalten (vgl. Pfadenhauer 1998). Doch wird Professionalisierung hier verstanden als ein über kommunikatives Routinehandeln hinausgehender Versuch, Wissen, Fertigkeiten und Fähigkeiten von Personen oder Organisationen zu differenzieren und zielkonzentriert, systemimmanent einzusetzen.

Mit Blick auf die *Herstellung* politischer Öffentlichkeit hat Wolfgang Langenbucher (1979: 14) bereits vor zweieinhalb Jahrzehnten Professionalisierungsprozesse funktional beschrieben: „Die Parteien und Regierungsinstitutionen haben die politische Kommunikation zunehmend professionalisiert: Public-Relations-Spezialisten, Kommunikationsstrategen, Semantikexperten stellen systematisch politische Öffentlichkeit her. Politisches Marketing ist Teil der Partei- und Staatsfunktionen". Arbeitshypothese ist hier, dass diese Professionalisierung weiter vorangeschritten ist, sich modifiziert sowie operativ-funktional weiter ausdifferenziert hat. Der „rote Faden" im Verfolg dieser These wird kontextuell bestimmt und konzentriert sich, nach grundlegenden Ausführungen, auf: Politik als *Inszenierungsalltag* (der „Normalfall"), *Wahlkampf* (der „Ernstfall"), *Kampagnenkommunikation* (der „Einzelfall"), *Skandalkommunikation* (der „Sündenfall") und abschließend *elektronischer* und *strategischer Kommunikation*.

---

27 *Berufssoziologisch* ließen sich Kriterien einer „Professionalität" entwickeln, etwa über den Stand einer berufsethischen Kodifizierung, den Grad der Organisiertheit in Branchenverbänden, den Standard einer auf spezifische Handlungsfelder ausgerichteten Ausbildung (vgl. Althaus 1998). Derartige Kriterien sind hier und im Folgenden von sekundärer Bedeutung; im Vordergrund steht das Handeln der Akteure im Sinne des beschriebenen Einsatzes der politischen Kommunikation generell.

Vorgehen und Leitfragen

Ausgangspunkt wie Horizont der Analysen zur politischen Kommunikation ist das erhebliche demokratietheoretische und demokratiepraktische Gewicht der Medien und der Politikvermittlung in der Massengesellschaft. *Kapitel 2* wendet sich der Beziehung von Politik und Medien in Demokratien zu. Das umfasst theoretische und normative Grundlagen sowie eine Skizze der Medien als eigenständige Institutionen des intermediären Systems. Wenngleich politische Kommunikation keine Erscheinung einzig einer „Mediendemokratie" ist, so haben sich doch zuletzt die Parameter der Politik und die ihrer Vermittlung gravierend verändert. Mit der Frage nach einem „Strukturwandel des Politischen" im Zuge eines „Strukturwandels der Öffentlichkeit" (Habermas 1991) verbindet sich eine über den Wahlkampfnexus hinausreichende Diskussion der „Amerikanisierungsthese". Freilich kann eine erschöpfende Darstellung aller erörterungswürdiger Punkte nicht geleistet werden; vielmehr wird ein Umfeld ausgelotet, in das die dann folgenden Ausführungen einzuordnen sind.

Wiederum als Grundlage einer Analyse der „Modernisierung" der Politikvermittlung und der Diskussion korrespondierender Professionalisierungsbemühungen widmet sich *Kapitel 3* der Entwicklung, den Modellen und Konstitutionen politischer Öffentlichkeitsarbeit respektive eines Marketing-Ansatzes in der politischen Kommunikation. Öffentlichkeitsarbeit ist für die Politik im Kontext moderner Politikvermittlung nur *ein*, obschon elementarer Typus. Doch finden sich einige für die Evolution und Anlage des politischen Kommunikationsmanagements folgenreiche Ansichten und Routinen zur Konzeption und Operationalisierung von Kommunikation.

Kapitel 4 beschäftigt sich mit der „Theatralik" der Politik, mit einem „Politainment" (Dörner 2001). Politik stellt sich in ihrer öffentlichen Vermittlung zunehmend als eine alltägliche Darstellungsleistung dar, die nicht selten die Elemente eines Bühnenspiels vereint: Skript, Regie, Darsteller, Figuren, Antagonisten und Protagonisten, Dilemmata, Dramatik, eine Gliederung mit eingängigen Konflikten, nachvollziehbarem Plot (manchmal kathartischer Lösung) – und vorzugsweise für das Fernsehen ein Quantum bildhafter Posen (vgl. Meyer 1998). Diese „Politik als Inszenierungsalltag" birgt für politische Akteure Anforderungen und Risiken gleichermaßen. Hier wird deutlich, dass Kommunikation per se Politikvollzug sicher mitbestimmt, sie

aber nicht einem Rezept gleich determinieren kann, zumal nicht den Imple-
mentierungserfolg. Das liegt in erster Linie an der außerordentlichen Komplexität des Politischen, und in Anlehnung an einen Topos des Biologen
Jacques Monod wird dann auch von „Zufall und Notwendigkeit" der Inszenierung politischer Kommunikation in der „Mediendemokratie" geredet.
Den periodischen Höhepunkten demokratischer Politikvermittlung, den
Wahlkämpfen, wendet sich *Kapitel 5* zu. In ihnen kulminieren die Anstrengungen der Parteien und Kandidaten; über Wahlkämpfe werden erfolgreiche oder weniger gelungene Kommunikationsstrategien und Politikofferten
in manifeste Macht- oder Ohnmachtpositionen übersetzt. Naturgemäß wirkt
in diesem, als „Ernstfall" betitelten Komplex ein recht hoher Druck zur Professionalisierung mit dem Ziel einer Effizienz- und Effektivitätssteigerung –
womöglich in Anlehnung an die US-amerikanische *Campaigning*-Kultur (vgl.
Holtz-Bacha 1999b, 2000a; A. Müller 1999). Im Mittelpunkt dieses Kapitels
stehen akteurs- und strategiekonzentriert Fragen nach Wandel und Kontinuitäten in der Organisation wie Operation von Wahlkämpfen.

Hingegen als „Einzelfall" überschrieben wird ein älteres und seit den
80er Jahren mit neuem Schwung aktiviertes Sujet; die Kampagnenkommunikation. Mit ihr setzt sich *Kapitel 6* auseinander. Einige nicht-staatliche Organisationen operieren als Kommunikatoren im politischen System häufig
und bisweilen spektakulär über diese Kategorie konzentrischer Kommunikation. Sie suchen ihre Chance auf öffentliches Gehör, um in einer „Viel-
Kanal-Öffentlichkeit" (Jarren 1997b: 103) Anschlusshandeln einzufordern
(vgl. Röttger 1997a). Das schon angesprochene, wohl prominenteste Beispiel
solcher Aktivitäten, die Brent Spar-Kampagne von Greenpeace, verdeutlicht
zugleich das im gesellschaftlichen Zusammenhang zentrale Problem dieser
ob ihres moralischen Anspruches generalisierten Aufmerksamkeitsstrate-
gien: eine Vernachlässigung, womöglich ein Schwinden systematischer Analysen von hinsichtlich ihrer gesellschaftlichen Tragweite und Relevanz meist
mehrdeutigen Sachverhalten unter den Bedingungen „signalökonomische[r]
Gesetze der Kampagnenkommunikation" (Baringhorst 1995: 57).

Weit weniger Aufmerksamkeit, zumal medialer Art, wünschte sich wohl
mancher Politiker und manche Partei oder Organisation im hier als „Sündenfall" überschriebenen Zusammenhang, dem sich *Kapitel 7* widmet. So
unangenehm er für die Betroffenen sein mag: Der Skandal ist aus gesellschaftlicher Perspektive meist nicht der „größte annehmbare Unfall", wohl

auch kein Projekt der Moderne, sondern in seiner Realisation, der Skandalisierung, ein Totalphänomen jeder offenen Gesellschaft mit dem Recht auf
Entrüstung. Im Einzelfall, sicher, erfüllen Skandale nicht nur für die Beteiligten mindestens den Tatbestand des Ärgernisses. Auch dürften Skandale nur
allzu oft dysfunktionale Folgen haben. Im Mittelpunkt dieses Abschnittes
stehen Fragen zur gesellschaftlichen Funktion von Skandalen und zu Vermögen und Grenzen kommunikativer Lösungsstrategien – durchaus in Anlehnung an eine „Krisenkommunikation". Es scheint, als entfalten sich
Skandale mehr und mehr *auch* in Form massenmedialer Meta-Kommunikation: in Gestalt von Debatten über Debatten.

Kapitel 8 wendet sich angesichts einer beispiellosen Innovations- und
Distributionsdynamik der Informations- und Kommunikationstechnologien
(IuK-Technologien) dem Potenzial dieser „neuen" Medien für die politische
Kommunikation zu. Seit geraumer Zeit zeichnet sich ab, dass und wie diese
Technologien, allen voran das Internet, erheblichen Einfluss auf die Gestalt
öffentlicher Kommunikation nehmen. Manches von dem, was angesprochen
wird, bleibt angesichts der expansiven und dynamischen Natur des Gegens-
tandes immer noch spekulativ. Doch verweisen bereits viele Beispiele auf
Nutzen und Grenzen der Anwendung der IuK-Medien in der und für die
Politikvermittlung. Deren „Modernisierung" findet hier ihren *technologischen*
Ausdruck, wenngleich viele Dinge noch der Realisation harren.

Realisation wiederum ist ein Schlüsselwort für *Kapitel* 9. Dort werden die
bisherigen, eher auf Kommunikation konzentrierten Ausführungen der
Arbeit in einen stärker politikwissenschaftlichen Kontext eingefügt: In die
Frage der Steuerungs- und Strategiefähigkeit der Politik – und die Frage der
Einbindung von Politikvermittlungsoptionen in diesen Komplex. So hängt
beispielsweise eine Konjunktur der Begriffe „Strategie" und „Strategiefähigkeit" in der Literatur eng zusammen mit der Regierung Schröder und ihrem
Kommunikationsstil – und den Bedingungen der politischen Praxis, Grenzen des Politikvermittlungsvermögens und den institutionellen Konstellationen unserer Zeit, die auch der Nachfolgeregierung als Handlungsrahmen
vorgegeben sind.

Kapitel 10 resümiert die Arbeit, ein *Epilog* schließt sie.

Damit ist ein Themenfeld abgesteckt, das sicher in dem ein oder anderen
Punkt ergänzens- und vertiefenswert wäre. Doch erstreckt sich der Anspruch – auch ob der „Grenzenlosigkeit und Hyperkomplexität" politischer

Kommunikation (Saxer 1998: 22) – auf solche Zusammenhänge, in denen kommunikative Komponenten viel von dem ausmachen, was Politik für die Bevölkerung moderner Demokratien maßgeblich mitbestimmt. Als Leitfrage wird, in Anlehnung an einen Ansatz der Politikfeldanalyse[28], formuliert: *Welche Kommunikationsvorgänge intendieren politische Akteure und mit welchen Mitteln suchen sie diese zu realisieren, warum handeln sie so (und nicht anders), und was für einen Unterschied macht es?* Hier sind drei Analyseebenen angesprochen: (1) Die Akteurs- und Strukturebene, (2) die Ebene der Mittel, Instrumente und Wege, (3) die Funktions- und Zielebene. Die Leitfrage lässt sich dann entsprechend und in Perspektive einer vermuteten quantitativen wie qualitativen Neuorientierung der Politikvermittlung weiter gliedern:

- *Akteure und Strukturen:* Inwiefern unterliegt das Organisationsgefüge politischer Kommunikation einem Wandel? Operieren die „üblichen Verdächtigen" – Parteien, Verbände, Regierungen oder Fraktionen – in der „Informationsgesellschaft" schlicht mit einer Ausdehnung ihrer kommunikativen Aktivitäten oder verändert sich auch die Disposition ihrer Binnen- wie Außenkommunikation (*Mesoebene*)? Inwieweit „kommunifiziert" das politische System in dem Sinne, als Kommunikation die Ressourcen von Institutionen und Personen mehr und mehr bindet und ihren Handlungsraum definiert (*Makroebene*)? Wie ließe sich eine „Professionalisierung" hier nachzeichnen, und welchen Bedeutungsgewinn erfahren, wenn überhaupt, Medienberater oder Kommunikationsspezialisten, die ursprünglich nicht dem politischen System zuzurechnen sind (*Mikroebene*)?

- *Mittel:* In welcher Weise ist die Beziehung von Entscheidungs-, Herstellungs- und Darstellungspolitik nunmehr analytisch zu fassen? Orientiert sich die Präsentation und Vermittlung von Politik und ihrer Vorhaben (neuerdings?) an einer „realweltlichen" Produktvermarktung, an Transaktionskostenmodellen? Wo liegen die Grenzen einer damit korrespondierenden Trans- und Deformation politischer Vorgänge und Absichten zu Werbeobjekten? Lassen sich Politiker oder ihre Vorhaben im handelsüblichen Sinne *verkaufen*? Entwickelt sich über Technik, Einsatz und Vehemenz der (Werbe-, PR-, Marketing-)Kommunikation ein eigenständiger Kompetenzbereich in der und für die Politik?

---

28   „Policy analysis is finding out what governments do, why they do it, and what difference it makes"; Dye 1976; vgl. Schubert 1991: 25.

- *Funktionen und Ziele:* Welche ultimaten (fernen) und proximaten (nahen) Zielvorstellungen liegen kommunikativen Aktivitäten der Politik in der „Mediengesellschaft" dann zugrunde? Erfährt politische Kommunikation aus Sicht der politischen Akteure eine Funktionsverschiebung – etwa dahingehend, dass sie sich mehr als bisher geahnt als Politik-Surrogat erweist? Oder entwickeln sich nicht vielmehr politische Positionen und Akzente *während* des Politikvermittlungsprozesses? Welche Gründe sprechen dafür, und inwieweit wäre ein Wandel der politischen Kommunikation zu skizzieren? Inwiefern, schließlich, könnte darüber die demokratietheoretisch unmittelbar evidente Legitimationsfunktion politischer Öffentlichkeit betroffen sein?

In einem Interview mit der ZEIT äußerte ein Düsseldorfer Werbemanager nach gut einem Jahr der ersten Legislaturperiode Schröders, im September 1999, Parteien oder Politiker seien nunmehr mit Markenprodukten vergleichbar und könnten, ja sollten dem angemessen ihrer „Kundschaft" präsentiert werden: „Nivea tritt immer blau auf, und man erkennt die Werbung auch ohne Logo. Das muss auch für die Politikwerbung gelten." Zwar seien objektiv komplizierte Vorhaben der Regierung Schröder schwer zu vermitteln, jedoch die „Mobilfunktarife zu verkaufen ist mindestens so komplex wie die Rentenversicherung". Auf kurz oder lang müsse daher „das Vokabular der Politiker ersetzt werden durch das Vokabular geschulter Kommunikatoren"[29]. – Kommunikation und geschulte Kommunikatoren nachgerade als Allheilmittel politischer Vermittlungs- und/oder Reputationsprobleme in einer reizintensiven „Mediendemokratie"? Einige Indizien mögen für diese Ansicht sprechen, andere lassen sie überzogen erscheinen. Dass das Gerede von der professionell entwickelten und vermittelten Politik-Marke auch wesentliche Aufgaben demokratischer Politik und Verantwortung außen vor lässt (und die Komplexität des Willensbildungs-, Entscheidungs- und Wahrnehmungsprozesses zuweilen schlicht ignoriert), scheint angesichts der letztlich im Reformstau und etlichen historischen Stimmungstiefs stecken gebliebenen Regierung Schröder vordergründig evident. „Wer nicht schierer Konstruktivist ist, wird einräumen, dass es verdrängungsresistente Wirklichkeitsreste gibt, von denen politische Akteure auch in der Mediendemokratie eingeholt werden" (Sarcinelli 2004: 14). In solcher Hinsicht mag man dann auch den verfassungspolitisch schwierigen Ansatz von Neuwah-

---

29 Die Zeit, Nr. 38, vom 16. September 1999, S. 23 f.

len durch einen „Medienkanzler" als Ausdruck eines absoluten Nullpunktes der Politikvermittlungsoptionen verstehen. Und so ist für das Verständnis der modernen Demokratie und die Beurteilung der demokratischen Qualität des gesellschaftspolitischen Status Quo die Analyse politischer Kommunikation offenbar alles andere als lapidar. Damit sollen nun Grundlagen und Tendenzen einer Professionalisierung moderner Politikvermittlung erörtert werden.

2   Das Umfeld: Politik und Medien

> *Zeit:* „Welche Grausamkeiten werden im 100-Tage-Programm verkündet?"
> *Schröder:* „Wir wollen die Gesellschaft gerechter machen, das ist nicht grausam."
> *ZEIT:* „Im 100-Tage-Programm finden sich lauter Wohltaten?"
> *Schröder:* „Als Sie bei der ZEIT anfingen, hörte man durchaus von der
> ein oder anderen Grausamkeit, die Sie begangen haben.
> Nur mußten Sie, anders als ich, nicht gewählt werden."
>
> *Kanzlerkandidat Gerhard Schröder* 1998 in einem Interview mit der *Zeit*[1]

2.1   Politik, Medien, Demokratie

Im 18. Jahrhundert erkennt die Aufklärung das Individuum als Rechtssubjekt an und integriert es in den politischen Prozess. Zugleich wächst das Interesse an Verfassungsentwürfen, die einem Leitbild bürgerlicher Öffentlichkeit folgen. Im neuzeitlichen demokratischen Staatsdenken koppelt sich dann die Legitimation politischer Macht an den Willen der Beherrschten – und damit an eine kommunikative Leistung: „[...] Zustimmung und Begründung finden ihre Realisierung [...] im Rahmen politischer Kommunikation" (Sarcinelli 1998c: 253, 1998f: 551). So nimmt anfangs des demokratischen Zeitalters eine Pressefreiheit[2] Konturen an – eine „grandiose Idee" (Schulz 1994: 136), die einem allgemein zugänglichen Diskurs den Weg bahnt, in dem Entscheidungen und Vorhaben öffentlich erörtert werden. Herrschaft rechtfertigt sich nunmehr vor einer Öffentlichkeit – das Substantiv wird während der französischen Revolution populär (Gerhards 1998: 268) –, in der Programme begründet und Alternativen aufzeigt werden.

Die Demokratie, um eine *idealistische* Position anzuführen, lebt nicht allein von der Garantie individueller Freiheiten und den Grenzen staatlicher Macht, sondern auch von der Kenntnis der Bevölkerung von Ideen und Entscheidungen. Danach werden sorgsam abgewogene gesellschaftliche Interessen in den politischen Prozess überführt – „Interesseninput" –, Maßnahmen der Politik werden der Wählerschaft offengelegt – „Entscheidungs-

---

1   Die Zeit, Nr. 33, vom 6. August 1998, S. 5.
2   Schriftlich niedergelegt werden die Meinungs- und Pressefreiheit als Normen mit Verfassungsrang erstmals in der Virginia Declaration of Rights (1776), der Erklärung der Menschen- und Bürgerrechte der französischen Revolution (1789) sowie im ersten Verfassungszusatz der Vereinigten Staaten, dem „First Amendment" (1791).

output"[3]. Institutionen und Organisationen wie Parlamente und Parteien, Verbände und soziale Bewegungen sind dabei „Kommunikationskanäle, die den Brückenschlag vollziehen zwischen gesellschaftlicher Kommunikation und politischer Diskussion und Entscheidung" (Oberreuter 1997: 13). Wer verbindliche Geltung seiner Ideen beansprucht, hat deren Notwendigkeit öffentlich zu begründen; wer die Bürger als Souverän der Staatsgewalt behauptet, „der muß [sie] auch über alle anstehenden politischen Entscheidungen unterrichten" (Besson/Jasper 1990: 75). Im *öffentlichen* Wettbewerb der Ideen manifestiert sich politische Legitimation.

Dieses *publizistische* Anliegen der Aufklärung richtet sich nicht nur an die Politik, sondern bürdet sogleich den Medien die Verantwortung auf, öffentliche Kommunikation sicherzustellen. „[N]ur in kleinen, wenig differenzierten und überschaubaren Gesellschaften sind politische Kommunikationsprozesse ohne Massenmedien [...] denkbar." (Jarren 1988: 620) Wer in repräsentativen Demokratien herrschen will, bemüht sich um Öffentlichkeit, ja eine öffentliche Meinung: „[G]anz gleich, ob man Politik traditionell mit Macht, Werten, Konflikten oder dem Gemeinwohl verknüpft oder ob man sie [...] als den Prozeß der Herstellung allgemein verbindlicher Entscheidungen auffaßt – die Frage bleibt, wie Macht, Werte oder Gemeinwohl verwirklicht, wie Konflikte ausgetragen oder Verbindlichkeit hergestellt werden sollen, ohne daß Kommunikation ein zentrales Medium wäre" (Oberreuter 1997: 11). Dass hierfür heute die Medien als Mittler dienen, ist im Kern unbestritten. Ohne ein publizistisches System kann sich demokratische Politik in Massengesellschaften nur schwer entfalten. Im Grundsatz sollte dabei die politische Auseinandersetzung keinerlei Restriktionen unterliegen[4].

Die Freiheit der öffentlichen Kontroverse und der Wille zum Dialog sind unbestritten Werte der *parla*mentarischen Demokratie. Sie beruht zugleich auf dem Gedanken, dass Wohl und Wille der Gesellschaft nicht *a priori* fest-

---

3   Diese Formulierung dient hier allein der Illustration einer *typologischen Position*; die differenziertere Theoriediskussion in der Politikwissenschaft kennt derartig umweltoffene Input-Output-Modelle mit ihren linearen Steuerungssimplikationen kaum noch, sondern orientiert sich eher an transaktionalen Modellen; vgl. noch Kap. 9.

4   Zur Frage der kommunikativen *Verfahren* hat u. a. Jürgen Habermas (1988) eine Diskurstheorie formuliert; sie erkennt Kommunikation als Grundelement zwischenmenschlichen Handelns, definiert als Regulativ den Diskurs aber als deren bewusste Unterbrechung: Im Diskurs werden – mit hohen normativen Ansprüchen an den Diskursrahmen – *alle* problematischen Geltungsansprüche untersucht, womit die „Wahrheit" von Behauptungen und die Relevanz von Normen sich im Diskurs *entscheiden*; vgl. Giegel 1992; Kuhlmann 1999; Müller 1993: 61 ff.

gelegt werden können, sondern sich über permanente Disputation stets neu formieren – was immer auch die Einsicht voraussetzt, dass *die* politische „Wahrheit" von niemandem verbindlich behauptet werden kann und Streit in der Sache gefordert ist: „Konflikte innerhalb der ‚ménage à trois' – Politik, Medien und Öffentlichkeit – sind im Interesse demokratischer Auseinandersetzung wünschenswert" (Weischenberg 1990: 106). Was dabei als „Wahrheit" gilt, basiert auf der Konkurrenz von Meinungen: „Es ist die erzliberale Idee, daß sich politische Irrtümer nur durch den Prozeß des freien Diskurses, durch den Streit der Meinungen vermeiden lassen" (Schulz 1994: 136).

Bei dieser erzliberalen Idee handelt es sich um einen pragmatischen Gedanken, nach dem sich – ausgehend vom Prinzip des Nicht-Wissens um *sichere* Einsicht in wahrlich *vernünftige* Politik, sozusagen: aus Mangel an Beweisen – politische Ziele und die Wege dorthin einem *Trial-and-Error*-Verfahren unterziehen sollten: Versuch und Irrtum. „[Der demokratische Grundkonsens] kann nicht vorgetäuscht werden, etwa in einem Verfassungstext, sondern lebt von der Authentizität einer öffentlichen Praxis der Problem- und Konfliktlösung [...]" (Müller 1993: 23). Meinungsvielfalt ist somit konstitutiv für demokratische Systeme, da die Politik nicht nach letzten Wahrheiten streben kann, „sondern allenfalls nach einem mehrheitsfähigem Konsens" (Kuhlmann 1999: 69); politisches Handeln bindet sich darüber unmittelbar an das Planen und Entwerfen von Kommunikation: „Politische Strategien ohne Kommunikationsstrategien sind in der modernen Demokratie undenkbar. Wer eine Politik entwirft, muß auch ihre Kommunikation mit einbeziehen" (Radunski 1980: 7). Pluralismus in der politischen Kommunikation meint zugleich den ernsthaften, nicht allein rituellen Versuch kontinuierlicher, wechselseitiger Debatte. In diesem Sinne dient etwa die Pressefreiheit einer Form der Entscheidungsfindung, die nicht auf die Rationalität einzelner Personen oder Organe vertraut, sondern eine permanente Auseinandersetzung forciert[5]. „Mit der liberalen Demokratie verbindet sich nur insofern ein universaler Wahrheitsanspruch, als sich im Rahmen der allen zukommenden politischen Freiheit Wahrheit nur als ‚Meinung' im

---

5   Einen idealen Diskurs kann es jedoch aus verschiedenen Gründen nicht geben: Etwa können meist nicht alle Betroffenen eingebunden werden, noch besitzen alle Teilnehmer den notwendigen Informationsstand. Auch nimmt die Diskursethik im Grundsatz an, die Diskutanten fänden immer einen Konsens, wenn sie nur lange genug miteinander debattierten; Zeit hingegen ist nicht nur eine knappe Ressource, sie besitzt für die Teilnehmer unterschiedlichen Wert; vgl. auch Bohnet 1997: 19; Giegel 1992.

Sinne von Hume („all government rest on opinion') artikulieren kann." (Sarcinelli 1998f: 552) In dieser Tradition schrieb der Sozialphilosoph Karl Popper (1995: 173): „Der Wert einer Diskussion hängt geradezu von der Verschiedenartigkeit der sich messenden Ansichten und Meinungen ab. Gäbe es kein Babel, so müßte man es erfinden".

Ein solches Babel entstand im 19. Jahrhundert parallel zur Evolution moderner Verfassungsstaaten in Gestalt eines Journalismus als System aktueller Aussagenproduktion (vgl. Altmeppen/Löffelholz 1998). Die funktionale Differenzierung moderner Gesellschaften ging zugleich einher mit der Beschleunigung medientechnischer Innovationen. Die Etablierung der Massenpresse und der elektronischen Medien ermöglichte dabei die Institutionalisierung eines öffentlichen Kommunikationsraums, der die Präsenz der Kommunikationsteilnehmer nicht erforderte (vgl. Gerhards 1998: 270). Früh im 20. Jahrhundert setzte daneben ein vehementer Streit ein um Reichweite und Wirkung der Medien – primär unter den Vorzeichen von Krieg und Propaganda (vgl. Halbach/Faßler 1998: 38). Nachdem sich die Medien schrittweise von externen Einflussfaktoren lösen konnten – Zensur, Parteibindung, ideologische Interessen –, entwickelten sie sich zu einem autonomen Institutionentypus (vgl. Jarren/Donges 2002a; Kap. 2.3).

Zweifellos spielen die Medien für die Performanz moderner Demokratien eine zentrale Rolle. Diese Konstellation erweist sich als ambivalentes Phänomen, weil damit teils gegenläufige Vorstellungen verbunden werden: Zum einen a) wird traditionelle Regierungsarbeit in Frage gestellt – „[d]er Höhepunkt eines Gipfeltreffens ist nicht mehr der Meinungsaustausch der Staatschefs, sondern die Pressekonferenz" (Guéhenno 1996: 50) –, zudem b) hegt man zugleich die Hoffnung, mit der Medientechnik nähere man sich einer „partizipativen Demokratie nach Art eines ‚plébicite de tous les jours'" (Sarcinelli 1997a: 316), c) kristallisieren sich die Medien zusehends als politische Wirklichkeitsgeneratoren *sui generis* und schließlich d) etablieren sie sich als primärer Horizont für die politische Orientierung ihres Publikums.

In der Tat ist Politik überwiegend ein „erfahrungsferner Sektor des gesellschaftlichen Handelns, der durch große Komplexität und Ambiguität gekennzeichnet ist" (Schmitt-Beck 1994: 159). Nur wenigen ist es möglich, das, was Politik *en détail* ausmacht, persönlich nachzuvollziehen. Eine hinlänglich reife Belehrung von Macht, die die immense Vielfalt des Politischen berücksichtigte, würde einen erheblichen Aufwand an Informationssuche und -verarbeitung beanspruchen. Ein Weg, anfallende Kosten (wie Zeit) zu senken, ist das Sammeln und Interpretieren politischer Informationen zu delegieren – etwa an Medien. Diesem funktionalen Argument folgend werden sie als Garanten einer aufgeklärten Öffentlichkeit gehandelt. Welche Kriterien lassen sich zur „demokratischen Qualität" des gesellschaftlichen Kommunikationsgefüges anlegen (vgl. Sarcinelli 1998b: 12)?

1. *Zugangspluralität und -offenheit:* Der Zugang zu Informationen und zum Kommunikationssystem sollte nicht exklusiv, also nur bestimmten Personen vorbehalten sein; demokratische Politikvermittlung basiert auf einer Vielzahl medialer Quellen, die – im Sinne eines „Jedermann-Rechts" – allen zugänglich sein sollten.

2. *Richtungspolitische Pluralität:* Politikvermittlung sollte auf einer Vielfalt der Informationsanbieter beruhen, so dass sich die zentralen politischen Grundlinien im Medienangebot widerspiegeln.

3. *Pluralität der Komplexitätsgrade:* Dieses vielfältige Angebot sollte über abgestufte Komplexitätsgrade realisiert werden, damit Politikvermittlung unterschiedliche Adressaten erreicht.

4. *Kommunikative Rückkopplung:* Im Sinne einer responsiven Kommunikation darf sich Politikvermittlung nicht auf eine einseitige „Top-Down"-Kommunikation beschränken, sondern sollte umgekehrt Interessen und Anliegen der Bevölkerung an die Politik herantragen.

Damit verbindet sich eine lange Liste praxisbezogener „Übersetzungs"-Probleme. Nach dem Ende des Zweiten Weltkrieges förderten die Alliierten in der Bundesrepublik ein Rundfunksystem, das einem Leitbild demokratischer Massenkommunikation folgt: Sachlichkeit und Ausgewogenheit in Stil und Form. Ähnlich wurde den seit Mitte der 80er Jahre zugelassenen privaten Rundfunkveranstaltern eine integrative, dienende Aufgabe angetragen, wenngleich mit deutlich anderen Anforderungen an Organisation und Programm. Insbesondere das Bundesverfassungsgericht hat noch in seiner laufenden Rechtsprechung medienpolitische Weichen gestellt (vgl. Branahl 1992; Tonnemacher 1996: 125 ff.).

Ausgangspunkt ist hier das in Art. 5 GG verankerte Jedermann-Recht der Meinungs- und Informationsfreiheit – ein medien- wie individualbezogenes Abwehrrecht zum Schutz vor staatlichen Eingriffen. Im Einzelnen erstreckt sich das auf (1) die Sicherung der Meinungsäußerung vor Strafe, (2) das

Verbot der Zensur, (3) einen freien Zugang zu publizistischen Berufen, (4) die Auskunftspflicht der Behörden gegenüber publizistischen Organen, (5) das Zeugnisverweigerungsrecht der Journalisten. In Verbund mit anderen Verfassungsvorgaben hat das Gericht eine *Ordnungsvorstellung*[6] massenmedialer Kommunikation herausgearbeitet (vgl. Hoffmann-Riem/Schulz 1998: 156). So befürwortet Karlsruhe mit Blick auf den Pluralismus im Rundfunk – anders als bei der Presse – die Schaffung einer positiven Ordnung durch *Gewährleistungsauftrag*: „Rundfunkveranstaltung ist [...] nur dann zulässig, wenn zuvor sichergestellt ist, dass eine Kommunikationsordnung entsteht, die einen freien öffentlichen Kommunikationsprozess ermöglicht" (ebd.: 157). Gesetzlicher Rahmen oder Freiraum dient damit nicht der wirtschaftlichen Prosperität von Rundfunkunternehmen, sondern primär der Öffentlichkeitsfunktion. Die öffentlich-rechtlichen Sender haben eine „Grundversorgung" zu gewährleisten, die privaten eine „Zusatzversorgung"[7]. Das Gebot des „Binnenpluralismus" im öffentlich-rechtlichen Rundfunk soll inhaltliche Vielfalt garantieren; der Außenpluralismus" der privaten Sender – viele Anbieter – ist dem ebenso verpflichtet, „ohne daß es allerdings [...] operationalisierbare Vorgaben [...] gäbe" (Jarren 1998e: 77).

In der Bundesrepublik wurde darüber das Prinzip des Wettbewerbcharakters politischer Kommunikation realisiert. Niemand erwartet von den Protagonisten, Gegenargumente vorzustellen und räsonierende Selbstkritik zu üben. Das wird den Medien überlassen. Sie stehen in einer pluralen Gesellschaft vor der Aufgabe, die Meinungsbildung ihres Publikums ausreichend abgesichert zu ermöglichen. Der Journalismus greift dazu auf Binnennormen zurück – etwa im Kodex des deutschen Presserates: Vollständigkeit, Objektivität, Verständlichkeit, Transparenz, Sachlichkeit der Berichterstattung und mehr. Unbesehen, dass eine Liste mehr oder minder folgenschwerer Abweichungen von solchen Maßgaben Legende wäre (vgl. z. B. Kalt 1993; Müller-Ulrich 1998; Ulfkotte 2001) – die Rolle der Medien und ihre Eigengesetzlichkeiten, ihr Einfluss auf die Politik, ja den politischen Stil einer Gesellschaft ist seit langem Gegenstand heftiger Kontroversen.

---

6   „Ordnungsvorstellung" ist hier nicht mit staatlicher Regulation gleichzusetzen. Karlsruhe hat
     mehrfach die prinzipielle staatliche Unabhängigkeit der Presse und des Rundfunks betont: In der
     Bundesrepublik bedarf nicht die De-Regulierung des Mediensystems einer Begründung, sondern
     seine Regulierung; vgl. u. a. Branahl 1992.
7   Zur damit verbundenen Problematik einer „zweigleisigen" Normvorgabe siehe u. a.
     Bruns/Marcinkowski 1997; Schatz 1994.

2.2   Medien und Politik: Modelle zur Einführung

1908 nannte der Abgeordnete Adolf Gröber die am Deutschen Reichstag akkreditierten Journalisten „Saubengels" – woraufhin diese in einen Streik traten und erst eine Woche darauf, nach einer durch Reichskanzler von Bülow erzwungenen Entschuldigung Gröbers, ihre Arbeit wieder aufnahmen (und über eine Rede des Kanzlers berichten konnten; vgl. Kleinsteuber 1996c: 33). Lässt man die Diskussionen auch der letzten Jahre Revue passieren, dann erscheinen die Verhältnisse in der Trias politischer Kommunikation – Politik, Medien, Bevölkerung – noch erheblich gestört. Gerade die traditionell so enge wie notwendigerweise spannungsreiche Beziehung zwischen Politik und Journalismus steht unter globalem Scheidungsverdacht: „Politik- und Politikerversagen wird von Journalisten und Medien angeprangert, während die Politiker den Journalisten mangelnde politische Kenntnisse sowie Fähigkeiten und abnehmende Bereitschaft zu einer angemessenen und sachlichen Berichterstattung [...] vorhalten" (Jarren 1994c: 23). Beide Gruppen wiederum beklagen in wechselnden Vorwurfs-Metaphern eine „Politikverdrossenheit" der Bevölkerung: Das Politische sei der Lebenswelt der Bevölkerung entzogen, wozu die Medien einiges beitrügen, und die Politik versage beim Vermitteln brisanter Notwendigkeiten (vgl. Holtz-Bacha 1990; Wolling 1999).

Einige Positionen dieser Diskussion dürften auf unterschiedliche Vorstellungen zur Praxis politischer Kommunikation zurückzuführen sein: Wer bestimmt, wann was mit welcher Akzentuierung veröffentlicht wird? Wer verantwortet, dass einige Fragen mehr oder weniger ausführlich debattiert werden, während andere unberücksichtigt bleiben? Wie konkretisiert sich also ein „Resonanzraum" Politik, Journalismus, Öffentlichkeit? Vier Modelle eignen sich als einführende Illustration: Das *Top-down-*, das *Mediokratie-*, das *Bottom-up-*, das *Biotop-Modell* (vgl. von Alemann 1997; Kleinnijenhuis/Rietberg 1995; Abb. 2).

Folgt man dem *Top-down-Modell* (A), dann sind es vornehmlich die Politiker, die mit ihrem Regieren und Opponieren „die reale Welt beeinflussen, die Rückmeldungen aufnehmen und daraus die politische Tagesordnung formen, und sie dann an die Medien weitergeben, die sie schließlich an das Publikum vermitteln" (von Alemann 1997: 479). In einer „Kaskade" rangierten sie zentral, da sie allgemeine Verbindlichkeiten wie Gesetze, Normen,

Verordnungen beschließen (oder verhindern wollen) und Einfluss nehmen auf die Lebenswelt der Bevölkerung – und dies eben nicht nur über Politik-findungs- und Entscheidungsverfahren hinter verschlossenen Türen: Sie treten öffentlich auf, geben Interviews, diktieren Pressemitteilungen, setzen sich in Talkshows auseinander, führen Wahlkämpfe und beanspruchen Aufmerksamkeit für ihr Anliegen.

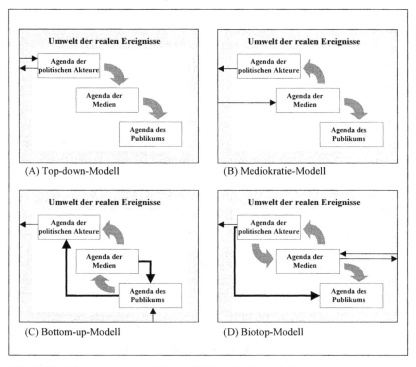

Abb. 2: Modellannahmen zur Trias politischer Kommunikation
Quelle: von Alemann 1997: 482 ff.

Problematisch wäre es danach, wenn bestimmte Personen oder Gruppen einen *systematisch* leichteren Zugang zu Medien und darüber zu öffentlicher Beachtung fänden als andere (sei es durch persönliche Kompetenz oder strukturimmanente Phänomene, wie etwa einen „Kanzlerbonus"). Darüber würde sich eine Rangordnung an *Definitionschancen* formieren: aus einer *Amts*hierarchie folgte eine *Kommunikations*hierarchie. Hinsichtlich einer Distanz zwischen Politik und Bevölkerung wären hiernach primär die politischen Eliten zu beanspruchen.

Das *Mediokratie-Modell* (B) wechselt die Perspektive und sieht die Medien als zentrale meinungsbildende Institutionen, weil sie politisches Handeln beobachten und ihren Publika darlegen. Nachgerade als „vierte Gewalt"– „möglicherweise sogar [als] eine Art Übergewalt" (von Alemann 1997: 485 f.) – bestimmten sie gegenüber der Politik das, was näher zu diskutieren sei: Medien, so eine bekanntere These, „kolonisieren die Politik" (Meyer 2001). Das Mediokratie-Konzept betont den Umstand, dass viele von der Politik initiierte Vorgänge ob ihrer Komplexität sowie der Dispersität des Publikums durch Medien vermittelt (und kanalisiert) werden. Problematisch wird die nahezu exklusive Bindung der Medien an das Erfassen und Interpretieren von „Realität": Die „Mediokratie" lässt Spielraum für eine „ausstrahlende" Eigenlogik der Medien in ihrer Umweltorientierung, ja sie pointiert diesen Eigensinn; die Regeln des Mediensystems bestimmten die Regeln anderer gesellschaftlicher Systeme. Die „Mediokratie" gibt einer „Volatilität, ein[em] Flüchten von einem Trend zum nächsten Thema" (von Alemann 1997: 487) Raum – was nur unwesentlich durch Thematisierungskompetenz der Politik begleitet würde. Seinen Niederschlag findet dieser medienzentristische Akzent in der (meist mit Fragezeichen versehenen) Wandlungsmetapher von der (alten) Parteien- zur (neuen) Mediendemokratie (von Alemann/Marschall 2002b; A. Müller 1999; Sarcinelli 1998e).

Im *Bottom-up-Modell* (C) spiegelt sich ein klassisches demokratisches Credo wider, als hier die Bevölkerung Probleme und Erfahrungen an der Basis aufnimmt und als Träger einer „öffentlichen" Meinung die „veröffentlichte" Meinung und die politische Agenda bestimmt. Die Allgemeinheit „prägt also sowohl direkt als auch indirekt über die Medien die Meinungen und Entscheidungen der Politiker und Parteien" (von Alemann 1997: 480). Medien dienen hier als Sprachrohr politischer Willensbildung von unten nach oben. In dem eingangs zitierten Auszug aus dem „Spiegel-Urteil" des Bundesverfassungsgerichts schlägt sich diese Perspektive nieder. Zur Agenda-Diskussion müsste angeführt werden, die politische Tagesordnung entspräche doch dem Anliegen der Gesellschaft. Das Problem dieses Modells ist empirischer Natur: Studien zeigen seit längerem eine aus unterschiedlichen Gründen mangelnde systematische Bindung der Medien an eine „politische Tagesordnung" des Publikums. Zumindest ist ein Kommunikationsfluss

von der Bevölkerung über die Medien hin zur Politik meist allein anekdotisch nachzuzeichnen. Die Empirie stützt eher den zweiten Schritt von der
medialen zur politischen Agenda – und umgekehrt (vgl. Rössler 1999: 153).
Das *Biotop-Modell* (D) schließlich greift einzelne Elemente der vorherigen
auf und erkennt reflexive Effekte: So nimmt die Politik Einfluss auf die Medienagenda und orientiert sich zugleich an dem, was dort thematisiert wird.
Medien wie auch Politik besitzen eine autonome Bindung an eine „Realität".
Hingegen richtet sich die politische Tagesordnung des Publikums nach der
    nberichterstattung und lebensweltlicher Politikerfahrung. Dennoch
    es sich hier nicht um eine konturenlose Interdependenzbeziehung:
    Das Biotop-Modell weist mehrere Zentren auf, da es einerseits das „Zu-
sammenleben" von medialen und politischen Akteuren erfasst und doch
Abhängigkeiten wie eigenständige Thematisierungspotenziale einschließt.
Politik und Medien entziehen sich daneben nicht einer Umwelt realer Ereignisse – einer fragmentiert wahrgenommenen Umwelt, die sie beeinflussen,
auf die sie reagieren.

So eingängig manche der hier einfließenden Standpunkte zur politischen
Kommunikationspraxis sein mögen: hinsichtlich der Trias politischer Kommunikation besteht Differenzierungsbedarf. Etwa legen zur Frage der öffentlichen Tagesordnung und einer Distanz der Bevölkerung von der Politik
detailliertere Untersuchungen nahe, Medien, Genres und Formate vorsichti-
ger zu unterscheiden sowie interpersonale Kommunikation, intervenierende
Drittvariablen (z. B.: Identifikation mit der politischen Gemeinschaft, politische Kenntnisse, sozio-ökonomische Indikatoren) zu berücksichtigen – in
Form von multivariablen Interaktionseffekten (vgl. Wolling 1999: 225 ff.). Sie
sind nur im Ansatz in den angeführten Konzepten greifbar. Elaborierter ist
ein Modell politischer Thematisierungsprozesse von Patrick Rössler. Fasst
man die dort dargestellten Beziehungen der politischen *ménage à trois*
summarisch, dann wird die Sonderstellung der Medien für die gesellschaftliche Themensetzung deutlich, „weil sie als *Scharnier* fungieren
zwischen einem politischen System, das die Öffentlichkeit im wesentlichen durch die Vermittlungsleistung der Massenmedien erreicht, und
eben dieser Öffentlichkeit" (Rössler 1999: 153; Herv. i. O.). Nun verein-
facht auch dieses aggregierende Modell, da zum einen die Akteursdi-
mensionen nicht klar voneinander zu trennen sind; zum anderen sind
Thematisierungsprozesse nicht stringent als bilateral zu begreifen.

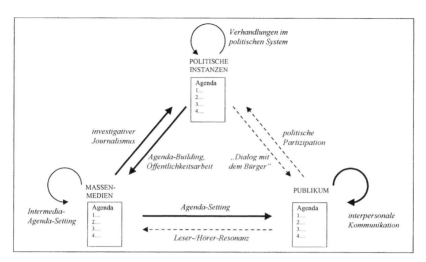

Abb. 3: Thematisierungsprozesse in der klassischen Medienlandschaft[8]
Quelle: Rössler 1999: 153.

Bei der Organisation politischer Programme spielt die *erwartete* Medienberichterstattung eine wichtige Rolle, Medienberichte werden in interpersonaler Kommunikation aufgegriffen, die Medien selbst problematisieren gemeinsam mit Politikern in Talkshows, wo Publizität akzentuiert oder ausgeschlossen wird usf. Und: auch Medien beobachten politisches Geschehen
mitunter nur mittelbar über Medien, insofern ist „politische Kommunikation
[...] ein politisch-publizistischer Resonanzraum mit wechselseitiger Beobachtung [...] der beteiligten politischen und medialen Akteure" (Sarcinelli 2005:
15). Als Grundmuster gesellschaftlicher Thematisierungsvorgänge ist die
Konzeption aber hinreichend empirisch gesichert. Bei allem Dissens in De-
tailfragen dominiert in der politischen Kommunikationsforschung heute
diese Perspektive eines komplexen Interaktionsgefüges: „Politik und Medien [als] ein Handlungssystem, das durch die Akteure und ihre Interaktion
konstituiert und durch Rollen und Regeln stabilisiert wird" (Jarren/Donges
2002a: 27).

Waren für Max Weber (1980 [1921]) noch Bürokratie und Märkte die
prägenden Kategorien der Moderne, so würde er heute sicherlich auch auf
Medien referieren. Sie unterliegen zugleich permanenten Wandlungsprozes-

8   Die unterschiedlichen Stärken der Pfeile signalisieren die Stärken der Einflüsse.

sen: Manifestiert in den Stichworten „Informations"- oder „Kommunikationsgesellschaft" geht mit der Ausdifferenzierung im Mediensystem der
Bundesrepublik im Zuge der Einführung des dualen Rundfunksystems ein
(sozial-)struktureller Wandel politischer Kommunikation einher. Zugleich
entwickelte sich die Telekommunikationsindustrie als Hoffnungsträger für
wirtschaftliche und technische Innovation. Diese Lage berührt zunächst
Fragen einer der globalen Verflechtung angepassten Medienpolitik. Mit
Blick auf die politische Kommunikationskultur und das Verhältnis von Bürgerschaft und Politik bedeutsamer ist eine steigende Differenziertheit – sowohl innerhalb des Mediensystems als auch bei den Rezipienten (vgl. Ha-
sebrink/Rössler 1999).

Verlieren die Medien z. B. ihre Integrationskraft, weil sie zu einer „Zer-
splitterung", „Zerstreuung" des Publikums beitragen (vgl. Holtz-Bacha/
Peiser 1999)? Führt eine konturenlose Öffentlichkeit zu einer „Fragmentierung" der öffentlichen Meinung (vgl. Gerhards 1998: 273)? Agieren dann
Politiker unter „Vielkanalbedingungen" (Schulz 1998) vor einer „flüchtigen"
Ex-Allgemeinheit in *Politainment*-Formaten, um überhaupt „wahr"-
genommen zu werden (Dörner 2001)? Insbesondere der Terminus „Mediendemokratie" markiert über seine grundlegende Bedeutung für den demokratischen Prozess hinaus eine „weitgehende Entkopplung der Massenmedien von sozialen und politischen Institutionen" (Jarren/Röttger 1999: 199).

2.3 Medien als Akteure des intermediären Systems

Politische Interessenvermittlung vollzieht sich in der Bundesrepublik traditionell im Rahmen eines intermediären Systems: Parteien, Verbände, Kirchen, Gewerkschaften, Interessensgruppen, soziale Bewegungen – und Medien: Der demokratische Wettbewerb beschränkt sich nicht nur auf einen
periodisch gewählten und dann mit allen Handlungsfreiheiten ausgestatteten Politikkader, sondern umfasst die Einbindung gesellschaftlicher Gruppen in den Willensbildungsprozess, durchaus als eine Art „Legitimations-
puffer gegenüber einem ungefilterten Volkswillen" (Sarcinelli 2005: 94).
Anders ausgedrückt: die „individuelle Demokratie" des Wahlzettels wird
ergänzt durch eine „kollektive Demokratie" intermediärer Instanzen (vgl.
Detjen 1998: 275). Sie bündeln sowohl langfristige politische Programme als
auch kurzfristige Stimmungen ihrer Klientel und formulieren sie gegenüber

der Politik (vgl. Pfetsch/Wehmeier 2002: 47). So sitzen als binnenpluralistischer Ausdruck dessen in den Gremien der öffentlich-rechtlichen Rundfunkanstalten Vertreter von Kirchen, Parteien und anderen gesellschaftlichen Gruppen; Verbände werden regelmäßig bei Gesetzesinitiativen gehört, meist auf Referentenebene, spätestens bei den Anhörungen.

Mit dem sozialen Wandel moderner Gesellschaften geht ein Strukturwandel des intermediären Systems einher. Zunächst finden sich bezogen auf etwa die letzten zwei Jahrzehnte zahlreiche Belege für soziale Wandlungsprozesse (vgl. u. a. Jarren 1994c: 25 f.; Schönbach 1996):

- Immer weniger Personen engagieren sich in Parteien oder Gewerkschaften und Verbänden; die politische Organisationsbereitschaft von der Wiege bis zur Bahre geht zurück;
- analog hierzu verlieren ideologische Bindungen an Parteien an Attraktivität; dem folgt u. a. eine Zunahme der Wechselwählerschaft und eine Fluktuation der Menschen zwischen verschiedenen Organisationen;
- die Bevölkerung begegnet der Politik zunehmend unter dem Signum einer Dienstleistungserwartung – mit Präferenzwechseln bei „Nichterbringung" des Begehrten.

Begleitet werden diese Entwicklungen von Reorientierungsbemühungen einzelner Organisationen und neuen Formen der Institutionalisierung: das Beziehungsgefüge des intermediären Systems verschiebt sich, wobei die Medien gegenüber traditionellen Strukturen an Autonomie gewinnen. Wurde dem Mediensystem vormals eine gesellschaftlich „dienende" Aufgabe angetragen, so folgt der Differenzierung innerhalb dieses Systems in den 80er Jahren eine *relative* Entpflichtung hiervon. Etwa wird unter Wettbewerbsbedingungen von den kommerziellen Marktakteuren die Erfüllung allgemeinwohlorientierter Vorgaben nicht im herkömmlichen Sinne erwartet. Darüber entkoppelt sich das Mediensystem von den traditionellen Institutionen, es evoliert selbst zur „zentralen Infrastruktur der modernen Gesellschaft" (Jarren 1998e: 74). Dies stützt sich auf Aspekte der Ökonomisierung, Internationalisierung, eines technischen Wandel, neue Medientypen und eine dynamische Differenzierung der Medienkultur (ebd.: 78 ff.):

Ökonomisierung: Mit den kommerziellen Anbietern im Rundfunksystem tritt neben eine Qualitätsorientierung (Medien als „Kulturgut") die Marktorientierung der Verleger und Produzenten. Hinsichtlich der Medieninhalte findet dies ihren Niederschlag beim Fernsehen in der Ausrichtung der Qualitätsmaßstäbe des Programms an Einschalt- und Marktanteilquoten: in einem „Reichweitenfetischismus" (Kraus 1989: 46). Unter den Konditionen des marktwirtschaftlichen Wettbewerbs mit seinem Paradigma der kaufmännischen Effizienz geht es diesen Sendern letztlich nicht darum, möglichst viele Personen besonders gut zu informieren; vielmehr zeigen sie sich konsequent daran interessiert, konsumfreudige Zuschauergruppen an den Sender und seine Werbezeiten zu binden. Organisationsstrukturell treten zahlreiche Unternehmen in Erscheinung, die sich zuvor nicht in der Publizistik engagierten (vgl. Jarren 1998e: 79): Kapitalstarke Investorengruppen zieht die Attraktivität der Medien als Anlageobjekte an. „Mit den neuen Unternehmen und Eignern ändern sich allmählich die Handlungsnormen im gesamten Mediensystem bis hin zu einzelnen Medienunternehmen sowie Veranstaltern: von kulturell und politisch sowie publizistisch geprägten Vorstellungen hin zu ökonomischen Leitbildern." (ebd.)

Internationalisierung: Parallel zur Integration regionaler Märkte und der Verknüpfung verschiedener Volkswirtschaften ist seit einigen Jahren auf dem Mediensektor eine zunehmende internationale Verflechtung zu beobachten – in der Produktion, beim Handel mit Rechten, bei der Technikentwicklung (Jarren 1998e: 81). Gesellschaftliche Regulierungsinstanzen stellt all dies vor medienpolitische Herausforderungen, und so bleibt es auch angesichts eines Standortwettbewerbs der Länder und den ökonomischen Verwerfungen in der Medienbranche nach wie vor fraglich, ob die föderale Regulierungs- und Aufsichtsstruktur der Bundesrepublik in der Lage sein kann, Instrumente einer dem Rundfunk (auch) als ökonomisches Gut angemessenen Rundfunkordnung zu erarbeiten. Die für die Aufsicht der privaten elektronischen Medien zuständigen Landesmedienanstalten besitzen z. B. kaum *wirtschaftsrechtliche* Kompetenzen, um privatwirtschaftlich operierende Eigner auf gesellschaftliche Ziele zu verpflichten. Und selbst der Europäischen Union fehlt es – nach wie vor – an ordnungspolitischen Sollkriterien, an „Regulierungsleitbildern, an Organisationen und an Instrumenten" (ebd.) zur Bewältigung der durch die Unternehmensverbindungen und neue Verflechtungsstrukturen aufkommenden medienpolitischen Aufgaben.

Technischer Wandel: Die Medientechnik, die Telekommunikations-, Informations- und Kommunikationstechnologien zeichnen sich durch eine anhaltende Innovationsdynamik aus. Schlagwörter einer verschwimmenden

Grenze von Individual- und Massenkommunikation sind beim Fernsehen, *pay-TV, pay-per-view, video-on-demand, near-video-on-demand* – und eine Wortschöpfung wie *free-TV*. Internet, Mobil-, Online- und Podcast-Dienste sind die zentralen Marker eines dynamischen technologischen Wandels, der die Lebenswelt der Bevölkerung zumindest der Industriestaaten erfasst hat. Reichweite und Effizienz dieser Medien sowie der erhöhte Marktdruck auf Medienunternehmen erlauben und stützen Individualisierungsprozesse.

Neue Medientypen: Mit neuen Distributionstechniken ergeben sich nicht nur mehr Optionen für das Publikum, es bilden sich auch neue Angebotsformen, die meist nicht die Bevölkerung als Gesamtheit, sondern in Form zahlreicher Publika ansprechen. Neben Vollprogrammen platzieren sich Sparten- und Zielgruppenmedien sowie Informations- und Kommunikationsnetze mit eigenständigen Leistungsmerkmalen (z. B. Dezentralität, Interaktivität). Darüber hinaus ist eine weitere formative Differenzierung zu erwarten: „Schon die quantitative Zunahme an Medien erfordert unter Marktbedingungen eine stärkere Profilierung der einzelnen Medien untereinander und führt zu einer wachsenden Spezialisierung und thematischen Verengung. [...] [Die Medien] müssen sich an Modetrends, rasch ändernden Publikumsinteressen oder neuen Werbewünschen orientieren" (Jarren 1998e: 83). Der Evolution neuer Medientypen folgt eine Zielgruppenspezialisierung, eine Erhöhung der Wahlmöglichkeiten des Publikums, worüber die gesellschaftliche Integrationskraft *einzelner* Medien sinkt. Dieser Trend beschleunigt den Differenzierungsprozess der Medienkultur selbst:

- Die Reichweite der Medien hat im Vergleich zu anderen gesellschaftlichen Organisationen beständig zugenommen;
- ihre Unabhängigkeit gegenüber anderen Organisationen unterstützt einen „Eigensinn" in Form eines Autonomiegewinns;
- die Innovationsdynamik im Bereich der Medientechnologie hat neue Medientypen und eine differenzierte Berufskultur mit auch divergierenden ethischen Standards generiert;
- ökonomische Parameter werden innerhalb der Publizistik wichtiger;
- die Entkopplung der Medien von gesellschaftlichen Organisationen erhöht die Selbstbezüglichkeit innerhalb des Mediensystems;
- medieninterne Selektionsmuster (Aktualität, Sensation, Personalisierung u. a.) dominieren das Kommunikationsgefüge und stützen den Bedeutungszuwachs der elektronischen Medien.

Dem folgt eine umfassende Reorientierung der gesellschaftlichen Vermitt-
lungsstruktur, des intermediären Systems und der Handlungsoptionen seiner Akteure – was auch als „Mediatisierungen" begriffen wird[9].
Medien sind dann nicht allein als „dienende" Instanz – Mittler, Vermittler der Anliegen
anderer Organisationen – zu verstehen, vielmehr als institutionalisierter
Handlungsrahmen, während sie *zugleich* selbst Akteursstatus einnehmen:
„Sie entwickeln eine eigene Handlungslogik ([...] Umweltbeobachtung; [...]
Publikumsbezug), und in ihnen wird intentional und strategisch auf selbst-
gesetzte Ziele entsprechend ökonomischer Orientierung gehandelt (The-
menselektion, -aufbereitung und -darstellung)" (Jarren 1998e: 85).

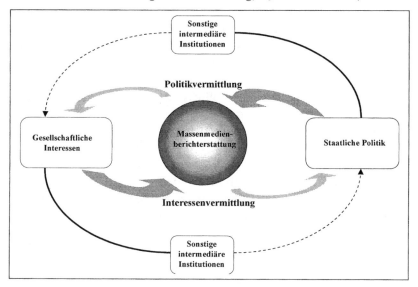

Abb. 4: Massenmedien im politischen Vermittlungsprozess[10]
Quelle: Bruns/Marcinkowski 1997: 23.

Diese Entwicklung ist als „Emanzipation der Medien von den sie vormals
tragenden Institutionen" beschrieben worden (Jarren 1996: 87): Als eigen-

---

9   In einer abgewandelten Form wird dies auch als *Dependenzthese* formuliert, nach der die Politik
     und ihre Akteure weitgehend von den Eigengesetzlichkeiten der Medien abhängig seien; im Ge-
     gensatz hierzu betont eine *Instrumentalisierungsthese* eine Abhängigkeit der Medien von der Poli-
     tik; siehe, dass beide Positionen mehr oder weniger explizit von einem Über- respektive Unter-
     ordnungsverhältnisses von Politik und Medien ausgehen; vgl. Schulz 1997: 24 f.
10   Die Stärken der Pfeile unterstreichen die spezifischen Selektionsprozesse, die in diesem Kontext
     zu beobachten sind.

ständige Vermittlungsinstanz beeinflussen Medien die Handlungsoptionen der übrigen Akteure des intermediären Systems – und ihre Bedeutung steigt, wenn andere gesellschaftliche Organisationen weiter an Bindungskraft einbüßen. Medien können mehr denn je politische Prozesse anstoßen, intensivieren, verdichten, Akzente setzen: eine entscheidungsidentifizierende (*ex ante*) und entscheidungssanktionierende (*ex post*) Rolle einnehmen (vgl. Sarcinelli 1994b: 4). Als Infrastruktur politischer Kommunikation prägen sie Form, Gehabe und Effekt der gesellschaftlichen Interessenvermittlung. Häufig *entstehen* politische Positionen, Programme usf. dann erst im Prozess öffentlicher Kommunikation über politische Optionen.

Mit dieser – wenn man so will: konstruktivistischen – Kraft sind die Medien mehr denn je, wie es das Bundesverfassungsgericht formulierte, „Medien und Faktor"[11]: Mittler *und* Gestalter der Vorgänge, über die sie informieren und orientieren wollen. „[D]ie Medienrealität spiegelt weder gesellschaftliche Interessen noch staatliche Politik in Form einer ‚Punkt zu Punkt-Entsprechung'" (Bruns/Marcinkowski 1997: 23). Eine relative Autonomie – „[r]echtlich und politisch werden die Medien tendenziell weniger in eine gesellschaftliche Pflicht genommen" (Jarren 1994c: 29) – führt über eine novellierte Orientierung am Publikumsmarkt „zu einer geringeren, zumindest selektiveren Berücksichtigung von Vermittlungswünschen aus den gesellschaftlichen Organisationen. [...] Die Politikorientierung in den Medien [...] nimmt ab" (Jarren 1998e: 86). Aus der Sicht der politischen Akteure gestaltet sich Politikvermittlung zusehends diffiziler, ja es ist zu erwarten, dass der Ökonomisierungsdruck im Mediensystem steigt und sich der medienpolitische Handlungsspielraum weiter verringert.

Das korrespondiert mit Entwicklungen bei den Medienformaten selbst – „Reality-Soaps", „Bekenntnis-Talks" usf. Hier werden schon seit einiger Zeit die ökonomischen Vorzeichen des dualen Rundfunksystems und ein besonderes Selbstverständnis eines *Going Public* unter „Boulevardisierung", „Infotainment" oder „Politainment" gefasst (vgl. Dörner 2001; Kap. 4). Allen voran das Fernsehen wird für eine Verflachung öffentlicher Kommunikation (mit-)verantwortlich gemacht: für eine Kommunikationskultur, die sich in letzter Instanz für manche Kritiker bisweilen als „Telekratie" entfaltet: eine (frei übersetzt) „Herrschaft des Fernsehens". So formulierte Botho Strauß: „Das Regime der telekratischen Öffentlichkeit ist die unblutigste Gewalt-

---

11   BVerfGE 12, 260.

herrschaft und zugleich der umfassendste Totalitarismus der Geschichte"[12].
Vornehmlich durch seinen immanenten Hang zu Bildern – „dramaturgische
Effekte, dramatisierende Optik, in immer rascherer Folge verabreichte Reize,
Emotionalisierung und Simplifizierung" (Oberreuter 1996: 12) – erscheint
vielen Kommentatoren das Fernsehen (seit seiner Einführung) allzu anfällig
für einen nur die Oberfläche gesellschaftlicher Vorgänge berührenden Journalismus: „Brennende Häuser, Steine werfende Jugendliche, schießende
Soldaten oder Sterbende sind, so zynisch es klingen mag, telegen, komplexe
politische oder wirtschaftliche Ereignisse sind es nicht" (Groebel et al. 1995:
15) – eine Formulierung ganz im Tenor Hans Magnus Enzensbergers Interpretation des „Nullmediums" Fernsehen: eines Mediums, das die Last ratio-
naler Sprache abzuwerfen vermag (Enzensberger 1997: 151).

Fasst man diese Debatte nicht medien*immanent*, sondern medien*strukturell*, dann drohen womöglich Marginalisierung und Banalisierung der Politik
im Zuge einer durch und durch ökonomisierten Medienlogik. „Der Zwang,
das Publikum immer wieder aufs neue anzuziehen und zu begeistern, verlangt Anpassungen an den Zeitgeist und jeweils vorherrschende Rezepti-
onsgewohnheiten, die immer häufiger von Unterhaltungsmedien geprägt
werden." (Donsbach/Gattwinkel 1998: 19) Siegfried Weischenberg (1997) hat
das prägnant als „Schreinemakerisierung" bezeichnet: Im Verfolg einer Pub-
likumsorientierung würden Informationen im Fernsehen nicht länger aske-
tisch-trocken angeboten; Journalismus orientiere sich an der dramaturgischen Konzeption von Unterhaltungssendungen: *„Schreinemakerisierung, das
ist die Inszenierung einer permanenten Seifenoper, die als Journalismus verkauft wird. Tatsächlich wird dabei Journalismus durch Entertainment mit
stark fiktionalen Elementen ersetzt, ohne daß dies dem Publikum bewußt
ist"* (Weischenberg 1997: 11; Herv. i. O.) – eine mit emotionalisierenden Ingredienzen angereicherte (politische) Wirklichkeit nähert sich dem Faktizi-
tätsanspruch von Unterhaltungssendungen. Ob im Umkehrschluss Schröders seinerzeitiger Auftritt in einer Seifenoper oder Westerwelles Gang in
den *Big-Brother*-Container Auskunft über „neue" Authentizitätsofferten der
Politik zu geben vermag, sei dahin gestellt. Damit steht die Frage an, wie
sich die skizzierte Entfaltung der Medien als autonome Akteure des intermediären Systems und der Bedeutungszuwachs der elektronischen Kommunikation auf die Konstitution demokratischer Öffentlichkeit auswirkt.

---

12   In seiner Schrift „Niemand Anderes"; hier zitiert nach Sarcinelli 1997a: 314.

2.4   Öffentlichkeitswandel – Demokratiewandel?

Vor rund viereinhalb Jahrzehnten beschrieb Jürgen Habermas (1991 [1961]) in seiner einflussreichen Studie „Strukturwandel der Öffentlichkeit", einer „großen Erzählung" (Gerhards 1998: 270), die Evolution moderner Gesellschaften über die stufenweise Differenzierung einer Sphäre „der zum Publikum versammelten Privatleute" – einer Privatsphäre frei zugänglicher Foren: räsonierende, selbstbewusste Salonzirkel, die das Tun und Lassen des Staates debattierten und durchaus zu kritisieren beanspruchten. (Wir befinden uns in der bürgerlichen Gesellschaft im England des 18. Jahrhunderts.) Diese emphatische Konzeption einer Öffentlichkeit im „Enthüllungspathos" (Rühl 1999a: 44)[13] ruht auf der zentralen Stellung des Öffentlichkeitsbegriffs in der Demokratietheorie: „In der Idealvorstellung vom Prozeß der Meinungs- und Willensbildung verleiht Öffentlichkeit den politischen Entscheidungen Rationalität und demokratische Legitimation." (Schulz 1997: 87) Derart verstanden ist „Öffentlichkeit" zunächst eine normative Kategorie der Aufklärung, in der sich die Idee politischer Selbststeuerung formiert – und folglich ein politischer Begriff[14], „der den ‚Ort', an dem sich Demokratie zeigen und beweisen muß *und* das Organisationsprinzip demokratischer Herrschaft bezeichnet" (Raskop 1995: 49; Herv. i. O.). Sie drückt sich aus als Kontrast zum Privaten und Geheimen, der *Arcana Imperii*: „Wie weit sich auch der Gebrauch der Metapher des Lichts und der Aufhellung (*les lumières, illuminismo, Enlightenment, Aufklärung*) ausgeweitet haben mag, sie paßt jedenfalls gut, um den Gegensatz von sichtbarer Macht und unsichtbarer Macht darzustellen" (Bobbio 1988: 92; Herv. i. O.).

Im Unterschied zur absolutistischen Herrschaft und ihrer „Arkanpolitik" soll sich demokratische Politik als sichtbarer Vorgang entwickeln: vor und innerhalb einer gleichsam „entfesselten" Öffentlichkeit, in der die Bürgerschaft ihre Ansprüche einbringt und über allgemeine Rechtsnormen und soziale, gesellschaftliche Regeln räsoniert: ein *Prozess* der vernunftgeleiteten Auseinandersetzung unter – Privatleuten. Standpunkte werden ausgetauscht, Argumente geäußert *und gehört*. Pro und Contra von Vorhaben

---

13   Öffentlichkeit wird hier primär als *politische* Öffentlichkeit verstanden; doch lässt sich die Gesellschaft prinzipiell in unterschiedliche Öffentlichkeiten gliedern: z. B. Kunst-, Wissenschafts- oder Wirtschaftsöffentlichkeit; vgl. Gerhards 1998: 694.

14   Zur historischen Diskussion des Öffentlichkeitsbegriff vgl. ausführlicher die Beiträge bei Szyszka 1999.

werden abgewogen und fließen, idealtypisch, in eine Konsensentscheidung ein: zum Wohle aller, mit Zustimmung aller. Neben der Diskursivität und der Zugänglichkeit prägt Öffentlichkeit eine prinzipielle Verlaufsoffenheit: die Reichweite der Kommunikation kann und soll von ihren Initiatoren nicht kontrolliert werden – und in „genau dieser Unkalkulierbarkeit ihrer Reichweite liegt das politische Risiko von öffentlicher Kommunikation für Herrschaftspositionen. Daraus erklärt sich, warum totalitäre Herrschaft nur unter Einschränkung und Kontrolle von Öffentlichkeit aufrechtzuerhalten ist [...]" (Schulz 1997: 89). Daraus erklärt sich auch ein ebenso emphatisches Verständnis des Journalismus als eine nachgerade staatstragende Einrichtung, so der *Times*-Redakteur Henry Reeve 1852, „to obtain the earliest and most correct intelligence of the events of the time and by instantly disclosing them, to make them the property of the nation" (zit. n. Haller 2000: 109).

Mit der konstitutionellen Verankerung der Meinungs-, Versammlungs- und Pressefreiheit gewann Öffentlichkeit in Demokratien an Autonomie gegenüber politischer oder religiöser Bevormundung, ja sie genießt Verfassungsrang[15]. Öffentlichkeit besitzt hier eine ambivalente Dimension: Zum einen legitimiert sie repräsentative Herrschaft; zum anderen schränkt sie den Entscheidungs- und Handlungsspielraum der Repräsentanten ein, indem sie permanent öffentliche Begründungen zur Selbstbeobachtung der Gesellschaft einfordert (vgl. Marschall 2001b: 393). So findet sich in den Funktionskatalogen der Parlamente schon früh das Moment einer legitimationsrelevanten Öffentlichkeit. Doch bleibt in den fluiden Mediengesellschaften stets ein eigentümlicher Zweifel an der Praxis einer „normativ hoch überformten" Öffentlichkeit (Saxer 1998; i. O. herv.).

Als „Strukturwandel" bezeichnete Habermas nun die Transformation dieser wohlräsonierenden literarisch-bildungsbürgerlichen Öffentlichkeit in eine „durch Massenmedien und Massenkultur beherrschte Sphäre". Die durch Massenmedien „vorstrukturierte [...] Öffentlichkeit" gestalte sich nunmehr im Zuge einer „Refeudalisierung" als „vermachtete Arena [...], in der mit Themen und Beiträgen nicht nur um Einfluß, sondern um eine in ihren strategischen Intentionen möglichst verborgene Steuerung verhaltenswirksamer Kommunikationseinflüsse gerungen wird" (Habermas 1991: 28). Habermas geht es um die Gestalt einer Peripherie-Zentrum-Beziehung, wobei er die Hoffnung hegt, „dem vermachteten, administrativ verfestigten

---

15   Z. B. in einem Artikel 42 Abs. 1 GG, nach dem der Bundestag öffentlich verhandelt.

politischen System via Öffentlichkeit Beine zu machen" (Blöbaum 1994: 67). Zugleich versteht er den Strukturwandel kulturkritisch als Zerfall, als wenig wünschenswerte Folge einer komplexer werdenden Gesellschaft. Stimmung und nicht Räsonnement beherrsche da die Politik, und so sei eine *neue Kategorie politischer Macht* entstanden: eine Macht der Medien, die „manipulativ eingesetzt, dem Prinzip der Publizität seine Unschuld raubte" (Habermas 1991: 28)[16]. In dieser Tradition haftet dem Öffentlichkeitsbegriff gelegentlich ein moralischer Impetus an. „Politische Entscheidungsfindungen *sollen* für die Allgemeinheit transparent sein, sie *sollen* durch Diskussion und Argumentation der Bürger hergestellt und nicht durch absolutistische Beschlussfassung festgelegt werden" (Gerhards 1998: 268; Herv. i. O.): In der Habermas'schen Konzeption einer Öffentlichkeit als politische Regulierungsinstanz, die sich aus der Kreativität des Diskurses speist, überwiegen normative Elemente, und daher haben kritische Stimmen die Frage aufgeworfen, „ob die Idee oder eine sich dieser Idee verpflichtende Praxis überwiege" (Jäckel 1999: 220). So betont etwa Ralf Dahrendorf (1967), ausgehend von einem Modell repräsentativer Demokratie, eine umfassende Partizipation aller Bürger sei nicht nur utopisch, sie sei auch nicht erstrebenswert: Es komme allein darauf an, die Chance auf Teilnahme am politischen Prozess offen zu halten und das Kommunikationsgefüge so zu organisieren, dass eine passive Öffentlichkeit jederzeit aktiv werden könne – soweit sie daran interessiert sei (vgl. Gerhards 1998: 269): Öffentlichkeit sei, kurzum, die „klassische Möglichkeitskategorie für latente Kommunikation" (Rühl 1999a: 48).

Jenseits normativer Zugänge zum Öffentlichkeitsbegriff bewegen sich seit einiger Zeit auch systemtheoretische Bestimmungsversuche (vgl. Luhmann 1996; Marcinkowski 1993). Jürgen Gerhards und Friedhelm Neidhardt (1990) verstehen z. B. in Anlehnung an Niklas Luhmann die moderne Gesellschaft als *funktional ausdifferenzierte* Gesellschaft, wobei die Ausdifferenzierung eines Systems Öffentlichkeit ein zentrales Kennzeichen der Moderne sei. Mit den Massenmedien gewinnt Öffentlichkeit dabei den Charakter

---

16   Habermas relativiert im Vorwort einer Neuauflage des „Strukturwandels" seinen Pessimismus aus den 60er Jahren und begründet das u. a. mit der Rolle der Medien in den sozialen Bürgerbewegungen der 70er und 80er Jahre sowie dem Umbrüchen in Deutschland und Osteuropa 1989: Medien könnten sehr wohl im Sinne demokratischer Öffentlichkeit wirken; allerdings bezieht sich Habermas in diesem Vorwort auf keine einzige kommunikationswissenschaftliche Untersuchung; vgl. Becker 1994; auch revidiert Habermas einige Punkte, z. B. die Überstilisierung seines Idealtypus einer bürgerlichen Öffentlichkeit; vgl. Imhof 2003: 200.

eines Teilsystems der Gesellschaft, mit ihnen „wird öffentliche Kommunikation auf Dauer gestellt; sie bleibt nicht allein situativ verhaftet, sondern erfährt eine strukturelle Absicherung in spezifischen Rollen" (Gerhards 1994a: 84).

Für ein „Arenenmodell Öffentlichkeit" reicht es dann zunächst aus, drei Akteurstypen zu unterscheiden: Sprecher, Vermittler, Publikum. Öffentlichkeit wird konzipiert als „intermediäres System, dessen politische Funktion in der Aufnahme (Input) und Verarbeitung (Throughput) bestimmter Themen und Meinungen sowie in der Vermittlung der aus dieser Verarbeitung entstehenden öffentlichen Meinung (Output) einerseits an die Bürger, andererseits an das politische System besteht" (Gerhards/Neidhardt 1991: 31). Dabei konstituiert sich ein diachrones *Beobachtungssystem*: Es ermöglicht neben der gegenseitigen Kenntnisnahme der gesellschaftlichen Funktionssysteme (Wirtschaft, Wissenschaft, Religion, Recht usf.) auch deren jeweilige Selbstbeobachtung (vgl. Löffelholz 1999: 265): „Über das Kommunikationssystem Öffentlichkeit können sich Bürger und Akteure des politischen Systems wechselseitig beobachten, indem sie die öffentlichen Meinungen beobachten, via Öffentlichkeit können sie miteinander kommunizieren, indem sie öffentliche Meinungen produzieren" (Gerhards 1998: 269; Abb. 5). Öffentlichkeit aggregiert also Meinungen als „Fiktion einer gemeinsamen Realität, die vom Publikum und den Politikern als gegeben unterstellt und zur Grundlage ihres Handelns wird" (Schulz 1997: 91). *Die* „öffentliche Meinung" wird verstanden als Produkt öffentlicher Kommunikationsprozesse – nicht als erschöpfende Sammlung von Individualmeinungen, sondern als *faktisch* im Öffentlichkeitssystem kommunizierte Argumente, als *mögliche* Gegenstände einer *möglicherweise* zielführenden politischen Kommunikation[17] (vgl. Luhmann 1974: 32).

---

17 Als Horizont für politisches Handeln beruht *die* „öffentliche Meinung" häufig auf dem Mythos einer nicht greifbaren Kollektivität. Der systemtheoretische Zugang erleichtert die Verortung des Begriffs; beispielsweise ist so zu erklären, warum eine „öffentliche Meinung" – nachgerade als *vox dei* über die Medien vermittelt – einen Einfluss auf das Handeln von Politikern hat oder haben könnte: entsprechend geäußerte Ansichten werden als Kollektivmeinungen gelesen, nicht, weil sie es sind, sondern weil sie es sein *könnten*, weil sie über öffentliche Kommunikation und Koorientierungsprozesse u. U. mit Zustimmung rechnen *könnten*. Demoskopisch erhobene Meinungen werden nicht aufgrund puristischer Aufklärung zur Kenntnis genommen, sondern weil und soweit sie Auskunft über den systemspezifischen Code der Politik geben: Macht oder Ohn-Macht. Das politische System integriert öffentlich kommunizierte Themen somit nicht einzig über Entscheidungs- sondern auch über Aufmerksamkeitsregeln.

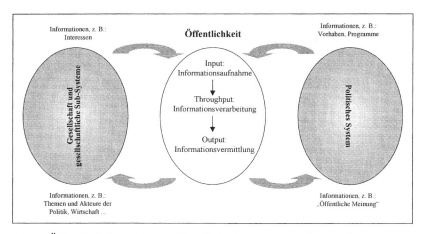

Abb. 5: Öffentlichkeit als intermediäres Beobachtungssystem der Gesellschaft
Quelle: Eigene Darstellung in Anlehnung an Gerhards/Neidhardt 1991.

Bisher nur im Singular formuliert, ist politische Öffentlichkeit in ausdifferenzierten Großgesellschaften dann als Vielzahl an Kommunikationsforen zu fassen, „deren Zugang prinzipiell offen [...] ist und in denen sich individuelle und kollektive Akteure vor einem breiten Publikum zu *politischen Themen* äußern" (Gerhards 1998: 694; Herv. i. O.). Zu denken ist an so unterschiedliche Konstellationen wie Gespräche in Kneipen und Universitätsseminaren, an Aktionsforen, politische Versammlungen, Demonstrationen, aber auch an die massenmedial konstituierte Öffentlichkeit; sie stellt heute sicher das umfänglichste Forum dar – über Fernsehnachrichten, Talkshows, Kommentare und Berichte in Printmedien usf. *Die* Öffentlichkeit bleibt aber stets ein abstraktes Konstrukt aus sachlich, räumlich, zeitlich und technisch kontingent entwickelten (Teil-)Öffentlichkeiten (vgl. Rötzer 1999: 40).

Öffentlichkeit als demokratie*praktische* Größe ist so gesehen als System zu konzipieren, „das zwischen dem politischen System und den anderen gesellschaftlichen Teilsystemen vermittelt" (Donges/Jarren 1999: 90) – ein offenes System, das von der „Medium-Publikum"-Dyade zu unterscheiden ist, da es nach Intention, Motivation, Ressourcen und Adressatenkreis verschiedene Kommunikationsstrategien und -mittel einfordert, Themen und Meinungen erkennt und *Rollen* vorsieht: Sprecher, Vermittler, Publikum. In dieser Argumentationsfolge entwickelten Gerhards/Neidhardt (1990) ein Öffentlichkeitsmodell, in dem je nach Teilnehmern, struktureller Veranke-

rung und Rollenfixierung drei Ebenen unterschieden werden: die „Encounter"-Öffentlichkeit, die „Themenöffentlichkeit", die „Medienöffentlichkeit".
Die *Encounteröffentlichkeit* besitzt den niedrigsten Grad struktureller Verfestigung und „stellt ein einfaches Interaktionssystem ohne Differenzierung von Leistungsrollen, d. h. Sprechern und Vermittlern, oder Publikumsrollen dar" (Donges/Jarren 1999: 91). Sie reicht von alltäglichen Begegnungen, von der Luhmann'schen Kommunikation *au trottoir*, bis zu politischen Debatten bei der Arbeit und im Freundeskreis usf. (vgl. Wuggenig 1993: 25). Kommunikation gestaltet sich hier spontan und episodisch, Öffentlichkeit charakterisiert sich fluide, „eher zufällig, und sie bleibt regelhaft räumlich, zeitlich und sozial beschränkt" (Donges/Jarren 1999: 91).

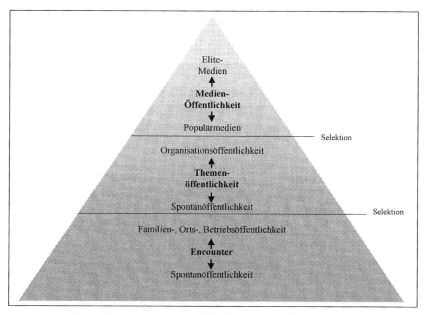

Abb. 6: Ebenen der Öffentlichkeit nach Neidhardt
Quelle: Donges/Jarren 1999: 92.

Auf der Ebene der *Themenöffentlichkeit* formieren sich weniger eingeschränkt „thematisch zentrierte Interaktionssysteme" (Gerhards/Neidhardt 1990: 22): Demonstrationen, Veranstaltungen usf. Hier wird ausgeprägter, auch formeller unterschieden in Leistungs- und Publikumsrollen. Zugleich setzt diese Themenöffentlichkeit im Gegensatz zur Encounter-Ebene bereits die

(Vorab-)Formulierung von Interessen voraus, ein gewisses Maß an organisatorischer und inhaltlicher Vorbereitung und Moderation, wodurch sie eine „größere innere Stabilität" aufweist (Donges/Jarren 1999: 91).

Die Massenmedien schließlich bilden die dritte Ebene, die *Medienöffentlichkeit*. Sie erweist sich als „gefestigt". Leistungs- und Publikumsrollen sind etabliert: Zum einen wurden hier spezialisierte Berufe hervorgebracht mit formalisierten und ethischen Standards; zum anderen findet sich ein „mehr oder minder dauerhaft vorhandenes Publikum, da Medien potentiell alle Mitglieder der Gesellschaft erreichen" (Donges/Jarren 1999: 91). Diese Ebene kann als leistungsfähigste hinsichtlich der Informationsaufnahme und -verarbeitung angesehen werden – und sie ist die folgenreichste Öffentlichkeitsebene, da die Massenmedien „ein nach ihrer Rationalität selektiertes Bild der Gesellschaft zeichnen und dieses der Gesellschaft zur Selbstbeobachtung zurückfunken" (Gerhards 1994a: 87). Durch ein hohes Maß an Selbstbestimmung werden Medien dabei zu „einem Akteur besonderer Art, dessen Eigenlogik – abhängig von seinen spezifischen Produktionsbedingungen, Leistungsprogrammen und Zieldefinitionen – öffentliche Kommunikation nachdrücklich prägt" (Neidhardt 1994a: 11). Die Kommunikatorenrollen bleiben überwiegend der Politik und dem Journalismus überlassen, das Publikum wiederum ist die bestimmende – wenn auch überwiegend passive – Bezugsgruppe der Massenkommunikation (vgl. van den Daele/Neidhardt 1996: 19).

„Höhere" Öffentlichkeiten können dieser Konzeption nach die Leistungsfähigkeit der jeweils unteren Ebene steigern, sie jedoch nicht ersetzen, um gesellschaftliche Selbstbeobachtung zu ermöglichen; ein noch so fundierter investigativer Journalismus bleibt Schall und Rauch, wenn er kein Publikum findet. Andererseits muss etwa eine Bürgerversammlung, die mit ihrem Anliegen ein Minimum allgemeiner Verbindlichkeit anstrebt, ein größeres Forum erreichen, um zeitliche, demographische oder auch geographische Schranken zu überwinden. Noch so massive Diskussionen auf der Encounter-Ebene bleiben – gesellschaftlich – irrelevant, so sie nicht früher oder später Repräsentanz in einer verfestigteren Themenöffentlichkeit finden. In Anlehnung an Luhmann bestimmt der binäre Code „Aufmerksamkeit / Nicht-Aufmerksamkeit" den Selektionsmechanismus öffentlichkeitsrelevanter Themen. *Massenmediale* Öffentlichkeit ist insofern zwar ein Gradmesser für die Relevanz und Dynamik von Themen, sie generiert sie aber nicht gänzlich autonom. In Frage stehen dann zur Klärung politischer Thematisierungsprozesse die Selektionskriterien *zwischen* diesen Öffentlichkeitsebenen, die Chancenverteilung auf Gehör sowie die Transformationskriterien der aggregierten Meinungen: Wer darf wann was sagen, wird von wem gehört – und welchen Unterschied macht es?

So gesehen ist Öffentlichkeit in ausdifferenzierten Gesellschaften in gleich mehrfacher Hinsicht nicht monolithisch zu konzipieren (vgl. Marschall 1999a: 53 f.): Zum einen okkupieren die Massenmedien die Öffentlichkeit nicht, wenngleich sie sie dominieren: Die Öffentlichkeitsebenen formieren sich parallel zueinander. Zum anderen kann man von Vielkanalöffentlichkeiten auf jeder dieser Ebenen sprechen: „Die Encounters weisen in ihrem sporadischen Charakter eine immanente Heterogenität auf. Auf der Ebene der Versammlungen sind verschiedene Formen von Zusammenkünften denkbar. Bei der massenmedialen Kommunikation [...] ist es zu einer erheblichen Ausweitung der verschiedenen Übertragungsmedien gekommen" (ebd.). Schließlich haben sich Medien inhaltlich nicht nur im Stil, in Genres und Formaten weiter differenziert: Zweifelsohne kennzeichnet sich, trotz manch auffälliger Einfalt in der Vielfalt, das Medienangebot durch ansprechende Heterogenität und Schattierungen, so dass viele politische, soziale, kulturelle, wirtschaftliche Themen akzentuiert zur Sprache kommen – wenngleich in mitunter fraglicher Qualität: „Wer das, was wir Öffentlichkeit nennen, über deren Medien beobachtet, sieht zuerst einmal Rummelplatz und hört vor allem Lärm" (Neidhardt 1994b: 19).

Nun hat, wie beschrieben, Habermas die Frage der Vermachtung aufgeworfen: Öffentlichkeit über Massenmedien werde nicht vom Publikum bestimmt, sie werde vielmehr von organisierten kollektiven Akteuren wie Parteien und Verbänden beherrscht. Diese Aussage verliert an Spannkraft, je pluralistischer sich die Öffentlichkeit – etwa in der Konzeption von Gerhards und Neidhardt – konstituiert, je mehr sie sich darstellt nicht als uniform verfasste Öffentlichkeit, sondern als „eine Vielzahl kleiner und großer Foren, die nur teilweise miteinander vernetzt sind" (Gerhards/Neidhardt 1990: 19; vgl. Marschall 1999a: 54).

Doch trägt die Diagnose einer häufig durch politische Akteure initiierten (nicht: determinierten) Öffentlichkeit empirisch recht weit. Nur kann sie in Anlehnung an das dargestellte Mehrstufen-Modell insofern weiter aufgeschlüsselt werden, als die „Kommunikationsgesellschaft" in ihrer Vielschichtigkeit auch Akteuren die Sprecher- und Vermittlerrolle zuweist, die nicht dem engeren politischen System zuzuordnen sind, eher der „Peripherie". Dabei ist im Zuge des beschriebenen Wandels des intermediären Systems der zentrale Horizont öffentlicher Kommunikation, das Publikum, als wechselhaft auszumachen, „und das besetzt den ganzen Prozeß öffentlicher Meinungsbildung mit Ungewißheiten und Überraschungen" (Neidhardt 1994b: 20). Je autonomer sich zugleich die Medien gegenüber dem intermediären System positionieren, desto fraglicher wird eine exklusiv Politikern oder ihren Kollektivorganen vorbehaltene Öffentlichkeitsarena: „Die Massenmedien [...] favorisieren Sprecher und deren Botschaften nach ihren eigenen Aufmerksamkeits- und Zustimmungskriterien, abhängig von technischen Bedingungen der Medienapparate, von Herausgeberinteressen und Journalistenmeinungen, nicht zuletzt von ihren Marktchancen. Erkennbar ist, daß sich die Sprecher zunehmend strategisch darauf einrichten und daß sich dabei auch auf der Sprecherebene Professionalisierungstendenzen entwickeln" (Neidhardt 1994b: 20 f.). Das gesellschaftliche Interaktionsgefüge differenziert sich mit der Dynamisierung des Mediensystems weiter aus, und so ist eher von einem „permanenten Strukturwandel" (Marschall 1999a: 55) auszugehen: Ökonomische und technologische Entwicklungen revidieren Orientierungsstandards und Publikums-, Sprecher- und Vermittlerrollen beständig. Öffentlichkeit stellt sich mehr denn je als soziales, fluktuierendes und kontingentes Konstrukt dar: *stets anders denkbar.*

Inwieweit erfüllt diese Öffentlichkeit dann noch ihre Aufgabe der Transparenz von Verfahren und Entscheidungen, die Wahrnehmung von Aktualität und Problemlösungsansprüchen (vgl. Neidhardt 1994b: 23)? Inwiefern ist es der „Medienöffentlichkeit" überhaupt möglich, die Heterogenität politischer Kontroversen adäquat darzustellen? In dem Ausdruck „Mediendemokratie" spielt eben immer ein Unbehagen mit, die Medien hätten über den Verlust an realweltlicher Referenz eine unaufhörliche Trivialisierung der Kommunikationskultur vorangetrieben und belasteten die Statik der Demokratie. An Kritikern der Politikdarstellung in den Medien herrscht wahrlich kein Mangel. Am pessimistischsten ist wohl eine Vermutung, die man mit Hans Magnus Enzensberger (1997: 146) als *Verblödungsthese* bezeichnen sollte, nach der vor allem das „Leitmedium" Fernsehen einen „willenlosen, psychisch deformierten Menschen hervorbringt, den man sich als Zombie oder Mutanten vorzustellen hat" (Drösser 1995: 86). Die *Vermachtungsthese* transformiert umstandslos in eine pointierende *Verflachungsthese*. Ausdruck des so plakatierten Wandels der Politikvermittlung wurde gegen Ende der 90er Jahre eine zwar nicht neue, aber recht vehemente Debatte über die Havarie der räsonierenden Öffentlichkeit in Gestalt einer „Amerikanisierung" der politischen Kommunikation (vgl. Kamps 2000).

2.5   Trans-Atlantik? Die Amerikanisierungsthese

Im europäischen Kulturpessimismus des 20. Jahrhunderts hat der ahnungsvolle Blick über den Atlantik Tradition: *Amerikanisierung* – das markiert spätestens seit den 20er Jahren eine lange Liste emotional erheblich befrachteter Topoi (vgl. Lüdtke/Marßolek/von Saldern 1996). Nach dem Ersten Weltkrieg rückten die USA „scharf und herausfordernd ins Bewusstsein der Europäer" (Doering-Manteuffel 1999: 20)[18]. Symbolisieren die Vereinigten Staaten in der Tradition der Pilgrims (*neues Jerusalem, irdisches Paradies*) *die* offene Gesellschaft schlechthin, eine freiheitliche Welt, die jedem nach seiner Façon glücklich zu werden verspricht (*Pursuit of Happiness*), so stehen dem stereotype Reaktionen gegenüber, die zumeist auf der Synonymisierung Amerikas mit dem Massenzeitalter beruhen – ein Gedanke, der sich bezeichnenderweise in Oswald Spenglers „Untergang des Abendlandes" (1923) findet. So galt es in den bildungsbürgerlichen Kreisen der Weimarer Republik als ausgemacht, dass *Kultur* an Europa gebunden sei (vgl. Lüdtke/Marßolek/von Saldern 1996: 13).

In einem weiten Verständnis bezeichnet „Amerikanisierung" einen Transfer von Gegenständen, Institutionen, Normen, Werten, Gebräuchen und Verhaltensformen (vgl. Doering-Manteuffel 1999: 11). Wichtig für die kritische Tonlage der Amerikanisierungsrezeption ist die Einseitigkeit, mit der sich ein solcher Transfer vordergründig vollzieht: aus den USA nach Europa und in andere Regionen der Welt, nicht wechselseitig, nicht reflexiv. Das Suffix „-isierung" suggeriert einen Prozess, bei dem aufgrund äußerer Umstände Dinge oder Personen verändert werden: „In diesem semantischen

---

18   1901 veröffentlichte der britische Journalist William Stead ein Buch unter dem Titel „The Americanization of the World". Wahrscheinlich entstand „Amerikanisierung" in England um 1830 und verbreitete sich bis Mitte des 19. Jahrhunderts über Europa. Ursprünglich bezog der Begriff sich auf technologische Innovationen in der „neuen Welt", die in der „alten Welt" adaptiert wurden. Mit der Reife der Vereinigten Staaten zu einer militärischen und industriellen Großmacht wurde „Amerikanisierung" zunehmend negativ konnotiert; vgl. Doering-Manteuffel 1999; Pells 1997.

Muster gibt es Handelnde und Erleidende. [...] [D]er europäische Amerikanisierungsdiskurs war und ist ein Opferdiskurs" (Maase 1999: 77).

Mit der innerwestlichen Vormachtstellung der Vereinigten Staaten, mit ihrer industriellen und wirtschaftlichen Expansionskraft[19] verknüpfte sich nach dem Zweiten Weltkrieg der Transatlantik-Topos mit der Wert- oder eben Nicht-Wertschätzung amerikanischer Exportschlager. In den 50er Jahren fand der *American Way of Life* als „kulturelle[r] Amerikanisierungsprozeß" (Fluck 1999: 55) seinen meist kritisch beäugten Zugang in jugendliche Alltagskulturen: Jeans, Kaugummi, Coca-Cola, Rock'n Roll, Santa Claus, Comics, „Halbstarke" mit „Elvis-Tolle" und mehr kündeten von der Globalität einer Populärkultur US-amerikanischer Provenienz. In den 90er Jahren kumulierte die Frage eines globalen, sich weiter beschleunigenden Einflusses amerikanischer Konsumgüter in der These der „McDonaldisierung" (vgl. Ritzer 1993, 1998) – nach der die Fast-Food-Kette ein neues Paradigma ökonomischer Effizienz verkörpere und weltweit zur Trivialisierung der Lebenswelten beitrage: „[...] I continue to see McDonaldization as a centrally important process that persists in growing exponentially and in extending its reach [...] throughout the globe" (Ritzer 1998: 1 f.).

Mit Blick auf Massenmedien wurde eine amerikanische Dominanz zunächst in einer Ende der 60er Jahre aufkommenden Diskussion um die Gestalt und Bedingungen der internationalen Nachrichtenberichterstattung vermutet (vgl. Kamps 1999a: 103 ff.): Der ökonomischen Dependenz gleich, so ein zentraler Vorwurf, seien die Entwicklungsländer von den Nachrichtenprodukten der Industrienationen abhängig, speziell der USA (vgl. Sreberny-Mohammadi et al. 1985). Diese Debatte um eine *New World Information and Communication Order* entwickelte sich zu einer der heftigsten Auseinandersetzungen innerhalb der UNESCO.

Bekannter indes dürfte eine Diskussion sein, in der es ausdrücklich um „Hollywood vor den Türen" geht: Die Frage nach Ausmaß und Folgen der Einfuhr amerikanischer Film- und Fernsehprodukte. Bereits Mitte der 20er Jahre planten Regierungsstellen in Deutschland, Großbritannien, Frankreich und Italien, Quoten einzuführen für den Import von Hollywood-Erzeugnissen. Frankreich etwa erwog, amerikanischen Kinovertrieben ihre Filme

---

19   Vgl. die umfassende sozialhistorische Analyse von „Amerikanismus" und „Amerikanisierung" bei Doering-Manteuffel 1999; dort wird eher auf eine „Westernisierung" abgehoben, verstanden als interkultureller Transfer, der sowohl europäische Einflüsse auf die Vereinigten Staaten umfasst als auch amerikanische Einflüsse auf Europa.

nur im Austausch mit heimischen Werken abzunehmen (vgl. Pells 1997: 17). Das Quoten-System scheiterte; die Idee aber, die Einfuhr amerikanischer (Pop-)Kultur-Produkte zu beschränken, wird regelmäßig neu aufgelegt[20]. Gegenwärtig ist die Präsenz amerikanischer Produktionen und Formate im Medienalltag auch der Bundesrepublik unübersehbar. In mancher Hinsicht schuldet sich das schlicht dem Umstand, dass die Vereinigten Staaten eine Vorreiterrolle in der Entwicklung von Kommunikationstechnologien und deren privatwirtschaftlicher Anwendung übernommen haben. Nun beherrscht „Hollywood [...] den Markt der Kinofilme, insbesondere im Bereich der Großproduktionen, der *blockbusters*, amerikanische Produktionsgesellschaften sind die wichtigsten auswärtigen Lieferanten von Fernsehserien und *movies made for TV* [...]" (Wenzel 1998: 7; Herv. i. O.). Nach der Zulassung privater Rundfunkveranstalter verstärkte sich hierzulande – ähnlich in anderen Ländern Europas –unter dem Vorzeichen des „Kulturtransfers" eine in Konjunkturen ältere Debatte um Pro und Contra des Imports amerikanischer Film- und Fernsehprodukte (vgl. Gellner 1989; Ludes 1991), die Modell stünden für kulturelle An- und Einsichten der trivialeren Natur. „Wir sind Zeugen der Entstehung einer weltweiten Globalkultur, die im wesentlichen amerikanisch inspiriert ist, in der Mehrzahl von amerikanischen Firmen beherrscht wird und für die die amerikanische Populärkultur die maßgeblichen Modelle und Materialien liefert." (Fluck 1998: 13) Handelte es sich meist noch um Fragen der Programminhalte, um eine mögliche Anfälligkeit vor allem der ökonomisch zwingend quotenorientierten Privatsender für amerikanische Produktions- und Präsentationsstandards, so fand schließlich im Bundestagswahlkampf 1998 die Amerikanisierungsthese in einer „Invasionsrhetorik" (Fluck 1999: 55) schärfere Akzente.

„Boxkampf oder Oskarverleihung? Triumphierend wie ein Champion, bravourös wie ein Filmstar zog Gerhard Schröder in die Leipziger Messehalle zum SPD-Parteitag ein. [...] Hollywood lässt grüßen" – so kommentierte Alexander Niemetz im *Heute-Journal* im April 1998 das Auftreten des designierten Kanzlerkandidaten Gerhard Schröder beim Leipziger SPD-Parteitag. Und Heiner Bremer eröffnete später das RTL-*Nachtjournal* mit den Worten: „Die Veranstaltung erinnerte stark an eine Unterhaltungsshow oder ein

---

20   Zu erwähnen ist die Sprach(regulierungs)politik, mit der etwa in Frankreich einem „Vormarsch" der Anglizismen Einhalt geboten werden soll. Auch dort wird argumentiert, mit den Anglizismen würden gleichsam durch die Hintertür wenig wünschenswerte Lebensstilkonzepte aus den Vereinigten Staaten eingeführt.

großes Sportereignis. Der Wahlparteitag der SPD hat Gerhard Schröder in einem Medienspektakel ohnegleichen ins Rennen gegen Kanzler Kohl geschickt. Die Politshow hat [...] angedeutet: Es geht weniger um Inhalte und mehr um die Form"[21]. In solcher Tonlage las und hörte sich im Sommer 1998 eine Amerikanisierung des Wahlkampfs zumeist als medienfixierte und oberflächliche Show-Business-Politik, der (vorübergehende) *Images* wichtiger seien als räsonierende Positionsbestimmungen und wohlfeile Politikofferten. So vermutete *Der Spiegel*, eine „ideologiefreie Selbstdarstellung" Gerhard Schröders würde die CDU in einen Wahlkampf nach amerikanischem Muster zwingen: „Wie nie zuvor wird es um Personen statt Parteien, um Images statt Inhalte, um Gefühle statt Gewisses, um Händeschütteln statt um handfeste Programme gehen. Die Berliner Republik beginnt mit Hollywood"[22]. Ganz unbegründet scheint diese Befürchtung auch mit Blick auf die Medien selbst nicht, da „sich bekanntlich über Kompetenz, Schlagfertigkeit, Aussehen eines Spitzenkandidaten sehr viel hübscher berichten und spekulieren läßt als über die Feinheiten des Außensteuerrechts"[23]. Formiert sich also in der Bundesrepublik ein Selbstverständnis der öffentlichen Kommunikation *à la américaine*?

Dabei handelt es sich schon im '98er Wahlkampf keinesfalls um eine gänzlich neue Auseinandersetzung. Wahlkämpfe wurden spätestens seit Willy Brandt 1961 Konrad Adenauer herausforderte (und einige seiner Berater auf Informationsreise in die USA aufbrachen) mehr oder weniger explizit unter „Amerikanisierung" kommentiert (vgl. Holtz-Bacha 1999b, 2000a; A. Müller 1999; Kap. 5): Im Cabriolet mit Homburg stilisierte man Brandt zum „jungen deutschen Kennedy" (Leinemann 2004a: 144). Immerhin aber reagierten die Medien mit auffälligen Irritationen auf Anlage und Operation des '98er Wahlkampfs der SPD. Das mag darauf zurückzuführen sein, dass die Sozialdemokraten zum einen selbst den Medien bereitwillig offen legten, wie sie sich an angelsächsischen Vorbildern orientierten (vgl. A. Müller 1999: 39); auch wurde die folgende Diskussion zum Kampagnenstil der SPD von den politischen Gegnern vertieft. Zum anderen „exkommunizierte" die SPD ihr Wahlkampfmanagement: In der *Kampa* wurde der Wahlkampf erstmals außerhalb der Parteistrukturen organisiert – und genau das signalisierte damals vielen Beobachtern, was man als Kern der Amerikanisierung

---

21   Beide Zitate vom 17. April 1998; hier zitiert nach Holtz-Bacha 1999b: 9.
22   Der Spiegel, Nr. 11, vom 6. März 1998, S. 92 f.
23   Süddeutsche Zeitung, Nr. 58, vom 1. März 1998, S. 25.

politischer Kommunikation fassen könnte: Professionalisierung und Ent-
ideologisierung. „Zur Professionalisierung des Wahlkampfes gehört, daß die
Aufgaben engagierter Parteisoldaten von Experten für die Diagnose und die
Steuerung der öffentlichen Meinung wie Meinungsforscher, Medienberater,
Werbe- und Public-Relations-Agenturen übernommen werden. [...] Zur
Entideologisierung gehört, daß die Parteien statt eines scharfen weltan-
schaulichen und programmatischen Profils positive ‚Produkteigenschaften'
und universelle Kompetenz herausstellen." (Schulz 1998: 378)

Zunächst bleibt festzustellen, dass Amerikanisierung als *Catch-all*-Begriff
für neuartige und „mit hehren Ansprüchen an Politikvermittlung und -
rezeption unvereinbare Entwicklungen gebraucht wird" (Holtz-Bacha 2000a:
43). Die ablehnende Haltung speist sich aus der Gleichsetzung der amerikanischen Praxis mit einer Trivialisierung der Kampagnenkommunikation
unter der Schirmherrschaft eines kühl kalkulierenden Stimmenfangs – ganz
so, als heilige der Zweck die Mittel. Peter Radunski (1996: 34 f.), ehemaliger
Wahlkampfmanager der CDU, beschreibt die Amerikanisierung von Wahlkämpfen (mit Blick auf die Kampagne 1994) nüchterner anhand von fünf
Punkten: (1) Der Kandidat ist wichtiger als die Partei, (2) Spezialisten zeichnen für die Wahlkampfführung verantwortlich, (3) die Kampagne basiert
auf umfangreichen Studien und Umfragen, (4) sie konzentriert sich auf die
elektronischen Medien und (5) auf die Organisation der direkten Ansprache
des Wählers mittels Briefen, Telefon und ehrenamtlicher Helfer (vgl. auch
Schulz 1997: 186 f.). Eine Synopse der Debatte um den Bundestagswahlkampf 1998 fasst dies zusammen (A. Müller 1999: 40):

- Inhalte werden inszeniert und personalisiert;
- Programme verblassen hinter der Form der Darstellung und dem
  theatralen Auftritt der Politiker (auch in Unterhaltungssendungen);
- die politische Auseinandersetzung wird zunehmend emotionalisiert;
- Ereignismanagement, Themen- und Botschaftsmanagement, *Negative
  Campaigning* und Konfliktmanagement gewinnen an Bedeutung;
- Der Wahlkampfstil selbst wird Gegenstand der Kommunikation;
- das Fernsehen dominiert die Kampagne, wodurch Visualisierung und
  Emotionalisierung eine zusehends größere Rolle spielen;
- schließlich sind eine Entideologisierung und Professionalisierung zu
  beobachten, der Wahlkampf folgt systemfremden Strategien aus der
  Wirtschaftswerbung und dem Marketing.

Hier werden verschiedene Ebenen miteinander verwoben: Fragen der Organisation und Planung (*Professionalisierung* und *Ereignismanagement*), der
Form (*Inszenierung*), des – rundum fehlenden? – Inhalts (*Entideologisierung*),
des wichtigsten Mediums, seiner Bedingungen und darüber der Stilebene
(Fernsehen: *Visualisierung* und *Emotionalisierung*) sowie Fragen der Kandida-
ten- versus Problemkonzentration der Kommunikationsstrategie (*Personalisierung*). Für all dies ließe sich eine erschöpfende Liste an Beispielen diesseits
wie jenseits des Atlantiks anführen – während wie außerhalb des Wahlkampfs, und keinesfalls erstmals, keinesfalls letztmalig mit der Bundestagswahl 1998 (vgl. Kamps 2000; A. Müller 1999; Schulz 1997: 186 ff.). Personalisierung etwa beschränkt sich kaum auf Wahlkampagnen, sie gewinnt aber
„durch die fast vollständige Zuspitzung des Wahlkampfs auf die Person
eines Kandidaten eine neue Qualität" (Falter 1998: 11). Wenn die für eine
Amerikanisierung herangezogenen Indikatoren außerhalb der Hoch-Zeit
politischer Kommunikation auszumachen sind, dann liegt die Frage nach
allgemeineren, über den Wahlkampfkontext hinausreichenden Konditionen
zumindest nahe (vgl. Hallin/Mancini 2003; Negrine/Papathanassopoulos
1996).

Amerikanisierung im *engeren* Sinn meint eine Veränderung des Kommu-
nikationsstils nach explizit amerikanischem Vorbild: Die Quelle einer sozialen Innovation wäre eindeutig die USA, das, was übernommen wird,
schlicht Imitation (vgl. Esser/Pfetsch 2003: 48): „Der Ausdruck *Amerikanisierung* impliziert die Vorstellung, daß die Elemente, die den modernen Wahlkampf bestimmen, als ‚Importartikel' übernommen wurden und [...] Anzeichen einer weltweiten ‚Kolonialisierung' durch die USA sind" (Schulz 1997:
194; Herv. i. O.) So gaben in einer Umfrage unter europäischen Wahlkampf-
beratern rund zwei Drittel der Befragten an, zu ihrer Profession gehöre die
Kenntnis der amerikanischen Kampagnenliteratur, etwa ebenso viele hielten
die Beobachtung amerikanischer Wahlkämpfe für sehr wichtig. 39 Prozent
erwähnten persönliche Kontakte zu US-Beratern (Plasser/Scheucher/Senft
1999). Insofern besitzt die *Political-Consultant*-Kultur der Vereinigten Staaten
Vorbildcharakter für hiesige Wahlkämpfer und ihren Vorstellungen von
einer „professionellen" Kampagnenführung. Die skizzierten Amerikanisie-
rungsmerkmale kann dieses berufspraktische Selbstverständnis jedoch nicht
hinreichend erklären, da die Steuerungsfähigkeit der Kommunikatoren hinsichtlich des Kommunikationsprozesses nicht absolut gesetzt werden kann

(z. B. aufgrund einer autonomen Beobachtungs-, Selektions-, Darstellungs-logik der Medien). Eine Dritt-Variable erweitert den Erklärungshorizont erheblich: *Modernisierung*.

„Die Modernisierungsthese geht davon aus, daß die meisten Gesellschaf-ten weltweit einen ähnlichen Prozeß des Wandels durchmachen. Infolge dieses Wandels werden neue soziale Praktiken erforderlich, um bestimmte Ziele zu erreichen, so auch neue Wahlkampfpraktiken" (Schulz 1997: 194). „Modernisierung" statt „Amerikanisierung" – das ist mehr als Begriffskos-metik und weckt Zweifel an der Generalisierbarkeit einer amerikanischen Variante der Mediendemokratie (vgl. Pfetsch 1999: 181). Mit Modernisierung wird ein sozialer Wandel begriffen, der auch für den „Amerikanisierungs"-Katalog politischer Kommunikation (mit-)verantwortlich ist. Da dieser Wandel in den USA am weitesten fortgeschritten ist, werden neue soziale Praktiken dort zuerst eingeführt – und hierzulande als amerikanisch wahr-genommen. Man muss, mit anderen Worten, nicht gleich alles amerikanisch nennen, was zunächst in den Vereinigten Staaten zu beobachten ist. „[W]as soll [...] das eigentümlich Amerikanische an einem Phänomen wie der Per-sonalisierung sein? Wurde diese Strategie der Wahlkampfkommunikation wirklich in den USA entwickelt und von Europa importiert?" (Donges 2000: 29) Was als Ausdruck einer Amerikanisierung verstanden wird, so die The-se, mag zwar amerikanischen Gepflogenheiten sehr nahe kommen; derartige Entwicklungen seien jedoch diesseits wie jenseits des Atlantiks auf eine dritte Größe zurückzuführen: die Modernisierung. Danach zeuge die in Aufeinanderfolge beobachtbare Ähnlichkeit von Wahlkampfstil und Kom-munikationspraktiken in den USA und Europa nicht von einer Kausalität sondern lediglich von einer Korrelation spezifischer Anpassungsleistungen an ein übergeordnetes soziales Phänomen.

Als zentrales Merkmal der Modernisierung bezeichnet Winfried Schulz (1997: 195; vgl. auch Fluck 1999) in Anlehnung an David Swanson und Paolo Mancini (1996) sowie Niklas Luhmann (1996) „einen Vorgang ständig zu-nehmender gesellschaftlicher Komplexität". Diese Komplexität wird über die Pluralisierung der Werte, über Säkularisierung und Individualisierung gesteigert durch eine sozial-strukturelle Fragmentierung, „der eine ‚symbo-lische' Fragmentierung der Gesellschaft entspricht: immer mehr und immer kleinere soziale Mikrostrukturen entwickeln ihre eigenen Realitäten" (Schulz 1997: 195). Bei Wahlen schlägt sich dies nieder in:

- *Auflösung der traditionellen Bindungen* an soziale Milieus und Organisationen – herkömmliche Merkmale wie Kirchen- oder Gewerkschaftszugehörigkeit, aber auch Parteibindungen und ideologische Präferenzen verlieren an Erklärungskraft für Wahlentscheide;
- *situative Faktoren* wie kurzfristig aufgeworfene Wahlkampfthemen, Wirtschaftslage und Zuschreibung von Kompetenzen der Parteien und Kandidaten gewinnen demgegenüber an Bedeutung;
- *sinkende Wahlbeteiligung und eine Flüchtigkeit der Wähler:* mehr und mehr Wähler wechseln ihre Wahlabsicht von Wahl zu Wahl oder während des Wahlkampfs.

In Verbund und in Wechselwirkung mit dem beschriebenen Medienwandel (Ökonomisierung, Internationalisierung, technischer Wandel, neue Medientypen) bestimmen diese Faktoren das Politikbild in den Medien: Persuasionsstrategien der Politik, Stil und Tonlage der Medienberichterstattung sowie die inhaltliche „Unschärfe" der politischen Debatte reflektieren den sozialen und systemischen Wandel, der nicht allein auf externe, sondern auch auf interne Kräfte zurückzuführen ist. Danach bewirkt eine Modernisierung (u. a.: soziale Differenzierung, Individualisierung und Zunahme von Komplexität) vereint mit Veränderungen innerhalb des Mediensystems neuerliche Professionalisierungsbemühungen der Politik: „Wir werden nicht amerikanisiert. Wir amerikanisieren uns selbst" (Fluck 1998: 49).

Die jeweiligen, in den „Amerikanisierungs"-Katalogen angeführten Merkmale sind das Resultat dieser Bemühungen als Reflex auf die Handlungslogik der Medien und wechselnde Umweltbedingungen. Zugleich richtet sich der in der Amerikanisierungsthese latente Verflachungsvorwurf an die Medien: Aufgrund einer Kommerzialisierung hätten sie allemal eher ein Interesse an einer „Showbusiness-Politik", und die habe nun „gegenüber der Konfrontation von Ideen, Idealen, Themen und grundlegenden Interessen der Menschen die Oberhand gewonnen" (Mazzoleni 1998: 104). In der Konsequenz lässt sich dann die gesamte politische Trias in die Verantwortung nehmen: „Der Politik wird [...] eine schleichende Entpolitisierung, die zunehmende Zerstörung eines diskursiven Raumes und die radikale Reduzierung von Programmen auf Personen vorgeworfen. Die Medien wiederum geraten in die Rolle von Zirkusdirektoren, die nur noch bereit sind, publikumsattraktive Akrobaten zu verpflichten und sich daran weiden, wenn diese vom Seil fallen. Und dem Publikum wird [...] unterstellt, daß es sich überhaupt nicht mehr ernsthaft für politische Inhalte interessiert, sondern nur noch für Aufgeregtheiten und zirzensische Attraktionen auch im Bereich der Politik" (Weischenberg 1998: 14). Form und Gehabe der politischen Selbstdarstellung und Medienberichterstattung sind nach der Modernisierungsthese nicht nur Ausdruck einer „Amerikanisierung", sondern Faktoren einer weitläufigeren sozialen Differenzierung, die im Effekt auch Politikvermittlungselemente begünstigt, die in den USA gängig sind.

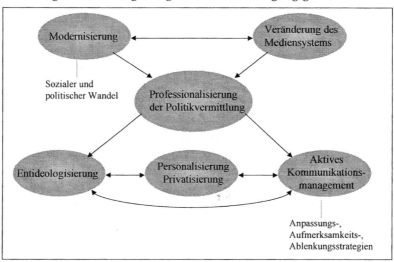

Abb. 7: Veränderung der Politikvermittlung im Wahlkampf
Quelle: Holtz-Bacha 2000a: 48.

Sicher haben die USA der Bundesrepublik eines voraus: die Gewöhnung daran, dass Politik von Geboten etwa der Unterhaltung erreicht wird. Die Debatte über die Amerikanisierung spiegelt damit einen Modernisierungstrend wider, der sich innerhalb der Trias politischer Kommunikation reflektiert. Medien, Politik und Bevölkerung unterliegen *und* generieren einen sozialen wie systemischen Wandel, der (unter anderem) wiederum Stilelemente evoziert, die unter Amerikanisierung firmieren.

Zudem trifft ein „Kopieren" oder „Adoptieren" amerikanischer Praktiken hierzulande keineswegs auf eine Tabula-Rasa-Situation, es „kollidiert mit bereits vorhandenen Wahrnehmungsmustern, Traditionen und kulturellen Werten" (Fluck 1999: 55). So bleibt weiter zu beobachten, ob sich der Trend als „echte", intentionale Eins-zu-Eins-Rezeption von Mitteln und

Planungsstrategien mit Blick auf Amerika verfestigt, oder ob die Bedingungen, auf die dieser Trend in der Bundesrepublik trifft (z. B. die Bedeutung der Parteien in der politischen Kultur[24]), auch andere Formen der Generierung und Performanz politischer Selbstdarstellung, Öffentlichkeit und Berichterstattung hervorruft – z. B. im Sinne aktiver Adaption (vgl. Negrine/Papathanassopoulos 1996). Plasser, Scheucher und Senft (1999: 105) etwa sprechen von einem „Shopping Model", nach dem im Wahlkampf einzelne Komponenten unter Berücksichtigung eigener nationaler Gegebenheiten übernommen werden: „Certain techniques and organizational routines of professional campaign practices in the United States are imported, modified according to the national context of political competition, and implemented. [...] The shopping model primarily focuses on concrete down-to-earth techniques that can easily be implemented in the national context [...]". Danach wäre eher von einer „bedingten" Amerikanisierung (der Wahlkämpfe) auszugehen (vgl. Holtz-Bacha 2000a)[25]. Tendenziell verweist die Befragungsstudie auf Anzeichen einer über das „Shopping"-Modell hinausgehenden Adaption: Europäische Wahlkampfberater greifen auf Techniken des US-Campaigning zurück, haben strategische Elemente der Wahlkampfführung internalisiert und setzen sie unter den je spezifischen Bedingungen um.

„Mit der Amerikanisierung ist es wie mit anderen Gespenstern. Man muß sie sehr ernst nehmen, weil viele Leute daran glauben und entsprechend handeln." (Maase 1999: 82) „Fürchtet euch nicht" – Mit diesem biblischen Imperativ beschwichtigte die *Süddeutsche Zeitung*[26] unmittelbar nach dem Urnengang in Nordrhein-Westfalen im Mai 2000 die Gemüter all jener, die im überraschenden Stimmenerfolg der FDP und in der Gestalt ihres damaligen Landesvorsitzenden Jürgen W. Möllemann einmal mehr Amerika vor den Toren sahen. „Professionalität – das vor allem nämlich bedeutet Amerikanisierung. Professionalität ist in der Bundesrepublik für Politiker aber ein sehr ambivalentes Kompliment. Professionalität macht die Beobachter misstrauisch, verwirrt sie."

---

24 So wird nach dem US-Mehrheitswahlsystem eine Personalisierung der Wahlkampfführung geradezu erzwungen, da es nur die Kandidatur von Einzelpersonen zulässt. Parteilisten sucht man auf den Stimmzetteln vergebens, ja mitunter wird die Nennung der Parteizugehörigkeit eines Kandidaten verboten; vgl. Filzmaier/Plasser 1997: 269.

25 Ähnlich argumentiert Dan Caspi, 1996, der eine „Standardisierungsthese" formuliert, nach der sich Amerikanisierung nicht unvermeidlich, sondern optional vollzieht, wobei die adaptierende Einheit den Diffusionsprozess kontrolliert.

26 Süddeutsche Zeitung, Nr. 116, vom 20./21. Mai 2000, S. 22.

2.6 Professionalisierung: Grundannahmen

Weitreichende Veränderungen der Gesellschaftsstruktur – Wertewandel, Wandel des intermediären Systems, Flüchtigkeit politischer Einstellungen, schwindende Bindungsbereitschaft der Bevölkerung an Parteien und gesellschaftliche Organisationen – stellen neben wirtschaftsstrukturellen Entwicklungen die Politik und das politisch-administrative System seit geraumer Zeit vor gravierende Steuerungsprobleme. Der Handlungsspielraum ist eng, und er wird mit dem Rückgang materieller Verteilgüter immer enger. Über Ziele mag man sich in Leitlinien weitgehend einig sein: die Sicherung des Wohlstandes, Umweltschutz, die Notwendigkeit von Reformen im Bildungssystem, bei der Rentenversicherung, der Krankenvorsorge, im Steuersystem usf. Die Einbrüche der Staatshaushalte schränken den politischen Handlungskorridor erheblich ein. Restriktionen politischer Steuerung und sachlicher Entscheidungsspielräume ergeben sich daneben noch aus Fragen der Konkurrenzfähigkeit der nationalen Wirtschaft auf dem internationalen Wirtschafts- und Finanzparkett, aus den Subventionsansprüchen im eigenen Land, aus einer globalen Logik der Ökonomie, aus einer Abhängigkeit der binnenstaatlichen Entwicklung von nationalstaatsexternen Daten, der „Intrusion internationaler Politik" (Schneider 1998: 512; i. O. herv.) und mehr. Sachalternativen unterscheiden sich häufig nur durch Nuancen. Maßnahmen, die Erfolg versprechen, haben dann eine lange Liste gesellschaftspolitischer Hindernisse zu überwinden, „wofür eine geschickte Kommunikationspolitik die notwendige Voraussetzung ist" (Münch 1995a: 117). Zuletzt haben die Verhandlungen zur großen Koalition dies nachdrücklich demonstriert: Zentrales Merkmal des Politikmanagements ist, kurz gefasst, dass eine politische „Vermittlungsrationalität" neben die Rationalität der Sache tritt und „pragmatische Moderationen" von Interessen hierarchische Steuerung und normschaffende Verfügungen begleiten (vgl. Korte 2003).

Im „Kräfteparallelogramm ihrer Machtressourcen" (Korte 2002: 21) kann politische Führung ihre materiellen Politikziele kaum noch ohne Referenz auf die „Handlungsebene Medien" verfolgen. Zugleich hat die wachsende Staatstätigkeit die Transparenzansprüche erhöht, also den Legitimationsbedarf des Politischen. Die Frage nach den Steuerungsmöglichkeiten umfasst damit die Frage nach Zustand und Erreichbarkeit einer intermediären Öffentlichkeit. Zustimmung zu und die Akzeptanz von bisweilen „einschnei-

denden" Vorschlägen setzt eben voraus, dass die politischen Entscheidungsträger und Organisationen in „parakonstitutionelle[n] Vermittlungs- und
Verhandlungssysteme[n]" (Sarcinelli 1994b: 42) über das schon demokratisch Gebotene hinaus Kommunikationsaufwand betreiben. Der Staat *moderiert* heute gesellschaftspolitische Probleme in größerem Umfang: Er löst sie
weniger Kraft hoheitlicher, herrschaftlicher Normen, sondern sucht durch
Überzeugungsarbeit autonom agierende Teilbereiche der Gesellschaft (z. B.
das Wirtschaftssystem) zu spezifischen Handlungen zu veranlassen. In einer
positiven Konnotation firmiert dies im Angelsächsischen als „Good Governance": eine Art gesellschaftliches Verantwortungsmanagement *ex officio.*

Dabei gewinnen u. a. Sprecherstrategien weiter an Bedeutung, Strategien
massenmedialer Kommunikation, bei denen die Akteure nicht nur miteinander diskutieren, sondern auch um die Aufmerksamkeit und Zustimmung
eines dispersen Publikums und anderer Organisationen konkurrieren. Politikvermittlung jenseits einseitiger Steuerung konstituiert sich als „*operatives
Handlungsfeld* des politischen Systems, dessen zentrale Leistung darin besteht, in der politischen Öffentlichkeit ‚Resonanzen' im Interesse des politischen Systems zu erzeugen" (Tenscher 2000: 9; Herv. i. O.). Dies um so
mehr, als in der „Verhandlungsdemokratie" staatliche und nicht-staatliche
Akteure interagieren und „auf höchst unterschiedliche Öffentlichkeitsformen und Medienzugänge angewiesen" sind (Jarren 1994e: 7). Handlungs-
analytisch sind drei Ebenen zu unterscheiden: die Ebene des instrumentellen
Politikvollzugs (Gremien, Fraktionen, Kabinett, Kommissionen usf.), die
expressive Ebene der öffentlichen Selbstdarstellung sowie die Ebene einer
journalistischen Fremddarstellung (vgl. Brosda/Schicha 2002: 43).

In einem Streben nach Gehör, Aufmerksamkeit, Relevanz und Unterstützung in einer konkurrenzintensiven politischen Arena wird die Wahl der
Kommunikationswege und -mittel für die Politik bzw. ihre Teilorganisatio-
nen mitunter so wichtig wie das Argument selbst. Öffentlichkeitssoziolo-
gisch wenig überraschend ist dann, dass die „Sprecher" – „diejenigen Akteure, die mit ihren Themen und Meinungen über die Massenmedien das
Publikum erreichen" (Neidhardt 1994a: 36) – ihre Aktivitäten zunehmend in
professionelle Bahnen zu lenken suchen, sie nicht dem Zufall der Agenda,
der öffentlichkeitswirksamen Kraft ihres Amtes oder der Vehemenz des
Konfliktes überlassen. Dabei handelt es sich „um eine heterogene Gruppe
institutionalisierter und assoziierter, dauerhaft und temporär tätiger Spezia-

listen und Generalisten, die u.a. Pressesprecher, Werbeexperten, Kommunikationsberater, Wahlkampfmanager, Öffentlichkeitsarbeiter und so genannte *Spin Doctors* umfasst" (Tenscher 2002: 246; Herv. i. O.). So ist es der Begriff „Professionalisierung", der eine über traditionelle kommunikative Leistungsrollen der Institutionen und Organisationen hinaus eine Entwicklung charakterisiert: einen zunächst unspezifischen Trend, bei dem der politische Inhalt hinter der strategischen und taktischen Anlage des *Kommunikationsprozesses* und einer eigenständigen „politischen PR-Kultur" zurücktritt (nicht: schwindet). Professionalisierung ist allerdings nicht alleine als eine mit objektiven Indikatoren nachweisbare Qualität einer Person, Berufsgruppe oder Organisation zu beschreiben. Im politischen Kontext ist sie zu fassen als eine über kommunikatives Routinehandeln hinausgehende Aktivität, bei der methodisches, mitunter wissenschaftliches Wissen und praktische Fertigkeiten von Personen oder Personengruppen (die nicht notwendigerweise dem politischen System zuzuordnen sind) differenziert und zielkonzentriert und systemimmanent eingesetzt werden. Professionalisierung hebt so verstanden nicht auf die Beschaffenheit ab, sondern auf die Bedingungen der politischen Kommunikation (vgl. Donges 2000: 27). Berufs*soziologische* Aspekte bleiben hier zunächst außen vor.

Unter den Bedingungen der Steuerungsproblematik bestimmen kommunikationsstrategische Überlegungen zunehmend den Arbeitsalltag in Regierungskanzleien, Ministerien, in Fraktionen und anderen Institutionen. Politikberatung, sei es in staatlichen Strukturen (Bürokratien), sei es in informellen und semi-formellen Kreisen („runde Tische") im gesellschaftlichen, staatlichen oder parteipolitischen Umfeld, einschließlich diverser Stiftungen und Forschungsinstitute, konstituiert sich auch als *Kommunikations*beratung – mit einem hohen Bedarf an „Politikvermittlungsexperten" (Tenscher 1999a, 2003), die sich nicht allein darauf verstehen, für die Politik zu werben (Slogans entwickeln, Kampagnen lancieren usf.), sondern die übergreifend die internen und/oder externen Informations- und Kommunikationsprozesse organisieren können und bei spezifischen Publika (Parteien, Verbände, Wählersegmente) Wirkungsabsichten (Wissen, Einstellung, Verhalten) durchsetzen können. Die politischen Akteure zeigen sich zugleich aufgeschlossen gegenüber Praktikern, die mit ihren Qualifikationen und spezifischen Kenntnissen, Informationen aufarbeiten und zuspitzen; dazu gehören Wirtschaftsverbände, *Public-Affairs*-Agenturen, auch soziale Bewegungen.

Organisationsbezogen durchlaufen die für die Politikvermittlung zuständigen Teile politischer Institutionen, die Öffentlichkeitsabteilungen, Pressestäbe, aber auch PR- und Werbeagenturen, einen „evolutionären Strukturierungs- und Ausdifferenzierungsprozess, der sich u. a. in einer Fülle an expandieren PR-Aktivitäten niederschlägt" (Tenscher 2000: 9). Dabei können zwei Bereiche unterschieden werden: Kommunikation mit, über und in den Massenmedien einschließlich die Herausgabe eigener Trägermedien und der Nutzung neuer Technologien einerseits; die Optimierung interner Willensbildung-, Informations- und Entscheidungsprozesse andererseits. Damit liegen zwei grundsätzliche Ziele auf der Hand. *Erstens*: Themen und Ereignisse zwecks positiv konnotierter massenmedialer Verbreitung entweder selbst zu verbreiten, herzustellen oder, soweit nicht explizit als eigener Akt geplant, in Interpretation und Darstellung zu begleiten. *Zweitens*: über Informations- und Kommunikationsverfahren *intern* die Entscheidungsvorbereitung und die Steuerung von Interessen aus dem politischen System selbst (Partei, Ministerialbürokratie) zu optimieren. Das korrespondiert mit einer zuletzt von der Politikwissenschaft beobachteten Entwicklung, nach der Politik und Verwaltung nicht unabhängig, sondern zunehmend überlappend agieren (vgl. Felder/Grunow 2003): Neben die Politik*durchführung* tritt im Aufgabenspektrum der Verwaltung ein Beitrag zur Politik*formulierung* im Kontext des gesellschaftspolitischen Interessensausgleichs – mitunter im Stil eines *Issue Managements*, eines proaktiven Umgangs mit Themen durch frühzeitige Identifikation von Relevanz und organisationsstrategischen Handlungsspielräumen (vgl. Röttger 2001: 11).

In dieses Bild passt, dass der letzte Sprecher der Regierung Schröder, Bela Anda, im Juni 2003 die Ministerien aufforderte, für „politisch wichtige Vorhaben" Kommunikationskonzepte vorzulegen – und zwar *vor* der Befassung des Kabinetts (vgl. Leif 2003: 211): „Einschätzung der Problemlage in der Bevölkerung inklusive Daten aus der Meinungsforschung, die Darstellung möglicher kommunikativer Probleme und Gegenpositionen und eine „Definition und Begründung der Ziele, Kernaussagen, Medien und Zielgruppen" (zit. n. Korte/Fröhlich 2004: 171). Schon 1999 hatte die Regierung sich per Kabinettsbeschluss darüber verständigt, dass vom Bundespresseamt ein gemeinsames kommunikatives Rahmenkonzept erarbeitet werden sollte: unter dem beinahe philosophischen Titel „Aufbruch und Erneuerung", mit dem Anspruch, komplizierte Sachverhalte nachvollziehbar darzustellen.

Während die kommunikative Politikberatung als „Medien- und PR-Management" in den Diskussionen meist im Vordergrund steht, dürften informelle Kreise neben den Verwaltungshierarchien für die Information und Entscheidungsfindung einschließlich einer „organisationsbezogene[n] Technik kommunikativer Vorsorge" (Merten 2001: 42) der Spitzenpolitik ebenfalls wichtig sein. Die Funktion solcher mitunter handverlesener Informationsrunden besteht neben einer übergeordneten *Legitimation durch Beratung* darin, „sich ein Bild von der politischen Lage zu verschaffen und Reaktionsmuster [...] zu entwickeln" – bis hin zu Strategieentwürfen (Korte 2003: 35 f.). Kurz gefasst ist ein „permanent ablaufende[s] Informationsmanagement", in dem neben den engeren Beraterkreisen auch die Ministerial-, Fraktions- oder Organisationsbürokratien Sachkenntnisse einbringen und Argumentationsmuster vorschlagen, dann als Teil der Politikberatung unter den Bedingungen steigender Informationskomplexität (Korte 2003a: 18 f.) als dreistufiger Prozess zu begreifen: 1) Informations- und Ideengewinnung, 2) Informations- und Ideenauswertung, 3) Informationsinterpretation. Solche Leistungen können als vertrauensabhängiger Kommunikationstyp konzipiert werden, „der sich mittlerweile in nahezu alle [...] Entscheidungskontexte fest eingelagert hat" (Brosziewski 2004: 261).

So betrachtet ist in den ausdifferenzierten Industriegesellschaften Kommunikationsmanagement nicht allein eine pragmatische Strategie des politischen Alltags, sondern notwendige und diffizile Voraussetzung eines übergeordneten Implementierungsprozesses: weil und solange Sachpolitik nicht von ihrer *Vermittlung* und weil und so lange Entscheidungspolitik nicht von einer *Abstimmung* interner und externer Informationsgenerierungs- und Informationsverarbeitungsverfahren zu trennen ist. Politische Führungskompetenz koppelt sich so an Kommunikationskompetenz. Zu beachten bleibt daneben die Differenzierung des Mediensystems in sachlicher und personeller Hinsicht: Die Zahl der akkreditierten Journalisten und technischen Teams z. B. bei der Pressestelle des Bundestages hat sich seit Bonner Zeiten vervierfacht; jährlich werden rund 3 500 Akkreditierungen vergeben (vgl. Gollnick 2003).

Auf gesellschaftlicher Ebene ist ein tiefgreifender Wandel der politischen Kommunikationskultur, eine Verschiebung des Verhältnisses von Politik und Medien zu nennen. Einige Ausgangsmodelle wurden oben dargelegt (vgl. Kap. 2.3). Für die Vereinigten Staaten sprechen Jay Blumler und Dennis

Kavanagh (1999) von einem „Third Age of Political Communication", nach dem sich das Kommunikationsgefüge angesichts einiger exogener Faktoren – „Modernization", „Individualization", „Secularization", „Economization", „Aestheticization", „Rationalization", „Mediatization" – fundamentalen Veränderungen ausgesetzt sieht. (ebd.: 213 ff.; vgl. Esser 2000: 129 f.)[27]:

1. Eine Intensivierung der Professionalisierung von Politikberatung als Kommunikationsberatung – „skills specific to the media and persuasive communications" – und eine zunehmende Abhängigkeit der Politik von einer Politikberatung („professional assistance"), die in der Lage ist, Medien für die eigenen Zwecke einzuspannen und sich wenn nötig eines Mediendrucks zu erwehren;

2. ein internalisiertes Verständnis („hard-nosed-view") dafür, dass politische Kommunikation keine lästige Ergänzung eines ansonsten unangefochten seriösen politischen Handelns ist – eine Ergänzung, die „aus dem Bauch heraus", basierend auf Alltagswissen nebenbei zu erledigen wäre – sondern elementare Voraussetzung für politischen Erfolg; dies fordert spezielle Kenntnisse, Fertigkeiten, Erfahrungen, vielleicht auch Talent, sicher aber Planung und Operation;

3. die institutionell-strukturelle Verortung politischer Kommunikation durch Berufung der Medienstrategen und Kommunikationsexperten in hohe, teils eigens geschaffene Ämter, die ihnen nicht nur engen Kontakt zur politischen Führung garantieren („short lines of communication"), sondern auch eine eigene Stimme im Meinungsbildungs- und Entscheidungsformulierungsprozess verleihen;

4. als Reaktion auf die Professionalisierungsbemühungen der Politik eine gestiegene Sensibilität und Aggressivität der Medien gegenüber politischer *Public Relations,* um ihre Autonomie und publizistische Unabhängigkeit gegenüber einer proaktiven Politikvermittlung zu wahren („sense of own professionalism");

5. ein Bemühen der Politik, ihre Vorstellungen an den immer „eigensinniger" agierenden Medien vorbei dem politischen Publikum direkt anzutragen („to seek less mediated lines of access to the electorate").

---

27 Als erste Phase benennen sie die ersten zwei Jahrzehnte nach dem Zweiten Weltkrieg; sie zeichnet sich aus als „party-dominated communication"; als zweite Phase identifizieren sie eine Ära beginnend Anfang der 60er Jahre mit dem Fernsehen als dominantes Medium der politischen Kommunikation; vgl. Blumler/Kavanagh 1999: 211 ff.

Max Weber hatte zu Beginn des 20. Jahrhunderts noch zwei anders gelagerte Dimensionen politischer „Professionalität" herausgearbeitet: Zum einen die ökonomische Abhängigkeit von Berufspolitikern oder Parteibürokraten von ihren politischen Ämtern. Er hob nicht auf eine spezifische Kompetenz ab, sondern unspezifisch auf eine Profession „Politik" *in toto*. Die zweite Dimension betrifft spezielle Befähigungen von Berufspolitikern oder Bürokraten: Sie verfügen über besondere Kenntnisse, über eigenes Wissen hinsichtlich politischer Mechanismen und Parameter (vgl. Mancini 1999: 232). Weber beschrieb, mit anderen Worten, politische Professionalität als Ressource, als auf das politische Feld konzentrierte besondere Fertigkeiten einzelner Personen. Mit der Demokratisierung und mit der Binnendifferenzierung der Bürokratie, mit der Etablierung einer Profession „Politik" und vor allem mit der Informationsgesellschaft wechselt der Professionalisierungsbegriff seinen Schwerpunkt weg von „grundständigen" Kenntnissen hin auch zu Fertigkeiten über „erfolgreiches Vermitteln oder Kommunizieren", zu einer Publizitätskompetenz: Aus der Sicht der politischen Akteure geht es in der Informationsgesellschaft eben darum, neben den politik*internen* Verhandlungs- und Entscheidungsstrategien, über die Aufarbeitung, Organisation und Präsentation von Sachverhalten oder Positionen hinaus die Aufmerksamkeit eines fragmentierten, der Politik nicht permanent begeistert zuhörenden Publikums zu erreichen. Diesem – relativen – Bedeutungsgewinn eines Faktors *strategischer* Kommunikation im Berufsfeld Politik wird nicht wenig Skepsis entgegen gebracht: Wilfried Scharf (1999) spricht beispielsweise von einem „Neo-Bonapartismus" in der politischen Willensbildung, wenn ein Spitzenpolitiker sich über die Medien mit Appellen an Parteimitglieder oder Wähler wendet (und diese öffentlichen Äußerungen Teil des anschließenden nicht-öffentlichen Aushandlungsprozesses werden) und den steinigen Gang durch Parlamente, Fachausschüsse und Regierungsbürokratie umgeht.

Der beschriebene qualitative Wandel des politischen und gesellschaftlichen Systems und die quantitative Erweiterung des Mediensystems stimuliert auch den Markt der Informationsanbieter und -angebote. „Die Ausdifferenzierung des Medienbereichs kann in seinen Auswirkungen sowohl für Organisationen als auch Gruppen und Einzelne gleichermaßen [...] relevanter Innovationsprozeß aufgefaßt werden." (Jarren 1994c: 30) In mancher Hinsicht ist es dann folgerichtig, wenn sich die Politik den Herausforderungen, die sich durch die Wandlungsprozesse ergeben, dadurch stellt, dass sie sich an ursprünglich politikfremde „Profis" aus der Werbung, dem Marketing und der Öffentlichkeitsarbeit wendet (vgl. Holtz-Bacha 2000a). Um kommunikative Aktivitäten zu optimieren, liegt es doch nahe, auf Meinungsforscher, PR-Berater, Werbe-, Marketing- und Mediaagenturen usf. zurückzugreifen, die weder parteipolitisch gebunden sein müssen und sich auch nicht exklusiv auf die Politik beschränken: „The new professionals do not have an exclusive relationship with one party or leader; like all members of modern professions, they offer their technical knowledge to whomever needs it and has the resources to pay for it" (Mancini 1999: 234).

Einerseits bezieht sich der Professionalisierungsbegriff dabei auf berufssoziologische Eigenschaften der Kommunikationsberater selbst (vgl. Donges 2000), es geht um Rollen, Sozialisationsaspekte und die Ausdifferenzierung eines Berufsfeldes durchaus nach dem Vorbild der *Political Consultants* (vgl. Althaus 1998), sei es innerhalb, sei es außerhalb des politisch-administrativen Systems. Zum anderen wird Professionalisierung verstanden als „Externalisierung", als eine Verlagerung politischer Kommunikation von den Parteien auf Spezialisten persuasiver Kommunikation (vgl. Holtz-Bacha 1999b: 10).

Im Alltag politischen Handelns basiert dies meist auf Verfahren im Wahlkampfkontext. Insbesondere der erwähnte 98er-Wahlkampf der SPD regte eine Debatte zum Kampagnenmanagement an – in der Folge übrigens einer fast schon legendären Kampagne Bill Clintons und der Britischen Labour-Partei 1997: „[T]here is no doubt that Tony Blair's successful 1997 ‚New Labour' campaign in the United Kingdom introduced radical innovations into the British political context and pushed forward the process of professionalization. [...] Schroeder's victory in the 1998 German elections also confirms the accelerating recourse to campaign professionals [...] and the adaption of highly centralized campaign strategies based on news managements practices." (Mancini 1999: 236 f.)

Vordergründig beruht der *externalistische* Professionalisierungsbegriff – professionell ist, was von außen kommt? – auf der Verlagerung der Kommunikations-„Produktion" aus einem nicht-kommerziellen in einen kommerziellen Bereich: „Tätigkeiten, die vormals freiwillig und für die Parteien unentgeltlich von Mitgliedern oder Anhängern erbracht wurden, werden durch bezahlte Dienstleistungen ersetzt" (Donges 2000: 30). Zugleich impliziert er, dass monetär (nicht ideell) abgegoltene Dienstleistungen sich positiv von den Tätigkeiten unterscheiden, die von Parteimitgliedern ehrenamtlich erbracht werden. Eine derartige Externalisierung konnte man schon mit der Bundestagswahl 1953 beobachten (vgl. Holtz-Bacha 1999b: 19). Doch hat sich seitdem hierzulande kein eigenständiger Markt für Kommunikationsspezialisten zur Durchführung von Wahlkampagnen entwickelt: Zum einen werden Wahlkämpfe immer noch überwiegend von parteipolitischen gebundenen Kreisen geplant und geführt. Zum anderen sind externe Agenturen, die diese Kampagnen *unterstützen*, keineswegs allein auf politische Kommunikation spezialisiert, vielmehr stellt sie für die meisten von ihnen einen Nebenerwerbszweig dar. Parteipolitisch unabhängige Meinungsforscher, Werbe- und Marketingexperten haben sich nur vereinzelt auf die Politik spezialisiert. Sie werden zwar von den Parteien beauftragt oder rekrutiert, letztendlich aber ergänzen sie die politische Führung mit Tätigkeiten, die wiederum aus der Politik selbst heraus nicht erbracht werden können. Daneben ist es häufig die Entourage, die zweite und dritte Reihe, die sich nach vergangener Karriere als Kommunikationsberater betätigt. Diese aus dem politischen System selbst kommenden Politikberater tendieren – was keine Wertung impliziert – eher dazu, Generalisten denn Spezialisten zu sein. Ihre Kompetenzen rühren überwiegend aus dem politischen Raum selbst.

So kann berufssoziologisch von einer Professionalisierung politischer Kommunikation in der Bundesrepublik *relativ betrachtet* nur bedingt die Rede sein, von gleich welcher Seite man sich dem Professionalisierungsbegriff nähert. *Latent* indes, darauf wird noch detaillierter eingegangen, hat sich ein kommunikatives Selbstverständnis entwickelt, das sich jenem „hard-nosed-view" der US-Politikberatung annähert: Politisches Handeln der Spitzenorganisationen und ihrer Akteure in den ausdifferenzierten Demokratien ist ohne ein strategisch operierendes Kommunikationsmanagement schlechterdings nur schwer vorstellbar.

2.7   Zwischenfazit

Hans-Joachim Kulenkampff, öffentlich-rechtliche Unterhaltungsgröße der 60er und 70er Jahre, wollte seine Moderatorentätigkeit angeblich an den Nagel hängen, sobald er unter 70 Prozent Einschaltquote abfiele (vgl. Drösser 1995: 30). Heute wären nicht wenige Fernsehredaktionen dankbar für

Quoten nahe der 15-Prozent-Marke: Mit der Einführung des dualen Rundfunksystems Mitte der 80er Jahre differenzierte sich das Mediensystem der
Bundesrepublik erheblich aus. Weitere Innovationsschübe der Kommunikationstechnologien erfassen mit anhaltender Dynamik das Massenkommunikationssystem, Mediendienste und Kommunikationsdienstleister und darüber öffentliche Kommunikation; Internationalisierung und Ökonomisierung sind weitere Marker eines kontinuierlichen Medienwandels. Die zunehmende Komplexität und soziale Differenzierung der Gesellschaft resul-
tieren darüber *erstens* in einem wachsenden Bedarf an Information und
Kommunikation zur sozialen, politischen und gesellschaftlichen Integration
und zum wirtschaftlichen Handeln (vgl. Münch 1992, 1995) sowie *zweitens* in
einer „Labilisierung, Individualisierung, Fragmentierung und Technologisierung traditioneller Öffentlichkeit" (Plasser 2000: 51).

Diese Trends sind keinesfalls „prima facie [...] neutral für das Machtver-
hältnis von Politik und Medien" (Schatz 1997: 12). Als selbstbezüglich agierende Akteure beeinflussen Medien die Handlungsoptionen der politischen
Akteure: Parallel zu sozialen Wandlungsprozessen läuft eine Reorientierung
der politischen Öffentlichkeit. Da Demokratie sich (auch) über die Gestaltung der öffentlichen Kommunikation konstituiert und Machtausübung sich
(auch) kommunikativ legitimiert, empfiehlt es sich nachdrücklich, Wandel
und Kontinuitäten der Funktionsparameter des Politikvermittlungssystems
„im Auge zu behalten, denn sie wirken auf den Zustand der Demokratie
zurück" (Oberreuter 1997: 14).

Einerseits mögen Transparenz und Partizipation durch Medien gesteigert, ja erst ermöglicht werden; und sicher tragen sie zur Information und
Orientierung ihres Publikums bei. Andererseits wirken sie als eine Art „institutioneller Träger" der politischen Öffentlichkeit, als „Scharnier" auf die
Konstitution der politischen Kommunikationskultur zurück: Medien sind
sowohl Teil als auch Faktor öffentlicher Kommunikation und entsprechend
folgenreich sind Wandlungsprozesse innerhalb des Massenkommunikati-
onssystems. So gehört heute zu den gravierenden Bedingungen und Faktoren politischer Kommunikation, dass sich das Mediensystem und darüber
die „Öffentlichkeit", das System gesellschaftlicher Politikvermittlung in
etwa den vergangenen 20 Jahren tiefgreifend verändert hat. Zugleich bildet
sich aus dem Dienstleistungssektor heraus ein Quartärsektor Information
„mit Medien als Hauptstruktur" (Saxer 1993: 294). „Wir erleben einen Me-

dien- und Öffentlichkeitsstrukturwandel von erheblichem Ausmaß, der das etablierte Institutionensystem [...] zentral betrifft. Öffentlichkeit [...] differenziert sich weiter aus, neue Teilöffentlichkeiten mit eigenen Normen und Regeln sowie mit speziellen Anforderungen an die Politik entstehen." (Jarren 1994e: 3) Neue Medientechnologien in Verbund mit der Deregulierungspolitik und dem ökonomischen Faktor im Mediensystem haben die Konditionen politischer Kommunikation einem fundamentalen Wandel unterworfen. Makroanalytisch „ist [...] nicht von der Hand zu weisen, dass die Veränderung der Informationsmenge sowie in der Informationsqualität, die sich durch die Deregulierung der Rundfunksysteme in Westeuropa ergab, zu *einschneidenden Veränderungen der politischen Kommunikation geführt* haben." (Pfetsch 1998b: 412; Herv. i. O.):

* das Wachstum des Kommunikationssektors;
* die quantitative Zunahme der Botschaften;
* die Beschleunigung des Kommunikationstempos;
* die Kommerzialisierung öffentlicher Kommunikation;
* die Internationalisierung der Kommunikation.

Diese Prozesse bergen neben Chancen auch Risiken für die gesellschaftliche Integration und das Gefüge politischer Öffentlichkeit – und damit sowohl für die Organisationsebene, die Mesoebene, als auch für Individuen, mikroanalytisch betrachtet. So ist auf Seiten des politischen Publikums u. a. eine Singularisierung und Fragmentierung der Kommunikationserfahrung zu vermuten; auch ist eine schwindende Bindung an politische Institutionen zu beobachten. Für die politische Kommunikation ist das insofern folgenreich, als politischer Erfolg zunehmend davon mitbestimmt wird, inwiefern es den Beteiligten überhaupt gelingt, von ihren Adressaten gehört, gesehen, verstanden, wahrgenommen und unterstützt zu werden. Neben eine Restriktion des politischen Handlungs- und Steuerungsspielraumes, einen Verlust der vormals exklusiven Vermittlungs- und Grenzstellenposition der Politik – z. B. durch Globalisierungsprozesse oder Restriktionen der Staatshaushalte (vgl. Schneider 1998: 512) – treten strukturelle und medienimmanente Herausforderungen politischer Kommunikation: „Neue Techniken haben einen weltweiten wirtschaftlichen Resonanzraum möglich gemacht, während die politischen Kommunikationsräume [...] provinziell begrenzt bleiben" (Meng 1997: 11). Angesichts einer „Ökonomie der Aufmerksamkeit" (Franck 1998) fordert Politikvermittlung mehr und mehr eigenständige Leistungen des politischen Systems ein, um „ein Mosaik von gegenseitig abgeschotteten Teilöffentlichkeiten" zu erreichen (vgl. Schulz 1997: 101). Politische Organisationen können sich nicht auf einen quasi-natürlichen Thematisierungsanspruch des Politischen verlassen. Und sie müssen sich weit mehr mit den kommunikativen Mustern und Bedingungen ihrer politischen wie unpolitischen Umwelt befassen: Mit den Echtzeit- und *Reality*-Formaten der Gegenwart konstituiert sich politische Öffentlichkeit mehr denn je als „publicity game" mit schwer kalkulierbarem Permanenzcharakter (Blumler 1998: 87).

Wer in der Kommunikations- und Mediengesellschaft Aussicht auf politisches Gehör haben will, nimmt daher verstärkt Rücksicht auf Optik wie Leistungsparameter des Journalismus und der Medien. „Die Ausdifferenzierung und Professionalisierung der Handlungsfelder der politischen Kommunikation, die Einrichtung spezifischer Stellen und die Beschäftigung von Spezialisten des Informationsmanagements sind daher nur konsequent" (Pfetsch 1997: 48). Das „Drehbuch" für diese Professionalisierung schreibt eine seit einigen Jahrzehnten auch in Europa etablierte Profession: Public Relations. In ihrer adaptierten und erweiterten Version – dem politischen Marketing – beeinflusst Öffentlichkeitsarbeit zunehmend die Planungs- und Handlungslogik der politischen Akteure auch in der Bundesrepublik.

3   Das Skript:
Öffentlichkeitsarbeit, Marketing

> *„Doch* bin ich wirklich!" sagte Alice und begann zu weinen.
> „Vom Weinen wirst du kein bißchen wirklicher", bemerkte
> Zwiddeldei; „du hast also gar keinen Grund dazu."
> „Wenn ich nicht wirklich wäre", sagte Alice, halb lachend und
> halb weinend, so unsinnig kam ihr das Ganze vor,
> „dann könnte ich doch gar nicht weinen!"
> „Du hältst das doch hoffentlich nicht für wirkliche Tränen,
> was du da weinst!" fiel ihr Zwiddeldum verächtlich ins Wort.
>
> *Lewis Carroll,* Alice hinter den Spiegeln[1]

3.1   Einleitende Anmerkungen

Folgt man einem Einvernehmen in der Literatur, dann war Ivy Ledbetter Lee einer der ersten Public-Relations-Manager überhaupt, auch wenn ihn seine Zeitgenossen noch nicht so bezeichneten[2] (vgl. u. a. Oeckel 1994a). Der Industriemagnat John D. Rockefeller sr. engagierte zu Beginn des vergangenen'Jahrhunderts den Journalisten Lee, um einer allzu industriekritischen Presse offensiv zu begegnen – in einer Zeit, in der sich auch US-Präsident Theodore Roosevelt ständig über respektlose Redakteure und ihr „Muckraking", ihr „im-Dreck-Wühlen" beklagte. Lee entwarf 1906 eine *Declaration of Principles*, die er an Verleger und Redaktionen schickte: „In brief our plan is frankly and openly, on behalf of the business concerns and public institutions, to supply to the press and public of the United States prompt and accurate information concerning subjects which is of value and interest to the public to know about [...]" (zit. n. Kunczik 1993: 107). Ziel war es also, einen Konzern oder eine Institution in der Presse in ein positiveres Licht zu rücken, als es ohne solch „akkurate", „prompte" Information der Fall wäre. Heute würde man wohl sagen, ein „Image" sollte „aufpoliert" werden; oder

---

1   Lewis Carroll (1974 [1872]): Alice hinter den Spiegeln. Frankfurt a. M.: 64.
2   Als ein weiterer PR-Gründungsvater gilt Edward L. Bernays; vgl. Kunczik 1993: 90; ein Richter des *Supreme Court*, Felix Frankfurter, nannte Lee und Bernays einmal „professional poisoners of the public mind, exploiters of foolishness, fanaticism and self-interest"; zit. n. Stauber/Rampton 1995: 24.

etwas abstrakter: einer journalistischen „Fremdbeobachtung" setzte man eine „Eigenbeobachtung" entgegen. Lee gab seinerzeit Rockefeller einen nachhaltig programmatischen Rat: Stiftungen zu gründen, über die geschrieben und geredet werden könnte (vgl. Rolke 1998). „Tue Gutes und siehe zu, dass es bekannt wird" – so liest sich diese „Leitvorstellung großbürgerlicher Philanthropie" (Kocks 2001: 94) noch immer in zahllosen „How-to-do"-Büchern der Branche.

Sicher ist die PR-*Industrie* ein Kind des 20. Jahrhunderts, doch hat die „Kunst" der Meinungspflege eine lange Geschichte, ja ihre Geburtsstunde dürfte mindestens datiert werden auf die „Rhetorik" des Aristoteles. Dort wird argumentiert, Rhetorik könne die Menschen sowohl irreführen als auch aufklären; sie sollte daher breit gelehrt werden, damit jeder ihren manipulativen Gebrauch erkennen könne[3]. – Irreführung und Manipulation über die es *aufzuklären* gilt: noch heute haftet Öffentlichkeitsarbeit[4] eine ähnliche Reputation an, sie wird leicht synonymisiert mit Täuschung und Schein, mehr Dichtung denn Wahrheit – und sie wird abgegrenzt gegenüber einer (aufklärenden) Publizistik. Der Journalist Dagobert Lindlau etwa beschrieb PR einmal als „ein Riesenpotential an bezahlter und organisierter Mißinformation und Schönfärberei" (zit. n. Avenarius 1995: 7); und SPD-Kanzlerkandidat Johannes Rau griff im Januar 1986 in einer überregionalen Anzeige die Regierung Kohl mit den Worten an: „Nur wer nicht überzeugend politisch handeln kann, flüchtet gern in die Welt der PR-Berater und Werbeagenturen"[5]. Public Relations steht „nicht gerade in dem Ruf, Nachdenklichkeit erzeugen zu wollen" (Kocks 2001: 16). Doch scheint PR eine virulente Kraft zu besitzen, zumal heute, mehr denn je in der „Kommunikationsgesellschaft"; und sie ist längst keine Domäne mehr allein von Wirtschaftsunternehmen. Abgesehen (vielleicht) von Klöstern: keine öffentliche Institution, kein Verband, keine Universität, keine Partei, kein Fußballverein,

---

3　　Aristoteles, Rhetorik, 1. Buch, 1355b.

4　　Einem Sprachgebrauch folgend werden Public Relations und Öffentlichkeitsarbeit hier synonym verwendet. Wahrscheinlich wurde Public Relations erstmals 1882 von Dorman Eaton an der Yale Law School eingeführt: „Public Relations" als „relations for the general good"; zitiert nach Oeckel 1994b: 17. Im deutschen Sprachraum wurde Public Relations von Carl Hundhausen seit etwa 1937 promoviert. Nach diversen Versuchen, den Begriff dem Deutschen anzugleichen, schlug 1950 Albert Oeckel „Öffentlichkeitsarbeit" als Synonym vor; vgl. Kunczik 1999: 545; Oeckel reklamierte die Übersetzung für sich, offenbar aber findet sich die Vokabel bereits 1917 im Rahmen einer Selbstverständnisdiskussion ervangelischer Pressverbände; vgl. Bentele 2003: 54.

5　　Zitiert nach Kunczik 1999a: 551.

so scheint es, vermag ohne PR-Abteilung oder mindestens PR-Beauftragten auszukommen. „Lassen sich mit PR nicht die meisten Probleme unserer Gesellschaft [...] klären, lösen, bereinigen, vertuschen, auf jeden Fall hinwegschaffen? Das Zutrauen in diese Kommunikationsform ist genauso groß wie die Angst vor ihrer manipulativen Macht" (Avenarius 1995: xi).

3.2 Kurze Geschichte der Meinungspflege und PR

Entsprechendes Reduktionsvermögen vorausgesetzt, lassen sich im Modus „vorwissenschaftlicher" Beobachtung (Faulstich 2000: 14) schon die Briefe der Apostel als PR-Aktivitäten begreifen: Grunig und Hunt (1984: 15) zumindest sehen in der Verbreitung des Christentums „one of the great public relations accomplishments of history". Derart finden sich in der Geschichte viele Komponenten einer Öffentlichkeitsarbeit oder Persuasionskommunikation: „The walls of Pompeii were inscribed with election appeals. Caesar carefully prepared the Romans for his crossing of the Rubicon in 49 B. C. by sending reports to Rome on his epic achievements as governor of Gaul, and historians believe he wrote his Commentaries as propaganda for himself" (Cutlip/Center 1978: 19). Edward Bernays (1961: vi) wirft einen noch weiteren Blick zurück in die Historie: „Yet in ancient Sumeria, Babylonia, Syria and Persia in the dawn of civilization even the despotic rulers were aware of their publics. Proclaiming the divinity of kings was a step of the first importance in gaining the worshipful obedience of subjects". Und doch: „[S]o reizvoll es sein mag, von Bauten, Statuen, Inschriften und Münzen über Aktionen, Reden, Schriften und Briefe bis zu Massenveranstaltungen und schließlich zur Pressearbeit fortzuschreiten. Man würde nur feststellen, daß es fast alles schon zu fast allen Zeiten gab" (Avenarius 1995: 68).

Avenarius (1995: 69) unterscheidet sechs periodische Kategorien, geordnet (nicht stringent chronologisch) nach den Konstitutionen von Macht und Machtkommunikation. Die erste Periode, die *Vorgeschichte* der PR, siedelt er bei den Stammes- und agrarischen Feudalgesellschaften an. Die zweite Kategorie (~2000 vor bis 1500 n. Chr.) umfasst eine *imperiale PR* antiker Reiche: Ägypten, Babylon, Rom, Indien, China wie auch die herrschaftliche Propaganda in Flächenstaaten – was den Investiturstreit mit seinen Pamphleten umfasst oder die Auseinandersetzung Friedrichs II. mit Papst Gregor IX. im 13. Jahrhundert, einen Streit, in dem es Friedrich gelang, „durch geschicktes

Marketing fast die gesamte öffentliche Meinung des Abendlandes für sich [...] zu gewinnen (Kunczik 1998: 332). Drittens: PR in *antiken Stadtkulturen* und Stadtstaaten (~500 vor bis 500 n. Chr.), Athen, Byzanz (später Florenz, Mailand und Venedig). In der vierten Kategorie (~500 bis 1800 n. Chr.) werden Formen der Öffentlichkeitsarbeit von Religionsgemeinschaften genannt: des Islams und des Christentums, dort besonders die *Congregatio propaganda fidei*, einer missionarischen päpstlichen Gesellschaft. Die fünfte Periode (~1500 bis 1800 n. Chr.) positioniert Avenarius zur Zeit des *Absolutismus* und der Aufklärung. Als anhaltendes, sechstes PR-Zeitalter, sei seit etwa 1850 die sich entwickelnde, *elaborierte* PR in den Industriestaaten zu nennen.

Insbesondere diese letzte Periode ist weiter zu differenzieren. Das soziale Phänomen Öffentlichkeitsarbeit umschließt in einem breiten Verständnis eine semi-professionelle „Pressearbeit" in Form von amtlichen Verlautbarungen, offiziösen Lancierungen, der Presselenkung und propagandistischen Massenführung in Diktaturen bis hin zur berufssoziologisch spezialisierten, privatwirtschaftlichen PR der Gegenwart: einer „industry of image management" (Michie 1998: 5), deren Budget mitunter den Etat von Kleinstaaten übertrifft. Konservative Schätzungen gehen z. B. in den 90er Jahren für die USA schon von jährlich ca. 10 Milliarden Dollar Aufkommen für PR-Tätigkeiten von etwa 150 Tausend Fachleuten aus (vgl. Stauber/Rampton 1995: 13). In Deutschland sieht der Berufsverband DPRG 30 bis 50 Tausend Mitarbeiter in der Branche, nachdem noch Mitte der 90er Jahre wissenschaftliche Schätzungen bei 10 bis 16 Tausend lagen (Röttger 2000: 121)[6].

Mitte des 19. Jahrhunderts geht mit der Ausdifferenzierung moderner Industriestaaten das Aufkommen der Massenpresse einher. Damals war der amerikanischen Presselandschaft bereits ein Journalismus bekannt, der den Politik- und Wirtschaftsmächtigen auf die Finger schaute und die weniger Mächtigen zu informieren suchte. Diesem Journalismus sind spektakuläre Enthüllungen zu verdanken, was allerdings ambivalent zu beurteilen ist. „[S]chon damals ließen sich Journalisten vor den Karren von Interessensgruppen spannen, um an ihr Material zu gelangen" (Weischenberg 1997: 57): Parallel zum Journalismus entwickelte sich ein Antagonismus zwischen Vermittlungsansprüchen, die den Journalisten angetragen wurden (z. B. aus Politik, Wirtschaft, Interessengruppen), und einem journalistischen Berufsverständnis, das sich durchaus an unabhängige Publizitätsnormen anlehnte.

---

6   Vgl. www.dprg.de/statistische.

In Deutschland bildete sich eine Frühform moderner Öffentlichkeitsarbeit als *staatliche* Tätigkeit in Staatsanzeigern, die frei von Räsonnement und Politisierung über das Geschehen bei Hofe und über Börsenkurse berichteten (vgl. Piereth 1994: 38 f.). Friedrich der Große, Preußischer König von 1740 bis 1786, vertrieb in seinen Kriegen über das Auswärtige Ministerium Schlachtberichte – eine bemerkenswert systematische Kriegsberichterstattung in eigener Sache. Später wurde die preußische Öffentlichkeitsarbeit stark durch anti-napoleonische Effekte bestimmt[7]: der Appell an die öffentliche Meinung wurde Teil der innerstaatlichen Erneuerung und der Auseinandersetzung mit Frankreich (ebd.). 1816 markierte ein *Literarisches Bureau* unter Karl August von Hardenberg den Beginn einer institutionalisierten staatlichen Informationspolitik in Preußen (vgl. Kunczik 1998: 333): Das Büro stellte Zeitschriftenartikel und Neuerscheinungen zusammen, kommentierte sie und verfasste, soweit opportun, offiziöse Gegendarstellungen. Es wurde während der 1848er-Revolution kurzzeitig aufgelöst (vgl. Piereth 1994: 33); seit 1849 stützte sich der preußische Ministerpräsident von Manteuffel wieder auf ein solches *Bureau*, nun *Cabinet* genannt. Seine wichtigste Aufgabe war das Lancieren der Regierungsmeinung in Presseorgane, die sich keiner politischen Richtung verpflichtet fühlten – und „neutral" gelesen würden: das Engagement der Politik sollte kaschiert werden.

Auch die Industrie bemühte sich im einsetzenden internationalen Wettbewerb früh, die eigenen Produkte in den Zeitungen und in den Köpfen zu platzieren. Ein häufig erwähntes Spektakel veranstaltete der Industrielle Alfred Krupp: Während der Londoner Weltausstellung 1851 exponierte er (unter vorstellbaren Mühen) einen zwei Tonnen schweren Block aus Stahl: den größten seinerzeit in einem Stück gegossenen Stahlklotz. Der unförmige Gegenstand wurde eine der Sensationen der Weltausstellung – und Krupp weltweit der Inbegriff für Industriestahl (vgl. u. a. Oeckel 1994b: 19).

Der Industrialisierung folgte auch eine neue Verwaltungspraxis: „Die breite Zustimmung der Beherrschten zu amtlich-administrativen Maßnahmen wurde zu einem unumgänglichen Element staatlicher Politik auf allen Handlungs- und Organisationsebenen" (Gebhardt 1994: 175). Gerade Bis-

---

7 Napoleon ließ sich von einem „Bureau de Presse" über die tägliche Publizistik unterrichten: Im Gegensatz zur Arkanpolitik des Absolutismus verfolgte Napoleon – eine politische „Missionierung" über Truppen *und* Agitation im Sinn – schon früh in den italienischen Feldzügen ein Stück weit „öffentliche" Politik; auch Zensur und Meinungsunterdrückung waren ihm dabei probate Mittel; vgl. Piereth 1994.

marck war dabei sehr wohl bewusst, „dass die Glaubwürdigkeit der Presse für deren Wirkung von entscheidender Bedeutung war und das, was im Regierungsblatt dargelegt wurde, gerade darum, weil es dort zu lesen war, kein rechtes Vertrauen bei der Leserschaft fand" (Kunczik 1998: 333; vgl. Bauer 1930: 326). Bismarck misstraute einerseits der plumpen Einflussnahme auf nicht-amtliche Zeitungen. Andererseits jedoch sollten solche Zeitungen der Regierung stets „ein Quantum weißes Papier zur Disposition" stellen (zit. n. Piereth 1994: 39). In der Tradition der Geheimdiplomatie versuchte er auch, die Presse außenpolitisch zu instrumentalisieren: Diplomatie und Presseberichterstattung rückten für ihn derart nahe zusammen, dass „sie als zwei Gleise betrachtet wurden, die zum selben Ziel führten" (Schoeneberger 1981: 21). Der „eiserne Kanzler" und seine Nachfolger im Kaiserreich setzten allerdings mehr auf persönliche Beziehungen zu Redakteuren, denn auf eine restriktive „Pressepolitik" (vgl. Piereth 1994: 41).

Kurz nach der Jahrhundertwende ging die Einrichtung von städtischen Presseämtern auf Anregungen von Lokaljournalisten zurück, die eine offizielle Anlaufstelle suchten für Mitteilungen der Behörden und Kanzleien. In Marburg wurde 1906 die erste kommunale Pressestelle eingerichtet (vgl. Faulstich 2000: 15). In der Praxis zeigte sich aber rasch, dass es entgegen aller Bekenntnisse der Ämter zur Zusammenarbeit von Verwaltung und Presse „weniger um Anerkennung eines Berufes und seiner Ansprüche auf Herstellung von Öffentlichkeit ging als eher um seine Instrumentalisierung zur Durchsetzung von behördlich-institutionellen Interessen" (Gebhardt 1994: 185). Als größeres Beispiel ist Anfang des 20. Jahrhunderts eine Marinekampagne zu nennen, die Alfred von Tirpitz, Staatssekretär im Reichsmarineamt, zum Ausbau der deutschen Flotte anstrengte – einer international nachhaltig irritierenden Idee des Kaisers: „Vortrags- und Besuchswesen, Marinekalender, Besichtigung von Schiffen durch Kurgäste, Marinetage etc. gehörten zum Instrumentarium der Öffentlichkeitsarbeit, die an Abenteuerlust und Großmachtstreben [...] appellierte" (Kunczik 1998: 334). Auf großen Schiffen wurden „Presse-Offiziere" mit Fragen der Besucherinformation vertraut gemacht. Das Reichsmarineamt kooperierte hier mit (zumindest: formell) selbständigen Verbänden, etwa dem „Deutschen Kolonialverein" oder dem „Alldeutschen Verband". Seinerzeit bestand bei den zuständigen Stellen offenbar ein Bewusstsein für eine auch instrumentelle Mobilisierung einer „Öffentlichkeit".

Meinungspflege und Meinungs-„Mache" nahmen bald einen drängenderen Charakter an. In den Weltkriegen folgte eine Feindbild-Agitation mittels kaum verhohlener Propaganda[8]. Schon im Ersten Weltkrieg griff man auf spitzfindige Techniken zurück, die über die plumpe Feindbeschimpfung hinaus gingen[9] – etwa in der Frage der Werbung für Kriegsanleihen (einer Art finanzieller Wehrpflicht), bei der die Deutsche Reichsbank u. a. der Presse Textentwürfe als „Unterlage" für die redaktionellen Berichte über die Anleihen zukommen ließ (vgl. Gebhardt 1994). In den USA rief Präsident Wilson 1917 ein „Comitee on Public Information" (CPI) ins Leben, das die Bevölkerung auf die Kriegsanstrengungen einstimmen sollte. Über 100 Millionen Pamphlete und Poster wurden von dem CPI veröffentlicht: „It was America's first propaganda campaign, perhaps the most extensive effort by government to mobilize and shape public opinion" (Perloff 1998: 31).

Dort, in den Vereinigten Staaten, boomte die PR-Industrie nach dem Krieg, als zahlreiche Mitarbeiter der „Psychological Warfare"-Abteilungen aus dem Staatsdienst ausschieden und Arbeit im zivilen Leben suchten (vgl. Oeckel 1994b: 18). In der Weimarer Republik beschäftigte sich Mitte der 20er Jahre der Berufsverband der Journalisten mit dem Verhältnis zwischen Presse und amtlicher Öffentlichkeitsarbeit respektive Industrie-PR (vgl. Gebhardt 1994: 185). Und diese Industrie hatte die Zeichen der Zeit erkannt. So errichtete die Interessensgemeinschaft der Farbenindustrie (IG Farben) bald eine Pressestelle, die sich darum bemühte, „Verständnis zu schaffen und Vertrauen aufzubauen" (Oeckel 1994b: 19) – Verständnis und Vertrauen: ein wiederkehrender Topos im Selbstverständlichkeitskatalog der Branche.

In Weimar gewinnen deren Aktivitäten dann an Profil; nun lässt sich systematische PR an verschiedenen Stellen beobachten: Von der Presseabteilung der Reichsregierung und einer Reichszentrale für Heimatdienst bis zu kommunalen Ämtern (vgl. Faulstich 2000: 17). *Parteipolitisch* war die Weimarer Republik durch Agitationstechniken extremer Parteien charakterisiert. Die Nationalsozialisten nutzten schon vor der Machtergreifung massenpsychologische Methoden und Techniken – mit einer, so Michael Kunczik (1998:

---

8   Zur historischen Übersicht zur Propaganda vgl. Daniel/Siemann 1994.

9   Propaganda ist mit Günter Bentele, 1999a: 398, aus historischen und theoretisch-systematischen Gründen insofern von Öffentlichkeitsarbeit zu unterscheiden, als Propaganda nicht als Verbreitung von Ideen oder Informationen zu verstehen ist, sondern als Kommunikationstypus, der auf den Wahrheitsgehalt und der zugrunde liegenden Wirklichkeit, wenn überhaupt, nur bedingt zurück greift.

335), besonderen Affinität zu amerikanischen PR-Praktiken: gekennzeichnet etwa durch die ständige Wiederholung einprägsamer Schlagwörter und Behauptungen, die an einen „Glauben", nicht an die Ratio appellierten. Zensur, Presselenkung, Sprachregelungen, Berufsverbot und Verfolgung unliebsamer Journalisten waren Merkmale des NS-Propagandaapparates. Goebbels betrieb daneben mystifizierende „Integrations"- und „Agitationspropaganda" (vgl. Casmir 1996), um z. B. Hitler – mit einem gewissen „Mut zur Banalität" (Hagemann 1948: 159) – nachgerade als „Markenartikel" einer „Bewegung" darzustellen (vgl. Behrenbeck 1996). Etwa wurde bei der Veröffentlichung von Hitlerfotos auf wenige Motive mit stereotypen Posen zurückgegriffen, um einprägsame Eindrücke zu gewährleisten.

Unterdessen war in Deutschland *staatliche* Öffentlichkeitsarbeit eben mit Blick auf Propaganda und Meinungskontrolle im Nationalsozialismus ausgesprochen umstritten. Aufgrund der Wertestruktur des Politischen in parlamentarischen Demokratien wurde die Differenz zwischen einer (notwendigen) Informationspolitik einerseits – die Unterrichtung des Souveräns – und einer (werbenden) Öffentlichkeitsarbeit andererseits schon früh problematisiert. Auch das Bundesverfassungsgericht ist hierzu bemüht worden, und im März 1977 legte Karlsruhe in einem Urteil zur Öffentlichkeitsarbeit von Staatsorganen fest (es ging um einen „Eingriff der Bundesregierung in den Bundestagswahlkampf 1976 durch als Öffentlichkeitsarbeit bezeichnete Maßnahmen"), dass staatliche PR sowohl verfassungsrechtlich zulässig als auch in Maßen *geboten* sei. Eine Grenze finde sich jedoch dort, wo Öffentlichkeitsarbeit in Wahlwerbung münde. Und aus der „Verpflichtung der Bundesregierung, sich jeder parteiergreifenden Einwirkung auf die Wahl zu enthalten, folgt schließlich für die Vorwahlzeit das Gebot äußerster Zurückhaltung und das Verbot jeglicher mit Haushaltsmitteln betriebener Öffentlichkeitsarbeit [...]"[10]. Das Gericht hat damit die Selbstdarstellung der Regierung in *Wahlkampfzeiten* eingeschränkt. Es hat zugleich versucht, eine Grenze zu ziehen zwischen Regierungstätigkeit hier und Öffentlichkeitsarbeit dort – in Form einer (überholten?) Trennung von Wahlkampf- und Regierungszeit: „Da [...] Kommunikationsstrategien in der Wahlkampfführung längst auf die Dauer der gesamten Periode einer Regierungstätigkeit angelegt sind, wird es in der Praxis immer schwieriger werden, zwischen Regierungstätigkeit und Öffentlichkeitsarbeit [...] zu unterscheiden" (Radunski 1980: 8).

---

10   BverfGE 44, S. 125-197; hier: S. 126; vgl. auch Wiek 1996: 70.

Wenngleich sich ihre Wurzeln in der Industrialisierung finden lassen und wenngleich die Industrie in der Weimarer Republik schon vor Etablierung des Begriffs Öffentlichkeitsarbeit betrieben hat (vgl. Kunczik 1997: 354), entwickelte sich in Deutschland erst nach der Währungsreform 1948 eine nennenswerte PR-*Profession* mit privatwirtschaftlicher Ausrichtung[11]. Die ersten Agenturen wurden Anfang der 50er Jahre gegründet, 1958 dann die Deutsche Public Relations-Gesellschaft (DPRG). Der Deutsche Industrie- und Handelstag, der Bundesverband der Deutschen Industrie, die Bundesvereinigung der Deutschen Arbeitgeberverbände u. a. richteten Pressestellen ein, deren vornehmste Aufgabe als „Werbung um öffentliches Vertrauen" (Hundhausen 1951) umschrieben wurde – um „Vertrauen" eben auch, weil der Propagandaverdacht an der Wiege der PR in Deutschland stand (vgl. Jarren/Röttger 2004: 32). Erste Veröffentlichungen über „Public Relations" (z. B. Gross 1951; Hundhausen 1951) und die Einrichtung von PR-Abteilungen in größeren Unternehmen markierten den Durchbruch eines professionellen Zugangs zur Öffentlichkeitsarbeit in der Wirtschaft (vgl. Kunczik 1999a: 546). Seither wächst die Zahl der PR-Mitarbeiter in Deutschland, das finanzielle Volumen der Branche steigt, und die Aus- und Fortbildungsstrukturen umfassen nunmehr auch universitäre Studiengänge.

Die Ausdifferenzierung der modernen Gesellschaft birgt für Public Relations einen besonderen Grad interner wie externer Komplexität – und einen steigenden Hang relevanter Akteure des ökonomischen und politischen Systems zur *Herstellung* von Öffentlichkeit und Kommunikation mit der Institutions- oder Organisationsumwelt durch eben eine Öffentlichkeits*arbeit*. Wenn in der Gesellschaft der Grad an Fiktionalisierungen wächst, liegt eine *instrumentelle Fiktionalisierung* durch Unternehmens- oder Organisations-PR nahe (vgl. Kückelhaus 1998). So sieht Ulrich Saxer (1992) nach einer ersten „rudimentären" und einer zweiten „stereotypen" Phase der Öffentlichkeitsarbeit seit Anfang der 90er Jahre eine gesonderte Phase der „postindustriellen Gesellschaft", in der sich PR *gesamtgesellschaftlich* entfaltet. Während noch in den 50er und 60er Jahren das „Herstellen von Vertrauen" im Mittelpunkt des normativen und berufspraktischen Selbstverständnisses stand, wird Öffentlichkeitsarbeit heute meist knapp als strategisch-operatives Kommunikationsmanagement von Organisationen aufgefasst

---

11 Die Literatur ist über die Qualität der PR in der Weimarer Republik gemessen an moderner Öffentlichkeitsarbeit uneins; vgl. z. B. Faulstich 2000: 11 ff.

(vgl. Bentele 2003: 54) – eine Tätigkeit, die weiter zu differenzieren wäre, was sich semantisch niederschlägt in neudeutsch gehaltenen Schlüsselbegriffen der PR: Consumer Relations, Corporate Behaviour, Cross-Publicity, Dialogmarketing, Financial und Investor Relations, Product Publicity, Personal Relations und Branding, Impression Management usf.

Wie diese Skizze nur andeuten kann, ist jene „Kunst" der Meinungs- und Vertrauensbildung durchaus als Konstante der Geschichte zu begreifen, wenngleich in vielen Schattierungen und – abhängig vom gesellschaftspolitischen Umfeld – recht divergierenden Komplexitätsgraden[12]. So bindet sich Öffentlichkeitsarbeit historisch auf verschiedene Weise an Politik, Herrschaft und Gesellschaft, an politische Kommunikation. Mit der Industrialisierung und der Evolution der Massenpresse entwickelte sie sich als Handlungsfeld privater Unternehmen. In der Rückschau kondensieren dabei Propaganda, staatliche Informationspolitik, Pressearbeit, privatwirtschaftliche Informationen usf. als Frühformen der PR mit vielerlei Intentionen und Ansprüchen.

Was für eine Kommunikationsform verbirgt sich nun konkret hinter dem PR-Kürzel? – Wenn sich ein in aller Munde befindliches Wort (in unserem Kontext) durch besondere Indifferenz auszeichnet, dann sicher Öffentlichkeitsarbeit. Seit etwa den 60er Jahren steht ihm ein Geschwister zur Seite, die Politik-PR (vgl. Bentele 1998a: 124); ihm folgte, als eine Art erweiterte Ausgabe, das politische Marketing.

3.3 Public Relations, Marketing: Begriffe, Modelle

3.3.1 Public Relations

„Ask ten different PR practitioners to define their trade and you will get ten different answers" (Michie 1998: 5) – was Public Relations konkret ist oder Öffentlichkeitsarbeitende täglich tun, darüber ließe sich lange diskutieren: „Uneinigkeit der Ideen, Vorstellungen, De- und Präskriptionen prägen hier neben Alltagseinsichten und Erfahrungen das Bild" (Kückelhaus 1998: 19). Das Spektrum der Aktivitätszuschreibungen von PR reicht von sozial orientiertem Handeln („Tue Gutes ..."), der schlichten Kontaktpflege und dem Dialog mit Journalisten bis zur Integration aller öffentlichkeitsorientierten

---

12   So spricht Faulstich; 2000: 15; davon, die „quellenorientierte Kärnerarbeit" zur Geschichte der Öffentlichkeitsarbeit in der Bundesrepublik habe erst begonnen.

und potenziell -wirksamen Managementleistung eines Wirtschaftsunternehmens. „The industry encompasses a huge range of activities – from market research an planning to media relations, sponsorship and corporate hospitality – and operates in sectors so diverse they bear scarcely any resemblance to one another." (Michie 1998: 5) Entsprechend vielfältig gestalten sich die Definitionen. Schon 1976, leitete Rex Harlow aus 472 Definitionen folgende Bestimmung ab: „Public Relations ist eine unterscheidbare Managementaufgabe. Sie dient dazu, zwischen einer Organisation und ihren verschiedenen Öffentlichkeiten wechselseitige Kommunikationsbeziehungen, Akzeptanz und Zusammenarbeit herzustellen und aufrechtzuerhalten. Sie befaßt das Management dieser Organisation mit öffentlichen Problemstellungen und Streitfragen. Sie unterstützt es darin, die öffentliche Meinung zur Kenntnis zu nehmen und zu berücksichtigen. Sie beschreibt mit Nachdruck die Verantwortlichkeiten des Managements gegenüber den öffentlichen Interessen. Sie hilft dem Management, mit gesellschaftlichem Wandel Schritt zu halten, ihn auch zum eigenen Nutzen wahrzunehmen. Sie dient als Frühwarnsystem für künftige Trends. Ihre wichtigsten Instrumente sind Untersuchungen und ethisch einwandfreie, solide Informationstechniken"[13]. Bei aller Ausführlichkeit findet sich in diesem Zugang doch mancher Stolperstein: Was – z. B. – ist unter *öffentlicher Meinung* oder *öffentlichen Interessen* genau zu verstehen? Angrenzende Termini – Propaganda, Werbung, Reklame, Publicity usf. – verstärken nur die Indifferenz des PR-Begriffs: „Wenn ein junger Mann ein Mädchen kennenlernt und ihr sagt, was für ein großartiger Kerl er ist, so ist das Reklame [...]. Wenn er ihr sagt, wie reizend sie aussieht, dann ist das Werbung. Aber wenn sich ein Mädchen für ihn entscheidet, weil sie von anderen gehört hat, was für ein feiner Kerl er ist, dann ist das Public Relations."[14] Öffentlichkeitsarbeit ist so gesehen interessengeleitete Kommunikation zu einem Überzeugungszweck – und dies nicht in der Form traditioneller Wirtschaftswerbung: „[T]he whole point about PR is that it's *not* advertising" (Michie 1998: 6; Herv. i. O.).

Die in der Literatur angebotenen Definitionen von Öffentlichkeitsarbeit hängen stark mit ihrem Bestimmungszweck zusammen, im Kern: ob die Zuschreibung eher handlungsweisend, praxisbezogen ist oder aus dem wissenschaftlichen Raum kommt. Als Zugang zum Begriff mag daher eine

---

13 Hier zitiert nach der Übersetzung von Avenarius 1995: ix.
14 So der Münchener Bankier Alwin Münchmeyer; zitiert nach Kückelhausen 1998: 19.

Unterscheidung von *Berufs*perspektive und *Wissenschafts*perspektive hilfreich sein (vgl. Bentele 2003: 55 f.; Kückelhaus 1998: 51): Die *Berufsperspektive* wartet mit einem schon traditionellen Harmoniegedanken auf; es geht meist um den Aufbau von Vertrauen und die Verbesserung eines Organisation-Umwelt-Verhältnisses. Eine entsprechende Formulierung lautet dann: „Public Relations ist die Unterrichtung der Öffentlichkeit über sich selbst, mit dem Ziel, um Vertrauen zu werben" (Hundhausen 1951: 56; i. O. kursiv)[15]. Sprachlich kurios hieran ist, warum das *Werben um Vertrauen* selbst das Ziel sein sollte. Doch darf diese frühe Definition als typisch für eine Bestimmung aus der Sicht von Praktikern gelten. Allerdings wird heute eben diese Vertrauensdimension als Zweckbestimmung einer „verständigungsorientierten" Öffentlichkeitsarbeit weit weniger betont bzw. anders gewichtet.

In der *Wissenschaftsperspektive* finden sich in den Disziplinen unterschiedliche Zugänge (vgl. Bentele 2003: 55 f.): In den *Wirtschaftswissenschaften* dominiert ein am Marketing und der Absatzpolitik orientierter Ansatz, wonach PR vornehmlich als ein Instrument in der Kommunikationspolitik von Unternehmen aufzufassen wäre. PR wird hier klassischerweise dem Marketing untergeordnet, „als unternehmensbezogene Tätigkeit, die mit einem bestimmten Instrumentenensemble arbeitet" (Bentele 2003: 55; vgl. Kap. 3.3.2). Öffentlichkeitsarbeit nimmt innerhalb der Unternehmenskultur keine sonderlich herausgehobene Position ein, nähere Bestimmungen in den entsprechenden *How-to-Do*-Bücher einer PR-*Kunde* rekurrieren dann häufig auf die Kommunikationsinstrumente. So lässt sich vieles als *Ausdruck* von Öffentlichkeitsarbeit fassen: „[...] der Beipackzettel in der Schachtel Kopfwehtabletten ebenso wie die Werkszeitung bei Daimler Benz oder die Bäckerblume, die Imagekampagne der chemischen Industrie ebenso wie die Informationsbroschüre eines Ministeriums, der Jubiläumsfilm einer Universität ebenso wie der Film eines Basketballclubs, der mit Hilfe dieses Instruments Sponsoren finden will oder die Festschrift eines großen Unternehmens zum 100-jährigen Bestehen" (Bentele 1997: 71).

Dagegen definieren die *Kommunikationswissenschaften* Public Relations meist breiter und beziehen sich auf das gesamte Spektrum der Kommunikation von Organisationen (von Parteien bis Wirtschaftsunternehmen) und

---

15   Ähnlich unterscheidet Hundhausen (1951: 160 ff.) sechs *Prinzipien* der PR: *Wahrheit, vollständige Wahrheit, Offenheit,* das Prinzip des *ersten Schritts,* der *Selbsterziehung* und schließlich das der *übereinstimmenden Interessen.* Auch diese Emphase ist mit darauf zurück zu führen, dass sich die junge Branche nach dem 2. Weltkrieg explizit von Propaganda distanzieren wollte.

berücksichtigen (meist) den gesellschaftlichen Kontext. Neben eine Tätigkeitsperspektive tritt also ein organisationsbezogener Zugang (was leistet PR für Organisationen?) sowie ein makrosozialer Zugang (PR als Typus öffentlicher Kommunikation). Diese Differenzierung findet sich bereits in den ersten Bestimmungen; so definierten in den 80er Jahren James Grunig und Todd Hunt (1984: 6) zunächst: „Public relations is the management of communication between an organization and its publics". Darauf aufbauend unterschieden sie vier Modelle: Das *Publicity*-Modell, das der *Informationstätigkeit*, das der *zweiseitigen, asymmetrischen Diskussion* und eines der *zweiseitigen symmetrischen Kommunikation* (vgl. auch Hautzinger 2003: 32 ff.).

Dem *Publicity*-Modell liegt eine simple Vorstellung von den Funktionen und Handlungsmustern zu Grunde: Öffentlichkeitsarbeit als einseitige Kommunikation von einem Sender an einen Empfänger. Den Kommunikatoren kommt es allein darauf an, ein Unternehmen (Produkte, Dienstleistungen) bei einer relevanten Zielgruppe *bekannt* zu machen oder in Erinnerung zu rufen. Wie *faktenbasiert* oder *realitätsnah* eine bestimmte PR-Aussage dabei beschaffen sein muss, ist im Grundsatz nebensächlich, ja Übertreibungen usf. können nachgerade dem Kommunikationsziel dienen. So betrachtet fällt nicht nur Werbung hierunter, sondern eine womöglich alltagssprachliche, weitgehend negative Konnotation von Öffentlichkeitsarbeit, bei der allein zum (Selbst-)Zweck des Auffallens kommuniziert wird.

Dagegen das Modell der *Informationstätigkeit* orientiert sich am Kommunikationstypus „Aufklärung": Die Zielgruppen des Unternehmens werden über einen relevanten Sachverhalt umfassend und wahrheitsgetreu informiert. Diese Vorstellung klang bereits in der zitierten *Declaration of Principles* von Lee an. Entsprechendes Verhalten ist routinemäßig zu beobachten – etwa in Jahresberichten und Bilanzpressekonferenzen –, oder strategisch, wenn das Unternehmen an der Information der Zielgruppe(n) interessiert ist, gegebenenfalls in einer Krisensituation.

Im dritten Modell – *zweiseitige, asymmetrische* Kommunikation – ist dem Unternehmen an einem Feedback, an einem Meinungsbild und u. U. einem Konsens über strittige Sachverhalte gelegen. So wird durch die Evaluierung von Einstellungen oder Umfragen versucht, die eigenen Argumente den Vorstellungen der Zielgruppe anzupassen; Öffentlichkeitsarbeit bekommt hier ein reaktives Moment. Als asymmetrisch wird dieses Modell bezeichnet, weil das Unternehmen die Kommunikation dominiert, ja steuert.

Schließlich im vierten Modell, dem der *zweiseitigen, symmetrischen Kommunikation*, zielen PR-Aktivitäten auf ein Einverständnis zwischen Unternehmen und Unternehmensumwelt. Öffentlichkeitsarbeit wird hier als gleichberechtigter Dialog aufgefasst: man beabsichtigt zumindest Übereinkunft und Interaktion, um das Meinungsklima in der Unternehmensumwelt zu gestalten; Meinungen, Einstellungen und Handlungen sollen im Zuge einer zwar instrumentellen, dennoch ethisch-moralischen und wechselseitigen Kommunikation beeinflusst werden: „Public Relations is the planned effort to influence opinion and action through socially responsible performance based on two-way-communication" (Cutlip/Center 1978: 7). Der normative Ton, der hier mitschwingt – PR als zweiseitige (nicht: als *egalitäre*) Form öffentlicher Kommunikation zu Konfliktbewältigung – ist vielfach kritisiert worden als „Schlüssel zu den unsäglichen Akzeptanz- und Konsensproblemen des PR-Alltags" (Kocks 2001.

Diese Modelle wurden in einer „Excellence" Studie (Grunig et al. 1996) evaluiert respektive weiterentwickelt. Hier zeigte sich im Kern, dass die Unternehmen überwiegend einem *situativen* Modell folgten: Die Aktivitätsmuster kamen je nach Kontext, Status Quo und aktuellen Gegebenheiten zum Tragen; auch wurde asymmetrische Kommunikation weiter differenziert, da PR-Abteilungen mitunter das Spitzenmanagement eines Unternehmens oder einer Organisation dazu anregten, den Forderungen einer bestimmten Bezugsgruppe nachzugeben. Dabei bleibt der Öffentlichkeitsarbeit allerdings eine Ambivalenz erhalten, da sie nach wie vor dem Unternehmen und seinen (meist: ökonomischen) Zielen verpflichtet ist.

Allgemeine PR-theoretische Überlegungen werden hierzulande meist durch konstruktivistisch oder re-konstruktivistische Ansätze geprägt: der konstruktivistische Zugang betont PR als einen Prozess intentionaler und kontingenter Konstruktionen von Wirklichkeiten, die der Kommunikator in einer Situation für wünschenswert erachtet (vgl. Merten 1992: 44). Rekonstruktivistische Ansätze (vgl. Bentele 2003: 63) operieren auf der Basis eines hypothetischen Realismus und nehmen an, dass Public Relations ein Re-Konstruktionsprozess ist mit den Grundprinzipien: Perspektive, Selektion, Konstruktion – also eine spezifische Wahrnehmung durch Akteure, gefolgt von einer regelhaften Transformation von Wirklichkeit. In beiden Ansätzen geht es im Kern um die Überbrückung einer „natürlichen" Ungewissheitszone zwischen zwei Akteuren oder Sub-Systemen.

In einer beachtenswerten Arbeit (Kückelhausen 1998: 24; Herv. i. O.) charakterisiert die Autorin Public Relations als „strategisch ausgerichtete kommunikative Tätigkeit. PR-Praktiker handeln und kommunizieren in bezug auf interne und externe (Teil-) Öffentlichkeiten. Sie verfolgen interpersonale und massenmediale Kommunikationsstrategien, sind zumeist auf *Dialog* angelegt und haben zum Ziel, ihre Organisation in dieser Öffentlichkeit in wünschenswerter Weise darzustellen, d.h. ein ‚gutes Bild' von sich zu vermitteln oder einen guten *Eindruck* zu hinterlassen. Dieses *Image* hat maßgeblichen Einfluß auf die Vertrauenswürdigkeit und Glaubwürdigkeit des Kommunikators und damit die langfristige Unternehmensexistenz. PR-Praktiker betreiben somit *Metakommunikation*, indem sie Kommunikation generieren und somit auf einer Kommunikationsplattform agieren, die organisatorischen Handlungsspielraum zu sichern imstande ist. Die Öffentlichkeit wird dabei zu einer *Bühne organisatorischer Selbstdarstellung.*" Ausgehend von der Bestimmung der PR als *strategische Kommunikation*, schließt dieser Zugang jene Elemente und Dimensionen von Öffentlichkeitsarbeit ein, die in erster Linie für *unternehmerische* PR relevant sind: Neben die drei Grundpfeiler der industriellen Unternehmung (Erzeugung, Absatz, Finanzen) tritt Public Relations. Angesiedelt nahe der Unternehmensführung (da sie Kenntnisse über die langfristige Unternehmenspolitik voraussetzt) orientiert sich PR als strategische, auch dialogische Kommunikationsform letztlich am unternehmerischen Erfolg. Die Öffentlichkeit[16], bei wirtschaftlicher PR zumeist in Form von Zielgruppen aufgefasst, ist ein interpersonal oder massenmedial angesprochenes *proximates Ziel* zur Erreichung eines *ultimaten Ziels:* Vertrauen und Glaubwürdigkeit beider Zielgruppen (Journalismus, Markt) wird angestrebt, um den unternehmerischen Erfolg via Kaufentscheid sicherzustellen. Journalisten sind *Mittel*, Massenmedien *Bühne*, um die Publikums- in eine Käuferrolle zu überführen: Öffentlichkeitsarbeit orientiert sich am medienvermittelten „Markt" der Nachrichten, Berichte und Meinungen (vgl. Jung 1994: 35).

In der Kommunikationswissenschaft ist damit heute ein begrifflicher Zugang zu Public Relations weitgehend Konsens: Public Relations ist das In-

---

16 Unterschieden wird noch zwischen interner und externer Öffentlichkeit. *Interne* Öffentlichkeitsarbeit umfasst das Bemühen einer Organisation, nach innen so zu wirken, dass sich ihre Mitglieder mit ihr identifizieren. *Externe* Öffentlichkeitsarbeit „bezeichnet die Anstrengungen, die jeweils relevanten Umwelten zu beeinflussen und/oder dort Informationen zu sammeln"; Kunczik 1999a: 545.

formations- und Kommunikationsmanagement von gesellschaftlichen Organisationen mit ihren (internen wie externen) Umwelten. Funktional (in
unterschiedlicher Gewichtung) umfasst sie Information, Kommunikation,
Persuasion, Imagegestaltung, kontinuierlicher Vertrauenserwerb, Konfliktmanagement und das Herstellen von gesellschaftlichem Konsens (vgl. Bentele 2003: 54; Jarren/Rötter 2005: 19).

3.3.2   Politische Öffentlichkeitsarbeit

Public Relations wurde hierzulande zumeist aus unternehmerischer Sicht
beschrieben bzw. analysiert. Von *politischer* Öffentlichkeitsarbeit ist in der
Literatur etwa ab Mitte der 60er Jahre die Rede (vgl. Bentele 1998a: 124). In
seinem „Handbuch der Public Relations" beschreibt Albert Oeckel (1964)
unter „Institutionen" das Presse- und Informationsamt der Bundesregierung. Allerdings stand Öffentlichkeitsarbeit der Parteien dort wie in anderen
Veröffentlichungen seinerzeit noch unter Propagandaverdacht: „Bis in die
sechziger und siebziger Jahre hinein war die Abgrenzung von PR gegenüber
politischer Propaganda, insbesondere der Ära des Nationalsozialismus, ein
wichtiges Charakteristikum des neuen beruflichen PR-Selbstverständnisses
[...]" (Bentele 1998a: 124 f.). Andererseits ist es ein Grundsatz demokratischer
Systeme, politische Vorhaben und die Wege dorthin zu publizieren. „Insofern ist auch ein gewisses Kommunikationsmarketing unverzichtbarer ,Teil
der Partei- und Staatsfunktionen" (Sarcinelli 1986: 9). Regierungskommunikation als Entscheidungsvorbereitung nach innen und außen ist im Grundsatz verfassungskonform (vgl. Jarren/Donges 2002a: 164). In den 70er Jahren
wendet sich die Kommunikations- und Politikwissenschaft (vgl. Ronneberger 1977) dann verstärkt der politischen Öffentlichkeitsarbeit zu – ein Trend,
der sich mit der „Informationsgesellschaft" ab den 80er Jahren steigert.
     In einer ersten Dissertation zur Öffentlichkeitsarbeit von Parteien in
Deutschland (Pauli-Balleis 1987: 25) wird politische Öffentlichkeitsarbeit wie
folgt definiert: „Unter politischer Öffentlichkeitsarbeit der Parteien ist [...]
eine planmäßige Strategie zur Präsentation der Parteiprogramme, -themen
und Politiker gegenüber den Umweltsystemen der Partei zu verstehen mit
der Absicht, Einstellungen und Verhalten dieser Umweltsysteme im Sinne
des Parteiziels der Gewinnung politischer Unterstützung durch Einstel-
lungsintensivierung oder -veränderung zu beeinflussen". Zu Recht erinnert

Bentele (1998a: 127) daran, dass hier die Strategie – letztlich nur ein Element der Öffentlichkeitsarbeit – mit dem Ganzen gleichgesetzt wird: „Zur politischen Öffentlichkeitsarbeit gehören nicht nur Strategien, sondern auch andere PR-Tätigkeitsbereiche wie Analysen, Erfolgskontrollen, die Instrumente, mit denen gearbeitet wird, vor allem aber die Personen und die Institutionen, die Öffentlichkeitsarbeit betreiben". Aus organisationsbezogener, *mikrosozialer* Perspektive[17] schlägt er (ebd.: 130) vor, politische Öffentlichkeitsarbeit als „ein Teil des Kommunikationsmanagements politischer Institutionen und Akteure mit ihren externen und internen Umwelten" aufzufassen – in Anlehnung also an die oben zuletzt dargelegte PR-Definition. Öffentlichkeitsarbeit vollzieht sich hier als flankierende Maßnahme politischer Kommunikation – flankierend etwa zur Wahlwerbung und das politische Handeln selbst. Diese Definition bindet die politische PR an die Tätigkeiten von Akteuren und Institutionen des politischen Systems[18]. Das Kommunikationsmanagement impliziert „zwar normativ eine hierarchisch hohe Einordnung der Tätigkeit, er schließt aber alle möglichen Formen ein: von der traditionellen Einwegkommunikation (Instrumente der Pressearbeit) über strategisch eingesetzte Dialoginstrumente bis hin zum politischen Themen- und Event-Management" (Bentele 1998a: 130).

Dem wird hier gefolgt. Doch seien für die Spezifika der politischen Öffentlichkeit herausragende Aspekte in loser Folge kurz referiert.

- Politische Öffentlichkeitsarbeit zielt zumeist auf drei Zielpublika, die sich hinsichtlich ihres Verhältnisses *zum politischen System* speziell aufstellen: Journalismus, Wählerschaft und das intermediäre System, das „eine Mittlerrolle zwischen politischem System und Gesellschaft einnimmt" (Adam/Berkel/Pfetsch 2005: 87).
- Wie in anderen Kontexten ist im politischen Raum die Multiplikatorwirkungen der Massenmedien Ziel der Öffentlichkeitsarbeit; um „Medienbarrieren" zu überwinden wird Komplexität reduziert – und eben diese Komplexität (Sachthemen und Problemlösungsvorschläge) gestaltet sich bei politischen Vorhaben anders als im wirtschaftlichen Kontext.

---

17 Aus *makrosozialer* Perspektive, die hier nicht weiter verfolgt werden kann, wäre der Frage nachzugehen, inwiefern PR als publizistisches Teilsystem zu beschreiben ist; vgl. Bentele 1995, 1998b.

18 Dagegen ließe sich auch stets dann von politischer Öffentlichkeitsarbeit sprechen, wenn Institutionen *jenseits* des politischen Systems ihre PR-Tätigkeit an der Politik ausrichten (Lobbying; Governmental Relations); da Politik thematisch universell ist, würde aber jede PR, die mit Politik in Berührung käme, sogleich politische PR, wenn auch im weiten Sinne; vgl. Bentele 1998: 130.

- Politiker werden gewählt.

- Politiker sind selten – im Gegensatz zu Unternehmensmanagern – entscheidungsfähig ohne Rücksicht auf die Öffentlichkeit zu nehmen, implizit oder explizit; Politik muss sichtbar sein und gegebenenfalls Ideen, Vorschläge, Erwartungen jederzeit vermitteln können.

- Politik wendet sich mit dem Anspruch einer (nahezu) universellen Zuständigkeit an die gesamte Gesellschaft; sie greift damit – im Gegensatz zu anderen gesellschaftlichen Organisationen – über ihre *institutionelle* Funktionsrolle hinaus in die Belange anderer Organisationen und Systeme ein (vgl. Jarren 1994d: 654).

Auch für die Politik gelten daneben Unterschiede zwischen PR-Konzeptionen und Werbung. Während bei der politischen Werbung die persuasiven Aufgaben und Funktionen im Vordergrund stehen, ist die strategische Erfolgsformel der politischen Öffentlichkeitsarbeit, möglichst viele positive Resonanzen in den Massenmedien auf Aktivitäten, Positionen, Argumente der Kandidaten, Partei oder Organisation zu bewirken. Politische Öffentlichkeitsarbeit soll auch „für neue politische Problemstellungen sensibilisieren und durch Offerierung von politischen Alternativen den Adressaten Urteils- und Entscheidungshilfen geben" (Sarcinelli 1986: 95). Daneben dient sie der internen Kommunikation, der Binnenkommunikation, die aber im Vergleich zur extern realisierten Planung, Durchführung und Evaluation von Informations- und Kommunikationsmaßnahmen eher schwach ausgeprägt ist (vgl. Jarren/Donges 2002b: 71).

Während durchaus *auch* der Konsens über Dialog gesucht wird, ist politische Öffentlichkeitsarbeit gleichwohl als Persuasionskommunikation aufzufassen, da sie in einem universellen Kommunikationsraum mit dem Anspruch auf Durchsetzung von Interessen antritt. So wird sie gelegentlich noch immer als Überredungskunst verstanden – auch im politischen System selbst: „Dementsprechend werden vor allem in Wahlzeiten externe Berater angeheuert und Agenturen für alle Öffentlichkeitsaktivitäten eingesetzt. Politische PR steht allein ob dieser punktuellen und massiven Aktivitäten bei den Bürgern nicht unbegründet im Verdacht, im Kern nur auf Überredung angelegt oder sogar nur schlicht Propaganda zu sein" (Jarren 1994e: 8). Politische PR ist insofern strategische Kommunikation, als sie ihren proximaten, ihren kurz- und mittelfristigen Erfolg darin sieht (und entsprechend kalkuliert), auf Einstellung, Wissen und Verhalten anderer Einfluss zu nehmen. Das ultimate (langfristige) Ziel ist systemspezifisch die Erlangung von Macht oder ihr Erhalt. Public Relations ist also kein Diskurs; Verständigung und Konsens können „Meilensteine" politischer Öffentlichkeit sein, nicht aber ihr finales Kalkül.

3.3.3   Politisches Marketing

In den einschlägigen, klassischen Lehrbüchern der Wirtschaftswissenschaften wird *Marketing* zumeist als das Management von Austauschbeziehungen zwischen Organisationen oder zwischen Organisationen und privaten Haushalten verstanden (vgl. Müller-Hagedorn 1990: 18). Es geht, pauschal, um die ganzheitliche Ausrichtung eines Unternehmens am Markt. Der „Marketing-Mix" umfasst dabei alle absatzpolitischen Instrumente eines Unternehmens und gliedert sich nach Produktfaktoren (Sortiment, Kundendienst usf.), Distributionsfaktoren (Logistik, Absatzkanäle usf.), Kontrahierungsfaktoren (Preis, Rabatt usf.) sowie Kommunikationsfaktoren (PR, Werbung, Verkaufsförderung usf.). Die fünf Kern-*Instrumente* des Marketing-Mix sind: Werbung, Direktmarketing (z. B. Postsendungen), Verkaufsförderung (z. B. kurzfristige Anreize zum Kauf eines Produkts), Öffentlichkeitsarbeit und das persönliche Verkaufsgespräch (vgl. Kotler/Bliemel 1995: 908). Public Relations nimmt so gesehen innerhalb der Marketing-Kultur eines Unternehmens keine herausgehobene Position ein. Marketing kann zugleich als Prozess im Wirtschafts- und Sozialgefüge verstanden werden, bei dem zur Befriedigung bestimmter individueller oder kollektiver Wünsche Produkte und Dienstleistungen erzeugt, angeboten und vertrieben werden.

In etwa den letzten zwei Jahrzehnten ist dabei eine Sensibilität der Unternehmen (nicht nur ihren Kunden, sondern auch) gegenüber ihrem gesellschaftspolitischen Umfeld zu beobachten – eine Erweiterung der Orientierung über den eigentlichen Absatzmarkt, über die Zielgruppe hinaus. Marketing bleibt zwar im Kern ein (werblicher) Prozess, der auf die Interaktion mit den Kunden abhebt. War aber vor einigen Jahrzehnten der Marketing-Begriff noch stark auf Produkt und Werbung abgestellt, so werden heute Wünsche und Bedürfnisse der Klientel schon in der Planungsphase einer Leistung integriert – Marketing als Mittler zwischen dem Kunden und einzelnen Unternehmens*funktionen*.

In den 90er Jahren gewinnt ein „Total-Quality-Management" (TQM) in der betriebswirtschaftlichen Unternehmensführung an Bedeutung: „Das wesentliche an diesem TQM-Konzept ist, daß das Qualitätsziel sich aus den Wünschen und Anforderungen der *unternehmensexternen Kunden* bestimmt. In der Wertschöpfungskette bei der Erstellung dieser Qualität verfolgen dann unternehmensintern alle Mitarbeiter bewusst dieses marktmäßige Qualitätsziel. Sie berücksichtigen dabei auch die Qualitätsanforderungen der ihnen nachfolgenden Bearbeitungsstufen (*interne Kunden*), um letztendlich dem externen Kunden die marktgerechte Qualität zu erbringen, die er wünscht und für die er bezahlt" (Kotler/Bliemel 1995: 4; Herv. i. O.). Hier spiegelt sich die Abkehr von dem herkömmlichen Modell, nach dem ein Unternehmen schlichtweg ein möglichst gutes und erwünschtes Produkt herstellt und über Werbung und Vertrieb verkauft: *Inside-Out*-Orientierug. Beim TQM handelt es sich umgekehrt um einen *Outside-In*-Ansatz, nach dem externe Sachverhalte internes Handeln bestimmen. Der Marketingprozess beginnt beim Kunden, noch ehe das Produkt hergestellt wird, ja gelegentlich bevor das Produkt erdacht wird.

In Anlehnung an das TQM wird nun auch von einem *Total Communication Management* gesprochen: eine strategische Kommunikation in allen Unternehmensbereichen; sie greift in die Planung, in die Entwicklung von Unternehmensstrategien ein – Zielpublikum, Produkteigenschaften, Imageanalyse, Sortiment, Budgetierung u. a. Inhaltlich, zeitlich und formal *integrierte* Unternehmenskommunikation umfasst dann – grob – die Herstellung einer Einheit aus interner und externer Kommunikation, um sämtlichen Zielgruppen ein konsistentes Erscheinungsbild zu vermitteln (vgl. Hautzinger 2003).

Parallelen zur Politik liegen auf der Hand. So ist die Umsetzung des *Outside-In*-Ansatzes hier zumindest vordergründig selbstverständlich, über Öffentlichkeitsorientierung *und* Problemorientierung. Konkret aber gestaltet sich die Lage in der Parteidemokratie mit ihren ideologischen Leitlinien komplexer. In Anlehnung an das bislang Ausgeführte definiert Michael Kunczik (1998: 330; Herv. i. O.) dann: *„Marketing-Management im politischen Bereich* ist [...] der bewusste Versuch, erwünschte Austauschvorgänge mit den ‚Zielmärkten', d.h. der Öffentlichkeit bzw. relevanten Teilöffentlichkeiten herbeizuführen. Die zentralen Marketing-Instrumente bzw. Elemente des Marketing-Mix im politischen Bereich sind Public Relations und Werbung [...]. Werbung ist nicht-personale Kommunikation, die von bezahlten Medien übermittelt wird, wohingegen PR die Bemühungen umfasst, durch die Selbstdarstellung von Interessen die Öffentlichkeit bzw. relevante Teilöffentlichkeiten zu beeinflussen". Zum einen ist Marketing demnach weitläufiger als Öffentlichkeitsarbeit zu begreifen. Zum anderen betont der Begriff, seinem Wortstamm getreu, die Orientierung an Märkten, die für die Politik mit Öffentlichkeit und/oder Teilöffentlichkeiten synonymisiert werden und die für den systemspezifischen Code der Politik (Macht/keine Macht) von Kalkül sind; Teilöffentlichkeiten – das kann z. B. auch Partei- oder Parlamentskommunikation umfassen. Ein konsequent ausgerichtetes politisches Marketing berücksichtigt dann bei sämtlichen Entscheidungen und Vorhaben die aktuellen Absatz- und Beschaffungsmärkte, also Öffentlichkeiten und Teilöffentlichkeiten, interne und externe Faktoren.

Als elementarer Unterschied zwischen Politik und „normalen" Markenartikeln ist die hohe externe Dependenz der Politik und des politischen *Prozesses* zu nennen: Eine Zahnpasta zu verkaufen ist ein über weite Strecken kalkulierbarer Vorgang: Marktsegmente können identifiziert werden, ein Marketingziel kann definiert werden und mit ihm eine stringente Kommunikationsstrategie. Politik in ihrer grundsätzlichen Gemeinwohlorientierung hingegen ist ausgesprochen abhängig von nicht-systemimmanenten Faktoren, auf die ihre Akteure ständig reagieren müssen, und die sie häufig nicht kalkulieren können: das umfasst z. B. wirtschafts- und finanzpolitische Entwicklung vor dem Hintergrund einer Globalisierung und Liberalisierung der Finanzmärkte und mehr. Ähnlich einem *Social Marketing* oder einem *Non-Profit-Marketing* (vgl. Butter et al. 2002: 241) verarbeitet das politische System auch Gegenleistungen nicht-materieller Art (Werte, Einstellungen, Meinungen). Das „politische Produkt" reicht dann von partikularer Interessensvertretung, über Bürgerservices bis hin zu ganzen Gesellschaftsentwürfen und ähnlich gelagerten kommunikativen Leistungsversprechungen. Die Austauschbeziehung in ihrer Grundformel lautet: Politikvollzug (oder ihr Versprechen) gegen Legitimation (und künftige Machtchancen).

*

Unter *Public Relations* wird also das Informations- und Kommunikationsmanagement von allen gesellschaftlichen Organisationen mit ihren (externen wie internen) Umwelten verstanden. Explizit *politische* Öffentlichkeitsarbeit ist Teil des Kommunikationsmanagements politischer Institutionen und Akteure mit *ihren* externen und internen Umwelten – das Adjektiv „politisch" rechtfertigt sich also über den Kommunikator (aus dem politischen System) und einer spezifischen Rollen- und Funktionslogik des Publikums (Öffentlichkeit, Wählerschaft, Teilöffentlichkeit). *Politisches Marketing* betont die Austauschvorgänge mit den ‚Zielmärkten', d. h. mit (Teil-)Öffentlichkeiten und der Wählerschaft – was z. B. die Integration von „Kundenwünschen" in die Herstellung und Verbreitung des politischen Produkts bzw. Produktversprechens umfasst. *Politisches Kommunikationsmanagement*[19] – breiter gefasst und mit einem Akzent auf dem Verbindlichkeitsanspruch der Politik – meint dann die Ausrichtung, Steuerung und Kontrolle, die strategische Planung und den operativen Einsatz von Kommunikation durch politische Akteure mit dem Anspruch und Ziel, eigene Positionen und Interessen allgemein verbindlich durchzusetzen.

3.4 Strategien und Instrumente politischer PR

Mit politischer Öffentlichkeitsarbeit reagiert die Politik auf die Notwendigkeit einer professionellen *Herstellung* von Öffentlichkeit in der Kommunikations- und Mediengesellschaft. In ihrer *politischen* Anwendung orientiert sich diese Öffentlichkeitsarbeit an Instrumenten, Mitteln und Strategien der kommerziellen PR – es wäre auch verwunderlich gewesen, hätte die Politik gänzlich eigene Praktiken entwickelt. Chronologisch ist dabei zunächst die latente Übernahme von Konzepten zu benennen, etwa seit den 90er Jahren darf dann von einer Akzeptanz politischer Kommunikation als Teil eines ganzheitlichen, strategischen Handlungsmodells ausgegangen werden. Beispielsweise haben im Rahmen der parlamentarischen Öffentlichkeitsarbeit (vgl. Marschall 2001b: 398 f.) die parlamentarischen Hilfsdienste in ihrem Arbeitsalltag Formen von Public Relations zur Außendarstellung schon länger genutzt; so wurde auch 1949 mit der Einrichtung der Bundestagsverwaltung eine Pressestelle installiert. Mit der steigenden Relevanz proaktiver Medienarbeit wurden später Referate für „Öffentlichkeitsarbeit", „Online-Dienste" und „Parlamentsfernsehen" eingerichtet. Bei den Fraktionen sind etwa 5 Prozent der Mitglieder in der Presse- und Öffentlichkeitsarbeit engagiert. Vor dem Hintergrund des erwähnten sozialen Wandels sowie

---

19 „Management" meint in der betriebswirtschaftlichen Literatur meist zweierlei: a) die Gruppe der Personen, die im Unternehmen Führungsaufgaben wahrnehmen und die Interessen der Arbeitgeber vertreten, b) die Tätigkeit selbst, d. h. das Führen eines Betriebes; vgl. Schulz 1991: 49.

des Medienwandels bleibt es Grundziel der politischen Akteure, nicht nur des Parlaments, „die eigene Botschaft im Grundrauschen der Mediengesellschaft kenntlich zu machen und klar zu akzentuieren" (Machnig 2004: 22).

Basierend auf den Grundfunktionen *Konzeption, Redaktion, Kommunikation, Motivation, Organisation* und *Controlling* (vgl. Jarren/Donges 2002b: 98) werden die Aufgabenfelder der Public Relations in der Branche etwa wie folgt differenziert:

- Die *Internal Relations* umfassen die Beziehungspflege zu den Angehörigen der Organisation und alle Formen interner Kommunikation.
- *Media Relations* meint analog die Pflege der Beziehung zu den Medien und ihren Journalisten.
- Mit *Community Relations* wird die Pflege der Beziehung zu relevanten Organisationen im Umfeld der eigenen Institution bezeichnet.
- *Agenda-Setting* oder *Issue Management* umfasst über u. a. die Analyse der Medienberichterstattung die Einwirkung auf Meinungs- und Willensbildungsprozesse – Thematisierung und De-Thematisierung.
- *Personality Public Relations* befasst sich mit der Imagepflege von Führungspersonal, also etwa der Spitzenpolitik.
- *Lobbying* ist die Einflussnahme auf den parlamentarischen Meinungs- und Willensbildungsprozess durch Verbände und Interessensgruppen.
- *Public Affairs* meint die Einflussnahme auf den politischen Meinungsbildungs- und Entscheidungsprozess durch Unternehmesrepräsentanten.
- *Crisis Management* entwickelt Szenarien und Verfahren in Hinblick auf potenziell negative oder problematische Thematisierungsprozesse.

Public Relations-Instrumente sind zu unterscheiden in spontane, routinierte und strategische einerseits sowie in organisationseigene und organisationsfremde Instrumente andererseits. Hinsichtlich der Interaktions- und Kommunikationsformen werden differenziert: Thematisierung, Issue-Management, Medienarbeit, Ereignismanagement und persönliche Kommunikation (vgl. Wiek 1996: 57).

Thematisierung: Politik umfasst den aktiven Versuch, die Themen öffentlicher Diskussion zu bestimmen. Politik als Handlungsfeld setzt dabei ein Mediensystem als „kritische Variable" voraus (Pfetsch 1994: 12). Die „Krux" politischer Öffentlichkeitsarbeit ist, Öffentlichkeit *herzustellen* und sie zugleich zu *kontrollieren*, also Themenkarrieren und -akzente sowie die Darstellung von Personen und Organisation zu prägen. Das meint gegebenenfalls auch das Umdeuten von Begriffen oder die positive Verknüpfung der eigenen Partei oder Person mit wünschenswerten Phänomenen (Solidarität, saubere Umwelt, Gerechtigkeit). Kategorial umfasst dies auch die De-Thematisierung (auch: *Agenda-Cutting*): Themen aus der Berichterstattung heraus zu halten bzw. ihre Bedeutung herunter zu spielen.

Issue-Management: In enger Anlehnung an Fragen der Thematisierung und De-Thematisierung geht es beim Issue-Management um die umfassendere auch *präventive* Behandlung von Themen aus der Sicht der Institution; im Kern handelt es sich um eine Bestandsanalyse der Unternehmens- bzw. Organisationsumwelt mit Blick auf potenzielle Themen und die Positionen von relevanten Akteuren im Kontext dieser Sach- und Problemlagen.

Medienarbeit: In der Nachfolge von „Pressearbeit" umfasst der Begriff nach wie vor ein elementares Instrument der Public Relations. Im Kern zielt sie auf die Ansprache der Journalisten. Pressekonferenzen sind hier die klassische Form (neben: Presseinformationen, -mitteilungen, -mappen, Redaktionsbesuche, Interviews, Hintergrundgespräche). Mit dem Bedeutungsgewinn der audiovisuellen Medien gewinnen vorproduzierte, von den Journalisten unmittelbar „brauchbare" Beiträge und Materialien an Stellenwert: Neben Fernseh- und Rundfunkspots meint dies gelegentlich auch das Medium Film – Videoclips beispielsweise, die die Produktanwendung demonstriert (vgl. Eisele 1994). Medienarbeit entzieht sich ihrer Natur nach der *unmittelbaren* öffentlichen Beobachtung: „Der *Clou* von PR via media liegt [...] in der unbeobachteten Transformation von Selbstdarstellung in Fremddarstellung durch ‚parasitäre' Nutzung medialer Betriebssysteme samt ihrer operativen Logik" (Westerbarkey 1995: 160; Herv. i. O.).

Ereignismanagement: Hier geht es darum, berichtenswerte Ereignisse und Vorgänge bewusst herbei zu führen, zu inszenieren – durch Interaktion mit den Spielregeln massenmedialer Kommunikation. Allgemein ist ein *Event* dabei „eine zweckgerichtete Inszenierung, eine Veranstaltung, Aktion oder Maßnahme mit dem Ziel, Aufmerksamkeit zu erzeugen" (Wiek 1996: 65). Die Pressekonferenz oder das Pressegespräch gehören hierzu (in Überschneidung mit der Medienarbeit), vor allem aber, allgemeiner gefasst, die Kategorie der *Pseudo-Events*: Ereignisse, die ohne die Medien nicht statt finden würden (vgl. u. a. Kepplinger 1992) – wobei hier noch mediatisierte und teil-mediatisierte Ereignisse unterschieden werden (vgl. Kap. 5.5).

Persönliche Kommunikation: Dies umfasst neben den Hintergrundgesprächen mit Journalisten auch das Lobbying oder Public Affairs, also der die Versuche organisierter Interessen, Einfluss auf den politischen Entscheidungsprozess zu nehmen. Bei dieser sensiblen Interaktionsform handelt es sich um einen kontinuierlichen, nach außen meist nicht sichtbaren Kontakt mit Akteuren des politischen oder journalistischen Systems. Insbesondere hier sind neben so genannten „Medienpull-" auch „Medienpush"-Verfahren zu beobachten: es geht um Informationsaufnahme *und* um Informationsabgabe (vgl. Pauli-Balleis 1987: 291 ff.).

Zu Fragen der Strategie lässt sich jedes PR-Konzept knapp in drei heuristische Kategorien fassen: „Where are you now? Where do you want to be? How do you get there?" (vgl. Michie 1998: 58) Jarren und Donges (2002b: 104 f.) unterscheiden vier Faktorenbündel, von denen die konkrete Wahl einer PR-Strategie im politischen Raum abhängt:

- *Normen und Regeln:* Politische Organisationen müssen in ihrer Öffentlichkeitsarbeit unterschiedlichen Normen und Regeln folgen. Staatliche Behörden, Parlamente und die Regierungen sind hoheitliche Institutionen, d. h. sie müssen Verwaltungsvorschriften usf. beachten. Parteien, Verbände oder Gewerkschaften kennen hingegen weit weniger Vorgaben, wenngleich natürlich Satzungen; „Akteure der Interessensartikulation [...] unterliegen [..] weniger strengen Vorgaben und Regeln als die Akteure der Interessendurchsetzung" (Jarren/Donges 2002b: 105).

- *Institutionalisierung:* Der Grad der Institutionalisierung der jeweiligen Organisation und ihr Einflusspotenzial ist für die Wahl der PR-Strategie von Bedeutung. Größere Organisationen verfügen meist über Stabsstellen und Personal; dagegen z. B. soziale Bewegungen weisen einen deutlich geringeren Grad der Institutionalisierung auf und somit fluidere Organisationsstrukturen.

- *Dominante Organisationsziele:* Die PR-Strategie muss im Kern immer den Organisationszielen entsprechen; in der Politik meint dies auf kurz oder lang natürlich Wählerstimmen und „strukturellen Mehrheiten".

- *Akteurskonstellationen und situative Faktoren:* PR-Instrumente und Strategien sind abhängig von den gegebenen Akteurskonstellation; z. B. ist meist von einem Amtsbonus der Regierung und ihrer Partei auszugehen, was einen strukturell besseren Zugang nicht nur zu den Medien sondern auch zu anderen relevanten Entscheidungsträgern umfasst.

PR-Strategien sind kaum deterministisch; meist kann die Reaktion der Öffentlichkeit und des politischen Gegners usf. schwer abgeschätzt werden. In der Anlage der Strategie sollte daher eine Situationsanalyse der eigenen Stärken und Schwächen, die des Gegners, mögliche Gegenstrategien, Ausweichhandeln usf. Optionen offen legen. Hilfreich mag dabei die empirische Sozialwissenschaft sein:

- „Sie [die empirische Forschung; K. K.] ermittelt Mehrheitsmeinungen innerhalb der Gesellschaft und ihrer Subgruppen.
- Sie liefert die Basis für eine zuverlässige, an den tatsächlichen Problemen orientierte Ziel und Maßnahmenplanung.
- Sie überprüft die Fortschritte bei der Zielerreichung und liefert Anhaltspunkte zur ‚Kurskorrektur'.
- Sie zeigt aufkommende Trends und Themen, die für das Unternehmen bedeutsam sind, rechtzeitig auf.
- Sie testet Kommunikationsmaßnahmen auf ihre Akzeptanz bei den Zielgruppen." (Schulz 1991: 59)

Der wichtigste externe Bezugspunkt für PR bleibt, das klang an, der Journalismus und seine Nachrichtenwerte. Das betrifft mehrere Ebenen: die des *Newsmanagements*, um anstehende oder getroffene Entscheidungen zu legitimieren, die der *Produktionsbedingungen* (Logistik: Ort, Zeit, Material), das umfasst Aufmerksamkeit, Selektion, Betonung, Gewichtung durch *Dramatisierung* und *Intensität* der Darstellung – all dies trägt den Umstand Rechnung, dass die Halbwertzeit medialer Aufmerksamkeit aus der Sicht der Öffentlichkeitsarbeit zumeist deutlich zu kurz ist. „Anders als beim Heiligen Geist aber ist die Aufnahmefähigkeit der öffentlichen Meinung quantitativ begrenzt." (Bergsdorf 1990: 33)

3.5 Journalismus und politische Öffentlichkeitsarbeit

Interdependenz und Anpassung – damit ließe sich schlagwortartig die Beziehung von Journalismus und Public Relations umschreiben, eine reflexive Beziehung im Stil einer „Reaktion auf die Beobachtung, beobachtet werden zu können" (Arlt 1998: 71; i. O. kursiv). „Selbstbezug und Grenzverkehr" (Weischenberg 1997b) wäre ein anderes passendes systemtheoretisches Wortpaar zur Betonung der Schnittstellen-Funktion von Public Relations:

Themen (anderer Systeme: Wirtschaft, Politik, Gesellschaft etc.) der öffentlichen Kommunikation im Journalismus durchzusetzen. Nun setzt die demokratische Idee ein Mindestmaß an Loyalität voraus, Vertrauen, Legitimation, Zustimmung und damit einen politischen „Publicity-Zwang" (Sarcinelli 1987b: 203): Themen und Entscheidungen zu artikulieren. Umgekehrt wiederum sind die Medien auf Informationen und „themenspezifische Impulse aus der Politik (und anderer professioneller Public Relations) angewiesen, um diese dann weiterverarbeiten zu können" (Meckel/Scholl 2000: 112). Dass PR und Journalismus sich in ihren Funktionen derart *auch* aufeinander beziehen (wenngleich in unterschiedlicher Weise), wird kaum in Frage gestellt.

Diese Beziehung zwischen Politik und Journalismus ist als Spannungsverhältnis zu kennzeichnen, „weil man es als eine Konstellation des gegenseitigen Aufeinander-Angewiesen-Seins beschreiben muss. Der politische Prozess mit seinen Akteuren bedarf der öffentlichen Thematisierung und Vermittlung, denn nur auf diesem Wege lässt sich Zustimmungsmanagement betreiben" (Meckel/Scholl 2000: 112). Dieses Symbiose-Paradigma unterstellt einen Interaktionszusammenhang mit wechselnden Abhängigkeiten (und Loyalitäten), „bei dem Information gegen Publizität – und umgekehrt – eingetauscht wird" (Jarren 1994b: 39). Während Interdependenz für die Makroebene das Verhältnis zwischen Mediensystem und politischem System beschreibt, ist auf der Mirkoebene von „Interrelationen" und „Beziehungsspielen" die Rede. Man könnte auch von einem „Umweltmanagement" (Brosda/Schicha 2002: 46) der Politik sprechen: in Form von hauptamtlichen Rollenträgern in den Pressestäben, wobei die Politiker bei ihren Auftritten selbst als „funktionale Politikvermittlungsexperten" (Tenscher 2000: 8) agieren. Neben eine Fachkompetenz tritt eine Selbstvermittlungskompetenz mit dem Ziel der Erschließung von Steuerungspotenzialen öffentlicher Kommunikation durch die Generierung von Themen in einem dem eigentlichen publizistischen Prozess vorgelagerten Verfahren der Produktion und Durchsetzung von Argumenten, Akzenten, Sichtweisen (vgl. Brosda/Schicha 2002: 48).

Prinzipiell ist es für jeden „Außenstehenden" schwer, Themen oder nur Argumente oder Schwerpunkte im Journalismus zu platzieren. Einer „Aufmerksamkeitsökonomie" (Franck 1998) folgend, reagieren Organisationen und Institutionen, Parteien und Verbände auf die Kommunikationstätigkei-

ten und Arbeitsmuster, auf Standards der Berichterstattung und berufspraktische Zwänge des Journalismus, um dennoch eine „Thematisierung von
Außen" durchzusetzen – „nicht im Sinne einer Steuerung seiner Aktionen,
sondern quasi einer *Simulation seiner Operationsweisen"* (Weischenberg 1996:
773; Herv. K. K.).

Eine der schwierigsten Fragen der Kommunikationswissenschaft ist die
theoretische Bestimmung und empirische Validierung dieses Verhältnissen
von Journalismus und Public Relations[20]. Lassen Public Relations sich sys-
temtheoretisch z. B. als gesellschaftliche Sub-Systeme verstehen? Kennzeichnet sich die Beziehung über „Instrumentalisierung" und/oder „Interpenetration" und/oder „Interdependenzverhältnis" – durch lose oder strukturelle Kopplung, durch einen Autonomieverlust der Politik oder eher einen
Autonomieverlust der Medien?

Im Grundsatz mag Öffentlichkeitsarbeit als erfolgreich gewertet werden,
wenn sich die Berichterstattung in den Medien nach der PR-Einflussnahme
für die auftraggebende Organisation positiver gestaltet, als ohne entsprechende Verfahren – eine auffällige Nähe zum politikwissenschaftlichen
Machtbegriff (Handlungen, die einen anderen dazu veranlassen, anders zu
handeln....). Allerdings werden demokratietheoretisch-normative Rationali-
tätsanforderungen in der Politik nicht selten mit Blick auf eine Inszenie-
rungslogik (vgl. Kap. 4) der Politikvermittlung kritisch betrachtet (vgl. Bros-
da/Schicha 2002: 41). Und auch im positivistischen Erkenntnisbegriff sollen
Realitätsdarstellungen durch Massenmedien ein *möglichst getreue* Abbildung,
ja ein betrachterunabhängiges Bild der Wirklichkeit darstellen. PR – konstruktivistisch verstanden, als durch Partikularinteressen gelenkter *Einfluss*
auf eine „objektive" Berichterstattung – wird mit reichlich Skepsis begegnet.

Auf der Grundlage einer Untersuchungsreihe, die in mehreren Etappen
analysierte, wie aus einer *Information* eine *Nachricht* wird, entwickelte Anfang der 80er Jahre Barbara Baerns ein *Einflussmodell*[21] der Beziehung von
Öffentlichkeitsarbeit und Journalismus. Das Modell postuliert im Kern ge-

---

20 Überhaupt ist der kommunikationswissenschaftliche Zugang zu Öffentlichkeitsarbeit stark durch
    die Journalismustradition des Faches geprägt ; vg. Jarren/Röttger 2005: 21.
21 Der Einfluss-Begriff von Baerns knüpft an die Definiton von Macht bei Weber an; danach meint
    Einfluss eine Beziehung zwischen Akteuren, bei dem ein Akteur einen anderen veranlasst, Dinge
    zu tun, die er ohne diese Anregung nicht getan hätte vgl. Ruß-Mohl 1994: 315; genau darin liegt
    der methodologische „Knackpunkt" der Arbeit: man kann retrospektiv eben nicht zeigen, wie in
    ein und demselben Format oder Medium die Berichterstattung ohne PR-Informationen gestaltet
    worden wäre.

ringe Recherche- und Verarbeitungsleistungen des Journalismus im Umgang mit PR-Material; ein erheblicher Teil der redaktionellen Berichterstattung in nahezu allen Medien sei auf Öffentlichkeitsarbeit zurückzuführen (und zudem würden die Quellen selten genannt): „Öffentlichkeitsarbeit [...] hat Themen und Timing der Medienberichterstattung unter Kontrolle [...]" (Baerns 1991: 3). Über 60 Prozent, so diese Studie, einer politischen Landesberichterstattung sei auf PR zurück zu führen. Nun sprach Baerns (1991: 14) nicht nur von Kontrolle, sondern auch von „hypothetischer Determinante", und in Anlehnung daran ist ihr eben zitiertes Fazit in der Disziplin als „Determinisierungsthese" formuliert worden: Öffentlichkeitsarbeit kontrolliere danach nicht nur die Themen, die von Medien aufgegriffen werden, sie bestimme auch weitgehend, wann diese Themen aktuell sind.

Die Studie darf als Initialzündung für die Kommunikationswissenschaft gelten, sich der Beziehung von PR und Journalismus empirisch anzunehmen (wenngleich Öffentlichkeitsarbeit natürlich keine Unbekannte war). In der Folge wurde die so richtungsweisende wie forschungsanregende These sowohl untermauert als auch kritisiert (vgl. zusammenfassend Weber 1999; Schantel 2000). Neuere Arbeiten (der Agenda-Building, Kommunikator- und Medienforschung) revidieren vor allem die Pauschalität der Determinierungsthese und ihr nachgerade behavioristisches Stimulus-Response-Schema; vielmehr zeigen Folgeanalysen, dass der Journalismus sich auch gegen externe Steuerungsversuche wehrt, also eine gewisse Resistenz entwickelt – allerdings nicht absolut, sondern abhängig von Faktoren wie Medientyp, Ressortzugehörigkeit, Berufserfahrung der Journalisten. Angebote der Öffentlichkeitsarbeit werden gleichwohl dort aufgegriffen, wo sie den internen Relevanzkriterien entsprechen, Arbeitsweisen entgegenkommen, Recherchen erleichtern, Zeit sparen und den ökonomischen Druck innerhalb des Mediensystems bzw. einzelner Redaktionen auffangen. „Öffentlichkeitsarbeit muß schon zu den internen Relevanzhierarchien und Operationsprozeduren passen, wenn sie in der intendierten Weise wirksam werden will [...]." (Weischenberg 1996: 774)

Daneben liegen die Eigenleistungen des Journalismus offenbar in kritischen Situationen oder bei strittigen Themen höher – im Vergleich zu Routinethemen (vgl. Jarren/Donges 2002b: 128); ein in Bedrängnis und Krisenkommunikation geratener Akteur versprüht in seinen *Statements* offenbar weniger Glaubwürdigkeit (vgl. Esser/Reinemann 1999: 50). „Determination" mag für einzelne Fälle eine zutreffende Vokabel sein, gleichwohl zeigen die Arbeiten zum Selektionshandeln des Journalismus erhebliche Schwankungsbreiten, so dass pauschal von einem determinierenden Einfluss nicht auszugehen ist (vgl. Löffelholz 2000: 191). Meist sind zur näheren Bestimmung des PR-Einflusses Induktionsstärke, Ausprägung und der Berichterstattungskontext von Interesse. Das ist im übrigen rein empirisch verstanden; dem schließt sich die immanent normative Frage nach der funktionalen Verortung der Öffentlichkeitsarbeit und des Journalismus an: Ist der Journalismus z. B. noch als ein Korrektiv organisierter Interessensgruppen zu verstehen, wenn er einem PR-Einfluss unterliegt?

Umgekehrt prägt der Journalismus mit seinen Operationsweisen die Gestaltung des Public-Relations-Materials: „Gerade im Alltagsgeschäft ist Öffentlichkeitsarbeit, gemessen an herkömmlichen Kriterien wie Medienecho, ganz offensichtlich dann besonders ‚erfolgreich', wenn sich ihre Informationspolitik und auch die von ihr inszenierten Ereignisse an den herrschenden Nachrichtenwerten orientieren. Diese wiederum verkörpern Spielregeln, die eher vom Mediensystem und vom Journalismus gesetzt und beeinflußt werden können als von der Öffentlichkeitsarbeit" (Ruß-Mohl 1994: 318). Diese Perspektive folgt der neueren Systemtheorie, nach der Journalisten nach Maßgabe der Relevanzkriterien ihres Systems Umweltereignisse (einschließlich des Materials der Öffentlichkeitsarbeit) in erster Linie *zum Anlass nehmen* zu berichten. Die Berichterstattung behält dabei ihre prinzipielle Kontingenz: sie hätte stets anders ausfallen können.

PR als zumindest Simulationsversuch des Journalismus ist nach den Journalismusstudien in Deutschland erfolgreicher, als es das Berufsselbstverständnis der Journalisten erwarten lässt (vgl. Weischenberg 1997): Das Spektrum der Einstellung der Journalisten gegenüber Public Relations reicht von positiven Einstellungen (eher Agentur- und Anzeigen-Journalisten) bis zu recht skeptischen und kritischen Einstellungen (Ressort Politik). Grundsätzlicher ausgedrückt: es scheint schon fast eine Konstante zu sein, dass Öffentlichkeitsarbeiter Journalisten eher als Partner verstehen, Journalisten umgekehrt den PR-Leuten mit ausdauernder Skepsis begegnen. „Die meisten Journalisten behaupten kühn, daß sie sich der Materiallawine, die von PR-Stellen losgetreten wird, mit Erfolg entgegenstellen. Öffentlichkeitsarbeit habe, so glauben sie, keinen allzu starken Einfluß auf die eigene Arbeit." (Weischenberg 1997: 149) Kühn wohl auch, als die Studien eher den Schluss zulassen, dass Öffentlichkeitsarbeit eben nicht nur dann erfolgreich ist, wenn die Journalisten – Propagandaverdacht – die Einflussversuche nicht bemerken würden. „Kultivierte Selbsttäuschung" nennt Lothar Rolke (1998: 68) das: Rund drei Viertel der Journalisten stünden Public Relations kritisch bis skeptisch gegenüber, aber auch rund drei Viertel der Medieninhalte sei auf die ein oder andere Art und Weise durch Öffentlichkeitsarbeit beeinflusst worden – etwa indirekt durch die Nachrichtenagenturen und Anzeigenblätter, denen Scholl und Weischenberg (1998: 142) in ihrer Journalismusstudie immerhin einen „pragmatischen und optimistischen Umgang" mit Pressemitteilungen attestieren. In der Gesamtschau lässt sich der deutsche Journalismus dabei – grob – in zwei Lager aufteilen: Etwa die Hälfte der Journalisten stehen der Öffentlichkeitsarbeit mehr oder weniger neutral oder wohlwollend gegenüber und erkennen die positiven Effekte an; die andere Hälfte stellt sich der PR skeptisch bis strikt ablehnend gegenüber auf. Ein insgesamt unkritisches Verhältnis zwischen Journalismus und Öffentlichkeitsarbeit ist aus den Daten jedenfalls nicht herauszulesen.

Gegenwärtig wird die Beziehung zwischen Public Relations und Journalismus kaum noch mit Hilfe der Determinierungshypothese beschrieben. Determination impliziert nach verbreiteter Ansicht eine zu starke Linearität des Einflusses. Doch hat die Arbeit von Baerns die Kommunikationswissenschaft aus einer *journalismuszentrierten* Perspektive gelöst: „Während sich der Großteil der Kommunikationswissenschaft traditionell auf den Journalismus als zentrales System empirisch und analytisch bezogen hat, ist [...] die einfache Einsicht verlorengegangen, daß Journalismus ohne Bezugnahme auf Quellen nicht nur nicht möglich ist, sondern daß diese Bezugnahme auch Folgen hat" (Bentele 1999: 179) – es liegt ja in der Logik jeder Kommunikation, dass Quellen *immer* ein Form von Einfluss ausüben, sobald auf sie Bezug genommen wird. Allerdings tendieren Journalisten dazu „sich häufig als Beobachter der Geschehnisse dieser Welt verstehen, die nicht oder nicht nennenswert beeinflußbar sind" (Bentele 1999: 178).

Im Rahmen einer Analyse zur Öffentlichkeitsarbeit in Leipzig und Halle haben Kommunikationswissenschaftler um Günter Bentele ein „Intereffikationsmodell" vorgeschlagen (vgl. Bentele 1999; Bentele/Liebert/Seeling 1997), das die Beziehung von Journalismus und PR im Sinne eines gegenseitigen *Ermöglichen* beschreibt und damit der Vorstellung *einseitiger* Penetration entgegen tritt: „Dem PR-System werden Zuliefer- und Kommunikationsbereitschaft, dem Journalismus die Vermittlungsbereitschaft zugewiesen" (Dernbach 1998a; 62). Es handelt sich nicht um ein Gleichgewichtsmodell, sondern um „ein Modell, das die Beschreibung – empirisch feststellbarer – unterschiedlicher Einflußbeziehungen [...] erst ermöglicht." (Bentele 1999: 189). Hier wird von einem publizistischen System ausgegangen, das aus den Sub-Systemen Journalismus und PR besteht (vgl. Jarren/Donges 2002b: 133). Die Analyse (Medienresonanzanalyse und Befragung der Akteure) der kommunalen Öffentlichkeitsarbeit erkannte dabei nicht nur Induktionen – intendierte Kommunikationsanregungen und wechselseitige *Einflüsse* –, sondern auch Adaptionen: wechselseitige *Anpassungen* (z. B. organisatorische oder zeitliche Routinen). Intereffikation als Begriff zielt darauf ab, „daß keine der beiden Seiten auf die Leistung der anderen Seite verzichten kann und darauf angewiesen ist, daß die andere Seite ‚mitspielt'" (Jarren/Röttger 1999: 203). „Weil die Kommunikationsleistungen jeder Seite nur dadurch möglich sind, daß die Leistungen der anderen Seite vorhanden sind, ergibt sich die Feststellung, daß jede Seite so die Leistungen der anderen Seite ermöglicht" (Bentele 1999: 180 f.). Das Interffikationsmodell postuliert also eine wechselseitige Bedingtheit der spezifischen Kommunikatikonsaktivitäten von PR und Journalismus. In mancher Hinsicht gewinnt in diesem Modell Öffentlichkeitsarbeit gegenüber üblichen Vorurteilen an Legitimation, weil es eine interdependente Funktionalität zweier Partner der Publizistik betont – die Frage des faktischen Gewichtes einer „Partnerschaft" ist dabei recht strittig.

Gegen einen grundsätzlichen Systemcharakter der Öffentlichkeitsarbeit selbst wird angeführt, PR bestimme seine Zwecke und Ziele eben nicht autonom, sondern unter Maßgabe der Operationen, Normen und Handlungsmuster des jeweiligen Teilsystems respektive der jeweiligen Organisation. „Einsichten in die (operative) Geschlossenheit sozialer Systeme liefern wichtige Argumente dafür, Public Relations [...] von Journalismus funktional zu unterscheiden. Gute Gründe sprechen andererseits dagegen, PR als *eigenes* System zu begreifen und sie nicht jeweils unterschiedlichen Funktionssystemen zuzuordnen [...]." (Weischenberg 1996: 772) Beispielsweise könnte ein „System" PR nicht auf Maximierung seines Einflusses auf den Journalismus dringen, weil es einen prinzipiell unabhängigen Journalismus für die Zuschreibung von Glaubwürdigkeit durch das Publikum zwingend benötigt (vgl. Scholl/Weischenberg 1998: 133). Gleichwie man die Ausprägung dieses reflexiven Verhältnisses einordnet oder interpretiert: Politik und Journalismus stehen in einer engen, häufig problematischen Beziehung zueinander. Das Einflusspotenzial der PR ist dabei stark vom Steuerungspotenzial ihrer Mutterorganisation abhängig. „Die kommunikative Steuerung erfolgt aus organisatorischer Perspektive, d. h. sie ist intentional, strategisch, persuasiv und interessensgeleitet, und dies sowohl organisationsintern wie auch organisationsextern." (Jarren/Röttger 2004: 37) Interpenetrationsmodelle (statt hierarchischer Steuerung) gehen von einer wechselseitigen Durchdringung aus: „Kennzeichen eines solchen Interpenetrationsmodells ist, daß die beiden Systeme zwar eine zunehmende Interdependenz aufweisen, aber selbstreferentiell operieren und insofern nicht von außen zu steuern sind." (Weischenberg 1996: 778)

Die PR-Stellen der Politik stabilisieren diese Beziehungen und stellen sie auf Dauer, so dass die Politik Themen *im Regelfall* anbietet und der Journalismus darauf reagiert. Umgekehrt werden Landes- und Bundespressekonferenzen von Journalisten organisiert und durchgeführt: Das darf ebenso als Ausdruck einer Formalisierung des Verhältnisses zwischen Politik und Journalismus verstanden werden. Daneben wird der Journalismus natürlich auch selbständig tätig, so dass man von einer relativen Autonomie der Akteure ausgehen muss. „Journalisten beobachten eben mehr als nur Politik, sie beobachten auch andere Beobachter und entwickeln daraus Relevanzkriterien für die Thematisierung" (Jarren/Röttger 1999: 205). Cornelia Bachmann (1997: 32) fasst die Befunde verschiedener Studien im deutschsprachigen Raum zum Einfluss von Öffentlichkeitsarbeit auf Journalismus zusammen: „Die Öffentlichkeitsarbeit bestimmt die Themen der Medienberichterstattung weitgehend. 60 bis 80 Prozent des Medienoutputs geht auf Inputs von PR-Stellen zurück. Die Veröffentlichungsquote ist vom Thema abhängig. Es ist anzunehmen, dass Krisenthemen eine größere Medienresonanz finden als rein informative Themen, jedoch stärker bearbeitet werden. Professionell aufbereitete Pressemitteilungen von statushohen Stellen haben eine größere Chance, in den Medien veröffentlicht zu werden".

Die empirische Forschung belegt insgesamt eine gegenseitige Beeinflussung von Journalismus und Öffentlichkeitsarbeit, wobei erhebliche Differenzierung (Themen, Systeme, Akteure, Rollen, Interaktionsbeziehungen, Erfahrungen) vorzunehmen sind. Da Ausgangspunkt der meisten Überlegungen nicht die tagtägliche Praxis im Journalismus oder bei der Öffentlichkeitsarbeit ist, sondern die Norm politischer Öffentlichkeit, wird schnell jeglicher Einfluss als negativ betrachtet – was wohl auch ein latentes Misstrauen gegenüber den Zielen der Öffentlichkeitsarbeit widerspiegelt. Das Mediensystem stellt also einen Unsicherheitsfaktor für die Politik dar, dem durch PR nur begrenzt begegnet werden kann; das impliziert aber keine Determination. Politische PR ist zumindest der Versuch der Kontrolle der kommunikativen Unsicherheitsbereiche. Die Beziehung Journalismus und politischer Öffentlichkeitsarbeit wird als interaktiver, polymetrischer Prozess aufgefasst – auch in dem Sinne, als es den Akteuren primär darum geht, das Verhalten der anderen „Seite" möglichst genau zu prognostizieren, selbst aber möglichst viel Handlungsspielraum zu bewahren (vgl. auch Schantel 2000: 78 ff.). In dieser Konnotation tendiert PR dazu, die jeweilige Organisationsumwelt zu kontrollieren – und nicht dazu, Interessen offen zu legen, Konflikte aufzulösen, gesellschaftliche Verantwortung zu übernehmen usf. Möglicherweise ist die Frage der jeweiligen Autonomie aber nur fallweise zu beantworten. Die Ausdifferenzierung des Mediensystems – bei den elektronischen Medien wie auch bei der Presse – hat natürlich auch die Beziehungen zwischen den Systemen auf Organisationsebene wie auch hinsichtlich einzelner Akteure vervielfältigt.

Darüber hinaus besitzt Politik an und für sich hohe Relevanz für die Gesellschaft; und dementsprechend spiegelt sich das in einer vergleichsweise prominenten Politikberichterstattung wider, bei der potenziell alles relevant ist, sobald es erst einmal veröffentlicht wurde (vgl. Jäckel 1999a: 45). Das kann man dann schon als Selbstreferentialität der Öffentlichkeit begreifen. „Journalisten, die vor der Formulierung einer Meldung oder vor dem Abfassen eines Berichtes auch nur im eigenen Archiv recherchieren, werden seltener; die Politik richtet sich darauf ein." (Hesse/Ellwein 1997: 139) Doch kommt politischer Öffentlichkeitsarbeit insofern eine systemnormative Funktion zu, als sie nicht allein auf Persuasion, sondern auch auf Information abzielt und darüber kontroverse Interessen einer zunehmend parzellierten Gesellschaft verdeutlicht (vgl. Marschall 1999a: 85) – womit sie nachgerade konstitutiv für die Integration pluralistischer Gesellschaften wäre (vgl. Ronneberger/Rühl 1992: 252).

3.6 Professionalisierung politischer Öffentlichkeitsarbeit

> I do remember something Clinton said, which is that there is
> no one more powerful in the world than a member of a focus group.
> If you really want to change things and if you want to get listened to,
> that's where you want to be".
>
> Tony Blair[22]

Einen Tag nachdem Konrad Adenauer im September 1949 zum Bundeskanzler gewählt worden war, richtete die Regierung das Bundeskanzleramt als „Geschäftsstelle der Bundesregierung" ein – mit dem *Bundespresse- und Informationsamt* (BPA), der seitdem traditionellen Basis gouvernementaler Regierungskommunikation. Da neben den Parteien und deren Wahlkampfaktivitäten (vgl. Kap. 5) insbesondere die Öffentlichkeitsarbeit der Regierung prägend für die Entwicklung der politischen Kommunikation in der Bundesrepublik war, auch für ihre „Professionalisierung", seien hier einig Phasen skizziert.

Adenauer orientierte sich beim Aufbau des BPA an Organisationsformen der Weimarer Republik; er wollte nicht nur eine Pressestelle an sein Amt koppeln, sondern eine selbständige Behörde. Ebenfalls mit Blick auf die Propagandainstitutionen des Nationalsozialismus ist gouvernementale Öffentlichkeitsarbeit in der Bundesrepublik recht umstritten gewesen. Hier hat das Bundesverfassungsgericht 1966 und 1977 diese Arbeit für grundsätzlich zulässig erklärt (in definierten Grenzen) und ihre Bedeutung hervorgehoben: es gelte, eine verantwortungsbewusste Teilnahme der Bürger an der politischen Willensbildung zu ermöglichen; alle staatlichen Organe hätten dazu einen Beitrag zu leisten, allen voran die Bundesregierung[23] (vgl. Kamps/Nieland 2006; Kunczik 1998: 335 f.). Mit der neuen Staatlichkeit nach dem Zweiten Weltkrieg wurden bei den Ländern respektive den Länderregierungen ebenfalls Pressestellen oder Regierungssprecher eingerichtet

Die Anfangsphase des BPA war ausgesprochen turbulent. Adenauer hatte zunächst keine glückliche Hand und verschliss innerhalb kürzester Zeit gleich vier Regierungssprecher: Persönlich – z. B. in den berühmten Teege-

---

22 Zitiert nach Reeves 1997: xvii.
23 Vgl. BVerfGE 20 ; 56, 99 ff.; BVerfGE 44: 124, 164; Grenzen setzt das Verfassungsgericht dort, wo staatliche Kompetenzbereiche enden : z. B. in der Parteipolitik, was Wahlwerbung durch das BPA ausdrücklich ausschließe.

sprächen – der Pressearbeit zugeneigt, zeigte er sich über die „öffentliche Resonanz seiner Politik chronisch verdrossen, ja nachgerade nörgelig" (Müller/Walter 2003: 28 f.). Erst Felix von Eckardt brachte Kontinuität ins Amt – weil er als einfallsreicher Berater beim Kanzler auf Gehör stieß, und weil er verstand, worauf es ankam: im Beziehungsfeld von Politik und Medien Vertrauter beider Seiten zu sein.

Dabei hatte das BPA anfangs noch Aufgaben zu erfüllen, die ihm heute fremd sind: mangels diplomatischer Kanäle übernahm es das Amt, für Deutschland im Ausland zu werben, andererseits auch, in der Auslandsabteilung, der eine Art „außenpolitische Ersatzfunktion" zukam (Kunczik 1999a: 552), Informationen *über* das Ausland zu sammeln. Adenauer ließ sich auch seit 1950 regelmäßig durch Umfragen über das Meinungsbild der Bevölkerung unterrichten. Als im Herbst 1951 eine mangelnde Anerkennung seiner Politik konstatiert wurde, gründete man die „Arbeitsgemeinschaft Demokratischer Kreise" (ADK) als kommunikative Schnittstelle zwischen Regierung und Öffentlichkeit. Überwiegend vom Bundespresseamt finanziert, von den oppositionellen Sozialdemokraten als „inoffizielles Propaganda-Ministerium" qualifiziert, war es Aufgabe dieser Organisation, im vorparlamentarischen Raum die Ansichten der Regierung durchzusetzen, eine „öffentliche Meinung" zu beeinflussen und umgekehrt (was als „Zweiwege-Technik" verstanden wurde) die Presse auszuwerten und die Stimmung in der Bevölkerung zu erfassen. Zur wichtigsten Berufung des ADK wurde später – nach einer Phase, in der man das politische Interesse der Bevölkerung wecken wollte – die „psychologische Vorbereitung des deutschen Verteidigungsbeitrages" (Kunczik 1999a: 554; Kunczik 1999b).

Zugleich stellte sich die Öffentlichkeitsarbeit des BPA recht modern auf; schon seit den frühen 1950er Jahren hatte Staatssekretär Lenz Kontakt zum Institut für Demoskopie Allensbach und ersann und testete mit dessen Hilfe Kampagnenslogans. Lenz schickte auch jüngere Mitarbeiter in die Vereinigten Staaten, um die Wahlkämpfe zu beobachten, und legte damit eine erste Spur der „Amerikanisierung" bundesdeutscher Kampagnen. Unter Ludwig Erhard wurden die Aktivitäten des BPA dann erstmals vor das Bundesverfassungsgericht gebracht; im Mai und Juni des Wahljahres 1965 war in rund 500 Tageszeitungen eine Anzeigenserie unter dem Titel „Mitbürger fragen – der Kanzler antwortet" erschienen: eine innenpolitische Selbstbelobigung der Regierung, die die SPD auf den Plan rief; allerdings zog sie dann nach ihrer Beteiligung an der Regierung die Klage zurück (vgl. Kunczik 1999a: 555 f.). Georg Kiesinger interessierte sich vergleichsweise wenig für Öffentlichkeitsarbeit; allerdings zeigte es sich offen für eine Beratung durch Regierungssprecher Günter Diehl und dessen Stellvertreter, Conrad Ahlers. Diehl und Ahlers galten rasch als „Einflüsterer" Kiesingers – Vorbild kommender Sprechergenerationen „grauer Eminenzen der Macht" (vgl. Müller/Walter 2003): Ahlers dann noch unter Brandt, Klaus Bölling bei Helmut Schmidt (Bölling führte regelmäßige Informationsrunden mit Journalisten ein). Bei Helmut Kohl gab es eine strukturelle Besonderheit: er verfügte nicht nur über einen Regierungssprecher, sondern auch über einen *persönlichen* Sprecher; bis 1995 war dies der Abteilungsleiter 5 im Bundeskanzleramt, Eduard Ackermann, dann Andreas Fritzenkötter, dem man den Arbeitsstab „Öffentlichkeit und Medienpolitik" an die Seite stellte (vgl. Mertes 2000: 70).

Nach dem Regierungswechsel 1998 kam es unter Gerhard Schröder zur grundlegendenen Neugestaltung des Presse- und Informationsamtes. Zwei Vorgaben waren leitend: „Zum einen sollte eine inhaltliche und formale Konzentration auf die politischen Leitgedanken, Schwerpunkte und Ziele der Regierungspolitik erfolgen. Zum anderen sollte ein unverzichtbares einheitliches, zeitgemäßes und ästhetisches Erscheinungsbild bei allen Maßnahmen der Presse- und Öffentlichkeitsarbeit der Ressorts und des Bundespresseamtes verwirklicht werden" (Rubenstroth-Bauer 2003: 35). Mit der Neuausrichtung wurde das Amt vom „Abteilungsdenken" auf eine projektorientierte und integrierte Kommunikation umgestellt. Grundlage hierzu bildeten die Redaktionskonferenz, die Internet-Redaktion sowie die Zusammenarbeit mit externen Agenturen. Dabei konzentrierte man sich auf Themenschwerpunkte und Zielgruppen, *Corporate Design* und *Corporate Identity*. Der erste Regierungssprecher Schröders in Berlin, Uwe-Karsten Heye, war bereits in Niedersachen der Sprecher seiner Landesregierung. Von Oktober 2002 bis eben den September 2005 stand Béla Anda dem BPA vor; in dieser zweiten Amtszeit Schröders wurde die projektorientierte Presse- und Öffentlichkeitsarbeit ausgebaut: So lagen im Jahr 2003 die Schwerpunkt des BPA bei (1) der Medienarbeit für die Agenda 2010, (2) der Medienarbeit für die Beauftragte der Bundesregierung für Kultur und Medien sowie (3) dem Projekt „InfoNet Deutschland" (für die Botschaften).

Im Vergleich zu anderen Akteuren der politischen Kommunikation verfügt die Regierung mit dem Regierungssprecher und seinem Amt über einen institutionalisierten, mit erheblichen materiellen Ressourcen ausgestatteten und prominent vom Journalismus beachteten „Öffentlichkeitsarbeiter". Im Gegensatz zu normativ geleiteten Ansprüchen, bleibt doch immer der Umstand, dass es in weiten Teilen der Aktivitäten des Regierungssprechers und seines Amtes nicht um Sach- sondern um Machtdienlichkeit geht: „zu den offensten Geheimnissen der Republik – man könnte auch sagen: zur ihren bestgehüteten Allgemeinplätzen – gehört die Tatsache, dass Politiker Journalisten täglich für eigene Zwecke instrumentalisieren" (Mertes 2003: 55). Journalisten benötigen relevante und aktuelle Informationen, Politiker wollen *Botschaften* vermitteln. Erkenntlich ist, dass das Bundespresseamt über Kampagnenkommunikation gelegentlich in den Bereich persuasiver Kommunikation gerät.

Dabei sind die Anforderungen an den Regierungssprecher in Berlin gegenüber Bonner Zeiten gestiegen. Die Bundespressekonferenz zählt in Berlin über 1000 Mitglieder (gegenüber 800 Mitgliedern in Bonn). Beim BPA sind inzwischen mehr als 3000 Journalisten aus aller Welt akkreditiert (Heye 2002: 288; Rubenstroth-Bauer 2003: 33). Das hier skizzierte Beziehungsgefüge lässt sich also kaum auf den persönlichen Kontakt (der gleichwohl nach wie vor von Bedeutung ist) zwischen Spitzenpolitik und Journalismus reduzieren. Im „politisch-publizistischen Komplex" (Mertes 2003: 59) prägen *Partnerschaft* und *Gegnerschaft* die Szenerie – und hier braucht man nicht erst auf Herlinde Koelbes Dokumentarfilm „Die Meute" referieren (einem Blick hinter die Berliner Medienkulissen, bei dem Heerscharen von Journalisten stundenlang vor dem Parlament oder den Parteizentralen ausharren, um ein prägnantes Bild oder einen *Sound Bite* zu erlangen): *Partner* in einem existentiellen Sinne, als beide Seiten in der Massendemokratie aufeinander angewiesen sind *Gegnerschaft* insofern Machterwerb und Machtsicherung als politische Ziele den (möglichst exklusiven) Informations-Motiven des Journalismus durchaus entgegenstehen können.

Jens Tenscher (2003; vgl. Sarcinelli 2005: 74 f.) hat in einer Untersuchung zu den Politikvermittlungsexperten Folgendes herausgearbeitet: Zunächst einmal sehen sich die befragten Sprecher eher dem politischen denn dem journalistischen System zugeordnet und benennen als zentrale Aufgaben die Routine der Darstellung und die Beratung des politischen Spitzenpersonals. Sie agieren stark als Beziehungsmakler, da sie meist über ein dichtes Netz an Kontakten zum Journalismus *und* zur Politik verfügen. Ihr *Newsmanagement* erfolgt mit einem deutlichen Fokus auf die Printmedien, für die Image-Bildung ist ihnen das Fernsehen deutlich wichtiger, allen voran Talk-Show-Formate. Die Sprecher und Politikvermittlungsexperten reflektieren den Medialisierungsprozess auch bis zu einem gewissen Grad kritisch; politische Inszenierungen gelten ihnen gleichwohl als selbstverständlich.

Damit rekurriert Tenscher auf die institutionellen und informellen Beziehungen zwischen Journalismus und PR, wobei die Ausdifferenzierung des Mediensystems dazu geführt hat, dass Öffentlichkeitsarbeit für politische Akteure sowohl quantitativ als auch qualitativ an Bedeutung gewann (vgl. Jarren/Röttger 1999: 201). Allerdings zeigt eine Untersuchung von Röttger (2000) ein vergleichsweise geringes PR-Ausbildungsniveau bei Behörden.

Aus der Sicht der Politik hat Öffentlichkeitsarbeit vor allem den „Wert", dass sie die Regeln des Mediensystems professionell anzuwenden versteht. Daneben muss sie aber auch die Regeln der Politik kennen und in ihr Handlungssystem integrieren – durchaus als eine Art „Management der Interaktion von Politik und Öffentlichkeit" (Jarren/Röttger 1999: 213) Heute ist Öffentlichkeitsarbeit zweifelsohne ein zentraler Leistungsbereich der Politik. Mediatisierungstendenzen wie Personalisierung und Inszenierung (vgl. Kap. 4) reflektieren eine entsprechende Akzeptanz des politisch-administrativen Systems. Politische PR wird somit als Organisationseinheit im politischen System verstanden, dass an der Grenze zum Journalismus und gegebenenfalls anderen gesellschaftlichen Systemen agiert, um die Ziele des Muttersystems durchzusetzen (vgl. Jarren/Donges 2002b: 134). Politische PR erbringt daneben noch binnenkommunikative Leistungen, indem sie etwa Handlungsempfehlung usf. in das politische System einspeist.

Noch in den 90er Jahren war es ein zentrales Merkmal der politischen PR im Vergleich zur Öffentlichkeitsarbeit anderer – größerer – gesellschaftlicher Organisationen, dass sie einen geringen formalen Organisationsgrad aufwies; der administrative Bereich arbeitet regelhaft, aber nicht-öffentlich und meist unter der Maßgabe persönlich-individueller oder gruppenbezogene Loyalität (vgl. Jarren 1994d: 660). Heute herrscht nicht nur im Wahlkampf eine gewisse Einsicht in die Bedeutung kommunikativer Politikberatung. Radunski etwa sieht allein noch die knappen Mittel der Parteien als Hindernis für einen umfassenderen Durchbruch einer breiteren auch berufssoziologischen Basis für die kommunikative Politikberatung – von Spezialisten wie

Demoskopen und Gegnerbeobachtern bis zu Generalisten wie parteinah und politisch agierenden Strategen (Radunski/Wallrabenstein 2004: 118 ff.). Dabei muss politische PR weiter differenziert werden: Fraktionen, Parlamente, Regierungen, Parteien nehmen auch normativ sehr unterschiedliche Funktionen im politischen System ein und entsprechend unterscheidet sich ihre „Darstellungspolitik" respektive die Routine, mit der sie gegenüber dem Journalismus eine stabile soziale Interaktionsbeziehung aufbauen, um politische Kommunikation überhaupt erst zu ermöglichen – formell (Pressekonferenzen, Terminjournalismus) und informell (Gesprächszirkel).

Vor allem aber der *Public Affairs* Sektor ist in den letzten Jahren in Berlin erheblich gewachsen: etwa 100 Unternehmen mit rund 1000 Mitarbeiter werden heute diesem Bereich zugerechnet (vgl. Busch-Janser 2006). Dabei muss man nicht allein an große Unternehmen wie Roland Berger oder McKinsey denken: In der Berliner Republik haben sich innerhalb des „Großsystems Lobbyismus" einige Verschiebungen ergeben: Neben Verbands-, Konzern- oder Unternehmensvertreter etabliert sich ein weiterer Kreis – professionelle Berater in Dienstleistungsunternehmen der *Public Affairs*; bei ihren Agenturen handelt es sich, knapp, um *Unternehmens*beratung in der Politik: Public Affairs Management meint im Kern die Analyse und Interpretation des gesellschaftlichen Umfeldes einer Organisation und die Koordination der relevanten Kommunikationsziele zur Erreichung bestimmter Unternehmensziele bei externen Schlüsselgruppen. Das können sein: Regierungen, Behörden, Gemeinden. Auch Public Affairs geht es um die Beeinflussung von Meinungsbildern einer breiteren Öffentlichkeit und Begrenzung von negativen Auswirkungen durch Vorhaben der Politik oder Verwaltung. Als neudeutsche Stichwort sind hier zu nennen: Government Relations, Community Relations, Regulatory Affairs, Volunteer Program (gemeinnützige und karitative Mitarbeit), Legislativ-Lobbying Contract-Lobbying und mehr (vgl. Köppl/Kovar 2002: 176 f.). Während Verbändevertreter sich um die gesellschaftspolitische Positionierung ihrer Branche kümmern müssen, können *Public-Affairs*-Berater unabhängig von Meinungskonflikten (z. B. gegenüber Verbandsmitgliedern), flexibler und womöglich pointierter für einzelne Unternehmen Interessenvertretung betreiben. Mit dem Deutschen Institut für Public Affairs ist in diesem Sektor in jüngster Zeit eine neue Weiterbildungsinstitution aufgetreten. In der deutschen PA-Branche ist darüber hinaus ein Trend in Richtung „Professionalisierung" insofern auszumachen, als immerhin ein Berufsverband – die Deutsche Gesellschaft für Politikberatung (degepol) – schon erste Berufskodizes ausgegeben hat.

Politische Öffentlichkeitsarbeit und ihre potenzielle (berufssoziologische) „Professionalisierung" entfaltet sich hierzulande vor dem Hintergrund einer relative offenen akademische Ausbildungslage. Womöglich aufgrund einer gewissen „Genieästhetik" (Public Relations ist „eigentlich" nicht erlernbar; vgl. Wienand 2004), ist eine Akademisierung in speziellen universitären Ausbildungsgängen zwar im Aufschwung begriffen, insgesamt aber schwach ausgeprägt. Auch in den USA herrschte lange eine ausnehmend pragmatisch orientierte Berufskultur (vgl. Althaus 2002d: 229). Inzwischen ist dort Politikmanagement (im Sinne einer Politikberatung) an vielen Hochschulen und renommierten Universitäten etabliert (z. B. an der Kennedy School of Government der Harvard University). Dieser Wandel (in etwa den letzten 15 Jahren) ist auf eine Spezialisierung am Markt zurück zu führen: „Wo früher gute Kontakte und Erfahrungswissen reichten, verlangen politische Arbeitgeber heute technisches Spezialwissen" (Althaus 2002d: 226). Wahlkampfdemoskopie z. B. wird als angewandte Wissenschaft gelehrt und prägt PR- und Wahlkampkampagnen erheblich.

Hierzulande sind die Parteien als Ausbildungsträger für den Nachwuchs nach wie vor zentral. In der Hochschulausbildung dominieren Verwaltungswissenschaft, Jura, Politik- und Kommunikationswissenschaft – wenngleich mit den neuen MA- und BA-Studiengängen einige speziellere Angebote im Kontext der Politikberatung und der politischen Kommunikation zu beobachten sind (z. B. Bremen, Düsseldorf, Erfurt); auch die Aus- und Weiterbildungslandschaft der PR-Branche selbst wartet mit sehr unterschiedlichen Angeboten auf. Allerdings kann berufssoziologisch und z. B. mit Blick auf eine vereinheitlichte Ausbildung, Ausbildungsempfehlungen und einen definierten Wissenskanon usf. hierzulande kaum von einer grundlegenden „Professionalisierung" gesprochen werden.

3.7   Zwischenfazit

Im März 2000 fragte sich das ZDF, ob „Gott ein neues Image" brauche: Bei den vorgeschlagenen Lösungen fehlten weder Techno- noch Brunchgottesdienste noch ein Werbefachmann der Tankstellenpreistafeln als sinnfällige

Allegorie wählte: „Benzin 155,9, Gott: 000,0"[24]. Daneben fragten sich tatsächlich einige PR-Spezialisten, ob die Teilung des Roten Meeres nicht ein tolles Image-Programm für die Institution Kirche gewesen wäre. Ein sinnbildliches Unterfangen: Öffentlichkeitsarbeit ist integraler Bestandteil der modernen Unternehmensführung; gelegentlich indes wird sie verwechselt mit der Betriebsfeuerwehr, als könnte die Beherrschung bestimmter, „magischer" kommunikativer Techniken genügten, um eine „öffentliche Meinung" in einem gewünschten Sinne zu beeinflussen (vgl. Jung 1994: 32).

„Werbung um öffentliches Vertrauen" – so lautet der Buchtitel eines deutschen PR-Klassikers aus den 50er Jahren (Hundhausen 1951). Wie kaum einem anderen Berufszweig fällt es der Öffentlichkeitsarbeit heute noch schwer, einen pauschalen und dann mit „Werbung um Vertrauen" zu begegnenden Manipulations- und Propagandaverdacht abzuschütteln: „jene moderne Form der Propaganda, die perfideste aller Desinformationen, jene klammheimliche Agitation, das subkutane Handwerk finsterer Mächte; PR als Verführung des aufrechten Journalismus, manchmal sogar dessen Verhinderung – so jedenfalls das Feindbild" (Kocks 2001: 19). Immerhin sah noch einer der PR-Pioniere, Edward Bernays (1961) in Crystallizing Public Opinion, Öffentlichkeitsarbeit positiv als intelligente Manipulation der Masse zum Wohle der Demokratie.

Manch Misstrauen gegenüber der Öffentlichkeitsarbeit speist sich aus einer traditionellen Sichtweise öffentlicher Kommunikation, die man Spiegeltheorie nennen kann: Das Verhältnis von „öffentlicher" zu „veröffentlichter" Meinung wird unter der Prämisse beurteilt, das medial Veröffentlichte sei mehr oder weniger ein Spiegelbild des vorherrschenden gesamtgesellschaftlichen Spektrums – an Meinungen, Themen, Positionen, Argumenten etc. Und in diese demokratietheoretisch vielleicht wünschenswerte heile öffentliche Welt greift Öffentlichkeitsarbeit – geleitet von Partikularinteressen – ein, so zumindest der Anfangsverdacht.

Wer in der Gegenwartsgesellschaft politische Legitimation einfordert, der ist auf die Medien als Infrastruktur angewiesen. Der Vermittlungsbedarf steigt dabei in dem Maße, in dem die Politik an faktischen Handlungs- und Entscheidungsspielraum einbüßt. Das Mediensystem und der Journalismus haben im Laufe der Jahre elaborierte Handlungs- und Kommunikationsstrukturen zur Produktion und Darstellung von Politik entwickelt. Der Zu-

---

24 Zitiert nach „Die Welt-Online", 20. März 2000.

gang zu diesen Vermittlungsstrukturen erfordert Spezialisierung, kommunikative Kompetenz. „So entwickelt sich z. B. die ‚Laiensprache' der Öffentlichkeit zunehmend zu einer Fachsprache, einer speziellen Sprache der Massenmedien, deren Kriterien von Experten wie Journalisten, Pressesprechern und PR-Profis beherrscht werden. [...] Das Massenkommunikationssystem weist also eine funktionale Spezialisierung zwischen Produzenten (Kommunikatoren) und Konsumenten (Rezipienten) auf." (Jansen/Ruberto 1997: 35)

In der Wissenschaft haben sich dabei zuletzt zwei Auffassungen differenziert: Öffentlichkeitsarbeit als *betriebswirtschaftliche* Aufgabe: Marketing; Öffentlichkeitsarbeit als publizistische *Unternehmung*: Public Relations (vgl. Faulstich 2000: 11). Dabei ist im PR-Kontext Politik nicht mit anderen Markenprodukten vergleichbar – z. B. aufgrund ihrer Wertelastigkeit; auch kann in den meisten Fällen der Kunde (der Wähler) keinen kurzfristigen Effekt vom Kauf (von der Wahl) dieser oder jener Partei erwarten. Er kauft zudem das ganze Paket und dabei noch eines, das, wenn überhaupt, in Koalitionsverhandlungen geht. Im Grundsatz ist dabei das Verhältnis von Journalismus und PR folgendermaßen beschreibbar: Öffentlichkeitsarbeit braucht den Journalismus; umgekehrt gilt dies nicht so strikt, aber (manche) Journalisten können PR-Leute (recht gut) gebrauchen. Vor allem wissen Journalisten eins zu schätzen: professionelle Arbeitsentlastung (vgl. Rolke 1998: 67). Die Pflege der Medienbeziehungen wird zu einer Frage der persönlichen Kompetenz, des politischen Erfolgs, und so gehen die politischen Akteure dazu über, der „redaktionellen" Steuerung politischer Kommunikation Aufmerksamkeit und Ressourcen zukommen zu lassen.

Es versteht sich, dass dies über eine Haltung hinaus geht, in der Informationspolitik z. B. die rein faktisch-sachliche Vermittlung des Regierungshandelns umfasst. Professionelle PR sucht Themen zu platzieren, abzuwehren, zu unterstützen und dies an Personen und Parteien oder Fraktionen zu koppeln. Die Krux dabei: Öffentlichkeit herstellen und Öffentlichkeit kontrollieren, „politische Öffentlichkeitsarbeit soll im politischen Alltag helfen, ein wenig Ordnung in das Chaos zu bekommen (Jarren 1994d: 667). Meist überwiegen dabei – personenbezogen – taktische Kommunikationsziele (z. B. Image), während langfristige Kommunikationsziele eher im Kontext von Organisationen zum Tragen kommen (vgl. Jarren/Donges 2002b: 74).

Je erfolgreicher, so könnte man sagen, PR nun ist, desto mehr transferieren Journalisten und Medien von Informationslieferanten zu Informationsadministratoren, sie selektionieren eine von den PR-Abteilungen der Wirtschaft und Politik generierte Informationsflut, sie verwalten und kanalisieren sie (vgl. Bachmann 1997: 21). Das Ganze hat dann zweifellos auch rituelle Züge angenommen. Mittlerweile ist die politische Öffentlichkeitsarbeit ein integraler Bestandteil von politischen Planungs- und Entscheidungsprozessen geworden. Dabei wird in aller Regel zwar nicht der politische Inhalt nach kommunikativen Notwendigkeiten geformt, aber die Beachtung eines „kommunikativen Horizonts" ist bei der Erstellung von *Policies* nahezu selbstverständlich. Steht die gezielte Gestaltung von Medieninhalten im Mittelpunkt der politischen PR, dann müßte man wohl zutreffender von „redaktioneller Politikvermittlung" sprechen (Jansen/Ruberto 1997: 131).

In den Sozialwissenschaften wird diese Beziehung zwischen Öffentlichkeitsarbeit und Journalismus schon seit längerem diskutiert, wobei auf der Palette denkbarer Ansätze – von Autonomie bis Determiniation – meist Modelle moderater wechselseitiger Orientierung und funktionaler Beziehung dominieren. Die Bedingungen, unter denen PR erfolgt und Erfolg haben kann, werden, so der weitgehende Konsens, meist vom journalistischen System vorgegeben, während PR eben diesen Journalismus und seine Handlungsstrukturen simuliert. Dem folgt eine Palette an Textformen: Von der wortwörtlichen Übernahme einer Pressemitteilung, von der Vermischung eigener Recherche und Formulierung mit PR-Material bis hin zu reaktiven Maßnahmen des Journalismus, etwa das völlige Umdeuten und oder eine völlig anders gelagerte Interpretation der Sachverhalte.

Damit dürfte deutlich sein, daß es im Effekt nicht um eine „Wirklichkeit" geht; die bekannte Frage Paul Watzlawicks (1998) „Wie wirklich ist die Wirklichkeit?", stellt sich hier in dieser Form nicht. Strategische und taktische Öffentlichkeitsarbeit orientiert sich nicht am Wahrheitspostulat sondern daran, dass eine notwendige (Öffentlichkeit als Norm) aber risikoreiche Kommunikation in den ausdifferenzierten Gesellschaften der Gegenwart eine Bedingung politischen Erfolges ist: „PR-Leute und Politiker, aber auch viele Medienschaffende, handeln erfolgreich nach dem Motto: Wahr ist, was als wahr gilt, was wahr wirkt – Hauptsache es bringt den erwünschten Effekt" (Weischenberg 1997: 19). Zwar muss man festhalten, dass Public Relations grundsätzlich und schon aus Eigeninteresse an der Glaubwürdigkeit des Journalismus interessiert bleibt. „Der Spagat der Wirklichkeiten hat viele Facetten." (Meng 1997: 28) Dieser Spagat vollzieht sich in der Politik zusehends in Form eines alltäglichen „In-Szene-setzen": Politischer Alltag – das heißt in der „Informations"- und „Kommunikationsgesellschaft" mehr denn je eine „Inszenierung des Scheins" (Meyer 1992).

4   Der Normalfall: Inszenierungsalltag Politik

> Wenn die Leute irgendwann erfahren, wer ich wirklich war,
> wird sich mein Staub vor Lachen schütteln.
>
> *Gustaf Gründgens*, Alles Theater

4.1   Einleitende Anmerkungen

Sicher: Theater, allein *legitimes* Theater habe man gespielt, erklärte der Saarländische Ministerpräsident Peter Müller im März 2002 einen Tag nach einer Bundesratssitzung, die ob ihres tumultartigen Verlaufs in die Parlamentsgeschichte der Bundesrepublik eingehen dürfte. Freilich schlug das Bekenntnis des Ministerpräsidenten zur Theatralisierung der Abstimmungsniederlage der „B-Länder" ähnlich hohe Wellen: Müller hatte offenherzig bei einem Vortrag im Saarbrücker Staatstheater – „Politik und Theater: Darstellungskunst auf der politischen Bühne" – Regie, Skript, Dramaturgie, Textprobe und Rollenaufteilung, kurz: die *Inszenierung*[1] der lautstarken Empörung der Unionsvertreter unter ihrem Wortführer, Hessens Ministerpräsident Roland Koch, zum Stimmprozedere beim Zuwanderungsgesetz dargelegt. Damit verlängerte Müller das Stück um (s)einen (persönlichen) Akt; er nannte Spielregeln politischen Handelns in der Mediendemokratie – wobei er „Inszenierung" beim Publikum als gängige Vokabel wohl voraussetzen durfte. Legitim, das sollte erwähnt werden, empfand Müller die vorabendliche Absprache, weil der Union bekannt war, dass Bundesratspräsident Wowereit versuchen würde, eine geteilte Stimmabgabe der großen Koalition Brandenburgs als einheitliches Votum auszulegen. Ein „Showdown" der politischen Lager im Bundesrat: Politik einzig als Schein ohne realweltliche Relevanz? Man könnte zumindest den Eindruck gewinnen, als häuften sich die Fälle von *Issueless Politics*: Inszenierungen, „denen die öffentlich proklamierte *Policy-Dimension* in Wahrheit fehlt" (Meyer 2001: 30; Herv. i. O.), Herrschaftsschauspiel mit reichlich überdehntem Konnex zu konkreten Problemen und zur Erzeugung allgemein verbindlicher Entscheidungen.

---

1   *Inszenierung* wird hier im theaterwissenschaftlichen Sinne verstanden als wertneutrale Beschreibung für Techniken, die angewandt werden, um ein Ereignis für ein Publikum zur Erscheinung zu bringen; vgl. Meyer 2001: 49.

Wer politische Macht ausübt, der, pauschal gesprochen, zeigt das meist auch gerne, und so hat die Synthese von Politik und Ästhetik, die Einheit „der Macht, Verbindlichkeit zu schaffen, und der Macht des Zeigens" Tradition (Meyer/Ontrup 1998: 523). Bereits die Antike und die Frühmoderne kannten streng formalisierte Rituale, Darstellungsweisen, Inszenierungen von Herrschaft. „Der öffentliche Raum und die sozialen Beziehungen waren durch ein allgegenwärtiges Netz einleuchtender Verdichtungssymbole strukturiert. Die Macht, die Transzendenz, die soziale Rolle, die öffentlichen Verhältnisse, alles war fast in jedem Blick in sinnlicher Gewissheit gegenwärtig. Die Sinne sollten nicht urteilen. Sie sollten wahrnehmen. Für wahr nehmen [...]" (Meyer 1992: 25). Dabei braucht weder an monumentale (Staats-)Architektur erinnert, noch das Bild des Sonnenkönigs assoziiert werden – Louis XIV., der die Macht (Geld auszugeben) wie kein anderer Regent seiner Epoche *vor* seinem Volk *präsentierte* und damit erst glaubwürdig behaupten konnte, er *sei* der Staat. Dass Politik auch mit dem Zeigen und Vorführen von Macht einhergeht, ist unmittelbar evident. Wahrscheinlich ist politische Herrschaft ohne ihre mehr oder weniger akzentuierte Demonstration nicht denkbar. „Alle Epochen sind von verschiedenen Erscheinungsformen der Dramaturgie, Theatralität und Körperlichkeit von Macht und Herrschaft geprägt" (Arnold/Fuhrmeister/Schiller 1998b: 9). Und offenbar beschränkt sich das nicht auf bestimmte Staatsformen: Repräsentative Staatsarchitektonik finden wir über alle Zeiten hinweg in Monarchien, Diktaturen, Demokratien; ohne Herrschaftsrituale, wenngleich in unterschiedlicher Frequenz, Intensität und Form, vermag scheinbar kein Staat auszukommen; auf Integrationssymbole, auf Insignien, rituelle Accessoires verzichtet keine annähernd größere Gemeinschaft. Und wenn schon die Metapher von der Welt als Bühne impliziert, dass Menschen *immer* eine Rolle spielen, dann gilt dies sicher auch in der Politik: Politische Inszenierung in den verschiedenen Erscheinungsformen lässt sich als „universale Machtkategorie und als kollektives Ausdrucksmuster politischer Kulturen" begreifen (Arnold/Fuhrmeister/Schiller 1998b: 10). Entsprechend interdisziplinär kann und wird „Inszenierung" auch als Forschungsgegenstand konzipiert (vgl. Willems/Jurga 1998).

Ausgangspunkt einer explizit *politikwissenschaftlichen* Annäherung an das „In-Szene-setzen" ist die auch vom Bundesverfassungsgericht gestützte Norm einer politischen Öffentlichkeit: Demokratien kennen nach ihrem

Selbstverständnis eine „*kommunikative Bringschuld*" (Sarcinelli 1998d: 148; Herv. i. O.): In der Öffentlichkeit präsentiert sich das Politische (Regierung und Opposition) seinem Souverän, Machthandeln oder Machtwollen dem (Wahl-)Volk. Die Annäherung hieran setzt zwei Punkte voraus: ein Kommunikationsangebot der Politik, eine „Inszenierungsdisziplin" der Medien: „Es wäre von vornherein ein vergebliches Unterfangen, naiv und anmaßend zugleich, wollte man von den elektronischen Massenmedien verlangen, daß sie [...] die Selektions- und Präsentationsregeln außer acht lassen, die ihre Massenwirksamkeit bedingen, und von der Politik, daß sie sich dem Inszenierungsdruck prinzipiell widersetzt, der von der Vorab-Inszenierung der Massenmedien ausgeht, über die sie Öffentlichkeit erreichen" (Meyer 1998: 128). So werden die Bedingungen der Inszenierung des Politischen von den Medien, ihren Formaten, Genres und Arbeitsweisen mitbestimmt, und so ist „die Beschreibung des Handlungsraums, in dem sich die Inszenierung politischer Ereignisse und Repräsentanten heute vollzieht, [...] von der grundlegenden Frage abhängig, in welcher Weise die [...] Medien die *Wahrnehmung* des Politischen und damit gegebenenfalls auch das Politische selbst verändern" (Meyer/Ontrup 1998: 524; Herv. i. O.).

Mit der „Mediengesellschaft", mit der Expansion der Medien als „fluide Gelegenheitsstruktur" (Meyer 2001: 55) in nahezu alle gesellschaftliche Teilbereiche geht die Vervielfältigung des Verbreitungs-, Wahrnehmungs- und Wirkungspotenzials politischer Kommunikation und Inszenierung einher. Freimut Duve hat, als er noch Abgeordneter im Bundestag war, die Dimension seiner eigenen, dank dem Fernsehen kapitalen Sichtbarkeit einmal in eine anschauliche Perspektive gerückt: „Ist es etwa normal, daß der Hinterbänkler Freimut Duve viel häufiger wahrgenommen werden kann als Karl der Große, Napoleon und Friedrich der Große zusammen? Ich habe einmal nachgerechnet, daß diese Männer im Laufe ihres Lebens maximal von etwa 80.000 Menschen gesehen worden sein können. Das übertreffe ich in einer einzigen Fragestunde des Bundestages mühelos um das Achtfache" (zit. n. Kaltenborn 1998: 164). Nun dürfte der Anblick von Karl dem Großen und der von Freimut Duve, MdB, für die Zeitgenossen verschiedene Qualitäten besitzen respektive besessen haben. Die Quantität der schlichten Sichtbarkeit von Politikern in der Mediendemokratie ist dennoch frappierend. Banalerweise muss eine publizierte Mitteilung aber immer noch Beachtung finden, um Anschlusshandeln anzuregen: Aufmerksamkeit geht jeder Beobachtung voraus und begründet damit Kommunikation: „Wer oder was nicht beachtet wird oder keine Aufmerksamkeit auf sich zieht, ist als öffentlicher Agent nicht vorhanden" (Rötzer 1999: 41).

Nun wird eine medialisierte „Erlebnisgesellschaft" mit ihrem Paradigma des Gesehenwerdens mitunter geprägt von einer „eigentümliche[n] Implosion von Politik und Entertainment, politischer Kultur und populärer Medienkultur" (Dörner 1998: 543) – und dies verbunden mit einem Hang zu aufmerksamkeitszentrierten Praktiken und Strategien der Selbstdarstellung z. B. in Unterhaltungsformaten: „Die Leute gehen Abend für Abend mit Michael Douglas, Jack Nicholson oder Brad Pitt um; also verlangen sie von Politikern eine vergleichbare Ausdünstung"[2]. So koppeln sich politische Erfolgskarrieren dann (auch) an mediale Wahrnehmungsparameter: an eine Illusionskunst, eine Publizitäts- und Inszenierungskompetenz, sicher eine *Aufmerksamkeits*kompetenz[3], die „eine der allerwichtigsten Ressourcen beim Kampf um die Spitzenpositionen geworden ist. Ohne einen hohen [...] Rangplatz in der Mediengunst haben Bewerber um die Spitzenämter in Parteien und Staat heute [...] keine realistische Aussicht auf Erfolg" (Meyer 1999: 156). Medienpräsenz entscheidet mitunter über den „Marktwert" eines politischen Akteurs, und „damit indirekt über künftige Listenplätze, Vorstandsposten oder mehr" (Leif 2001: 6). Wen wundert es noch, wenn der Auftritt im Fernsehen, soweit möglich bei Sabine Christiansen oder Maybritt Illner, zur „Politikerdroge Nummer eins" mutiert (Leinemann 2004a: 152)?

Dieses In-Szene-setzen der Politik scheint allein deshalb nötig, weil Politik im Ensemble des medialen Alltags heute kein „geschütztes Wahrnehmungsfenster" mehr besitzt (Kapferer 2004: 39). Daher ist die Frage nach der Konstruktion des Politischen in der Mediendemokratie wiewohl auch die Frage nach der Form politischer Selbstdarstellung und die Folgen der Inszenierung von Politik keineswegs banal oder allein leidlich akademisch. „[E]s geht [...] um minimale Kriterien der Angemessenheit, um Anschlüsse für aufgeklärtes politisches Urteilen und Handeln, [...] um das Auffinden der Spuren des Politischen in den ästhetisch-politischen Synthesen der Mediendiskurse" (Meyer 1999: 147). So ist es nur ein schmaler Grat zwischen Politik als Inszenierung, um einerseits eine Kopplung an das Mediensystem und dessen Funktionslogik zu ermöglichen, und andererseits einer Politik als

---

2   Peter Glotz in der Welt am Sonntag, Nr. 37, vom 12. September 1999, S. 3.

3   Etwa gelangen hierzulande an einem durchschnittlichen Nachrichtentag rund 2000 Agenturmeldungen auf den Schreibtischen der Journalisten; vgl. Leif 2001: 6.

Placebo-Politik, frei von verbindlicher Relevanz, ausgestattet allein mit einem strategischen Zugangscode zu medialer Aufmerksamkeit.

Wie kennzeichnen sich nun Politikvermittlungsstile in einer entertainisierten Kommunikationskultur? Was folgt für das Gefüge und die Legitimationskraft moderner Politikvermittlung? Werden bestimmte Politikpositionen (Entscheidungspolitik) ob ihrer problematischen Vermittelbarkeit (Darstellungspolitik) auf der Tagesordnung öffentlicher Kommunikation marginalisiert? Werden Verfahren durch die „Umdefinition von Problemlagen mit dem Ziel ihrer herrschaftspolitischen Neutralisierung bzw. durch die Übertragung in den Bereich der symbolischen Politik entwertet oder außer Kraft gesetzt" (Kaase 1998: 49)?

4.2   Zufall und Notwendigkeit politischer Inszenierung

Die politische Soziologie unterscheidet traditionell zwei Ebenen des politischen Machtgebrauchs: (1) Die *expressive*, jene der öffentlichen Auseinandersetzung, sowie (2) die *instrumentelle* Ebene (vgl. Edelman 1976), die der Aktivitäten von Parteien, organisierten Gruppen zur Durchsetzung von Interessen und zur Entscheidungsfindung. Damit wird nicht die faktische Trennung zweier Sphären unterstellt – Politik hier, politische Kommunikation dort; vielmehr werden *analytisch* zwei Handlungsbereiche unterschieden, die für politisches Handeln in Demokratien charakteristisch erscheinen, weil sich die *Legitimation* von Macht über die *Sichtbarkeit* von Machtausübung konstituiert. Das wiederum setzt ein funktionales System öffentlicher Kommunikation voraus. Mit den ausdifferenzierten, autonomen Mediensystemen der Gegenwart haben sich die Optionen expressiven Handelns vervielfacht – und einem qualitativen Wandel unterzogen: „Auch wenn der intentionale und performative Kern politischer Inszenierung so alt ist wie die Politik selbst, entsteht durch die Inszenierung der Politik für die Bühnen der Massenmedien eine qualitativ neue Situation: Sie besteht in der realistischen Erwartung, [...] beim Massenpublikum die Illusion einer wirklichen Realitätserfahrung auszulösen" (Meyer 2003: 14). Gelegentlich wird dies auch als „zwei-Arenen-Modell" beschrieben: Politiker seien in der Arena der *Sache* und in der Arena der *Zustimmung* tätig: einerseits muss man sich um die Renten kümmern, anderseits muss um Unterstützung für Folgen dieses Kümmerns geworben werden. Jede dieser Arenen wiederum unterliege eigenen Regeln: Dort die institutionellen, formal gesetzten und informellen Gewohnheiten der Politik; hier die Spielregeln vor allem der Medien: Aufmerksamkeits- und Wahrnehmungsmechanismen, Darstellungsmodi.

Nun manifestiert sich öffentliche Kommunikation als gesellschaftliches Totalphänomen – womit Politik kommunikationsabhängiger wird und womit „nicht nur der Rollenwandel von parlamentarischen Akteuren, sondern auch die Veränderung des Charakters parlamentarisch-repräsentativer Regierungsweise als einer in hohem Maße kommunikationsabhängigen Politik deutlich werden" (Sarcinelli 1997a: 325). Die beiden Arenen sind nicht länger getrennt voneinander vorstellbar, sondern „irritieren" einander. Andere Beobachter gehen in dieser Richtung ein Stück weiter: Errungenschaften des Medienzeitalters seien eigene Qualitäten und Quantitäten politischer Inszenierungen, und zu vermuten sei, dass unter den Konditionen eben dieser „Inszenierungsgesellschaft" staatsbürgerliche Entscheidungen und die Delegation von Macht nicht mehr autonom, rational getroffen würden, sondern einzig unter den Bedingungen einer mehrfach gebrochenen Wirklichkeit durch zwei reflexiv aufeinander bezogenen Inszenierungsebenen: die der journalistischen Inszenierung, die der Selbstinszenierung durch politische Akteure (vgl. Meyer/Ontrup/Schicha 2000: 15); und so geht Thomas Meyer in einer bekannten These von der „Kolonialisierung" der Politik durch die Medien aus: Kommunikationskalkül führe letztlich zur „entgegenkommende Selbstunterwerfung" der politischen Akteure (Meyer 2001: 91) mit dem genuin politischen Ziel *Macht*.

Manipulation, Ablenkung, Volksverdummung, „alles nur gespielt": in der Verzahnung von Medienkultur und politischer Kultur (vgl. Dörner 2006), von politischem System und Mediensystem, in einer Kluft von Herstellungs- und Darstellungspolitik steckt viel Kritikpotenzial. Dass Inszenierungen nichts weniger seien als eben „Täuschungsmanöver" hält Meyer allerdings für eine „naive Sicht" (2003: 13): *Erstens* seien theatrale Inszenierungen eine anthropologische Konstante: der Mensch spielt in sozialen Interaktionen immer eine Rolle und reflektiert die Reaktionen seiner Umwelt. Auch bräuchte, *zweitens*, selbst das Authentische Inszenierungsleistungen, um das der jeweiligen Kommunikation Zugrundeliegende darzustellen. *Drittens* hätten öffentliche Amtsinhaber immer schon die Erfahrung machen müssen, dass ihre Wirkung als Person gegenüber einem politischen Publikum davon abhängig war, wie sie sich selbst darstellen: „Selbstdarstellung, also Inszenierung, und öffentliches Handeln waren vermutlich zu allen Zeiten zwei Seiten derselben Medaille" (Meyer 2003: 13).

Dabei bleibt anzumerken, dass weder Medienberichterstattung noch (Selbst-)Darstellung von Politik via Medien wirklich „unwirklich" sind: „Zunächst einmal ‚wirk[en]' sie nur anders." (Soeffner 1998: 227). Wer eine Zeitung aufschlägt oder den Fernseher einschaltet, der betritt eine (faktische) *symbolische* Welt: Medien *präsentieren* und *konstruieren*: „Was uns in bewegten Bildern und (manchmal) bewegenden Worten als Vermittlung politischer Wirklichkeit serviert wird, muß also als *inszenierte Wirklichkeit* analysiert werden" (Meyer/Ontrup/Schicha 2000: 15; Herv. i. O.). Abseits des üblichen Jargons der Inszenierungsschelte bleibt damit grundsätzlich zu eruieren, welche Funktionen politische Inszenierungen oder symbolische Politik erfüllen, welche Formen sie annehmen und welche Konsequenzen zu differenzieren wären. Die Leitthese lautet hierzu: Formen politischer Inszenierungen sind *aus der Sicht der politischen Akteure* in der Mediendemokratie als Zufall, zugleich auch als Notwendigkeit zu beschreiben.

Funktional lässt sich die politische Inszenierung in vier Dimensionen fassen: Sie hat *erstens* Signalfunktion, sie dient zumeist *zweitens* der Reduktion von Komplexität, sie ist *drittens* in Zeiten abnehmender Handlungsspielräume der Politik Ausdruck demonstrativer Handlungssouveränität und, *viertens* schließlich, bietet sie meist eine Orientierung bis hin zu politischer Identitätsstiftung (vgl. Sarcinelli 1999: 370).

Die *Signalfunktion* scheint offensichtlich: politische Inszenierung ist eine kalkulierte „Realitätsillusionen" (Meyer 2001: 112), deren ästhetischen Ingredienzen nicht unbedingt sofort sichtbar sein müssen; hier liegen meist Aufmerksamkeitsmotive zugrunde – für Personen, Institutionen, Programme, Problemlagen. Auch die *Reduktionsfunktion* ist ein gängiges Sujet: Die Politik reagiert auf die Komplexität der gesellschaftlichen Realität und das politische Steuerungsdilemma mit der „Flucht in den telegenen Inszenierungszauber" (Baringhorst 1998a: 158). So erinnerte Ulrich Beck schon vor einiger Zeit an „Gesetze der umgekehrten Proportionalität": Je „kleiner die Spielräume der Politik und die Gegensätze der Parteien [...], desto größer die Schaumschlägerei" (Beck 1986: 358). Damit folgt unmittelbar auf dem Fuße die Funktion *demonstrativer Handlungssouveränität*: Hier bewegen wir uns im Rahmen der symbolischen Politik: sie ist nicht Handeln mit Symbolen, sondern das Handeln als Symbol (vgl. Meyer 1994: 137) – ein durchaus varian-

tenreiches Unterfangen. Schließlich besitzen in der repräsentativen Demokratien bestimmte Formen politischer Inszenierung auch die legitimierende
Funktion einer auf Massenloyalität und Konsens abzielenden Sinnstiftung
(vgl. Arnold/Fuhrmeister/Schiller 1998b: 11). Kurzum: „Die Inszenierung ist
ein Element von Kommunikation schlechthin, sie gehört zum Prinzip des
Öffentlichen" (Hickethier/Bleicher 1998: 370).

Schon diese Funktionsbeschreibungen lassen erkennen, dass in den beiden Handlungssystemen Politik und Medien ein Spannungsfeld von Interdependenz und Autonomie zu beschreiben wäre – wie konkret, darüber
gehen in den Sozialwissenschaften die Meinungen auseinander. Die unterschiedlichen Akzente spiegeln sich in drei Modellen wider (vgl. Meyer 1999:
149 f.). Die Modelle besitzen primär analytischen Wert als sie der Heuristik
komplexer Interaktionen der beiden gesellschaftlichen Teilsysteme dienen.

Ein *konservatives* Modell betrachtet nach Luhmann die jeweils eigenen
Logiken des Mediensystems und des politischen Systems als separate Funk-
tionsbereiche der Gesellschaft: Politik handelt nach dem Code der Macht,
die Medien nach dem Code der Aufmerksamkeitserzeugung, und beide
geraten einzig durch das *Beobachten* des Anderen in Kontakt zueinander.
„Sie erfüllen ihre je unterschiedliche Funktion für die Integration der Gesellschaft im ganzen genau dadurch, daß sie sich als getrennte Teilsysteme sozusagen nur ‚extern' aufeinander beziehen." (Meyer 1999: 150). Insofern
werden an die politische Medienberichterstattung nicht Fragen der Angemessenheit herangetragen, vielmehr Fragen nach den funktionalen Bedingungen (z. B. der Aufmerksamkeitserzeugung) des Mediensystems und
Fragen des Anschlusshandelns, das sich aus der spezifisch medialen Konstruktion des Politischen ergeben. Vor allem aber erscheint die Frage der
Repräsentanz der politischen Realität in der letztlich realisierten Medienberichterstattung als „hoffnungslos naiv" (Meyer 2001: 77): Medien und Politik
stellen eben zwei unabhängige, geschlossene Systeme dar.

Nach dem von Meyer als *revolutionär* bezeichneten Modell, dass vor allem von Fritz Plasser und Markus Stöckler (1992) vertreten wird, verschmelzen beide Systeme nach den Regeln des Mediensystems zu einem übergeordneten, einer einheitlichen Logik folgenden Funktionssystem – einem
Supersystem, das einzig den medialen Aufmerksamkeitsregeln folgt. In der
Konsequenz kann aus dieser Sicht nach einer „wie auch immer gearteten
Repräsentation der Logik des Politischen in der Logik der medialen Selekti-

on und Präsentation gar nicht mehr gefragt werden [...]" (Meyer 1999: 148) –
es wird also von einem Autonomieverlust *beider* Systeme ausgegangen. Nun
liegt der Reiz dieses Modells darin, dass es eine *Mediatisierung* des Politischen erfasst, vielleicht aber überzeichnet: Selbst wenn von einer „Aufein-
anderbezogenheit", von einer Überlappung der gesellschaftlichen Funktionssysteme ausgegangen wird, so ist doch schon aus analytischen Gründen
festzuhalten: keine Interdependenz ohne *relative* Autonomie (vgl. Westerbarkey 1995); und vor allem ist nicht erkennbar, dass die Politik ihre gesellschaftliche Funktion – die Erzeugung kollektiv verbindlicher Entscheidungen – auf ein übergeordnetes Supersystem übertragen hat, ja dass sie eine
derartige Transformation überhaupt leisten könnte (vgl. Meyer 2001: 78).
Fritz Plasser (1985) sieht hingegen durch die schwindende Autonomie der
Politik und der Medien, durch eine permanent größer werdende gegenseitige Abhängigkeit letztlich „ein komplexes politisch-technokratisches ‚Supersystem', in dem sich die Rollen [...] verwischen und eine professionelle
Macht- und Medienelite demokratische Herrschaft täglich aufs neue inszeniert" (Plasser 1985: 15). Beide Seiten verlieren ihre Konturen und funktionalen Rollen, „es kommt zu einer Arbeitsteilung bei der Produktion von vor
allem symbolischer Politik" (Jarren/Donges 2002b: 130).

Das dritte, *gemäßigte* Modell geht davon aus, dass sich das Mediensystem
und das politische System überlappen: Etwa verwendet das politische System zusehends erhebliche Energien darauf, die Eigendarstellung selbst in
Regie zu übernehmen, d. h. sie überlässt dies nicht passiv der medialen
Aufmerksamkeits- und Darstellungslogik. Andererseits bleibt für die Politik
„ein schwer zu bestimmender eigengesetzlicher Rest" (Meyer 1999: 150).
Ausgehend hiervon haben Otfried Jarren und Hans-Jürgen Arlt (1997) die
These aufgestellt, Politik und ihre Programme entstünden überhaupt erst in
der medialen Kommunikation: Eine Trennung der politischen Handlungs-
ebene (Inhalte) und der meist medialen Vermittlungsebene (Darstellung) sei
noch analytisch haltbar, in der Praxis gleichwohl überholt: Öffentliche
Kommunikation erfüllt dann für das politische System und seine Akteure
vornehmlich die Funktion der Orientierung darüber, welche Argumente,
Positionen usf. überhaupt potenziell durchsetzungsfähig sind (z. B. gegenüber der eigenen Partei) und vermittelbar (z. B. gegenüber Journalisten). Die
Resonanzen spiegeln zurück und beeinflussen Intention und Motive der
jeweils anderen Akteure. Verabschieden muss man sich bei diesem Modell

von der Vorstellung einer zunächst im politischen System – und: öffentlichkeitsfern – hergestellten Programm, dass dann in einer kritikfähigen Öffentlichkeit modifiziert wird bzw. für das über öffentliche Kommunikation Zustimmung eingeholt wird.

Jenseits solcher makrotheoretischen Betrachtungen finden sich – mirkotheoretisch – schon bei Machiavelli Überlegungen zur *Doppelexistenz* einer Vorder- und Hinterbühne der Politik. Politisch erfolgreich, so eine basale Überlegung, könne nur sein, wer das Spiel auf der Hinterbühne der Politik beherrscht *und* sich selbst zugleich öffentlichkeitswirksam darstellen kann. Die Bühnensemantik verweist also auf Publizitäts- und Diskretionsräume des Politischen (Sarcinelli 2005: 72) und darauf, dass sich in der Mediendemokratie Publizitätskompetenz in einen „komparativen Selektionsvorsprung" (Ronneberger 1983: 491) übersetzen lässt. So gewinnen Kriterien im Politikvermittlungsprozess an Bedeutung, die in der Grundkonzeption des politischen Wettbewerbs liberaler Demokratien eigentlich keine Rolle spielen. Als zentrales Konstrukt auf der Mikroebene – der individuellen einzelnen Akteure – wäre hier das *Image* zu nennen.

Bürokratisch, verschlagen, fädenspinnend, ausschweifend, ausweichend, egoistisch, machtgierig – all dies dürften Begriffe sein, die kein politischer Akteur gerne mit der eigenen Person in Verbindung gebracht sieht. Und umgekehrt: Fleiß, Toleranz, Kompetenz und Integrität und andere positiv konnotierte Topoi stehen – mindestens – auf der Wunschliste politischer Selbstdarstellung (vgl. Hitzler 2002: 35)[4]. Unter einem Image lässt sich verstehen die Vorstellungen eines Subjektes von einem Objekt; das Subjekt formt sich ein „Bild" des Objektes, das ihn wiederum in seinen Umgang mit dem Objekt mitbestimmt. Darunter fällt auch „die Zusammenfassung kollektiver Erwartungen in bezug auf einen bestimmten Handlungsträger" (Sontheimer 1990: 140). Politik in der Mediengesellschaft, so Hitzler (2002: 38), verlange daher vom Politiker immer auch ein „Impression Management". Immerhin gehört in der repräsentativen Demokratie das Repräsentieren per se zum Berufspolitiker, womit von eine gewisse Inszenierungs- und Symbolverantwortlichkeit verbunden ist. Der einzelne Akteur kann sich, anders ausgedrückt, im Grunde genommen nur noch über Ausmaß und Richtung seines politischen In-Szene-setzens Gedanken machen, nicht über die Hand-

---

4   Niccolo Machiavelli glaubt in seinem dem Machtpragmatismus verschriebenen „Fürsten" übrigens, dass es schädlich sei, derartige (positive) Eigenschaften tatsächlich zu besitzen; sie können nur nützen, indem man sie *vorgebe*.

lung an und für sich. So gesehen: wenn sie wohl auch so alt ist wie die Politik selbst, zwangsläufig machte mit der Ausdifferenzierung des modernen Mediensystems eine *Personalisierung* ihre eigene Karriere.
Hintergrund personalisierter Kommunikationsstrategien ist zweierlei: *Erstens* der Rückgang fester Parteibindungen in Deutschland, wodurch das *Personalangebot* politischer Parteien an Bedeutung gewinnt; *zweitens* die *Komplexität* politischer und gesellschaftlicher Problemlagen, die Orientierung und gesellschaftliche Integration weniger anhand klar definierter Handlungs- oder Zielkonflikte zulässt, und von daher eine Orientierung an Personen nahe legt, Personen, die *alles in allem* für eine politische Linie stehen. „Als personalisiert kann man die politische Kommunikation [...] bezeichnen, wenn politische Organisationen, staatliche Institutionen und sachpolitische Maßnahmen nicht mehr für sich stehen, sondern im Regelfall von einer kleinen Zahl von Politikern repräsentiert werden, die ihnen in der Öffentlichkeit Gesicht und Stimme verleihen. Strukturen (polity), Prozesse (politics) und Inhalte (policy) treten in den Hintergrund, Personen bestimmen den Vordergrund und liefern die Oberflächenansicht von Politik. Ihr Ansehen strahlt auf die von ihnen repräsentierten Organisationen aus, namentlich auf die politischen Parteien, ihre Sachkompetenz steht für die Güte der getroffenen Entscheidungen." (Marcinkowski/Greger 2000: 181) Politik wird damit abhängig von Rollenerwartungen: ein „abweichendes Verhalten" – etwa eine Galionsfigur der GRÜNEN, die ein gutes Wort für die Autofahrerlobby einlegt – wirkt irritierend. Kritiker der Personalisierung befürchten daher in der Regel, dass politische Kommunikation sich mehr als Geplauder über die Eigenarten und Eigenschaften von Personen konstituiert, seltener als Auseinandersetzung über Notwendigkeit und Angemessenheit konkreter politischer Vorhaben oder Maßnahmen – mit einem sich früher oder später anschließenden Legitimationsproblem demokratischer Politik (ebd.: 181).Bündelt man die in der Forschung angeführten Indikatoren, so lässt sich eine Personalisierung der Medienberichterstattung an drei Phänomenen festmachen (ebd.: 183; Herv. i. O.):

1. „An der Repräsentation abstrakter Einrichtungen und Sachverhalte durch individuelle Akteure (*Symbolisierung*);
2. an einer Präsentationsweise, die neben den politischen Eigenschaften der Repräsentanten auch deren persönliche Merkmale und Verhältnisse einschließt (*Privatisierung*);

3. an der Beschränkung der Repräsentationsfunktion auf einen kleinen Kreis von immer wiederkehrenden Personen (*Hierarchisierung*)."

Mit den über die Personalisierung einhergehenden Elementen der Selbstdarstellung nimmt die Theatermetapher, basal für den *Inszenierungs*begriff, einen prominenten Platz in der politik- und kommunikationswissenschaftlichen Diskussion ein. „Früher bestimmten Ideen die Politik, heute sind es Personen, oder besser gesagt, Rollenträger, denn jeder leitende Politiker scheint eine Rolle zu besetzen und einen Part zu spielen, genau wie auf der Bühne." (Schwartzenberg 1980: 9) Die Bühne – das sind gegenwärtig populäre Fernsehformate der Unterhaltung, allen voran Talkshows.

4.3   Politik als Theater – Talkshowisierung

„Das Volk soll sich nicht versammeln, sondern zerstreuen" – so ein geflügeltes Wort, das wahlweise dem Kaisertum oder einer anderen gottesbegnadeten Sphäre zugeschrieben wird (zit. n. Kocks 2001: 81): die öffentliche Versammlung hat etwas *Republikanisches*.

Vor gut eineinhalb Jahrzehnten schon hat ein prominenter CDU-(Wahlkampf-)Manager, Peter Radunski (1992), den Politikern nahe gelegt, keine Gelegenheit auszulassen und den Gang in populäre Fernsehshows zu suchen; immerhin stünden Formate wie z. B. Talkshows für die Chance, eine Millionenpublikum anzusprechen (vgl. Nieland/Tenscher 2002). Mögen seinerzeit diese Ratschläge noch auf allerlei Bedenken gestoßen sein, so ist heute die Bereitschaft der Politiker, solche Sendungen aufzusuchen, universell – und selten hinterfragt. Kaum ein Spitzenpolitiker, der sich den Auftrittsofferten des Genres entziehen kann oder möchte. Seit die Kommerzialisierung und Ökonomisierung des Mediensystems zu einer Zunahme der Entertainment-Formate führte, haben sich die Optionen des Auftretens und Darstellens für die politischen Akteure vervielfältigt. Entsprechende Gesprächssendungen lassen sich grob wie folgt klassifizieren: 1) politische Diskussions- und Interviewsendungen, 2) politische Talkshows, 3) unpolitische Talkshows bzw. Unterhaltungssendungen. Mit *Talkshowisierung* wird dabei ein Prozess der Veränderung der politischen Kultur bezeichnet; Medienkultur in ihrer Ausprägung der *Entertainment*-Kultur hat der Politik neue Strategien des *Going Public* eröffnet: die strategische Indienstnahme der Unterhaltungsformate zwecks Einflussnahme auf die Gesellschaft.

Neben der schlichten *Erreichbarkeit* („Sichtkontakt"), die sich durch den Gang in populäre Formate erhöht, kommen Talkshows der Politik auch *strategisch* betrachtet insofern entgegen, als sie bzw.: die Palette der Shows insgesamt gesehen, diverse Rollen anbieten. Politik in der Mediengesellschaft verlangt von den politischen Akteuren ja mitunter, in diverse soziale und gesellschaftliche Rollen zu schlüpfen: „Politiker müssen das Kunststück fertigbringen, als Egoisten sozial zu erscheinen, als Lobbyisten dem Gemeinwohl zu dienen, als Roßtäuscher um Vertrauen zu werben, als notwendiges Übel betrachtet und dennoch als herausragende Repräsentanten der Gesellschaft geachtet zu werden [...]" (Soeffner 1998: 219 f.). Kein Printinterview, keine Parlamentsdebatte, kaum ein Nachrichtenmitschnitt lässt auf ähnlich eindringliche Weise *figurative* Politik zu. Kaum Wunder, wenn der Gang in die Talksshows (und angrenzende Genres) mittlerweile zum Standard der Politikvermittlung und der politischen Kommunikation zählt[5].

Der Beginn einer *Talkshowisierung* der Politik ist auf die schon legendäre Wahlkampagne Bill Clintons zu datieren. Schwarzer Anzug, Sonnenbrille, Saxophon und „Heartbreak Hotel": Der Auftritt des Präsidentschaftskandidaten Clinton 1992 in der *Arsenio Hall Show* markierte eine „eigentümliche Implosion von Politik und Entertainment" (Dörner 1998: 543). Bill Clinton dürfte einer der ersten Spitzenpolitiker gewesen sein, der bewusst an den etablierten Informationsmedien und -formaten vorbei über die „Unterhaltungsschiene" einen direkten Kontakt zur Bevölkerung suchte. Zu beobachten war ein *Talk-Show-Campaigning*, eine Wahlkampfführung, bei der die Orientierung an Unterhaltungsshows das zentrale Strategieelement darstellte. Fanden sich zuvor noch, auch in der Bundesrepublik, in Wahlkampagnen meist kurzfristige Unterstützungsaktionen durch Prominente aus Musik, Sport und Film, so evolviert in den 90er Jahren ein „kontinuierliche[r] und wechselseitige[r] Imagetransfer zwischen Politik und Popkultur" (Nieland 2000: 309) – eine „neue Intimität": „Wer in einer großen, technisch avancierten Gesellschaft in die oberste Führungsspitze aufsteigen will, muss sein Leben zu einer großen Erzählung machen. [...] Clinton, Blair und Schröder mussten hart arbeiten, um aus einem Durchschnittsleben in Friedenszeiten eine Story zu machen, die aufhorchen ließ."[6]

---

5   Eine detaillierte Dokumentation aus dem NRW-Wahlkampf 2000 zeigt, wie vielfältig die Bezüge zwischen politischer Selbstdarstellung, der Auseinandersetzung um Wählerstimmen und dem Gang in Talkshows inzwischen ist; vgl. Nieland/Tenscher 2002.

6   Peter Glotz in der Welt am Sonntag, Nr. 37, vom 12. September 1999, S. 3.

Eine Story machen, die aufhorchen lässt: die Talkshow erlaubt Nuancen und Atmosphäre, Emotionen (neben Informationen) und den freien Lauf der Gesten, sie erlaubt, Komplexität in drei Sätzen zu komprimieren und sie legitimiert den Streit: niemand erwartet in derartigen Konstellationen ernsthaft von den Protagonisten, dass sie in aller epischen Breite unter Missachtung jeder Rhetorik den politischen Gegner mit Samthandschuhen anfassen. Andere Vorteile liegen auf der Hand: über das meist trockene Thema Politik können Akteure neben Lösungskompetenzen auch Sympathie- und Durchsetzungskompetenzen demonstrieren; die Talkshow als Politiksimulation erlaubt die Inszenierung von *Wollen* und *Können*[7]. Allerdings ist sogleich das Risiko zu benennen, dass der Verlauf der Sendung vom politischen Akteur nicht gesteuert wird; diese Grundstruktur verlangt besondere Kompetenzen, z. B. Schlagfertigkeit, mitunter Witz und die Fähigkeit auf Resonanzen eines Studiopublikums einzugehen.

Rund 40 Talkshows bieten die Sender in der Bundesrepublik derzeit an, dem Publikum wie dem politischen System, und so ist die Liste der Politiker, die sich in das Genre begeben, lang. Mitunter ist es schon ein Kriterium der Zugehörigkeit zu einer eigenen politischen Kaste, regelmäßig in die populärsten Sendungen eingeladen zu werden. Ein *Solo* bei *Sabine Christiansen* – der Ritterschlag der Mediendemokratie.

Diese Melange von Populärkultur und Politikkultur ist ausnehmend kritisch betrachtet worden. Insbesondere eine Vergrößerung der Kluft zwischen Entscheidungs- und Darstellungspolitik wird verbreitet moniert; auch fänden sich in den Kontroversen letztlich allein Scheinpolarisierungen als Mittel der (politischen) Regisseure der (politischen) Inszenierung, um Meinungen über ein wesentlich komplexeres Handlungsfeld und über Folgen politischen Tuns handhabbar zu machen – Ablenkungsstrategien, könnte man sagen. „Die Darstellung leuchtet die Wirklichkeit möglichst vorteilhaft aus, errichtet eine schöne Fassade, stellt das Beste auf die Bühne, idealisiert, dramatisiert, mystifiziert, glättet, harmonisiert und unterdrückt das Widerspenstige." (Münch 1995a: 92) Die Talkshowisierung der Politik im Theatermodus steigert zumindest die Anfälligkeit der politischen Kommunikation zur Enttäuschung ihrer Rezipienten. Selbstdarstellung und symbolische

---

7   Gelegentlich wird auch auf die visuellen Qualitäten der Selbstdarstellung in Fernsehformaten verwiesen; richtig ist, dass es einen ontologischen Vorrang des Sehens gibt; gleichwohl ist die „Sprache der Bilder" nicht die Sprache selbst, auch die Vorstellung von einer Grammatik der Bilder kann die grundsätzliche Differenz nicht überwinden; vgl. Meyer 1992: 41.

Politik, die Inszenierung des politischen Prozesses führen zu Irritation und Frustration, wenn ein (grundsätzlich vorhandener) Unterschied zwischen Darstellung und Wirklichkeit (grundsätzlich) nicht mehr formuliert werden kann. Die Vorderbühne *ersetzt* die Hinterbühne.

Stimmt die Diagnose, so zeichnet sich mit der theatralen Logik des Politischen in Mediendemokratien ein Funktionswandel politischer Legitimation ab. Verfügung über Inszenierungsmacht erhält den Status einer Legitimationsressource. Darüber hinaus: „Die neue Macht *symbolischer Placebo-Politik und theatralischer Politikinszenierung* führt in einer Situation schrumpfender politischer Handlungskorridore gerade in der *Dimension der Handlungsprogramme (polity)* zu folgenreichen Veränderungen. Da der Zwang zur Legitimation politischen Handelns, oder eben auch Nicht-Handelns, für den Nationalstaat in der Krise eher noch wächst, während ihm die Globalisierung einen wichtigen Teil seiner Gestaltungschancen nimmt, wächst die Verführung für die politischen Akteure, die offenkundigen Erfolgsdefizite durch medienwirksames Scheinhandeln zu überdecken" (Meyer 1999: 155; Herv. i. O.). Das Mediensystem wiederum lässt sich auf dieses Scheinhandeln offenbar dann ein, wenn die politische Realitätskonstruktion der Logik medialer Ereignisproduktion und den Bedingungen eines konkurrenzintensiven Aufmerksamkeitsmarktes entspricht. Eine ähnliche Konstellation hat sich im Kontext der Informationsmedien entwickelt.

4.4   *Prime-Time-Politics*: Newsmanagement

> „I make the news; why do I need to read the news?"
>
> Bill Clinton zu einem Berater[8]

Wer heute beispielsweise aus Schlaflosigkeit, jedenfalls zu sehr nächtlicher Stunde, in den dritten Programmen der ARD über ältere Ausgaben der *Tagesschau* stolpert, der bekommt unmittelbar einen Eindruck, wie sehr sich in den letzten 30 bis 40 Jahren die Nachrichtentechnik und die Präsentation von Nachrichten gewandelt hat. Das betrifft nicht nur die Gestalt und Gestaltung von Nachrichteninformation im Format, sondern auch die grundsätzliche Thematisierungsfunktion der Medien, allen voran dem Fernsehen.

---

8   Zitiert nach Kurtz 1998: 77.

Angelehnt an den vorherigen Abschnitt sind die Stichworte Inszenierung, Personalisierung und Symbolisierung zu nennen, die den Konstruktions- und Interpretationsprozess der Medien begleiten. Hans Mathias Kepplinger (1992: 47 ff.) unterscheidet mit Blick darauf drei Modelle: Ein Selektionsmodell, ein Inszenierungsmodell und ein Aktualisierungsmodell. Im *Selektionsmodell* versteht sich der Journalismus noch als Mittler des Ereignisses, eines objektiv fassbaren Geschehens. Er sucht also aus der Gesamtheit aller Ereignisse nach professionellen Kriterien, etwa Nachrichtenwerten, „berichtenswerte" Vorgänge zur Veröffentlichung aus. Im *Inszenierungsmodell* ist das Ereignis nichts als eine Methode, den Journalismus (mit seinen bekannten Selektionskriterien) zu instrumentalisieren. Im *Aktualisierungsmodell* wird der medialen Aufbereitung des Geschehens eine dieses Geschehen auch reformierende Kraft unterstellt: Der Parteitag im Fernsehen ist – auf genrespezifische Weise – letztlich etwas anderes als der Parteitag selbst.

Spätestens seit dem Film *Wag-the-Dog* ist über wissenschaftliche Kreise hinaus eine Vorstellung davon verbreitet, wie eine komplexe *Newsmanagement*-Operation eines Politikers oder einer politischen Organisation aussehen kann. Der Nachrichtenjournalismus als umweltbeobachtendes System stützt sich auf technische und kognitive Routinen, die es ihm mit kalkulierbarem Aufwand (Zeit und Logistik) erlauben, Umweltkomplexität auf ein über- und durchschaubares Maß und dem Genre angepasstes Format zu reduzieren. Sie konstruieren eine Wirklichkeit, und dies nicht willkürlich, sondern aufgrund von Regeln, über die innerhalb des Systems Journalismus weitgehend Konsens herrscht. Die Ursachen dafür, dass von einem Geschehen berichtet wird, von einem andern nicht, sind so gesehen nicht allein in Eigenschaften der Realität („Nachrichtenfaktoren"[9]) zu suchen; hinzukommen „müssen die Vorstellungen der Journalisten von ihrer Berichtenswürdigkeit" (Kepplinger 1998a: 19) – erst die journalistischen Selektionskriterien verleihen dann Nachrichten*faktoren* auch Nachrichten*werte*. Sie sind zu verstehen als Kriterien der Selektion, Kriterien der Objekte und damit für Selektionstheorien und Aussagen über das „Warum" und „Wie" einer Berichterstattung gleich bedeutsam wie das Objekt selbst. Mit anderen Worten folgt die Nachrichtenauswahl keinem journalistisch antrainierten Automatismus,

---

9   Nachrichtenfaktoren sind multivariate Phänomene: Geographische Variablen, Sytemvariablen, Infrastrukturvariablen, Ereignisvariablen, Rezipientenvariablen und mehr. Wenn zum Beispiel die außerordentliche Ungewöhnlichkeit eines Ereignisses benannt wird, dann stellt sich sofort die Frage: Außergewöhnlich für wen und wieso? Vgl. Wilke 1998: 46.

und Nachrichtenfaktoren sind notwendige, aber keine hinreichende Bedingung der Berichterstattung – einer immer kontingenten Berichterstattung, die *so*, aber eben auch *stets anders* hätte ausfallen können[10]. Galtung und Ruge, die Vorreiter der Nachrichtenwertetheorie, gingen wohl noch insofern von einem Realismus aus, als sie diese Kriterien den Berichtsobjekten inhärent verstanden; mit der Durchsetzung einer konstruktivistischen Perspektive in der Nachrichtenforschung gewinnen nicht-objektive Zuschreibungskriterien seitens der journalistischen Beobachter an Bedeutung. Als die wichtigsten Faktoren gelten Ereignishaftigkeit, Konflikthaftigkeit, Prominenz der beteiligten Personen, Ungewöhnlichkeit und Schaden bzw. Folgen. Dabei schlägt sich die über Nachrichten*werte* ausgedrückte Bedeutung eines Sachverhaltes oder Vorganges nicht allein im Umstand der Berichterstattung allein nieder, sondern auch in Umfang und Präsentation. Als zentrale Selektionskriterien für *Fernsehnachrichten* lassen sich aus den Katalogen an Nachrichtenfaktoren zusammenfassen: (1) Aktualität, (2) Relevanz, (3) Konsonanz, (4) Simplizität und (5) Visualität (vgl. Meckel/Kamps 1998: 22 ff.)[11].

Der Begriff *Newsmanagement* hat Konjunktur auch über fachwissenschaftliche Kreise hinaus und bezeichnet eine kommunikationsstrategische Maßnahme in Form einer gezielten Nachrichtensteuerung. Dabei wird davon ausgegangen, dass aufgrund medienlogistischer Zwänge grundsätzlich Inszenierungspotenzial besteht. Auf meta-kommunikativer Ebene wird im Kanon politischer Aktivitäten unterschieden zwischen *genuinen, mediatisierten* und *inszenierten* Ereignissen: *Genuin* sind Ereignisse, die auch ohne die Anwesenheit der Medien geschehen wären (also etwa Naturkatastrophen); *mediatisierte* Ereignisse hingegen würden zwar auch ohne Medien statt finden, sie verändern jedoch durch die Medien ihren Charakter (etwa Konferenzen oder Parlamentsdebatten); schließlich werden als *inszenierte* Ereignisse all solche Ereignisse begriffen, die eigens für die Medien geschaffen wer-

---

10   Medien wollen auch nicht „verstehen", sondern bei einem möglichst breitem Publikum Aufmerksamkeit erregen; sie wollen daher nicht „wissen", was in dem Wirklichkeitsfeld des Berichtsgegenstandes vorliegt; vgl. Meyer 2001: 48.

11   Das „Problem" (aus „realistischer" Perspektive) der Nachrichtenwerte ist offensichtlich: Prominenz, Sensationelles, Überraschendes und Dramatisches sind überrepräsentiert; in der Masse der Berichterstattung werden sie aufgrund ihrer Aufmerksamkeitsfunktion wesentlich häufiger vorkommen als in der Grundgesamtheit „Ereignisse". Überrepräsentiert sind darüber hinaus *Ereignisse* gegenüber *Prozessen*: Von gesellschaftlicher Relevanz, von weit reichender Bedeutung sind häufig Zusammenhänge und Vorgänge, die sich nur schwer, allenfalls punktuell an einem Ereignis X „aufhängen" lassen, schon gar nicht als 90-Sekunden-Einspieler.

den (Pressekonferenzen, Rheindurchquerungen von Umweltministern) (vgl. Kepplinger 1998: 662).

Jenseits eines konkreten Ereignismanagements – so wie es vor allem in politischen Kampagnen von herausragender Bedeutung ist – agiert das *Newsmanagement* nicht völlig frei, sondern sucht Anschlusskommunikation, zumeist jedenfalls, an bereits bekannte Komplexe oder Probleme. Überwiegend gestaltet es sich daher als Deutungshandeln, als Versuch, bestimmte Interpretationsmuster eines Vorganges, eines Vorhabens, eines Ereignisses als Realitätskonstruktion im Nachrichten*fluss* zu integrieren. Sicher zielen Maßnahmen des Newsmanagement gelegentlich auf grundsätzliches Agenda-Setting, also das Platzieren eines bislang nicht beachteten, wünschenswerten Themas auf der Medienagenda; doch ist ein Ereignis ausgesprochen selten als isoliertes Objekt medienwürdiger Vorgänge zu betrachten. Die *Ereignislage* (eine journalistische Zuschreibung) bestimmt wesentlich mit, ob, wie und in welchem Umfang von einem „an und für sich" nachrichtenwürdigen Vorgang berichtet wird. Man könnte auch vom Grenznutzen eines Geschehens für den Journalismus sprechen: Die Publizitätsrelevanz ergibt sich aus dem Publizitätsumfeld; Faktoren wie Neuigkeit und Aktualität usf. ergeben sich aus einer kontextuellen Ein- und Zuordnung eines Geschehens oder möglicher Folgen: nichts ist für Journalisten uninteressanter als das hin und her *Lavieren* über Sachverhalte, über die sie schon breit berichtet haben. Wenn ein Politiker zum wiederholten Male gegen Positionen der eigenen Parteispitze öffentlich votiert, dann wandelt sich der Nachrichten- mitunter zum Unterhaltungswert.

Langzeitstudien verweisen nun darauf, dass die Nachrichtenauswahl auch einem historischen Wandel unterworfen ist (vgl. Kepplinger 1998a: 23). „Die Nachrichenwert-Theorie wird [...] dem Anspruch einer raum-, zeit- und kontextunabhängigen Theorie mittlerer Reichweite kaum gerecht. Ihre Geltung und ihre prognostische Leistung hängen vielmehr in erheblichem Maße von zeitgeschichtlichen, kulturellen und situativen Faktoren ab" (Kepplinger 1998a: 30). So zeigte auch Barbara Pfetsch (1998c) in einer länvergleichenden Analyse (bezogen auf Regierungskommunikation), dass die konkrete Ausgestaltung eines *Newsmanagement* von den politischen und journalistischen Kulturen abhängig ist. Während z. B. sich in den USA *Newsmanagement* völlig an den Funktionsweisen der Medien orientiert, spielen in der Bundesrepublik parteipolitische Motive weiterhin eine bedeutende Rolle. Es ist also grob zwischen einer medienorientierten Variante des *Newsmanagement* zu unterscheiden und einer eher macht- und parteipolitischen Variante (vgl. Pfetsch/Wehmeier 2002: 61).

Hierzulande dominieren dabei eher traditionelle Verfahren wie Pressemitteilung oder Pressekonferenzen. Bei ihnen steht die Anpassung an die Nachrichtenlogistik im Vordergrund: d. h. es wird der Redaktionsschluss beachtet, Texte werden vorbereitet und eventuell Videobänder. Interviews am Rande der Pressekonferenz werden abgesprochen usf. Ähnlich zentral sind Hintergrundgespräche im Vorfeld von Entscheidungen und vor der Lancierung von Kampagnen, um handverlesene Journalisten über Einzelheiten (unter dem Siegel der Verschwiegenheit) einzuweihen. Der praktische Umgang mit Journalisten, sei es in Pressekonferenzen, sei es in Gesprächen, sei es in Live-Interviews usf. verlangt eine eigene Medienkompetenz: Wer heute einem Fernsehteam ein Interview gibt, der sollte schon verinnerlicht haben, dass das Interview gekürzt, geschnitten, umgestellt und verdichtet wird; anders ausgedrückt: dass daher die Kernaussagen dergestalt platziert und formuliert werden, dass sie in einen Bericht von 90 Sekunden Länge passen (vgl. Weischenberg 1997: 20).

Effiziente politische Kommunikation war und ist von Slogans und einprägsamen Phrasen abhängig. Fünfstündige Reden haben wohl nur noch in politischen Systemen wie Kuba die Chance auf einigermaßen umfangreiche Abbildung. „Therefore the most important point in any speech, broadcast or interview has to be delivered briskly and summarised as concisely as possible. Politicians want the public to remember their punch line" (Jones 1995: 27). Im amerikanischen Journalismus taucht in den 60er Jahren erstmals der Begriff „*Soundbite*" auf: Eine wenige Wörter umfassende Stellungnahme, die knapp und einprägsam den zugrundeliegenden Text zusammenfasst. Dass dies für Politik wie Journalismus von beiderseitigem Interesse ist, liegt auf der Hand: Während maßgerechte Inhalte das journalistische Arbeiten erleichtern, sind *Soundbites* für die Rezeption der Politikposition sicher – wenn auch verkürzt, aber auch dies kann ja beabsichtigt sein – vorteilhaft.

Wenn auch unterschiedlich gewichtet und in der jeweiligen politisch-journalistischen Kultur des Landes verhaftet, so spielt auch im *Newsmanagement* das Fernsehen mittlerweile die prominenteste Rolle. John F. Kennedy war der erste amerikanische Präsident, der seine Pressekonferenzen „live" im Fernsehen abhielt. Zweck dieser Berichterstattung war es, „to inform and impress the public more than the press and to provide a direct communication with voters which no newspaper could alter by interpretation or omission" (Maltese 1992: 9). Mit der All-Präsenz des Fernsehens im politischen Raum virtualisiert gleichsam die politische Geographie: „das Fernsehen ist nicht mehr dort, wo die Hauptstadt ist, sondern Hauptstadt ereignet sich dort, wo die Kameras stehen" (Kreimeier 1995: 158). Später heißt es dann in einem internen Memorandum der Nixon-Regierung: „The President wants you to realize [...] that a press conference is a TV Operation and that the TV impression is really all that matters" (zit. n. Maltese 1992: 44). Indizien für ein am Fernsehen orientiertes *Newsmanagement* lassen sich dann wie folgt zusammenfassen (vgl. Groebel et al. 1995: 147):

▪ Das Entscheidungs- und Ereignismanagement der Politik orientiert sich an zeitlichen und präsentationsbezogenen Bedingungen des Fernsehens;
▪ der Fernsehdramaturgie begegnet die Politik mit der Stilisierung von Personen als treibende Kräfte des Politikprozesses.

Ähnliches kultivierte Gerhard Schröder nicht erst in Berlin, nicht erst als Kanzlerkandidat. Schon das Amt des Ministerpräsidenten in Hannover bereitete ihn auf das Etikett „Medienkanzler" vor: „Schröder melkte Kühe für Fotografen, ließ sich im Watt mit Schlick beschmieren, aß öffentlich Grünkohl mit und ohne Pinkel und spielte Fußball" (Leinemann 2004a: 142). Mag man in einer traditionellen politischen Rhetorik noch „expressiver Nachdruck wie die Härte und Treffsicherheit geschliffener Argumente" verbinden, so bevorzugt eine „*Tele-Rhetorik*" eine „private, unaufdringliche Nähe und Vertrautheit suggerierende Tonalität" (Plasser 1993: 411 f.; Herv. i. O.).

4.5 Entertainisierung und Privatisierung

Seit einigen Jahren nun ist das Private öffentlich, es ist mindestens „öffentlich verhandelbar" (Weiß 2002a: 17): Eine neue Formatkultur des Leitmediums Fernsehen holt das Private in „Talk"- und „Beziehungsshows", in „Real-Life"- und „Doku-Soaps" auf den Bildschirm.

Was nunmehr Standards setzt in der televisionären Konkurrenz um die Aufmerksamkeit des Publikums orientiert sich an Erfolg und Misserfolg konkreter Expositionen des Privaten und dessen, was vormals normal, banal, trivial genannt wurde – und setzt Standards für Teile der Politikvermittlung, die jenseits einer traditionellen Darstellung des Politischen in Informationsformaten ihr Heil (d. h. die Wählerschaft) in den Unterhaltungssendungen des Fernsehens suchen. Fast schon legendär der Ausspruch des damaligen FDP-Generalsekretärs Guido Westerwelle bei seinem Besuch im *Big-Brother*-Container: „Man hat mir gesagt, über Politik darf ich reden". „*Quo vadis* Politik?" War mindestens einem Dutzend Kommentatorenseufzern zu entnehmen. Dabei wollte Westerwelle dem Bekunden nach allein die politikabstinenten jungen Wählerinnen und Wähler nur da abholen, wo sie sind: im Container (vgl. Kamps 2002a).

Die Erosion des politischen Inhalts wird angesichts einer faktischen oder vermeintlichen Tendenz zur Privatisierung beklagt, als sich „das Private" historisch betrachtet erst parallel mit „der Öffentlichkeit" etablierte und damit aus explizit politischer Sicht – im liberalen Modell bürgerlicher Öffentlichkeit – dem Unpolitischen gleichzusetzen sei. Privat und öffentlich sind ein Gegensatzpaar, weil das Private als elementare Voraussetzung individueller Autonomie ausdrücklich mit einem vorpolitischen Raum assoziiert wird. Anders ausgedrückt: Privat und öffentlich bestimmen sich semantisch durch ihren negativen Bezug aufeinander, und da das „Öffentliche" eine normative Kategorie des liberalen Demokratiemodells darstellt, wird das „Private" gleichsam als Gegenraum des Politischen konzipiert[12].

Nun leben wir im Zeitalter der medialen Grenzverschiebungen – auch in der Programmgestaltung. Seriöse Informationssendungen hier, kurzweilige Unterhaltungssendungen dort entspricht seit einigen Jahren nicht mehr den Abgrenzungen von Programmmustern in der Mediengesellschaft. Vielmehr habitualisiert sich eine *Entertainisierung*: die Orientierung in Anlage und Operation von Kommunikation an unterhaltenden Formaten, eine symbolisch generalisierte Politik im Unterhaltungsmodus. Dass ursprünglich nichtpolitische Unterhaltung dabei als soziokultureller Hintergrund z. B. der Personalisierung und Privatisierung der Politik gilt, sollte gleichwohl nicht darüber hinweg täuschen, dass Politik etwa im Format *Kabarett* bereits vor Etablierung von Begriffen wie „Infotainment" oder „Politainment" im Unterhaltungsmodus rezipiert wurde.

---

12 Natürlich handelt es sich hier um eine explizit *politikwissenschaftliche* Argumentation, die ihren Gegenstand, die Politik, in den Mittelpunkt stellt. Das Begriffspaar „Privat-Öffentlich" lässt sich in den Sozialwissenschaften noch aus verschiedenen anderen Perspektiven analysieren; vgl. hierzu Weiß 2002b.

Insbesondere Andreas Dörner (2001) hat mit dem Begriff Politainment –
in Anlehnung an das bekanntere Infotainment – darauf aufmerksam gemacht, wie sehr in den 90er Jahren eine enge Bindung und Kopplung politischer und unterhaltender Kommunikation entstanden ist, eine „Form der
öffentlichen, massenmedial vermittelten Kommunikation, in der politische
Themen, Akteure, Prozesse, Deutungsmuster, Identitäten und Sinnentwürfe
im Modus der Unterhaltung zu einer neuen Realität des Politischen montiert
werden" (Dörner 2001: 31). Dabei werden primär Unterhaltungszwecke
verfolgt. Diesem Politainment folgt ein eigener, in dieser Form neuartiger
Erfahrungsraum. Analytisch differenziert Dörner dabei zwischen unterhaltender Politik und politischer Unterhaltung. In die Kategorie der *unterhaltenden Politik* sind all jene Aktivitäten einschließlich der symbolischen oder
inszenatorischen Aktivitäten der Politik zu fassen, die den Medienmodus
der Unterhaltung bedienen, um eigene Positionen, Akteure usf. zu verkaufen. Ausschlaggebend für die Zuordnung ist, dass hier die Initiative von der
Politik ausgeht. *Politischen Unterhaltung* wird hingegen von der anderen
Seite betrieben, also von den Medien: Die Unterhaltungsindustrie verwendet
ja gelegentlich aktuelle politische Bezüge, politische Personen, Prozesse usf.
und baut sie in ihr *Entertainement*-Angebot, in ihre Wirklichkeitsofferten ein.

Dem Politainment, so sehr es aus puristischer Sicht auch unter Kritik
steht, können einige gesellschaftspolitische Funktionen zugesprochen werden (vgl. Dörner 2001: 33 f.): Es *konkretisiert* Politik, es macht sie für viele
Menschen sichtbar, erlebbar, erfahrbar; sicher ist der jeweils angebotene und
vermittelte Gehalt dieser Politik zu prüfen, im Grundsatz aber verleiht Politainment der Politik Gestalt – wenn auch aufbauend auf einer rudimentären
Grundstruktur politischer Wirklichkeit. Es *fokussiert* Themen, Personen,
Prozesse und soziale Probleme in dem es über andere – z. B. emotionale –
Aufmerksamkeitsprozesse überhaupt erst das Interesse breiter Bevölke-
rungsschichten für Politik weckt. Es *konstruiert* politische Vorstellungs- und
Deutungsmuster für das Verständnis der politischen Realität, wobei sicherlich Verzerrungen und Verkürzungen komplexer politischer Sachverhalte zu
verzeichnen sind. Es *emotionalisiert* Politik und bietet über diese Ebene eine
Identifikationsplattform; Identifikation erlaubt zugleich, verschiedene Erfah-
rungsräume durchzuspielen: die Simulation. „Politikbilder, Deutungsmuster, Wahrnehmungsfolien der Unterhaltungskultur sind deshalb ein so wichtiges Moment von politischer Kultur, weil sie Mediennutzern in entspann-

ten, von Alltagslasten befreiten Situationen eingängige Materialien zur Wahrnehmung, Deutung und Sinngebung von politischer Realität vermitteln" (Dörner 2001: 62). Dörner hat für diesen Effekt dem amerikanischen Sprachgebrauch einen „*Feel-Good*"-Faktor entlehnt: die emotionale Verfassung des politischen Publikums als Motiv symbolischer Politik.

Politik als Theater des Privaten, das heißt immer auch, dass die Kritik oder der Geschmack des Publikums das Stück verwerfen kann – und Regie und Schauspieler auf offener Bühne auspfeift. Das wohl nachhaltig misslungenste Stück politischer (Selbst-)Inszenierung dürfte der Versuch des damaligen Verteidigungsministers Rudolf Scharping sein, im Sommer 2001 sein staubtrockenes Image durch eine private Boulevardeske auf Mallorca aufzupolieren. Das Anliegen ging bekanntlich in die, salopp ausgedrückt, Badehose; Scharping musste sich bei der Truppe den an Zynismus kaum noch zu steigernden Spott-Namen „Bin Baden" gefallen lassen: Seine Glückseligkeitsfotostrecke mit Lebensgefährtin Kristina Gräfin Pilati-Borggreve in der *Bunten* wurde spätestens dann skandalisierungsfähig, als der *Spiegel* in der Woche darauf der Kabale ein den Pool-Bildern angemessenes eigenes Titelbild widmete und die Differenz zwischen des Ministers Glück und den Sorgen seiner Soldaten, die kurz vor einem Auslandseinsatz standen, leidlich thematisierte. Nur dem makaberen Umständen der Terroranschläge vom 11. September und einer dadurch radikal geänderten politischen Tagesordnung, die keinen Atem ließ für das Schwadronieren über missglückte Inszenierungen, ist es wohl zu verdanken, dass Scharping, dem dann auch noch die fast schon politiküblichen Unregelmäßigkeiten bei der Nutzung der Flugbereitschaft nachgesagt wurden, sich noch im Amt halten konnte. (Ein Jahr darauf folgte die Entlassung, bekanntlich und sinnigerweise nach einer Skandalisierung über seine Kontakte zu einem PR-Berater.)

Der Pool also lediglich als ästhetische Stilkrise? Er lag im Trend; nur galt der Trend womöglich nicht für die Politik, oder spezieller: für Scharping selbst. Die Risikopotenziale solcher Kommunikationsstrategien sind erheblich und führen zunächst einmal vor Augen, dass Öffentlichkeitsarbeit eben kein Handwerk mit deterministischen, ein anderes System in seinem Handeln *bestimmendes* Unternehmen ist.

Was aber war damals auf der politischen Bühne passiert? Scharping hatte offenbar – an der eigenen Presseabteilung vorbei – eine Interview mit Fotostrecke platzieren wollen, dachte aber mehr an einen Bericht im Tenor: „Mi-

nister im Urlaub, immer bei der Arbeit", belegt durch vorstellbare Aktenbearbeitungsfotos im Sommerdress. Dass das Mediensystem einen eigenen
Code zur Verarbeitung (auch dargebrachter) Wirklichkeiten besitzt und sich
dieser Code bei aller Professionalität von „Öffentlichkeitsarbeit" nicht immer mit dem Selbstdarstellungscode von Politik deckt, hätte ein erfahrener
Politiker wie Scharping eigentlich wissen müssen; und dass eine allzu radikale Privatisierung der eigenen Politikerpersönlichkeit schnell Kolportage
auslösen kann, hatte schon sein Chef, der frischgewählte Kanzler Gerhard
Schröder vor aller Augen demonstriert, als er sich für das Magazin „Life and
Style" vom renommierten Modefotografen Peter Lindbergh im Brioni-
Anzug ablichten ließ und damit sein von der Opposition fleißig forciertes
Image als „Medienkanzler" um die Facette Lifestyle bereicherte: als „Cashmir- und Cohiba"-Kanzler geisterte er dann eine Zeit lang durch die Gazetten und musste sich obendrein noch die Bemerkung seines Schneiders, Umberto Angeloni, gefallen lassen, er, also: der Schneider, sei die „Schlüsselfigur in der Erfolgsstory des deutschen Bundeskanzlers" (Kamps 2002a: 102).
Rasch verschwanden dann der Anzug und die Zigarre von der Tagesordnung. Der Kanzler hatte gelernt.

Manch eine politische Zelebrität überschreitet offenbar die Reizschwellen
eines Kurzweilpublikums, dass es Kulturpessimisten nur so schaudert. Der
Boulevard macht dabei den Politiker oder eben den Kandidaten lebendig,
weil er ihn mit einer Geschichte verknüpft. Allerdings: was war denn da so
neu bei Scharping? Klaus Kinkel zeigte sich auch jeden Sommerurlaub in
Badehose, Guido Westerwelle im Spaßmobil, Adenauer beim Boccia, Johannes Rau auf Spiekeroog immer mit Fotoreporter an der Seite (oder bei
Modeschauen auf Schloss Bellevue); Joschka Fischer ließ beim Joggen gerne
Journalisten mitschwitzen; Wowereit mit Stöckelschuh und Sektflasche;
Kohl auf dem Wolfgangsee oder an seinen Gestaden mit sorgsam ausgesuchten Voralpentieren: Etwas Brimborium ging und geht immer.

Zumindest bis Gerhard Schröder muss man Johannes Gross (1997: 47)
wohl zustimmen, war die Bundesrepublik noch keine „Fernsehdemokratie":
Weder Adenauer noch seine Nachfolger waren telegene Polit-Stars in dem
Sinne, als ihre Popularität sich nicht aus einer fernsehzentrierten politischen
Marketingstrategie speiste. Sie haben sich also noch nicht *politisch-strategisch*
den besonderen Bedingungen der Rekonstruktion des Politischen im Unterhaltungsumfeld des Fernsehens angepasst. Andererseits war Schröder nicht

der erste Medienkanzler. Auch Brandt, Schmidt und selbst Kohl, der den Medien angeblich so abgeneigt war, wussten auf jeweils ihre eigene Art sich in den Medien und dort insbesondere im Fernsehen selbst zu stilisieren; Schmidt beispielsweise, erkannte durchaus, dass gerade das Fernsehen ihm zu einer besonderen Popularität verholfen habe, weshalb er sich selbst einmal freimütig „Staatsschauspieler" nannte (vgl. Leinemann 2004a: 147).

Dass es nicht um Politik, sondern um ein *Bild der Politik* geht, versinnbildlicht der Bart des Rudolf Scharping, der zu einer ernsthaft strittigen Frage seiner Image-Berater heranwuchs. Zu Zeiten Ronald Reagans hat Neil Postman (hier: 1991: 12) eine neue Macht der Äußerlichkeit in dem schönen Satz zusammengefasst: „Obwohl in der Verfassung nichts davon steht, ist dicken Leuten der Zugang zu hohen politischen Ämtern heutzutage praktisch versperrt; Leuten mit Glatze wahrscheinlich ebenfalls".

Personalitätsfaktoren werden für das Publikum auch dann besonders interessant, wenn sich das Politische ihm einzig aus dröger Auseinandersetzung um Sachverhalte darbietet, die weder nachvollziehbar noch, wo nachvollziehbar, besonders erfreulich erscheinen. Liefern in der Perspektive der Symbiose-These die Politiker den Informationsjournalisten noch jenen Rohstoff (Informationen und Ereignisse), die sie zur Gestaltung ihrer Berichte benötigen, während im Gegenzug der Journalismus den Politikern eine Bühne bietet, so stellt mittlerweile „das Personal des Show-Business ebensolche Foren bereit und nutzt die Personality der Politiker für die Gestaltung zuschauerträchtiger Programmeinlagen" (Nieland 2000: 312).

Ein gesteigertes Interesse an der „wirklichen Person" hinter dem Spitzenpolitiker korrespondiert mit konstitutiven Aspekten der Prominenz. Was aber mit dem „Anschein des Authentischen daherkommt ist letztlich ebenso konstruiert wie das Rollen-Image" (Sommer 1997: 122). Mit anderen Worten muss auch im Öffentlichen das Private imagekonform vorgetragen werden: Das war dann wohl der Kardinalfehler Rudolf Scharpings. Privatisierung geht keineswegs einher mit der Nivellierung von Unterschieden zwischen den Politikern und dem Publikum. Noch immer beschränkt sich der Kontakt mit dem Publikum auf eine Bühnensituation, in der der Politiker eine herausgehobene Stellung einnimmt.

Nun wird der politische Darsteller auch als Darsteller bewertbar. „Das Publikum vergleicht den Darsteller Bill Clinton mit dem Darsteller Michael Douglas, der Bill Clinton spielt. Clinton läuft das Risiko, daß die Leute

Douglas besser finden. Was dann?" (Glotz 1999: 160). Tatsächlich ist eine Personalisierung der Politik demokratietheoretisch aufgrund der Verantwortungszuweisung im Grundsatz unproblematisch. Eine personalisierte Politikvermittlung bedarf indes dann der kritischen Betrachtung, „wenn Politik privatisiert, d. h. im Modus individueller Charakterzüge als mehr oder weniger unpolitischer Sympathiewettbewerb politische Stars darstellt und notwendige politische Auseinandersetzungen auf [...] ‚Nebenkriegsschauplätze' verlagert wird" (Sarcinelli 1994b: 43).

Die Geschichts-Folklore der USA misst z. B. ihre Präsidenten häufig daran, welche Professionalität sie im Umgang sie mit Medien an den Tag legen: Der jugendlich-charismatische John F. Kennedy stellte sich als erster einer „live" im Fernsehen übertragen Pressekonferenz, seine Telegenität ist Legende; Richard Nixon hingegen, in mancherlei Hinsicht Kennedys Counterpart, „conducted a virtual war against the press" (Kurtz 1998: xxi); Ronald Reagan, „the great communicator", haftet in der Erinnerung (u. a.) als jener schauspielende Präsident, bei dem das Bild den Ton politischer Kommunikation vorgab; bei Bill Clinton, schließlich, bekam der Terminus „Beziehungsspiele" eine neue Konnotation. Mit der Öffnung des privaten Raums akkumuliert die Politik soziale Prominenz, sie verlässt in der Auseinandersetzung um das (Wahl-)Publikum das politische Parkett und begibt sich auf eine Bühne, in der andere Kompetenzkriterien gelten. Damit forciert sie eine Entwicklung, in der das politische Programm weiter hinter das Imaginäre, das Dargestellte zurücktritt.

Es geht nicht um Nachricht und Information, sondern um Reichweite. Wenn sich SPD-Bundesgeschäftsführer Franz Müntefering im Anschluss an den Parteitag 1998 nicht den Fragen von Journalisten der Informations- oder Nachrichtensendungen stellt, sondern lieber mit Harald Schmidt über Frisuren unterhält, dann ist dies zumindest ein deutlicher Indikator dafür, dass die Politik in der „Pop-Arena" angekommen ist (vgl. Göttlich/Nieland 1999: 110). Politik geriert sich dergestalt als Medienerlebnis in und für eine Unterhaltungsöffentlichkeit, sie knüpft an die Symbole der Populärkultur an, um Nähe und Normalität zu demonstrieren; *Imagetransfer* wird zur Kategorie moderner Politikvermittlung. Die *Unique Selling Propositon* der Politik ist dann gelegentlich die Fähigkeit, mit Symbolen umzugehen, kommunikativ-integrierend zu wirken und jenseits faktischer Lösungsvorschläge das Gefühl zu verbreiten, die Dinge, komme, was da wolle, geregelt zu bekommen.

4.6   Zwischenfazit

Pilatus wusch sich die Hände (in Unschuld), und ein deutscher Kaiser, Heinrich der IV., ging nach Canossa und verharrt tagelang im Schnee vor der Burg: Symbolische Politik ist so alt wie die Politik selbst. Traditionell aber wird Politik nicht mit seinen kommunikativen und auch symbolischen Dimensionen verbunden, symbolische Politik gilt eher als Artefakt des Entscheidungshandelns. Selbstdarstellung und anhängliche Aktivitäten stehen nicht gerade im Verdacht des demokratietheoretischen Ideals.

Die Inszenierung politischer Öffentlichkeit mag dann durchaus als Verfallsform der bürgerlichen Öffentlichkeit erscheinen (Raskop 1995: 56). „Im modernen, elektronischen Zeitalter bedeutet Legitimation durch Kommunikation mehr als jemals zuvor Legitimation durch mediale Kommunikation. Es bedeutet, Anbieter zu sein auf einem Markt mit harter Konkurrenz und heißt letztlich Wettbewerb um Aufmerksamkeit – eine Voraussetzung, um überhaupt nach innen und außen wahrgenommen zu werden und um Zustimmung werben zu können" (Sarcinelli 1998d: 148 f.). Dem folgt ein Aufmerksamkeitsmanagement als Kategorie der politischen Strategie.

„Unverbindliches Gerede, populistisches Auftreten und gwieftes Lächeln und Winken in die Kameras, wann immer sie ihr Gesichtsfeld ertasten, gehören zur Grundausstattung dieser Sorte von Politikern" (Maresch 1999: 141). Allein das Potenzial normiert nicht die Handlung: „Auf der Jahrestagung des Verbandes der Zauberer wird nicht gezaubert" (Meyer 1998: 34).

Medienkommunikation beinhaltet damit immer auch selbstreflexive Selektionsleistungen der Akteure, sie läßt sich als „dynamisch-transaktionaler" Vorgang konzipieren. Danach fließen Erwartungen von Erwartungen in die Handlungskonzeptionen von Akteuren ein. Beispielsweise erwarten die politischen Akteure, dass der Journalismus eine bestimmte Form der Selbstdarstellung erwarten, und sie folgen dem in Teilen bzw. weichen – mit Blick auf diese *Erwartungen* – dort ab, wo sie sich erhöhte Aufmerksamkeitszuwendung versprechen.

Um so sinnfälliger erscheint es dann, wenn Politiker, deren Virtuosität im Umgang mit den Medien anerkannt und gelegentlich bestaunt werden, die Karten neu zu mischen suchen und sich jenen Spielregeln verweigern, von denen sie zuvor noch profitiert hatten. Wenn ein Bundeskanzler sich per Gerichtsbeschluss gegen Unterhaltungsformate wendet – *Wie war ich, Doris?*

- dann folgt dem eine Metakommunikation über Kommunikationskultur und Politikintention. Über die Formen, Regeln, die Gestalt usf. von politischer Kommunikation wird mittels politischer Kommunikation gestritten. Nur auf „der Jahrestagung des Verbandes der Zauberer wird nicht gezaubert" (Meyer 1998: 34).

Bekanntlich laufen wir Gefahr, uns zu Tode zu amüsieren, und Schuld daran wird das Unterhaltungsmedium Fernsehen haben (Postman 1991). Das Fernsehen ist schon für so ziemlich alles verantwortlich gemacht worden, von der Zerrüttung der Familien (und dem Verschwinden der Kindheit) im Allgemeinen bis zu Niederlagen der deutschen Fußballnationalmannschaft im Speziellen. Und natürlich herrscht an Kritikern der politischen Fernsehberichterstattung kein Mangel: Das Fernsehen, so der Grundtenor, hat die Politik einer grenzenlosen Trivialität ausgeliefert. Alles, was es anfasse, transformiere früher oder später zur Unterhaltung. Für einen mehr als vagen, oberflächlichen und doch nur symbolischen Blick hinter die Tagesaktualität, hat das Medium kein Verständnis. Zu allem Überfluss hat es der Politik nicht nur ein Gesicht gegeben, es *belohnt* Gesichter: „Die Wahrnehmung herrscht, nicht der Diskurs. Geschichte und Kontext langweilen, lenken ab, verscherzen Aufmerksamkeit. Wer oder was auf dieser Bühne wirken will, muß seine Eindrücke wie Bilder plazieren, die für sich selber stehen und wirken. [...] Der Anti-Diskurs der Fernsehbilder ist ein Mosaik kontextgereinigter Seheindrücke" (Meyer 1992: 110). Und so lassen sich die inszenatorischen Dimensionen der politischen Kommunikationskultur gleichsam als „Hüllen und Masken" (Arnold/Fuhrmeister/Schiller 1998b) fassen, als Strategien, die zugleich den politischen Prozess einsichtiger gestalten *und* verschleiern. In mancher Hinsicht paradoxerweise vollzieht sich institutioneller Interessensausgleich in der liberalen Demokratie gerade ob der zentralen Funktion einer „Öffentlichkeit" auch jenseits eben dieser Öffentlichkeit in intransparenten Verhandlungssystemen, in Arkansystemen.

Wir können davon ausgehen, dass die politische Berichterstattung überwiegend ein Produkt ist aus dem Handeln von Politikern und ihren Mitarbeitern einerseits und den Journalisten andererseits. Politikern ist in aller Regel nicht *ausschließlich* an der schlichten Publizität bestimmter Sachverhalte gelegen. Öffentlichkeit besitzt für sie zugleich die Funktion, *generalisierte* Legitimation für ihr Tun und Lassen zu gewinnen. „Und die Journalisten wählen aus dem politischen Geschehen nicht nur das aus, was politisch oder demokratietheoretisch wichtig ist, sondern auch das, was ihr Publikum bei der Stange hält und ihren eigenen Ansichten entspricht." (Donsbach 1999: 142) In diesem wechselseitigen Prozess des Geben und Nehmens beziehen sich die beiden Funktionssysteme – Politik und Journalismus – zwar aufeinander, sie determinieren gleichwohl nicht die Handlungen des jeweils anderen Systems.

Der Einfluss politischer Inszenierungsstrategien auf die alltägliche Berichterstattung ist indes – demokratietheoretisch – nur so lange tolerabel, als das gesamte politische Spektrum einen Zugang zum Mediensystem besitzt (vgl. Sarcinelli 1992). Nun gewinnen aber Professionalität und Etabliertheit einzelner Akteure an Bedeutung bzw. sie sind für diese Akteure ein Erfolgskriterium. „Während Politiker die machtverstärkende Wirkung medialer Inszenierungen, symbolischer Gesten und öffentlichkeitswirksamer Auftritte, Paraden und Empfänge suchen, um sich im gleißenden Licht der Scheinwerfer, Kameras und Mikrofone ihren Wählern zu präsentieren, nutzen Medien die Bühne der Politik hauptsächlich, um Formate und Sendezeiten zu füllen und dadurch Sendezeit zu akquirieren" (Maresch 1999: 141).

„Absurd" aber wäre es wohl, „in der Mediengesellschaft von Politik und politischer Kommunikation zu verlangen, nach dem kleinen Einmaleins der Didaktik für den politischen Unterricht zu verfahren und alles puristisch zu meiden, was an Rhetorik, Theater oder Unterhaltung erinnert" (Meyer 1998: 9). Im Kern läuft das auf die Frage hinaus, inwieweit inszenatorische Politik als Politiksubstitut genutzt wird, als Ersatz für Substanz und Position – mit der Folge einer „Gefälligkeitsdemokratie", die das kommunikativ Vermittelbare einer Realpolitik vorzieht.

Die Gesellschaft, in der wir leben, lässt sich als „Industriegesellschaft" oder „Informationsgesellschaft" fassen, als „Konsum"-, „Erlebnis"-, „Multioptions"-, „Medien"- oder auch als „Kommunikationsgesellschaft" usf.; recht plausibel aber lässt sie sich auch als „Inszenierungsgesellschaft" konzipieren, als Gesellschaft, in der das „In-Szene-setzen" des eigenen Handelns vor den Medien und ihrem Publikum zu einer entscheidenden Ressource in der Auseinandersetzung um gesellschaftspolitische Interessen geworden ist. Publizitätskompetenz gewinnt in dieser Situation an Bedeutung. Politik kann sich aber mittelfristig nicht allein auf Wunschbilder stützen, auf Kampagnenmetaphern etwa, kurzfristig entworfen zur Befriedigung von Bedürfnissen, die man aus Meinungsumfragen herauszulesen glaubt. Politik als Realphänomen kann sich nicht auf die medienwirksame „Rettung" eines angeschlagenen Konzerns reduzieren, auf das Schulterklopfen bei der Grundsteinlegung. Auf kurz oder lang erfordert das Gemeinwesen politisches Handeln jenseits der Inszenierung des Scheins. „Dort, wo politische Versäumnisse jenseits von allem, was der Medienschein verheißt, dann doch den Bürgern als Krise in ihrer persönlichen Lebenswelt widerfährt, wo keine Glanzbilder mehr wirken, als Dauerarbeitslosigkeit, Gewalt in der Schule, Einkommensverringerung oder Umwelterkrankung der eigenen Kinder, kehrt die Frage nach *Handlungsprogrammen, Zielen und Erfolgen* unverhofft in die Wirklichkeit des Politischen zurück." (Meyer 1999: 157; Herv. i. O.)

5 Der Ernstfall: Wahlkampf

5.1 Einleitende Anmerkungen

Nach Artikel 20, Absatz 2 des Grundgesetzes geht alle Staatsgewalt „vom Volke aus. Sie wird vom Volke in Wahlen und Abstimmungen und durch besondere Organe der Gesetzgebung, der vollziehenden Gewalt und der Rechtsprechung ausgeübt". Absatz 1 des Artikels 38 präzisiert dann: „Die Abgeordneten des Deutschen Bundestages werden in allgemeiner, unmittelbarer, freier, gleicher und geheimer Wahl gewählt. [...]". Ähnliche Formeln (repräsentativer) Volkssouveränität finden sich in den Verfassungen der Länder des Bundes oder anderer Demokratien, so schon in der *Virgina Declaration of Rights* von 1776 (Section 2): „That all power is vested in, and consequently derived from, the people; [...]"; und Article 3 der französischen Verfassung lautet: „La souraineté nationale appartient au peuple qui l'exerce par ses représentants et par la voie du référendum".

Das demokratische Prinzip verpflichtet zu Wahlen, „Hochämter{n] der politischen Alltagsliturgie" (Geisler/Sarcinelli 2002: 43), die gewährleisten, „daß die politische Willensbildung an die Interessen und Prioritäten der Bürger rückgebunden bleibt" (Schmitt-Beck 2000: 17). In den kompetitiven Demokratien formieren sich dann, wenngleich mit unterschiedlicher Expansion und Intensität: Wahlkämpfe[1] – auf mehrheitslegitimierte Macht ausgerichtete und eben mit einer Art „Verfassungsauftrag" bedachte Auseinandersetzungen um Zustimmung zu Programmen und Kandidaten. Dass man sich unmittelbar vor Wahlen eigens um die Wählerschaft bemüht, liegt in der Natur der Sache: „Wer Schwanzfedern hat, richtet sie auf" (Kronacher 2002: 49). Bereits von George Washington heißt es, er habe die Wähler seines Distriktes mit Wein, Bier, Rum und anderen Annehmlichkeiten bei Laune gehalten (Jamieson 1986: 1). Heute tummeln sich neben Plakaten Kugelschreiber, Aufkleber, Luftballons und sonstiges Allerlei im Straßenwahlkampf. Doch haben in der „Mediendemokratie" derartige Mühen um die

---

1 Bereits in vor- oder semi-demokratischen Systemen sind oder waren wahlkampfähnliche Kommunikationsprozesse zu beobachten; aufgrund der unterschiedlichen Handlungskorridore dieser Systeme wird hier allein Bezug genommen auf Wahlkämpfe in den Demokratien liberalen Typs.

Stimmberechtigten schon etwas herzhaft Antiquiertes. Moderner Wahlkampf ist überwiegend *Medien*wahlkampf, der mehr ein aufmerkendes *Publikum* im Geiste führt, denn eine abwägende *Bürgerschaft*.

5.2   Funktionen und Kontext von Wahlkämpfen

Wahlkämpfe als „Gewaltmärsche in schwierigem Gelände" (Schmitt-Beck
2002: 23) sind eine originär konfliktreiche Zäsur in der politischen Alltags-
routine, ihre Planung und Operation ein lehrreicher Komplex zur Konstitution der Politikvermittlung – gleichsam als Spiegelbild des aktuellen Gefüges von Politik, Medien und Gesellschaft: Zum einen sind sie *dichte, kompri-
mierte* Prozesse, in denen Kommunikation und Politik strategisch aneinander gekoppelt werden; Parteien und Kandidaten versuchen mit erheblichem
Aufwand an Ressourcen das Bild des Elektorats von ihnen und ihrem Programm so positiv wie möglich einzurichten bzw. zu fixieren. Ferner kondensieren in den Positionsbestimmungen die gegebenen politischen *Problemlagen* – selten ist die Politik konfliktorientierter: „Der Wahlkampf ist die Zeit
der Stimulans für Politiker und Wähler, findet in ihm doch sichtbar das
Ringen um unterschiedliche Ziele und Wege zur Lösung der in der Gesellschaft anstehenden Probleme statt" (Andersen/Woyke 1998: 117). Daneben
legitimiert sich über Wahlen nicht nur das demokratische System, weil sie die
Vorstellung einer – mit geringen sozialen Kosten verbundenen – gleichberechtigten Teilnahme am politischen Prozess transportieren (vgl. Geis-
ler/Sarcinelli 2002: 43); Macht manifestiert sich auch für eine Periode in Personen, und im Sinne eines *Responsible Government* (John Stuart Mill) kommt
dann dem Ringen um Stimmen ähnliche Bedeutung zu, wie dem Urnengang
selbst. Entsprechend hoch – „olympischen Spiele" der Demokratie (vgl.
Grafe 1994) – greift bisweilen das Urteil zu Wahlkämpfen.
    Bis etwa Mitte der 50er Jahre dominierten in der Bundesrepublik schon
aus der Weimarer Republik bekannte Methoden: Plakate, Handzettel, Flugblätter, Rundbriefe, Großkundgebungen. Für eine Modernisierung nahmen
die Wahlen zum Bundestag 1953 und 1957 eine Vorreiterrolle ein. Das gilt
für eine Orientierung an den Medien und eine „Interviewpolitik" Adenauers, das gilt für den Ausbau des Bundespresseamtes (vgl. Recker 1997: 300)
und die Orientierung der Kampagne an demoskopischen Daten (vgl. Pollmann 1997: 261 ff.). 1957 wurden die ersten parteiexternen Berater von der

CDU für Werbekonzeptionen und Strategien herangezogen. Dagegen tat sich die SPD damit anfangs noch schwer und nutzte solche Expertise erst mit Willy Brandt umfänglich (vgl. Holtz-Bacha 1999b: 15). Bis heute ist dann ein kontinuierlicher Prozess der Expansion der Wahlkämpfe zu aufwendigen Medien- und Materialschlachten zu dokumentieren, bei denen neben Argument und Programm vermehrt Sympathiewerbung und demonstrative Publizität treten[2]. Zwar werden Werbemittel wie Plakate nach wie vor eingesetzt (und sind wichtig für die Wahrnehmung des Wahlkampfs *an sich*), insgesamt aber dominieren nun andere Werbeträger und -plattformen – allen voran die elektronischen Medien und dort: das Fernsehen.

Entsprechend etatintensiv gestalten die Parteien ihre Wahlkampagnen[3]. Immerhin rund 150 Millionen *DM* gaben sie im Kampagnenjahr 1998 für Wahlwerbeaktivitäten aus (vgl. von Alemann 2000: 160). 2002 stieg diese Summe weiter an, wobei die Spendenaffären einzelne Parteien in der Expansion noch eingeschränkt haben dürften[4]. Insgesamt investierten die Parteien 2002 rund 110 Millionen *Euro* in den Bundestagswahlkampf. Die SPD, um diese Zahlen zu präzisieren, hat dabei nach ihrem Rechenschaftsbericht rund 26,7 Millionen Euro eingesetzt: für Anzeigen, Plakate, Kino- und Fernsehspots 18,3 Millionen Euro, für Veranstaltungen und Kundgebungen mit dem Kanzler sowie für Bustouren 5,6 Millionen Euro; hinzu kamen Zuschüsse an Parteigliederungen mit rund 2,8 Millionen Euro. Die CDU/CSU-Wahlkampfleitung nahm nach eigenen Angaben insgesamt rund 40 Millionen Euro in die Hand, was einer Steigerung von über 50 Prozent gegenüber der 98er-Kampagne entspricht (vgl. Müller 2002: 629). Für den kurzen Wahlkampf 2005 wurden etwas weniger Mittel in die Hand genommen[5].

Heute versteht die Politik- und Kommunikationswissenschaft moderne Wahlkämpfe dann meist als von Parteien personell wie programmatisch, strategisch und auf ein Datum organisierte, auf Stimmenmaximierung angelegte, werbende und medial geprägte Kommunikationsvorgänge, die durch-

---

2   Vgl. zur Geschichte der Wahlkämpfe in der Bundesrepublik seit den 60er Jahren Müller 2002; zu Parteiwerbung im Fernsehen (1957-1998) Holtz-Bacha 2000c.

3   Einem Sprachgebrauch folgend wird „Kampagne" in diesem Kapitel synonym zu „Wahlkampf" verwendet; gleichwohl wird im Kapitel 6 einer etwas anders gelagerten Begrifflichkeit gefolgt.

4   Für die Vereinigten Staaten werden rund 14 Milliarden Dollar Wahlkampfkosten in einem Vier-Jahres-Zyklus geschätzt; allerdings verteilen sich diese Gelder auf Wahlen zu rund einer halben Million Ämter beim Bund, den Staaten, Bezirken und Kommunen; vgl. Althaus 2002: 83.

5   dpa-Meldung v. 23. August 2005; in der Literatur variieren die genannten absoluten Zahlen, der Trend jedoch bleibt.

aus zur Rationalität des politischen Meinungsbildungsprozesses beitragen (vgl. Klingemann/Voltmer 1998: 396). Sie unterscheiden sich dabei in *zeitlicher, räumlicher, inhaltlicher* und *formaler* Hinsicht, und ihr Profil, ihre operative Gestaltung hängt von *gesellschaftlichen, politischen* und *medialen, institutionellen* und *situativen* Faktoren ab (vgl. Radunski 1980; Vowe/Wolling 2000):

- *Politisches System, Parteiensystem:* In welchem Umfang sieht das politische System die Besetzung von Ämtern und politischen Posten durch Wahlen vor? Gilt ein Verhältnis- oder ein Mehrheitswahlrecht, und wie arrangiert sich darüber das Parteiensystem? Wie steht es um die soziale und gesellschaftspolitische Verankerung der Parteien? Wer wählt den Regierungschef[6]? Beteiligt sich der Staat an der Finanzierung der Parteien und/oder des Wahlkampfs, und wenn ja: in welcher Form, in welchem Umfang?

- *Mediensystem:* Wie heterogen respektive homogen gestaltet sich die Presse- und Fernsehlandschaft? Wie sieht es mit einer parteipolitischen Bindungen oder Ausrichtung einzelner Medien aus? Welchen rechtlichen Regelungen ist Parteienwerbung unterworfen? Welche politischen Formate haben sich bei welchem Publikum etabliert – wie steht es beispielsweise mit dem Internet?

- *Politische Kultur:* Wie groß ist die Bereitschaft der Bevölkerung zu wählen, ihr Interesse an Wahlkampfkommunikation? Welche regionalen und sozialen Eigenarten sind zu berücksichtigen?

Zu klären ist in der Kampagnenorganisation: welche Wählergruppen mit welchen Ressourcen (Zeit, Personen, Geld) erreicht werden sollen (*Zielgruppen*); mit welchen Inhalten und Schwerpunkten wer angesprochen wird (*Botschaften*); auf welche Teile des Landes man sich mit welchen Ressourcen konzentriert (*Regionen*); welche Medien in welchem Umfang genutzt oder aktiviert werden (*Medienmix*); welche Personen kandidieren, welche Gruppen zur Unterstützung herangezogen werden können und ob konkurrierende Politiker – aus welchen Gründen, mit welcher Vehemenz, mit welchen Argumenten auch immer – attackiert werden (*Akteure*); wie eine Chronolo-

---

6   Das Grundgesetz verzichtet weitgehend auf weitere plebiszitäre Elemente; Wahlen zum Bundestag, zu den Landesparlamenten und den kommunalen Vertretungskörperschaften bzw. den Bürgermeisterämtern sind dann, jenseits eines eigenen parteipolitischen Engagements, die wichtigsten Gelegenheiten für die Bevölkerung, auf die Zusammensetzung politischer Organe Einfluss zu nehmen.

gie der Kampagne aussehen könnte (*Phasen*); welche finanziellen Mittel zur Verfügung stehen, wie sie verteilt werden (*Ressourcen*); ob formelle oder informelle Normen z. B. für die Finanzierung oder den Kommunikationsstil gelten (*Regeln*). All diese Punkte sind auch kaum unabhängig voneinander zu denken: Zielgruppen, Regionen, Botschaften, regionalspezifischen Medien, Ressourcen und der Zugang zu (Werbe-)Medien bedingen einander beträchtlich (vgl. Kap. 5.3).

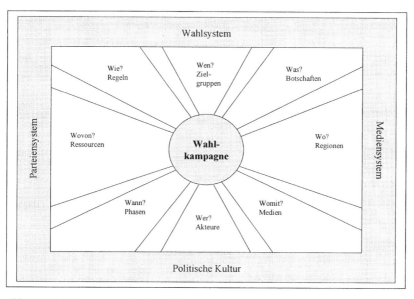

Abb. 8: Wahlkampagnen im Grundriss
Quelle: Vowe/Wolling 2000: 58.

Hinsichtlich der gesellschaftlichen Funktionen von Wahlkämpfen werden meist nach Adressatenkreis unterschieden *Information, Identifikation, Mobilisierung*[7] (vgl. Andersen/Woyke 1998: 118 f.; Dörner 2002b: 24 f.): Wahlprogramme, Flugblätter, Plakate, Fernsehspots und die Medienberichterstattung ermöglichen im Grundsatz ein erweitertes politisches *Informationsangebot* für die Wählerschaft. Auch ist es Gelegenheit für die Politik, sich dar- und klarzustellen. Das Spektrum des Politischen wird *in toto* einsichtiger, als in „normalen" Zeiten. *Identifikation* und *Mobilisierung* richten sich prinzipiell

---

7 Als Funktionen der *Wahl* selbst wird meist unterschieden: Legitimation, Kontrolle, Konkurrenz, Repräsentation und Integration; vgl. Andersen/Woyke 1998: 61 ff.

und symbolisch generalisierend an die Gesellschaft, zugleich an die Parteimitglieder bzw. parteiaffine Kreise, um ihnen eine Identifikationsplattform
zu bieten.

In leichter Diskrepanz zu solchen, meist doch positiv aufzunehmenden
Funktionen steht ein verbreitetes Unbehagen gegenüber einer durchsichti-
gen oder oberflächlichen Werbepsychologie: „Die Bürger von Pompeji dürften die primitiven politischen Wahlempfehlungen an Hauswänden ebenso
zweifelnd begutachtet haben wie die heutigen Wähler manches Großplakat
der Parteien. Das galt wohl auch für den ringsum mit politischen Transparenten bespannten Pferdemöbelwagen, der im Jahre 1848 anläßlich des
Wahlkampfs zur Frankfurter Nationalversammlung durch die Mainzer
Straßen fuhr, und gilt für die heutigen Werbespots der Parteien im Fernsehen" (Wolf 1987: 291). Bei etwa zwei Drittel der Bevölkerung weckt der
Wahlkampf schon länger unangenehme Gefühle (Wolf 1990: 12).

Wahlen also: ja, Wahlkampf eher: nein? – In repräsentativen Demokratien, die von ihrer politischen Idee her den Wahlen hohe Bedeutung beimes-
sen, richtet sich Wahlkampf in der Praxis nicht beständig an den rationalen,
umfassend zu informierenden Bürger: „Sieht man sich die Entwicklung
moderner Wahlkämpfe [...] an, dann wird schnell deutlich, daß es bei Wahlkämpfen um vieles gehen mag – kaum jedoch darum, rationalen Entscheidern eine möglichst klare Information über die ‚Produkteigenschaften' eines
politischen Programms bieten" (Dörner 2002: 19). Diese Beurteilung liegt
nahe, da die Bedeutung von Wahlen eine annähernde Verbindlichkeit von
Wahlkampfinhalten impliziert, ein – im Grundsatz – Prinzip der „Wahrheit
und Klarheit", dem möglicherweise Symbolisierungs- und Emotionalisie-
rungstendenzen entgegen stehen.

5.3   Grundlagen der Wahlkampfkommunikation

Mit der schwindenden Bindung traditioneller Wählermilieus an die Partei-
en, mit der Erosion der traditionellen Gefolgschaft und einem Ende „goldener" Parteizeiten (spätestens) Mitte der 80er Jahre gewann bei den politischen Akteuren der Gedanke an Raum, Wahlkämpfe müssten differenzierter
als bislang üblich operationalisiert werden. Seitdem werden Wahlkampagnen – *relativ* betrachtet – strategischer und langfristiger geplant; einige
grundsätzliche Faktoren forcieren diese Entwicklung.

Zum einen charakterisiert sich Wahlkampf als Kommunikationsform darüber, dass die Protagonisten sich stark auf Kommunikationskanäle stützen, die sie selbst nicht oder kaum kontrollieren können; abgesehen von der Wahl*werbung* (Radio- und Fernsehspots, Plakate) – „paid media" – ist der *Journalismus* – „free media" – die zentrale Vermittlungsinstanz, das „Drehkreuz" der Kampagnenoperation. Entsprechend sind Trends und Standards im Journalismus von Bedeutung für Wahlkampagnen und ihre Anlage.

Zum zweiten ist zu unterscheiden zwischen mobilisierenden und persuasiven Kommunikationszielen: Erstens steht natürlich an, die eigenen Anhänger bzw. Personen, die der Partei nahe stehen, zu *mobilisieren*. Daneben gilt es, zweitens, *Konversionen* herbeizuführen: unentschlossene Wähler zu überzeugen oder solchen, die zuletzt ihr Kreuz an der vermeintlich falschen Stelle gemacht haben, einen Wechsel schmackhaft zu machen. Je differenzierter sich z. B. über gesellschaftliche Fragmentierungsprozesse die Wählerschaft darstellt, desto weiter ist diese – grobe – Orientierung durch soziodemographische Faktoren zu präzisieren.

Dieser Unterscheidung schließt sich hinsichtlich des politischen Angebots, drittens, eine Basisdifferenz der Kampagnenführung an: Persuasionswahlkampf und Marketingwahlkampf. Im *Persuasionswahlkampf* geht es primär darum, möglichst viele Wähler zu überzeugen. Grundlage eines solcherart angebotsorientierten Kampagnenstils wäre die gesamte Breite der vertretenen Inhalte, meist manifestiert in Wahlprogrammen. Hingegen bildet im *Marketingwahlkampf* „derjenige Teil des Elektorats den Ausgangspunkt, den ein politischer Akteur realistischerweise meint gewinnen zu können" (Vowe/Wolling 2000: 65). Hier konzentriert man sich, nachfrageorientiert, an Segmenten der Wählerschaft und deren Einstellungen, Motiven usf., wobei die Kunst darin besteht, „den unterschiedlichen Wählergruppen ihre Vorstellungen abzulauschen und daraus ein konkurrenz- und zustimmungsfähiges Produkt – ein Programm, ein Kandidat, ein Team – zu generieren" (ebd.).

Organisatorisch bleibt es Aufgabe der Wahlkampfführung, die Verbindung zwischen der politischen Entscheidungsebene und den politischen Planungsgruppen mit der Organisationsebene so effizient als möglich zu gestalten. Den Kern jeder Kampagne bildet dabei ein zwischen diesen Ebenen abgestimmter Strategieentwurf zu Meinungsbildungsvorgängen, Themengenerierung und Themenmanagement: hinsichtlich der Konfliktlinien gegenüber anderen Parteien, des eigenen wie konkurrierenden Personalangebots, der reklamierten Kompetenzen usf. Dabei ist zweierlei zu unterscheiden: Zum einen Themen, die für wichtig erachtet werden und für die Kompetenz beansprucht wird; zum anderen „Images", Persönlichkeitswahrnehmungen, ohne die Kompetenzzuschreibungen durch die Wähler schwer avisiert werden können. Metakommunikativ wird dabei meist auf die aus der Wirtschaft bekannte SWOT-Heuristik rekurriert: *Strength, Weakness, Opportunities, Threats* – Stärken, Schwächen, Chancen und Bedrohungen der eigenen Positionen.

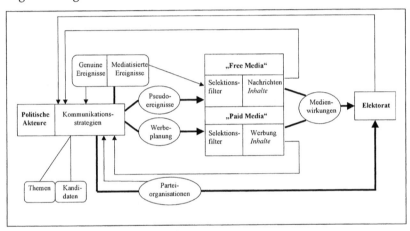

Abb. 9: Politikvermittlung im Wahlkampf
Quelle: Pfetsch/Schmitt-Beck 1994: 241.

Einen grundsätzlichen Zugang bietet dieses Modell nach Pfetsch/Schmitt-Beck. So eingängig es die Kernelemente der Wahlkampfkommunikation erfasst – wie andere Modelle bedarf es weiterführender Anmerkungen, konkret zu: Wissensmanagement, Botschaftsmanagement, Zeit- und Eventmanagement, Medienmanagement, Zielgruppenmanagement und Parteirespektive Kandidatenmanagement. Der schon inflationäre Einsatz des Nominalgliedes -„management" unterstreicht, dass der Einsatz und die Evaluation von Ressourcen (Finanzen, Zeit, Personen, Instrumente) und deren Effizienz wie Effektivität das zentrale Handlungsparadigma der modernen Kampagnenoperation darstellt – nach einem Clausewitz-Wort als „Ökonomie der Kräfte": um mit begrenzten Kräften eine möglichst große Kraft zu entwickeln (vgl. Althaus 2002e: 118).

5.3.1 Wissensmanagement

Jede Kommunikationsstrategie sollte auf umfangreichen Recherchen und Analysen basieren: Fakten und Daten sammeln, auswerten und ordnen, und darüber im Handlungskorridor des parteipolitisch Gewollten und Machbaren Ziele definieren. So wie eine politische „Volatilität" der Bevölkerung die Wahlforschung vor neue Herausforderungen stellt, weil die Prognosefähigkeit alter Modelle in Frage steht (nicht erst seit der Bundestagswahl 2005), so muss eine erfolgversprechende Strategie auf empirische, handlungsleitende Analysemodelle rekurrieren – jenseits einer Orientierung am traditionellen Klientel. Den Kampagnenaktivitäten liegen daher zumindest in größeren Wahlarenen elaborierte Umfragen zugrunde (und die Aufarbeitung vorhandener Daten), in denen – nach demographischen Variablen unterschieden – Imageprofile, Themenpräferenzen, Einstellungen zu aktuellen wie latenten „Issues" und den Politikern selbst eruiert werden. Das „Terrain" wird abgesteckt: zu politischen Meinungen und Themenwahrnehmungen, zur Popularität der Kandidaten und Amtsinhaber, zu Stärken und Schwächen des Gegners und der eigenen Seite, Angaben zur Sozialstruktur in Wahlbezirken und politikrelevante lokale „Bewegungen", sichere wie unsichere Wahlbezirke. Im Kern geht es nicht um eine möglichst treffende Prognose, sondern um die themenorientierte Analyse von Chancen und Risiken, die parteiliche Vorgaben berücksichtigt (vgl. Mauss 2002). Die Organisation solcher Daten sollte neben den üblichen Kriterien (z. B. Übersicht) den Anforderungen der Parteiorganisation entsprechen.

In der Bundesrepublik nutzte die CDU 1953 als erste Partei Meinungsforschung bei Wahlkämpfen. Heute ist dieses Handwerkszeug eine Art hochgradig spezialisierter „Seismograph der öffentlichen Meinung". Die Online-Medien versprechen weitere Innovationsschübe. Neben umfassenden Umfragen („benchmark polls"), ad-hoc-Umfragen („bushfire polls"), kürzeren Trendumfragen („tracking polls") – sind Fokus-Gruppen-Analysen verbreitet, mitunter sogar individuelle Tiefeninterviews oder Lifestyle- und Mentalitäts-Studien zur Entwicklung von Wählertypologien. Solche Studien werden auch eingesetzt, um die „Wirksamkeit von TV-Spots oder Fernsehauftritten zu testen, eine bestimmte Zielgruppe zu erforschen, [...] um die Auswirken von Angriffen auf den Gegner abschätzen zu können oder aber, um im Falle einer Krise den richtigen Weg zu finden, ein eigenes Problem weg-

erklären zu können" (Mauss 2002: 84). Es geht, im Kern, um die zeitnahe
Erfassung von Meinungsbildungsprozessen einer fragmentierten Wählerschaft, die sich relativ kurzfristig bindet bzw. ihre Urteile mitunter rasch
ändert (vgl. Brettschneider 2002a).

Während sich hierzulande noch keine Branche zur Aufbereitung politischer Daten etabliert hat, lediglich einige Anbieter, nehmen im US-
amerikanischen Kampagnenmanagement die *Polling Consultants* – „the Intelligence Service of the Ballot Box Wars" (Friedenberg 1997: 31) – eine für die
Wahlkampfoperation zentrale Position ein. Ihre Aufgabe ist im Kern, Informationen darüber einzuholen, welche Themen und Probleme welche Wähler mit welcher Dringlichkeit bewegen, wie positiv bzw. negativ einzelne
Wählergruppen auf Kandidaten und Argumente reagieren und welche
Wahlkampfaktivitäten in welchen Regionen Erfolg versprechen. Dabei werden neben dem kontinuierlichen Monitoring des Wahlkampfs durch Tele-
fonumfragen qualitative Forschungstechniken wie eben Fokus-Gruppen
herangezogen, oder aber apparative Techniken, die emotionale wie kognitive Reaktionen auf Auftritte oder Werbespots, auf Antwortschema, Phrasen,
Slogans und die mediale Performanz von Kandidaten zu eruieren suchen:
Speech and Debate Research.

Basis all dessen ist der methodisch einwandfreie Konnex zwischen Zen-
susdaten, Wahldaten und strategischen „Landkarten" der Wählerschaft –
eine Zielgruppen-Matrix, die erlaubt, soziale und geographische Wählergruppen gezielt mit Positionen und Werbebotschaften anzusprechen (vgl.
Filzmaier/Plasser 1997: 303). Die Definition der geographischen Bezugsgröße
ist dabei ausnehmend wichtig, womit auch die Frage der Stichprobe aufgeworfen wäre; natürlich sollten die Fragebögen selbst methodisch einwand-
frei konzipiert werden. Eben diese Exaktheit der Methode darf ob des instrumentellen Charakters der Umfrage oder womöglich klammer Ressourcen nicht aus den Augen verloren werden – eine Datenerhebung, die in einer
Einzelheit methodisch unkorrekt ist, kann nicht nur gänzlich *nutzlos* sein,
sondern auch *schädlich*. Welche Funktionen erfüllen solche Instrumente für
die Wahlkampfführung bzw. können sie erfüllen (vgl. Radunski 1980: 29)?

- *Grundstimmung und Grundtrends*: Erst regelmäßige Umfragen erlauben
  die Entwicklung eines Gespürs für Meinungsentwicklungen in der Bevölkerung oder Teilen der Wählerschaft.

- *Themenanalyse*: es geht hier nicht nur darum, was wen mit welcher Vehemenz beschäftigt; Parteien und Kandidaten müssen ein Bild davon entwickeln, welche Themen mit eigenen – zugeschriebenen – Kompetenzen positiv korrelieren.

- *Profile der Kandidaten und Parteien*: das Abwägen von Sympathien gegenüber Kandidaten und Partei, deren Stärken und Schwächen in den Augen der Wählerschaft.

- *Analyse der Wahlergebnisse*: Neben Umfragen sind frühere Wahlergebnisse selbst eine elementare Datenquelle für die Wahlforschung, wofür das Statistische Bundesamt und die Datenämter der Länder herangezogen werden können. Hier sollten neben den prozentualen auch die absoluten Wählerstimmen sowie Zielgruppen, Wählersegmente, regionale und soziale Unterschiede berücksichtigt werden.

- *Nachwahluntersuchungen*: Wie haben die Wähler den (vorangegangenen) Wahlkampf empfunden? Welche Lehren sind zu ziehen?

- *Innerparteiliche Kommunikationsstudien*: Wie konnten die eigenen Parteigänger mobilisiert werden? Auf welche Informationsquellen stützen sie sich und was folgt daraus für ihr Engagement?

- *Massenkommunikationsstudien*: Welche Kommunikationsgewohnheiten hat die Wählerschaft respektive haben besondere Zielgruppen?

- *Werbemitteltest*: Prüfung der Werbemittel (Slogans, Plakate, Anzeigen, Texte, Spots, Kandidatenfotos, Symbole) auf Qualitäten wie Stimmigkeit, Verständlichkeit, Zuordnung.

- *Semantische Analysen*: Neben dem Bemühen, die eigene politische Vorstellung mit Begriffen zu „besetzen", sollte auch deren möglicher Bedeutungswandel geprüft werden; hierunter fallen auch Tests zur Verständlichkeit von Texten.

So dient ein Wissensmanagement zum einen der eigentlichen Strategieentwicklung, zum anderen der Kontrolle der Kampagne und ihrer Wirkung: (wo) kommen Botschaften an, (wo) entstehen Missverständnisse usf.? Diese kontinuierliche Rückkopplung definiert den Wahlkampf als Prozess, nicht als einmal gewählten strategischen Pfad, von dem nicht abgewichen wird, komme, was wolle. Bei allem Hang zur Empirie bleibt daran zu erinnern, dass hier letztlich ein *parteipolitisches Produkt* diskutiert wird – ein Produkt also, das nicht frei nach demoskopischer Fahne verhandelbar ist.

5.3.2 Botschaftsmanagement

„A good campaign strategy may take months to formulate, but it should take no more than a few words to express." (Morris 1999: 47) Botschaften und Slogans sind die „eierlegende Wollmilchsau" des Wahlkampfs, neudeutsch gewendet *Unique Selling Propositions*: Sie sollten knapp sein, treffend, klar, prägnant, eingängig und lebensnah, unwiderlegbar, bei den richtigen Leuten „ankommen" und von ihnen erinnert werden; sie sollten Anhänger umarmen und Nachdenkliche überzeugen, Leitlinien des Programms erfassen und „rüber bringen", ohne zu wertgeladen allein eine einzige Ideologie zu bedienen; sie sollten zum richtigen Zeitpunkt promoviert werden und Opponierendes überdecken bzw. kontrastieren. Und: sie sollten glaubwürdig politischen Überzeugungen entsprechen, konform mit parteilichen Traditionen laufen. Im Kern, trockener, zielen sie auf die prospektive Demonstration von politischer Handlungsfähigkeit und Handlungskompetenz im Kontext einer gegebenen politischen Kultur (vgl. Geisler/Sarcinelli 2002: 53). Im Parteienwahlkampf haben sich die Akteure längst daran gewöhnt, unter den Bedingungen einer medialen Allpräsenz wie auch angesichts des Umstandes, dass Politik die Menschen selbst in Wahlkampfzeiten nicht permanent umtreibt, politische Inhalte an semantische Versatzstücke zu binden: Botschaften zu entwickeln und sie als Nukleus des komplexeren Kommunikationsvorganges „Wahlkampf" zu verstehen, als „Kompass" auf hoher politischer See (vgl. Gerster 2002: 97) – so die Versuchsanordnung in der Aufmerksamkeitsökonomie.

Sowohl grundsätzliche strategische Entscheidungen wie auch die Entwicklung einer Botschaft werden dabei nicht nur geprägt vom parteilichen Profil, von verfügbaren Ressourcen und den Kommunikationsinstrumenten, von der Koordination der Leitkampagne mit Themen-, Personen-, Image-Werbe- und Mobilisierungskampagnen (vgl. Plank 2002), sondern auch von externen Faktoren: dem politischen Gegner und seiner (Themen-)Strategie, der Kommentierung durch die Medien; vor allem ist die Wählerschaft zu nennen, deren politische Orientierung in Details eruiert werden sollte. Mit der Formulierung von Kernbotschaften ist es dann aber nicht getan, sie müssen mit konkreteren Positionen „unterfüttert" werden. In einem Grundschema der Kreuzung von Themen und Wählermeinungen werden dabei vier Kategorien unterschieden (vgl. Gerster 2002: 101: f.; Hinrichs 2002: 52 f.);

hier sind die strategischen Prioritäten zu setzen: Gewinnerthemen (selbst stark, Gegner schwach), Positionsthemen (Gegner stark, selber schwach), Hoch-Konflikt-Themen (beide stark), Niemandsland (beide schwach).

Nun könnte man annehmen, mit einem klaren politischen Willen, mit der Kenntnis von „Gewinner"-Themen gepaart mit dem Esprit der Werbetexter wären wesentliche Vorentscheidungen für die Linie einer Kampagne getroffen. In mancher Hinsicht mag das zutreffen: die Konzentration auf „eigene" Lösungen und die eindringliche Umsetzung in Botschaften sind für die Anlage der Kampagne zentral – als Leitmotiv, *Rationale*, wie es die Amerikaner nennen: die zur kumulativen Überzeugung der Rezipienten permanent wiederholte Kernbotschaft, die sich in den Statements der Kampagne stringent widerspiegeln sollte. „Die Verschmelzung einer Vielzahl von Positionen [...] zu einer konsistenten, durchgehenden Philosophie, die die politische Situation, ihre öffentliche Wahrnehmung, das Lebensgefühl und den Zeitgeist in sich aufnimmt und auf den Punkt bringt. Das alles sollte sich auf einen Satz oder einige Gegensatzpaare und im besten Fall auf einen Begriff reduzieren lassen, in dem die ganze ‚Philosophie' mitschwingt" (Hinrichs 2002: 54).

Allerdings sind andere, diese leitmotivische Grundkonzeption störende Faktoren zu nennen: *Erstens* ist die *öffentliche Agenda*, das, worüber und mit welchem Akzent die Presse und die elektronischen Medien berichten, von den Strategen in der Wahlkampfleitung nicht annähernd umfänglich determinierbar. Die öffentliche Agenda und der politische Gegner zwingen Tag für Tag zu Reaktionen. So dürfte es wohl der Kardinalfehler jeder Kampagnenoperation sein, genügsam auf die einmal gesetzten Botschaften und deren „evidente" Überzeugungskraft zu vertrauen. *Zweitens* ist einzuschränken, dass die *Parteien* hierzulande nicht dazu neigen, einer „one-voice strategy" zu folgen – was für sich genommen bedeutsamer wird in einem Umfeld, in dem demonstrative Geschlossenheit bereits Ausweis politischer Kompetenz ist: „Gerade in weltanschaulich geprägten Kampagnenapparaten wie Parteien oder Verbänden ist es nicht immer leicht, diese kühle Ökonomie der Kräfte konsequent durchzuhalten, weil an vielen Themen oftmals mehr Herzblut hängt, als einer nüchternen Chancen-Analyse gut täte" (Hinrichs 2002: 53). Dem folgt, dass kein Thema ein starres Konstrukt ist, sondern einen *reflexiven Lebenszyklus* besitzt: Einer „Management-Phase", in der Akzente und Botschaften bestimmt werden, folgt die „Maintenance-Phase", eine Zeit der Kontrolle und Nachjustierung, wobei *Öffentlichkeit* (einschließlich medienvermittelter Reaktionen der Bevölkerung) und *Partei* (einschließlich der Reaktionen parteiaffiner Organisationen) als wichtigste Faktoren zu nennen wären. Hierzu mögen Grundsätze des *Issue Managements* der Unternehmenskommunikation hilfreich sein. Danach beschränken sich zumindest größere Unternehmen nicht auf das klassische Marketing rund um die eigenen Produkte; vielmehr eruieren sie ihr gesellschaftspolitisches Umfeld, um zu bemessen:

- die Wahrscheinlichkeit, mit der sich ein Ereignis oder eine längerfristige Entwicklung (im Kontext der Unternehmensaktivitäten) zu einem breiten öffentlichen Thema entwickelt;
- die dann möglichen Konsequenzen für das Unternehmen;
- die dann möglichen Konsequenzen für das Unternehmensumfeld;
- die gegebenenfalls federführenden Akteure und ihre möglichen Positionen im gegebenen Kontext.

Schließlich ist noch parallel zur Themenstrategie, der Setzung der „Rationalen" und der Ökonomie der Ressourcen, der Intensität der Botschaft und des Kontaktes sowie der inhaltlichen Reaktionsfähigkeit eine „Ökonomie der Wahrnehmung beim Endverbraucher" (Hinrichs 2002: 54) zu nennen: Man wird selbst den exakt definiertesten „Themenpark" nicht allen Personen gleichermaßen und kaum in vollem Umfang „verkaufen" können. Insbesondere im Marketingwahlkampf werden Botschaften danach bewertet werden, ob sie die richtigen Kreise, Milieus, Zielgruppen erreichen und überzeugen können und inwiefern Botschaften sich gegenseitig verstärken. Die korrespondierende Zielgruppenproblematik der politischen Signifikanz einer einzelnen Botschaft firmiert auch als „Grünnasen und Lilaohren"-Problem (nach Matt Reese): Man kann Menschen, die man mit einigem Aufwand überzeugen muss, äußerlich eben nicht von denen unterscheiden, die nur einen Kandidatenhandschlag von der Mobilisation entfernt sind (vgl. Althaus 2002c: 18). Selektion der Zuwendung und Spezifikation der Botschaften basierend auf einem elaborierten Wissensmanagement ist daher *das* Grundprinzip der modernen Wahlkampfstrategie. „Contemporary electioneering uses a rifle, not a shotgun" (Shea/Burton 2005: 12). Für das Botschaftsmanagement bleibt dann festzuhalten, dass neben traditionell-politischen, geographischen, sozialen oder kulturellen Einheiten auch Lebensstilgruppen dieses *Targeting* bestimmen.

5.3.3 Zeit- und Eventmanagement

Wahlkampf besitzt auch in Zeiten der „permanenten Kampagne" (Farrell 2002: 71) natürlich einen Fixpunkt, den Wahltag. Nicht nur von diesem Ende her gedacht ist eine zeitliche Planung des Wahlkampfs, die Frage nach dem „Wann?" sinnvoll, da es um den Einsatz von *begrenzten* Ressourcen (Personen, Themen, Ereignisse und sonstige Aktivitäten) zur Erlangung *begrenzter* Ressourcen (Aufmerksamkeit, Unterstützung, Stimmen) innerhalb eines gegebenen politisch-kulturellen Rahmens geht. „Nach der Wahl ist vor der Wahl" – diese plakative Diagnose übergeht ein Stück weit die besonderen organisatorischen und kommunikativen Anstrengungen des Wahlkampfs und bezieht sich meist auf eine Kontinuität der parteipolitischen Auseinandersetzung selbst mit ihren „natürlich vorgefundenen bzw. geschaffenen Chancen zur Konfrontation mit dem Gegner sowie zur politischen Selbstdarstellung" (Wolf 1990: 74). Hinsichtlich der Wahlkampfphasen folgt die Literatur, in Details abweichend, etwa folgender Darstellung (vgl. u. a. Althaus 2002b: 12 f.; Wolf 1990 74 ff.):

Es beginnt mit einer *Organisations-, Recherche- und Aufbauphase*, in der intern grundlegende Organisationsstrukturen festgelegt und die wichtigsten Datenbanken angelegt respektive aktualisiert werden. Diese Phase startet etwa ein Jahr nach der vergangenen Wahl mit einer allgemeinen Orientierung der Partei auf die kommende Wahl hin und der organisatorischen Jahresplanungen (Parteitage, innerparteiliche Wahlen, Kongresse usf.). Diese Vorbereitung mündet meist nach etwa zwei Dritteln der Legislaturperiode in der Diskussion und Definition der Führungsstruktur und der Strategieentwürfe. Die Entscheidung für eine Kampagnenorganisation mag dabei selbst Signalwirkung besitzen: Erwähnt wurde mehrfach die erstmalige Externalisierung des Wahlkampfmanagements der SPD 1998.

In der *Vorwahlkampfzeit* werden die Terminplanungen detailliert und auf den verschiedenen Ebenen – Bund, Länder, Kommunen – koordiniert; Regierungs- und Parlamentstermine müssen beachtet werden, der Einsatz der Spitzenkandidaten und der Parteiprominenz wird geplant, Kontakte zu Medienakteuren werden gefestigt, der zeitliche Ablauf der Werbekampagne wird definiert, die Werbung selbst festgelegt (z. B. Produktionsfahrpläne, Werbemittel, Belegpläne für Anzeigen) einschließlich der Beurteilung erster Agenturentwürfe. Positionell geht es in dieser Phase darum, Interesse an

Themen und Kandidaten zu wecken, die „Rationale" aufzubauen und Aufmerksamkeit für sie zu erzeugen, die Unterstützerbasis auszubauen und über all dies „einen Kampagnen-Stil als eine Art Markenzeichen" (Althaus 2002b: 13) zu etablieren.

Darauf aufbauend können in der *Schlussphase* des Wahlkampfs – einer etwa sechswöchigen intensiven Werbephase – Positionen, Themen und Programme ausführlich promoviert und der Kontrast zum politischen Gegner verdeutlicht werden. Die letzten drei Wochen vor dem Wahltag gelten gemeinhin als „Höhepunkt": „Es ist die Zeit der kommerziellen Großplakatierung, des massierten Anzeigeneinsatzes, der sich steigernden politischen Angriffe auf den Gegner, des letzten eigenen Aktionsvorschlages und der großen Schlusskundgebung" (Wolf 1990: 76). Am Tag vor der Wahl wird von den etablierten Parteien meist noch ein letzter öffentlicher Appell in Gestalt einer Großanzeige gesetzt.

Bei der Terminplanung sollten neben den „gesetzten" Ereignissen aus Parlament und Regierung, Medien und Verbänden auch der – soweit bekannt – „Fahrplan" des politischen Gegners sowie andere gesellschaftliche Großereignisse im Auge behalten werden: „Eine öffentliche Abendveranstaltung zeitgleich zum Halbfinale der Fußball-WM anzusetzen, zeugt von außerordentlichem Selbstbewusstsein" (Hinrichs 2002: 61). Problematischer in der Entscheidung für den Ablauf einer Kampagne und deren Operation selbst bleibt die „richtige" Einführung von Themen oder Akzenten oder Angriffen auf die Opponenten sowie, damit korrespondierend, das Festlegen einer Mobilisierungs- und Motivationskampagne. Hierzu kann kaum auf generalisierbare Rezepte zurück gegriffen werden. Beispielsweise ist eine Mobilisierung theoretisch dann zu früh terminiert, wenn das damit erreichte Niveau aufgrund fehlender neuer Akzente nicht gehalten werden kann (vgl. Wolf 1990: 76). Hat man andererseits neue Botschaften oder Angriffe auf die Positionen des Gegners noch in der Hinterhand, dann kann eine solche Mobilisierungskampagne einige Zeit vor dem Wahltermin angesetzt werden.

Bei der Planung von Kommunikationsereignissen gilt neben der Beachtung des Nachrichtenzyklus der Grundsatz der Proaktivität: die Aufmerksamkeit des Journalismus sollte über die Kampagne hinweg durch eigeninitiative Themensetzung aufrecht erhalten werden, wobei der „Rationalen" gefolgt, also der Fokus auf den (Kern-)Botschaften gehalten wird. Nun dienen geplante Kommunikationsereignisse im Sinne eines „redaktionellen Wahlkampfes" im Kern dazu, die autonome Thematisierungsfunktion der Massenmedien zu umgehen. Solche Nachrichten- und Inszenierungsregeln, soweit präzisierbar, gelten natürlich auch im Wahlkampf: Medienadaptierte „Events" eignen sich über das eigentliche politische Thema hinaus zur Erregung öffentlicher Aufmerksamkeit *sui generis*. Ein wichtige Folge ist damit noch für den Wahlkampf zu nennen: die Thematisierung der Inszenierung selbst. Der Blick hinter die Bühne gehört zum Standardrepertoire der Wahlkampfberichterstattung. Der Journalismus hinterfragt heute Wahlkampfstile und Kommunikationsmotive bis ins Detail. Gleichwohl sind Inszenierungen oder mediatisierte Ereignisse weiterhin ein wichtiges Instrument der Kampagnenführung; doch sollte man darauf vorbereitet sein, dass die gewählten Wege, Inhalte und Mittel selbst diskutiert werden.

Zu den Grundregeln der Wahlkampfplanung an dieser Stelle gehört schließlich noch, das Unvorhersehbare zu erwarten, Ereignisse, auf die keinerlei Einfluss genommen werden kann, auch Dinge ohne unmittelbaren inneren Bezug zum Wahlkampf: außenpolitische, internationale Vorgänge, Naturkatastrophen. Hier gilt es, mögliche Zwänge und Handlungsoptionen so weit als möglich prospektiv zu bedenken.

5.3.4   Medienmanagement

Presse und Rundfunk als Mittler und Interpreten politischer Inhalte sind die zentralen Größen effektiver Wahlkampfführung. Diesem Paradigma einer konsequenten Ausrichtung der Aktivitäten am Massenkommunikationssystem folgen vielschichtige Mechanismen der Medienarbeit (auf deren Optionen noch näher eingegangen wird; vgl. Kap. 5.5; 5.6). Das bezieht sich einerseits auf die Kampagnenführung *in* den Medien; das bezieht sich andererseits auf das In-Szene-setzen *zum Zweck* der Medienberichterstattung. Dabei ist das Fernsehen aufgrund seiner Reichweite, seiner Aktualität und Authentizität das Leitmedium der Wahlkampfkommunikation – und dementsprechend beachtenswert sind visuelle Komponenten für Kommunikationsstrategien. Dahinter muss sich keine Marginalisierung von abstrakten, „seriösen" Inhalten verbergen. Sicher: Es mag letztlich immer wichtig sein, wie man etwas sagt bzw. präsentiert. Aber das ist eine Position, die man erst einmal erreichen muss: „Erst *wenn* man etwas zu sagen hat, ist es auch wichtig, *wie* man es sagt. Eine gute Medienkampagne ist nichts ohne ein effektives, immanentes Themen-Management" (Hinrichs 2002: 46; Herv. i. O.).

Jenseits dessen ist es Aufgabe der Wahlkampforganisation, eine stringente, alle Ebenen der Kampagnentätigkeiten und die jeweiligen medialen Eigenarten berücksichtigende Kontaktstruktur mit dem Journalismus aufzubauen und zu pflegen. Das sollte bereits in der Strategiephase geschehen und die Kampagne von Beginn an begleiten. Einerseits sind z. B. Presse-, Artikel- oder Mediadienste schlicht als Service für die Journalisten zu verstehen; andererseits gilt es, ein Reaktionssystem zu etablieren, mit dem Krisen- und Angriffsszenarien begegnet werden kann. Eine funktionsfähige Kontaktstruktur zu den Medien ermöglicht erst den aktuellen Reflex auf externe Vorgänge wie etwa Angriffe des politischen Gegners. Zwei Beispiele hierzu: Im US-Präsidentschaftswahlkampf 1992 hat das „Rapid-Response-Team" der Clinton-Kampagne einige Berühmtheit erlangt. „Noch während der Amtsinhaber George Bush seine Rede beim Nominierungsparteitag der Republikaner hielt, analysierte das Clinton-Lager zeitgleich jede Äußerung, fand Widersprüche und zweifelhafte Zahlen. Eine detaillierte Stellungnahme mit Nachweis aller ‚Lügen' und Fehler wurde an die Journalisten verteilt, noch *während* Bush am Rednerpult stand." (Hinrichs 2002: 63; Herv. i. O.) Dieses Reaktionsvermögen des Clinton-Lagers war damals für das Bush-Management geradezu schockierend – und es beeindruckte die Journalisten, viele verließen sich nun vermehrt auf die Datenbank des Clinton-Teams. Zweites Beispiel: Auf dem New Yorker Parteitag der Republikaner im US-Wahlkampf 2004 trat der demokratische Senator Zell Miller aus Georgia mit einer George W. Bush unterstützenden *Keynote* auf und prangerte u. a. das Abstimmungsverhalten John Kerrys hinsichtlich der Einführung einer langen Liste an Waffensystemen an. Kurz nach seiner Rede wurde Miller in einer CNN-Loge interviewt – und zu seiner offenbaren Überraschung damit konfrontiert, Vizepräsident Cheney habe Punkt für Punkt so abgestimmt, wie Herausforderer Kerry; CNN war noch während der Rede vom Kerry-Lager entsprechend informiert worden. Eine „Rapid-Response"-Struktur umfasst natürlich die systematische, keinesfalls allein ad-hoc Beobachtung der zentralen Medien.

Medienmanagement jenseits der Begleitung des Journalismus zielt auf die Integration und Koordination weiterer „Medien": Neben interne Wahlkampfmittel – Sitzungen und Konferenzen, Presse- und Artikeldienste,

Kandidatenmaterial, Wahlkampfhandbücher, Mitgliederinformationen usf. – treten die externen, klassisch werbenden Instrumente: Falt- und Flugblätter, Plakate, Anzeigen, Funkspots und natürlich TV-Spots[8]. Darüber hinaus sind noch zu nennen das Internet, Telefon-Marketing, Direkt-Marketing bzw. Direkt-Mailing: ein quasi-personalisiertes, zielgruppenspezifisch eingesetztes Serienbriefverfahren (vgl. Falter/Römmele 2002: 57). Letztgenannte Aktivitäten, Telefonaktionen und Direkt-Marketing, gehören in den Vereinigten Staaten seit Jahrzehnten zum Standard der Kampagnen. Call-Center-Profis erreichen dort in einem Präsidentschaftswahlkampf einige Hunderttausend Wählerinnen und Wähler. „Predictive Speed Dialing Systems" (Zufallsgeneratoren) haben das Tempo derartiger Aktionen enorm gesteigert; routinemäßig werden heutzutage bis zu 100 000 Anrufe pro Stunde getätigt (vgl. Treichel/Althaus 2003: 361 ff.). Beim „Broadcast Voice Messaging" – einer Art Mischung aus Radiospot und Telefonanruf – wird eine digitale Aufnahme des Kandidaten oder einer anderen bekannten Persönlichkeit abgespielt. Manche derartiger Anrufe beschränken sich auf Anrufbeantworter – was authentischer klingen soll. „Authentisch klingen" ist wiederum die Idee einiger unseriöser Telefonaktionen: Im so genannten *Push Polling*, einer „Dolchstoßdemoskopie" (Falter/Römmele 2002: 56), werden als Pseudo-Umfragen getarnte, unterschwellig negative oder sogar rundweg falsche Informationen und Gerüchte über den politischen Gegner verstreut (vgl. Treichel/Althaus 2003: 364).

5.3.5 Zielgruppenmanagement

Mittlerweile gewinnen in Europa Techniken wie data-based Marketing, Direkt-Marketing oder Telefonmarketing an Bedeutung; schon vor einigen Jahren zeigten sich in einer Umfrage europäische Wahlkampfmanager von einem derartigen Zugang zur Wählerschaft überzeugt und prognostizierten einen Bedeutungsgewinn dieser oder ähnlicher Techniken (vgl. Plasser/Scheucher/Senft 1998: 16). Grundlage solcher Aktivitäten ist eine syste-

---

8 In der Bundesrepublik muss zwischen Fernsehspots bei den öffentlich-rechtlichen und solchen bei den privaten Sendern unterschieden werden. Die – verpflichtende, kostenlose – Ausstrahlung bei den öffentlich-rechtlichen Anbietern ist nach Parteiengesetz und Rundfunkstaatsvertrag geregelt: Den beiden großen Parteien CDU und SPD stehen *jeweils* acht Sendetermine auf ARD und ZDF zu, den übrigen im Bundestag vertretenen Parteien jeweils vier, den im Parlament nicht vertretenen Kleinparteien jeweils zwei. Die Ausstrahlung von Spots bei den Privaten ist nicht kostenlos, erreicht allerdings auch nicht die für kommerzielle Werbung üblichen Beträge.

matische, aktualisierte Datenbank, die relevante Informationen (Einstellungen, Wahlverhalten) enthält[9]. Im Idealfall wird nach dem Vertriebsparadig-
ma des *Customer Relationship Management* ein Kundenmanagement betrieben, das primär auf dem – wiederholtem – Direktkontakt basiert.

Zielgruppenwahlkampf an sich ist allerdings keine Innovation der letzten Jahre. Die Parteien haben in der Bundesrepublik traditionell Segmente
der Gesellschaft angesprochen, bei denen sie sich am ehesten mir ihren Positionen Unterstützung erhofften: konvervativ-bürgerliche Kreise, Arbeiter
und Angestellte, Frauen, Kirchgänger, ältere Wähler, junge Familien usf.
Doch legt die Erosion der Wählerbindung eine weitaus differenzierendere,
individualisierte Konzentration der Kampagne auf geografische Einheiten,
auf Lebensstilgruppen, Milieus, „Szenen" usf. jenseits von Hochburgen oder
breiten Adressatengruppen nahe – und darüber hinaus: auf den *direkten*
Kontakt jenseits der Massenmedien; je nach politischer Ebene hat ein *Grass-
root Campaigning* keinesfalls an Bedeutung verloren (vgl. Shea/Burton 2005).
Seit den 90er Jahren gewinnt dann die Erkenntnis an Raum, dass viele politische Einstellungen sich nicht länger an der traditionellen politischen Farben-
lehre ausrichten, sondern eine hohe Volatilität der politischen Unterstützung
einen klientelorientierten Marketingwahlkampf erfordert.

Dieses Vorgehen steht vor dem zentralen „Problem" – zumindest gilt das
für die Volksparteien –, dass immer noch die Faustformel gilt: Wer 40 bis 50
Prozent der Wählerstimmen erreichen will, muss etwa 70 Prozent der Wählerschaft ansprechen (Wolf 1990: 103). Der soziale Wandel bedingt nun, dass
eben diese 70 Prozent der Wählerschaft heute – im Vergleich zur Situation
vor rund zwanzig Jahren – aus sehr viel differenzierter anzusprechenden
sozialen Gruppen (mit unterschiedlichem gesellschaftlichen Selbstverständnis) besteht. Die Analyse und dann Ansprache der vor dem Hintergrund des
politischen Ensembles festgelegten Kreise des Zielgruppenwahlkampfs firmiert im angelsächsischen unter *Targeting* – Targeting ist also nicht die Strategie selbst, sondern die Methode, mit der die Strategie umgesetzt wird (vgl.
Althaus 2002c: 19).

Bereits im Wahlprogramm muss auf eine sehr heterogene Präferenz-
struktur unterschiedlicher Bevölkerungssegmente geachtet werden (vgl.
Klein 2002). Eine zentrale Prämisse des Targeting ist dann die Bündelung

---

9   Allerdings unterliegt im Vergleich zu den USA eine Technik wie Data-based Marketing in Europa
     meist höheren Anforderungen des Datenschutzes.

der Kräfte bei rund sechs bis zehn Gruppen, um die man sich fast ausschließlich kümmert. „Targeting heißt: Nicht in jedem Garten Äpfel pflü-
cken gehen, sondern nur in den Gärten, in denen die dicksten Äpfel hängen"
(Althaus 2003b: 152). Grundlage hierfür ist eine objektive Datenbasis zum
Elektorat in einzelnen Regionen, mitunter heruntergebrochen auf Straßen-
züge (z. B. auf der Basis der Daten der Einwohnermeldeämter, die Geschlecht, Alter, Zuzugsdatum und Wahlbezirk herausgeben dürfen, sowie
anhand der offiziellen Wahlstatistik, also einem Wahldatenaggregat). Es
handelt sich mithin um ein geo- und milieudemographisches Vorgehen,
dessen Prioritäten letztlich zurückzuführen sind auf die Analyse aktueller
Erhebungen und früherer Wahlergebnisse in den Stimmbezirken: Stimman-
teil, Abweichungen, Ticket-Splitting, Wechselwähler, Briefwähler, soziales
Profil, Parteiorganisation und gegebenenfalls lokale, strategisch relevante
Gegebenheiten, Gegner und Medien. Festgelegt werden muss etwa, ob ein
argumentativer oder mobilisierender Wahlkampf in diesem oder jenem
Stimmbezirk vielversprechend scheint, welche Informationen und Botschaf-
ten in einzelnen Vierteln oder Landstrichen Erfolg versprechen und welche
Kommunikationsoptionen sich daraus ergeben (vgl. Althaus 2002c: 20 f.).
Anzufügen ist, dass ein Zielgruppenwahlkampf auch die Gefahr birgt, als
Zielgruppenpopulismus kritisiert zu werden.

Diese Punkte zielen darauf ab (immer vor dem Hintergrund einer nicht
wahllos nach soziodemographischem Kalkül veränderbaren politischen
Position), die direkten, nicht massenmedialen Kontakte über Plakate, Auftritte oder Hausbesuche u. ä. zu unterstützen; selbstverständlich aber ist eine
Zielgruppenorientierung auch für die engere massenmediale Kommunikation von Bedeutung: Erstens darf sich hinsichtlich der vorgebrachten Argumente und Botschaften kein Kluft ergeben zwischen dem, was in lokalen
und überregionalen Medien zu hören bzw. zu lesen ist und dem, was vor
Ort plakatiert wird; zweitens ist unmittelbar einsichtig, dass für Kandidaten,
die in den elektronischen Medien auftreten, Zielgruppenanalysen und Zu-
schauer- bzw. Hörertypologien interessant sind. Analoges gilt für Texte und
Interviews für Printmedien. Eine entsprechende Zielgruppenrhetorik *par
excellence* betrieb beispielsweise im NRW-Wahlkampf 2000 der FDP-
Spitzenkandidat Jürgen Möllemann bei seinem Auftritt in der Sendung *Big
Brother*. Zumindest konnte er davon ausgehen, bei dem jugendlichem Publikum mit seiner Vorstellung Applaus zu finden, anstelle des nächsten Wahl-

kampfs die Kandidaten vier Wochen in einen Wohncontainer zu schließen. Bei aller ironischer Brechung des Ansinnens griff Möllemann eben auf Lebensstilsemantiken „seines" Publikums zurück (vgl. Nieland 2000: 307).

5.3.6   Partei- und Kandidatenmanagement

In den politischen Arenen des Flächenstaates Deutschland bleibt es eine wichtige Aufgabe der Wahlkampfführung, die Parteibasis zur Unterstützung der Vor-Ort-Aktivitäten zu mobilisieren; neben eine inhaltliche Mobilisation der Mitglieder tritt eine *aktivitätsorientierte* Mobilisation: Plakate kleben, Handzettel verteilen, Wahlstände besetzen und mit Wählern diskutieren, Auftritte von lokalen Kandidaten und der Spitzenpolitiker organisieren und mehr. Trotz aller Optionen der modernen Kommunikationstechnologien und trotz aller Konzentration auf Massenmedien spielen derartige Aktivitäten weiterhin eine wichtige Rolle – nicht allein für die Wahrnehmung des Wahlkampfs an sich, sondern auch für ein empirisch freilich unscharf profiliertes „politisches Klima", das durch das öffentliche Engagement der Parteimitglieder mit getragen wird.

Dieses Mobilisationsziel muss zunächst durch die Selbstverständlichkeit einer effizienten Logistik unterstützt werden: Materialien, Programme, Werbemittel und Plakate usf. sollten in ausreichender Zahl zur rechten Zeit der Parteibasis verfügbar sein. Das setzt die Planung, Verteilung und Koordination der Ressourcen voraus. Daneben sind die Aktivitäten der Parteigliederungen abzustimmen; insbesondere gilt es, die Parteiprominenz und die Spitzenkandidaten in den lokalen Wahlkampf zu integrieren. Für die Wahlkampfoperation haben sich schließlich das Internet oder mobile Dienste als wichtige, wenngleich zentralisierende Instrumente der Verzahnung der Politikebenen erwiesen; damit kann rasch, koordiniert, einheitlich und sachkundig auf tagesaktuelle Problem- und Diskussionslagen oder Angriffe der politischen Gegner reagiert werden. Allerdings sollte angesichts einer pluralen, segmentierten Wählerschaft eine Uniformierung der Wahlkampfoperation nicht überdehnt werden: Zentrale, parteistrategische Richtlinien und Vorschläge für die Kampagne vor Ort haben eher die Balance zu suchen zwischen einer klaren, übergeordneten „Rationalen" einerseits und Spielraum für Lokalkolorit andererseits.

Parteimanagement im Wahlkampf unter den Bedingungen der Mediendemokratie heißt vor allem: *All stay in line* – die Demonstration von Einigkeit, Geschlossenheit. Konflikte innerhalb einer Partei, sei es zum Personal, sei es zu Sachfragen, sind schon außerhalb des Wahlkampfs ein gängiges journalistisches Sujet. Gerade in einer in hohem Maße durch Parteientscheidungen vorstrukturierten Wahlsituation und einer entsprechend generalisierten Übertragung von Macht ist es für die Außendarstellung der Partei ausnehmend wichtig zu demonstrieren, dass die Programmatik und der Spitzenkandidat von einer breiten Basis gestützt wird. Erwarten darf man derweil, dass der Journalismus Spannungen und parteiinternem Gerangel einen höheren Nachrichtenwert zuschreiben wird als der gefühlten Harmonie eines Ortsvereins mit der Bundesgeschäftsführung.

Daneben ist die Kandidatenkür selbst ein wichtiges Wahlkampfthema – lange vor den engeren Kampagnenphasen. Dies gilt insbesondere für die Spitzenkandidaten der beiden Volksparteien, je nach Arena auch für die Wahl der Direktkandidaten und Listen. Eine zunehmende Thematisierung der Kandidatenfrage ist zudem Ausdruck einer allgemeinen Tendenz: Zweifelsohne wird Politik verstärkt über Personen vermittelt, und so ist Personalisierung eben auch eine Konstante des Wahlkampfs, die es bei seiner Planung und hinsichtlich des Strategieentwurfs zu berücksichtigen gilt, vor allem hinsichtlich der Schwerpunktbildung *und* Abstimmung *und* Synchronisation von Kandidat, Partei und Botschaft. Der glaubwürdige Einsatz von Personen im Wahlkampf vermag im günstigen Fall sicher Akzeptanz und Vertrauen für eine politische Programmatik vermitteln. Dementsprechend sollten auch personalisierende Elemente der Kampagnenstrategien nicht allein auf Intuition beruhen.

Stärker auf die Person abgestimmte Kampagnen zielen z. B. nach einer These nicht auf Stammwähler mit hohem parteipolitischen Identifikationsgrad; vielmehr richten sie sich primär an ambivalente Wechselwähler, bei denen – so die Vermutung – die Wahrnehmung *unterstellter* Lösungskompetenz und das Vertrauen in die Integrität eines Politikers eine *vergleichsweise* hohe Bedeutung besitzen. Dabei erscheint es zunächst trivial anzumerken, dass die Wählerschaft in der „Mediendemokratie" nicht den Politiker „wirklich" kennt, sondern vielmehr ein medienvermitteltes Bild dieses Politikers, ein „Image" – weshalb genaugenommen nicht von Eigenschaften einer Person, sondern von deren *Wahrnehmung* gesprochen werden sollte. Hier handelt es sich um einen hochgradig reflexiven und nicht in allen Details steuerbaren Vorgang: „Es gibt kein Warenhaus [...], in dem sich der Politiker – je nach Bedarf von der Stange – das ihm gemäße Image wie einen Mantel kaufen und einfach anziehen kann" (Radunski 1980: 20). Hinter dem Personalisierungskonzept steht meist die Überlegung, dass nicht nur die Medien sich mehr auf die Kandidaten konzentrieren, weil sich abstrakte Themen über Personen besser darstellen lassen, sondern dass die Wählerschaft unter bestimmten Bedingungen *auch* oder *überwiegend* auf eher unpolitische Personalisierungsmerkmale in ihrer Wahlentscheidung zurückgreift.

Sicher ist der Rückgang der Parteibindung ein Indikator für einen Bedeutungszuwachs des Kandidatenfaktors. Studien weisen allerdings auch darauf hin, dass die Personalisierung von den Medien und den politischen Akteuren selbst fast systematisch überschätzt wird (vgl. u. a. Brettschneider 1998); so schrieb DER SPIEGEL in einer Generalkritik zum Bundestagswahlkampf 1998: „Im Kopf des Wählers sollen Pawlowsche Reflexe erzeugt werden. Hört er das Stichwort ‚Kohl', soll er ‚Sicherheit und Stabilität' assoziieren, bei der Chiffre ‚Schröder' dagegen ‚modern und dynamisch'."[10] Personalisierungsfaktoren sind stark situationsbedingt und unterliegen im Vergleich zu Parteifaktoren weitaus größeren Schwankungen; und so fallen dann Kandidateneffekte je nach Kandidat und Rahmenbedingungen recht unterschiedlich aus. Personalisierung in den Medien hat zudem häufig eher komplementären den substitutiven Charakter: „Es werden Ross und Reiter genannt" (Vowe/Wolling 2000: 86). Personalisierung im Wahlkampf ist so gesehen nicht pauschal als Entpolitisierung abzulehnen. Schließlich läuft es für die Wählerschaft auf eine „Entweder-Oder"-Entscheidung über Regierungspersonal hinaus. Und da sich nicht alle anstehenden Sachfragen bereits im Vorfeld der Wahl abzeichnen, gilt es Vertrauen in eine generalisierte, *ex ante*-Lösungskompetenz zu schaffen. Dabei bleibt neben der Strategie und dem Verhältnis von Programm, Partei und Personen zu erwarten, dass mit der Personalisierung auch von Seiten des politischen Gegners oder der Medien ein gewisses Maß an Privatisierung in den Wahlkampf eingeführt wird. So erfreute sich 1998 ein T-Shirt der CDU einiger Beliebtheit: „Drei Frauen können sich nicht irren – Gerhard Schröder ist der falsche Mann"[11].

Die genannten Punkte sind, das ist evident, hochgradig interdependent und kaum unabhängig voneinander zu lesen: Matthias Machnig (2002b: 150), Wahlkampfkoordinator der SPD in den Bundestagswahlkämpfen 1998

---

10   Der Spiegel, Nr. 30, vom 20. Juli 1998, S. 27.
11   Hier z. n. Rheinische Post, Nr. 220, vom 22. September 1998, S. 3.

und 2002, spricht daher zusammenfassend von der „3-K-Strategie": *Koordiniert* (Themen, Akteure, Ereignisse, Auftritte usf.), *konzentriert* (Schlüsselthemen, die „Rationale", personelle, symbolische und inhaltliche Besetzung usf.), *kontrovers* (Klarheit der Differenzen gegenüber dem politischen Gegner, Kontrastprogramm, unterschiedliche Wertfundamente usf.). Diese strategische Differenzierung der Wahlkampfaktivitäten, vordergründig zu Lasten eines programmatischen, an Positionen orientierten Stils, haben über schon traditionelle Wahlkampfschelte hinaus Stimmen laut werden lassen, die eine Amerikanisierung des Wahlkampfs in der Bundesrepublik befürchten − verstanden als die „allmähliche Angleichung europäischer Wahlkampfführung an die Art und Weise, wie in den USA Wahlkampf betrieben wird" (Holtz-Bacha 1996: 11). Im Einzelnen leitet sich das ab aus − generell − einer *Professionalisierung* und − speziell − einer fernsehorientierten Kampagnenführung, einer Personalisierung mit einer Orientierung an oberflächlichen Images statt an „brennenden" Themen, aus einer ent-politisierten, nun de-politischen Eigenständigkeit der Kampagne und mehr. Besonders der Bundestagswahlkampf 1998 markierte für viele Journalisten eine scheinbar neue (Show-)Qualität der bundesdeutschen Wahlkampfkultur: Adjektive wie „pompös", „gewaltig", „ausgetüftelt", „mediengerecht", „inszeniert" ließen sich frei kombinieren (und sie wurden es) mit „Polit-Show", „Theater", „Schauspiel", „Spektakel" − Begriffe, die sich gemeinhin nicht mit wohlräsonierenden Politikofferten verbinden. *Ad persona* koppelte sich die Stilkritik stark an Kommunikationsberater.

5.4 Professionalisierung der Wahlkämpfe: Die Hexenmeister

> Herr, die Not ist groß!
> Die ich rief, die Geister,
> Werd' ich nun nicht los.
>
> *Johann Wolfgang von Goethe*, Der Zauberlehrling

Es ist eine neue Spezies in der Stadt, und wir haben sie − woher auch sonst? − aus den Vereinigten Staaten importiert. Über den Umweg Großbritannien fand sie Einlass in die politische Kultur der Bundesrepublik. Zumindest wurde sie im Bundestagswahlkampf 1998 flächendeckend kommentiert − „Spin Doctors": Personifizierung des *Amerika vor den Toren* und als „Prinzen der Dunkelheit", „Einflüsterer, Brückenbauer, Dolmetscher"[12], etikettierte Politikberater, Versatzstücke „aus Münchhausen, Autor und Regisseur von Schaustücken für die Bühne der öffentlichen und vor allem veröffentlichten Meinung" (Klewes 1998: 105). Einen „Medien-Machiavelli"[13] erkannte *Die Zeit* in Peter Mandelson, einem späteren (Ex-)Minister Tony Blairs, einen „Miraculix der modernen Politikwerbung" (Falter/Römmele 2002: 53); und als „Meister der Schlammschlacht" und „Strippenzieher" betitelte *Die Weltwoche*[14] einen der bekanntesten „Spin Doctors" Amerikas, James Carville, von dem sich Akteure in aller Welt beraten lassen – womit er nebenbei zur Verbreitung einer trivialen Kommunikationskultur beitrüge: „Dass [James Carville] mit seinem Export amerikanischer Wahlkampftricks zu globaler politischer Verflachung beitragen könnte, käme ihm [...] nicht in den Sinn"[15].

Nicht nur Carville polarisiert beträchtlich, und so eignen er und seine Kollegen sich trefflich für generalisierende Ressentiments gegenüber strategischer politischer Kommunikation. „Spin Doctoring" wird meist synonymisiert mit Manipulation, Propaganda, Täuschung und Polit-Trickserei in einer *„legitimatorischen Grauzone"* (Tenscher 2000: 15; Herv. i. O.): „Im Dienste seines Tony" wurde Alastair Campbell „zwar nicht gewählt, macht aber Politik. [...] Es sind Medien-Macher [...], die nicht nur die Politik ausdenken, sondern auch durchsetzen", so formuliert es die *Süddeutsche Zeitung*[16].

In der Tat wird in den USA und in Großbritannien manchem „Spin Doctor" mehr politischer Einfluss zugetraut als den Kabinettsmitgliedern (vgl. Blumler 1998: 87; Jones 1995; Michie 1998). Ein Teil der Häme, die Bodo Hombach – ein „Manager wie ein Kulturschock für klassenbewußte Sozialdemokraten"[17] – vor einigen Jahren zu erfahren hatte, dürfte auf seine frühere Rolle als Wahlkampfmanager zurückzuführen sein: „Hombach denkt und inszeniert Politik in Theaterkategorien. Immer gibt es einen Bösewicht, vor allem aber einen strahlenden Sieger – und das ist stets sein jeweiliger Chef"[18]. In eine ähnlich Kerbe schlug die *Frankfurter Allgemeine Zeitung* bei ihrem Porträt des „Kanzlerflüsterers"[19]: „[Hombach] ist der Inbegriff des

---

12   Die Zeit, Nr. 37, vom 3. September 1998, S. 5.
13   Die Zeit, Nr. 40, vom 24. September 1998, S. 20.
14   Die Weltwoche, Nr. 21, vom 27. Mai 1999, S. 9.
15   Die Weltwoche, Nr. 21, vom 27. Mai 1999, S. 6.
16   Süddeutsche Zeitung, Nr. 77, vom 2. April 1998, S. 23.
17   Süddeutsche Zeitung, Nr. 57, vom 10. März 1998, S. 3.
18   Der Spiegel, Nr. 26, vom 28. Juni 1999, S. 25.
19   Frankfurter Allgemeine Zeitung, Nr. 64, vom 17. März 1999.

flexiblen Managers der Politik, der selbständig genug ist, unterschiedlichen Herren zu dienen"[20]. Diese Haltung kennt keine politische Couleur: Hans Hermann Tiedje, von Helmut Kohl für den Wahlkampf 1998 engagierter, vormaliger Chefredakteur der *Bild*, wurde von der *Süddeutschen Zeitung* als „Medienberater und Reklamefuzzi"[21] vorgestellt. Zweifelsohne sind „Spin Doctors" – „publizistisch eindeutig verwerflich" (Klewes 1998: 105) nicht nur Taktiker, „sondern oftmals zwielichtige Leute, die sich im Bedarfsfall schmuddeliger Methoden bedienen" (Ruß-Mohl 1999: 166) – höchst suspekte Souffleure und folglich der genauen Obacht bedürftige Schattenkrieger: zumal, wenn sie sich als Strategen im Umgang *mit* den Medien erweisen.

Die „Spin Doctors" wurden zur Personifizierung moderner Wahlkampfmethoden. Für Deutschland wären u. a. noch zu nennen: Andreas Fritzenkötter, Walter Bajohr, Michael Spreng für die CDU, Uwe-Karsten Heye, Mathias Machnig für die SPD, Achim Schmillen für die GRÜNEN. Erstmals sprach wahrscheinlich die New York Times im Oktober 1984 in einem Artikel zu Fernsehdebatten von den „Doktoren": „Tonight at about 9:30, seconds after the Reagan-Mondale debate ends, a bazaar will suddenly materialize in the press room. [...] A dozen men in good suits and women in silk dresses will circulate [..] among reporters, spouting confident opinions. They won't be just press agents trying to import a favourable spin to a routine release. They'll be the Spin Doctors, senior advisers to the candidates" (zit. n. Esser/Reinemann 1999: 43). Was genau meint „Spin Doctoring"?

- „The word ,spin' [...] means what political strategists do when we go out and put our candidate in the most favourable light. [...] When you're spinning a reporter, you're telling them how to look at a story. Or you're telling them they're covering it wrong." (Matalin/Carville 1994: 186; 431)
- „Spin [is] making public logic out of a situation, providing an analysis that [makes] perfect sense and even [makes] it look as though you'd thought everything out beforehand, when in fact the explanation [is] always ex post facto." (Brady 1997: 50)
- „Successful spin often involves getting the media to ,play along', by convincing them – through briefings, backgrounders, or other methods of persuasion – that a particular spin to the story is the correct one." (Maltese 1992: 215 f.)

---

20 Frankfurter Allgemeine Zeitung, Nr. 244, vom 21. Oktober 1998, S. 16.
21 Süddeutsche Zeitung, Nr. 183, vom 6. August 1998, S. 3

Man kann sich dem „Spin Doctoring" über zwei Bedeutungsebenen nähern, einer engeren, einer weiteren. Die eben angeführten Zitat beziehen sich auf den engeren Begriff: Danach bezeichnet „Spin Doctoring" jene Tätigkeiten, über die erwünschte *Botschaften* oder *Interpretationen* Journalisten gleichsam eingeimpft werden: „Spin Doctors" versuchen einem Vorgang, einem Sachverhalt einen Fokus zu geben. Sie überlassen die Akzentuierung der Berichte und Reportagen nicht dem autonomen Urteil der Journalisten, sondern bieten ihnen Deutungen an, den analytischen „Dreh", „Spin" einer Geschichte, *ohne* deren – womöglich unangenehme – Substanz im Grundsatz zu berühren: „Fix the focus, not the problem" (Stauber/Rampton 1995: 176). Es geht darum, der journalistischen Wahrnehmung eine präferierte Nuance beizufügen. „Wir merken, dass dies zunächst einmal eine relativ schnöde Sozialtechnologie ist" (Kocks 2001: 204). War im Zusammenhang mit politischer PR noch von einer *Simulation* des Journalismus die Rede, so ist hier eher von einer *Stimulation* zu sprechen (vgl. Esser/Reinemann 1999): Eine, sicher, politisch motivierte Aktivität der Wirklichkeitsinterpretation: *„Don't get elected for your ideas, get elected!* Hier geht es nicht um Gesinnung. [...] Da schaudert es den europäischen Intellektuellen" (Kocks 2001: 123; Herv. i. O.).

Allerdings: „Spin" trägt schon im angelsächsischen Sprachgebrauch eine negative Konnotation und bedeutet zwar einerseits recht neutral den „Dreh", den Verweis auf eine „andere Seite"; andererseits dient die Vokabel auch in „to spin a yarn" – Seemannsgarn spinnen – einer schimpflichen Bedeutung. Und „to doctor", schließlich, meint nicht die akademische Promotion, sondern schlichtweg *fälschen*.

Besonders in der Folge wichtiger medial-politischer Ereignisse wie Wahlkampfdebatten schlägt die Stunde der „Spin Doctors", weil sich Journalisten dann gerne an „offizielle" Quellen halten. Das wiederum – umgekehrt – erlaubt schon einmal ein Kokettieren: In einer Fernsehdebatte im US-Präsidentschaftswahlkampf 1988 machte der Demokrat Michael Dukakis in den Augen des Bush-Teams eine derart schlechte Figur, dass die Debatte aus der Sicht der Republikaner keinerlei weiterer Kommentare bedurfte; sie ließen den Journalisten einzig eine kurze Notiz zukommen: „nsr" – meint: *no spin required* (vgl. Brady 1997: 192). Es ist wohl kein Zufall, dass sich das „Spin Doctoring" zunächst in Systemen mit Mehrheitswahlrecht entwickelte; dort haben einzelne Politiker einen *relativ* großen Einfluss auf die politische Agenda. Das gilt natürlich für die Vereinigten Staaten, wo die Performanz und die Positionen von Kandidaten ein vergleichsweise großes öffentliches Interesse auf sich ziehen (vgl. Jarren/Donges 2002b: 68). Amerikanische Kandidaten engagieren dann Mitarbeiter- und Beraterstäbe überwiegend unabhängig von einer Parteiorganisation, um im Stile eines *Total Communication Managements* integrative Kommunikation zu etablieren. Dieser Leitgedanke schlägt sich im ständigen argumentativen Kontakt mit Journalisten nieder – im Vorfeld, bisweilen im Nachgang zur Berichterstattung, über die Kampagne aber auch in Reaktion auf den politischen Gegner.

Der Raum, in dem sich die Aktivitäten der „Spin Doctors" entfalten, ist dann der traditionelle *Public Relations*-Sektor zwischen dem politischen Akteur und den Journalisten. Mittlerweile zählen in den Vereinigten Staaten einige dieser Berater selbst zu den Stars der politischen Sphäre, ihre Prominenz reicht nicht selten an das Niveau „ihres" Politikers heran; Spitzenleute treten nicht nur vor Mikrofone, um Statements abzugeben, sondern sie selbst agieren als Akteure mit Anspruch auf politisches Gehör: „Der *spindoctor*, so heißt es andererseits gerne, sei ein Souffleur, der seinen Kasten auch mal ins Publikum drehe" (Kocks 2001: 121; Herv. i. O.). Allerdings birgt jede Selbstdarstellung der „Doktoren" ein eigenes Risiko: „When the spin-doctor becomes the story, it's time to go" (Schwarz 2003: 39).

Eine solche Qualität des über den Kern des „Spin Doctoring" hinaus gehenden Engagements in der politischen Welt mag wiederum mit ein Grund sein für die weitere Begrifflichkeit, die sich mit der Vokabel verbindet: sie ist Ausdruck für *redaktionelle* Wahlkampfstrategien von „erwählten", nicht gewählten Politikberatern (vgl. Esser/Reinemann 1999): In dieser Konnotation steht „Spin Doctoring" dann für den PR-orientierten Politikstil schlechthin, der „Spin Doctor" für politische Kommunikationsberatung, für modernes Politik-Marketing und dies über den Kontext von Wahlkämpfen hinaus. Diese Entwicklung scheint im US-Journalismus akzeptierter als in der Bundesrepublik (vgl. Meckel/Scholl 2000). Solchen potenziell die Autonomie des Journalismus auf allen Ebenen – Redakteure, Chefredakteure, Verleger – beeinflussenden Aktivitäten wird recht misstrauisch begegnet. Ausnehmend kritisch werden dann „Spin Doctors" von journalistischer Seite in der Bundesrepublik beobachtet; und so ist man um der eigenen Glaubwürdigkeit willen bestrebt, die Strategien der politischen Kommunikatoren zu entschlüsseln und zu kommentieren, der „Generalverdacht auf Spin [wird] zum journalistischen Mainstream" (Schwarz 2003: 39).

Nun mag man trefflich darüber streiten, inwieweit die Topleute der deutschen Wahlkampfberater mit amerikanischen oder britischen „Spin Doctors" vergleichbar sind. Faktisch muss für die USA vor allem von einem höheren Grad an personeller *Spezialisierung* der Wahlkampfführung ausgegangen werden. Bereits in den 60er Jahren wurde hierfür der Begriff „New Politics" geprägt: Meinungsforscher, Werbe- und Marketing-Berater, Medienagenturen nehmen neben den Parteistrategen eine elementare Rolle in der Kampagnenorganisation und ihrer Operation ein. Damals reisten auch die ersten deutschen Berater in die USA. 1961, kurz nach dem Wahlsieg des telegenen John F. Kennedy, schickte Willy Brandt Mitarbeiter in die Vereinigten Staaten, um diese „New Politics" zu studieren (vgl. Recker 1997: 303)[22]. Mittlerweile nennen Schätzungen für die Vereinigten Staaten rund 7000 Berater und rund 1500 Firmen im *Consulting*-Geschäft; der Umsatz liegt im zweistelligen Milliarden-Dollar-Bereich, rund 40 Firmen und 100 Berater bilden die „Spitze" der Branche (vgl. Althaus 2002c).

Wahlkampfberatung im Stil eines *Spinning* ist auch hierzulande nichts Neues. So formulierte Radunski (1980: 23) schon vor über zwei Jahrzehnten: „Diese Professionalisierung besteht in der Entwicklung von Konzepten, die eine Verbindung von Politik und moderner Kommunikation ermöglichen. Die politischen Absichten und Programme, die Analysen der gesamtpolitischen Situation und des Wählerverhaltens sind der Ausgangspunkt für ein Wahlkonzept, das die Ansprache der Wähler über Parteiorganisationen, Meinungsführer und Massenmedien koordiniert". Als Kompetenzen für Wahlkämpfer fügte er hinzu (ebd.: 25):

1. „Der Wahlkampfmanager muß unmittelbaren Zugang zu seinem Kandidaten oder seiner Parteiführung haben und an allen wichtigen Besprechungen über die Wahlkampfführung in den verschiedenen Gremien teilnehmen.

2. Der Wahlkampfmanager muß über die Ausgaben für den Wahlkampf im Rahmen eines Budgets verfügen können und die dafür verwendeten Spezialisten, seien es Agenturen oder Einzelpersonen, selbst bestimmen oder ein entsprechendes Auswahlverfahren vorschlagen können.

---

22   Zuvor waren Mitarbeiter Brandts Beobachter bei den britischen Unterhauswahlen 1959; im Bundestagswahlkampf 1961 installierte die SPD auch einen „Arbeitskreis Willy Brand", der „als ‚Politisches Laboratorium' die Wahlkampfführung des Kanzlerkandidaten gestalten und unterstützen sollte"; Recker 1997: 303.

3. Der Wahlkampfmanager muß über den Zeitplan des Wahlkampfs bestimmen, d. h. er hat die Kompetenz, endgültig festzulegen, wann und welche Maßnahmen durchgeführt werden."

Die Etablierung einer von Parteiorganisationen unabhängigen, differenzierten Profession der *Consultants* dürfte immer noch der zentrale Unterschied gegenüber Entwicklungen in Deutschland sein, die gleichwohl diese Richtung eingeschlagen hat. Ein weiterer Gegensatz wird mitunter genannt: „Sie sind Geschäftsleute. Ihr Professionalismus ist nicht mehr in der Partei zu Hause, auch wenn sich die meisten Berater ihrer Partei gegenüber loyal verhalten und selten die Seite wechseln" (Althaus 2002c: 201). Demgegenüber seien Politikberater hierzulande zwar der spezifischen Eigenlogik des politischen Systems verpflichtet, hätten aber am Machterwerb kein persönliches Interesse bzw. identifizieren sich nicht voll – wie in den USA – mit dem politischen Ziel des Machterwerbs (vgl. Esser/Reinemann 1999: 47). Näher betrachtet sind Zuschreibungen wie Parteiloyalität allerdings nicht stringent länderspezifisch vorzunehmen, sondern von den jeweiligen Personen abhängig: Sowohl in den Vereinigten Staaten als auch in der Bundesrepublik finden sich Beispiele für stark partei- oder kandidatengebundene Berater mit (mehr oder weniger offensichtlichen) Karrierezielen innerhalb des politischen Systems, als auch solche, die Posten in diesem System oder in der Nähe der Macht nicht avisieren, sondern sich allein auf das „Kommunikationsberatungsgeschäft" konzentrieren.

Streckenweise entwickelt sich das genuin auf Kampagnen konzentrierte „Spinning" als routinefähig; in Großbritannien – beispielsweise – wird es meist ein Markenzeichen von Blairs Regierungsstil genannt (allerdings war es Margaret Thatcher, die als erste systematisch modernes Marketing einsetzte). So hat unter Blair das gouvernementale Kommunikationsmanagement neue Dimensionen angenommen (vgl. Seymour-Ure 2003: 34 ff.). Im Unterschied zu seiner konservativen Vorgängerin ist „Spin" für Blair nicht nur notwendiges Instrumentarium in der Medienwelt, sondern integraler Bestandteil der Regierungspraxis. Blairs Kommunikationsberater sind politische Weggefährten und Vertraute, allen voran die schon genannten Peter Mandelson und Alastair Campbell (vgl. Voltmer/Stamper 2006). Ihr Aufstieg ist symptomatisch für die Integration des Kommunikationsmanagements in den politischen Prozess. Campbell war ursprünglich der Herausgeber der Boulevardzeitung *Daily Mirror*. Nach der Wiederwahl 2001 wurde er zum

„Director of Communications and Strategy" befördert – ein eigens geschaffenes Amt mit de facto ministerialem Status. Im Unterschied zu vorangehenden Regierungssprechern, die als Staatsbedienstete zumindest formal zu Neutralität verpflichtet waren, konnte er parteilich agieren und hatte zugleich die Befugnis, Beamten Anweisungen zu erteilen. Problematisch ist sicher, „dass der ‚Director of Communications' bei all dieser Machtfülle dem Parlament gegenüber zu keinerlei Rechenschaft verpflichtet ist und damit in einer Grauzone demokratischer Legitimität operiert" (ebd. 2006: 296).

Gegen Ende der 90er Jahre ist zudem zu beobachten, dass Berater aus den Vereinigten Staaten, aber auch aus Großbritannien und Deutschland in Wahlkampagnen außerhalb ihres eigenen Landes tätig werden: Jacques Ségéula etwa, Kommunikationsberater des ehemaligen französischen Präsidenten Mitterand, der in Österreich, Italien und Schweden arbeitet; oder Philip Gould, Kommunikationsexperte der britischen Labour Partei, der dänische und schwedische Sozialdemokraten berät und auch kurz von Bill Clinton engagiert wurde; der Amerikaner Joe Napolitan, der bereits in neun Ländern außerhalb der Staaten gewirkt haben will; James Carvilles internationalen Aktivitäten wurden schon genannt (vgl. Farrell 2002: 91).

Mittlerweile sind *Political Consultants* Generalisten wie Spezialisten, verantwortlich für generelle Strategien wie konkretes Operieren – jenseits der Dialogfähigkeit mit einem spezifischen Segment des Journalismus in einer gegebenen politischen Kultur. Ein gemeinsamer Nenner scheint in den demokratischen Industriestaaten universell: die zentrale Bedeutung medienbegleitender Aktivitäten für die Anlage und Operation des Wahlkampfs.

5.5   Wahlkampf mit den Medien

Das in der Geschichte von Wahlkämpfen wohl auffälligste Merkmal jüngerer, „moderner" Kampagnen ist sicher, dass die Strategien sich dort, *relativ* betrachtet, weniger auf genuin „intrinsische" Werbemittel konzentrieren, weniger also auf *Paid Media*: Mit der Ausdifferenzierung des Mediensystems folgen die Wahlkombattanten zunehmend den Aufmerksamkeitsregeln der elektronischen Medien, um über *Free* oder *Earned Media*, über „freien", „verdienten", eben nicht „gekauften" Kommunikationsraum ihre Positionen und Kandidaten zu promovieren. Im Bundestagswahlkampf 1998 erwarben, um die beiden großen Volksparteien zu nennen, die SPD rund 50 Minuten, die

CDU rund 250 Minuten Werbezeit bei den privaten Fernsehsendern (Holtz-Bacha 2002: 46). Jeweils acht Fernsehspots konnten sie bei den öffentlich-rechtlichen Sendern ausstrahlen – eine insgesamt überschaubare, nicht vernachlässigbare Zeit für Selbstvermarktung und -darstellung. Offensichtlich aber stellen bereits wenige Fernsehauftritte der Parteiprominenz derartige *Quantitäten* in den Schatten.

Nun sind nicht nur solche, für sich genommen wenig aussagekräftige Größen zu nennen. Die besondere Aufmerksamkeitskonkurrenz im Wahlkampf durch die Vielfalt der umstrittenen Themen, Meinungen und Botschaften umfasst in der Orientierung an den Medien primär *qualitative* Aspekte. Der zentrale Vorteil eines Wahlkampfs *mit* den Medien liegt natürlich in der systemspezifischen Neutralität des Journalismus. Werbung über Anzeigen und Rundfunkspots – so wichtig sie sein mag – besitzt aus der Sicht der Politik den Nachteil, dass ihr persuasives Kommunikationsziel offenkundig ist und sich damit immer ein Reaktanzrisiko beim Publikum verbindet. Dagegen „Berichte, Interviews, Debatten, Übertragungen von öffentlichen Ereignissen, Auftritte in Unterhaltungssendungen, Fotostrecken, Home Stories sind nicht nur billiger [...] als Anzeigen oder Spots, sondern auch glaubwürdiger" (Vowe/Wolling 2000: 69). *Free Media*-Strategien richten sich also nach den Kriterien, anhand derer die Medien ihre Stoffe auswählen: Neben klassischen PR-Mitteln wie Pressekonferenzen oder -mitteilungen und Hintergrundgesprächen mit Journalisten sowie den erörterten „Erscheinungen" von Spitzenpolitikern in Unterhaltungssendungen („Advertainment") sind Konzeptionen des Event-Marketing zu nennen. *Free Media* ist begrifflich insofern etwas irreführend, als der Kommunikationsraum per se zwar nicht bezahlt wird, sich die Inhalte oder Formate (wie z. B. die visuelle Qualität eines Parteitages) gleichwohl an Kriterien der Medienlogik orientieren – gänzlich „frei" kann sich eine entsprechende Kommunikationsstrategie also keinesfalls bewegen (und im monetären Sinne kostenlos sind „Events" meist auch nicht). So wären solche Tätigkeiten eher als *teilmediatisiert* zu bezeichnen. Nicht-mediatisiert sind allenfalls „echte" politische Aktivitäten, von den die Medien zwar berichten, deren Verlauf und deren Inhalte sie aber nicht oder nur marginal beeinflussen. Und selbst diese Unterscheidung ist empirisch schwer fassbar, wenn etwa eine prominente Auslandsreise des Bundeskanzlers auch mit Blick ggf. auf einen nahenden Wahltag terminiert wurde – womit die Frage aufgeworfen wäre, ob denn in

Wahlkampfzeiten überhaupt noch genuine, nicht-mediatisierte politische Vorgänge vorstellbar sind.

In diesem Komplex „*Wahlkampf mit den Medien*" lassen sich vier, in der Praxis überschneidende Handlungskontexte unterscheiden: Formatorientierung, Ereignisorientierung, Journalistenorientierung, Gegnerorientierung. Mit *Formatorientierung*, erstens, wird der Umstand gefasst, dass Wahlkampagnen bzw. -strategien sich nicht allein auf klassische Informationsformate wie Nachrichtensendungen und mehr oder weniger hintergründige politische Runden (*Christiansen, Berlin Mitte* usf.) konzentrieren, sondern Sonderformate und auch Unterhaltungssendungen berücksichtigen: Debatten, Einzelinterviews der Spitzenkandidaten sowie die seriellen Talk- und Unterhaltungsshows mit Zugang für politische Prominenz. Der Wahlkampf wird insofern „bunter", als sich die politischen (Spitzen-)Akteure verstärkt in die aufmerksamkeitsstärksten Formate des reichweitenstärksten Mediums begeben, dem Fernsehen mit seinen Show- und Wahlsonderformaten – womit, nebenbei, auch im seriösen Wahlkontext die Politik die Unterhaltung als Wesenszug der Medienkultur erkennt und womit die Performanz der Kandidaten in diesen Sendungen zum Beurteilungskriterium durch das Elektorat werden *kann*. Beispielsweise ist es in den Vereinigten Staaten schon länger üblich, dass die Präsidentschaftskandidaten ein „virtuelles Duell" – aufeinanderfolgende Auftritte – bei der Meinungsführerin der Mittelschicht, *Oprah Winfrey*, und ihren meist rund 20 Millionen Zuschauern austragen. Ähnlich begann auch der Bundestagswahlkampf 2002 zunächst mit einem Fernduell (das „echte" Duell sollte folgen), einem „virtuellen Shoot-out" zwischen Schröder und Stoiber (vgl. Dörner/Vogt 2002a: 9 f.). In der zweiten Januarhälfte begab sich der Kanzler zu Maybrit Illner in ihre Sendung *Berlin Mitte*, der frisch gekürte Herausforderer zur sonnabendlichen *Sabine Christiansen*. Während Schröder über Finanzpolitik, Hildegard Knef im Speziellen und seine Beziehung zu Frauen im Allgemeinen plauderte – O-Ton: „so monogam wie ich kann keiner sein" –, eröffnete Stoiber im zuschauerstärksten Politainment-Format der Republik den vielbeachteten Gegenschlag eher sachlich – und, nach unkendem Rezensionstenor, eher misslungen. Zwei Tage nach Stoibers Besuch bei *Christiansen* und nach einer bezeichnenden Debatte über die Medientauglichkeit des bayerischen Kandidaten, präsentierte die Unionsführung dann mit Michael Spreng einen ehemaligen Springer-Journalisten als Wahlkampfleiter. Spreng setzte fortan die

Sachlichkeit Stoibers dem „Medienkanzler" entgegen und unterstrich damit, dass auch eine Gegenstrategie der Nicht-Inszenierung und Authentizität „sorgsam in Szene gesetzt werden [muss], damit die Distanz zur Show beim Publikum nicht als Ausweis eines Mangels rezipiert wird" (Dörner/Vogt 2002a: 10). So wird angenommen, dass das Publikum heute von politischen Akteuren nicht nur Inhalte und Sachlichkeit erwartet, sondern auch deren Verhalten in den Medienformaten beurteilt. Zugleich unterstützt der Gang der Politik in die Politainment-Formate eine symbiotische Beziehung: „Der Auftritt des Bundeskanzlers in der großen Gameshow stellt einerseits die Gewinn bringende Einschaltquote sicher und bietet dem Politiker andererseits eine viel beachtete Bühne, um ein Publikum anzusprechen, das über die konventionellen Kanäle politischer Kommunikation nicht mehr erreichbar wäre" (Dörner/Vogt 2002a: 13).

Hinsichtlich der *Ereignisorientierung* der Wahlkampagne sind insbesondere bei den etablierten Akteuren die Wahlparteitage zu nennen sowie „Vorstellungen von Sofortprogrammen und Ministerkandidaten, Auslandsreisen, Gipfeltreffen" (Vowe/Wolling 2000: 69). Diese letzten Punkte deuten an, dass es hier über den „Amtsbonus" des Bundeskanzlers hinaus einen Vorteil für die Regierungsparteien geben könnte, die *Regieren* eben nicht nur prospektiv anhand von Schattenkabinetten „durchspielen", sondern faktisch demonstrieren können. Allerdings bezieht sich das allein auf die Darstellungsebene von Politik; auf der Entscheidungsebene, vordergründig an und für sich ein „Spielfeld" der Regierung, dürften vielmehr aufgrund der Politikverflechtungskultur der Bundesrepublik auch negative Effekte auftreten – wenn etwa die Regierung für Entwicklungen verantwortlich gemacht wird, auf die sie keinen oder nur marginalen Einfluss hat (was natürlich für positive wie negative Entwicklungen gilt). Fast schon als Paradigma der Wahlkampfaktivitäten versuchen die Kombattanten in ihrer Ereignisorientierung, nicht nur zu reagieren, sondern auch und vor allem selbst Anlässe zu schaffen, die Aufmerksamkeit auf Kandidaten und Positionen lenken. Dies entspringt einer auch jenseits des Wahlkampfs beobachtbaren Tendenz zur Inszenierung von Politik. Wem es gelingt, ein banales politisches Alltagsereignis zum Pflichtberichterstattungsereignis zu stilisieren, der spart dem Werbeetat nicht nur viel Geld, er erreicht womöglich auch eine Authentizität, die eine Selbstpräsentation z. B. über Auftritte bei *Johannes B. Kerner* nicht erreichen kann. Mit Blick auf das Fernsehen ist dabei erneut das zent-

rale Kriterium der Visualisierung zu nennen: Bilder sind nicht nur aus publizistischen Gründen wichtig, Assoziationen über Bilder werden meist auch
besser erinnert als etwa Details zur Unternehmenssteuerreform. Mit dem
Ereignis an sich ist es so gesehen nicht getan: eine Kampagne muss darauf
achten, Fernsehmotive zu erzeugen bzw. Ereignisse wie Parteitage, Ver-
handlungsrunden mit der Wirtschaft, Kindergartenbesuche usf. fernsehge-
recht zu arrangieren: Kameraperspektiven, Kameraschwenks, Sinn und
Zweck von Bildsequenzen. Das betrifft etwa bei den Parteitagen auch die
Frage der Platzierung von Foto- und TV-Journalisten im Saal und deren
Perspektive auf Rednerpult, Präsidium und Plenum.

Drittens, *Journalistenorientierung*, meint im „Wahlkampf mit den Medien"
primär den dialogischen Kontakt mit dem Journalismus, einschließlich der
im Zusammenhang der „Spin Doctors" umrissenen, journalismusbegleiten-
den Aktivitäten. Dabei ist auf die spezifische Kultur, auf Traditionen und
Selbstverständnisse in der Beziehung von Politik und Journalismus zu achten, um nicht übermäßige Reaktanz der Journalisten zu evozieren. Dass für
solche Tätigkeiten nahe am Journalismus die Journalisten selbst wiederum
die besten Berater sein könnten (und mitunter „die Seiten wechseln"), ist
lange bekannt respektive üblich: „Namhafte Journalisten werden sie beraten, wie sie optimal gegenüber Presse, Funk und Fernsehen auftreten" – so
hieß es in einem CDU-Strategiepapier anlässlich der Bundestagswahl 1987
(zit. n. Weischenberg 1997: 122). Nicht umsonst ist auch die Mehrheit der
Pressesprecher der Regierungskanzleien und Ministerien in der Geschichte
der Bundesrepublik zuvor im Journalismus tätig gewesen. Journalistenorientierung im Wahlkontext meint auch die Antizipation von Medienreaktio-
nen, die Berücksichtigung einer Tendenz zur Selbstreferentialität und zur
Meta-Kommunikation – über den Wahlkampf, seinen Stil, seine Akteure,
seine Mittel (vgl. M. Müller 1999b). Am Beispiel von Plakaten soll dies kurz
ausgeführt werden, weil es verdeutlicht, wie sich *Free* und *Paid Media* strategisch aneinander koppeln lassen.

Im Bundestagswahlkampf 1998 plakatierte die SPD 16 verschiedene Motive. Am wirkungsvollsten waren nach Ansicht einiger Sozialwissenschafter
womöglich aber Plakate, die „nicht wirklich" plakatiert wurden (also lan-
des- oder bundesweit), und für die das auch gar nicht vorgesehen war; es
wurden lediglich Einzelexemplare der Journalistenschar präsentiert: „Adressaten dieser ‚Prototypen' waren die Journalisten der Leitmedien, vor

allem das Nachrichtenmagazin *Der Spiegel*, das jeweils die speziell angefertigten Plakate abdruckte" (M. Müller 1999b: 123). Solche „einmaligen" Presseplakate werden mittlerweile von allen größeren Parteien hergestellt. Die Presse spielte also eine von den Strategen eingeplante Transmitterrolle – mit dem Effekt, „daß die Wahlwerbung aufgrund ihrer Originalität und Brisanz reproduziert wird" und „eine objektivere Konnotation" erhält, „als wenn sie lediglich an der Straßenecke als parteiliche Plakatkommunikation wahrgenommen worden wäre" (M. Müller 1999b: 126). Die Sozialdemokraten reagierten damals auf eine fast schon serielle Plakataktion der Union: Auf deren „Rote-Socken"-Kampagne von 1994 folgte 1998 die „Rote-Hände"-Kampagne: ein umstrittenes, erklärungsbedürftiges Wahlplakat, dass an die Zwangsvereinigung von KPD und SPD zur SED in der Sowjetischen Besatzungszone im April 1946 erinnern sollte. Der für diese Idee verantwortliche damalige CDU-Bundesgeschäftsführer, Peter Hintze, zielte weniger auf die Hinterfragung einer Duldung der SPD-Minderheitenregierung durch die PDS in Sachsen-Anhalt; vielmehr sollten wohl alte Ressentiments geweckt werden.

Abb. ##: CDU-Generalsekretär Hintze präsentiert ein Anti-SPD-Plakat
Quelle: Marion G. Müller/PIAV 2000; in: Berliner Morgenpost vom 28. Mai 1998, S. 5

Abb. 11: SPD-Bundesgeschäftsführer Müntefering präsentiert ein Anti-CDU-Plakat
Quelle: Marion G. Müller/PIAV 2000. in: *Berliner Morgenpost vom 28. Mai 1998, S. 5*

Mit einem Unikat reagierte die SPD in kreativer Weise auf diese Aktion der
Union, und durch ihre Schlagfertigkeit erreichte sie die Medien als Multiplikatoren ihrer Botschaft. *Makrokommunikativ* geht es bei solchen Presseplaka-
ten – und darauf kommt es an – um eine Änderung des Wahrnehmungs-
rahmens: Durch die „Zwischenschaltung" des Journalismus, der über das
Plakat berichtet, wird der Angriff auf den politischen Gegner und das mit
der *negativen* Botschaft verbundene Misstrauen gegenüber den Boten insofern abgemildert, als der Inhalt aus einem Werbekontext in einen journalistischen Nachrichtenkontext überführt wird (vgl. M. Müller 2000a).

Viertens, *Gegnerorientierung*: In mancher Hinsicht schließt sich dies an
das letztgenannte Beispiel an, als es dort, wie erwähnt, wohl auch darum
ging, eine negative Botschaft abzumildern – *Negative Campaigning* gilt als
schwer einzuschätzende Kommunikationsform, etwa in dem bildhaft-
pädagogischem Sinn, dass, wenn man mit einem Finger auf jemanden zeigt,
immer zugleich drei auf sich selbst gerichtet sind. Gegnerorientierung meint
überwiegend Angriff, Kritik, Ablehnung: „Die Spannbreite negativer Taktiken reicht vom Angriff auf den Charakter über den Vorwurf der Unfähigkeit
bis zur Unterstellung übler Absichten. Kampagnen übertreiben, vergröbern,

polemisieren und verhöhnen. Diese geplante Konfrontation erfüllt einen klaren Zweck, nämlich Zweifel am Gegner zu wecken und im Kontrast eine Kampfabstimmung zu erzeugen, die Anhänger mobilisiert" (Althaus 2002c: 25). Solche Kalküle kommen der Wahrnehmungslogik der Medien und ihren Nachrichtenfaktoren (Konflikt, Negativismus) entgegen. Entsprechende Kontrast- und Konfrontationsstrategien sind allerdings heikel zu terminieren und in ihrer Konsequenz schwer einzuschätzen, wenn sie im werblichen Sektor der *Paid Media* eingesetzt werden. In den Vereinigten Staaten ist beispielsweise der Einsatz von *Negative Campaigning* in der Wahlwerbung zwar weitgehend üblich, gleichwohl hinsichtlich der Platzierung und möglicher Effekte umstritten. Ist man vor einigen Jahren noch davon ausgegangen, dass Negativ-Taktiken erst eingesetzt werden sollten, wenn man selbst eine Glaubwürdigkeitsgrundlage geschaffen hat, so gilt heute für viele Berater: je früher, desto besser – weil die alten Appelle im Gegensatz zu Konfrontationen die Menschen nicht mehr bewegen würden. Schlicht funktional ausgedrückt: „It's hard for someone to hit you when you have your fist in their face" (Swint 1998: 1). Im Grundsatz sind dabei Vorwürfe mit glaubwürdigen Informationen zu belegen und zu untermauern: „Die schnelle Reaktion mit überraschendem Gegenangriff kann zum Desaster für den ursprünglichen Angreifer werden" (Althaus 2002c: 28). Diese Reflexe sind nicht über *Paid Media* zu verwirklichen, sondern in der Auseinandersetzung mit dem politischen Gegner über die *Plattform* Journalismus. Konfliktwahlkampf ist dann maßgeblich (nicht notwendigerweise *allein*) Wahlkampf *mit* den Medien, die wiederum aus systemimmanenten Gründen solchen Angriffen auf den politischen Gegner besondere Aufmerksamkeit zukommen lassen dürften.

Nun wird gerade im Zusammenhang mit diesem letzten Punkt deutlich, wie sehr Überlegungen zur Operation von Wahlkämpfen (und allgemein zur Bedeutung politischer Kommunikation) von *Medien*wirkungsvermutungen ausgehen. Damit soll nun ein kurzer Exkurs zu Ansätzen, Modellen und einigen Befunden der Medienwirkungsforschung folgen.

5.6   Exkurs: Medienwirkungsforschung – Medienwirkungen

Bereits mit dem Aufkommen der „Neuen Zeitungen" im 17. Jahrhundert setzte eine Debatte ein über ihre Folgen für Gesellschaft, Milieus oder einzelne Personen. Heute ist die Wirkungsforschung Teil vieler Disziplinen:

Pädagogik, Psychologie, Soziologie, Kommunikations- und Medienwissenschaft, Publizistik, Politik-, Wirtschafts- und Theaterwissenschaften. Entsprechend heterogen und verzweigt gestaltet sich das Forschungsfeld „Medienwirkungen"[23]: ein „Faß ohne Boden" (Burkart 2002: 186) – und entsprechend kursorisch muss die folgende Skizze gehalten werden.

Grundlage nahezu jeder wissenschaftlichen Auseinandersetzung mit
Medien ist die Annahme, ihr Inhalte wirkten, ob intendiert oder nicht, auf
Zuschauer, Leser, Hörer ein. Dementsprechend umfangreich gestaltet sich
die Literatur, wenngleich ein allgemeines Verständnis von „Wirkungen" in
der Kommunikationswissenschaft bislang nicht herausgearbeitet wurde[24].
Medienwirkungen sind offenbar allein unter Rückgriff auf eine lange Liste
Faktoren fassbar: Auswahl, Aufmerksamkeit und Zuwendung, Interpretation, Wertung, Motivation, Emotion und mehr – wobei diese Faktoren meist
noch in einem komplexen Interdependenzgefüge zueinander stehen. Für
unsere Zwecke ist es hinreichend, unter Medienwirkungen im weiten Sinne[25] alle Veränderungen in Wissen, Denken, Fühlen, Handeln und Verhalten
von Menschen zu verstehen, die auf die Rezeption von Medienbotschaften
zurückzuführen sind (vgl. Maletzke 1998: 82; Pürer 1990: 51).

Banal mag es erscheinen, überhaupt danach zu fragen, ob Medien wirkten oder nicht: „Zu den mit Abstand meisten Sachverhalten und Personen,
zu denen wir uns eine Meinung bilden, auf deren Grundlage wir auch handeln, haben wir keinen direkten Zugang. Wir erleben diese Sachverhalte
und Personen aus zweiter Hand über die Berichterstattung der Medien"
(Donsbach 1994: 54). Gerade deshalb wird der Forschungsstand – „one of
the most notable embarrassments of modern social science" (Bartels 1993:

---

23   Als Arbeiten, die einen systematischen Einblick bieten, seien Bryant/Zillmann 1994, Burkart 2002:
     186-269, Großmann 1999, Jäckel 1999b, Kunczik/Zipfel 2002,: 285-420, Merten 1994 empfohlen.
24   So konzentriert sich beispielsweise die Medienwirkungsforschung nur mehr als andere Medien-
     analysen, etwa Kommunikator- oder Inhaltsanalysen, auf Wirkungen; auch ist es in gewisser Wei-
     se tautologisch, im Zusammenhang mit Kommunikation von Wirkungen zu sprechen, da der
     Kommunikationsbegriff an sich Wirkungen impliziert: Das lateinische Ursprungswort *communica-*
     re – etwas vergemeinschaften, sich mit-teilen – unterstellt bereits Wirkungen; vgl. Wagner 1991: 14.
25   Begrifflich weiter differenziert werden: Mediennutzung, Medienrezeption, Medienaneignung und
     Medienwirkung. Medien*nutzung* bezieht sich auf den schlichten Kontakt zwischen einem Medien-
     angebot und einem Rezipienten; Medien*rezeption* meint eine Form von Verarbeitung oder Inter-
     pretation eines Medienangebotes nach einem solchen Kontakt; Medien*aneignung* betont Konse-
     quenzen der Rezeption, etwa die Integration von Medienerfahrungen in den Alltag; Medien*wir-*
     kung, schließlich, umfasst aus der Angebotsperspektive dessen potenziellen Einflüsse auf Rezi-
     pienten; vgl. Hasebrink 2002: 327 f.

267) – verbreitet und nach wie vor als derart unbefriedigend empfunden: Einerseits liegt es nahe, dass Medien mit ihren hohen Verbreitungs- und Nutzungsraten identifizierbare Wirkungen haben, und zudem „findet man in keinem anderen Bereich der Kommunikationsforschung ein derart hohes Maß an Forschungsaktivitäten" (Burkart 2002: 191); andererseits kennt diese Forschung vergleichsweise wenig *systematische* Erkenntnisse, „sondern allenfalls eine Konkursmasse sich wechselseitig widersprechender punktueller Befunde" (Merten 1995: 82). Eine Globalfrage nach *der* Wirkung von Medien verbietet sich sowieso. „Heute, [...] nach rund achtzig Jahren Forschung auf diesem Gebiet, werden wir immer noch fast täglich mit Fragen zu den Wirkungen der Medien konfrontiert, die auch in sehr allgemeiner Form schwierig zu beantworten sind und die sich einer abschließenden Lösung zu verweigern scheinen" (McQuail 2000: 31).

In der Literatur wird die Entwicklung der Wirkungsforschung häufig in drei Phasen gegliedert: Einer Phase unterstellter *starker* Medienwirkungen (bis etwa Ende der 30er, Anfang der 40er Jahre), einer zweiten Phase (bis etwa Ende der 60er Jahre), in der man von *geringen* Medienwirkungen ausging, und einer dritten, anhaltenden Phase, die geprägt wird von der Annahme subtiler, indirekter und auch *transaktionaler* Einflüsse als Folge komplexer Interdependenzprozesse (vgl. Brosius 1997a; Donsbach 1994: 52; McQuail 1987). Für den Zweck unseres Exkurses wird dieses Schema beibehalten; allerdings ist anzumerken, dass wissenschaftshistorisch diese Periodisierung kritisiert wird, weil sie Kontinuitäten überdeckt und Brüche betont (vgl. Brosius/Esser 2000).

5.6.1 Die Frühphase relativ starker Medienwirkungsvermutungen

Mit dem Erscheinen von Goethes „Die Leiden des jungen Werther" Ende des 18. Jahrhunderts stellten sich im deutschen Sprachraum Nachahmungstäter ein; so wird von Selbsttötungen berichtet, die der des Romanhelden in Details ähnelten (vgl. Brosius 1997a: 9). Daraufhin wurde der Roman in mehreren europäischen Städten verboten, was ein Stück weit symptomatisch war: Schon im 17. Und 18. Jahrhundert wurde die Presse mit dem Vorwurf konfrontiert, ihre Berichte seien zu gewalttätig. Den „Werther-Effekt"[26] –

---

26 Von Brosius und Esser, 1995, wurden Nachahmungstaten im Zusammenhang mit fremdenfeindlichen Straftaten in der Bundesrepublik untersucht; sie fanden keine systematischen Anhaltspunkte

Nachahmungen also – untersuchte Ende des 19. Jahrhundert Gabriel Tarde
(1912) anlässlich der Morde von „Jack the Ripper" (vgl. Brosius 1997a: 20).
Das Verbrechen folgte den Telegraphenleitungen: nach den Meldungen über
die Londoner Morde wurden aus der englischen Provinz ähnliche Taten
berichtet.
    Mit dem Film und Radio erwachte zu Beginn des 20. Jahrhunderts in den
Vereinigten Staaten (vgl. Dovifat 1990 [1927]) und in Deutschland (vgl. Weber 1911) das wissenschaftliche Interesse am Medienwesen. Von systematischen Analysen kann jedoch kaum gesprochen werden, es „dominiert eher
das moralische Urteil" (Jäckel 1999b: 38). Unter dem Eindruck der Propaganda des Ersten Weltkrieges, dem Interesse an Persuasionswirkungen und
der zunehmenden Präsenz von Medien im Alltag der Menschen widmete
sich z. B. Walter Lippmann (1990 [1922]) in seinem Buch *Public Opinion* der
Wirkungsmacht der Presse. Angesichts der rasanten Entwicklung der Medien und der einsetzenden Konsumwerbung, aber auch der Indoktrination
von Bürgern totalitärer oder autoritärer Regime, dominierte zunächst ein
„Propaganda"-Modell der Medienwirkungen. Eine *systematische* Sozialfor-
schung, die dann auch zur Entwicklung des Methodeninventars der Medienwirkungsforschung beitrug (z. B. Befragungstechniken, Panel-Studien,
Inhaltsanalysen), setzte allerdings erst 1929 mit den *Payne Fund Studies* ein
(Charters 1933), die die Wirkungen von Filmen auf Kinder untersuchten
(vgl. Noelle-Neumann 1990). Dieses differenzierte Forschungsprogramm
kam zu Ergebnissen, die auf den ersten Blick starke Medienwirkungen nahe
legten, „auf den zweiten Blick aber Medienwirkungen an Prädispositionen
der Rezipienten koppelte (vgl. Brosius 1997a: 15; Brosius/Esser 2000: 58).
Zugleich war es die rasch kommerziell interessierte Persuasionsforschung,
in deren Schatten sich die Massenkommunikationsforschung entfaltete (vgl.
Jäckel 1999b: 42), wobei man sich zunächst – in der Werbeforschung heute
noch – im Kern weniger für individuelle Rezeptionsprozesse, mehr für Regeln der Botschaftsgestaltung zur *kollektiven Persuasion* interessierte.
    Populäre Einschätzungen über das, was Medien bewirken, referieren
mitunter auf Anekdoten. So basierte die Idee weitreichender Effekte wohl

---

dafür, dass die Medienberichterstattung über solche Straftaten Nachahmungen provozierte. Demgegenüber stehen gleichwohl spektakuläre *Einzelfälle* an Nachahmungstaten in den USA und Europa. So offensichtlich in manchen dieser Fälle der Zusammenhang zu einem bestimmten Medium
oder Format oder etwa einem Film hergestellt werden kann, so wenig ist jedoch darüber *generalisierend* auf entsprechende Medienwirkungen zu schließen.

auch auf einem Vorfall aus der US-Rundfunkgeschichte: Am 30. Oktober 1938 versetzte das Hörspiel „Krieg der Sterne" von Orson Wells etwa eine Million Amerikaner in Unruhe, Tausende in Panik. Manche Hörer, die die klärende Ankündigung der Sendung verpasst hatten, konnten deren fiktiven Charakter offenbar nicht erkennen. Ein scheinbar schlagender Beweis für die Allmacht der Medien: auf den ersten Blick erstaunen diese Zahlen, unter Berücksichtigung der Reichweite des Hörspiels – 12 Millionen Zuhörer – relativiert sich dieser Eindruck jedoch; auch hat eine Folgestudie später die Bedeutung von Prädispositionen bei den „Betroffenen" hervorgehoben (vgl. Brosius 1997a: 14, 2003: 131; Brosius/Esser 2000: 56).

Eine Vorstellung der frühen Wirkungsforschungen (bei der freilich strittig ist, inwieweit die Forschung ihr paradigmatisch folgte; vgl. Brosius/Esser 2000) wurde analog zu dem damals in der Psychologie vorherrschenden Menschenbild, der Instinkttheorie, formuliert: Nach der *Silver-Bullet-* oder *Hypodermic-Needle-*Theorie wirken Medien wie „Informationsspritzen", ungefiltert und direkt: Menschen bräuchten nur „ins Visier der Medien und in die Geschoßgarben ihrer Aussagen zu geraten, und sie sinken, in ihrem Bewußtsein getroffen, zusammen" (Lerg 1992: 16). Die Beziehung zwischen *Stimulus* und *Response* wurde als kausal und zugleich proportional und uniform verstanden: Je stärker der Reiz, desto stärker die Wirkung oder Reaktion – und bei allen Rezipienten (sowieso als anonyme Masse verstanden) auf ähnliche Weise: „Der Rezipient sitzt sozusagen am Ende eines Transmissionsriemens und wird mit Stimuli zwangsernährt" (Merten 1995: 74). So würde etwa ein positiver Zeitungsbericht über einen politischen Kandidaten unweigerlich eine positive Reaktion (Meinung, Einstellung, Wahlverhalten) bei den Lesern bewirken.

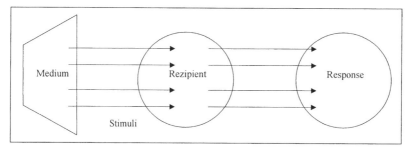

Abb. 12: Grundstruktur des Stimulus-Response-Modells
Quelle: Jäckel 1999b: 60.

Dieses Reiz-Reaktions-Schema verstand Rezipienten als „Black Box", als ziel- und willenlos, die Medien als ommnipotent, und dementsprechend suchten die Forschungsdesigns univariate, quasi-mechanistische Zusammenhänge zwischen der Botschaft und Wirkungen aufzuzeigen.

In der Retrospektive zeigt sich das Schlüsselproblem des Stimulus-Response-Ansatzes und der Meta-Theorie mächtiger Medien darin, als sie sich vornehmlich am Stimulus und an (unterstellten) anthropologischen Konstanten orientierten und darüber universelle, identische Reaktionen vermuteten, hingegen kognitive Strukturen, Einstellungen und Aufmerksamkeitsfilter der Rezipienten vernachlässigten. Heute, nach der *kognitiven Wende* in der Psychologie, wird Rezeption vielmehr verstanden als Wahrnehmungstypus mit reduktiven und elaborativen Verarbeitungsstrategien: Informationen werden unter Rückgriff auf Assoziationen, Projektionen und Interferenzen bearbeitet. Da sich bei dieser ersten Forschungsphase jene generalisierungsfähige Kausalität zwischen Stimulus und Response bei allen Forschungsbemühungen nicht einstellen wollte, formulierte Bernard Berelson (1954: 345) lapidar: „Some kinds of communication on some kinds of issues, brought to the attention of some kinds of people under some kinds of conditions, have some kinds of effects". Man begann, sich um „den Inhalt der ‚Black Box' zu kümmern" (Burkart 2002: 196).

5.6.2   Minimale Medienwirkungsvermutungen

In einer zweiten Phase der Medienwirkungsforschung wurde nun eher die Vorstellung schwacher, geradezu *ohnmächtiger* Medien vertreten, denen es nur unwesentlich gelänge, einen starken Filter interpersonaler, sozialer Netze zu durchdringen und ihr Publikum zu beeinflussen. Dem linearen Wirkungsmodell der frühen Phase wurden differenziertere, selektive Komponenten und Kommunikations*strukturen* gegenübergestellt: An die Stelle eines beliebig beeinflussbaren Massenpublikums traten nun im Meta-Modell der *Minimal Effects* Bevölkerungssegmente, die in ihrem Alltag diverse soziale Bindungen eingehen und Erfahrungen austauschen und Medienbotschaften individuell verarbeiten. Psychische Dispositionen sowie die interpersonale Kommunikation und die Diffusion von Nachrichten, Informationen und Meinungen gewannen an Bedeutung.

Diese Perspektive wurde stark durch die Studie *The People's Choice* von Lazarsfeld, Berelson und Gaudet (1944) inspiriert – eine für die Wahlkampf-forschung (es ging um die Präsidentschaftswahl 1940) wegweisende reprä-sentative Panel-Befragung, die auf sozialpsychologische Gruppenprozesse abhob. Ursprünglich noch in der Stimulus-Response-Erwartung konzipiert, einen direkten Einfluss der Medien auf politische Einstellungen vorzufin-den, führt nach einem der zentralen Befunde dieser Diffusionsforschung (zur Art und Geschwindigkeit der Nachrichtenverbreitung in einem sozialen System) die Medienberichterstattung eher zu einer Bestärkung denn zu einer Konversion bestehender Meinungen; vor allem stellte die Arbeit eine soziale Variable „Meinungsführer" der institutionellen Variable „Massenmedium" gegenüber: Nach dem nun postulierten *Two-Step-Flow-of-Communication* sind politische Einstellungen oder Verhaltensweisen primär, nicht ausschließlich, das Ergebnis interpersonaler Kommunikation innerhalb eines meist homo-genen sozialen Milieus

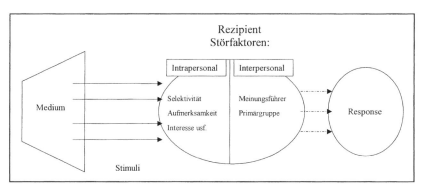

Abb.13: Erweiterung des Stimulus-Response-Modells
Quelle: Eigene Darstellung in Anlehnung an Jäckel 1999b: 67.

Wird in einer ersten Stufe erst ein kleinerer Teil der Bevölkerung (die Mei-nungsführer) von einer Medienbotschaft „wirklich" erreicht, so geben diese Personen ihre durch Medien mit geprägten Erkenntnisse in einer zweiten Stufe an ihre Umgebung weiter, wobei Informationen gefiltert und akzentu-iert werden. Daneben charakterisiert noch die selektive Wahrnehmung diese Perspektive: Menschen würden sich – beispielsweise – gegen Medienein-flüsse schützen, „indem sie ganz überwiegend nur solche Informationen aufnehmen, die den bereits bestehenden Einflüssen entsprechen" (Brosius/Esser 2000: 59); andere Formen der Selektivität wären noch: Interessen, Betroffenheit und Aufmerksamkeit, Erinnern. Drittens, schließlich, spielt die soziale Gruppenbildung und die interpersonale Kommunikation in Bezugs-gruppen eine Rolle: „Die Wahrscheinlichkeit, dass eine bestimmte Form der Kommunikation eine bestimmte Wirkung erzielt, ist danach auch das Resul-tat der Übereinstimmung des kommunizierten Inhalts mit dem Wertesystem der jeweiligen Gruppe" (Jäckel 1999b: 66). Damit wurden die Massenmedien als überraschend ineffektiv klassifiziert: Die Vorstellung wirkungsstarker Medien wurde durch die Faktoren 1) *Meinungsführer*, 2) *defensive Selektivität* und 3) *interpersonale Beziehung* eingeschränkt. Medien könnten also vorhan-dene Einstellungen lediglich *verstärken* – ein begrenzendes Wirkungsmodell, dass zusätzlich in den 50er Jahren durch Leon Festingers *Theory of Cognitive Dissonance* (1957) unterstützt wurde.

Die von Lazarsfeld und der Columbia-Schule forcierten Forschungen zeigten dann in den 50er Jahren, dass eine einfache Teilung der Bevölkerung in Meinungsführer („opinion leader") und Gefolgschaft („follower") den sozialen Prozess der Informationsdistribution nicht differenziert genug dar-stellt. Gegenwärtig orientiert sich die Diffusionsforschung an einem Modell des *Multi-Step-Flow-of-Communication* (vgl. Eisenstein 1994; Schmitt-Beck 2000). Insbesondere in der Folge einer weitgehenden gesellschaftlichen und sozialen Differenzierung und der nachhaltigen Technologisierung der Me-dienkommunikation erscheint das Kommunikationsgefüge weitaus komple-xer, als es im Modell des Zwei-Stufen-Flusses gespiegelt wird. Berücksich-tigt wird beispielsweise, dass bei den Medien selbst Meinungsführer-Medien und Meinungsführer-Personen zu identifizieren sind, die für Journalisten Orientierungsfunktion besitzen (etwa *Der Spiegel*, die *Bild*-Zeitung oder die *Tagesschau*); berücksichtigt werden auch individuelle Faktoren der Meinungsführer (die z. B. selbst häufig die Meinung anderer einholen), die sich nach Thema (z. B. Lokalnachricht oder internationale Politik) ändernde Bedeutung des persönlichen Gesprächs als wechselseitiges Relais der Diffusion von Informationen und mehr.

In ihrer ursprünglichen Form war die Hypothese des „Zwei-Stufen-Flusses" kaum zu halten. Besonders ist die Rolle sozialer Netzwerke auf Themengewichtungen und politische Meinungsbildung hervorzuheben, während Massenmedien eher bei der Aufmerksamkeitssteuerung eine Rolle spielen (vgl. Burkart 2002: 214). Die „Entdeckung" der Meinungsführer und die Berücksichtigung der Interdependenz von massenmedialer und sozialer Kommunikation veranlasste also die Revision der Vorstellung eines beliebig durch Medien beeinflussbaren Massenpublikums. Bis in die 60er Jahre hinein überwog dann in der Medienwirkungsforschung ein „Limited effects model": Politische Einstellungen etwa galten als Folge einer hochgradig selektiven, individuellen Informationsverarbeitung (vgl. Chaffee 1975: 19).

5.6.3   Komplexe und transaktionale Medienwirkungsvermutungen

Die dritte, andauernde Phase der Medienwirkungsforschung wird geprägt von der Annahme subtiler Medienwirkungen, nach der ein Globalbegriff „Wirkungen" nicht mehr den differenzierten Mechanismen der Massenkommunikation gerecht wird; „drei Merkmale kennzeichnen diese letzte Phase: ausgefeiltere Methoden, bescheidenere Hypothesen und differenziertere Ansätze" (Donsbach 1994: 53)[27]. Vor dem Hintergrund der beschriebenen Entwicklung lag ein Perspektivenwechsel geradezu in der Luft: Im Gegensatz zu vorhergehenden Ansätzen, die sich meist auf die Frage konzentrierten „Was machen die Menschen mit den Medien?" fragt nun der *Nutzen- und Gratifikationsansatz* schlicht: „Was machen die Menschen mit den Medien?" Der Ansatz bezweifelt damit die in linearen Transfermodellen postulierte, überwiegend passiv-rezeptive Rolle des Medienpublikums. Vielmehr müssen die sozialen und idiosynkratischen Motivationen, Kognitionen, integrativen und interaktiven Bedürfnisse und Interessen der Rezipienten berücksichtigt werden, die sich aktiv, ihren avisierten „Gratifikationen" folgend, den Medienangeboten zuwenden – oder eben nicht. Dabei spielen beispielsweise frühere Erfahrungen mit Medien bei der Entscheidung, sich einem Medium, einem Genre, einem Format oder einem konkreten Inhalt zuzuwenden, eine wichtige Rolle. So schwer solche Gratifikationen zu präzisieren sind, so sehr besticht doch die Annahme subjektiver, zielorientierter Qualitäten der Mediennutzung: Medienwirkungen hängen damit z. B. nicht nur davon ab, was Rezipienten verstehen *können* oder gar *sollen*, sondern auch davon, was sie verstehen *wollen*[28]. Nun rücken Medienwirkungen wie

---

27   So erlauben z. B. nun Zeitreihenstudien (im Gegensatz zu den „single-shot"-Studien der früheren Jahre), mittel- und langfristige, auch kumulative Effekte zu verfolgen; vgl. Donsbach 1994: 53.

28   Kritisiert wird am Nutzen- und Gratifikationsansatz meist seine über Fragebogen charakterisierte Methode. Nach dieser Kritik nutzen Rezipienten die Medien zumeist unreflektiert; erst wenn sie mit Fragen konfrontiert werden, rationalisieren sie ihr Verhalten, wodurch Antworten möglicher-

Wissenserwerb oder Themenpräferenzen in den Fokus der Analysen (vgl. Kunczik/Zipfel 2001: 292). Die Ausdifferenzierung der Wirkungsforschung findet sich neben dem Methodeninventar (Mehrmethodendesigns) noch in der Unterscheidung von kurz-, mittel- und langfristigen Wirkungen; Medien sind auch nicht per se wirkungsmächtig oder „schwach": Nicht also *ob*, sondern die Frage nach den Bedingungen von subjektiven, situativen und sinnsuchenden Konstruktionsprozessen der Informationsverarbeitung und Unterhaltung gewinnen an Bedeutung. Angelegt war diese Perspektive bereits in den klassischen *Yale Studies* zur Persuasionskommunikation (vgl. Hovland et al. 1953). Heute legen die Erkenntnisse der Forschung „Bescheidenheit und Augenmaß" nahe, durchaus im Sinne einer „Relativitätstheorie der Medienkommunikation" (Weischenberg 1997: 30 ff.): Medienwirkungen sind meist als überaus komplexe Konstellationen zu konzipieren. Medienrezeption *allein* wird – in aller Regel – nicht zu Änderungen des Verhaltens oder der Einstellungen führen. Sowohl die Rede von der Macht, als auch die Rede von der Ohnmacht der Medien greifen deutlich zu kurz. Insbesondere publikumszentrierte Wirkungsmodelle verweisen auf einen differenzierteren Umgang mit Sinn- und Bedeutungszuweisung der Rezipienten[29].

Am elaboriertesten findet sich diese Argumentation im dynamisch-transaktionalen Ansatz (vgl. Früh 1994; Schönbach/Früh 1982). Das Schlüsselmerkmal dieses Ansatzes ist *Interdependenz*: „Alle Faktoren stehen miteinander in Beziehung; *eine* Ursache und *eine* Wirkung ist nicht mehr auszumachen" (Weischenberg 1997: 34; Herv. i. O.). So werden z. B. Gratifikationen und Effekte nicht länger als Gegensätze verstanden. Kommunikationsabsichten beeinflussen Medienaussagen, die wiederum können ein Image eines Mediums, eines Genres oder Formats evozieren, das wiederum Einfluss nimmt auf die Rezeption einer Aussage oder das (künftige) Medienzuwendungsverhalten usf., während andererseits auch beim Kommunikator durch Antizipationen von Publikumspräferenzen (Inter-Transaktionen als Rück-

---

weise nur sozial wünschenswerte Motive widerspiegeln, ja u. U. können auch viele Rezipienten die Gründe, warum sie sich einem Medium zuwenden, schlichtweg nicht verbalisieren. Ein Teil der Nutzensforschung basiert daher auch auf teilnehmenden Beobachtungen – dies nur als Beispiel für methodologische Probleme der Wirkungsforschung.

29 Gelegentlich werden in der Beschreibung der Entwicklung der Medienwirkungsforschung auch *vier* Phasen unterschieden, wobei dann im Gegensatz zu der hier gebrauchten Systematik noch zuletzt ein Wandel von einer Wiederentdeckung des Konzeptes starker Medien hin zu *negotiated media* im Sinne des dynamisch-transaktionalen Ansatzes registriert wird.

kopplungsprozesse) die in traditionellen Ursache-Wirkung-Konzepten noch zu findende Differenzierung zwischen abhängiger und unabhängiger Variable aufgehoben wird: der „Stimulus hat keine fixe Identität" (Früh 1994: 69). Ob die Menschen etwas mit den Medien machen, oder eher umgekehrt, hängt dabei nicht nur von konkreten Medieninhalten ab, sondern auch von den sozialen Situationen, in denen sich Rezeptionsprozesse vollziehen (vgl. Scherer 1997: 335); schließlich sind noch Intra-Transaktionen zu nennen: Interaktionsvorgänge im kognitiven System der Kommunikatoren und Rezipienten. Dynamisch-transaktional meint dann, dass hier z. B. nicht von einem statischen Wissensbegriff ausgegangen wird, sondern davon, dass Informationen oder Kenntnisse immer an einen aktualisierten Anlass gebunden sind und entsprechend verwendet bzw. interpretiert werden. Die Interaktion zwischen Medienangebot und Bedeutungszuweisung ist also mehr als eine Feedback-Schleife, da Wirkung und Rückwirkung nicht mehr unterschieden werden (vgl. Burkart 2002: 243; Früh 1991: 26 ff.). Daraus folgt dann die Annahme, dass in komplexen Medienwirkungszusammenhängen keine klassischen unabhängigen Variablen auszumachen sind, dass Wirkungen sich in einem dynamischen Prozess über diverse Stadien hinweg entfalten und auf Kumulationseffekten beruhen (vgl. Kunczik/Zipfel 2001: 353).

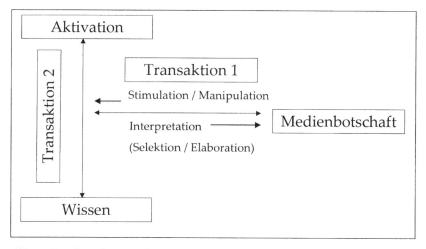

Abb.14: Das Grundmuster des dynamisch-transaktionalen Modells
Quelle: Burkart 2002, S. 242

Gleichwohl spielt die Vorstellung einer Fixierbarkeit von abhängiger und unabhängiger Variable auch heute noch in einer einflussreichen These eine Rolle: in der Wissensklufthypothese. Ihre Geburtsstunde schlug mit amerikanischen Forschungen, in denen sich zeigte, dass Personen aus höheren sozialen Schichten besser, umfassender und früher über politische und andere gesellschaftliche Themen informiert waren als Personen aus statusniedrigeren sozialen Milieus. Wenn, so die Basisformulierung, der Informationsfluss von Massenmedien in ein Sozialsystem wächst, tendiert der Teil der Bevölkerung mit hohem sozioökonomischen Status zu einer rascheren Aneignung dieser Information als andere Segmente. Diese Hypothese beschreibt also nicht-intendierte Folgen der Medienrezeption, wobei in der Regel angenommen wird, dass diese Kluft durch den dynamischen Prozess unterschiedlicher Informationsvermittlungsleistungen größer wird. So variieren die Vorlieben für Informations- oder Unterhaltungsangebote der Medien systematisch mit sozialstrukturellen Merkmalen der Rezipienten, wodurch sich dann eben eine Wissens-Kluft zwischen den „Information Rich" und den „Information Poor" sukzessive vergrößert: Steigt in einem sozialen System der Informationsfluss, dann nimmt aufgrund sozioökonomischer Hintergründe die Differenzierung von Wissens- und Informationsstrukturen zu. Damit dürfte schon deutlich sein, dass diese These angesichts der „Neuen Medien" einige Bedeutung gewinnt, nunmehr unter dem Stichwort *Digital Divide*.

Wie andere Ansätze der Medienwirkungsforschung wurde die Wissensklufthypothese in einigen Folgestudien differenziert, wobei zahlreiche weitere Einflussfaktoren berücksichtigt wurden (vgl. Jäckel 1994: 17 f.): z. B. die Unterscheidung von Faktenwissen und Strukturwissen, Informations*quantität* und Informations*qualität*, die Frage nach naheliegenden und entfernten Themen, nach dem Informationskanal und mehr. Dabei wäre noch eine *Kultivierungsthese* zu nennen (langfristige Wirkungen der Medien auf die Vorstellungen der Rezipienten) und dort die speziellere These der *Videomalaise*, nach der vor allem Menschen, die sich zur Informationsaufnahme überwiegend oder sogar ausschließlich auf das Fernsehen stützen, ein negativeres Weltbild entwickeln würden – weil das Fernsehen, so die Prämisse, überwiegend negative Weltbilder anbieten würde.

*

Die Befunde der Mediennutzungsforschung lassen sich knapp etwa so zusammenfassen: Es gibt ihn nicht, den typischen Mediennutzer; ebenso wenig ist das typisch Publikum von Fernsehen, Hörfunk oder Printmedien auszumachen: „Die Menschen wählen vor dem Hintergrund ihrer Lebenssituation aus einem immer differenzierter werdenden Medienangebot aus, das sich immer enger an spezifische Interessen und Lebenssituationen potentieller Nutzer anpaßt" (Hasebrink 1994: 43). Das gesellschaftliche Kommunikationssystem stellt sich hochkomplementär dar: Persönliche Gespräche und Medienkommunikation ergänzen sich und regen u. U. einander an. Mit der Segmentierung des Publikums wird zudem der Begriff der *Massen*medien mehr und mehr in Frage gestellt. Medienwirkungen werden also nicht nur vom Medium selbst, nicht nur von dem Medienmix, sondern zugleich vom sozialen Umfeld mit geprägt. Dabei scheinen Themen und Informationen, die als wichtig erachtet werden, sehr viel deutlicher von den Medien beeinflusst zu werden als konkrete Einstellungen oder Meinungen. Befunde, die eine direkte Wirkung von bestimmten Medienangeboten auf Rezipienten ausschließen, sagen nichts über effektive Folgen; umgekehrt können Befunde, die direkte Wirkungen nahe legen – Anekdoten im Stile des „WertherEffekts" –, meist nicht verallgemeinert werden (vgl. Hasebrink 2002: 329). Medienwirkungen koppeln sich zudem in aller Regel nicht allein an einen Stimulus: sie *entwickeln* sich im Kontext individueller Lebenssituationen, sie sind zumeist kumulativ und langfristig und lassen sich selten auf einen spezifischen Kommunikationsakt zurückführen (vgl. Donsbach 1990: 38).

Wirkungen sind also sehr differenziert zu betrachten. Medien besitzen vor allem die *Potenzen*, gemeinsame, gesellschaftlich-integrative Themen zur Kommunikation zur Verfügung zu stellen, Themen, die „entstehen", wichtig sind, einen medialen Höhepunkt besitzen und anschließend auch wieder von der öffentlichen Agenda verschwinden (s. u.). Hinsichtlich individueller Wirkungen überwiegt heute in der Literatur eine Art „konstruktivistischer Konsens": Einigkeit darüber, dass Medienwirkungen sich erst durch die während der Rezeption vorgenommenen Konstruktionen erklären lassen. Konventionellerweise fragt die Kommunikationswissenschaft dabei meist nach den Auswirkungen einzelner Medieninhalte und vernachlässigt ihre Aufmerksamkeit für längerfristige Wirkungen, beispielsweise die sozialen

Folgen einer Mediengesellschaft. Damit soll diese Skizze im Kontext der
Arbeit etwas erweitert werden, also hinsichtlich politisch relevanter Me-
dienwirkungsvermutungen.

5.6.4   Politische Medienwirkungsvermutungen

Sind schon die Beziehungen zwischen Rezipient und einer beliebigen Me-
dienaussage meist nur komplex zu beschreiben, so gilt dies in besondere
Maße für Modelle zur Beziehung zwischen Rezipienten und *politischen* Medienaussagen (Aussagen im Kontext der Akteure des engeren politischen
Systems und deren Handeln im Blick auf die Herstellung verbindlicher
Normen). Natürlich erhalten die meisten Menschen in erster Linie über die
Medien Kenntnisse von politischen Vorgängen. Politik mag Teil der Sozialisation und in der Lebenswelt der Menschen unmittelbar präsent sein und
dort diskutiert werden; doch sind es die Medien, allen voran das Fernsehen
und die Tageszeitung, die über begangene „Taten", anstehende Vorhaben,
Positionen bis hin zu Akzentuierungen in Auseinandersetzungen informieren: Politik in der Informationsgesellschaft konstituiert sich überwiegend als
medial vermitteltes Sekundärwissen. Sowohl hinsichtlich der kurzfristigen
Wahrnehmung spezifischer Aspekte oder einzelner Politiker als auch mit
Blick auf eine längerfristige politische Sozialisation darf also eine Art Basis-
wirkung der politischen Berichterstattung unterstellt werden: Wahrneh-
mungen und Beurteilungen der Politik durch die Bürger lassen sich so gesehen ohne Berücksichtigung der Politikdarstellung in den Medien kaum erklären (vgl. Maurer 2003: 320).

Eine zweite allgemeine Anmerkung schließt sich an, denn bei Lichte betrachtet gibt es so etwas wie ein politisches Wirkungs*gebot*: Kritik, Kontrolle,
Transparenz – Stichworte zur gesellschaftlichen Funktion der Medien. Hier
wird ja eine Form von Medieneinfluss unterstellt und gewünscht (vgl.
Schulz 1997: 237): präventiv, in dem sie mäßigend auf die Politik einwirken,
retrospektiv, indem sie gegebenenfalls Vorgänge skandalisieren, informativ,
in dem sie Zusammenhänge und Vorhaben darstellen und erläutern. Zu
unterscheiden sind *in diesem Kontext*[30] Effekte auf der Mikro- und auf der
Makroeben. Effekte auf der Mikroebene sind solche, die sich auf den einzel-

---

30   Effekte auf der Mesoebene würden Organisationen betreffen; derartige Medienfolgen sind nicht
      das Thema speziell dieses Kapitels, werden aber im Verlauf der Arbeit immer wieder aufgegriffen.

nen „Konsumenten" etwa eines politischen Werbespots oder einer Nachrichtenmeldung beziehen. Auf der Makroebene werden individuelle Effekte aggregiert, beispielsweise in Form von Meinungsumfragen oder anderen Indizes einer kollektiven politischen Einstellung (vgl. McNair 1995: 28). Auch ein allgemeiner Trend der Anpassung politischen Handelns an eine Medienlogik – z. B. durch die Inszenierung von Pseudo-Ereignissen – wäre ein Makro-Effekt.

Nun stehen sich, grundsätzlich betrachtet zwei zentrale Wirkungsthesen gegenüber: Mobilisierung vs. Malaise. Nach der *Mobilisierungsthese* haben die Massenmedien unabhängig von den Tendenzen ihrer Aussagen und Inhalte eine mobilisierende Wirkung, als sie die Menschen durch Nachrichten und Information an die Politik heranführen. Die *Malaisethese* geht hingegen davon aus, dass negative Berichterstattung über Politik und Politiker für eine Abkehr der Menschen von der Politik, für eine Politikverdrossenheit (mit)verantwortlich zeichnet (vgl. Maurer 2003). Interessanterweise werden sowohl die Mobilisierungs- als auch die Malaisethese von der Empirie (derzeit) gestützt, zumindest zeigen „Momentaufnahmen" zweierlei: Menschen, die sich häufig medial über Politik informieren, äußern sich weniger politikverdrossen als Befragte mit geringerem Interesse an Politikberichterstattung. Daneben zeigen Studien, die Inhaltsanalysen mit Befragungen kombinieren, dass Rezipienten, die häufig *negative* Informationen über die Politik aus den Massenmedien erhalten, eher eine Distanz zur Politik aufbauen, als Rezipienten, die mit entsprechenden Inhalten weniger konfrontiert werden – wodurch ein gesteigerter Hang zur negativen Berichterstattung erheblich zur „Politikverdrossenheit" beitragen dürfte (vgl. Maurer 2003). Damit steht das „Was?" und das „Wie?" politischer Nachrichten, Berichte, Reportagen in Frage.

Politische Themen betreten und verlassen die politische Bühne mit auffälliger Geschwindigkeit. Nach dem Modell des *Issue-attention-cycle* durchlaufen sie dabei folgende Phasen: „(1) eine Vorphase der Thematisierung, (2) eine Entdeckungsphase, (3) einen Höhepunkt, (4) eine Abschwungphase, (5) eine Nachproblemphase" (Pfetsch 1994a: 14). Die für die Politikwissenschaft wohl bedeutsamsten Befunde zur Wirkung von medialen Thematisierungsprozessen stammen aus der Agenda-Setting Forschung. Nach über vierzig Jahren Forschung gilt es inzwischen als gesichert, „daß die Medienberichterstattung einen starken Einfluß auf die Rangordnung der Wichtigkeit politischer Themen hat" (Pfetsch 1994a: 12). Medien bestimmen in dieser Perspektive weniger *was* Menschen denken, sondern mehr *worüber* sie nachdenken. Diese „ordnende", ja: hierarchisierende Thematisierungsfunktion der Medien kommt dort besonders zum Tragen, wo sich das Publikum kaum ein eigenes Bild von der Realität machen kann, so in der Politik.

Eine Prämisse der Agenda-Setting-Forschung ist, dass es reichlich naiv wäre anzunehmen, die medial vermittelte Dringlichkeit eines Themas ergebe sich allein aus einer objektiven Sachlage. Politik und politische Berichterstattung sind soziale Konstrukte; „Ergebnis einer kollektiven Themen- und Problemdefinition" (Schulz 1997: 151). Die Konstruktionsmechanismen der Medienrealität unter der Funktionsbedingung der Komplexitätsreduktion orientieren sich dabei an Routineschemata wie Nachrichtenwerte – was naturgemäß zu Fokussierung und Vernachlässigung bestimmter Wirklichkeitsaspekte führt. Themen werden zudem unterschiedlich auffällig dargestellt; das a) Faktum der Berichterstattung (*awareness*) und b) Auffälligkeit (*salience*), so die Grundthese, übertragen sich durch Selektion und Zuwendung auf Einschätzungen der Rezipienten zu den Themen (*priorities*). Präsentieren, kurz, die Medien ein Thema als „wichtig und wichtiger als andere", nehmen die Menschen es auch als „wichtig und wichtiger als andere" wahr.

Dabei setzt das Agenda-Setting[31] notwendigerweise einige Aufmerksamkeitsstufen voraus: Die der Medien und die des Publikums. Der zentrale Befund zur Selektionsleistung auf Publikumsseite: Rezipienten wenden sich überwiegend Medienangeboten zu, die ihren politischen Überzeugungen oder Einstellungen entsprechen – was eher zur Stützung bestehender Beurteilungsmuster führt. So interessiert sich die Agenda-Setting-Forschung nicht nur für Themenhierarchien und Zuwendung, sondern auch dafür, ob analoge Prozesse zu (längerfristigen) Einstellungen beobachtbar sind. Medieninhalte haben, dies kurz zusammenfassend, offenbar einen vergleichsweise geringen Einfluss auf kognitive Wirkungen wie politische Einstellungen; hingegen erweist sich die persönliche Gesprächsbereitschaft über politi-

---

31   Der Vollständigkeit halber seien anhängende Begriffe umrissen: *Agenda Building* meint den Versuch, Themen in der Berichterstattung zu lancieren; etwa über PR-Instrumente; *Agenda Cutting* ist das Gegenteil: Themen aus der Berichterstattung herauszuhalten bzw. ihre Bedeutung herunterzuspielen; *Agenda Surfing* meint die Instrumentalisierung von Themen, die man nicht selbst beeinflussen kann, die man aber versucht, in die eigene Kommunikationsstrategie einzuspannen; vgl. Brettschneider 2002a: 38.

sche Probleme und Positionen als bedeutendere Determinanten (vgl. Schenk/Rössler 1994). Neben einen grundsätzlichen Orientierungsbedürfnis ist interpersonale Kommunikation über Politik also stets neben der Medienrezeption zu beachten, zumal aufgrund ihres wechselseitigen und direkten Charakters. Zu intervenierenden Variablen wie z B. politisches Interesse, Engagement oder politische Partizipation liegen allerdings widersprüchliche Befunde vor. Vor allem werden inzwischen Informationsverarbeitungsprozesse beim Rezipienten stärker berücksichtigt (vgl. Kunczik/Zipfel 2001: 359 f.). Heute jedenfalls wird die These, die Medienagenda bestimme die Publikumsagenda *in dieser Übersichtlichkeit* kaum noch verfochten.

Eine wichtige Bedeutung kommt nunmehr auch der Analyse von Agenda-Setting-Prozessen innerhalb der Medien (*Media Agenda-Setting*, *Agenda Building*, *Intermedia Agenda Setting*) sowie innerhalb des politischen Prozesses selbst (*Policy Agenda-Setting*) zu. Als sekundäre Folgeeffekte des Agenda-Setting (auch: *Second-Level Agenda-Setting*) sind das „Framing" und das „Priming" zu nennen – beide Konzepte befassen sich näher mit den Evaluations- und Beurteilungsprozessen: Das „Framing"-Konzept betont den Umstand, dass das politische Geschehen von den Medien *aufgearbeitet* wird, d. h. Themen und einzelne Aspekte werden auf je spezifische Weise präsentiert und eingeordnet, mitunter auch bewertet und akzentuiert, während andere in den Hintergrund rücken oder gar nicht genannt werden – es wird: kontextualisiert. Die Frage ist dann immer „wie?" – und inwiefern dieser Kontext, der „Frame", die Beurteilung des Themas und damit z. B. Anschlusskommunikation beeinträchtigt. Das „Priming"-Konzept orientiert sich daran, dass komplexe Informationsverarbeitungsprozesse (Assoziationen, Erfahrungen usf.) bei Rezipienten sich auch *unter Maßgabe der Kriterien* vollziehen, die die Medien für die Verarbeitung, sprich: Darstellung, Interpretation, Beurteilung einer Sachlage heranziehen – und dass eben dies für die Beurteilung konkret von Politikern eine Rolle spielt. Themen und Themenakzente, die in der Berichterstattung eine besondere Stellung einnehmen, werden also nicht nur als besonders wichtig angesehen, sondern auch als Beurteilungskriterien für Amtsbewerber. „Das bedeutet, daß die Darstellung eines Ereignisses in den Medien je nach gewähltem Bezugsrahmen für bestimmte Parteien oder Kandidaten günstig oder auch ungünstig ausfallen kann." (Schmitt-Beck 2000: 324). Wenn also, so die These, Wähler vor einer Wahl einen Kandidaten oder eine Partei zu beurteilen haben, dann tun sie dies

anhand der Parameter, die ihnen über die der Darstellung der aktuell disku-
tierten Themen und Politikfelder zur Verfügung gestellt werden. Dies abschließend sei erneut betont, dass die Medien indes nicht omnipo-
tent sind in der Setzung der politischen Agenda. Rezipienten setzten sich
der Medienbotschaft nicht passiv aus. Sie setzen sich mit Inhalten auseinander, sie interpretieren, kritisieren, sie können politische Botschaften verwerfen oder akzeptieren. Das medienvermittelte Bild der Bürger einer politischen „Realität" ist immer das Ergebnis eines vielschichtigen, dynamischen,
durch Wechselbeziehungen gekennzeichneten Kommunikationsvorganges,
an dessen Gestaltung und Vollzug, neben den Medien als Themendarstel-
lern, den Rezipienten und ihren kognitiven Fähigkeiten oder affektiven Motivationen, auch Freunde, Verwandte etc. beteiligt sind. Dabei handelt es
sich nicht um eine schlichte Addition diverser Konstrukte, sondern um „eine
Kreation des Individuums, das aus den zugehenden Konstrukten auswählt,
Zusammenhänge herstellt, Interpretationen versucht" (Grosser 1987: 37). Ein
zentrales Problem der Medienwirkungsforschung ist dann die Identifizie-
rung jener Kommunikationselemente, die einen signifikanten Einfluss auf
bestimmte Rezipienten haben, etwa Wähler (vgl. McQuail 1998: 159).

5.7   Wahlkampf und Wählen

Wirkt Wahlkampf? Hat der außerordentliche, professionelle wie ressourcen-
intensive Aufwand, den die Parteien betreiben, Effekte? Und *wenn* Wahlkampf wirkt: inwiefern sind Kommunikationsfolgen eher breit gestreut und
betreffen weite Teile der Bevölkerung, welche sind spezifischer und reflektieren eine fragmentierte, differenziert anzusprechende Wählerschaft? Welche Rolle spielen traditionelle Politikvorstellungen, Kandidaten, aktuelle
Entwicklungen oder kurzfristige „Issues"? Und: Wie sind die Medien in
diesem Wirkungssystem einzuordnen? Tragen sie grundsätzlich (nicht), in
hohem Maße (wie?) zur – demokratietheoretisch so bedeutsamen – Informiertheit der Wählerschaft bei? – Diese oder ähnliche Fragen sind seit den
50er und 60er Jahren wichtige Problemstellungen der Sozialwissenschaften.
Nachdem in der Folge der „People's Choice"-Studie die Erforschung von
Medienwirkungen in Wahlkämpfen einige Zeit stockte, lösten vor allem die
Nixon-Kennedy-Debatten 1960 ein stärkeres Forschungsinteresse aus.

Heute verfügt die Wahlforschung über einen großen Pool an theoretischen Erklärungsansätzen und empirischen Befunden, wenngleich Desiderate zu erkennen sind. Im Grundsatz sind zwei Perspektiven zu unterscheiden: eine medienorientierte und eine wählerorientierte. Im *medienorientierten* Ansatz wird davon ausgegangen, die Massenmedien besitzen mit ihrem hohen Verbreitungsgrad und ihrer quasi-exklusiven Vermittlerrolle von Politik einen im Einzelnen zu präzisierenden Einfluss auf die Wahlentscheidung; dieses Vorgehen ist vor allem in den Publizistik-, Medien- und Kommunikationswissenschaften verortet. In der *wählerorientierten* Perspektive der Soziologie und Politikwissenschaft wird dagegen von der Entscheidung des Wählers ausgegangen, dem dann verschiedene Erklärungsfaktoren (soziodemographische Daten, Parteibindung, Werteorientierung usf.) zugeordnet werden.

Der letztgenannte, langfristige und auf Faktoren bei der Wählerschaft konzentrierte Ansatz dominierte klassischerweise die Wahlforschung; hier wurden eher die Parteipräferenzen bei den Individuen analysiert, weniger, welche externen Faktoren diese Präferenzen generieren. Bereits in der People's Choice-Studie wurde dabei auf die durch das soziale Umfeld bedingte Stabilität politischer Einstellungen hingewiesen: Während des Wahlkampfs wechselten nur relativ wenige Befragte ihre Wahlabsichten – womit seinerzeit Abschied genommen wurde von der Vorstellung wirkungsstarker Medien und eines wirkungsstarken *Campaignings*. Massenmedien wurden lange zur Modellierung des Wahlverhaltens allenfalls am Rande eingeführt.

Mit dem Aufkommen des Fernsehen und neuer Politikvermittlungsformate in den 60er und 70er Jahren wurde allerdings wieder ein Grundverständnis potentieller Medienwirkungen aktiviert. „Siege kann man machen" lautet ein Buchtitel von Albrecht Müller aus dem Jahr 1972 (zit. n. Schmitt-Beck 2002a: 124) – zu einer Zeit, als man in der Bundesrepublik allmählich begann, einen differenzierteren, nicht allein an der klassischen Stammwählerschaft orientierten Wahlkampf zu führen. Etwa in den 80er Jahren gingen dann die Parteien zu kandidatenzentrierten Fernsehwahlkämpfen über; eine „Medienlogik" verdrängt die „Parteienlogik", Wahlkampf orientierte sich nun (relativ betrachtet) mehr an den Mechanismen einer massenmedial vermittelten Öffentlichkeit. Kam zuvor noch den Parteien die Funktion zu, die Wählerschaft zu aktivieren, zählte jetzt das strategische *Agenda Setting* verbunden mit einer fernsehgerechten *Performance*-Leistungen der Spitzenkandidaten zu den zentralen Konstruktionspunkten. Die dargelegte Rolle der elektronischen Medien verändert damit nicht nur die Wahlkampfstrategie, sondern über z. B. Personalisierung oder Visualisierung auch die Wahrnehmung der Politik und ihrer (Spitzen-)Akteure.

Nun werden Wahlkampfmanager naturgemäß die Meinung vertreten, ein professionell organisierter Wahlkampf erhöhe die Chancen ihrer Klienten; dagegen – dies vorab – bleiben zwei Befunde der Medienwirkungsforschung weitgehend unumstritten, so dass „eine Haltung größerer Nüchternheit" angebracht (Schmitt-Beck 2002a: 124) scheint: Zum einen, *dass* Medien (etwa über Kandidaten- und Themenwahrnehmungsprozesse) einen Einfluss auf Wahlentscheide ausüben, zum anderen, dass dieser Einfluss nur *selten* als *direkte Determinante* auszumachen ist. Viel Ungewissheit herrscht noch heute hinsichtlich der Folgen massenmedial fokussierter Wahlkampfstrategien. Und auf Seiten der Forschung mangelt es nach wie vor an Versuchen, die Einflüsse von konkreten Medieninhalten (z. B. Themen, Akzente) auf Wählergruppen zu verschiedenen Zeitpunkten im Wahlkampf zu erfassen bzw. nachzuzeichnen (vgl. Brettschneider/Rettich 2005: 158).

Damit sei daran erinnert, dass a) als eine Folge der sozialen Differenzierung, der Individualisierung, der Auflösung der prägenden Milieus die Bindung der Wähler an die Parteien in den letzten Jahrzehnten deutlich schwächer geworden ist, dass b) sozialdemographische Variablen weniger zur Prognose des Wahlverhaltens herangezogen werden können und c) kurzfristige, von Wahl zu Wahl wechselnde Faktoren für den Wahlentscheid an Bedeutung gewinnen. „Fest" und langfristig binden sich heute beispielsweise nur jeweils rund 10 Prozent der Wählerschaft an eine der großen Volksparteien (vgl. u. a. Holtz-Bacha 2002). Und für die Bundesrepublik gilt ein (wachsender) Anteil von 40 Prozent Wechselwähler als Maßstab einer „Volatilität" der Wählerschaft, die die Bedeutung zielgruppenspezifischer Kommunikationsstrategien zur Herstellung von „Allianzen auf Zeit" (Machnig 2004: 22) steigen lässt (vgl. Falter/Gabriel/Wessels 2005: 10). Auch werden Wahlentscheidungen immer später getroffen – in dem Sinn, dass der Anteil der weitgehend Unentschlossen kurz vor dem Urnengang größer wird. Zugleich ist zu beobachten: Je später die Wählerinnen und Wähler ihre Wahlentscheidung treffen, desto weniger interessieren sie sich für die Wahlkampfangebote der Politik – einer Politik, die mit Blick auf die Unentschlossen zum Ende der Kampagnen „mit maximal gesteigertem Aufwand um ein äußerst schmales Wählersegment [kämpft], das für ihre Anstrengungen zudem [...] wenig Interesse aufbringt." (Schmitt-Beck 2002: 43) Das Ergebnis der Bundestagswahl 2005 respektive die Überraschung, die dieses Ergebnis nicht nur bei den Demoskopen hervorgerufen hat, ist wohl auch darauf zurück zu führen, wie groß mittlerweile das Wählersegment geworden ist, das zur kurzfristigen Wahlentscheidung neigt: Ein Viertel, etwa, gilt als stringent unentschieden (vgl. Holtz-Bacha 2006: 11).

In der Wahlforschung wurde inzwischen eine Abkehr vom soziologischen Modell des Wählerverhaltens hin zum sozialpsychologischen Modell vollzogen – ein Modell, das allgemein gesprochen einen Einfluss der Medienberichterstattung auf politische Einstellungen akzeptiert, unmittelbar z. B. durch Persuasionseffekte, indirekt durch Realitätskonstruktionsangebote wie dem *Agenda-Setting* oder dem *Priming* (vgl. Brettschneider/Rettich 2005: 163). Allerdings wird auch annonciert, dass Wähler eben nicht tagtäglich damit beschäftigt sind, die Kommunikationsangebote der Parteien mit den eigenen Präferenzen abzugleichen. Im einflussreichen „Reasoning Voter" von Samuel Popkin (1991) wird etwa argumentiert, Wähler seien nicht so einfach medial zu „lenken", sie suchen nicht systematisch nach politischen Fakten, sie sammeln auch aus Symbolen, Images, Etiketten, Erinnerungen an Statements, Gesprächen usf. (vgl. auch Althaus 2002c: 22 f.). Daneben wird im sozialpsychologischen Modell davon ausgegangen, dass es mediale Sozialisationsprozesse in der Politikvermittlung gibt, dass z. B. bei der Rezeption bisherige Erfahrungen mit politischen Informations- oder Persuasionsformaten und deren Konstruktionsprozessen eine Rolle spielen: „The Darwinian adaptive trait of our time is the ability to figure out when we are being lied to on television" (Morris 1999: 32).

Brettschneider und Rettich (2005) plädieren daher für ein integriertes Modell der Medieneinflüsse auf das Wahlverhalten, dass sowohl zeitliche Komponenten erfasst als auch multivariate Interaktionseffekte durch die Heterogenität der Wählerschaft sowie Merkmale der Medienberichterstattung selbst. Ihre Prämisse ist, dass Medien durch Ton und Tenor der Berichterstattung über Themen und Kandidaten – *Priming* und *Framing* – mindestens Faktoren im Meinungsbildungsprozess sind, insbesondere dann, wenn dies jenseits enger Parteiidentifikationen geschieht. Neben direkten, potenziellen Effekten durch die Wahlwerbung geht es also im Kern um Agenda-Setting-Prozesse.

Empirisch unterscheiden sich die Wähler zunächst hinsichtlich der *Aufmerksamkeit,* die sie dem Wahlkampf entgegenbringen (vgl. Schmitt-Beck 2002: 27)[32]. Dieses Interesse am Wahlkampf ist hochvariant: Wer sich bereits stark für Politik interessiert und auch anspruchsvollere Medien wie überregionale Tageszeitungen heranzieht, der interessiert sich auch für den Wahlkampf und seine Botschaften. Andererseits sagt die Wahlforschung zugleich, dass Personen, die aufgrund ihrer sonstigen Mediennutzungsmuster einen besonderen Informationsbedarf haben und sich auch weniger an Parteiloyalitäten orientieren, dem Wahlkampf erheblich weniger Beachtung schenken. Wähler, die ein deutlich geringes Interesse für den Wahlkampf aufbringen, gehen auch weitaus seltener zur Wahl (vgl. Schmitt-Beck 2002: 35 ff).

Nach der „Selbstbestätigungs-These" nutzt nun ein großer Teil der Wähler den Wahlkampf als Informationsreservoir zur Bestätigung vorgefasster Meinungen – womit der Wahlkampfkommunikation ein konservatives, da: konservierendes Element zu eigen wäre. Empirisch trifft dies insbesondere bei parteipolitisch gebundenen Wählern zu, weil diese sich im Sinne einer „selektiven Aufmerksamkeit" eher der „eigenen" Kampagne widmen. Dies gilt indes nur eingeschränkt: Zum einen durchdringen die Wahlkampfmedien und die politische Berichterstattung die Lebenswelt der Wählerschaft in einem Maße, das Vermeidungshandeln recht schwierig gestaltet – man wird wohl zwangsläufig auch mit den gegnerischen Positionen konfrontiert. Andererseits gilt in eben diesem Zusammenhang eine parteigrößenabhängige Korrelation: Anhänger von kleinen Partein können den Positionen der „Großen" weniger ausweichen als umgekehrt (vgl. Schmitt-Beck 2002: 38).

Persuasiv kann Medienberichterstattung z. B. durch Zuweisung von Problemlösungskompetenz sein (Partei, Kandidat), die vom Publikum so auch „abgenommen" wird (vgl. Brettschneider 2002: 66); allerdings gilt hier eine Art „goldener Schnitt" der Wahlforschung: Rezipienten befinden sich selten in einer Tabula-rasa Situation, weder Kandidaten, noch Themen gegenüber. Wahrscheinlicher sind solche direkten Medienwirkungen zudem bei Personen, die sich nicht langfristig an eine Partei gebunden fühlen, weil sie sich in ihren Einschätzungen von Sachfragen und Kandidaten eher an

---

32   Für den Bundestagswahlkampf 1990 legt Kepplinger (1998b: 19) folgende Daten vor: An Wahlveranstaltungen nahmen rund 7 Prozent Bundesbürger teil, Kontakte mit Kandidaten oder Wahlhelfern hatten 18 Prozent. Die Wahlkampfberichterstattung in der Tagespresse verfolgten 72 Prozent regelmäßig, im Fernsehen sogar 95 Prozent (die Angaben beziehen sich auf die „alten Länder des Bundes").

der Medienberichterstattung orientieren. Wichtig ist damit das *Priming*: Es verändert nicht bewertungsleitende Einstellungen an und für sich, sondern verleiht einigen Aspekten und konkreten Sachargumenten (von Kandidaten, Parteien) mehr Gewicht als anderen – die wohl prominenteste, empirisch belegbare Wirkung von Medien im Wahlkampf zentriert sich also um Aufmerksamkeitsmodelle: Aufmerksamkeit für die Akteure und ihre Positionen, und das umfasst nicht nur die schlichte Wahrnehmung eines Themas, sondern besitzt durchaus differenzierenden, mitunter wertenden Charakter.

In diesen Zusammenhang fällt dann die Frage nach einem Amtsbonus, also einer Art Aufmerksamkeitsvorsprung *qua officio*. Schönbach und Semetko (1996: 159) gehen nach einer Analyse der Berichterstattung der Wahlkämpfe 1990 und 1994 von einem „Aktionsbonus" aus, der allen Politikern der Links-Rechts-Skala zugute kommt, „wenn sie nur Taten mit – und sei es auch vermeintlicher – Tragweite anbieten können". Ein Regierungsbonus drückte sich nicht in positiveren Wertungen, sondern vielmehr als „Sichtbarkeitsbonus" aus. Überhaupt wiesen lediglich zwischen vier und acht Prozent der von ihnen untersuchten Beiträge positive oder negative Bewertungen auf – und bei diesen handelte es sich weniger um Beurteilungen der Journalisten selbst, sondern mehr um „die Zitate von Lob oder – etwas häufiger – Tadel, die von Politikern über deren Kolleginnen und Kollegen geäußert wurden" (Schönbach/Semetko 1996: 161).

Es liegt auf der Hand, konkreter nach den Quellen zu fragen: Welches Medium wird herangezogen? Rund 56 Prozent der Wählerschaft informieren sich vorrangig aus dem Fernsehen über den Wahlkampf, wobei hier nicht nur an serielle Informationssendungen wie Nachrichten zu denken ist, sondern auch an die Sondersendungen in der „heißen" Wahlkampfphase; lediglich rund ein Viertel gab für den Bundestagswahlkampf 2002 an, sich zentral auf die Printmedien zu stützen (vgl. Zubayr/Gerhard 2002: 586). Je leichter, so die bislang vorliegende Empirie, ein Medium für die weitgehend passive Wählerschaft zu erreichen ist, desto eher entsteht darüber auch der Kontakt zum Wahlkampf: Wahlplakate – in das Straßenbild integriert – sind hier führend, knapp vor Anzeigen und Werbespots; Wahlversammlungen interessieren lediglich einen geringen, im einstelligen Prozentbereich liegenden Teil der Wählerinnen und Wähler (vgl. Schmitt-Beck 2002: 28).

Als die wichtigsten Unterschiede bei den Medien selbst gelten: Printmedien sind nicht wie das Fernsehen in der Lage, eine Emotionalität und Authentizität wie das Fernsehen zu erzeugen. Doch evozieren sie ganz andere kognitive Prozesse und sind eher auf Informationstiefe angelegt; auch vermögen sie aufgrund ihrer anders gelagerten Aktualität, Ereignisse und Themen tiefgründiger zu verarbeiten. Dagegen werden die hohen Nutzungsraten kombiniert mit der Unmittelbarkeit seines Eindrucks für das Fernsehen angeführt. Dass das Fernsehen einen größeren „politischen" Einfluss ausübe als etwa die Presse, ist ein alter, gleichwohl nicht stringent haltbarer Topos deutscher Wahlanalysen (Schönbach/Semetko 1996: 156). So ist ein unterstellter direkter Einfluss nicht hinreichend zu belegen, ja nicht einmal ein Effekt auf die Wahlbeteiligung ist als gesichert vorzutragen.

Gilt dies auch für Wahlwerbespots, also *Paid Media*? Vor rund zehn Jahren hat Christina Holtz-Bacha (1994) in einer Synopse der Wirkungsforschung von Wahlspots festgehalten: 1) *dass* Werbespots wirken in dem sie Wissen über Themen und Kandidaten erweitern (was für kleinere Parteien besonders wichtig ist), und dass sie Einstellungen und Images beeinflussen; allerdings 2) kann eine Kausalkette vom Spot bis hin zur Wahl dieser oder jener Partei, dieses oder jenes Kandidaten nur schwer gezogen werden; über eine solche Linie liegen keine verlässlichen Erkenntnisse vor.

Daneben haben sich die Wahlspots des übergeordneten, häufig kritisierten Phänomens der Personalisierung nicht entzogen. Wähler orientieren sich in der Tat *auch* an eher „privaten" Faktoren, wenngleich Richtung und Vehemenz einer solchen Orientierung stark von den jeweiligen Kandidatenkonstellationen abhängig sein dürfte (vgl. Klein/Ohr 2000). Schließlich lassen sich Wahlen nicht lediglich als meta-kommunikative Prozesse mit allein personeller Machtrelevanz reduzieren. Andererseits aber sind in der modernen Politik mit ihrer eigenen Verflochtenheit Aspekte wie Sympathie und Vertrauen ebenfalls wichtig und in Teilen rational für den Wahlentscheid. Im Bundestagswahlkampf 1998 schien vor allem Gerhard Schröder über einen personenzentrierten Wahlspot an Sympathiewerten gewonnen zu haben (vgl. Kaid/Tedesco 1999).

Werbespots sind heute häufig hochgradig symbolisch-personalisiert – mit strategischem Blick auf die *Rationale*, die Kernaussage der Kampagne: Image advertisments pushing ‚feel-good' themes don't create lasting voter support. At most, they can carry momentum after issues have generated it" (Morris 1999: 32). Nach einer These, die unter dem Label „Issue Ownership" firmiert, entscheiden sich Wähler für den Kandidaten, von dem sie glauben, dass er die in der Medienberichterstattung prominenten Probleme am ehesten zu lösen vermag (vgl. Laver/Hunt 1992) – dem Politiker „gehört" sozusagen das Thema. Strategisch eingesetzt ist es dann vornehmste Aufgabe von Werbespots, dieses Momentum zu evozieren bzw. zu stützen. Die Wählerschaft orientiert sich aber nicht allein an den Themenimages, die von der Wahlkampfführung über *Paid Media* aufgebaut werden (sollen). Für den Erfolg solcher Images ist es letztendlich unerlässlich, dass diese Kompetenz vom politischen Publikum auch mit den in den Medien herausragend thematisierten Fragen korrespondieren. Anders ausgedrückt: Prioritäre Medienberichterstattung über bestimmte Themen *und* die diesbezüglich vermittelte Problemlösungskompetenz eines Kandidaten bewirken *komplementär* eine positive Wahrnehmung und Beurteilung.

Analoges gilt für negative Wahlwerbung, die sich vor allem (in den USA) als taktisches Mittel eignen; auch ihr sollte eine offensives, positives Themenmoment parallel laufen bzw. vorgeschaltet sein: „Campaigns cannot win if they are based on a negative message. Negatives have their place, but they do not form the essential structure of a winning campaign. [...] [N]egatives will only work once you've laid out a raison d'être for your candidacy through positiv ads." (Morris 1999: 38) Angemerkt werden sollte aber, dass in den USA die Zahl der von Kandidaten während eines Wahlkampfes geschalteten Fernsehspots ungleich höher ist. Teil des Medienmanagements ist es dort dann auch, soweit es sich um einen „negative campaign spot" handelt, im Sinne des *Spinning* der Presse Erläuterungen anzutragen (vgl. Matalin/Carville 1994: 149) – in der durchaus berechtigten Hoffnung, die Negativität des Spots könnte dadurch katalysiert werden: Der (kurze) Spot emotionalisiert und wirft ein Schlaglicht auf eine (vermeintliche) Schwäche des politischen Gegners, die Printmedien erläutern sie hintergründiger (soweit das *Spinning* angenommen wurde).

Eine weithin beachtet Neuerung öffentlicher Kommunikation wurde im Bundestagswahlkampf 2002 mit den TV-Debatten – mitunter als „Duelle" etikettiert – zwischen Gerhard Schröder und Edmund Stoiber eingeführt. 2005 folgte eine Ausgabe solcher „Wahlkämpfe im Miniaturformat" (Maier/Faas 2005: 77) zwischen Schröder und Merkel. Zwar war das Format „Kanzlerkandidat trifft Kanzlerkandidat" in der Tat (auf Bundesebene) neu, und die auch öffentliche Aufregung um das „Wann-Wo-Wie" sowie die Frage nach der Moderation erheblich (einschließlich des Versuchs einer

Verfassungsklage durch die FDP[33]), politische Fernsehdebatten und Diskussionssendungen mit den Parteivorsitzenden und Spitzenkandidaten waren
gleichwohl hierzulande schon vorher Teil des Fernsehwahlkampfs. Entsprechende Sendungen unter dem Titel „Drei Tage vor der Wahl" wurden zwischen 1969 und 1987 sechsmal ausgestrahlt, hinzu kamen einige Debatten
auf Landesebene.

Neu war in den 2002er-Debatten die Beteiligung der privaten Sender
RTL und Sat1, die die Ausrichtung der ersten Debatte übernahmen. Der im
Wort „Duell" implizierte Wettbewerbscharakter spiegelte sich in der *face-to-
face*-Situation wieder, in einem starren Regelkorsett (Frage-Antwort-
Nachhaken) und den vorab festgelegten, in der Diskussion verdichteten
Themen. Die Zuschauerzahlen lagen bei rund 15 Millionen (vgl. Zubayr/Gerhard 2002: 587), was der Resonanz der früheren „3-Tage-vor-der-
Wahl"-Sendungen entspricht – und dem Maßstab eines Fußballländerspiels.
Wenngleich die politisch Interessierten hier immer noch den größeren Teil
des Publikums ausmachten, so hat doch ein beachtlicher Teil der Wählerschaft, der sich ansonsten vom Wahlkampf weitgehend fern hält, die Debatten verfolgt (vgl. Maier/Faas 2005: 85). Auch konnte eine Fluktuation dahingehend festgestellt werden, als immerhin knapp 7 Millionen Fernsehzuschauer, die die erste Debatte nicht verfolgten, zur zweiten Debatte einschalteten (vgl. Maurer/Reinemann 2003: 49)[34].

In einer aufwendigen Studie haben Maurer und Reinemann (2003) sich
der Wirkungen der Debatten angenommen. Über die üblichen Vorher-
Nachher-Befragungen hinaus stützten sie sich dabei auf ein Mehrmethodendesign: Inhaltsanalyse, Presseschau, iterative Befragung (Panel), Experimentaldesign und *Real-Time-Response*-Messungen. Ihre zentralen Befunde
zur Wahrnehmung der *Performance* der Kandidaten:

---

33   Das Verfassungsgericht ließ die Klage nicht zur Entscheidung zu und verwies auf die Begründungen der Vorinstanzen: Bei den Debatten handele es sich im Wesentlichen nicht um *Partei*werbung
     bzw. Wahlwerbesendungen im Sinne des Parteiengesetzes, sondern um redaktionell gestaltete
     Sendungen, zu denen die Sender nach Belieben einladen dürften; auch sei der Grundsatz der
     Chancengleichheit nicht verletzt, weil sich allein die *realistisch* aussichtsreichen Kandidaten um
     das Kanzleramt gegenüber stünden; vgl. Maurer/Reinemann 2003: 45.
34   Insgesamt informierten sich 2002 nach den Daten der GfK-Fernsehforschung kumuliert rund 51,7
     Millionen Zuschauer über Wahlsondersendungen bei der ARD, dem ZDF, bei RTL oder Sat1; zwar
     lagen die Sendungen der öffentlich-rechtlichen Rundfunkanstalten in der Zuschauergunst hier
     noch (traditionell) vorne, die privaten Sender konnten gleichwohl im Vergleich zu vorherigen
     Wahlen aufholen; vgl. Zubayr/Gerhard 2002.

- Wer spricht, wird im Grundsatz zunächst positiv wahrgenommen, und wer dazu noch seine eigenen Ziele nennt, profitiert in der unmittelbaren Wahrnehmung stärker als der, der den Kontrahenten und seine Politik attackiert.

- Ein stringent zum Ende des Redebeitrages aufgebautes Argumentationsmuster wird positiv wahrgenommen. Sprachliche oder grammatikalische Fehler fallen nicht so stark ins Gewicht wie der eigentliche Inhalt.

- Emotional verpackte Gemeinplätze wirken: Der Erfolg einer Botschaft in der unmittelbaren Wahrnehmung hing auch mit der Art und Weise zusammen, wie sie vorgetragen wurde. Etwa gingen die Bewertungen für Schröder und Stoiber in die Höhe, wenn sie auch biographisch argumentierten.

- Die Beurteilung der Kandidaten erfolgte deutlich stärker anhand von Persönlichkeits- denn Sachkriterien (wie z. B. Problemlösungskompetenz); Meinungen und Urteile, die sich die Zuschauer während oder unmittelbar nach den Debatten bildeten, waren auch einige Zeit nach den Sendungen noch vorhanden; Parteibindungen erklären dennoch die bekundete Wahlabsicht stärker als die aus den Debatten gezogenen Urteile über die Kandidaten; hingegen können nicht gebundene bzw. unentschlossene Wähler durch das Auftreten der Kandidaten gewonnen werden; bei den politikfernen Wählersegmenten, für die die Debatten dann ein zentrales Ereignis waren, konnte der stärkste Einfluss nachgewiesen werden.

- Die Bedeutung der Nachberichterstattung ist hoch einzuschätzen, d. h. die Interpretation der Debatte durch Journalisten hat einen deutlichen Einfluss auf die retrospektive Beurteilung.

Letztlich kommen Maurer und Reinmann zu dem Ergebnis, dass 2002 etwa 10 Prozent der – allerdings: nicht repräsentativen – Probanden ihre Wahlentscheidung aufgrund der Debatten geändert haben: bei einem später dann realisierten Vorsprung von 1,2 Prozent der Rot-Grünen Koalition ein spannender Befund. Wahlkämpfe und eben die Debatten treffen ja nicht auf Wähler ohne jegliche Meinung, Einstellung, Präferenz, Priorität, und so hat die Debattenforschung bislang wie in anderen Wirkungsarenen eher verstärkende Effekte hervorgearbeitet und selten Konversionsfolgen (vgl. Maier/Faas 2005: 80).

Alles in allem wird der Ausgang der Debatte überwiegend nach parteipolitischer Präferenz beurteilt. (Wenn Journalisten sich in ihrer Nachwahl-
Berichterstattung auf ad-hoc Umfragen unter den Zuschauern stützen, dann
ist die Zusammensetzung dieser Befragten ausnehmend interessant, schon,
weil eben diese Nachwahl-Formate einigen Einfluss auf mögliche Konvertierungen besitzen.) Die „Duelle" wirkten sich auch positiv mobilisierend auf
die Wahlbeteiligung aus. Rund zwei Drittel der Zuschauer sind der Ansicht,
dass es solche Duelle vor den Wahlen regelmäßig geben sollte (vgl. Zu-
bayr/Gerhard 2002: 589). Allerdings wurde das starre Regelkonzept, das
Argumentationskorsett und das Zeitlimit kritisiert, die ja ein Antwortverhal-
ten nahe legten, das auswendig gelernt erschien; das politische Publikum
bevorzugt offenbar ein am spontanen Schlagabtausch orientiertes Format
(vgl. Dehm 2002).

Die hier skizzierten Befunde zu Wahlkampfwirkungen deuten insgesamt
darauf hin, dass Wahlkämpfe und einzelne Formate sehr wohl Einfluss auf
die Wahrnehmung und Beurteilung von Politik und Politikangeboten nehmen, wenngleich doch weniger, als gelegentlich von den Wahlkampfmanagern angenommen – it depends (vgl. Falter/Römmele 2002). „Aber das gilt für
alle Instrumente, Aktivitäten, Programme und politischen Inhalte eines
Wahlkampfes: Was wirklich gewirkt hat und wie viel, bleibt im Nebel. Die
Wirkungsforschung ist (zum Glück) nicht so weit, eine Wahl-(oder Werbe-)
Kampagne ausrechenbar erscheinen zu lassen" (von Alemann 2003: 58).
Ähnlich resümiert Dick Morris, einer der bekanntesten Berater Bill Clintons:
„So, there is good news and bad news for the politician. The bad news is that
his staff can have little influence over how his ideas are presented by the
media. But here is the good news: it doesn't really matter." (Morris 1999:
120). In der Gesamtschau ist den Wahlstudien zu entnehmen, dass es zumeist nicht reicht, nach allen Regeln der Werbekunst Slogans, Plakate, Spots
usf. zu entwickeln und auf den politischen Meinungsmarkt zu werfen. Botschaften treffen auf tradierte Einstellungen, auf gewachsene Wahrnehmun-
gen, auf voreilige und/oder durchdachte Bewertungen von langfristigen
Parteibindungen und kurzfristigen Problemlagen, auf Kandidatenorientierungen usf. Diese Faktoren können, müssen aber nicht einer wohlkalkulier-
ten Kommunikationsstrategie entgegen wirken; allemal aber besitzen sozial-
strukturelle Merkmale eine im politischen Raum insbesondere im Wahlkampf zu beachtende Wirkungsmacht, während den Medien überwiegend

verstärkende Wirkungen, in einzelnen Formaten bei bestimmten Segmenten allerdings auch Konvertierungen zugesprochen werden. Erkennbar ist, dass künftig Mehrheiten zunehmend aus einem beständig wachsenden Pool an schwer greifbaren, spät entscheidenden Wechselwählern geschmiedet werden müssen.

5.8 Notizen zu den Wahlkampagnen ab 1998

So wie bei den Wahlen zum Deutschen Bundestag in den Jahren 1953 und 1957 nach damaligen Kriterien die Wahlkampfführung bzw. einzelne Kampagnenelemente als „innovativ" galten, so sind die Wählkämpfe 1998 und 2002 als Marker neuer Wahltechniken bzw. eines neuen Kampagnenstils beschrieben worden; die rasch organisierten 2005er Kampagnen schlossen sich dem an. Natürlich wurde von den Parteien das „Wahlkampfrad" in diesen letzten Bundestagswahlkämpfen nicht neu erfunden – im Rückblick werden dennoch einige Neuerungen in der Anlage, im Selbstverständnis, in der Strategie und Operation deutlich.

Vor allem, dass die SPD in der *Kampa* die Organisation ihrer Wahlkampfführung außerhalb ihrer Parteizentrale organisierte, war ein Novum der deutschen Parteigeschichte[35]. Nach dem Vorbild der amerikanischen „*War Rooms*" sollte über eine straffe Struktur, kurze Entscheidungswege und unmittelbare Koordination aller Parteiebenen sichergestellt werden, dass die Wahlkampfführung rasch, effizient und schlagkräftig auf die Unwegsamkeiten der Auseinandersetzung reagieren konnte. Etwa ein Jahr vor dem Urnengang nahm die *Kampa* ihre Arbeit auf – und demonstrierte, als Nebeneffekt, gegenüber den Parteimitgliedern, den Kontrahenten und der Öffentlichkeit die Professionalität, mit der man den Regierungswechsel herbeizuführen gedachte (vgl. Holtz-Bacha 2003b: 9; Ristau 1998). Die *Kampa* als Organisation wurde zum Symbol ihrer eigenen Botschaft: ein „Kampfzentrum" für politische Veränderung, das auch der Partei ein neues Politikbild gleichsam überstülpen sollte – nicht Programmschlachten sollten künftig geführt werden, sondern ein wohlfeiler Marketingfeldzug, „nicht mehr Traditionspflege, sondern Markendenken" (Geyer et al. 2005: 35).

---

35 Rein personell betrachtet wird diese Externalisierung gelegentlich überschätzt, das sich in der Kampa durchaus eine Mitarbeiterkontinuität mit dem Willy-Brandt-Haus fand.

Die Kommentierung dieser 1998er-Kampagne der SPD kumulierte meist in „Amerikanisierung" – einer, wie beschrieben (vgl. Kap. 2.5), umstrittenen theoretischen Konzeption. Gleich welcher Position man sich hier anschließen mag: Eine Modernisierung der Kampagnenführung wird im Kern anhand dreier Faktorengruppen bestimmt: *Erstens*, die technische Entwicklung, *zweitens* die Frage der Nutzung von spezifischen Ressourcen wie berufsmäßige Wahlkampfmanagern sowie, *drittens*, die strategische Planung und Operation eines zielgruppengenauen Themenmanagements (vgl. Farrell 2002: 87).

Der SPD-Wahlkampf 1998 gliederte sich in fünf Phasen (vgl. von Webel 1999: 15 f.): In der ersten Phase (bis Juli 1997) ging es um organisatorische Belange, um Personalfragen, um die Wahlkampfzentrale usf. In der zweiten Phase (bis November 1997) folgten weitere logistische Vorbereitungen für die Zentrale, die im September dann ihre Arbeit aufnahm. Bis zum Ende des Jahres 1997 wurden dort Basisfunktionen etabliert, etwa die Pressearbeit. Es folgte im ersten Vierteljahr 1998 die Herstellung der vollen Arbeitsfähigkeit der *Kampa*. Ab April konnte der eigentliche Wahlkampf beginnen.

Zuvor trugen wichtige Personalentscheidung zur Konsolidierung der SPD nach ihrer Wahlniederlage 1994 bei – Oskar Lafontaine als neuer Parteivorsitzender, Franz Müntefering als Bundesgeschäftsführer und Wahlkampfleiter, Manfred Stolpe als Vertreter ostdeutscher Belange, Gerhard Schröder als wirtschaftspolitischer Sprecher (vgl. von Webel 1999: 14). Wichtigste Aufgabe der SPD wurde nun die Schaffung einer Wechselstimmung, einer Stimmung, die sich doppelsinnig am Gegenkandidaten festmachen ließ: „Danke Helmut, (aber) es reicht". Im Mai 1997 hatte die Partei rund 700 Unternehmer, Wissenschaftler und Politiker zu einem „Innovationskongress" nach Düsseldorf geladen, um, einem Strategiepapier folgend, „Imagedefizite zu korrigieren" und das SPD-Bild neu zu justieren (vgl. Geyer et al. 2005: 33). Unter dem Motto „Wir sind bereit" stellte man als Generalstrategie eine moderne SPD einer verschrobenen CDU gegenüber und zielte auf eine „Neue Mitte". Um eine derartig „optimale Wählerkoalition" (Ristau 1998: 5) für den Wahlkampf zu schmieden, wurden in Zusammenarbeit mit Meinungsforschungsinstituten vier Schlüsselbegriffe für die eigentliche, noch anstehenden Programmarbeit entwickelt: *Innovation, Gerechtigkeit, Politikwechsel, politische Führung.*

Bereits diese Begriffe signalisierten, dass unter der „Neuen Mitte" keinesfalls eine heterogene Zielgruppe verstanden wurde: *Gerechtigkeit* zielte auf die sozialdemokratischen Stammwähler sowie das katholische Sozialmilieu, von dem angenommen wurde, man könne es in Teilen von der CDU abziehen. *Innovation* und *politische Führung* zielten auf schwach gebundene CDU-Wähler. Die konjunkturellen Nicht-Wähler, die sich an einer neuen Regierung interessiert zeigten, wurden mit dem Wortfeld des *Wechsels* angesprochen. Diese Schlüsselbegriffe wurden in der Öffentlichkeitsarbeit und Werbung in Worten, Bildern und Symbolen systematisch wiederholt und „innerparteilich strikt" vermittelt (Ristau 1998: 5). Im Laufe des Wahlkampfs, das legten Medienresonanzanalysen nahe, konzentrierte man sich später allerdings mehr auf *Gerechtigkeit* und *Wechsel*. Parallel hierzu standardisierten die Sozialdemokraten sich selbst noch über ein *Corporate Design*. „Keiner sollte ausscheren, weder der Ortsverein beim Briefpapier, noch der Bundestagsabgeordnete bei politischen Äußerungen." (von Webel 1999: 26)

Auch 2002 waren die Kampagnen der Volksparteien geprägt von der Auseinandersetzung um die politische Mitte, von der man sich strukturelle Mehrheiten erhoffte. „Die Demokratische Linke hat die gesellschaftliche Mitte erobert" – so Gerhard Schröder nach dem knappen Erfolg damals (zit. n. Cecere 2003: 69); zuvor hatte die CDU in einer „Operation Heimkehr" über die Verknüpfung von „Mitte" mit wirtschaftspolitischen Argumenten eben diese „Neue Mitte" zurück erobern wollen. „Die Neue Mitte *Schröders* war der vorerst gelungene Versuch der politischen Beschlagnahme eines gesellschaftlichen Ortes. Der Begriff spiegelt facettenreich die eher geahnten als begriffenen Veränderungen in der Politik, Gesellschaft und Kultur seit dem Ende des Bonner Kapitels der deutschen Nachkriegsgeschichte." (Ristau 2002: 146; Herv. i. O.) Schon im Wahlkampf 1998 entspann sich ein Debatte darüber, was und wer sie sei, die Mitte – jenseits der Wahlplakate: „Die Mitte in Deutschland"; „In Deutschland ist die Mitte rot" usf. *Mitte*, so der Tenor der Kommentare, sollte wohl für Ausgewogenheit und Balance, für Tradition *und* Moderne stehen. Diese Kunst des *Anything Goes* hat Josef Joffe in *der Zeit* als „Pu-Strategie"[36] bezeichnet: Pu der Bär wird auf einer Party gefragt, was er denn als Aufstrich vorzöge: Marmelade oder süße Kondensmilch? Antwort: „Beides – aber auf das Brot kann ich verzichten."[37]

---

36 Die Zeit, Nr. 35, vom 24. August 2000, S. 2.
37 Derart Flagge links und rechts der politischen Mitte zu zeigen, steckt auch im „Compassionate Conservatism" von George W. Bush: den sozioökonomisch eher schwächeren Schichten wird ein

Auffälligste übergeordnete Entwicklung hierbei ist der Schwenk von einer „Verkaufs"-Perspektive, bei dem die Parteien ein Produkt mit diesen oder jenen Qualitäten zu verkaufen suchen, hin zu einer „Marketing"-Perspektive, in der sich das Produkt nach den (wahrgenommenen, erforschten) Wünschen der Kunden, also: Wähler richtet (vgl. Farrell 2002: 94). Dazu gehört gegebenenfalls auch der Abwurf von ideologischem Ballast – von Programmpositionen, die aufgrund ihrer Natur Publika abschrecken könnten; dazu gehört auch, auf eigene Allianzen Rücksicht zu nehmen, etwa im Botschaftsmanagement gegenüber dem (möglichen) Koalitionspartner.

Organisatorisch wies die *Kampa* nur zwei Hierarchieebenen auf (vgl. von Webel 1999: 17): Zum einen lag eine „Richtlinienkompetenz" bei dem Kanzlerkandidaten, dem Parteivorsitzendem und dem Parteipräsidium; dieser Kreis traf alle wichtigen (Programm- und Strategie-)Entscheidungen. Dieser Gruppe gleichgestellt war ein „erweiterter Leistungskreis": Bundesgeschäftsführer Franz Müntefering und sechs weitere Personen, die sich verantwortlich um die Koordination der Kampagne kümmerten. Die übrigen etwa 70 Mitarbeiter der Wahlkampfzentrale setzten als mehr oder weniger gleichberechtigte Kräfte das Wahlkampfkonzept in zehn Abteilungen um. Daneben wurden sie spätestens mit der heißen Wahlkampfphase von den etwa 200 Mitarbeitern des Erich-Ollenhauer-Hauses sowie rund 1 000 Personen aus den Fraktionen, aus Agenturen, Unternehmen sowie Experten aus den Ländern, aus der Wissenschaft und auch den Medien unterstützt (vgl. Ristau 1998). Insgesamt acht Partneragenturen standen der SPD zur Seite (vgl. von Webel 1999: 19 f.), federführend das Meinungsforschungsinstitut POLIS und die Kreativagentur KNSK/BBDO – die bislang keine Erfahrung mit politischer Werbung hatte (vgl. Gries 2002: 89)[38]; nach Maßgabe der von den Demoskopen ermittelten Bevölkerungsstimmungen wurden kommunikative Grundlinien bestimmt und für die Gestaltung der werblichen Instrumente wie Plakate, Broschüren und Handzettel herangezogen. Auch die Pressearbeit stellte sich insofern „professionell" auf, als es keine Spontaninterviews des Kandidaten gab – „alle Termine mußten [...] mit der Kampa abgesprochen werden" (von Webel 1999: 33).

---

niedrigerer Steuereingangssatz angeboten, den höheren die Abschaffung der 55-Prozent-Erbschaftssteuer.

38   Da Public Relations und Werbung sich in der Praxis des Wahlkampfe häufig überschneiden, haben beiden Volksparteien 2002 dann auch nur noch jeweils eine Agentur damit beauftragt; vgl. Müller 2002: 632.

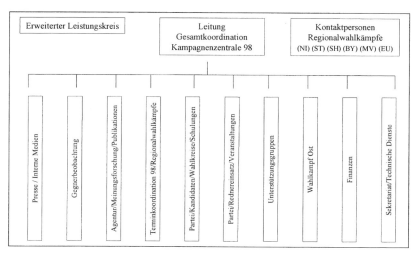

| Erweiterter Leistungskreis | Leitung
Gesamtkoordination
Kampagnenzentrale 98 | Kontaktpersonen
Regionalwahlkämpfe
(NI) (ST) (SH) (BY) (MV) (EU) |

- Presse / Interne Medien
- Gegnerbeobachtung
- Agentur/Meinungsforschung/Publikationen
- Terminkoordination 98/Regionalwahlkämpfe
- Partei/Kandidaten/Wahlkreise/Schulungen
- Partei/Rednereinsatz/Veranstaltungen
- Unterstützungsgruppen
- Wahlkampf Ost
- Finanzen
- Sekretariat/Technische Dienste

Abb. 15: SPD-Kampagnenzentrale 1998
Quelle: von Webel 1999: 19.

Innerhalb der Kernstruktur der *Kampa* erregte die personalintensivste Abteilung, die Abteilung „Gegnerbeobachtung" – an und für sich nicht neu – viel Aufmerksamkeit im *Amerikanisierungs*-Tenor. „Neu war [...] die Systematik und die Intensität [...] sowie eine Aufgabenstellung, die über Beobachtung und schnelle Reaktion hinaus ging und die Entwicklung von eigenen Kommunikationslinien einbezog." (Cecere 2002: 75) Zu einiger Aufregung im Spionage-Modus kam es, als bekannt wurde, dass Dossiers über opponierende Direktkandidaten angefertigt worden waren. In den USA – wiederum – ist *Opposition Research* für die rasche, reaktionsfähige Medienarbeit unumgänglich, wobei mehr als gelegentlich der schmale Grad hin zur kontraproduktiven Schlammschlacht erkennbar wird. Hierzulande findet sich kaum eine publizistische oder wissenschaftliche Beschäftigung mit den Instrumenten und Effekten der Gegnerbeobachtung (vgl. ebd.: 67). Dabei gehört inzwischen die systematische Beobachtung der politischen Konkurrenz zum Handwerkszeug des *Campaigning* – um Informationen zu gewinnen, die für die eigenen strategischen Planungen von Interesse sind: Zitate, Abstimmungsverhalten, Bilanzen, Divergenzen innerhalb opponierender Parteien, Widersprüche, Ressourcen usf. Gegnerbeobachtung hat also weniger Schlammschlacht- denn eine strategische Beratungsfunktion gegenüber der

Wahlkampfleitung und dem Politikmanagement: Wahrnehmung, Analyse, Reaktion (ebd.). Auch die Bedingungen der Auseinandersetzung mit dem politischen Gegner haben sich mit den Informations- und Kommunikationstechnologien geändert; Recherche, Informationsverbreitung, Zugriff auf Datenbanken und Archive sind rascher, kostengünstiger und effizienter zu organisieren. Überhaupt wurde die interne Kommunikation durch das 1998 eingeführte Intranet verbessert und erlaubte Franz Müntefering, täglich eine Parole an Tausende Multiplikatoren im Land auszugeben.

Daneben entwickelte die *Kampa* für 32 Wahlkreise, die in der Vergangenheit umkämpft waren oder die von einem prominenten Mitglied des Kohl-Kabinetts vertreten wurden, ein spezielles Programm, dass die Konkurrenz weiter verunsichern sollte[39]. Der Wahlkampf wurde dort besonders früh begonnen, Werbemittel wurden den lokalen Umständen angepasst und prominente Sozialdemokraten traten gehäuft auf (vgl. Ristau 1998: 8; von Webel 1999: 22). In allen Wahlkreisen wurden den Kandidaten und ihren Mitarbeitern ein umfangreiches Schulungsprogramm angeboten, darunter Seminare zur Wahlkampfstrategie oder zum Telefon-Campaigning. Daneben versorgte die Wahlkampfzentrale die örtlichen Kombattanten mit Informationsmaterial, Wahlkampfutensilien und vorgefertigten Reden, die nach dem Baukastenprinzip an die örtlichen Gegebenheiten adaptiert werden konnten (vgl. von Webel 1999: 22). Um all dies zu optimieren, um die Mitglieder, Mitstreiter, Funktionäre und Kandidaten auf dem Laufenden zu halten, um die Aktivitäten zu koordinieren und insgesamt eine einheitliches, geschlossenes Bild nach außen zu liefern, stützen sich die Sozialdemokraten auf das schon erwähnte Intranet. Informationen wie z. B. eine „Negativ-Bilanz" der Regierung Kohl konnten hierüber rasch verbreitet werden. „Die Geschäftsstellen konnten über das Intranet außerdem die neuesten Pressemitteilungen, aktuelle Flugblattvorlagen, Themen, Argumente und Reaktionen abrufen." (ebd.: 24) Ähnliches leistete ein Fax-Service.

In der Retrospektive erschien manchem Beobachter die Metakommunikation in und über die *Kampa* „wichtiger als der reale Output" (Ristau 1998: 9). Die Bedeutung also der Berichterstattung über die Professionalisierung und Inszenierung des Wahlkampfs an und für sich war ein zentraler Punkt für das Image der SPD als innovativ, modern usf. Kaum Wunder, könnte

---

39   Letztlich konnte die SPD 26 dieser 32 Wahlkreise gewinnen; bundesweit waren es 212 von 328; vgl. Ristau 1998: 8; von Webel 1999: 23.

man meinen, wenn im Wahlkampf 2002 die meisten etablierten Parteien – vordergründig – einen Wahlkampf nach *Kampa*-Manier führten oder führen wollten. Zumindest hatten andere Parteien den SPD Wahlkampf 1998 sehr genau studiert – mit dem Ergebnis eines deutlichen Professionalisierungsschubes (vgl. Fengler/Jun 2003). „Keine der beteiligten Parteien kann erwarten, dass ihre Konkurrenten auf den Einsatz neuer ‚Waffensysteme' im Kampf um die Gunst der öffentlichen Meinung verzichten werden. Schon rein vorsorglich, um etwaige Wettbewerbsnachteile zu verhindern, muß daher jede von ihnen darauf bedacht sein, alle sich bietenden Chancen der Selbstdarstellung und strategischen Kommunikation konsequent zu nutzen und sich selbst jederzeit mit allen neu verfügbaren Techniken und Werkzeugen der Öffentlichkeitsarbeit auszurüsten" (Schmitt-Beck 2002a: 113). Allerdings wurden schon in der Wahrnehmung der Kampagnen durch den Journalismus andere Akzente gesetzt: : „Alles ist anders, vor vier Jahren wirbelte die Kampa die SPD durcheinander wie ein Tornado, jetzt ist sie ein Designerlüftchen" (Geyer et al. 2005: 175). Vor allem verloren in der medialen Resonanz die „Spin-Doctors" doch etwas an Glanz (vgl. Tenscher 2005: 125). Geblieben sei hingegen, dass die ganze Organisation einem Umfragejunkie gleiche, Demoskopen suchen nach den Formeln für den Wahlkampf, nach der Etikette, nach der neuen „neuen Mitte", den „deutschen Weg".

Die PDS setzte seit April 2002 auf ein *WahlQuartier*. Die FDP legte sich frühzeitige auf die Strategie 18 fest, schon auf einem Parteitag im Mai 2001 – und auf einen eigenen Kanzlerkandidaten. Nicht zuletzt das recht gute Abschneiden der Liberalen in Nordrhein-Westfalen verleitete zu dieser Strategie, die letzlich ganz auf Guido Westerwelle ausgerichtet wurde. Auch bei den GRÜNEN fanden sich für die Partei doch ungewöhnliche Personalisierungsstrategien (Joschka Fischer) (vgl. Holtz-Bacha 2003b: 25). Die Union hatte ebenfalls den 98er Wahlkampf der SPD sorgfältig studiert; dass allerdings nicht einfach kopiert wurde, begann schon damit, dass die CDU/CSU ihre Kampagne vom Konrad-Adenauer Haus leitete, also nicht der Auslagerungs-Strategie der SPD folgte. Wohl auch in der Folge der Schwarzgeldaffäre setzte man auf die maximale Ausschöpfung und Einbindung der vorhandenen Mitarbeiter. Allerdings wurde innerhalb des Konrad-Adenauer Hauses die „Arena 02" mit dem Stoiber Team zusammen geführt. Letztlich stützet man sich also auf drei Wahlkampfeinheiten: Das Stoiber-Team und die Parteizentralen in Berlin und München.

Bei der SPD blieb die Struktur der (Ur-)*Kampa* im Kern erhalten (vgl. von
Alemann 2003) – firmierend unter *Kampa2*. Nun war aber diese *Kampa2* in
zweierlei Hinsicht problematisch: erstens kämpfte sie gewissermaßen gegen
ihren eigenen Mythos; zum zweiten war mit dem Kanzleramt neben der
Bundesgeschäftsstelle eine dritte zentrale Organisation hinzu gekommen;
Spannungen blieben dann auch nicht aus. Und stand der Wahlkampf 1998
noch ganz unter dem Eindruck einer (Wechsel-)Kampagne, so lässt sich die
2002er Kampagne – jeder Wahlkampf ist anders – knapp mit „Ich oder der"
charakterisieren (Holtz-Bacha 2003b). Die Zentralität dieser Strategie, so wie
sie sich aus den Statements Schröders ergab, wurde jedoch nach einiger Zeit
zurück genommen. Das Bundeskanzleramt und die *Kampa2* kamen überein,
dass „Personen, Programme und Symbolik nur im Dreiklang erfolgreich
sein können und eine Strategie der reinen Personalisierung angesichts der
politischen Kultur Deutschlands ins Leere laufen würden" (Fengler/Jun
2003: 183). Eine derartige Zurückhaltung fand sich auch in der Anlage des
Wahlparteitages – der ja mit der Leipziger „Inthronisation" 1998 ein eigenes,
einprägsames Vorbild hatte. Diesmal setzte man auf die Inszenierung der
Nicht-Inszenierung (Holtz-Bacha 2003: 11), um Gerhard Schröder vom
Image des „Medienkanzlers" zu entlasten.

Wie kaum ein anderer aber war der 2002er-Wahlkampf durch überraschende Themen geprägt: im Februar traf der Kölner Spendenskandal die
SPD; im März kam es zu einem Eklat im Bundesrat bei der Abstimmung
über das Zuwanderungsgesetz; im Juli trat Telekom-Chef Ron Sommer zurück, nachdem auch aus Kampagnenkreisen über Gerüchte zu seiner Ablösung spekuliert wurde; im Juli verstrickt sich Rudolf Scharping in eine PR-
Affäre; Mitte August kommt es zur Flutkatastrophe in Ostdeutschland; Ende
August, Anfang September entwickelt sich die Irak Krise; kurz vor dem
Wahltag profiliert sich Justizministerin Hertha Däubler-Gmelin mit einem
Bush-Hitler Vergleich und der FDP-Politiker Jürgen Möllemann evozierte
über ein Flugblatt eine Antisemitismus-Debatte. Meta-kommunikativ fanden
sich zwei Themen, auf die latent zurück gegriffen wurde: zum einen die
Frage nach der Inszenierungs- und Medienkompetenz von Stoiber; zum
anderen avancierten die Kampagnenführer selbst – Spreng und Machnig –
zu Medienstars; waren sie bis dato nur auf der Hinterbühne bekannt, so
fand sich im 2002er Wahlkampf ein neue Qualität in Form eines „Beraterwahlkampfes": Auftritte dieser Manager in den Medien, nicht nur, wie bis-

lang durchaus üblich, in Wissenschafts- und Parteikreisen; Michael Spreng, beispielsweise, war zu Gast bei „Drei nach neun" (NDR), bei den Personality-Shows „Beckmann" (ARD) und „Kerner" (ZDF) (vgl. Nieland/Kugler 2004: 90) und inszenierte dort die eigene Tätigkeit verbunden mit einem vorgeblichen Imagewandel (und der „Nicht-Inszenierung") des Kandidaten Stoiber. Auch im Umfeld der Spitzenkandidatenduelle wurden die Wahlkampfmanager selbst zu gefragten Interviewpartnern.

Der Wahlkampf 2005 zeichnete sich gegenüber den vorherigen durch wenig technische oder organisatorische Neuerungen aus, was auch auf die kurzfristige Ansetzung der Wahl zurückzuführen ist. Ebenso darf die Themenvarianz als eingeschränkt festgehalten werden, ging es doch im Kern um die bekannten Argumente für oder gegen die Reformen in der Sozial-, Wirtschafts- und Arbeitsmarktpolitik. Wahlstrategisch allerdings mag doch als Besonderheit festgehalten werden, dass die führende Regierungspartei, die SPD, diesen Wahlkampf aufgrund ihrer ungewöhnlich schlechten Ausgangsposition (von der aus es eigentlich nur etwas zu gewinnen, kaum etwas zu verlieren gab) *auch* als Oppositionswahlkampf organisieren musste; nur so (aus der Perspektive des sicheren Verlierers) erklärt sich wohl der Auftritt Gerhard Schröders am Wahlabend in der ARD/ZDF-Runde, in der er die (knapp) verlorene Wahl (knapp) gewonnen haben wollte.

5.9   Zwischenfazit

Seit etwa Anfang bis Mitte der 90er Jahre entwickeln sich Wahlkämpfe zu „postmodernen Kampagnen" (vgl. Norris 1999: 3), in denen Parteien sich hinsichtlich ihrer Programmatik, der Zielgruppenansprache und des *Newsmanagements* sachlich, zeitlich und technisch professionalisieren. Politikberatungsexperten aus der Werbung, dem Marketing und der Demoskopie gewinnen dabei – *relativ betrachtet* – an Bedeutung für die Operation der Kampagnen. „Wahlkampf ist Diktatur auf Zeit" – so beschrieb einmal ein SPD-Generalsekretär in Baden-Württemberg (zit. n. Griese 2002: 87) den Bedeutungsverlust traditionell federführender Parteigremien; oder seitens der Politikberatung selbst: „Amateure dienen nur noch als Fußtruppen, aber der Generalstab wird mit Profis besetzt" (Althaus 1998: 15).

Doch handelt es sich hier nicht um eine stringente Entwicklung z. B. aufgrund der Übernahme „amerikanischer" Methoden; die Modernisierung des

Wahlkampfmanagements definiert sich eher durch Anpassung der Strategien, Techniken, Instrumente und Inhalte an die politisch-kulturellen Traditionen – wenngleich sicher die Strukturbedingungen der medialen Kommunikation (PR und Werbung) in den westlichen Demokratien ähnlich sind. Insofern scheinen sich in Form, Umfang und Effekt moderner Wahlkampfführung eher individuell aktualisierten Transformations- und Modernisierungsprozesse widerzuspiegeln, bei denen dann noch verschobene Wertepräferenzen in der Gesellschaft – Individualisierung, Rückgang der Parteiidentifikation, neue Milieus, Zunahme der Wechselwählerschaft usf. – für die Anlage der Kampagnen von zentraler Bedeutung sind. Während „Professionalisierung" als ein Stichwort der Beobachtung moderner Wahlkämpfe genannt wurde, sei kurz an andere zentrale „Marker" erinnert.

So ist der Wahlkampf in hohem Maße *mediatisiert* in dem Sinne, als gegenüber der traditionellen „Werbeschiene", dem *paid media*, die Bedeutung der *free* oder *earned media* weiter gestiegen ist. Im medial gefochtenen Wettbewerb der Themen und Interpretationen, Aussichten und Prognosen, geht es letztlich darum, zielgruppenspezifische Nutzenanreize – über das System Journalismus – der Wählerschaft anzutragen. Wenngleich wohl im Bewusstsein der Politiker dabei das Fernsehen die „Wahllokomotive Nummer Eins" darstellt (Weischenberg 1997: 122), bestimmt ein ausgewogener Medienmix, der auch das Internet voll integriert, den modernen Medienwahlkampf. Das umfasst dann auch eine umfängliche Bezugnahme der Politik auf die Wahrnehmungskriterien und Darstellungslogiken der Medien – was als Verschiebung von der Parteien- zur Medienlogik (vgl. Geisler/Sarcinelli 2002: 55) beschrieben wurde, Stichworte: Zielgruppendenken, Marketing, Politik als Produkt. Es bezieht sich auch auf eine Orientierung an Unterhaltungswerten (gegenüber den traditionellen Nachrichtenwerten): die „Fähigkeit zur medienadäquaten Inszenierung und Mediatisierung der eigenen Positionen wird zu einer zentralen politischen Machtressource" (ebd: 56). Aufmerksamkeit und Inszenierungskompetenz werden zur *conditio sine qua non*, da ein großer Teil der wahlberechtigten Bevölkerung über die traditionellen Kanäle der politischen Kommunikation – Fernsehnachrichten oder Qualitätszeitungen – nicht mehr oder selten erreicht wird; wer diesen Menschen Politik und im Zweifel sich selbst näher bringen will, der setzt heute auf die Politainment-Formate (vgl. Dörner/Vogt 2002a). Die entsprechende Kritik an einer Trivialisierung der Wahlkampfkommunikation sollte sicher ernst genommen werden; wer das Niveau des Wahlkampfs nicht akzeptiert, der wird womöglich früher oder später auch nicht die darüber legitimierten Spielregeln politischer Macht akzeptieren (vgl. Wolf 1990: 11).

Man könnte das eine „Modernisierungsfalle" nennen: So reagiert die P litik mit ihrem Gang in die Politainment-Formate auf Modernisierun zesse, die im Mediensystem selbst verhaftet sind, und offenbar erreicht si damit (Kontakt) auch solche Menschen, die sich ansonsten distanziert gegenüber der Politik zeigen. Mit der verbreiteten Akzeptanz derartiger Kanäle der Wahlkampfkommunikation geht zudem einher, dass a) die jeweiligen Akteure *auch* nach ihrem Präsentationsstil gemessen werden, nach ihrer Professionalität im Umgang mit und in den Medien, und dass b) nach dem Wahlkampf eine *Rückkehr zur Sachlichkeit* und zur politischen Entscheidung erwartet wird. Während ersteres im Bundestagswahlkampf 2002 Edmund Stoiber zum Nachteil geriet, verübelte es umgekehrt das politische Publikum (das an der Urne „gezahlt" hatte) dem „Medien- und *Feel-Good*-Kanzler" Gerhard Schröder offenkundig einen harschen, mindestens aber: nicht gelungen Übergang von der Kampagne 1998 zum politischem Alltag. Die SPD stürzte seinerzeit in ihre tiefste Umfragekrise seit Bestehen der Bundesrepublik – eine Krise, die dann allerdings nach den Reformen auf dem Arbeitsmarkt kurz vor der Wahl 2005 einen neuerlichen Tiefpunkt erfuhr.

Langzeitstudien zeigen, dass Wahlkämpfer meist auf ein überschaubares Repertoire an Strategien zurück greifen und dass die Operationalisierung und Umsetzung solcher Strategien keinem kontinuierlichen Trend folgen, sondern von Wahlkampf zu Wahlkampf – nach Macht-, Themen- und Kandidatenlage – variieren (vgl. Holtz-Bacha 2006: 18). Sie zeigen zugleich, dass ein reines (politisch-manipulatives) Inszenierungsmodell kaum haltbar ist. Umgekehrt agieren die Medien und der Journalismus nur bedingt als autonome „vierte Gewalt". Öffentlichkeit bleibt im Wahlkampf ein in hohem Maße umstrittenes Terrain mit unterschiedlichen Zugangschancen (vgl. Schmitt-Beck/Pfetsch 1994) – ein dann in sich selbst wiederum satirefähiges Produkt: Erinnert sei zuletzt an den Bundestagswahlkampf 1998 und das „Bad im Wolfgangsee", zu dem der Regisseur und „Bürgerschreck" Christoph Schlingensief mit seiner Partei „Chance 2000" vergeblich sechs Millionen Arbeitslose an den Urlaubsort Helmut Kohls eingeladen hatte, um – wie man ausgerechnet hatte – den Wasserspiegel des Gebirgssees um drei Zentimeter anzuheben. Zwar brachte Schlingensief mit seinen etwa einhundert

Badegästen den Spiegel nicht erwähnenswert zum Steigen, der mediale Vor-
und Nachklang indes war beachtlich – sechs Millionen (angedrohte) Arbeits-
losenleiber im Urlaubssee hatten manche Metaphorik zum Untergang Helmut Kohls evoziert.

Damit sei abschließend für dieses Zwischenfazit eine tabellarische Übersicht zur Entwicklung postmoderner Kampagnen zitiert.

	Vormodern	Modern	Postmodern
Wahlkampf-organisation	Lokal und dezentral	National koordiniert	Nationale Koordination, dezentrale Ausführung
Vorbereitungsphase	Kurzfristige bzw. ad-hoc Wahlkämpfe	Langer Wahlkampf	Permanenter Wahlkampf
Zentrale Koordination	Parteiführung	Wahlkampfzentralen, spezielle Berater und Parteifunktionäre	Auslagerung von Umfrageforschung, Beratern und spezialisierten Wahlkampfabteilungen
Rück-kopplungen	Örtliche Hausbesuche („Klinkenputzen")	Bevölkerungsumfragen	Bevölkerungsumfragen, Beobachtung sog. Fokusgruppen, Internet
Medien	Regionale und überregionale Presse; lokal: Handzettel, Poster und Wahlkampfschriften, Radioansprachen	Fernsehpräsenz in breitenwirksamen Kanälen	Zielgruppenspezifische Medienarbeit durch fragmentierte Medienkanäle, gezielte Werbung, gezielte Ansprache des Publikums (Direct-Mailings)
Wahlkampfevents	Örtliche Versammlungen, eingeschränkte Wahlkampftourneen	Medienmanagement, tägliche Pressekonferenzen, TV-Werbung, Phototermine	Ausweitung des Medienmanagements auf „Routine"-Politik, Reden und politische Initiativen
Kosten	Niedriges Wahlkampfbudget	Höhere Produktionskosten für Fernsehspots	Kostensteigerung für Beratung, Forschung und Fernsehspots

Tab. 1: Wahlkampfformen und Modernisierungsetappen
Quelle: Geisler/Sarcinelli 2002: 57; in Anlehnung an Norris 1997: 3

6   Der Einzelfall: Kampagnenkommunikation

J'accuse les bureaux de la guerre d'avoir mené dans la presse [...]
une campagne abominable, pour égarer l'opinion et couvrir leur faute.

Émile Zola; l'aurore, 13. Januar 1898

6.1   Einleitende Anmerkungen

Im Herbst 2004 flackerte für einige Tage eine manche Seite irritierende Idee des Bundeskanzleramtes durch die Presse der Republik: „1. FC Deutschland 06" – rechtzeitig zur Fußballweltmeisterschaft 2006 bat Gerhard Schröder die deutsche Wirtschaft zu einer „konzertierten Aktion", um im Stile einer Optimismus-Offensive etwas „für das Image des Landes zu bewegen"[1], das Deutschlandbild im Ausland zu restaurieren und den von Abstiegsängsten gepeinigten Deutschen" ein neues „Wir-Gefühl" zu vermitteln[2]. „Das Wunder von Berlin" nannte das *Der Spiegel* (hatte man doch Regisseur Sönke Wortmann gewonnen): „Gelänge es, die sportbegeisterten Deutschen in eine nationale Hochstimmung zu versetzen, würden zumindest einen Sommer lang Rekordschulden, Massenarbeitslosigkeit und Zukunftsangst aus den Köpfen verdrängt"[3]. Rund zehn Millionen Euro wollte die Regierung für eine Kampagne in die Hand nehmen – und erwartete einen ähnlichen, wünschenswert höheren Beitrag aus den Reihen der Wirtschaft. Eine, neudeutsch gewendet, *Private Public Partnership* sollte es also werden. Freilich ließen sich einige Spitzenvertreter der deutschen Industrie für die Berliner Diner-Runde entschuldigen, bei der Bundeskanzler Schröder erste Ideen vorstellte; so alarmierte die Nähe, damals, des Wahltermins die oppositionelle CDU – und die mahnte in diskreten Gesprächen gegenüber den Unternehmensverbänden an, ein Standortmarketing, ein aus Steuermitteln und Industriespenden runderneuertes Deutschlandbild würde allein dem Kanzler nutzen. Daneben standen dem Mirakel noch unterschiedliche Vorstellungen über Schwerpunkte entgegen: Während die Regierung eine „groß angelegte Kampagne" avisierte, die „vor allem im Inland für eine bessere Stimmung

---

1   Welt am Sonntag, Nr. 47, vom 21. November 2004, S. 25.
2   Der Spiegel, Nr. 48, vom 22. November 2004, S. 22.
3   Der Spiegel, Nr. 48, vom 22. November 2004, S. 22.

sorgen sollte"[4], ging es der Wirtschaft in erster Linie um Standortwerbung im Ausland – als Repräsentanten einer Aufbruchstimmung wollte man sich nicht vor den Karren spannen lassen.

Schließlich einigte man sich auf eine neue Präsentationsrunde unter parteipolitisch austarierten Agenturen, eine Präsentation, die dann die Agentur gewann, *Scholz & Friends*, die ihre Darlegung mit dem heimeligen Topos eröffnete: „Wie Deutschland die Fußballweltmeisterschaft 2006 gewinnen kann"[5] – als, wie es nun hieß *Land der Ideen*. Bei den Werbeträgern dachte man u. a. an Styropor-Denkmäler deutschen Erfindergeistes: ein überdimensioniertes Gummibärchen vor dem Kanzleramt, ein Riesen-Notebook vor der Semper-Oper in Dresden, eine Aspirin-Tablette vor dem Abgeordnetenhaus an der Spree, enthüllt von deutschen Weltstars der Kategorie Steffi Graf, Günter Grass, Michael Schumacher. Dem Ziel einiger hundert Millionen Medienkontakte sollten daneben 365 „Orte der Ideen" dienen, die an einem Tag des Jahres 2006 als Veranstaltungsort die Grundgesamtheit Deutschland repräsentieren würden: Städte, Museen, Universitäten, Forschungsinstitute usf. – begleitet von Reisebüchern, Ausstellungen, Rundgängen (z. B. den *Walk of Ideas* in Berlin) und den üblichen Instrumenten des Event-Marketing. Den Konnex zum Fußball stellte dann „Kaiser" Franz Beckenbauer her, der die Konzeption in seine „Service- und Freundlichkeitskampagne" integrierte und mit auf seine Einladungsreise in die zur WM qualifizierten Länder nahm, um Werbung für den Wissenschafts-, Kultur-, Tourismus- und Sportstandort Deutschland zu betreiben. Wem das zu weit war, der konnte noch auf der Netzseite der Initiative bei einem „Fanclub Deutschland" Mitglied werden.

Mit einer derartigen Imag-Inierung des Landes lag man im Trend. Bereits seinerzeit, als das „Land der Ideen" in bierlaunigem Kreise erstmals in einer Kneipe zwischen Werbekreativen und Kanzleramtsmitarbeiter konferiert wurde, lag die Konzeption einer anderen Kampagne in der Berliner Luft: „Du bist Deutschland". Aufgrund der vorgezogenen Bundestagswahl nach hinten verschoben, erinnerten in dieser wahrscheinlich größten deutschen Sozial- und Stimmungskampagne Prominente aus Gesellschaft, Kultur und Sport im Herbst/Winter 2005/2006 die Republik an das Große und Ganze im Kleinen; und so kam es der *Süddeutschen Zeitung* „in diesem so gemütlich

---

4   Der Spiegel, Nr. 48, vom 22. November 2004, S. 27.
5   Zit. n. Welt am Sonntag, Nr. 5, vom 30. Januar 2005, S. 11.

wie zuverlässig vor sich hin entropierenden Land so vor, als hätten sich über Nacht das nordkoreanische Propagandaministerium und ein paar amerikanische Spindoktoren zusammengetan und Deutschland in emotionale Geiselhaft genommen. Monatelang konnte man weder den Briefkasten öffnen, noch den Fernseher einschalten, ohne dass einem eingehämmert wurde, man sei Deutschland, Goethe und ein Baum in Person"[6]. In der Tat hatte diese Kampagne das Land auf bislang unbekannte Weise mit Inhalten respektive Botschaften überzogen. Kampagnen hatten und haben Konjunktur.

Nebenbei bemerkt: die Optionen der Informationsgesellschaft zeigten sich auch darin, dass beide Initiativen über ironische, journalistische Wendungen hinaus im Internet auf eine kritische Gemeinde stießen; in verschiedenen Weblogs wurden sie unmittelbar nach Bekanntwerden ihrer grundsätzlichen Ausrichtung mal als „Geldverschwendung", mal als „Verblödung", häufig als „nationalistisch" bemängelt – und eine Fotocommunity präsentierte verfremdete Anzeigenmotive, etwa: „Du bist Josef Ackermann".

6.2   Mobilisierung von Solidarität

Kampagnen stehen nicht im Rufe wertungs- und interessensfreier Informationsvermittlung. Schon die etymologischen Wurzeln des Wortes im militärischen – „Kampagne" bezeichnete ursprünglich die Zeit, die ein Heer im Feld verbrachte (und im 17. Jahrhundert die Sitzungsperiode des britischen Parlaments) – verweist auf Frontstellungen, auf die Grundidee: mittels begrenzter Ressourcen in einem begrenzten Zeitraum ein hindernisbehaftetes und meist kontroverses Ziel zu erreichen. Kampagnen sind somit dreifach konzentriert: sachlich, zeitlich, sozial. Im Kontext spezifischer Konfliktsituationen (die sich nicht nur aus kurz-, sondern auch aus mittel- und langfristigen Problemlagen ergeben) sind sie im Kern eine *Serie von Kommunikationsereignissen*, die gesellschaftsweit oder bei einem spezifischen Zielpublikum eine gewünschte Botschaft „platzieren" soll, um:

- Einstellungen oder Verhaltensweisen zu ändern (oder herbei zu führen), öffentliche Kommunikation und darüber die öffentliche Meinung und politische Entscheidungsfindung zu beeinflussen, und um

---

6   Süddeutsche Zeitung v. 5. April 2006.

- moralische (generell), finanzielle oder organisatorische Unterstützung (speziell) zu erlangen – Solidarität – oder das Problembewusstsein in einem bestimmten Bereich zu schärfen und gegebenenfalls Änderungen allgemein verbindlicher Normen zu erwirken.

Dabei kommen kategorial recht unterschiedliche Kampagnenformen in den Sinn: Werbekampagnen, Sozialkampagnen, nationale Imagekampagnen, Aufklärungs- und Gesundheitskampagnen, Kampagnen von Regierungen, Parteien, Verbänden und anderen Institutionen des intermediären Systems, Bildungseinrichtungen, Kirchen, soziale Bewegungen und Nicht-Regierungsinstitutionen (NGOs):

- *Produktkampagne*: die zeitlich befristete, jenseits von kontinuierlichen Werbemaßnahmen konzentrierte Kommunikation zur Promotion von Produkten oder Dienstleistungen.
- *Aktionskampagne*: zur Begleitung eines bestimmten politischen Prozesses, etwa Kampagnen von Gewerkschaften während Tarifverhandlungen, um politischen Druck aufzubauen.
- *Informationskampagne*: z. B. von Regierungen, einzelnen Ministerien, Parteien oder anderen Institutionen des intermediären Systems; hier steht die Verbreitung von Informationen und Fakten (wie etwa Verordnungen, Gesetzesänderungen) im Vordergrund, wobei der Übergang zu politischen, meinungsbildenden Initiativen fließend ist (z. B. durch Prognoseelemente).
- *Imagekampagne*: wie das angeführte Beispiel „Land der Ideen"; hier geht es im Kern darum, Eigenschaften und Eigenarten eines Objektes positiv in der öffentlichen Wahrnehmung eines (möglicherweise auch internationalen) Zielpublikums zu verankern bzw. zu fixieren.
- *Solidaritätskampagne*: meist, nicht aber notwendigerweise eine Aktionskampagnen, bei denen die Erzeugung breiter Solidarität zur Unterstützung eines spezifischen, an Moral, Sozialität und Gemeinwohl orientierten Anliegens im Vordergrund steht[7].

Stellvertretend für die letzte Kategorie – die im Wesentlichen Gegenstand dieses Kapitels ist – kommt unmittelbar die „Mutter aller Kampagnen" in

---

7   Davon zu unterscheiden sind die Kampagne*nebenen*: a) Fundraising, b) Binnenkommunikation, c) Gegner-Kommunikation, d) Massenmedien (Journalismus, Werbung) e) lebensweltliche Kommunikation (die Luhmann'schen Bürgersteige).

den Sinn: die Brent Spar-Initiative von Greenpeace aus dem Frühjahr 1995.
Kurz zur Erinnerung, da verschiedentlich auf dieses Beispiel verwiesen
wird: Ende April hatten Greenpeace-Aktivisten in einer spektakulären Aktion die „Brent Spar" besetzt, eine ausgediente Ölverladeplattform, um zu
verhindern, dass die Plattform von Shell im Meer versenkt wird. Die medial
umfänglich verarbeitete, an dem „David-gegen-Goliath"-Bildnis ausgerichtete Auseinandersetzung zwischen Greenpeace und Shell führte schließlich
zum größten Verbraucherboykott in der Geschichte der Bundesrepublik –
und im Juni dann zum Verzicht der Firma Shell, Brent Spar wie ursprünglich vorgesehen zu versenken. In diesem Vorgang bewies sich ein außeror-
dentlicher Resonanzraum, auf den eine Kampagne stoßen kann, wenn die
informativen und symbolischen Dimensionen von Binnen-, Konflikt- und
Medienkommunikation ineinander greifen und kumulieren (vgl. die Beiträge bei Röttger 1997a; Vowe 2001). Dass kurze Zeit darauf dieselbe Organisation, Greenpeace, mit ihrem gleichfalls prominent unterstützten Anliegen
auf dem Mururoa-Atoll scheiterte (es ging um die Verhinderung französischer Atomtests), zeigt daneben: Kampagnen sind kaum determinier- und
steuerbar, in ihrem Verlauf, in ihren Folgen; die positive Resonanz (im Sinne
einer breiten Mobilisierung von Solidarität) auf eine vielleicht gut deklinierte und sauber exekutierte Kampagnenkommunikation hängt immer von
vielerlei Unsicherheiten ab, von Akteuren und ihren Motiven, von politischen Strukturen, von Faktoren wie Geographie und Betroffenheit, von den
Ungewissheiten medialer Wahrnehmung, Darstellung und Interpretation,
also von einer *kontingenten* historischen Situation.

Kampagnen, so wie sie hier verstanden werden, sind einzelfallbestimmt
– was sie gegenüber dem Wahlkampf abgrenzt (in dessen Kapitel das Wort
aus stilistischen Gründen synonym verwendet wurde). Zwar gibt es deutliche Überschneidungen, etwa hinsichtlich des Medienmanagements, Fragen
der Zielgruppenansprache u. a.[8], jedoch die Fixierung auf eine klare Kern-
problematik, die es zu lösen, eine Frontstellung, die es zu überwinden gilt,
grenzt die Kampagne vom Wahlkampf ab[9]. Das (und das Greenpeace-

---

8   Dazu zählen vor allem die *unpaid-media*-Strategien sowie das Themen- und Botschafts-
     management.
9   Ein Einwand könnte lauten: auch Wahlkämpfe werden häufig auf eine klare Frontstellung fixiert;
     das ist richtig, im Grundsatz aber bleibt die Heterogenität der politischen Auseinandersetzung er-
     halten; „Einzelfallparteien", wenn man so will, finden in der komplexen Politikstruktur moderner
     Demokratien keinen erfolgversprechenden Resonanzraum. Sinnigerweise ist dann in der Regel bei

Beispiel) meint hingegen nicht, Kampagnen seien dem politischen System fremd. Im Gegenteil, Kampagnen als älteres Sujet sind historisch in der politischen Auseinandersetzung verhaftet.

Mit der Etablierung massenkommunikativer Strukturen in der Bundesrepublik und mit dem Aufkommen sozialer Bewegungen sind vermehrt Kampagnenformen und -aktivitäten von Akteuren jenseits des politischen Systems zu beobachten. Da Problemlösungswege innerhalb der Politik hochgradig formalisiert sind und sozialen Bewegungen der direkte, institutionalisierte Zugang zu staatlichen Entscheidungen überwiegend versagt bleibt – im Gegensatz zu anderen Interessensgruppen oder Verbänden –, sind solche Bewegungen oder Initiativen *institutionell* hinsichtlich ihrer Chancen *direkter Einflussnahmen* betrachtet als eher ressourcenschwach anzusehen. In dieser Situation entwickeln solche Gruppen Kampagnenfähigkeit: um öffentliche Aufmerksamkeit für ihr Anliegen zu erlangen, um Unterstützung zu mobilisieren, um Aktivisten zu rekrutieren. Eine *Insider*-Strategie, die auf die Kontakte zu einflussreichen politischen Akteuren beruht, die während des Policy-Prozesses mit Informationen und Argumenten versorgt werden, wird notwendigerweise ergänzt, nicht selten ersetzt durch eine *Outsider*-Strategie, in der man sich darauf konzentriert, Argumente in die Öffentlichkeit zu bringen oder Proteste zu mobilisieren (vgl. Strünck 2006). „*Soziale Bewegungen* werben um öffentliche Unterstützung für sich und ihre Forderungen und *versuchen, vermittelt über den Druck der öffentlichen Meinung, politische Entscheidungen zu beeinflussen*" (Schmitt-Beck 1998: 475; Herv. i. O.) – Medienpräsenz als Erfolgsmechanismus, Öffentlichkeit als Scharnier und *conditio sine qua non*: Medienberichterstattung soll Entscheidungsträger aufmerken lassen und zur Reaktion zwingen, indem öffentliche Berichterstattung dem politischen System als Abbild einer (möglichen) öffentlichen Meinung demonstriert wird. „Die Vermittlung von Deutungsangeboten und Handlungsmodellen durch die Massenmedien an ein disperses Publikum stellt daher für soziale Bewegungen ein funktionales Äquivalent zu direkten Kommunikationskanälen dar." (Schmitt-Beck 1998: 476)

Metakommunikativ betrachtet weisen Kampagnen, die auf die Mobilisierung von Solidarität abheben, daher meist eine duale Gestalt auf: sie zielen über ihre Inhalte und die Gestaltung der Botschaften einerseits auf Medien-

---

Volksabstimmungen – z. B. in der Schweiz – bei denen es eben meist um einzelne *Policies* geht, um Einzelfallentscheidungen, von „Kampagnen" die Rede.

resonanz, andererseits auf das Vertrauen und Interesse und die Aufmerksamkeit der Bevölkerung oder eines spezifischen Publikums (vgl. Pfetsch/Wehmeier 2002: 67). Während es zum einen eine Prämisse von sozialen Bewegungen ist, auf der Basis geteilter Grundüberzeugungen externe Unterstützung zu gewinnen, wird zum zweiten für diese Unterstützung – sei es innerhalb oder außerhalb des politischen Systems – die *Herstellung* medialer Öffentlichkeit immer dann vorausgesetzt, wenn sensiblerer Einfluss (etwa in *Public Affairs*-Manier) auf den Policy-Process im engeren politisch-administrativen System nicht möglich ist oder keinen Erfolg verspricht.

In der Forschung zu sozialen Bewegungen wird in diesem Zusammenhang (abweichend von der kommunikationswissenschaftlichen Begrifflichkeit!) von einem *Framing* gesprochen (vgl. Strünck 2006: 201 f.): *Framing*-Konzepte werden hier zur Analyse der Entstehung kollektiver Identitäten oder Überzeugungen herangezogen; kategorial unterteilt man diagnostisches, prognostisches und motivationales *Framing*: Ein Problem muss definiert (diagnostisch) und eine Lösung vorgeschlagen (prognostisch) werden; daneben lassen sich manche Menschen schon allein durch Aktionen mit marginalem Problem- oder Lösungsbezug zum Protest bewegen (motivational). Erfolgreiche soziale Bewegungen koppeln dabei, um Solidarität zu generieren, mit ihren Symbolen strategisch an individuelle Interpretationen an. Wenn eine Umweltbewegung konservativ gesinnte Bauern für sich gewinnen will, kann sie kaum auf *beliebige* Symbole, Argumente, Botschaften und Akzente zurück greifen. Um übergeordnete Interessenskonstellationen zu vereinen, rekurriert man häufig auf ein *Master Frame*, eine Leitlinie, unter der sich die verschiedenen Interessen vereinen können.

Daneben wächst der Informations- und Kommunikationsbedarf in der Mediengesellschaft exponentiell – mit der für soziale Bewegungen, ihren Kampagnen und deren Anlage zentralen Folge, dass die strukturelle Macht von Medienkommunikation nicht nur generell gesteigert, sondern zugleich immer auch dahingehend beeinträchtigt wird, als ein schrumpfender Grenznutzen von Medienkampagnen festzustellen ist, während die Ressource öffentliche Aufmerksamkeit gleichbleibend knapp „gehandelt" wird (vgl. Saxer 1998a: 61): „Der permanente öffentliche Diskurs verlangt besondere Anstrengungen, um in dem Stimmengewirr nicht überhört zu werden. Betroffenheit und eigene Anliegen müssen dramatisiert werden, um überhaupt Aufmerksamkeit zu erzeugen" (Münch 1992: 101). Je mehr Artikulation und Gehör in der Kommunikationsgesellschaft realisiert werden kann und wird, desto mehr Differenzierungsmechanismen müssen zur Einordnung heran gezogen werden – insbesondere vom Journalismus.

Nicht erst seit Brent Spar wird ein besonderes Gespür und Geschick beim Umgang mit den Medien der Umweltschutzorganisation Greenpeace zugesprochen, die sich schon frühzeitig, seit den 70er Jahren, auf die sich abzeichnenden Konditionen des Medienzeitalters eingestellt hatte – frei nach der Devise: „Allein die Wahrnehmung der Medien definiert, was politisch existiert" (vgl. Krüger/Müller-Hennig 2000). Eine seit Jahren hohe Bekanntheitsquote gekoppelt an das Prestige des durchsetzungsfähigsten und vertrauenswürdigsten Umweltverbandes sichert der Organisation im medialen Wahrnehmungsfenster durchgehend eine vergleichsweise gute Startposition. Für die Situation heute ist es insgesamt betrachtet allerdings charakteristisch, dass sehr viele, ja eine kaum überschaubare Zahl NGOs und Non-Profit-Unternehmen mit einem Selbstverständnis von bürgernah über selbstlos bis humanitär für vielerlei unterschiedliche Positionen im sozialen, gesellschaftlichen und politischen Raum werben.

In diesem Kontext sagt die Kommunikationstheorie, dass soziale Bewegungen mit dem Anspruch zur Mobilisierung von Solidarität, soweit sie nicht einen Prominentenstatus wie Greenpeace einnehmen, zumeist unter einem Startmalus leiden. Der Theorie nach greifen moderne Gesellschaften mittels technischer Systeme und publizistischer Programme in Erinnerungs- und Anknüpfungsprozessen auf vorhandene Sinnbestände zurück: Themen der öffentlichen Kommunikation, anders ausgedrückt, erfahren als „Thematisierungen eine periodische, universale und aktuelle Publizierung durch Journalismus, Public Relations und Werbung" (Dernbach 2000: 45). Thematisierung als eine permanente Leistung des publizistischen Systems beruht meist auf Anknüpfungen, also auf eine gewisse Kontinuität. Dem folgt, dass Alternativthemen, soweit nicht auf „Altbewährtes" zurück gegriffen werden kann, unter einem Publizitätsmalus leiden. Damit haben kleinere Gruppen, die sich ja häufig auf ein eben nicht permanent besprochenes Thema konzentrieren, es zunächst schwer, sich auf der öffentlichen Agenda zu platzieren und zu halten, um Aufmerksamkeit, Verbreitung und Beachtung gegen diverse andere Akteure mit ähnlichen Ansprüchen durchzusetzen – gerade solchen, die im politischen System Elitestatus einnehmen: „Der ‚Vordereingang' des Mediensystems ist für die Eliten reserviert, sie finden qua Position leichten Zugang. Soziale Bewegungen müssen hingegen versuchen, sich durch die ‚Hintertür' Zutritt zu verschaffen und der ‚Eintrittspreis' wird in Form von Regelverstößen entrichtet" (Schmitt-Beck 1998: 478). Die „Hintertür" – das sind Formen der Gegenöffentlichkeit wie Sitzblockaden oder spektakuläre Aktionen.

Bekanntlich geht die Kampagnenplanung dann auch bei Greenpeace auf diese Konstellation insofern ein, als die Konflikthaftigkeit und die Konfliktkonstellation des zugrundeliegenden Sachproblems symbolisch überhöht wird. Greenpeace-Kampagnen befassen sich ja überwiegend mit langfristigen Umweltproblematiken; und das eigentliche Ziel ist zumeist, Verhaltensänderungen bei z. B. industriellen (Groß-)Unternehmen anzuregen und darüber hinaus zu einem grundlegenden Wandel in Richtung einer ökologisch orientierten Wirtschaft beizutragen. Beides, Problem und Ziel, sind an und für sich weder telegen – also: unmittelbar darstellbar – noch konkret und müssen re-formiert werden, um die Nachrichtenlogistik zu bedienen und um sich im System medialer Aufmerksamkeit gegen andere Akteure mit Artikulationswillen durchzusetzen. Die faktische Evokation von Öffentlichkeit tritt dann im Ergebnis an die Stelle der Legitimation durch Wahlen, womit das System medialer Aufmerksamkeit zur Mobilisierung von Solidarität nahezu Souveränitätsstatus erlang, unter demokratietheoretischen Gesichtspunkten ein durchaus problematischer Aspekt, Stichwort: Publizitätskompetenz vs. Problemlösungskompetenz.

6.3 Kampagnenpolitik und Publizitätskompetenz

„Medienpremier, was nun?"[10] Mitte Juli 2000 erregte ein Vorfall in Großbritannien die Aufmerksamkeit auch hiesiger Medien. Ein „Geheimpapier", ein Memorandum offenbar von Tony Blair verfasst, verließ auf ungeklärte Weise (wohl über eine undichte Stelle in der nächsten Umgebung des Regierungschefs) die Downing Street und fand seinen Weg in die Redaktionsräume der britischen Presse: „Die Spötter hielten sich vor Lachen den Bauch", und für die „auf den Oppositionsbänken schmorenden Konservativen" war es ein „Geschenk des Himmels"[11]. Einen „Gipfel der „Peinlichkeiten" befand die *Rheinische Post* – was konkret den Gegenstandes des ominö-

---

10 Rheinische Post, Nr. 164, vom 18. Juli 2000, S. 2.
11 Rheinische Post, Nr. 164, vom 18. Juli 2000, S. 3.

sen Schriftstücks anging: Da hatte es Blair unternommen, angesichts sinkender Umfragewerte über sein Image zu referieren; nun insistierte er auf medienwirksame Kampagnen der eher konventionellen Art; er wünschte, *persönlich* mit den avisierten Maßnahmen der nahen politischen Zukunft aus der Asyl-, Familien- und Verteidigungspolitik in Verbindung gebracht zu werden – und bitte nicht die Fachminister. Politisch konsequent sah Oppositionsführer William Hague in dem Papier den letzten Beweis dafür, dass es Blair einzig um die Erscheinung gehe: „Jetzt wissen wir, woher diese ganze Öffentlichkeitsarbeit und dieser Schnickschnack kommen. Das kommt von ganz oben, das kommt direkt vom Premierminister persönlich"[12].

Schnickschnack sind Imagekampagnen längst nicht mehr, das weiß auch Hague. Regierungsarbeit koppelt sich nicht erst seit gestern an die Frage ihrer öffentlichen Erläuterung – und gelegentlich Selbstdarstellung. Aber der Grad ist schmal, in der Tat, zwischen einerseits einer Politik, die sich mehr dem Schein als dem Sein widmet und andererseits einer Politik, die notwendige Darstellungsleistungen erbringt, Öffentlichkeit „herstellt", um von ihrem Vorgehen und ihrem Personal zu überzeugen.

Auch Peer Steinbrück musste wenige Monate nach seinem Amtsantritt als Ministerpräsident in Nordrhein-Westfalen, im Herbst 2002, erfahren, dass gouvernementales *Campaigning* nicht den Grundsätzen des deutschen Berufsbeamtentums entspricht und im politischen Raum einiges Irritationspotenzial entfalten kann[13]. So begibt sich, wenn es um die Erarbeitung politischer Strategien geht, die Ministerialbürokratie im Zweifel auf glattes Eis an einer Grenze zwischen Politik hier, Verwaltung und Fachebene dort. Seinerzeit wurde in Düsseldorf ein hoher Beamter der Staatskanzlei versetzt, als im Parlament bekannt wurde (wie auch immer), dass er in seiner Abteilung ein Strategiepapier zu verantworten hatte, das sich auch um die Positionierung der politischen Spitze – damals eben Peer Steinbrück – kümmerte. Parteipolitisch tröstlich mag da der Hinweis sein, dass schon der Gedanke an eine ähnlich kampagnenorientierte Beschäftigung die nach der Landtagswahl 2005 regierende Union mit ihrem Ministerpräsidenten Jürgen Rüttgers ebenso (semi-)skandalisierte, diesmal mit parteilich umgekehrten Entrüstungsvorzeichen. Juristisch geht es Kern dabei meist darum, ob Steu-

---

12 William Hague, hier zitiert nach Süddeutsche Zeitung, Nr. 163, vom 18. Juli 2000, S. 9.
13 In Kapitel 3.2 wurde bereits auf ein Urteil des Bundesverfassungsgericht vom März 1997 hingewiesen, in dem Karlsruhe einerseits die Notwendigkeit von Informationskampagnen der Regierung, zugleich aber auch die Verpflichtung auf überparteilicher Information hervorhob.

ergelder für Aktivitäten in die Hand genommen wurden, die der Sphäre der Parteien zuzuordnen sind.

Nun sind reine Informationskampagnen das täglich Brot der Regierungsarbeit – „reine" Informationskampagne zum einem in dem eher schlichten Sinne, als zu jeder einigermaßen interessanten Gesetzesumsetzung von den Presse- und Informationsämtern Informationsbroschüren zur Verfügung gestellt werden, zum anderen durchaus in einem umfassenderen Sinn, als die größeren Gesetzesinitiativen regelmäßig von Informationskampagnen in den verbreiteten Print- und elektronischen Medien begleitet werden. Für diese zumeist auf klassische Werbeformate konzentrierten Kampagnen (Anzeigen, Spots) stehen den Bundes- und Landesämtern für Presse und Information in der Regel hinreichend dotierte Titel in ihrer Etats zur Verfügung.

Abgesehen von Werbe-, Image- und Aufklärungskampagnen (z. B. aus dem Gesundheitsbereich) folgen Kampagnen aus dem politischen Raum heraus oder aus dem intermediären System meist einem kontroversem Muster, d. h. es geht um die Durchsetzung von verbindlichen Regeln und Verhaltensnormen auch durch Akteure jenseits des politisch-administrativen Systems. Während im „Normalfall" ein reflexives Verhandlungssystem in der praktischen Politik über Dialoge, Konsensrunden auf der „Hinterbühne" zu Interessenskonsens und -kompensation gelangt, gewinnt Öffentlichkeit über schnödes „Profilieren" hinaus im „Kampagnenfall" an *vitaler* Bedeutung – und damit die Kompetenz, Aufmerksamkeit zu steuern: von der schlichten Anpassung an Mechanismen der Nachrichtengebung bis zu ereignisorientierten Medienstrategien mit stark expressiven Komponenten.

Vor gut eineinhalb Jahrzehnten formulierte der Soziologe Richard Münch: „In einer Gesellschaft, in der alles durch Kommunikation bewegt wird, kann sich niemand mehr dem Zwang zur Erzielung von öffentlicher Aufmerksamkeit entziehen. [...] Kommunikation muß angeheizt werden, wenn gesellschaftlich etwas bewegt werden will." (Münch 1992: 17) Themen- und Newsmanagement sind dabei nicht sonderlich neu – als Interventionsstrategie gegenüber den autonomen Themensetzungspotenzialen des Journalismus. Auch Niklas Luhmann (1971) hatte schon früh (für die Kommunikationswissenschaft recht allgemeine) Regeln formuliert, bei deren Beachtung öffentliche Aufmerksamkeit und eine Beeinflussung der öffentlichen Meinung wahrscheinlicher würde (vgl. auch Bergsdorf 1998: 533 f.):

Erstens: Die Chance auf Aufmerksamkeit erhöht sich, wenn bestimmte hochrangige *Werte* einer Gesellschaft in Gefahr scheinen, also Freiheit oder Gesundheitsvorsorge oder der Friede. Ferner, *zweitens*, hat alles im Zusammenhang von immanenten *Krisen* und größeren Konflikten wie Kriegen oder anderen gewaltreichen Vorgängen einen raschen, ja: unmittelbaren Zugang zur Öffentlichkeit. *Drittens*: Die Neuheit von Ereignissen, ihre Aktualität erhöht die Chance auf öffentliche Aufmerksamkeit beträchtlich. *Viertens*: Publizistischer Erfolg oder mediale Prominenz selbst wiederum verstärkt die Wahrscheinlichkeit einer Anschlusskommunikation. *Fünftens*, schließlich, ist die Chance auf Aufmerksamkeit für eine Botschaft oder ein Ereignis größer, je höher der Status des Absenders ist.

Gegenüber einem tagesaktuellen Newsmanagement – das ähnliche Kriterien kennt – werden Kampagnen als Kommunikations*ereignisse* konzipiert, also als eine Serie, um ein Thema – ein Problem, eine Lösung – über einen Zeitraum im Aufmerksamkeitszyklus der Medien zu halten. Zu den wichtigsten Faktoren zur Etablierung einer Berichterstattung über den Tag hinaus zählt dann, dass Kampagnen *erzählbar* sein sollten, also der Dramaturgie „Prolog-Akte-Epilog" folgen und Spannung, Plot, Überraschung, Relevanz, Visualität umfassen sollten (vgl. Vowe 2001). Auch die Kommunikation klarer Fronten, eine eingängige Prosa und eine klare Logik der Protagonisten – Helden und Retter, Gut und Böse – und ihrer Motive stützen die Wahrscheinlichkeit, die Selektionshürden der Medien und die Wahrnehmungsschranken der Menschen zu überwinden (vgl. Pfetsch/Wehmeier 2002: 67 f.). Das überragende kommunikative Ziel der Kampagne ist meist als Spirale öffentlicher Meinungsbildung zu modellieren, also eine Art selbsttragenden Aufschwung (vgl. Vowe 2001).

Kampagnen als „Feldzüge um die öffentliche Meinung" (ebd.) sind daher auch im Kontext einer „Eventisierung" der Öffentlichkeit beschrieben worden. „Eventisierung": Eine Form organisationspolitischen, strategischen Handelns, bei dem unter bewusster Überzeichnung und Konzentration auf nachrichtenrelevante Faktoren die Aufmerksamkeit der Medien und darüber die gesellschaftliche Wahrnehmung angestrebt wird, um auf ein Problem oder Teilaspekte der Sachlage hinzuweisen und die eigenen Interpretationen und Lösungsvorschläge durchzusetzen (vgl. u. a. Szyszka 1999a: 119). Dabei hat vor dem Hintergrund einer Technisierung und Mediatisierung der Gesellschaft der Nachrichtenzyklus in den letzten etwa zwei Jahrzehnten abgenommen, was – tendenziell – die Chance einer gut deklinierten Kampagne auf mediale Zuwendung erhöht.

Innerhalb des Kreises potenziell kampagnenfähiger Akteure ist auffällig, dass Nicht-Regierungsorganisationen wie etwa Greenpeace häufig keine politischen Mitgliederorganisationen im klassischen Sinne sind: sie leben als „kleine Aktivistengruppen von öffentlicher Zustimmung und von Spenden" (Meng 1997: 12). Erfolg oder Misserfolg ihrer öffentlichen Strategie der symbolischen Kommunikation macht die gesamte Organisation und ihre Anliegen abhängig von Medienpräsenz und deren Wirkung. Auch dies, also eine organisationslogistische Komponente, dürfte mit dafür verantwortlich zeichnen, dass Greenpeace wie kaum eine anderer Akteur im öffentlichen Raum auf Kommunikationskompetenz vertraut, meist visuelle Strategien, die nicht nur die Problemlage sondern eben das eigene Engagement symbolhaft überhöhen. Schlauchboote, Schornsteine, Ölverladeplattformen: Wohl kaum eine Umweltschutzorganisation dürfte im öffentlichen Gedächtnis derartig eng an visuelle Botschaften gekoppelt sein wie Greenpeace; eine Inszenierungskompetenz natürlich: Wer abmisst, wo ein Banner am besten platziert wird, damit es im Fernsehen im „richtigen" Ausschnitt erscheint, der inszeniert. Auch die Brent-Spar-Kampagne lebte nicht nur von den – dramatisch anmutenden – Bildern; diese Bilder transportieren auf ausnehmend dynamische Weise auch die Grundlinie, die Metapher des Auftritts, meist ein „David-gegen-Goliath"-Bildnis.

Damit schwebt das Fernsehens aufgrund seines immanenten Hanges zu Bildern mitunter in der Gefahr, über fernsehgerechte Bilder – spektakuläre Szenen – den sachlichen Dimensionen eines kampagneninitiierten Ereignisses weniger Aufmerksamkeit zu widmen. Als Nebeneffekt setzt sich Fernsehjournalismus zugleich dem Risiko aus, von einer Konfliktpartei instrumentalisiert zu werden und sich im Wortsinn auf *eine* (ihm angebotene) Sicht der Dinge zu beschränken. So reduzierte z. B. nach einer Studie zu einem Castor-Transport (Schulz/Berens/Zeh 1998) die Fernsehnachrichtenberichterstattung den Konflikt auf eine streng bipolare, an den (bildlich darstellbaren) Kontrahenten orientierte Erzählstruktur, bei der die politischen Dimensionen der Auseinandersetzung in den Hintergrund traten.

Die Konzentration einer Kampagnenstrategie auf eine Medien- und Öffentlichkeitsstrategie führt als Nebeneffekt daneben noch mit sich: insoweit in der Tat die Kampagne als Serie von Kommunikationsereignissen etabliert

werden kann, also als Nachrichtenspirale erfolgreich ist, steigt die Wahrscheinlichkeit, dass zentrale Akteure (Entscheider) des politischen Systems
sich *öffentlich* dem Anliegen anschließen – weil die Kampagne einen potenziell „freundlichen" Kommunikationsraum eröffnet hat. Zumindest ließ sich
bei den Brent-Spar- und Mururoa-Kampagnen von Greenpeace eine Konjunktur bei politischen Akteuren beobachten, sich mit den Aktionen solida-
risch zu erklären und für die eigene Präsenz (für die „gute Sache") zu nutzen – vermutlich eine *win-win*-Situation, da umgekehrt die öffentliche Unterstützung durch Prominente zum Momentum einer Kampagne beizutragen vermag. „Damit ein Thema nichtetablierter Gruppen auf die politische
Agenda avanciert, bedarf es häufig Persönlichkeiten, die die Thematisierung
mehr oder weniger professionell vorantreiben." (Pfetsch 1994: 17) Brent Spar
ist so gesehen nicht nur ein Beispiel dafür, wie ein Thema und seine „Verarbeitung" gesellschaftsweit einen Flächenbrand (in Form eines Boykotts)
auszulösen vermag, sondern auch dafür, wie es über die allgemeine Kon-
sensfähigkeit von Verhalten zur symbolischen Verhaltensänderungen bei
politischen Akteuren führen kann – eine Symbolik, die womöglich in den
formalisierten Verfahren des politischen Systems selbst zurück spiegelt.
Allerdings bleibt sogleich einzuschränken, dass ein solches „Auf-den-Zug-
Springen" immer Gefahr läuft, aus dem politischen Raum heraus als oppor-
tunistisch markiert zu werden.

Jenseits derartiger Kampagnen von NGOs und auch jenseits von Politik-
implementierungen begleitenden Informationskampagnen ist „die große
Linie" einer Regierung mitunter als Kampagne zu begreifen, was zuletzt im
Kontext der Reformanstrengung der Regierung Schröder angemerkt wurde:
„Schröder betreibt die Reform der Partei von oben, aus der Regierung und
nach den eisenharten Imperativen des Regierungshandelns – rigider, unsen-
timentaler, schroffer und temporeicher als alle seine Vorgänger im Vorsitz
der Sozialdemokratie [...] Ohne eine kampagnefähige Basis aber wird eine
Regierung schwierige Reformen nicht durchsetzen können. [...] Eine Partei
aber, die an ihren Kernbotschaften zweifelt, verliert das Selbst- und Sen-
dungsbewusstsein, das der Treibstoff ist für idealistisches Engagement, für
ehrenamtlichen Einsatz, für die Überzeugungsarbeit im Wahlkampf, für die
Diskussionen samstags auf den Marktplätzen mit nörgelnden Bürgern"
(Walter 2004: 18 ff.). Nun entspricht diese Sicht nicht dem hier zugrundeliegenden, enger gefassten Kampagnenbegriff; durchaus aber sind Überein-

stimmungen erkennbar (vgl. noch Kap. 9), vor allem: dass größere Reform-
projekte – so sehr auch dort das engere politische Verhandlungssystem dominiert – durch strategische Kommunikationsprozesse und -ereignisse begleitet werden müssen, innerhalb des Verhandlungssystems und außerhalb
mit Blick auf die Mobilisierung öffentlicher Unterstützung. Während Letzte-
res dargelegt wurde, zuletzt ein Beispiel für Kampagnentaktik mit Blick
„nach innen": Im Laufe seiner Kampagne für seine Gesundheitsreform
schaltete US-Präsident Bill Clinton eine Anzahl von Werbespots im Fernsehen – ausschließlich in Washington D.C.: Die Spots waren offensichtlich
nicht für das „eigentliche" Fernsehpublikum gedacht, sondern richteten sich
an die Mitglieder des Kongresses. Anders ausgedrückt: Die Exekutive setzte
die Medien (in diesem Fall: *paid media*) auf die Legislative an, „ein plasti-
sches Beispiel dafür, wie Politik im Informationszeitalter betrieben wird"
(Poster 1997: 164).

6.4   Kampagnenmanagement

Ein Blick auf bekanntere Kampagnen belegt die hohe Bedeutung der Kompetenz zur symbolisch erhöhten Informationspräsentation, Ereignisse zu
inszenieren, ein Drama zu entwickeln, Botschaften zu vermitteln. Grund-
voraussetzung für das Kampagnenmanagement ist damit die Beherrschung
des PR-Instrumentariums (vgl. ausführlich Kap. 3), wobei erhebliche Über-
lappungen zur Organisation, Steuerung und Exekution von Wahlkampagnen zu nennen sind (vgl. ausführlich Kap. 5). Zum Handwerk des Kampag-
nenmanagements zählen überschlägig (vgl. u. a. Zulauf 2004: 145 f.).

- *Kampagnendesign*: Einheitlichkeit der Botschaft in Text, Bild, Slogan und
  Metaphorik: Kampagnenstil als Markenzeichen.
- *Medienmix als Standard*: Medien*arbeit* in Print, Hörfunk und Fernsehen,
  Online-Medien, Pressekonferenzen, Redaktionsbesuche, Pressedienste,
  Interviewvermittlung, Pressemappe.
- *Public Relations*: als Event-PR, z. B. Ausstellung, Aktionstage, Online-PR
  oder Public Affairs gegebenenfalls Lobbying.
- *Klassische Werbung*: Spots, Plakate, vor allem aber auch Informations- und
  Promotionsmaterial (z. B. Flyer, Broschüren).
- *Evaluation*: Erfolgs- und Wirkungskontrolle durch Umfragen, Medien-
  analyse usf.; Monitoring anderer Kampagnen.

- *Botschaftsmanagement*: Was ist die (unmissverständliche) Botschaft? Wieso ist das angestrebte Ziel etwas, das die Bürger unterstützen sollten? Welche Ressourcen sind nötig, um das Ziel zu erreichen? Was ist der Plan?
- *Zielgruppenmanagement*: Klare Adressatenansprache, gegebenenfalls Regionalisierung; wo und bei wem ist – z. B. – eine Polarisierung möglich und nötig, wo wäre sie schädlich?

Gegenüber der Routine „normaler" Public Relations sind Unterschiede zu benennen, herausragend, dass Kampagnen von der Dramaturgie ihrer Kommunikationsereignisse leben, von der Inszenierung: Auftakt, Höhepunkt, definierter Abschluss. Nicht unbedingt und immer bei Image- oder Informationskampagnen, vor allem aber bei kontroversen Mobilisierungs- und Überzeugungskampagnen sollte daneben die Logik der beteiligten Akteure analysiert werden, ihre Handlungsoptionen – immerhin geht es bei politischen Kampagnen meist um Interessen und Werte. Anders ausgedrückt: Problemfaktoren und die relevante Umwelt sollten identifiziert werden, im Negativen, um sein Gegenüber realistisch einzuschätzen, im Positiven, um gegebenenfalls Unterstützer aktivieren zu können: „Ein wichtiges Element der Themenpromotion ist der Aufbau Netzwerken und Kommunikationsinfrastrukturen, die für das Thema mobilisierbar und organisierbar sind" (Pfetsch 1994: 17). Zudem braucht Strategie bekanntlich auch Gewissheit, was den Wert der Evaluation der eigenen Aktivitäten betont. Mit dem Volksmund sei allerdings daran erinnert: „Vom Wiegen wird das Schwein nicht fetter"; entsprechende Erkenntnisse und Daten müssen, soweit sinnvoll, rechtzeitig in die Operation der Kampagne einfließen und gegebenenfalls auch zu Strategieänderungen führen.

Die Planung der Mittel, ja des Zieles überhaupt sollte – wie bei eigentlich jeder PR-Kampagne – präzise definiert sein; intern muss die Organisationskommunikation gewährleisten, dass alle Teile der Organisation dieses Ziel im Auge behalten. Demgegenüber sind taktische Ziele auch flexibel zu halten, sie dürfen kein starres, unverrückbares Regelkorsett für die handelnden Personen darstellen. Beispielsweise stieß Greenpeace in der Brent Spar-Kampagne mit Shell auf einen Kontrahenten, der sich (öffentlich) anfangs durch eine besondere organisationsbezogene Uneinsichtigkeit auszeichnete; erst die im Verlauf der Auseinandersetzung forcierte Strategie der Polarisierung und die – selbst für Greenpeace ungewöhnliche – Einbindung der Öffentlichkeit *mit Handlungsfolgen* (Boykottorganisation), traf dann den Nerv der Profit-Organisation, die mit einem derartigen, umfänglichen, ja: gesell-schaftsweiten Reaktanzvermögen offenbar nicht gerechnet hatte. Im Fall Brent Spar konnte Shell die operationale Unternehmenslogik aufgrund einer immanenten Inflexibilität (des internationalen Konzerns) nicht mit der kommunikativen Unternehmenslogik koordinieren.

Bei solchen Kampagnen handelt es sich um einen Typus indirekter Kommunikation – mit einem Konfrontationsgegenüber, der virtuell über Zeitungen, Fernsehen, Radio „besprochen" wird. Argumente müssen *breit* und mit einer abgesicherten Vehemenz vorgetragen werden, so dass es der Adressat es sich nicht leisten kann, sie zu überhören. Das Grundthema, die zentrale Aussage, soll die eigenen Stärken hervorheben und die Schwächen der Gegenposition deutlich machen, während zugleich die Vorwürfe *en detail* belegt werden müssen – sie dürfen nicht pauschal in den Raum geworfen werden. Für eine derartige Konfrontationskommunikation gilt: Keine Verpackung ohne Inhalt – nichts sollte verfälscht, nichts beschönigt und alles gut recherchiert werden. So unterlief Greenpeace während der Brent Spar-Kampagne ein eklatanter Fehlgriff in Bezug auf die Menge des in der Plattform lagernden Altöls – und hatte anschließend erhebliche Glaubwür-digkeitsverluste hinzunehmen. Kampagnenkommunikation ist eben immer auch Vertrauenskommunikation, und für die gilt im Grunde dasselbe wie für die Selbstdarstellung von Personen: Image hat immer auch ein Irritati-onsrisiko, weil zwischen Image und Identität unauflöslich eine Differenz besteht; Imagewahrnehmung und -zuschreibung ist ein konstruktiver, kon-struierender Prozess, der sich nicht nur auf die spezifische Ausprägung gängiger Wahrnehmungsmuster stützt („die" Umweltorganisationen), son-dern sich im Kampagnenkontext über z. B. adäquat erscheinende „ehrliche" Lösungsvorschläge aktualisiert.

In einer repräsentativen Umfrage aus dem Jahr 1994 rangierte Green-peace bei jungen Deutschen (14 bis 29 Jahre) als die Organisation mit dem mit Abstand höchsten Glaubwürdigkeitswert (vgl. Kunczik 1999a: 561). Für einen Untersuchungszeitraum im Jahr 1991 kommt eine Studie über Green-peace zu dem Ergebnis, dass 84 Prozent der Artikel (in deutschsprachigen Printmedien) auf die Aktivitäten der Umweltgruppe zurückzuführen sind, Aktionen, Pressemitteilungen und Pressekonferenzen (Rossmann 1993). Wahrscheinlich stehen diese Komplexe in einem mittelbaren Zusammen-hang: Bei aktivistischen Gruppen wie Greenpeace verlaufen viele der hochsymbolischen Aktionen nach dem Muster, dass unter Inkaufnahme eines nicht unerheblichen *persönlichen Risikos* auf ein umweltschädigendes oder gar umweltzerstörendes Verhalten aufmerksam gemacht wird, was sich positiv auf die Glaubwürdigkeit der Organisation auswirkt – im Verbund mit einem generellen Bonus für Non-Profit-Organisationen.

Mit dieser „Haltung" allein ist es aber nicht getan: Medien mögen die Akteure z. B. in den Schlauchbooten in den Mittelpunkt stellen, von der Organisation sollte eher auf Expertenteams abgehoben werden, um die umweltpolitischen Themen nicht hinter die Aktionen selbst zurück zu stellen (vgl. Hamdan 2000). Eine professionelle Vermittlungsstruktur sollte die symbolische Darstellungskompetenz begleiten. Zur Medien- und Öffentlichkeitsarbeit von Greenpeace in Deutschland gehören daher diverse Redaktionen: Fernseh-, Foto-, Print- und Internet-Redaktion, eine Recherche-Abteilung, eine Koordinationsgruppe für Ausstellungen sowie ein umfangreiches Foto- und Videoarchiv (ebd.: 72).

Dies abschließend sei noch darauf hingewiesen, dass Kampagnenkommunikation in der Mediengesellschaft zum Risikomanagement für Organisationen geworden ist, ein „Herzstück des Issues Managements" (Kretschmer 2003: 125): Seit etwa Mitte der 90er Jahre und durchaus mit Blick auf die Brent Spar-Kampagne sind viele größere Unternehmen dazu übergegangen, denkbare (interne wie externe) Kommunikationsrisiken ihrer Organisation zu analysieren. So gesehen gehört in gewisser Weise auch sein Gegenpart in den Unternehmen, Organisationen und Institutionen zum Kampagnenmanagement. Über die permanente Beobachtung der in Frage kommenden Themen und Branchen wird systematische Issue-Identifikation betrieben. Zumindest wird erwartet, durch langfristige Beobachtung auch schleichende, latente Krisen erkennen zu können. „Dieses Risiko-Management stellt ein Frühwarnsystem für die betreffende Organisation dar. Die Entwicklung von Themen und Meinungen wird genau verfolgt" (ebd.). Ziel ist dann gegebenenfalls durch frühzeitiges „Besetzen" eines Themas mit eigenen Kompetenzen u. U. ein Agenda-Cutting zu betreiben, also Kampagnen zu verhindern, Akzente zu setzten bzw. dem Thema einen wünschenswerten Fokus zu geben. Eine besondere Herausforderung erlebt derzeit dieses Handlungssystem durch die „Blogosphäre" des Internet: Weblogs mit Kritikpotenzial und gelegentlich Kampagnencharakter mit zum Teil nachhaltiger Wirkung auf den Unternehmenserfolg (vgl. Kap. 8.7).

6.5   Zwischenfazit

> Das letzte Ziel ist die völlige Kontrolle
> der Kommunikation einer Kampagne.
>
> *Jochen Keinath*, Political Consultant[14]

Das „Land der Ideen", einst als Kampagne annonciert, wurde museal, als im Herbst 2006 erneut 365 „Orte der Ideen" für das kommende Jahr ausgeschrieben wurden: Deutschland, eine Dauerausstellung.

Vergleicht man diese Initiative mit klassischen Greenpeace-Aktionen, so zeigt sich im Ansatz die Breite all dessen, was unter „Kampagne" gefasst wird, von der Informations- über die Image- und Sozialkampagne bis hin zu Unternehmungen mit explizit politischem Anspruch, also wertbasierten Auseinandersetzungen um verbindliche Normen. Kampagnen haben Konjunktur: Wirtschafts- und Regierungskampagnen, Verbraucherkampagnen im Internet und mehr, und wenn nicht alles täuscht, erleben wir einen Trend zur Internationalisierung; die UN, die EU initiieren Anti-Raucher Kampagnen, Amnesty International und andere international operierende Non-Profit-Organisationen entwickeln regelmäßig Kampagnen zur Lösung weltweiter sozialer oder ökologischer Probleme – wobei das Internet inzwischen für den globalen, zumindest internationalen Protest und die Organisation von Demonstrationen, Aktionen unentbehrlich geworden ist.

Politische Organisationen versuchen über Kampagnen in der Regel Ziele zu erreichen, die sie allein mit ihrem alltäglichen Routinehandeln in ihrem Handlungssystem für nicht durchsetzbar erachten. Anderen Organisationen, wie Greenpeace, ist die Kampagne das alltägliche Brot, ihr *modus operandi*. In jedem Fall aber ist sie nicht der freie Diskurs; hier geht es *erstens* um die Wahrnehmung und *zweitens* öffentliche Durchsetzung der Legitimität von Interessensansprüchen (möglicherweise Partikularinteressen), wobei eine breite Palette an Instrumenten und Kommunikationsmuster aus dem Public Relations- oder Wahlkampfkontext zur Verfügung stehen. Allerdings bestehen Unterschiede, so der, dass sozialen Bewegungen in der Regel der Elitestatus fehlt – und Kampagnenkommunikation ihr schon klassisches Mittel zur Interessensartikulation ist. „Während etablierte Akteure und Organisationen aufgrund des Nachrichtenfaktors ‚Elite' oder ‚Prominenz' einen Pub-

---

14   Zitiert nach Maresch 1999: 127.

lizitätsbonus haben, müssen sich andere Akteure diesen erst verschaffen."
(Jarren/Donges 2002b: 92)

Für die politische Kommunikation gilt – wie für die meisten Arten sozialer Kommunikation –, dass meist nicht um der Kommunikation selbst willen kommuniziert wird, sondern um Zustimmung zu erhalten. Demonstrationen oder Streiks gehören dabei zu den demokratischen Errungenschaften, ebenso Kampagnen mit Hang zur überspitzten Kontroverse. Zugute kommt den Kampagnenorganisationen dann, dass Konflikte von den Massenmedien regelhaft beachtet werden, je „heftiger und aggressiver der Konflikt, desto größer die Aufmerksamkeit der Medien" (Schulz/Berens/Zeh 1998: 14). Der Konflikt steht aus kommunikationsstrategischen Gründen im Vordergrund. „By the media's own definition, news is drama, and drama thrives on conflict." (Maltese 1992: 1) Das mag man – kritisch gewendet –mehrfach als „Ökonomie der Kräfte" begreifen: „Die Wucht der spektakulären Medienberichterstattung ermöglichte den mühelosen Verzicht auf faktengesättigte Kommunikation" (Gellner 1998: 19). Der heikle, volatile mediale Zugang zur Öffentlichkeit ist die Schlüsselressource sozialer Bewegungen, für den faktischen Erfolg immens wichtig und ihr funktionales Äquivalent zur direkten Kommunikation mit politischen Entscheidungsträgern.

Seit den 80er Jahren etwa werden aktivistische Organisationen als relevante Elemente der Umwelt von Unternehmen für ihre Öffentlichkeitsarbeit immer bedeutsamer (vgl. Kunczik 1999a: 561). Leicht zynisch formuliert, mag man dabei einen „Verdrängungswettbewerb zwischen den größtmöglichen Gefahren für die Menschheit" erkennen (Münch 1995a: 121). Für Organisationen wie Greenpeace ist Medienpräsenz eben nicht das Resultat eines Marsches durch die Institutionen, sondern Folge einer Inszenierungskompetenz – mit dem Ziel, die Themenagenda zu beeinflussen und damit die öffentlichen Wahrnehmung für das jeweils angezeigte Problem zu erhöhen. Meist konzentriert man sich auf exemplarische, brisante Situationen, die ein größeres, mitunter global-ökologisches Problem repräsentieren. Dreh- und Angelpunkt jeder Kampagne, die über ein kleineres Zielpublikum hinaus beispielsweise die Solidarität größerer Bevölkerungsgruppen beansprucht, ist die Öffentlichkeit und der Journalismus, um den politischen Entscheidungsträgern und der Gesellschaft die Problemlage und Lösungen zu demonstrieren. Der „Eintrittspreis" zur öffentlichen Kommunikation wird in Form von Symbolik und ggf. spektakulären Regelverstößen entrichtet.

7 Der Sündenfall: Skandalkommunikation

7.1 Einleitende Anmerkungen

„Seit Jahren hat die ‚Times' die demoralisierenden Machenschaften der selbstsüchtigen Politiker entlarvt, und ihr jüngster Kampf gegen die Demokraten von Tammany Hall ist allgemein mit Beifall aufgenommen worden ... Der Sieg, den wir errungen haben, ist unbezahlbar, nicht nur des momentanen Erfolges wegen, sondern weil er den Glauben jedes einzelnen an den letztendlichen Triumph von Wahrheit und Gerechtigkeit wieder aufleben läßt – weil er den ränkeschmiedenden Politikern eine Lektion erteilt, daß des Volkes Stimme über ihnen steht." – So feierte 1870 die *New York Times*[2] sich und den Rücktritt des einflussreichen Politikers William Tweed, nachdem sie ihn in einem „echten Stück Kampagnenjournalismus" seiner „Machenschaften" überführt hatte (Boventer 1994: 215) – wohlgemerkt, mittels Interna, die ihr von einem Parteirivalen Tweeds zugeschanzt worden waren: „Das Muster, daß Journalisten sich für parteiliche Machenschaften instrumentalisieren lassen, sich selbst aber die Toga des uneigennützigen Kämpfers überwerfen, war schon damals üblich" (ebd.: 215 f.).

„Investigativen Journalismus" kannte man nicht – der Begriff wurde gut einhundert Jahre später während der „Watergate"-Affäre populär –, doch im Amerika des späten 19. Jahrhunderts fanden sich viele Schattierungen eines Enthüllungsjournalismus: von einer auf Emotion und Sensation zielenden „Yellow Press" bis zur „Muckraker"-Publizistik, die in Zeitungen, Zeitschriften und Büchern die Missstände des Landes anprangerten (und sich gelegentlich vor den Karren parteipolitischer Ränke spannen ließen). Die *Times* kehrt nach einem Wechsel des Verlegers dem Skandaljournalismus den Rücken und gab sich ihr berühmtes Motto: „All the news that fit to print". Streng nach dem Gebot der Trennung von Nachricht und Meinung wollte man fortan nie mehr der politischen Kabale dienen.

---

1 Matalin/Carville 1994: 181.
2 Zitiert nach Boventer 1994: 215.

Wenn auch der Begriff „vierte Gewalt" mit seinem konstitutionellem Verve strittig bleibt, so sind doch Kritik und Kontrolle der Politik durch Medien wichtige Säulen der Demokratie. Nun werden die Massengesellschaften mit vielen Komposita bedacht: Sie seien „Informations"- oder „Inszenierungsgesellschaften", „Kommunikations"- und „Mediengesellschaften", „Spaß"-, „Konsum"-, „Freizeit"- und „Erlebnisgesellschaften" usf. Ähnlich könnte man sie „Skandalgesellschaften" nennen: So treffend die vorangestellten Nominalglieder spezifische Merkmale ausdrücken, auch der Skandal[3] gehört zu den Eigenarten der offenen Gesellschaft (wenngleich der Skandal selbst kein Phänomen einzig der demokratischen Moderne ist[4]).

„Wer die freien Demokratien im Spiegel der Medien verfolgt, könnte glauben, ihre Geschichte der letzten Jahrzehnte sei eine einzige Kette von Skandalen. Aber daß die Demokratie sie erzeuge oder begünstige, das sollte niemand glauben. In der Demokratie fördert Öffentlichkeit und Freiheit zutage, was unter anderen Systemen verborgen bleibt." – So beschrieb Richard von Weizsäcker[5] 1987 anlässlich der Kieler „Barschel-Affäre" eine funktionale Ambivalenz des Skandals: Einerseits beleuchtet er *Fehlverhalten* wie Machtmissbrauch oder Korruption und verweist damit auf Defizite (meist) im politisch-administrativen System. Andererseits gilt er als klärendes *Korrektiv*, als Prüfstein für die Leistungs- und Funktionsfähigkeit freier Gesellschaften und grenzt sie gegenüber autoritären Systemen ab: Systemen, in denen öffentliche Kommunikation um das Tun und Lassen der Machthaber und ihrer Entourage unterdrückt werden: „Wo es Skandale gibt, ist einiges faul, wo sie fehlen, alles", so prägnant formulierte es Christian Schütze (1985: 24).

Wir sollten also dankbar sein. Die offene Gesellschaft kennt Skandale aller Art: Umweltskandale, Wirtschaftsskandale, Skandale im Sport, in der „High Society" sowieso und in der Politik allemal. Auch die politische Geschichte der Bundesrepublik kann dann als Skandalchronik geschrieben werden, ja Skandale sind nachgerade Rituale demokratischer Öffentlichkeit, Ausdruck, so merkwürdig das klingen mag, einer *politischen Kultur* (vgl.

---

3   Einem Sprachgebrauch folgend wird hier aus stilistischen Gründen gelegentlich „Affäre" als Synonym für den Skandal verwendet.

4   Auch in autoritären Systemen kommen in einem weiten Sinn Skandale vor. Während sie sich aber in offenen Gesellschaften im Rahmen eines nicht-restriktiven Kommunikationssystems entfalten, inszeniert in autoritären Systemen das Regime die Skandale meist selbst, „um Gegner anzuprangern und in den Augen der Bürger zu diskreditieren"; vgl. Schütz 1992: 30.

5   Frankfurter Rundschau, 9. 11. 1987, S. 4; zit. n. Zintz/Roennefahrt 1990: 608.

Kepplinger 1999: 698 ff.)[6]. Angefangen 1949 mit der Diskussion um die angeblich erkaufte Entscheidung für Bonn als provisorische Bundeshauptstadt, über u. a. die „Spiegel-Affäre", eine „Flick-Affäre", die „Guillaume-Affäre", die „Barschel-Affäre", eine „Rotlicht-Affäre" um Oskar Lafontaine, eine „Hausmädchen-Affäre" um den dann Ex-Verkehrsminister Krause, den CDU-Spendenskandal, der die Republik ab November 1999 geraume Jahre beschäftigte, eine „Pool-Affäre" um Rudolf Scharping, eine „Flug*blatt*affäre" um Jürgen Möllemann bis zu periodisch wiederkehrenden, seriellen „Flugaffären" (Meilen, Flugbereitschaft usf.) mit wechselnden Protagonisten. Obendrein liest sich eine Liste der Spitzenpolitiker, die aufgrund eines Skandals von einem Amt zurückgetreten sind (oder entlassen wurden), geradezu wie ein parteiübergreifendes „Who is Who" der deutschen Nachkriegsgeschichte: Franz Josef Strauß, Hans Filbinger, Werner Maihofer, Otto Graf Lambsdorff, Willy Brandt, Lothar de Maizière, Ibrahim Böhme, Lothar Späth, Jürgen Möllemann, Philipp Jenninger, Björn Engholm, Max Streibl, Rudolf Scharping – um nur wenige zu nennen (vgl. Ramge 2003). Dass Helmut Kohl sich in einem der wohl gewichtigsten Skandale der Bundesrepublik seit 1999 selbst zum Schweigen über Spender und Finanzen verpflichtet, ist wiederum symptomatisch: Auch im demokratischen Verfassungsstaat mit seinem Öffentlichkeitsgebot, seiner institutionellen Machtbalance ist eine Arkanpolitik nicht unbekannt, die den Boden nährt für den Missbrauch von Macht (und Ressourcen) und das Schweigen darüber. Und so kracht es dann ab und an gewaltig im demokratischen Gebälk, wenn publiziert wird, was manche nicht publiziert sehen wollen.

In seiner heute gebräuchlichen Bedeutung wurde der Skandal wohl erstmals in der Bibel verwendet; er umschreibt dort metaphorisch den „Sündenfall", eine „Versuchung, die der Teufel dem Menschen in den Weg legt". In dieser Konnotation wurde der Begriff aus der Vulgata ins Französische übertragen und im Sinne von Ärgernis erregend, ärgerlich oder unerhört gebraucht. Im 16. Jahrhundert ins Deutsche entlehnt, findet sich der Begriff dann zu Beginn des 18. Jahrhunderts im Deutschen Wörterbuch der Gebrüder Grimm, das den „Scandal" mit „[s]chmachvoller Aufsehen erregender Vorgang" umschrieb (vgl. Beule/Hondrich 1990: 144; Käsler 1991). Etymologisch geht Skandal auf das altgriechische „skándalon" zurück. Da-

---

6   Esser und Hartung, 2004, verweisen auf Grundlinien der Skandalisierung, die sich aus der Geschichte Deutschlands ergeben haben: z. B. hinsichtlich der nationalsozialistischen Vergangenheit politischer Eliten oder der Tätigkeit des Ministeriums für Staatssicherheit der DDR.

mit wurde ursprünglich das „Stellhölzchen" einer Tierfalle bezeichnet, das bei Berührung zuklappt. Das veranschaulicht eine zentrale Skandaldimension: Jemand berührt einen „wunden Punkt", die Auslöseeinrichtung der Falle schnappt zu; der Skandal tritt unvorhergesehen auf und entwickelt sein mitunter enormes gesellschaftliches Irritationspotenzial.

7.2 Grundzüge und Funktionen des politischen Skandals

Was genau ist nun ein Skandal? Offenbar genügt nicht der Geschmack, das moralische oder ästhetische Urteil Einzelner, um einen Skandal anzuzeigen. Längst nicht alle Missstände und Fehlverhalten innerhalb einer Gesellschaft werden bekannt. Und nicht jede Enthüllung legt die Rede vom Skandal nahe: Skandale sind *soziale Konstruktionen*, Kommunikationsmuster, und so schulden sich ihre Stoffe, Anlässe, Verlaufsformen und Folgen den sozialhistorischen und gesellschaftlichen Gegebenheiten, in denen sie sich zutragen (vgl. Zintz/Roennefahrt 1990: 601). Weitgehend übereinstimmend beschreibt die sozialwissenschaftliche Literatur den Skandal – auch im Gegensatz zu Gerüchten – über drei Komponenten (vgl. u. a. Donsbach/Gattwinkel 1998):

- eine moralische oder justitiable Verfehlung einer (prominenten) Person oder einer Institution,
- die Enthüllung dieser Verfehlung und
- die anschließende, breit geteilte Empörung über das Geschehen.

Diese Komponenten *zusammengenommen* generieren aus einem Fehlverhalten einen Skandal. Neben dem Vergehen selbst und der (relativen) gesellschaftlichen Bedeutung des oder der Skandalisierten ist eine breite Publizität notwendig; das „eigentliche Treibgas, das den Skandal hochgehen läßt, ist die Empörung einer relevanten Öffentlichkeit" (von Bredow 1992: 200). Das *Fehlverhalten* selbst ist kategorial etwas vollkommen anderes als der *Skandal*. Damit setzt der Skandal, wenn er denn einer sein will (soll), im engeren Sinne zwar voraus, dass ein solches Verhalten existiert; *Fehl*verhalten wird aber erst im Prozess der Skandalisierung als solches *bewertet* oder (gerichtsfest) *belegt*: weshalb es zu „Empörungsniederlagen" (Esser/Hartung 2004: 3) kommen mag, wenn zwar eine Publikation statt findet, nicht aber eine breite Bewertung des Vorganges *empörungswürdig* oder *justitiabel*. Von einem politischen Skandal soll gleichfalls komplementär die Rede sein, wenn:

- Akteure des politischen Systems maßgeblich beteiligt sind,
- diese Personen oder Organisationen *ursächlich* für den Verstoß gegen formelle oder informelle Gebote oder Normen verantwortlich gemacht werden können, und wenn es
- zu einer öffentlichen Auseinandersetzung und Empörung darüber kommt – über parteipolitische Grenzen hinweg.

Demnach bedarf es zur Etablierung von politischen Skandalen der *Akteurs-Triade* des Skandalierten aus dem politisch-administrativen System (des öffentlich Beschuldigten), des Skandalierers (der öffentlich Beschuldigende) und des (empörungsbereiten) Publikums, das sich in seiner Empörung nicht allein parteilich oder ideologisch verhaftet sieht. Der *politische* Skandal lässt sich dabei typologisch kategorisieren in (vgl. Esser/Hartung 2004: 21 ff.): *Korruption* im Sinne einer politischen oder wirtschaftlichen Patronage, *Missbrauch* politischer Macht aus Eigennutz oder z. B. aus Gründen des Nepotismus, blanker *Betrug* oder finanzielles Missmanagement, *Amtsversagen*. Dabei können wir davon ausgehen, dass selbst in der konkurrenzintensiven Politik nicht alle empörungsfähige Vorgänge tatsächlich thematisiert werden. Wer erklärt, die Frage schließt sich an, ein bestimmtes Verhalten oder einen Missstand (und: aus welchen Gründen) als skandalisierungs- und publizitätswürdig?

Nun stehen die Medien als Bühne und Sprachrohr der Empörung unter besonderem Skandalisierungsverdacht. Lässt man freilich die Skandale der letzten Jahre Revue passieren, dann ist festzuhalten, dass es sich meist um genuine Ereignisse handelte, nicht um einzig von den Medien initiierte Vorgänge. Möglicherweise aber übernehmen sie mehr und mehr die Funktion des Skandal-„Treibenden" und substituieren andere Skandalierer (vgl. Jarren/Donges 2002a: 111): Sie transformieren anfängliche Ahnungen oder Gerüchte über Missstände oder Vorfälle oder das Wissen von einzelnen Personen darum in Sachverhalte, die für eine breitere Öffentlichkeit relevant erscheinen. Medien nehmen damit im Rahmen öffentlicher Skandalkommunikation in Massengesellschaften fast systematisch die Rolle der Skandalplattform ein (und sie werden gelegentlich instrumentalisiert), die „eine Verfehlung sichtbar macht und sie als solche denunziert" (Neckel 1989: 67).

Wie gesagt, ist nicht jeder Skandal, der die Gesellschaft umtreibt, ein *politischer* Skandal. Dennoch scheint er im Kanon der Enthüllungen der folgenreichste und medial bedeutsamste zu sein, zumal in der Politik vergleichsweise niedrige Skandalisierungsschwellen zu finden sind. Bereits im „Normalfall" folgt die politische Kommunikation in der Demokratie ja einem Konfliktmuster, nach dem von Regierungsseite eher handlungsaffirmative, von Seiten der Opposition handlungskritische Äußerungen zu erwarten sind. Darüber hinaus gelten Politiker, Repräsentanten des Volkes, auch als Garanten öffentlicher Ordnung. Und: sie entscheiden selber über Regeln und Normen, nach denen gelebt werden soll. In dieser Rolle als „Sachverwalter der öffentlichen Moral" (Neckel 1989: 65) steigen die Erwartungen an ihr Handeln über Justitiables hinaus: Ein „Skandalisierungsdruck" der Politik begründet sich über die hohen moralischen, funktional begründeten Ansprüche an politische Repräsentanten. Während z. B. Bestechung, Korruption und Lüge in der Wirtschaft womöglich sogar als notwendige, wenn auch wenig tugendhafte Optionen gelten, herrscht in der Bewertung der Politik geradezu bedingungsloser Idealismus (vgl. Neckel 1989: 61). Die Entdeckung schon kleinerer Regelverletzungen kann in der Politik einen Skandal auslösen: Die Politik steht gleichsam unter einem Zwang zum „guten Leben" (vgl. Kamps/Scholten-Reichlin 2000: 163). Dabei kommen politischen Skandalen eine machtpolitische, eine gesellschaftliche, eine publizistische sowie eine pädagogische Funktion zu:

Welche Vehemenz und Dynamik ein Skandal entwickelt, welche Wege er einschlägt oder auslässt, hängt *erstens* nicht allein von der Natur und der Schwere des Vergehens ab, sondern auch von Machtinteressen des Skandalierten bzw. des Skandalierers. Im Grundsatz gilt, dass der Beschuldigte den Erhalt seiner Position verteidigt und der Beschuldigende Konsequenzen avisiert, meist einen Rücktritt. So gesehen sind Skandale „häufig nicht nur Auseinandersetzungen um eine Person, sondern zugleich Mittel zum Zweck in politischen, ideologischen oder weltanschaulichen Konflikten zwischen Parteien, Kirchen, Gewerkschaften und anderen Institutionen" (Donsbach/Gattwinkel 1998: 44). Der Soziologe Hondrich (1989, 1992) etwa beschreibt die Gesellschaft über Wertegemeinschaften – und geht davon aus, dass Skandale sich an den Konfliktlinien und in „Skandalmärkten" zwischen diesen Gruppen *instrumentell* entwickeln und somit ein latentes Element der Auseinandersetzung um Positionen, Macht und Werte darstellen. Im Kontext der dem politischen Skandal eigenen Logik von Sieg und Niederlage ist dann anzunehmen, dass „skandalisierungsfähige" Ereignisse oder Sachverhalte überwiegend bewusst lanciert, publiziert und akzentuiert werden, also

eine *machtpolitische* Funktion ausüben. Umgekehrt kann Fehlverhalten unge-
sühnt bleiben, wenn eine Veröffentlichung mit machtpolitischen Strategien
nicht kompatibel erscheint.

Die *gesellschaftliche* Funktion des Skandals, *zweitens*, scheint simpel: Er
enthüllt Handlungen oder Unterlassungen von Personen, entzieht sie dem
Geheimen und führt sie vor das lichte Tribunal der Öffentlichkeit. Der oder
die Enthüllte hat gegen gesellschaftliche Norm- und Wertvorstellungen
verstoßen (oder soll es getan haben). „Der Skandalerreger tut etwas, was
dem ‚normalen' Erwartungshorizont der Situation zuwiderläuft; er stellt die
Basisregeln der alltäglichen Ordnung in Frage und damit auch die gesellschaftliche Ordnung, die den Alltag garantiert" (Silbermann 1992: 38). Es
folgen die Entrüstung des Publikums und gegebenenfalls Sanktionen. Neben einem oft nicht zu leugnenden Unterhaltungswert dient der Skandal
damit im Kern auch dazu, moralische oder justitiable Vergehen von Personen, Organisationen oder Institutionen *präventiv* zu unterbinden (vgl.
Kamps/Scholten-Reichlin 2000: 160) – ein Mechanismus, der in der Soziologie (weiter gefasst) unter „sozialer Kontrolle" firmiert. Zugleich wirft er ein
im Wortsinn „bezeichnendes" Licht auf Soll und Haben innerhalb der Gesellschaft, wodurch „auf der einen Seite die Entrüstung und so auf indirekte
Weise die Norm selbst" gestärkt wird (Luhmann 1996: 63). Annoncierte oder
vollzogene Korrekturen fangen destabilisierende Momente des Skandals
dann u. U. über die Publikation auf (vgl. Zintz/Roennefahrt 1990: 609). Publizistisch heißt auch, dass die Entrüstung sich nicht in Form einer Predigt
oder des Indoktrinationsversuchs entfaltet, „sondern in der harmloseren
Form der bloßen Berichterstattung, die jedem die Möglichkeit freistellt, zu
dem Schluß zu kommen: so nicht!" (Luhmann 1996: 62) Der Skandal kann
mithin so etwas wie ein gesellschaftliches Ritual mit reinigender, stabilisie-
render Funktion in Hinblick auf grundlegende Werte und Normen sein (vgl.
Münch 1992: 92). Im politischen System entspricht diese aufklärerische
Funktion auch der Legitimation des „Normalbetriebes".

Drittens geht mit der Profilierung der Mediengesellschaft neben einem
relativen Autonomiegewinn der Medien ihre fortdauernde Ökonomisierung
und Kommerzialisierung seit den 80er Jahren einher. Mit Blick auf die publizistische Vermarktungsfähigkeit von Themen führt das u. a. zu einer stärkeren Konkurrenz von politischen und nicht-politischen Vorgängen um die
Aufmerksamkeit des Publikums. Nun rangiert der politische Skandal weit

oben auf der Skala massenattraktiver Ereignisberichterstattung, da er als besonderes Instrument der gesellschaftlichen Selbstbeobachtung langfristige soziale oder politische Prozesse verdichtet und „lesbar" macht (vgl. Ebbighausen/Neckel 1989: 9). (Wobei die Inszenierung moralischer Debatten wiederum Aufmerksamkeit auf die Medien selbst lenken kann.) Über einen längeren Zeitraum hinweg kann Skandalberichterstattung also mit der Aufmerksamkeit des Publikums rechnen. So erweist sich nicht selten ein ursprünglich veröffentlichtes Fehlverhalten als Nukleus des Skandalisierungsfähigen, aus dem heraus vielerlei „Geschichten" hinter der „Geschichte" (mit wechselnden Protagonisten) vorgetragen werden können. Insofern ist von einer *publizistischen* Funktion des Skandals auszugehen.

Viertens, schließlich: In der „ambivalenten Beziehung mit begrenzten Zuverlässigkeiten und Loyalitäten" (Pfetsch 1998a: 233) – Politik und Medien – übernehmen die Medien makroperspektivisch die Rolle des Moralwächters. Sie thematisieren Fehlverhalten oder offenbaren Strukturschwächen. Die „Karriere" eines Skandals ist aber in der Regel weder determinierbar noch beispielsweise in einer Typologie der Nachrichtenwerte bereits angelegt. Der sozial-historische Kontext, der die Gestalt und den Verlauf eines Skandals nachdrücklich prägt, verweist auf die zeit-räumliche Gebundenheit und damit Relativität des Sachverhalts. Skandale sind aktualisierende „Teststreifen" für das in einer politischen Kultur unterstellte, vorhandene oder angemahnte Unrechtsbewusstsein (vgl. von Alemann 1985: 264). „Moderne Gesellschaften mit steigendem Lernbedarf brauchen auch mehr Skandale. Sie brauchen mehr Normverstöße, weil [...] Gesellschaften nur in Konfrontation mit Unmoral, also im Negativen, ihre Moral und deren Grenzen bestimmen lernen." (Hondrich 1992: 181 f.) Über die eigentliche Verfehlung offenbaren sie generalisierbare Defizite, deren Konsequenzen in einem neuerlichen Diskurs verhandelt werden. Den politischen Repräsentanten wird also signalisiert, dass sie bei regelwidrigem Verhalten mit Sanktionen rechnen müssen. So kommt Skandalen eine *pädagogische* Funktion zu.

Typischerweise schreibt sich dabei ein „Verlaufsprotokoll" des politischen Skandals wie folgt (vgl. Donsbach/Gattwinkel 1998: 43 ff.):

- Die Öffentlichkeit wird mit einem (dramatisierbaren) Sachverhalt konfrontiert, wobei davon ausgegangen werden kann, dass jede veröffentlichte Verfehlung stellvertretend für ähnliche Sachverhalte steht, die unerkannt bleiben oder nicht publiziert werden.

- Der in Frage stehende Sachverhalt wird öffentlich als Missstand qualifiziert: Ein Ist-Zustand weicht von einem ideellen Soll-Zustand ab, wobei meist nicht nur einzelne Personen geschädigt werden, sondern die Interessen der Allgemeinheit.
- Für den Missstand wird eine Person oder Organisation verantwortlich gemacht: Für die öffentliche Resonanz und mögliche Sanktionen ist in der Regel noch der Bruch von Vertrauen notwendig; ist die konkrete Zuschreibung von Verantwortung nicht möglich, wird eher von „Krisen" geredet.
- Die Skandalierer berufen sich nun öffentlich auf Normen (etwa das Wertesystem der Gesellschaft), die den Missstand als mindestens moralische Verfehlung einstufen.
- Optional folgt die Wiederholung der anstößigen Handlungen, eine Übertragung auf Dritte oder aber das Fehlverhalten wird an eine gleichfalls empörungswürdige Vergangenheit der verantwortlichen Person oder Institution gekoppelt.
- Das vorläufige Ende des Skandals findet sich in der öffentlichen Sühne oder Bestrafung der skandalierten Person: In der Politik handelt es sich zumeist um den Rücktritt vom Amt, mindestens aber um die Forderung darum. Beides, Rücktritt wie Verharren, kann (und wird) gegebenenfalls als skandalwürdiges Element in späteren Auseinandersetzungen erneut thematisiert werden.

Dies führt wiederum vor Augen, warum Medien häufig nicht lediglich Skandalbeobachter sind oder allein die „Bühne", sondern auch treibende Kraft, die als *funktionales Äquivalent* des Publikums jene Öffentlichkeit erzeugen, die aus einem Vergehen einen Skandal generiert. Nun schließt bereits im Grundmuster politischer Kommunikation das Gebot der Trennung von Nachricht und Meinung auch wertende Stellungnahmen nicht aus; dass publizistische Medien kontrovers Position beziehen, ist durchaus erwünscht. Es hieße aber die reflexive, komplexe Dynamik eines politischen Skandals zu unterschätzen, einzig *die* Journalisten oder *die* Medien für die Existenz, den Verlauf oder die Konsequenzen eines Skandals verantwortlich zu machen, selbst wenn in Großgesellschaften eine Skandalisierung ohne Reflexion im Mediensystem schwer vorstellbar erscheint: „Es sind [...] die Journalisten, die mit ihren für das Publikum meistens nicht sichtbaren Handlungen die Fortsetzung des Skandals bewirken. Allerdings reicht die Kraft der Journalisten nicht aus, den Skandal gegen den Willen aller anderen gesellschaftlichen Akteure in der Diskussion zu halten" (Donsbach/Gattwinkel 1998: 52). So schaffen Medien erst die notwendige Transparenz über Normenkonflikte und Defizite in der Politik. Erst ein Prozess gesellschaftlicher Öffentlichkeit und sozialer Konstruktion führt aber zur Skandalisierung. Vor dem Hintergrund derartiger Grundmuster des (politischen) Skandals und angesichts einer durchgreifend ökonomisierten Logik des Mediensystems liegt die Frage nach einer Skandalisierung des politischen Systems nahe.

7.3   Skandalisierung durch Medien?

Skandale sind also mehr als „nur" veröffentlichte Ärgernisse, Enthüllungen über die sich trefflich *moralisieren* lässt. Vielmehr sind sie als soziale Phänomene und als Deutungsrahmen zu konzipieren für einen gesellschaftlichen Umgang mit Fehlverhalten von Personen, Gruppen oder Institutionen. „[...] Skandale heben die Einmaligkeit hervor, sie markieren individuelles Fehlverhalten und lassen damit den normalen Betrieb unmarkiert passieren" (Luhmann 1993: 39). Das setzt ein verbindliches und sanktionierbares System kollektiver Werte und Normen voraus, an dem das Handeln einzelner Personen oder Organisationen zu messen ist. Das Rechtssystem wäre ein solch verbindliches und naheliegendes Normsystem. Nicht jeder *Rechts*verstoß aber ist offensichtlich ein Skandal; und umgekehrt ist nicht jeder Skandal ein Rechtsverstoß. Offenbar gehört dazu, das wurde diskutiert, neben dem (unterstellten) Sachverhalt der justitiablen oder moralischen Verfehlung selbst auch die gesellschaftsweite Kategorisierung des Vorgangs als empörungswürdig: also eine Skandal-*isierung*.

In der offenen Gesellschaft kann dabei im Kern jeder die Rolle des Anklägers übernehmen, wobei vier typische Anklägergruppen zu unterscheiden sind (vgl. Esser/Hartung 2006): *Erstens*, Personen, die das politische System ablehnen und seine Legitimation zu unterwandern suchen. Hierzulande gingen beispielsweise während des „Kalten Krieges" einige Skandale darauf zurück, dass die DDR westliche Medien mit Material fütterten. Eine *zweite* Gruppe möglicher Ankläger besteht aus opponierenden Politikern. Ein *dritter* Kreis, nicht ganz so vordergründig, umfasst Parteirivalen (immerhin folgt, wenn ein Amtsinhaber stürzt, meist ein anderes Parteimitglied auf den Posten). Schließlich, *viertens*, sind Journalisten als potenzielle Ankläger zu nennen. Jenseits von politischen Motiven haben sie, wie beschrieben, ein funktionales, publizistisches und professionelles Interesse an Skandalisierungen. Die Medien als Bühne des Skandals und ihre Journalisten stehen dabei nicht nur vor dem „Problem", aus vielerlei skandalisierungs*fähigen* oder skandalisierungs*verdächtigen* Vorgängen jene herauszufiltern, die für ihr Publikum interessant sind bzw. interessant werden könnten; sie laufen gesellschaftlich betrachtet insbesondere Gefahr, (1) durch eine Fokussierung auf individuelles Fehlverhalten die Bedeutung einzelner Personen für das politische System zu überschätzen sowie (2) langwierigere, aber punktuell nicht explizierbare Missstände dem Vergessen anheim zu stellen. Wie Skandale in anderen gesellschaftlichen Systemen übersteht der politische Skandal in der Regel eine Latenzphase nur durch die auch „Koorientierung" des Journalismus: „[...] die Medien berichten, was andere Medien berichten" (Kepplinger 2001: 50).

Gesellschaftspolitisch kann die öffentliche Skandalisierung, die *Realisation* des Skandals dabei als Indikator des sozialen Wandels herangezogen werden. Kurt Imhof (2000: 2 ff.) systematisiert hierzu Skandalisierungsphänomene anhand von vier Kategorien: Skandalisierungen ermöglichen *erstens* den Einblick in politisch-soziale Traditionen, die sich u. a. durch ein spezifisches Verhältnis von Öffentlichkeit und Privatheit kennzeichnen. Dieses elementare Austarieren von Privatheit hier, Öffentlichkeit da, wurde beispielsweise in der Rezeption des Lewinsky-Skandals in den Vereinigten Staaten deutlich: im Sachverhalt selbst, in der öffentlichen Auseinandersetzung über seine Details und Folgen und in der Kommunikation *über* diese Skandalkommunikation. *Zweitens* tragen Skandalisierungen mit ihren gesellschaftlichen Norm- und Wertkonflikten dazu bei, Moralisierungsmoden offen zu legen. Etwa können im Skandal bzw. der dazugehörigen öffentlichen Empörung plötzlich Verhaltensweisen abgelehnt werden, die zuvor geduldet oder lediglich über gemeinschaftlichen Klatsch sanktioniert wurden. *Drittens* erlauben Skandalisierungen Einblicke in Entwicklung und Form einer Privatisierung der Öffentlichkeit selbst. Das korrespondiert im politischen Raum mit einer Personalisierung des Politischen: Person, Auftreten und die Integrität einzelner Akteure rücken in den Vordergrund. Damit werden u. U. weniger jene Handlungen thematisiert, die instrumentell auf die Durchsetzung politischer Verbindlichkeit zielen, als vielmehr solche, die „expressiv in bezug auf ein Publikum wirksam [sind] oder wirksam sein soll[en]" (Käsler 1989: 318). *Viertens*, daran anschließend, kann mittels einer vergleichenden Skandalanalyse die Konstitution des permanenten „Strukturwandels der Öffentlichkeit" nachgezeichnet werden: getrieben z. B. von Ökonomisierung, einem technischen Wandel oder einer neuen, „eigenartigen" Formatkultur bei elektronischen Medien; der Wandel des intermediären Systems (vgl. Jarren 1998e) ermöglichte auch der Skandalisierung neue sachliche, publizistische, zeitliche und soziale Optionen.

Insbesondere die letzten beiden Punkte betreffen die Frage nach einer zunehmenden Skandalisierung der Gesellschaft und speziell der Politik im Zuge der Medienevolution der letzten rund zwanzig Jahre. Selbst in einer ausgeprägten Parteiendemokratie wie der Bundesrepublik wird politische Macht immer an Personen delegiert; nachgerade als „Kehrseite der Medaille", parallel zu einer Ausdehnung der öffentlichen Sphäre und der Erweiterung der quantitativen wie qualitativen Aufmerksamkeits-, Inszenierungs- und Personalisierungsoptionen für politische Akteure, gewinnt die publizistische Funktion des Skandals an Gewicht. Zugleich misst der Journalismus das Für und Wieder von politischem Handeln und Entscheiden nicht allein an strukturellen oder gesellschaftlichen Konstitutionen und (vermuteten) Folgen, sondern bindet sich an „menschlichen" Kriterien, die ihren Ursprung in Formaten der nicht-politischen Berichterstattung besitzen. Im Mittelpunkt stehen jetzt nicht nur prominente Personen, die die Titelblätter der Klatschpresse iterativ schmücken, sondern auch Politiker – ein Personenkreis, der sich inzwischen mitunter daran gewöhnt hat, losgelöst von politischen Sachthemen als Person mit (verhandelbarer) Privatheit in Unterhaltungsshows aufzutreten (vgl. Holtz-Bacha 2000b; Ross 1998: 151). Dabei stützt ein Grundmuster in der Narration des Skandals eine Fixierung auf Personen; das „Weltbild" des Skandals ist, wenn man so will, personalisiert: Wenn etwas schief geht oder Erwartungen nicht erfüllt werden, dann *muss* das geradezu an einer Person liegen, an ihrem Unwillen oder ihrer Unfähigkeit. Damit konstruiert die Skandaloptik im Grundsatz ein negatives Personenstereotyp (vgl. Weiß 2002c: 300 f.).

Jenseits der Denunzierung einer Ungerechtigkeit oder einer justitiablen Verfehlung thematisiert der politische Skandal damit häufig die persönliche *Integrität* politischer Amtsträger (Neckel 1989: 67; Imhof 2000). So erstreckt sich die Enthüllung von Fehlhandlungen nun nicht mehr ausschließlich auf Politik oder die Amtsausübung. Vielmehr machen ebenso „Sündenfälle" massenmediale Karriere, die der individuellen Sphäre, dem Privaten, entspringen. Im Zuge einer Skandalisierung dessen, was vor Jahren noch als Klatsch (im politischen Raum) *dethematisiert* worden wäre, wird die mit dem Bild der bürgerlichen Öffentlichkeit verbundene strikte Trennung von öffentlich und privat aufgebrochen. Und mit eben dieser mitunter selbst forcierten Privatisierung und Entgrenzung (erinnert sei an Rudolf Scharping) geht ein steigendes Skandalisierungsrisiko für Politiker in Spitzenpositionen einher. Die publizistische Aufbereitung des Lewinsky-Skandals ist ein Paradebeispiel für diesen „Kehrseite-der-Medaille"-Effekt, dafür, „wie man die privaten Geister, die man öffentlich gerufen hat, politisch nicht mehr los wird" (Ross 1998: 151). Damit bekommen Skandale auch aus dem politischen System selbst heraus eine „persönliche Note" verliehen; vermutlich sind Politiker, die sich der Tendenz zur Privatisierung (zu) entziehen (versuchen), dann auch weniger Skandalisierungsrisiken ausgesetzt.

Für die Medien sind politische Skandale und ihr je spezifischer „Lebenszyklus" *als Grundmuster gesellschaftlicher Kommunikation* darüber hinaus deshalb interessant, als die Skandalberichterstattung sich grundlegend von der Nachrichtenroutine unterscheidet: Während die alltägliche Berichterstattung sich über mehr oder weniger rasch wechselnde Themen charakterisiert, bietet die Aufdeckung und Verbreitung von Skandalen oder skandalverdächtigen Begebenheiten meist eine dynamische, steigerungsfähige Geschichte mit Potenzial zur Anschlusskommunikation (vgl. Münch 1992: 92). In der Lewinsky-Affäre, wiederum, wurde das besonders deutlich: Nicht allein die scheibchenweise im Zeitverlauf bekannt gewordenen Lügen, die der Verschleierung des Fehlverhaltens dienten, auch die medienattraktiven Tätigkeiten des Sonderermittlers Starr und die digitale Publikation seines Abschlussberichtes, der Rekurs auf vergangene „-Gates", die ewig medienpräsenten Protagonisten, *Agent Provocateurs* oder „Zeugen" Linda Tripp, Gennifer Flowers und Paula Jones, die sich anschließenden formalen juristischen Verfahren (*Grand Jury, Impeachment*) usf. verliehen der Skandalisierung über längere Zeit eine ungebrochene Dynamik.

Skandale dort, Skandale hier: so zeigt der Lewinsky-Skandal, dass gerade in der Frage der Publizität der ehelichen Treue oder überhaupt der sexuellen Vorlieben in der Bundesrepublik im Vergleich zu den Vereinigten Staaten oder Großbritannien von den Journalisten noch weitgehend Zurückhaltung geübt wird – dass also Skandalisierungskulturen zu unterscheiden sind. Wie erwähnt sind politische Skandale in der Regel kontextgebundene *Ereignisse*, die lediglich vor dem jeweiligen sozialen Feld und dem normativen Hintergrund der gesellschaftlichen Sphäre begriffen werden können (Neckel 1989: 56). So ist die Spiegel-Affäre Anfang der 60er Jahre einschließlich der öffentlichen Proteste, der folgenden Regierungskrise und einschließlich der für das Verständnis der Pressefreiheit in Deutschland wichtigen Entscheidung des Bundesverfassungsgerichts, Ausdruck einer historischen Konstellation. Bei der Lewinsky-Affäre stützte sich der unermüdlich skandalisierende Kenneth Starr mit der öffentlichen Vorführung der sexuellen Vorlieben William Jefferson Clintons nicht nur auf „Recht und Gesetz", sondern eben auf die Wert- und Normvorstellungen der seinerzeitigen amerikanischen Gesellschaft.

So gesehen sind Skandale über die jeweils aktualisierten Konstruktionsmuster Ausdruck des sozialen Zustandes und Wandels, wobei man weder „von der Zahl und Größe der Mißstände auf die Zahl und Größe der Skandale [...], noch umgekehrt von der Zahl und Größe der Skandale auf die der Mißstände" schließen kann (Kepplinger 1999b: 699). Vor allem sind *politische* Skandale in der Mediengesellschaft der aktualisierte Ausdruck der Beziehung zwischen Journalismus und Politik (Makroebene), zwischen journalistischen Unternehmen und politischen Organisationen (Mesoebene) und mitunter auch der zwischen Journalisten und Politikern (Mikroebene). Hinsichtlich der Beziehung von Journalismus und Politik definiert sich die Entwicklung in den letzten Jahren stark über Tendenzen einer Entgrenzung von Privatheit und Öffentlichkeit, die weitgehend über eine mediensystemische Evolution sowie soziale Fragmentierungsprozesse erklärbar ist. Damit einher gehen könnte allerdings eine Art „Skandalinflation", die, zu Ende gedacht, der Skandalisierung ihre Basis rauben würde: „In der Zeit der publizistischen Übererregungen und Skandalneugier wachsen die Erwartungen, die an einen Skandal gestellt werden, unaufhörlich. Die Publizistik pflegt Erwartungen und bereitet Enttäuschungen, und so gibt es immer mehr Skandale, die immer weniger welche sind." (Schütz 1992: 19) So betrachtet verliert in der Mediengesellschaft, wenn sie sich der publizistischen *Skandalisierung* ergibt, der Skandal möglicherweise seine Korrektivfunktion. Skandalisierungstendenzen zeigen zugleich, dass das Idealbild einer rationalen, auf konsensuale Lösungen zum Allgemeinwohl angelegten Politik allenfalls ein akademisches Trugbild ist und nur als Schablone dienen kann, um *politi-*

sche Konstruktionsprozesse zur rekonstruieren. Dass Medien im Skandalkontext häufig in Komplott- oder Verschwörungstheorien integriert werden, zeigt wiederum, dass medial-manipulative Strategien und Taktiken zur Machterhaltung oder Machterlangung in der Mediengesellschaft mitunter als Normalfall *politischer Kommunikation* firmieren.

Damit sei kurz auf zwei Fälle eingegangen, die jeweils auf ihre Weise die bislang beschriebenen Dimensionen des Konstruktionsprozesses „Skandal" ausfüllen; dabei soll verdeutlicht werden, dass es einerseits analytisch differenzier- und vergleichbare Skandalmuster gibt, dass andererseits aber der politische und gesellschaftshistorische Kontext, in dem sich Skandale entfalten, den Skandal (Verlauf, Protagonisten, Gegenstand, Berichterstattung) in hohem Maße individualisiert. Anders ausgedrückt: Eine „vergleichende Skandalforschung" ergibt so gesehen allein als Analyse des sozialen Wandels Sinn. Das umfasst auch die Anlage und Operation der Kommunikationsstrategien, die in Skandalen zu beobachten sind.

7.3.1 Exkurs aus ewigem Anlass: Die CDU-Spendenaffäre

Die Szenerie war so nüchtern wie die Aufführung, die folgte, spektakulär: Alt-Bundeskanzler Helmut Kohl stellte sich am Abend des 16. Dezember 1999 den Fragen zweier ZDF-Reporter und tat, abweichend von seinem bisherigen Leitmotiv, was bei Juristen unter „Selbstanzeige" firmiert. Auf den Hinweis eines Eingeständnisses Wolfgang Schäubles in der ARD gab Kohl unumwunden zu, „anderthalb bis zwei Millionen Mark" Parteispenden (zit. n. Ramge 2003: 252) entgegengenommen zu haben – Geld, das in keinem Rechenschaftsbericht geführt wurde. Die Namen der Spender wolle er nicht nennen, er habe sein Wort gegeben. „Ehrenwort vs. Amtseid" – so die Linie der folgenden, schon einzigartigen Aufregung, und so titelte auch *Newsweek* „Germany's Watergate" (zit. n. Esser/Hartung 2006: 319), während *Time* die zu erwartende Kommunikationsstrategie überschlug: „Kohl will do what he knows best: *aussitzen*, sitting it out"[7] – eine, wie sich zeigen sollte, weitsichtige Erkenntnis. Im westfälischen Ahlen kam ein Fabrikant auf die Idee, einen Birnenschnaps unter dem Namen „Helmuts Ehrenwort" auf den Markt zu werfen, Aufschrift: „Der spült Dir das Gewissen weg"[8].

---

7   Time vom 31. Januar 2000, Titel, S. 25, Herv. i. O.
8   Zit. n. Kölner Stadtanzeiger v. 25.01.2000.

Sicher, die Liste mehr oder weniger folgenreicher politischer Skandale in der Bundesrepublik ist lang und schreibt sich fort; hier ist mit Superlativen zu sparen. Zweifelsohne aber stürzte der Spendenskandal die Christdemokraten in eine der schwerwiegendsten Glaubwürdigkeits- und Vertrauenskrise seit ihrer Gründung, in eine „existentielle Bewährungsprobe", wie der Parteivorstand befand[9], die nebenbei das gesamte politische System erschütterte. Dabei kannte das Schauspiel mehr als eine Bühne, mehrere Epizentren.

Es begann mit der staatsanwaltschaftlichen Untersuchung eines 223-Millionen-Euro-Waffenhandels zwischen Thyssen und Saudi Arabien aus dem Jahr 1991, bei der Beamte auf 110 Millionen Euro Provisionen stießen, von denen sie annahmen, Thyssen habe damit meist saudiarabische Partnern bestochen; sie fanden daneben Indizien dafür, dass 500 000 Euro vom Waffenhändler Karlheinz Schreiber an CDU-Schatzmeister Walther Leisler Kiep übergeben worden waren (vgl. Esser/Hartung 2006: 319).

Kiep – „der erboste Ex-Finanzverwalter der Union"[10] – Anfang November 1999 wegen des Verdachts der Steuerhinterziehung vorgeladen, offenbarte in den Befragungen ein verborgenes Konten-System, dass die Partei errichtet hätte für Spenden, die nicht korrekt deklariert werden sollten. Diese Spenden summierten sich auf einige Millionen Euro. Kiep hatte zudem darüber parliert, in der Tat eine größere Summe vom Waffenhändler Schreiber angenommen zu haben – für die CDU –, um das Geld dann gestückelt als „Parteispende" in Teilbeträgen auf ein Treuhandkonto einzuzahlen. Während Kieps Nachfolgerin im CDU-Schatzamt, Brigitte Baumeister, ebenso wie Helmut Kohl dazu erklärten, nichts gewusst zu haben, war gleichwohl rasch offenkundig: Christdemokraten hatten illegale Parteispenden auf schwarze Konten verlagert.

Vorläufig lief der Vorgang als „Kiep-Affäre", zumal zur Sprache kam, das Geld sei in „Ganovenmanier" (Ramge 2003: 247) – ein Koffer war im Spiel – unter drei Finanzexperten der CDU, darunter Kiep, zum Dank für ihre alten Dienste und „Unbill" zurückliegender Tage aufgeteilt worden. Woher und wohin das Geld ging wurde nicht geklärt, die Verwirrung war komplett, das Schweigen allgemein, und selbst der FAZ gefiel die Formulierung des GRÜNEN-Abgeordneten Hans-Christian Ströbele, den das Ganze an die „Omertà" erinnerte (ebd.).

---

9   Zit. n. Frankfurter Rundschau Online vom 25. Januar 2000.
10   Der Spiegel, Nr. 3, vom 17.01.2000, S. 31.

In einer parallelen Entwicklung wurde im Januar 2000 in Hessen ein weiteres Kontensystem aufgedeckt. Am Freitag den 14. Januar, „einem der denkwürdigsten Tage der deutschen Parteiengeschichte"[11], traten der Hessische Ministerpräsident Roland Koch und der ehemalige hessische CDU-Landeschef Manfred Kanther „gesenkten Hauptes"[12] vor die Presse und räumten ein, die Landespartei habe 1983 geheime Auslandskonten eingerichtet[13]. In der Person Manfred Kanthers, der einst ein Gesetz gegen Geldwäsche mit auf den Weg gebracht hatte, spiegelte sich die ganze Pikanterie der Vorgänge: Der vormalige Bundesinnenminister, Streiter mindestens gegen das organisierte Verbrechen, legte dann auch sein Bundestagsmandat nieder, als der Begriff Doppelmoral schon beiläufig mit seiner Person identifiziert wurde: „Ausgerechnet ein staatstragender Konservativer wie Kanther [...] musste nun zugeben, ein Lügengebäude mitgetragen zu haben".[14] Peinlicherweise war Koch, dem „brutalstmöglichen Aufklärer", wie er sich indirekt selbst titulierte, nachzuweisen, dass er die Manipulationen am Rechenschaftsbericht gedeckt hatte (Ramge 2003: 256). Trotz allem zeigt sich in dieser Etappe des Skandals die Beharrungskraft des politischen Amtes: Die hessische FDP, Koalitionspartner der Union, hielt nach heftigem innerparteilichen Streit an der Regierungsbeteiligung fest, ein Antrag auf Selbstauflösung des Parlaments wurde mit der Mehrheit der Regierungsfraktionen zurückgewiesen – Neuwahlen als Zeichen und Chance der Läuterung kamen dem System nicht in Betracht.

Die zentrale Säule des Skandals aber war das Involvement des Altkanzlers selbst und die Annahme von Millionenspenden in bar unter „Aussitzung" der Nennung der Spender – ein Bruch des Parteienfinanzierungsgesetzes. Am 30. November 1999 war Kohl bereits ob der „Kiep"-Affäre im Anschluss an eine Präsidiumssitzung in die Offensive gegangen und überraschte die wartende Presse mit einer rund viertelstündigen Rechtfertigung, deren Kernsatz lautete: „Eine von den üblichen Konten der Bundesschatzmeisterei praktizierte getrennte Kontoführung erschien mir vertretbar" (zit. n. Ramge 2003: 249) – vertretbar zum Zwecke vertraulich zu behandelnder

---

11   Die Zeit, Nr. 4, vom 20. Januar 2000, S. 11.
12   Der Spiegel, Nr. 3, vom 17.01.2000, S. 23.
13   Zu einem Skandal im Skandal kam es, als das Geld kurzzeitig als „Jüdisches Vermächtnis" ausgewiesen wurde: Der ehemalige hessische CDU-Schatzmeister Casimir Prinz zu Sayn-Wittgenstein hatte behauptet, das Geld – angelegt in einer Liechtensteiner Stiftung unter dem (Deck-)Namen „Zaunkönig" – komme aus jüdischen Vermächtnissen.
14   Der Spiegel, Nr. 3, vom 17.01.2000, S. 25.

Sonderzuwendungen. „Dazu gehört auch, dass für mich in meinem gesamten politischen Leben persönliches Vertrauen wichtiger als rein formale Überprüfungen war und ist" – das „System Kohl" in den Worten Kohls[15]. Dass Kohl derart betonte, er habe einzig der Partei dienen wollen, kommentierten die Medien schon hämisch, und in den Vereinigten Staaten drängte sich in den größeren Blättern sofort der Vergleich mit Richard Nixon auf, Tenor: die Entblößung eines Staatsmannes.

Über Monate beherrschte die Frage nach den Spendernamen die Schlagzeilen und die innerparteiliche Diskussion; schließlich hielten die Loyalitäten rund um Kohl das etappenweise *Mea Culpa* nicht stand: Dass Angela Merkel „Aufklärung ohne Ansehen der Person" forderte, musste für Kohl, um seinen Ruf und sein „Lebenswerk" bedacht, als Kampfansage wirken; penible Naturen wiesen zudem darauf hin, er hätte womöglich nicht nur unbekannte Konten und ein System monetär gelenkter Loyalitäten, sondern auch den Verfassungsbruch[16] zugegeben. Skandale sind eben auch Ausweis über den Bestand und die Festigkeit politischer Banden: Je mehr sich nun die Hinweise auf ein System aus Sonderkonten, mit denen Kohl Landesverbände und Einzelpersonen Geld hat zukommen lassen, *öffentlich* verdichteten, desto weiter distanzierten sich führende Christdemokraten. Dass in dieser Situation Kohls SPD-Vorzeigeopponent Oskar Lafontaine, als er in Paris sein Buch „Das Herz schlägt links" vermarktete, die Bedeutung der CDU für die parlamentarische Demokratie im konservativen *Figaro* unterstrich, darf als prickelnde Beigabe für den Trennungsprozess von Partei und Altkanzler festgehalten werden. Angela Merkel erklärte in einem Artikel der FAZ vom 21. *Dezember* 2000 die Ära Kohl für endgültig beendet, und sie forderte die Partei gleichzeitig auf, sich von Kohl zu lösen. Zeitgleich wählte die Gesellschaft für die Deutsche Sprache das Wort „Schwarzgeldaffäre" zum „Wort des Jahres".

Daneben sind weitere Facetten des Komplexes zu benennen (vgl. Esser/Hartung 2006: 319 ff.): So geriet Kohls Nachfolger im Amt des Parteivorsitzenden, Wolfgang Schäuble, unter Druck, weil er eine Geldspende des erwähnten Waffenhändlers Schreiber angenommen hatte. Unterschiedliche

---

15   Zit. n. Die Zeit, Nr. 49, vom 2. Dezember 1999.

16   Ob es sich bei der Annahme der anonymen Spenden tatsächlich um einen Verfassungsbruch gehandelt hat oder aber lediglich um einen Verstoß gegen das Parteiengesetz, ist umstritten, weil die Pflicht zur öffentlichen Rechenschaft sich an den Gesetzgeber richtet, der die Vorgabe umsetzen muss – und im Parteiengesetz einen Spielraum lässt; vgl. Kepplinger 2001: 10 f.

Versionen über das Treffen mit Schreiber und die Weitergabe des Geld an die Partei führten schließlich nach 16 Monaten im Amt zu Schäubles Rücktritt. Zu den „Begleitumständen" sind noch eine sehr großzügige Spende eines mit der Regierung handelnden Hamburger Immobilienhändlers und vor allem der Verkauf der ostdeutschen Leuna Ölraffinerie an den französischen Ölkonzern Elf Aquitaine zu erwähnen: Nach den Angaben französischer Manager hatte der Konzern rund 50 Millionen Mark an Schmiergeldern gezahlt, um von der Treuhand den Zuschlag für die Raffinerien und das lukrative Tankstellennetz *Minol* zu bekommen. Der Leuna-Handel wurden zwar schon vor dem CDU-Finanzskandal untersucht, in der Kombination der Vorgänge wurde nun aber vermutet, Bestechungsgelder hätten die geheimen Parteikonten gefüllt; vom hessischen Geld wird mittlerweile angenommen, es stamme von Parteikonten, die nach den Änderungen der Parteifinanzierungsgesetze aufgrund des Flick-Skandals 1982 illegal geworden waren.

Der Bundestag setzte einen parlamentarischen Untersuchungsausschusses – ein schon traditionell dem parteipolitischen Machtkampf unterworfenes Kontrollmittel; kaum Wunder, dass sich Kohl, wie sein Terminkalender belegte, vor seiner Zeugenaussage mit CDU-Vertretern traf. Als im Juli 2002, nach rund 2jähriger Studie, ein 941-Seiten Bericht dem Parlament vorgelegt wurde, musste der Vorsitzende festhalten, die Kommission sei gespalten in der Frage, ob illegale Spendengelder die Politik Kohls beeinflusst hätten. So stimmten Abgeordnete von PDS, FDP, CDU überein, dafür gebe es keine Beweise; hingegen für die Kommissionsmitglieder von SPD und GRÜNEN rochen die drei Vorgänge nach wie vor nach Korruption. Derart gefasste politische Korruption ist indes keine *juristische*, sondern eine *moralische* Kategorie. Eine Kausalkette Geld-Entscheidung konnte nicht hergestellt werden; auch blieb ungeklärt, welche Spenden Kohl persönlich erhalten hatte. Die Untersuchung stieß gleichwohl auf Unregelmäßigkeiten bei Parteispenden. Für ihre mangelhafte Buchführung und die Annahme undeklarierter Spenden musste die CDU daher 21 Millionen Euro an Bundeszuschüssen zurückzahlen und akzeptierte weitere 6 Millionen Euro Strafe für das illegale Bargeld, das Kohl persönlich angenommen hatte (vgl. Esser/Hartung 2006: 319 ff.).

Der Skandal bestimmte das politische Klima in Deutschland für etwa zwei Jahre – also etwa für die Dauer des Untersuchungsausschusses. Die mediale Aufbereitung vollzog sich dabei in Echtzeit, Live-Übertragungen von Pressekonferenzen hatten Konjunktur: „in diesen Tagen [...] sitzt der Bürger tatsächlich in der ersten Reihe, während Tragödie und Katharsis ihren Lauf nehmen"[17]. Diese Echtzeitberichterstattung wirkte mitunter wie ein Diskursbeschleuniger, Zeit zum Nachdenken und Interpretieren geriet zur Mangelware, was man dann als Kehrseite der Transparenz bezeichnen mag. Indes boten die Vorgänge aus der Sicht des Journalismus Aktualität, Assoziationen, Anschlusskommunikation – in allen Formaten; kurzum eine Situation, in der das Festhalten an einer Gastrede des Skandalisierten wiederum zum skandalfähigen Politikum wurde.

Kohl selbst fuhr mit Blick auf die Medien die Strategie der Inversion, also der Verkehrung des Täter-Opfer-Verhältnisses. Der Ex-Kanzler verteidigt nicht eine Episode, einen Fehler, den *er* nicht begangen habe, nicht einen Missstand, der keiner sei, sondern sein System: seinen Politikstil. Dabei dürfte er im Kern übersehen haben, dass sich der Vorgang letztlich nicht in ein System der Parteilichkeit einordnen ließ, dass er die Kategorien politischer Sympathie und Asympathie rasch hinter sich ließ. Die Beurteilung der Tragweite des Skandals erfolgte ab einem schwer zu definierenden Punkt ohne Ansehen der Person, womit in der Demaskierung des „Systems Kohl" der Skandal dem Publikum vor Augen führte, dass die repräsentative Demokratie mit dem Oben und Unten gelegentlich aufräumt. Gerade weil sich dieser Prozess aber am Rekordkanzler der Einheit vollzog, geriet der Skandal beinahe zur Staatsaffäre: „Der Verdruss des Wahlvolkes ist schon so groß, dass man nicht wie früher nach dem Motto verfahren kann: ‚Schon morgen läuft eine andere Sau durchs Dorf'. [...] Es wird Jahre dauern, bis dieser Sumpf trockengelegt ist."[18]

In der Tat besitzt dieser facettenreiche Skandal nach wie vor Latenz: in kursierenden Versionen und spekulativen Details, in der Person Leisler Kieps, dessen Gerichtsverfahren Runden nimmt. Der notwendige Weg zurück in den *politischen* Alltag – soviel Zeit musste sein – führte hingegen über einen parlamentarischen Untersuchungsausschuss ohne eindeutigen Befund.

---

17   Der Spiegel, Nr. 8, vom 21.2.2000, S. 112.
18   Der Spiegel, Nr. 3, vom 17.01.2000, S. 24.

7.3.2 Exkurs aus vergangenem Anlass: Die Lewinsky-Affäre[19]

Der Lewinsky-Skandal begann bei Lichte betrachtet im November 1992, also bereits mit der Wahl Bill Clintons zum US-Präsidenten, womöglich früher. Für Amerikas Konservative war der Saxophon spielende Vietnamverweigerer und Nicht-Inhalierer schon vor seiner Beziehung zu einer Hospitantin, einem „Polit-Groupie" (Pelinka 1998: 7) aus Beverly Hills, ein „logisches Feindbild" (ebd.: 8), ein „Usurpator auf dem Thron der amerikanischen Demokratie" (Löw 1998: 62): Innerhalb kürzester Zeit nach Clintons Wahl überraschte der *American Spectator*, ein konservatives Magazin, das später zum Jagdinstrument avancierte, seine Leser mit einer Enthüllung über einen „Strom" von Prostituierten, die Clinton, „Slick Willie", noch als Gouverneur von Arkansas jahrein, jahraus zu Diensten gewesen seien. Ebenfalls in dieser Zeit soll Clinton die Bürgerrechte von Paula Jones verletzt haben, „weil sie, nachdem sie sich seines Annäherungsversuchs erwehrt hatte, auf seine Anweisung hin [...] nie befördert wurde" (Schwelien 1999: 7). Und bereits während des Vorwahlkampfs 1992 hatte eine weitere Protagonistin, Gennifer Flowers, Nachtclubsängerin und zeitweise Fernsehjournalistin in Arkansas, den Amerikanern von einer angeblichen, zwölf Jahre währenden Affäre mit dem Kandidaten berichtet.

Es folgte „Whitewater" – Vorwürfe gegen das Ehepaar Clinton aufgrund von Grundstücksspekulationen aus den 70er Jahren –, „Filegate", „Travelgate" sowie Beschuldigungen über Kontakte zur Unterwelt, Steuerbetrug bis zum Auftragsmord, die sich selbst für einen insistenten Kenneth Starr als zu obskur darstellten (vgl. Löw 1998: 63). „Faktisch ist nichts von all diesen Whitewaters, Travelgates und Filegates übriggeblieben, aber Clintons Ruf wurde nachhaltig ruiniert. Erst vor diesem Hintergrund bekommt die Lewinsky-Lüge ihre Sprengkraft."[20]

Der eigentliche Lewinsky-Skandal entwickelte sich am 17. Januar 1998, als nächtliche Netzsurfer im *Drudge Report* einen Hinweis darauf finden konnten, der US-Präsident habe eine Affäre mit einer Praktikantin – verpackt in einem medienreferentiellen Titel: „Newsweek lässt eine Geschichte über eine Affäre des Präsidenten mit einer Hospitantin in der Schublade verschwinden" (zit. n. Schwelin 1999: 198). Tatsächlich hatte *Newsweek-*

---

19   Teile dieses Abschnittes basieren auf Kamps/Scholten-Reichlin 2000.
20   Frankfurter Rundschau, Nr. 213, vom 14. September 1998, S. 3.

Chefredakteur Richard Smith zuvor die Geschichte mangels weiterer Quellen zurückgewiesen, möglicherweise auch, weil das Büro Kenneth Starrs darum gebeten hatte, um Ermittlungen nicht zu gefährden (ebd.). Die *Washington Post* griff am 21. Januar die Geschichte auf: „Es war der Startschuß zum größten und schrillsten Mediensturm, den Washington erlebt hatte: Kenneth Starr wurde bei einer spontanen Pressekonferenz von Hunderten TV-Teams fast zerquetscht, die großen TV-Anstalten sendeten nur mehr live: Der Präsident und die halb so alte Praktikantin, Sex neben dem Oval Office, ein Cover-up durch das Weiße Haus – eine Story, die selbst abgebrühte US-Journalisten nicht einmal im Traum hätten erdenken können" (Bauernebel 1998: 58) – hatte doch die Nation, zum Publikum mutiert, ihren Präsidenten, einst Mythos, mit heruntergelassener Hose erwischt. Bob Woodward erinnerte sich später: „Eine Raserei, die die Aufregung über Watergate um ein Vielfaches übertraf" (zit. n. Schwelin 1999: 200). Zehn Tage darauf eröffnete Starr, der die Clintons bereits 1995 (diskret) zu „Whitewater" befragt hatte, ein Verfahren vor der Grand Jury[21], vor der Clinton dann im August 1998 per Videokameras aussagen musste. Tags darauf wurde das Video vom Rechtsausschuss des Repräsentantenhauses zur Veröffentlichung freigegeben – und wurde sofort rund um die Uhr in den Nachrichtenmedien „gebracht".

Im September schließlich folgte die Veröffentlichung des Starr-Reports, auch im Internet, gleichsam als „elektronische Lynchjustiz" (Schwelien 1999: 17)[22] – und ebenfalls nach Absegnung durch das Repräsentantenhaus. Mehrere Tageszeitungen publizierten einen Tag darauf dank elektronischer Instant-Setzung die immerhin 445 Seiten starke Klageschrift in voller Länge, und am anschließenden Montag war bereits eine Buchversion auf dem Markt: „Die volle Wucht der Elektronik: Breiter hätten die Details aus dem Privatleben des amerikanischen Präsidenten nicht gestreut werden können" (ebd.). Kaum einen Monat später, am 8. Oktober, gehörten auch 31 Demokraten zu den 258 Mitgliedern des Abgeordnetenhauses, die dafür stimmten, ein Amtsenthebungsverfahren gegen den Präsidenten einzuleiten. Am

---

21 Das Grand-Jury-Verfahren soll in der angelsächsischen Rechtstradition klären, ob Anklage erhoben wird. Aus Schutz vor willkürlicher Vorverurteilung oder Rufschädigungen wird es meist nicht-öffentlich durchgeführt; vgl. Schwelien 1999: 18.

22 Aufgrund der erwarteten Zugriffszahlen mit entsprechenden Verzögerungen erhielten die Mitglieder des US-Kongresses den Bericht in ihrem eigenen Computernetz zur Verfügung gestellt; vgl. Frankfurter Rundschau, Nr. 211, vom 12. September 1998, S. 3.

7. Januar 1999 begann dieses „Impeachment" vor dem Senat. Vorgeworfen wurden Clinton Meineid und Behinderung der Justiz. Am 12. Februar sprach der Senat den Präsidenten in allen Anklagepunkten frei. Seit dem „Scoop" des *Drudge Report* war mehr als ein Jahr vergangen.

Über ein Jahr beherrschte der Lewinsky-Skandal die Berichterstattung der Medien jenseits jeder Format- und Genregrenzen. Hierzulande bemühte man, neben der Aufarbeitung der substantiellen Hintergründe des Skandals, den fleißigen Fingerzeig auf den Niedergang der politischen (Kommunikations-)Kultur der Vereinigten Staaten. Dabei dominierte der transatlantische Fingerzeig auf a) die Prüderie der amerikanischen Gesellschaft, b) die Skandalisierungswut des US-Journalismus, c) das Potenzial an Intrigen in der amerikanischen Politik.

Die Prüderie der amerikanischen Gesellschaft: Im Vordergrund stand zunächst die Substanz des Vergehens selbst, Tonbandmitschnitte und ein Kleid und die Reaktion der amerikanischen Gesellschaft auf die Skandalisierung des Klatsches. „Vom Eros der Macht" wusste DIE ZEIT sofort zu berichten, auch von einer Tradition der Seitensprünge im Weißen Haus (herausragend: John F. Kennedy), allesamt Anlass für Schenkelklopfen. Zu allem Überfluss aber habe sich nun „der egalitäre Puritanismus mit der Political Correctness verbündet: dem radikalen Feminismus und den Ressentiments der Minoritäten zur Linken, der bigotten Borniertheit der *moral majority* und der konservativen Schwarmgeister vom Schlage Gingrichs zur Rechten"[23]. Prüderie und Doppelmoral lieferten die Textbausteine der ersten Skandalberichterstattung; ob Bill Clintons Libido privat oder öffentlich (und damit: politisch) sei, darüber schieden sich die journalistischen Geister über den Atlantik hinweg. Es folgte ein bisweilen begeistert beobachtetes, kostenintensives Duell zwischen dem als „Kapitän Ahab" portraitierten Kenneth Starr und einem „Präsidenten im Visier"[24], ein Duell, das Züge einer medial formierten Vendetta annahm – „irgendwo zwischen absurdem Theater, Soap-opera, nationaler Gruppentherapie und permanenter Volksabstimmung"[25]. Vordergründig ging es um die Integrität des amerikanischen Präsidenten und damit seine politische Vertrauenswürdigkeit. Hintergründig entwickelte sich eine Spurensuche, die genug Stoff für tagtägliche Anschlusskommunikation unterhalb der Gürtellinie lieferte (auch in Deutschland). Von Januar

---

23   Die Zeit, Nr. 6, vom 29. Januar 1998, S. 4.
24   Die Zeit, Nr. 7, vom 5. Februar 1998, S. 8.
25   Die Zeit, Nr. 33, vom 6. August 1998, S. 1.

bis August 1998 wurde das Private politisch, der sexuelle Klatsch global. Am Ende hat dann, so zumindest Doris Dörrie, „Clinton ein [...] großes Werk getan, er hat oralen Sex in Amerika gesellschaftsfähig gemacht [...]"[26].

Die Skandalisierungswut des amerikanischen Journalismus: In der Rezeption des Skandals gerät der amerikanische Journalismus selbst früh in die Kritik der Kommentatoren. Dabei hat investigativer Journalismus in den Vereinigten Staaten eine lange Tradition. „In den USA haben sich die Journalisten von Anfang an stets auch als ‚Investigatoren' von Lüge und Korruption gesehen – bis sie in der Watergate-Affäre [...] ihren größten Treffer landeten" (Weischenberg 1997: 57). Besorgniserregend" fand nun Walter Cronkite den Umstand, dass die *New York Times* sich auf politische Indiskretionen verließ. Die Affäre selbst aber sei „eine absolut legitime News-Story". Die Frage sei nur, „wie man sich mit ihr auseinandersetzt und wie viele wichtige Themen des Tages man dafür schlicht ignoriert"[27]. Die Frage des Inszenesetzen wird moralisiert, nicht das, was ist, sondern das, was dargestellt wird. Es fanden sich „eifernde Prediger in den Zeitungsredaktionen, in den Fernsehanstalten und Radiostationen"[28]. War der amerikanische Investigativjournalismus für Generation von europäischen Volontären Vorbild, so verabschiedete man sich nun davon, schmierige Zeiten: „Sex, Liebe, Betrug und Eifersucht – der Stoff ist allemal besser als ‚Denver', ‚Dallas' und ‚Baywatch' zusammen. Die Grenzen zwischen Politik und Privatheit sind endgültig passé"[29]. So fand der Feuilleton zu süffisanten „Nacherzählungen": „Der Präsident und das Mädchen"[30] – leichtes Spiel, zumal Clinton in der Zwischenzeit in eine Zerknirschungsoffensive übergegangen war. Als dann die Details der sexuellen Aktivitäten des Präsidenten (und seine ganz persönliche semantische Differenzierung denkbarer Aktivitäten) als hinlänglich bekannt vorausgesetzt werden konnten, tritt der Skandal in die wichtige zweite Phase, in der darüber befunden wurde, ob das „menschliche" Vergehen politische Konsequenzen nach sich ziehen müsse. Amerika unternahm eine „fanatische Selbstreinigung"[31]. In der Folge des detailgetreuen, globalen Palaverns über das, was im Oval Office geschah, sahen sich die Vereinigten Staaten einem

---

26   In einem Interview in der Frankfurter Rundschau, vom 14. September 1998, S. 10.
27   In einem Interview mit Spiegel special, Nr. 3/99, S. 44.
28   Die Zeit, Nr. 39, vom 17. September 1998, S. 1.
29   Die Zeit, Nr. 35, vom 20. August 1998, S. 6.
30   Die Zeit, Nr. 39, vom 17. September 1998, S. 57.
31   Die Zeit, Nr. 35, vom 20. August 1998, S. 1.

handfesten politischen Problem ausgesetzt: „Kann sich das Land [...] noch einen Präsidenten leisten, bei dessen Auftritten im In- und Ausland die Leute gleich an Unterleibsgeschichten denken"?[32] „Supermacht ohne Stimme" formulierte es die Süddeutsche Zeitung: „In der Hitze der Lewinsky-Krise droht den USA, von den Vereinten Nationen kalt gestellt zu werden"[33]. Bereits im Januar 1998, zwölf Tage nach dem Internet-Artikel von Matt Drudge, hatte Die Zeit getitelt: „Die Weltmacht Amerika leistet sich einen halben Präsidenten"[34]. Lediglich als Intermezzo wirkten nun im August 1998 die US-Luftangriffe auf mutmaßliche Terroristenstützpunkte im Sudan und in Afghanistan. „Unvermeidlich tauchte die Frage auf, ob die Militäraktion von den Problemen des Präsidenten Bill Clinton ablenken sollte."[35] *Wag the dog* – Beobachter sahen Parallelen zu einem Hollywood-Streifen, in dem der Präsident einen virtuellen Krieg entwerfen lässt, um von einem Sexskandal abzulenken. *In real life* aber waren zuvor Anschläge auf die amerikanischen Botschaften in Nairobi und Daressalam verübt worden. „Ein Präsident in seiner schwersten Krise ermuntert eben zu Provokationen gegen Amerika, lautet eine wohlfeile Gleichung."[36] „Monicagate" geriet zur Staatsaffäre – und die Schuld daran wurde nicht nur dem Präsidenten, sondern eben einer quoten- und auflagenfixierten Klatschberichterstattung zugeschrieben, die ihre politischen Zähne gezeigt habe. „Mit dem Eifer von Inquisitoren" würde „die Jagd der amerikanischen Medien nach privaten Verfehlungen ihrer Politiker weitergehen", die Lewinsky-Affäre sei „nur ein erster Vorgeschmack"[37].

Das Intrigenpotential der amerikanischen Politik: Den Schlussakt des Skandalisierens setzte die Politik selbst. Spätestens als deutlich wurde, dass Amerika das zweite Impeachment-Verfahren seiner Geschichte erleben würde, verschärfte sich der Ton (noch weiter), und die juristischen Auseinandersetzungen erlangten den Status der „Haarspalterei"[38]. Mit der Publikation des

---

32   Frankfurter Rundschau, Nr. 212, vom 12. September 1998, S. 3.
33   Süddeutsche Zeitung, Nr. 221, vom 25. September 1998, S. 4. Hintergrund waren die Schulden der USA bei den Vereinten Nationen und die Überlegungen, ihnen deshalb ihr Stimmrecht zu entziehen.
34   Die Zeit, Nr. 6, vom 29. Januar 1998, S. 1.
35   Frankfurter Rundschau, Nr. 194, vom 22. August 1998, S. 2.
36   Die Zeit, Nr. 34, vom 13. August 1998, S. 2.
37   Die Zeit, Nr. 41, vom 1. Oktober 1998, S. 28.
38   Süddeutsche Zeitung, Nr. 213, vom 16. September 1998, S. 7.

Starr Reports („Öffentlichkeit von Washington bis Wladiwostok"[39]) und der parteipolitischen Farce der öffentlichen Grand-Jury-Befragung („Das obszöne Verfahren"[40]) weitete sich die „Schlammschlacht in Washington"[41] weiter aus. Hintergrund dieses Titels war der Bericht des Internet-Magazins Salon, auch der (republikanische) Vorsitzende des Justizausschusses im Repräsentantenhaus, Henry Hyde, habe eine (wenngleich dreißig Jahre zurückliegende) Affäre gehabt. „Brisanterweise" saß Hyde eben jenem Ausschuss vor, der über die Veröffentlichung der Videobänder der Anhörung des Präsidenten vor der Grand Jury zu befinden hatte. In den zwei Wochen zuvor waren zudem zwei republikanische Abgeordnete vor die Presse getreten, um von ihren Affären zu berichten – nach, so Tom DeLay, republikanischer Mehrheitsführer im Repräsentantenhaus, einer vom Oval Office initiierten Einschüchterungskampagne. Das Weiße Haus wiederum sprach umgekehrt von einer „Hexenjagd-Atmosphäre"[42], einer „Schmierenkampagne"[43], und eine Bundesbehörde von damals weltweitem Ruf, das FBI, trat zur Untersuchung an. Waren zuvor (neben Starr) eher die amerikanischen Journalisten die treibende Kraft der Verlegenheiten, so nahm die Politik nun selbst das Heft des Handelns in die Hand und machte das Impeachement-Verfahren – einst in Gedanken an die Willküroptionen absolutistischer Herrschaft in die Verfassung geschrieben – zur Waffe im politischen Grabenkrieg. „Dem US-Präsidenten bleibt keine Peinlichkeit erspart": „Die ganze Nation darf nun zusehen, wie Staatsanwälte den Präsidenten des Landes etwa danach befragen, ob oraler Sex für ihn schon eine sexuelle Beziehung sei"[44]. In dieser letzten Phase des Skandalisierens zeigen sich die Konsequenzen der politischen Klatschrhetorik. Zum einen geraten in der Folge des Sieg-Niederlage-Schemas, das ein „kampfloses" Aufgeben offenbar nicht zulässt, mehr oder weniger unbeteiligte Dritte in den Sog der Skandalspirale[45]. Gezielte Indiskretionen orientierten sich nun an Parteigrenzen, nicht an der Schwere des

---

39 Frankfurter Rundschau, Nr. 211, vom 11. September 1998, S.3.
40 Die Zeit, Nr. 40, vom 24. September 1998, S. 17.
41 Süddeutsche Zeitung, Nr. 215, vom 18. September 1998, S. 6.
42 Süddeutsche Zeitung, Nr. 216, vom 19./20. September 1998, S. 7.
43 Frankfurter Rundschau, Nr. 213, vom 14. September 1998, S. 1. Dort wurden Wortlaut-Auszüge aus dem Starr-Report veröffentlicht.
44 Frankfurter Rundschau, Nr. 219, vom 21. September 1998, S. 2.
45 Kenneth Starr selbst erhielt vom amerikanischen „Pornokönig" Larry Flint einen Job bei seinem Magazin angeboten – eine iterativ transportierte ironische Facette des Skandals; vgl. Süddeutsche Zeitung, Nr. 221, vom 25. September 1998.

Vergehens oder der Verantwortungslosigkeit des Amtsträgers. „[E]in neues, eigentlich antiquiertes Verständnis von Lüge und Wahrheit kehrt ein" (Schwelien 1999: 20). Die Politik fand zum Klatsch und brachte damit das System nachhaltig aus der Balance. Aus einer Polit-Seifeoper mit reichlich *human touch* – „Tittytainment" – wurde eine staatspolitische Auseinandersetzung. Auch hier fand die Politik schließlich im öffentlichen Vollzug einer spektakulären, wenngleich formalen Untersuchung mit Selbstreinigungscharakter zum Alltag zurück.

7.4 Skandalkommunikation als Krisenkommunikation

> „There is no way to ‚win' at scandal coverage.
> The only way to come out alive is to tell the truth,
> take the hit and move on."
>
> *Dick Morris*, Political Consultant[46]

Die *Idee* des Skandals ist die Aufklärung über ein Verhalten, das gemessen an einem gesellschaftlichen Normsystem, etwa der Moral, als illegitim empfunden wird. Damit ist der Skandal ein soziales, mehr als gelegentlich parteipolitisch instrumentalisiertes Produkt – und einerseits eine Kommunikationsfolge und andererseits eine Frage des Kommunikationsmanagements von politischen Akteuren. Zugleich ist Skandalkommunikation offensichtlich Kommunikation im Raum des Ungewissen. Der Verlauf eines Skandals hängt zwar naturgemäß *auch* mit dem Verhalten des oder der Skandalisierten zusammen; aber man sollte sich hüten, generalisierbare Rezept der De-Skandalisierung zu erwarten: Kennzeichen des Skandals ist eben seine *prinzipielle*, historisch-kontextuell bestimmte Verlaufsoffenheit und damit seine Nicht-Steuerbarkeit durch Einzelne, auch, wenn in der ex-post-Perspektive manch ein Skandal kommunikationsstrategisch „handhabbar" erscheint.

Daneben wird im Skandal, schon aus publizistischen, aufmerksamkeitstheoretischen Gründen meist anhand moralischer Grundwerte argumentiert (Groebel et al. 1995: 149) – was wiederum die Verteidigung des oder der Skandalisierten erschwert. Prinzipiell lassen sich dabei (unabhängig von ihrer faktischen Basis) sechs, mitunter komplementär aktualisierte Attributionskategorien der Moralisierung unterscheiden (vgl. Kepplinger 2001: 36 f.):

---

46 Morris 1999: 126.

- *Horror-Etiketten*: Missstände oder Schäden werden mit extremen, negativen Begriffen bezeichnet, etwa „Wald*sterben*", „Seuche" oder „Katastrophe";
- *Verbrechens-Assoziationen*: Normverletzungen werden als schwere Verstöße gegen Gesetze oder ethische Grundsätze gekennzeichnet, etwa „Verfassungsbruch", „Blutbad", „Gammelfleisch-*Mafia*";
- *Super-Gau-Spekulationen*: Maximalschäden werden prognostiziert, die Wahrscheinlichkeit ihres Auftretens übertrieben;
- *Katastrophe-Collagen*: Missstände oder Schäden werden in eine Reihe mit anderen Extremfällen gestellt, etwa im Zusammenhang mit Tierseuchen;
- *Schuld-Stapelungen*: Kleinere Normverstöße, die für sich genommen kaum empörungsbedürftig erscheinen, werden als Teile einer Serie dargestellt, die dem Skandalisierten vorzuwerfen sei;
- *Optische Übertreibungen*: etwa durch die exzessive Darstellung von Schlachthausszenen.

Einmal skandalisiert, bewegt sich der Skandalisierte im Kontext der kommunikativen Krise, wie gesagt: unabhängig von der faktischen Existenz *irgendeiner* Krise. Anders ausgedrückt: man mag (und sollte wohl auch) Fehlverhalten vermeiden können, einmal skandalisiert, kann man sich zum Erhalt des Status Quo kaum einer kommunikativen Auseinandersetzung entziehen. Um die Theatermetapher aufzugreifen: Der politische Skandal ist erzwungener Regiewechsel, und dementsprechend ist es auch wenig verwunderlich, dass es nicht an instrumentellen Versuchen mangelt, in der politischen Auseinandersetzung (vermeintliches) Fehlverhalten zu bestimmen (aufzudecken) und ihm das Etikett „Skandal" anzuheften. Dabei unterscheidet sich der politische Skandal von etwa privaten Konflikten fundamental darin, „daß es den Akteuren weniger auf die Überzeugung des Gegners als die des Publikums ankommt" (Donsbach/Gattwinkel 1998: 45). Das Urteil wiederum dieses Publikums stützt sich auf Informationen, auf Darlegungen, Argumente und vor allem: Interpretationen durch die Akteure des Mediensystems. Entsprechend sind damit die Medien und der Journalismus, der „Interpretationsdienstleister" des Publikums, der zentrale Bezugspunkt der Skandalkommunikation von politischen Akteuren; etwa folgende Kategorien der Handlungsoptionen von Skandalierer und Skandaliertem sind dabei zu unterscheiden.

Skandalierer	Skandalierter/Verteidiger
Präsentation eines bestimmten (dramatisierten) Sachverhalts	Den Sachverhalt bestreiten
Qualifizierung des Sachverhalts als Missstand	Den Sachverhalt umdeuten
Zuschreibung der Verantwortung zu einer bestimmten Person oder Institution	Verantwortung für den Sachverhalt ablehnen
Qualifikation der Verantwortung für den Misstand als moralische Verfehlung	Schuld ablehnen
Forderung der Sanktion des „abweichenden Verhaltens"	Verantwortung übernehmen
Abstrafung der skandalierten Person oder Institution	Freiwilliger Rücktritt o. ä.

Tab. 2: Handlungsoptionen von Skandalierern und Skandalierten
Quelle: Donsbach/Gattwinkel 1998: 46

Frank Esser (2000: 142 ff.) hat die kommunikativen Verhaltensstrategien am Beispiel des Skandalmanagement Bill Clintons weiter systematisiert. Für die Skandalkommunikation aus der Sicht der politischen Akteure greifen hier *re-aktive* Maßnahmen des „Spin Control" – gegenüber pro-aktiven Maßnahmen wie das gezielte Lancieren von Informationen im Stil eines *Newsmanagements.*

Zunächst, *erstens,* zum klassischen Repertoire für unangenehme journalistische Fragen bei Pressekonferenzen, in Interviews oder Interviewsendungen: „stone walling" ist das hartnäckige Mauern und Leugnen; „half-answering" versteht sich als selektives Antworten oder Verschweigen nicht ausdrücklich angeforderter Informationen; „not-remembering" ist der Verweis auf bedauerliche Erinnerungslücken; „dribs and drabs" meint das scheibchenweise Offenlegen von Informationen, was im Deutschen Salamitaktik genannt wird; als „avalanche" firmiert das Zuschütten der Journalisten mit Informationen, um Negativinformationen zu marginalisieren.

Ein anderer, *zweiter* Bereich reaktiver Maßnahmen umfasst sensiblere Techniken im Umgang mit Journalisten: Zum einen können unbequeme Fragesteller in Pressekonferenzen isoliert werden, indem die Kollegen zu „wirklich relevanten" Fragen aufgefordert werden. Zum anderen kann im

Sinne eines Präventivschlages („pre-emptive strike") einer anstehenden
Negativmeldung die Kraft genommen werden, indem einer wohlgesinnten
Medienorganisation sorgfältig ausgesuchte Informationen zur Publikation
zugespielt werden, die der befürchteten Exklusivgeschichte ihre Nobelie-
rung nehmen und den Effekt ihrer Recherche verwässern. Das kann auch ein
Interview sein, in dem die „Geschichte" nebenbei angesprochen und nebenbei „erledigt" wird. Derart soll auch verhindert werden, „dass Vorwürfe
durch medieninterne Eigendynamiken eine kritische Masse erreichen, die
sich zu einer unkontrollierbaren Bedrohung auswachsen kann" (Esser 2000:
143). Hierzu ist noch der Versuch zu zählen, über „vertrauliche" Zusatzin-
formationen den Grundtenor eines Beitrages in eine gewünschte Richtung
zu lenken. Daneben gehört zu diesen „sensibleren" Techniken, unbequemen
Journalisten vorzuwerfen, unkorrekt oder sogar parteilich zu berichten, ihre
Motive in Frage zu stellen und sich mit entsprechenden Beschwerden an
ihre Vorgesetzten zu wenden. In hartnäckigen Fällen, so berichtet Esser für
die Vereinigten Staaten, kann es auch zu gezielten Diskreditierungen einzelner Investigativjournalisten kommen. „So wurde über die kritisch berich-
tende *Washington Post*-Reporterin Susan Schmidt ein Dossier angelegt, um
einen [...] Nachweis darüber führen zu können, dass ihre Berichterstattung
[systematisch] von der ihrer Kollegen abweicht." (Esser 2000: 144).

In mancher Hinsicht, *drittens*, überschneidet sich dieser Fall bereits mit
dem „Media Monitoring", dem systematischen Beobachten und Auswerten
der Presseberichterstattung. Über Informationsflussanalysen sollen hier die
Publikationsrouten, die Ursprungsmedien, Meldungswellen, „Dopplepässe"
zwischen Medien zur Etablierung des Themas nachgezeichnet werden. Dieses Monitoring dient nicht dem akademischen Erkenntnisgewinn, sondern
über entsprechende Publikationen kann wiederum versucht werden, mäßigend auf die Journalisten einzuwirken (was sich allerdings als kontrapro-
duktiv erweisen kann). Es folgt nicht selten der Versuch, die öffentliche
Tagesordnung zu beschneiden, also ein „Agenda-Cutting" zu betreiben:
Themen zu verhindern oder doch mindestens zu verzögern.

Eine bekanntere, verbreitete reaktive Maßnahme ist *viertens* die Gegenat-
tacke („attacking the attacker"), also die „Umkehrung des Spießes". Wer mit
einem Finger auf andere zeigt, der zeigt mit drei Fingern zugleich auf sich:
der Skandalierer wird selbst skandalisiert oder mindestens wird seine
Glaubwürdigkeit in Frage gestellt. Diese Strategie erfuhr beispielsweise

Paula Jones, nachdem sie Vorwürfe der sexuellen Belästigung gegen Bill Clinton erhoben hatte: „Daraufhin brachte das Weiße Haus einen detaillierteren Report mit Einzelheiten und Fotos ihrer sexuellen Vergangenheit in Umlauf, um sie als Informationsquelle unglaubwürdig erscheinen zu lassen" (Esser 2000: 144). Anders ausgedrückt: insbesondere in einer „voyeuristischen" Gesellschaft – einer Gesellschaft, die das scheinbare Recht hat, alles zu erfahren – läuft der privatisierende Skandalierer selbst Gefahr, Privatheit zu verlieren.

Natürlich bleibt zuletzt, *fünftens*, wenn alles nichts mehr hilft, die plumpe Lüge. Gemäß dem vorangestellten Motto dieses Kapitels – „Cardinal rule #1: No matter what, don't lie to the press" – ist es aber (aus der Sicht des Kommunikationsmanagements) aller Erfahrung nach empfehlenswerter, von heiklen Vorgängen oder Details tatsächlich erst gar nichts zu wissen. Das ist auch instrumentell zu verstehen: Während der „Lewinsky-Affäre" verhinderte Regierungssprecher Mike McCurry, Reporter womöglich anlügen zu müssen, indem er sich nicht über Einzelheiten der Affäre informieren ließ bzw. bei heiklen Gesprächen im Weißen Haus den Raum verließ. Der Nachweis einer absichtlichen Lüge hätte ihn künftig bei den Medienvertretern unhaltbar gemacht. Mit Esser (2000: 145) ist aber anzumerken, dass sich in dieser Haltung ein instrumenteller Begriff von *Wahrheit* widerspiegelt, ihr wird ein geringerer Stellenwert beigemessen als der Schadensbegrenzung.

Zu dieser Systematik wäre noch eine klassische Ablenkungsstrategie hinzuzufügen: wenn sprachliche Handlungen darauf ausgerichtet werden, rationale Gedanken zu verwischen – Leerformeln, Stereotypen, Schlagwörter, schiefe Bilder, Metaphern usf.

Ein Kardinalfehler der re-aktiven Skandalkommunikation, so wie unterschieden, dürfte sein, nicht nur den Skandalisierungsprozess für rational-strategisch determinierbar oder zumindest kontrollierbar zu halten, sondern auch die *Bedingungen* dieses Kommunikationsprozesses. Zumindest zeigen amerikanische Erfahrungen, dass stets damit zu rechnen ist, dass die Medien die Parameter zur Beurteilung eines Skandals ändern (vgl. Kurtz 1998: 25). Ohne einen entsprechenden Perspektivenwechsel wäre der Lewinsky-Skandal wohl eine peinliche Affäre, nie aber *die* Staatsaffäre geworden. Insbesondere eine *Boulevardisierung* der seriösen Medienorgane scheint in diesem Fall eine wichtige Rolle gespielt zu haben (vgl. Schwelien 1999: 188).

Zugleich heißt Skandalkommunikation als Krisenkommunikation auch, dass die Reaktionen der Betroffenen auf einen Vorwurf wiederum potenzielle skandalisierungswürdiges Material darstellen; anhand zahlreicher Fälle, in denen die „Salamitaktik" verwendet wurde, ließe sich das illustrieren. Jedes Skandalmanagement, wenn es denn so vom Journalismus als Gegenstrategie des politischen Gegenübers wahrgenommen wird, kann zu verstärkten Investigationsbemühungen durch die Journalisten führen. Skandal- und Krisenkommunikation entwickelt sich damit häufig als Meta-Kommunikation, als Kommunikation über Kommunikation, insbesondere: über Motive und Strategien des oder der Skandalisierten. Ein gutes Beispiel dürfte hierzu die Skandalisierung des ehemaligen baden-württembergischen Ministerpräsidenten Hans Filbinger sein, dem zuletzt nicht die bekannten Fakten seiner Tätigkeit als Marinerichter im Zweiten Weltkrieg zum Verhängnis wurden, sondern die Aufdeckung seiner Verschleierungstaktik im Zuge der Skandalisierung selbst. „The key in limiting the damage of a scandal is not to lie. It is rarely the scandal that gets you; it's the lying." (Morris 1999: 127)

Nun verbirgt sich hinter „Skandalisierung" häufig die Annahme, die Medien würden Skandale bewusst herbeiführen bzw. aus allein publizistischen Motiven heraus fortsetzen. Funktional betrachtet ist zumindest ersichtlich, dass Medien einen – wie auch immer – einmal in Gang gesetzten Skandalisierungsprozess nicht (nur) aus normativen, sondern (auch) aus publizistischen Gesichtspunkten begleiten, wobei sicher feine Unterschiede zwischen einzelnen Publikationsorganen zu ziehen sind. „Allerdings reicht die Kraft der Journalisten nicht aus, den Skandal gegen den Willen aller anderen gesellschaftlichen Akteure in der Diskussion zu halten" (Donsbach/Gattwinkel 1998: 52). Entsprechend ist abschließend noch einmal darauf hinzuweisen, dass pro-aktive Strategien des Kommunikationsmanagements bei (zunächst: sich selbst) eingestandenen Fehlern oder Missständen die wirksamste Skandalkommunikation ausmacht. So „ist die Einflußnahme weit im Vorfeld meinungsbildender Veröffentlichungen, also im grauen, persönlich geprägten Kontaktbereich, die wirksamste, quasi vorbeugende PR-Kompetenz in der medialen Skandalsteuerung. Sowohl Techniken der gezielten Indiskretion als auch Gespür für die Dramaturgie in der öffentlichen Wahrnehmung von Affären sind inzwischen eine Schlüsselqualifikation der Politikberatung." (Meng 1997: 97) So wie der Skandal selbst als Indi-

kator für den sozialen Wandel herangezogen werden kann, so kann Skandal*kommunikation* als Indikator eines Wandels der Bedingungen und Verfah-
rensstandards im Journalismus und in der aktuellen Politikvermittlung herangezogen werden.

7.5   Zwischenfazit

In der offenen Gesellschaft ist Politik ein kompetitives Geschäft, stets kontrovers und gelegentlich weit von der Idee des deliberativen Diskurses entfernt. An die Stelle des positivistischen Wahrheitsanspruchs setzt die liberale
Demokratie den Pluralismus von Ansprüchen und Interessen – und deren
Kommunikation. Öffentlich ausgetragene Konflikte und Vorwürfe sind
damit ein im Grundsatz akzeptierter Teil der politischen Kultur. Der Skandal wiederum – ein durch und durch kommunikativer Prozess – verdeutlicht als Seismograph der politischen Streitkultur die Grenze zwischen politischen Möglichkeiten und Unmöglichkeiten, er signalisiert Fehlverhalten
und zugleich das Potenzial seiner Aufklärung: er tariert als „Ritual der
Selbstreinigung" (Ramge 2003: 7) den Katalog politischer Verkehrsregeln
neu aus. Im Skandal offenbaren sich gesellschaftliche Normen und die Kriterien der Zuschreibung von Fehlverhalten: „Wer eine Überschwemmung mit
zehn Toten als Katastrophe bezeichnet, sagt nichts über das Geschehen aus,
aber viel über seine Maßstäbe." (Kepplinger 2001: 20) Der Prozess der Skandalisierung – eine Öffentlichkeit empört sich – verweist dann auf die Existenz verbindlicher Regeln, der „durch [den Skandal] ausgelöste Schaden
wird zum stabilisierenden ‚Gewinn' für das System" (Zintz/Roennefahrt
1990: 609): Missstände werden, immerhin dies, aufgedeckt.

Nun ist es denk- und erwartbar, dass in Massendemokratien wie der
Bundesrepublik *wegen* der Vielfalt der gesellschaftlichen und politischen
Antagonismen eben diese Gegensätze in der alltäglichen politischen Kommunikation ausgespart und darüber elementare Kontroversen im alltäglichen Konflikt-Stakkato nivelliert werden. Die Kritik an einer konfliktorien-
tierten, polarisierenden politischen Kommunikationskultur sollte gleichwohl
bedenken, inwieweit eine derartige Politikdarstellung auch positiv gewendet werden kann: Ist es in modernen Industriestaaten mit der typischen
neuen Unübersichtlichkeit des Politischen, mit der Vielschichtigkeit des
Problemlösungsbedarfs nicht viel mehr eine notwendige Aufgabe der Me-

dien, Komplexität auf ein kognitiv wie affektiv überschaubares Maß „zurechzustutzen"? Bei aller Kritik an den Medien oder der „Mediengesellschaft" ist doch offenbar, dass es oft erst der Qualitätsjournalismus ist, dem es gelingt auseinanderdriftende politische Wirklichkeiten und das Puzzle politischer Selbstdarstellung zu einem rezeptionsfähigen Bild zusammenzufügen. „Die seriöse Medienöffentlichkeit schafft erst jenes kommunizierbare Ganze, das weder von der Gesellschaft her noch aus dem politischen Institutionensystem heraus noch vorausgesetzt werden kann." (Meng 1997: 72). Allerdings ist der Grad schmal hin zu jener „Selbstgefälligkeit" des Journalismus, den Pierre Bourdieu (1998: 13) einmal angemahnt hat, eines Journalismus, der dazu neige, „sich selbst in pseudokritischer Haltung zu beäugen".

Wenn sich nun eine Zunahme an Skandalkommunikation beobachten lässt (nicht unbedingt: Skandalen selbst), dann ist das nicht allein auf z. B. eine steigende Korrumpierung der Politik zurück zu führen. Vielmehr ist in der ausdifferenzierten Mediendemokratie die Politik sehr viel stärker gezwungen, sich selbst intensiver zu beobachten; und von Seiten der Medien wiederum werden angesichts des im letzten Jahrzehnt kontinuierlich gestiegenen Konkurrenzdrucks Sünden- und Sittenfälle im Zeichen der Aufmerksamkeitsökonomie auch aus Gründen des schlichten Dabeiseins aufgegriffen. Medien sind damit nicht nur Beobachter, sondern Akteure im Skandal – gelegentlich als Skandalierende. Dass Medien oder gar einzelne Journalisten meist keinen determinierenden Einfluss auf den Ausgang eines Skandals nehmen, lässt sich z. B. daran ablesen, als der Faktor „eigene Reihen" offensichtlich für den Verlauf des Skandalisierungsprozesses ab und an von eigener Bedeutung ist. Auch Empörungsniederlagen zeigen, dass nicht alles, was als „Skandal" deklariert wird, letztlich zum Skandal wird – nur, weil *die* Medien an Skandalen an und für sich interessiert seien. Erinnert sei nur an die vielen Auseinandersetzungen um politische Entscheidungen, die sich nicht auf einen allgemeinen Konsens stützen können und von denen, die nicht einverstanden sind, regelmäßig als Skandal ausgerufen werden.

Politik und Medien stehen im Skandal so gesehen in einem komplementären Verhältnis zueinander, wobei Medien den Risikohorizont des politischen Systems definieren. „Bei dem Verhältnis von Regierung und Medien geht es um eine ambivalente Beziehung mit begrenzten Zuverlässigkeiten und Loyalitäten, die sich angesichts aktueller politischer Situationen, wechselnder Interessenskoalitionen und der Dynamik von Skandalen jederzeit ins Prekäre wenden kann." (Pfetsch 1998a: 233) Der Bedeutung der Inszenierungsqualitäten entsprechend folgt die öffentliche Auseinandersetzung mit Fehlverhalten oder skandalträchtigen Vorgängen (oder Gerüchten darum) dann auch den schaupolitischen Gesetzen der Mediendemokratie: Der politische Skandal „erscheint als Sondervorstellung auf der hell ausgeleuchteten Bühne mit eigener Dramaturgie, prominenten Hauptdarstellern, mehr oder weniger talentierten Komparsen, streitbaren Kritikern und engagiertem Publikum" (Zintz/Roennefahrt 1990: 600). So gesehen spiegelt der Skandal also Gesellschaft, Öffentlichkeit, Politikvermittlung; er spiegelt aktuelle Konditionen und Konstellationen in der Trias politischer Kommunikation: Politik, Journalismus, Publikum.

8 Das Potenzial? Internet und Politik

8.1 Einleitende Anmerkungen

Zum 21. Jahrhundert, zum Millennium mit seinem letztlich bedeutungslosen, doch bezeichnend intensiv deklinierten „Y2K"-Problem, haben die modernen Informations- und Kommunikationsmedien (IuK-Medien) Modus, Umfang, Qualität und Effekt kultureller, gesellschaftlicher, wirtschaftlicher und politischer Kommunikation fundamental verändert. Hatten vor wenigen Jahren noch Internet-Auktionshäuser die Anmutung exotischer Blumen, wurden Überlegungen zum drahtlosen Netzzugang, zum voll-vernetzten Eigenheim (oder Kühlschrank), zur Internet-Telefonie oder Telematik einer fernen, in den Entwicklungsabteilungen verhafteten Zukunft überlassen, wurde der Einsatz von Netztechnologien in gesellschafts- und wirtschaftspolitischen Positionspapieren im Stil von Visionen gehalten, so ist das Internet mit seinem wichtigsten Browser, dem *World Wide Web (WWW)*, inzwischen ein gesamtgesellschaftliches, breit akzeptiertes und in den Alltag integriertes Phänomen von ausnehmender Vielfalt. Täglich nimmt die Zahl der Anbieter von Online-Dienstleistungen zu, von Datenbanken, Content-Providern usf.; täglich „gehen" mehr und mehr Menschen „ins Netz", um sich zu informieren, zu amüsieren, um zu kommunizieren, zu handeln und mehr. Bei allen Phasen, die die Entwicklung der IuK-Medien durchlaufen hat: man sollte wohl von einer „Parallelwelt" sprechen, von einem „*E-Everything*" in der *E-Society*; kein Teil der Gesellschaft, wie es scheint, kommt ohne das Präfix aus: *E-Commerce, E-Learning, E-Journalism, E-Logistics, E-Government* usf. – nahezu jeder Bereich unserer Lebenswelt diesseits des Bildschirms findet seine Entsprechung im Netz: Ausbildung, Beruf, Freizeit, Unterhaltung, Familie, Werbung, Politik, wirtschaftliche Transaktionen,

---

1   Am Tag nach der Wiederwahl Bill Clintons zum amerikanischen Präsidenten; zitiert nach Leggewie 1998: 15.

staatliche und nicht-staatliche Dienstleistungen, Kriminalität, Extremismus und mehr.

Das Internet ist nicht nur eine neue Informationsinfrastruktur oder ein neuer Kommunikationskanal, sondern ein zentraler Entwicklungsfaktor für Wirtschaft und Gesellschaft – ein dynamischer Faktor, der beständig neue Dienste und Leistungen parat stellt. Diese Einschätzung lässt sich einführend illustrieren: Waren Anfang 1994 gerade einmal 283 Netzseiten unter dem Domainlevel „de" erreichbar (vgl. Lenz 2001: 6), so führte die zentrale Registrierungsstelle des Top-Levels „de" (Denic) Mitte 2006 rund 10,1 Millionen solcher Domains – keine Institution, kein Verein, kein Unternehmen und immer weniger Privatleute, so scheint es, kommen heute ohne Netz-Präsenz aus; bei Denic werden jeden Tag etwa 4 000 neue Domains für Deutschland registriert. Nicht nur die Zahl der Nutzer (seit etwa 2002 hat die Hälfte der Deutschen Zugang zum Netz) oder die der angeschlossenen Computer und übertragenen Bytes steigt stetig, sondern auch die Zahl der *Services* zur Kommunikation, Information, Transaktion oder Unterhaltung. Unter „web 2.0" avanciert das Netz neuerlich zum Mitmach-Web, zur Bühne und Begegnungsstätte von „Peer-to-Peer-Communities" – von „YouTube" und „MySpace" über „Wikipedia" bis zu Weblogs usf.[2]

Und das Tempo der Innovationen wächst exponentiell. Dass künftig wesentliche politische, wirtschaftliche, gesellschaftliche und soziale Verfahren durch elektronische Netze geprägt werden – soweit sie es noch nicht sind – steht eigentlich außer Frage: Im Vergleich zu anderen Innovationen betrifft die informationstechnische Neuerung durch das Internet weit mehr Elementaroperationen gesellschaftlicher Kommunikation – und richtet sich damit auf die Veränderung von Gesellschaft selbst (vgl. Winkel 2001: 142). Dabei dominiert das Internet, das „Netz der Netze", mit seiner „Information Superhighway"-Metapher (vgl. Kleinsteuber 1996a) als Agens einer „digitalen Revolution" die Szenarien der Kommentatoren. Einer „Informations"- oder „Wissensgesellschaft" angemessen reichen die Prognosen von Katastrophenszenarien, einem neuen Propagandainstrument, dem Ende der repräsentativen Demokratie, über wohlwollende Skepsis bis zur enthusiastisch visionierten Geburt einer elektronischen *Polis*.

---

2   Im Grunde verbirgt sich hinter „web 2.0" keine rundum neue Technologie, sondern „nur" „asynchronous javascript and XML", wodurch Netzseiten Daten nachladen können, ohne die jeweilige Seite komplett aktualisieren zu müssen; im Kern ist der Begriff nicht technologisch zu fassen, sondern philosophisch – als „Vision" der Netznutzer.

So wird angesichts einer außergewöhnlichen technologischen Innovations- und Distributionsdynamik auch in der Politikwissenschaft erörtert, inwiefern besondere Eigenschaften und Optionen der IuK-Medien – Interaktivität, Dezentralität, Distributionspotential, freier Zugang zu Informationen, nicht-hierarchischer Organisationsmodus, individuelle Auswahlverfahren, Hypertext[3] usf. – Reputationsprobleme der Politik aufgreifen können, herkömmliche Kommunikationsprozesse verbessern und ergänzen und darüber einer „Beziehungskrise" der repräsentativen Demokratie zu begegnen vermögen (vgl. Gellner/von Korff 1998; Hartmann/Hüttig 1998; Kamps 1999b; Leggewie/Maar 1998; Woyke 1999).

In der Tat ist die Evolution der IuK-Technologien, ausgehend von der Mikroelektronik, nur schwer in den gewohnten Progressions-Kategorien der Industriegesellschaft zu begreifen: „Wären die Entwicklungsfortschritte beim Auto ebenso schnell wie beim Speicherchip gewesen, dann dürfte ein Auto heute 50 Gramm wiegen, 5.000 Kilometer pro Sekunde fahren, würde mit einer Tankfüllung 500.000 Kilometer weit fahren und nur DM 5,00 kosten" (von Pierer 1997: 28). Überführt man dieses fast zehn Jahre alte Beispiel überschlägig in die Gegenwart, so würden wir heute mit Autos fahren, die vielleicht zwei, drei Gramm wiegen, wir könnten an der Grenze der Lichtgeschwindigkeit Einsteins Theorien plastisch überprüfen (ohne in unserer Galaxie aufzutanken) und finanzierten dieses „Auto" gerade einmal mit dem Gegenwert eines Kaugummis.[4] 1983 befanden sich auf einem Halbleiterplättchen (Chip) rund 30 000 bis 50 000 Transistoren; 1993 waren es bei dem Pentium Prozessor von Intel bereits 3,1 Millionen (vgl. Wagner 1996: 7); Mitte 2005 sind es etwa 230 Millionen. Und so sah sich schon Alt-Bundespräsident Roman Herzog einer „chaotisch-stürmischen" Entwicklung ausgesetzt, deren Konsequenzen noch nicht abzuschätzen seien, sicher aber „überrollten" die Online-Technologien[5] „unser gesamtes gesellschaftliches Da-

---

3   Mit Hypertext wird die Verweisstruktur des Netzes bezeichnet, die sich auch als „Transzendierung" der Fußnote beschreiben lässt: „Mit dem WWW erhält die Fußnote mindestens eine weiter Fußnote und noch eine und noch eine – etwas, was kein Textverarbeitungsprogramm [...] jemals konnte"; Rilling 1998b: 9.

4   Eine bekanntere Formel zum Innovationstempo digitaler Technologien firmiert unter „Moore'sches Gesetz" – benannt nach dem Gründer des Chipherstellers *Intel*: Gordon Moore prognostizierte in den 60er Jahren anhand der Entwicklung von Halbleitern, dass sich deren Leistungen bei gleichbleibenden Kosten alle 18 Monate verdoppeln würden – alles, was mit digitaler Technik verbunden ist, wird scheinbar unaufhaltsam besser, schneller, kleiner, billiger.

5   Unter Online-Kommunikation wird mit Rössler verstanden die „Gesamtheit netzbasierter Kommunikationsdienste [...], die den einzelnen Kommunikationspartner via Datenleitung potenziell an

sein" (Herzog 1997: 9). Geschwindigkeit und Effizienz der Informations-
und Datenübertragung ermöglichen z. B. dem Journalismus *Electronic
Publishing* und *Computer-Assisted Reporting*, den Konsumenten *Online-
Shopping*, dem Publikum einen individuellen, elektronischen *Daily Me-
Service* und der Wirtschaft neue Produktions-, Verkaufs- und Logistikkon-
zepte oder Rationalisierungsmaßnahmen in Verwaltung und Handel, Lage-
rung und Produktion. Als künftige Wirtschafts*ordnung* erkannte dann Peter
Glotz (1999: 10) einen „digitalen Kapitalismus" und darüber eine „beschleunigte Gesellschaft, die den Lebensrhythmus der Mehrheit radikal ändern
wird"; für geraume Zeit würden „heftige Kulturkämpfe zwischen Be- und
Entschleunigern die früheren Industriegesellschaften erschüttern" – andere
handelsübliche Vorstellungen auszubreiten, würde Seiten in Anspruch
nehmen.

Ausgangspunkt solcher Projektionen ist die Evolution von Kommunika-
tionsnetzen über Digitalisierung und Datenkompression, also der Übergang
von der analogen zur digitalen Technologie: „Bilder, Töne und Texte werden [...] in Computersprache umgewandelt, d. h. digitalisiert. Damit werden
elektronische Signale nicht mehr analog, also mit einer bestimmten Schwin-
gungsbreite, sondern in eine Folge von binären Zeichen umgewandelt und
übertragen" (Dohmen 1998: 47). Zum einen benötigen diese Zeichen weniger
Speicherplatz, sie werden komprimiert. Zum anderen werden sie störungs-
freier übertragen: Eine neue Effizienz von Speicher-, Datenverarbeitungs-
und Übertragungskapazitäten mehrt die elektronischen Dienstleistungsop-
tionen. Das schlägt sich u. a. nieder in „Telematik", dem Neologismus aus
„Telekommunikation" und „Informatik". Weiter steht eine Konvergenz der
Zweige Computertechnik, Unterhaltungselektronik und Telekommunikation an. Computergestützte Datendienste und Datenbanken sind gleichfalls
Marker einer lebensweltlichen Institutionalisierung eines vielschichtigen
Medientyps. Sein Schlüsselmerkmal ist die Verschmelzung von Daten*verarbeitung* und Daten*verbreitung*, die Zusammenführung von dezentral organi-
sierten Leistungskapazitäten mittels Glasfaser und Satelliten.

---

weitere Partner rückkoppeln und ein ausdifferenziertes Spektrum verschiedenartiger Anwendungen erlauben. [...] Sie umfasst in ihrem Kernbereich zunächst alle mit dem Internet verbundenen
Anwendungen; darüber hinaus aber auch die auf anderen Plattformen beruhenden Dienste der
Datenfernübertragung (DFÜ), außerdem die abgegrenzten Netzbereiche, die sich an Teilöffentlichkeiten richten (‚Intranet') – und zudem jene ursprünglichen massenmedialen Angebote, die
durch digitale Übertragungswege über einen Rückkanal verfügen und damit in variierendem Maße Interaktion ermöglichen [...]"; vgl. Rössler 2003: 504 f.

Die zahlreichen Kommunikationsmodi, die das „digitale Evangelium" (Enzensberger 2000) darüber parat hält, sind individuell, massenmedial, synchron wie asynchron angelegt: E-Mail, News- und Chat-Groups, Online-News-Ticker, Live-Streaming, Usenet, Intranet, Bulletin Boards, Mailboxen, Gästebücher, Weblogs, Texte, Dokumente, Audio- und Video-Angebote im WWW und mehr. Zumeist integriert jeder Modus Präsentationsstandards der klassischen Medien und ergänzt sie auf eigene Weise um online-spezifische Optionen (z. B. Interaktivität, Multimedia, Hypertext, Download, Upload). Dabei ist ihre Anwendung vergleichsweise wenig präformiert, sie ist hypertroph: „Ob sie zum interpersonalen Dialog, als Diskussionsforum, als massenhaftes Verteil- oder Abrufmedium eingesetzt werden, steht eben-so im Belieben der Onliner wie die Entscheidung, zu welchem Zweck Inhal-te ausgetauscht werden" (Hagen 1998b: 8). Vier Nutzungsformen haben sich rasch etabliert: (1) der Abruf gespeicherter Informationen, (2) das Versenden und Empfangen elektronischer Post, (3) die Teilnahme an Diskussionsforen und (4) die Interaktion einschließlich des spielerischen Kontaktes mit ande-ren Nutzern in virtuellen Räumen (vgl. Rössler 1998c: 29)[6].

Seit Anfang der 90er Jahre gewinnt ein Mythos der Vernetzung sozialen Normcharakter (vgl. Debatin 1999: 487), das Publikum transformiert zur „elektronischen Gemeinschaft". Zugleich entsteht eine Art „global Spirit" als *die* Verheißung der Netzkommunikation: Entwürfe einer globalen Internet-kultur „in der jeder jederzeit Anschluss an jeden und alles findet" (Meckel 2001: 61). Dabei gehört in der politischen Arena das Preisen der (jeweils) „neuen" Medien(techniken) zum guten Ton öffentlicher Gebetsmühlen: Al Gore, ehemaliger amerikanischer Vize-Präsident, sprach gern vom „neuen athenischen Zeitalter"; Gerhard Schröder strebte als Bundeskanzler das „Internet für alle" an, seine Partei gründete zuvor einen virtuellen Ortsve-rein; die PDS erkannte ein „Grundrecht auf den Internetzugang"; Union und FDP sahen sich als Vorreiter der politischen Generation@, und die GRÜNEN entdeckten für sich den virtuellen Parteitag (vgl. Bilgeri/Lamatsch 2001: 55).

Unbesehen, wie man diese Entwicklungen juristisch oder demokratie-und partizipationstheoretisch sondiert – offensichtlich erlauben die IuK-

---

6   Deshalb ist auch bei der Online-Kommunikation kaum von *einem* Medium zu sprechen. Im Sinne eines technischen Vermittlungssystems kann etwa das Internet zwar als Medium 1. Ordnung be-zeichnet werden; zu Medien mit sozialer Bedeutung, Medien 2. Ordnung, werden die Online-Medien aber erst durch ihren Gebrauch, und der gestaltet sich höchst spezifisch in seiner Funktio-nalität für die Kommunikationspartner; vgl. Rössler 1998c: 19.

Medien neuartige soziale Beziehungsmuster und Kommunikationschancen[7]: Raum wird marginalisiert und virtualisiert, Zeit eine Frage der Zone und Präzision und nicht des Transports[8]. Kabel- und Satellitentechnologien versprechen (jedenfalls den Industrienationen) einen ungehinderten Zugang zu einem „virtuellen siebten Kontinent, auf dem jedermann das Weltwissen jederzeit auf Tastendruck zur Verfügung steht" (so der Vizepräsident von Intel, Sean Maloney, zit. n. Meckel 2001: 62). Zwar ist die Nutzung der Online-Medien zur explizit politischen Information und Meinungsbildung im Vergleich zu den klassischen Medien eher gering und beschränkt sich auf Teile der Gesellschaft; mittelfristig aber ist mit der Etablierung neuer Kommunikationsumgebungen zu rechnen. Die „Peer-to-Peer-Communities" des „Web 2.0" sind ein aktueller Ausdruck dessen. In der „Informationsgesellschaft" spielt nicht nur schlicht eine Ressource „Information" eine größere Rolle als zuvor; sie stützt sich zugleich auf computerbasierte Kommunikationstechnologien und synthetisiert zur „virtuellen Gesellschaft", in der sich „Produktion, Distribution und Kommunikation weitgehend in virtuellen Räumen vollziehen" (Bühl 1997: 361). „Raum, Zeit und Identität werden im Internet neu dekliniert" (Sandbothe 1997: 57). Schließlich, um ein letztes Kompositum anzuführen, verflüchtigten sich in einer entgrenzten „Multioptionsgesellschaft" (Gross 1994) private, regionale und nationale Kulturen und Identitäten – weshalb „der Mensch [...] sich in einem permanenten Schleudertrauma" befinde (Bühl 1997: 56).

Daneben wurden und werden positive Effekte für die Effizienz von Verwaltungshandeln erwartet, etwa durch die Verbesserung der Binnenkommunikation in den Ministerien und Behörden, ihrer Arbeitsroutinen und das Einbinden von Sachverständigen in den Verwaltungsprozess. Die seit einigen Jahren diskutierte Formel des schlanken Staates – „lean government", der Staat als Dienstleister, handlungsfähig und bürgernah – konkretisiert sich hier in einer elektronischen Regierungswelt, einem E-Govern-

---

7   In der Bundesrepublik reagierten die Bundesregierung und die Parlamente recht früh auf entsprechende Entwicklungen und beschäftigten sich auf verschiedenen Ebenen mit dem Thema Internetinhalte und Informationsgesellschaft. So setze der Bundestag eine von 1995 bis 1998 tätige Enquete-Kommission ein: „Zukunft der Medien in Wirtschaft und Gesellschaft – Deutschlands Weg in die Informationsgesellschaft." Auch der Tätigkeitsbericht zum Datenschutz wurde um das Beobachtungsfeld Internet ergänzt; vgl. Schwenk 2002: 35.

8   Ähnliche Re-Formationen ließen sich bereits bei der Einführung anderer Techniken beobachten, etwa bei der Eisenbahn oder dem Telefon; David Harvey; 1989; hat das einmal „time-space compression" genannt.

ment, in einem grundlegenden Wandel der Verwaltungsstrukturen, der weit über die papierlose Bearbeitung der Bafög-Darlehen hinausgeht und Schnittstellen von Staat und Wirtschaft umfasst. „Politik Online" betrifft alle Politikebenen: Die Prozessebene der Verfahren und Arbeitsroutinen (*Politics*), die Politikinhalte (*Policy*) und die strukturelle Verfasstheit (*Polity*).

Nun wurden Form und Stil der politischen Kontroverse immer schon von Medientechnik beeinflusst[9]. Und so darf ohne jeden technologischen Determinismus vermutet werden, dass die Politikvermittlung vom Entwicklungselan der IuK-Medien weiter erfasst wird. Das betrifft nicht nur die Figuration der Inhalte, sondern die Kommunikationskultur als solche. Zumindest lehren das die Erfahrungen mit bisherigen „neuen" Medien, die den Stil der Politikvermittlung nachhaltig prägten. Das Internet steht in dieser „electronic republic" (Grossman 1995) unter eigenem Öffentlichkeits- und Demokratieverdacht.

„Whitehouse.gov", „politik-digital.de", der virtuelle Ortsverein der SPD, unabhängige Informationsplattformen, Homepages oder Weblogs von Kandidaten, Abgeordneten, Fraktionen, Parlamenten, Ministerien, Behörden, Gewerkschaften und Verbänden, Polit-Chats, Stadtinformationsnetze und vieles mehr: Die IuK-Medien werden zusehends zu gebräuchlichen Werkzeugen politischer Kommunikation, sei es in Form informationsorientierter Außendarstellung oder in Fragen der innerparteilichen Willensbildung (vgl. Marschall 2001), sei es in bürgerbewegten Kampagnen, Wahlkämpfen oder anderen Aktivitäten in der politischen Arena (vgl. Mazzoleni 1998: 119). Sei es bei der Implementation von Konzepten eines E-Government, sei es, dass die Beschlüsse von Parlamenten oder Parteitagen in Chat-Rooms diskutiert werden: Diese Technologien etablieren sich, und in Verbund mit der Institutionalisierung transnationaler Interaktionsmuster ist womöglich Anlass „so gut wie alle Fragen des Politischen neu zu überdenken" (Leggewie 1998: 19). Die Politikwissenschaft interessiert hier vorwiegend, ob die IuK-Medien Fundament und Prozess politischer Partizipation neu zu organisieren vermögen. Kann etwa das Internet einen *elektronisch mediatisierten Kommunikationsraum* (Krotz 1997: 447; Herv. i. O.) gestalten und darüber eine Bühne effizienter(er) Responsivität? Entwickelt sich im Zuge einer „digitalen Revo-

---

9   Vgl. als frühe Arbeiten über den Zusammenhang von Computer- bzw. Informationstechnologie und ihren Einfluss auf Kommunikationsstrukturen Krauch 1972, Vowe/Wersig 1983 sowie Kevenhörster 1984; für den Zusammenhang von Medientechnik, Politikvermittlung und Globalisierung Kleinsteuber/Thomaß 1998: 209 ff.

lution" ein (neuerlicher?) Strukturwandel der Öffentlichkeit? Forciert die Technik womöglich eine *„Privatisierung der Öffentlichkeit"* (Gellner 1998: 11; Herv. i. O.)? Welche Optionen zeichnen sich für die Politikvermittlung ab?

8.2   Kommunikationsraum Cyberspace, Öffentlichkeit

Die Dynamik der Kommunikationstechnik wirft Fragen auf zu ihrer Wirkung auf Verfassung und Entwicklung der politischen Meinungsbildung in repräsentativen Demokratien. Diese Demokratien stützen sich bekanntlich auf einen der Bürgerschaft einsichtigen und zugänglichen Raum, auf eine Öffentlichkeit, in der sich die politische Willensbildung und Entscheidungsfindung konstituiert. Ein durch technische Neuerungen hervorgerufener Wandel der politischen Öffentlichkeit trägt stets demokratietheoretische und -praktische Implikationen: Information und Kommunikation, das Abwägen von Relevanz und Aktualität sind funktionale Komponenten des demokratischen Pluralismus. Wenig verwunderlich also, wenn angesichts der politischen Komplexität den IuK-Medien mit mancherlei Heilserwartungen begegnet wurde und wird. Formiert sich Online-Kommunikation nicht nur als Distributionsgröße (Computer als Informations- und Abrufmedium), sondern auch als Chassis quasi-öffentlicher, wechselseitiger Kommunikation (Computer als Forum und Diskussionsmedium) (vgl. Höflich 1998a: 54)?

„Dezentralisierung", „Vernetzung": Es lässt sich schwer belegen, ob solche Vokabeln explizit an der Wiege des Internet standen, aber manches spricht dafür. „The purpose of this thesis is to investigate the problems associated with information flow in large communication nets": so eröffnet Leonard Kleinrock 1961 das „Proposal"[10] zu seiner Doktorarbeit am Massachusetts Institute of Technology – die Arbeit, in der er die Theorie zum *Packet Switching* entwarf, der Basis der Datenübertragung im Internet. Kleinrock war es auch, der am 30. August 1969 an der University of California at Los Angeles den ersten Knotenpunkt des entstehenden Netzes installierte; es folgten Stanford Research Institute, University of California at Santa Barbara und die University of Utah. Diese vier berühmten ersten Datenübertragungsknoten trugen das zentrale Credo des Internet bereits in sich: Jeder Knoten ist für sich autonom; keine (zentrale) Organisation kann das Netz allein kontrollieren; jeder, praktische Expertise vorausgesetzt, kann sich

---

10   Einzusehen unter http://www.lk.cs.ucla.edu/LK/Bib/REPORT/PhD/part1.pdf.

anschließen – was mitunter als „kalifornische Freiheitsideologie" firmiert: die Idee eines technisch und ökonomisch völlig selbst organisierten *Cyberspace* nahm die Gestalt gesellschaftlicher Aufklärungsversprechen an. „Der Internet-Mythos ist zu einem guten Teil die Wiedergeburt der Aufklärung des 18. Jahrhunderts – nunmehr als Mensch-Maschine-Symbiose in der Hypermoderne des 21. Jahrhunderts." (Kocks 2001: 186)

Freilich war es noch ein Weg hin zu der massenhaften Vernetzung von Organisationen, Unternehmen und Privatpersonen, wie wir sie heute kennen. Microsoft und Apple wurden 1977 gegründet, Netscape 1994. In den 80er Jahren hatte bereits die Kabel- und Satellitentechnologie zu einem medientechnischen Wandel geführt – an Computer-Netzen zeigten sich lange allein Spezialisten interessiert. Und noch Mitte der 90er Jahre war das Netz einigen großen Firmen, Behörden und den Universitäten vorbehalten; dem Computer-Laien erschloss sich der Zugang nicht. Auch unterstützte der Computer anfangs eher bereits existierende Arbeitsabläufe (Lagern, Bestellen, Fertigen, Textverarbeitung) usf., und zwar *offline* – die Implementierung eines „digitalen Evangeliums" nahm sich Zeit.

Unter den Schlüsselwörtern der „digitalen Revolution" findet sich früh der „Cyberspace" – ein imaginärer Raum „hinter" dem Bildschirm, in dem über computervermittelte Kommunikation (*Computer-Mediated Communications*, CMC) raum-zeitlich ungebundene Kontakte möglich sind (vgl. Höflich 1998a), „rein medial erzeugte Sinnprovinzen des Alltags" (Krotz 1995: 454). Der gleichberechtigte Zugang zu diesem Raum suggeriert den „weltgesellschaftlichen Diskurs" (Gellner 1997: 25) „virtueller Gesellschaften" (Bühl 1997) oder „virtueller Gemeinschaften": „[S]oziale Zusammenschlüsse, die dann im Netz entstehen, wenn genug Leute diese öffentlichen Diskussionen lange genug führen und dabei ihre Gefühle einbringen, so daß im Cyberspace ein Geflecht persönlicher Beziehungen entsteht" (Rheingold 1994: 16).

Eine derartige kommunikative Nähe (oder auch nur ihre Illusion), ein „Geflecht persönlicher Beziehungen", das sich dialogisch konstituiert, ist dem Verhältnis von Politik und Bevölkerung in den Massendemokratien meist fremd: „Anstelle der Diskussion ist die Verkündigung getreten, die Rückantwort verliert sich in der Einbahnstraße des Leserbriefs oder der Zuschauerreaktion [...]" (Roesler 1997: 179). Schon in den 30er Jahren träumte Bertolt Brecht bekanntlich vom Rundfunk als interaktiven „Kommunikationsapparat des öffentlichen Lebens, ein ungeheures Kanalsystem, d. h. er wäre es, wenn er es verstünde, nicht nur auszusenden, sondern auch zu empfangen, also den Zuhörer nicht nur hören, sondern auch sprechen zu machen und ihn nicht zu isolieren, sondern in Beziehung zu setzen" (Brecht 1992: 553). Auch Verfassungsnormen wie die Kopplung der Politik an den Souverän vermögen nicht, Politik und Bevölkerung aus einer Bindung an mediale Vermittlungsleistungen zu lösen. Korrespondierende Trends der „Mediengesellschaft" („Entertainisierung" usf.) sind hinreichend beschrieben worden. Formalisieren lassen sie sich in den Kategorien Zeit, Raum, Informationszugang und -verarbeitung (alternativ: Wissen).

Genau darin sehen Promotoren der IuK-Medien ihr innovatives Potenzial für die politische Arena: „Die Hoffnung besteht darin, die Online-Öffentlichkeit werde eine elektronische Ausgabe der Schweizer Kantonversammlung sein, offen und fortdauernd" (Noam 1999: 1). Mit Ausnahmen sei der „Cyberspace" immerhin (fast) jedem jederzeit auch als Bühne der politischen Meinungsbildung zugänglich[11], ein elektronischer Raum, in dem „die multiple Persönlichkeit neue Weisen der Selbstdarstellung und Selbsterfahrung findet und generiert" (Weiß 1998: 31). Zudem stünden dort auf zahlreichen Plattformen politische Informationen zur Verfügung, die zuvor nur unter einigem Aufwand eingesehen werden konnten. *Die* Benutzeroberfläche des Cyberspace, das WWW, signalisiert zumindest den globalen, hierarchiefreien Kommunikationsraum, in dem sich jeder informieren (und vergnügen) kann, in dem sich auch politische, soziale, wirtschaftliche und kulturelle Dialoge zwischen Menschen mit unterschiedlichen Intentionen vollziehen – auch doktrinären und/oder extremistischen Intentionen.

Das Netz selbst ist unterdessen „alles mögliche, aber bestimmt kein *zoon politikon*" (Leggewie 1998: 19; Herv. i. O.). (Es ist „nur" eine Struktur, die über Kabel und Satellit Computer und Computernetze miteinander verknüpft und elektronische Dienste in einem Medienverbund zusammenführt.) Doch verspricht man sich von seinen Kommunikationsoptionen vornehmlich die ungebremste Evolution eines öffentlichen Raums direktkommunikativen Zuschnitts: „Jeder einzelne könne [...] sich in dieser Cyberdemokratie direkt in den politischen Prozeß einschalten, Repräsentativfossilien wie Parteien und Verbände würden [...] zunehmend überflüssig" (Gellner 1998: 17 f.). Und so begegnet man dann mitunter in den Entwürfen

---

11 Dieser prinzipielle freie Zugang wird eingeschränkt durch a) technologischen Entwicklungsstand der Gesellschaft, b) Medienkompetenz, c) Verfügung über Hard- und Software und d) korrelierende Bedingungen wie z. B. sozioökonomischer Status.

einer „elektronischen Öffentlichkeit" der *Agora*, dem Versammlungsort der klassischen griechischen Demokratie, nachgerade als platonisches Ideal einer direkten und beständig am Bürgerwillen orientierten Politik: „Man sieht im Internet die Möglichkeit, daß der Bürger nicht nur Kiebitz im politischen Spiel bleibt, sondern zum Mitspieler wird" (Scherer 1998: 175). Das Netz sei demokratiefördernd, weil es Transparenz schaffe und Diskussionen unter den „Netizens" anrege und damit jenen Problemen der Mediengesellschaft begegnen könnte, die für Vermittlungsdefizite der Politik mitverantwortlich seien. Ausgangspunkt etwa Benjamin Barbers (1994) Überlegungen zur elektronischen Demokratie ist eine unterstellte Krise der liberalen Demokratie (vgl. Bühl 1997: 299). In der Tradition von Hans Magnus Enzensbergers (hier: 1997) „Baukastentheorie" der Medien aus den 70er Jahren wird gegenüber einem „repressiven" Mediengebrauch (u. a. zentrale Steuerung, passive Konsumentenhaltung) ein „emanzipatorischer" eingefordert (u. a. dezentrale Programme, Interaktion) (vgl. Bühl 1997: 288 ff.). Als exquisite Eigenschaften der Netzkommunikation werden dabei meist angeführt (vgl. Rilling 1998b): Senkung der Zugangsschwellen, Beschleunigung der Bereitstellung, Verteilung und Aufnahme politischer Information, Ausdünnung von Kommunikationshierarchien und Ersatz distributiver Kommunikation durch polydirektionale Kontakte. „Mittels computervermittelter Kommunikationstechniken haben sich die Möglichkeiten der Herausbildung von neuen Öffentlichkeitsformen durch Virtualisierung ehemals räumlicher und/oder zeitlicher Restriktionen wesentlich vergrößert. Gesellschaftliche Emanzipationsprozesse können damit erstens effektiver [...] und zweitens effizienter [...] ablaufen." (Ludwig 1998: 178) Kann nun dort, wo eine massenmedial geprägte Öffentlichkeit gesellschaftliche Anliegen nicht aufgreift oder sie nur beiläufig wahrnimmt, über IuK-Medien öffentliches Gehör für Akteure jenseits des politischen Establishments realisiert werden?

Sicher vermögen die IuK-Medien einiges. Ihre auch politikrelevanten Informations- und Kommunikationsoptionen sind unbestritten. Und doch war die Debatte um ihr Politikvermittlungspotenzial lange geprägt „von einer Romantisierung oder mythischen Überhöhung" (Scherer 1998: 171). Die spezifische Kommunikationsstruktur des Netzes – hoher Individualisierungsgrad, Dezentralisierung – evoziert z. B. kleinere (Teil-)Öffentlichkeiten, die sich durch ein starkes gemeinsames, konkretes Interesse an Kultur, Sport, Politik usf. auszeichnen. Diese Gruppen tendieren dazu, themenkonzentriert zu sein, „beschränkter und manchmal extremer [...], weil Gleichgesinnte ihre Ansichten gegenseitig verstärken" (Noam 1999: 2). Zweifelhaft ist zudem, ob sich über Netzkommunikation politische Organisationen im herkömmlichen Sinne (gebunden an das territoriale Prinzip) bilden werden: „Netzorganisationen müßten auch als soziale Organisationen gleichsam sozial-räumlich (also in den politischen Handlungs- und Entscheidungsräumen) präsent sein" (Jarren 1999: 2). – Die Faszination über die polydirektionalen Kommunikationsformen der Online-Medien traf und trifft auf Skepsis hinsichtlich ihrer Anschlussoptionen diesseits des Bildschirms.

So handelt es sich bei Netzkommunikation oft um Selbstverständigungsprozesse unter Gleichgesinnten (Betroffenheitskommunikation). „Doch damit sind noch keine weiteren Personen oder sozialen Gruppen erreicht, die in der Regel benötigt werden, um Ziele durchzusetzen." (Jarren 1999: 3) Insofern ist zu fragen, wie und wo online-initiierte Kommunikation in *gesellschaftliche* Thematisierungsprozesse zu integrieren ist bzw. in welcher Relation sie zueinander stehen.

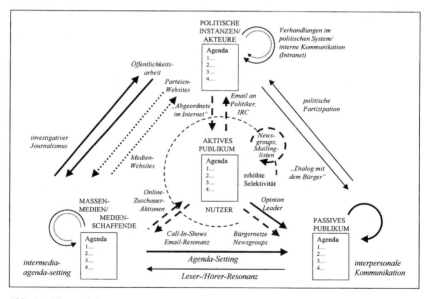

Abb. 16: Thematisierungsprozesse einschließlich Online-Kommunikation[12]
Quelle: Rössler 1999: 159.

---

12   Durchgezogene Pfeile: klassische Wirkungen, unterbrochene: Online-Wirkungen.

Das in *Kapitel 2* einführend dargestellte Modell wird dazu hinsichtlich dreier Komponenten modifiziert: (1) Die ursprünglichen Entitäten der politischen *ménage à trois* – Medien, Publikum, Politik – werden durch *individuelle* Faktoren ergänzt: Die Agenda der Nutzer, der Kommunikatoren, der Politiker. (2) Diese Unterscheidung gewinnt vorwiegend beim Publikum an Bedeutung, da dort „das Segment der *(inter-)aktiven Nutzer* von Online-Kommunikation klar getrennt werden muss vom übrigen Rest des Publikums, das sich weiterhin eher den klassischen Medieninhalten zuwendet [...]" (Rössler 1999: 158; Herv. i. O.). (3) Schließlich wird eine zweite Ebene berücksichtigt, die Online-Relationen präzisiert. Das Basismodell wird also dahingehend modifiziert, als ein neuer Akteur eingefügt und die Beziehungsebene verdoppelt wird. Im Zentrum steht das (inter-)aktive Publikum. Erhöhte Selektions-Chancen dominieren darüber die Themenkarrieren. Im Sinne des Modells von Gerhards und Neidhardt (vgl. Kap. 2.4) entwickelt sich Netzöffentlichkeit auf der Ebene der „Encounters", zugleich „verflüssigt" die formellere Differenzierung von Leistungs- und Publikumsrollen, die Selektionskriterien zwischen den Öffentlichkeitsebenen gewinnen an Individualität, die Chancenverteilung auf Gehör und die Rollenselbstverständnisse der Akteure reorientieren sich. Eine Dichotomie der Netzöffentlichkeit entlang einer Achse Zentrum-Peripherie ist kaum zu halten (vgl. Bieber 1999: 86), Publika konstituieren sich als Interpretationsgemeinschaften jenseits jener Öffentlichkeitsebene, die von den klassischen Medien realisiert wird.

Betrachtet man nun die Präsenz der Politik im elektronisch-mediatisierten Kommunikationsraum, dann sind drei Angebotsformen zu fassen: (1) „top-down"-Informationen (z. B. die Domains von Regierungen, Parteien und anderen Institutionen oder Gruppierungen), (2) Projekte zur Rationalisierung politischer Kommunikation (z. B. bürgernahe Verwaltung) sowie (3) Angebote gesellschaftlicher Organisationen, die auf „bottom-up"-Meinungsbildung zielen (z. B. virtuelle Städte, Partizipationsforen). Für die Konstitution einer politischen Öffentlichkeit ist die direkte Interaktion von Online-Nutzern und Politikern von eigenem Interesse.

Seit einigen Jahren nun sind die Parteien, Fraktionen und Institutionen im Netz präsent (vgl. Bieber 1999; Kaiser 1999; Marschall 1998a, 1999a). Dort suchen Kommunikatoren die Gelegenheit, als relevant betrachtete Themen unmittelbar der Bevölkerung, den Parteimitgliedern und doch auch den Journalisten anzutragen. Doch blieb Selbstdarstellung zunächst das zentrale

Motiv der Netzaktivitäten der Politik: Primär als zugangsoffenes Medium der Öffentlichkeitsarbeit haben die politischen Akteure das Netz früh genutzt, als nun anhand eigener Selektionskriterien Informationen publiziert werden konnten. Klassische PR-Ziele wie Akzeptanz- und Vertrauensbildung zeichneten zunächst für die Kommunikationsofferten der Politik verantwortlich. Hinsichtlich des Grades an Interaktivität im Internetangebot der Parteien handelt es sich aber eher um die Frage, ob das Glas halb voll oder halb leer ist. So haben sich die „virtuellen Parteizentralen" inzwischen zu elaborierten Servicediensten mit auch interaktiven Kommunikationsformen entwickelt.

Historisch betrachtet durchliefen diese Angebote seit etwa 1995 folgenden Produktzyklus (vgl. Leggewie/Bieber 2001: 38 ff.): Nachdem die Parteien zunächst vorhandenes, „realweltliches" Werbematerial ins Netz stellten (Informationsfunktion), gingen sie zu Angeboten im Stil von „Online-Magazinen" über, die einer Informations- *und* Kommunikationsfunktion nachkamen: Hielten die *Parteiportale* der ersten Stunde sich weitgehend an Struktur der herkömmlichen Medien – „top-down"-Informationen als digitales „Glanzpapiers" –, so entwickelte sich dort allmählich eine „Online-Redaktionskultur" mit internetaffinen Kommunikationsformaten (Bieber 2001: 10). Vor allem die Gästebuch- und Chat-Funktion spielte für die Etablierung der Internetauftritte der Parteien eine Rolle. In den letzten Jahren ging man schließlich zur Integration von Elementen der Mitglieder- und Funktionärskommunikation über, insbesondere im Umfeld und in der Nachbereitung von Parteitagen; mittlerweile sind die Online-Angebote der Parteien durchaus als Web-Portale mit Serviceprofil und Dienstleistungscharakter zu betrachten. Auch das Umfeld der Parteien (Fraktionen, Jugendorganisationen, parteinahe Stiftungen) folgt diesem Anspruch. Daneben haben die etablierten Parteien leistungsfähige Intranets für Funktionäre und Mitglieder eingerichtet, wobei die Reorganisation von Arbeitsabläufen und Informationsverfahren zu beobachten ist.

Neben Chat-Veranstaltungen haben virtuelle Parteigliederungen oder virtuelle Parteitage Aufmerksamkeit erregt. Bei virtuellen Parteigliederungen ist z. B. der „Virtuelle Ortsverein" der SPD zu nennen, der sich schon 1995 konstituiert (www.vov.de), oder ein virtueller Landesverband der FPD (www.fdp-lv-net.de), gegründet im Juli 2000 – dem bezeichnenderweise ein Sonderstatus als „Auslandsgruppe im Sinne der Bundessatzung" zugesprochen wurde, schließlich war dieser Verband territorial nicht erfassbar (vgl. Leggewie/Bieber 2001: 40). In beiden virtuellen Parteigliederungen können an Wahlen und Abstimmungen nur reguläre Parteimitglieder teilnehmen, weil der Status einer rein „virtuellen Mitgliedschaft" im Gegensatz zu Regelungen des Parteiengesetzes steht (vgl. Marschall 2001: 35). Zentral für die langfristige Akzeptanz solcher Parteigliederungen wäre sicher, inwiefern hier Verfahren etabliert werden, durch die auch nicht parteipolitisch festgelegte Internetnutzer auf die Willensbildung der Parteien eine Art „beratenden" Einfluss nehmen können.

Mit ihrem virtuellen Parteitag vom November 2000 fanden die GRÜNEN in Baden-Württemberg zu einer neuen Form der Transparenz innerparteilicher Meinungsbildung; hier konnten die Mitglieder des Landesverbandes über eine Netzseite zwei Leitanträge kommentieren respektive diskutieren – im Stil autonomer, themengebundener Arbeitsplattformen. Den eigentlichen *Delegierten* war allerdings nach wie vor die digitale Abstimmung über die Anträge vorbehalten; die Mitwirkung an derartigen Online-Veranstaltungen und ähnlichen Sonderformaten muss noch als voraussetzungsvoll eingeschätzt werden (vgl. Leggewie/Bieber 2001: 40). Hinter solchen Veranstaltung steht auch kein größerer Trend zur Öffnung traditioneller Parteistrukturen – wohl auch aufgrund eines für das Machtgefüge innerhalb einer Parteiorganisation doch wichtigen Formalisierungsgrades.

Ein hohes Maß an Interaktionen findet sich auch in vielen von und in den Medien initiierten Online-Foren oder in Diskussionsforen international operierender Organisation wie Amnesty International oder Greenpeace. Vor allem jedoch ist Polydirektionalität ein Merkmal der Kommunikation innerhalb der Online-Gemeinde selbst. „Chatforen und Mailinglisten dienen zur Orientierung über die wichtigsten Themen der Zeit, ermöglichen den unkomplizierten Meinungsaustausch mit Gleichgesinnten und die Koordination von Initiativen und konkreten Aktionen." (Rössler 1999: 160) Hinzugekommen ist in den letzten Jahren die Kultur der Weblogs: lange schon mögliche, neuerdings aber durch anwenderfreundliche Software gestützte Internet-Tagebücher mit (meist mit Blick auf ein konkretes Thema) gesellschaftspolitisch kritischem Duktus – und durchaus Reichweite. Über Meinungsführer-Prozesse könnten so Themenwahrnehmungen der Nutzer in die des eher passiven Publikums transferieren. Wie derartige Transformationsprozesse einer Online-Öffentlichkeit in Offline-Themenrezeption konkret aussehen (könnten), darüber liegen noch keine Befunde auf breiterer empirischer Basis vor. Offensichtlich aber, und das ist das zentrale Merkmal der multimedialen Agenda, verschwimmen tradierte Vorstellungen von Individualkommunikation hier, Massenkommunikation dort.

Zwei im Kontext politischer Öffentlichkeit ausnehmend relevante Fragekomplexe schließen sich hier an: Fragen nach einer (zunehmenden) Fragmentierung des politischen Publikums und nach der Aufmerksamkeitsverteilung innerhalb der Gesellschaft.

Mit der Evolution der IuK-Medien machte der Begriff „Fragmentierung" weiter Karriere. Dahinter bzw. hinter „Segmentierung" oder „Fraktalisierung" steht die Vorstellung von einem „Zerfall" des Publikums aufgrund einer „rasanten Vermehrung des Medienangebots und der damit einhergehenden Möglichkeit für jeden einzelnen Medienkonsumenten, sich sein persönliches Medienmenu zusammenzustellen" (Holtz-Bacha 1998: 219). Hochselektiv könnten sich Online-Nutzer des vielfältigen Medienangebots bedienen – und sich zugleich all jenem medialen Rauschen entziehen, dem sie bisher nur beiläufig begegnet waren (z. B. dröger politischer Berichterstattung). Die für die politische Öffentlichkeit wichtige, von weiten Teilen der Bevölkerung geteilte Themenagenda sei nunmehr ein Restposten des analogen Zeitalters. Die integrierende Kraft der herkömmlichen Medien verflüchtige sich im Cyberspace. Gegen diese These sprechen allerdings Mechanismen, „die auf der Rezeption von Online-Kommunikation und klassischer Medienberichterstattung, der interpersonalen Anschlusskommunikation über Medienthemen und dem individualpsychologischen Grundbedürfnis der Individuen nach Orientierung in der sozialen Umwelt beruhen" (Rössler 1999: 162). Öffentlichkeit besitzt eine Integrationsfunktion, und die basiert nicht einzig auf stets reflektierter Einsicht, sondern auch auf emotionalen Komponenten der Zugehörigkeit zu einer Gemeinschaft (vgl. Holtz-Bacha 1998: 222). So führt zwar die Vervielfachung der Angebote zu einer Ausdifferenzierung des gesellschaftlichen Themenspektrums, „individualpsychologische Mechanismen fördern jedoch weiterhin die Verdichtung dieses Kanons an der Spitze der Themenagenda" (Rössler 1999: 162).

Agenda wiederum ist ein Stichwort des Journalismus. In der Bundesrepublik wurden 1994 erste Versuche im Online-Journalismus gestartet – im Kern zunächst gekennzeichnet durch die Übertragung von Printmaterial: als ein zusätzlicher Service, der sich noch nicht den online-spezifischen Gegebenheiten angepasst hatte (vgl. Neuberger 2000). Hier bieten sich nun verschiedene *Crossmedia*-Strategien an: Mehrfachverwertung (wie z. B. die New York Times Online), autonome Redaktionen (z. B. Spiegel-Online), komplementäre, gemischte Redaktionen (z. B. Financial Times Deutschland). Fragen der Qualitätssicherung sowie ökonomische und publizistische Gründe haben mit der Zeit zu Synergieeffekten auf der Inhalts- und betriebswirtschaftlichen Ebene geführt: die Verknüpfung verschiedener Medialitäten sowie Kooperation oder Expansion in bislang fremde Märkte (vgl. Brüggemann 2002, 2004).

Zweifelsohne erhöhen die IuK-Medien mit all dem die Informationsoptionen sowie die Chancen für Personen oder Gruppen, die Stimme zu erheben und *Aufmerksamkeit* zu beanspruchen. Der Anteil des Journalismus bei der Distribution von Primärereignissen sinkt *relativ* – wenngleich er ein etablierter Teil der Online-Öffentlichkeit ist. Zugleich steigt der Bedarf an Verfahren, die eben diese Stimmen differenzieren können: Aufmerksamkeit als knappes Gut ist an Kriterien der Aufmerksamkeits*zuwendung* gebunden. „Die Durchsetzung einer eigenen Themenagenda ist in einem System, das sich ständig am Rande der Informationsüberlastung bewegt, nur dann möglich, wenn andere Kanäle (im Sinne eines ‚intermedia agenda-setting') dieses Thema ebenfalls aufgreifen." (Rössler 1999: 162) Nun ist die Steuerung öffentlicher Themenkarrieren weiterhin Teil des politischen Prozesses. Netzkommunikation kann der Politik damit, wie die herkömmlichen Medien, zum einen als Beobachtungsinstrument der gesellschaftlichen Diskussion dienen, zum anderen als Katalysatoren eigener Aufmerksamkeitsansprüche.

Ob damit aber ein Zuwachs an Themendefinitionsmacht der Politik einhergeht, dafür sind die Optionen der Online-Kommunikation allein freilich keine Garanten. Im Gegenteil spricht gegen einen kommunikativen Machtzuwachs des politischen Systems neben einer (unterstellt) höheren IuK-Kompetenz nicht-politischer Akteure auch, dass Online-Medien Responsivitätsansprüche der Bevölkerung stützen können. Das oben modifizierte Modell gesellschaftlicher Thematisierungsprozesse wurde ja gegenüber dem Basismodell in erster Linie durch das (inter-)aktive Publikum ergänzt: In einer sich beständig differenzierenden Medienlandschaft wächst der Individualisierungsgrad der Mediennutzung – worauf sich die Politik einstellen muss. Das wirft die Frage auf, ob diese Technologien eine erfolgversprechendere Teilhabe der Bevölkerung begünstigen.

8.3   Online-Partizipation

Gestalten die IuK-Medien Demokratien zukunftsfähiger, indem sie dazu beitragen, Wünsche und Interessen der Bürgerschaft im politischen Prozess stärker zu gewichten? Vor allem im individuellen Charakter der Online-Medien sehen viele einen Schlüssel zur Enthierarchisierung der politischen Kommunikation und Partizipation. Nun ist es nachgerade üblich, mit neue Kommunikationstechnologien die Hoffnung zu verbinden, das neue Medium fördere die Teilhabe der Bürger am öffentlichen Leben (vgl. Scherer 1998: 172)[13]. Doch aller Erfahrung nach greift die Akzentuierung einzig technischer Indizes zu kurz. Wichtig ist die „soziale Gestaltung" der Technologie (Kleinsteuber/Hagen 1998a: 63): die Darstellung von Inhalten durch die Kommunikatoren, die Motive und Fähigkeiten der Rezipienten respektive Nutzer. Zudem können unterschiedliche Medienkompetenzen die für moderne Gesellschaften gängigen desintegrativen Impulse verschärfen (*digitale Kluft*): „Die wenigen, die sich immer besser informieren können [...] stehen den vielen gegenüber, die heute schon mit der Angebotsfülle nicht mehr zurechtkommen, sie nicht verstehen, bzw. die sie sich schlicht nicht leisten können" (Gellner 1998: 17; vgl. Kubicek/Welling 2000).

Ein wichtiges Kriterium für die partizipatorische Qualität von Online-Medien ist dann, inwiefern es ihnen gelingt, Personen mit Politik zu kontaktieren, die sich ansonsten wenig für sie interessieren. Daneben ist es wohl die „härteste demokratietheoretische Frage", ob insbesondere das Internet „im Kontext der repräsentativen Demokratie politische Gleichheit fördert und [...] zur Konstitution einer allgemeinen Öffentlichkeit und eines allgemeinen Willens beitragen kann" (Rilling 1998a: 366). Die Eigenarten des Internet lassen mindestens hoffen, dass es zur vermehrten, womöglich „besseren" Information der Bürger beiträgt. Immerhin stellt das Netz politisches Informationsmaterial komprimiert und meist ohne zugriffsabhängige Kosten zur Verfügung. Zudem erlauben die Online-Medien „one-to-many"-, „one-to-some"-, „some-to-some"- oder „many-to-many"-Kommunikation, wodurch herkömmliche mediale Schwellen zwischen Publikum und Kommunikatoren nivelliert werden (können).

---

13   In der Bundesrepublik wurde bereits Mitte der 70er Jahre diskutiert, ob ein Kabelsystem ein „Zwei-Wege-Fernsehen" hervorbringen könnte; vgl. Kleinsteuber/Hagen 1998b: 129 f.. Erfahrungen mit „offenen Kabel-Kanälen" zeigten damals, dass ein Rückkanal per se kaum zu Partizipationseffekten führt; vgl. Leggewie 1998: 38.

Ebene	Typus	Ressourcen	Ziel
Top			
	One-to-many	Bürgerinformation	Bürgersinn
		Transparenz	Bürgernahe Verwaltung
	Many-to-one	Elektronische Petition	Planungsbeteiligung
		Tele-Wahlen	Elektronische Demokratie
	Many-to-many	Diskussionsforen	Deliberation
		Gemeinschaftsnetze	Community Empowerment
Down			

Tab.3: Anwendungsgebiete des Internet im demokratischen Prozess
Quelle: Leggewie 1997: 18.

Andererseits: wieviel Partizipationskraft darf man von einer Kommunikationstechnologie erwarten? In den Vereinigten Staaten sind früh differenzierte Konzepte und Modelle zur „elektronischen Demokratie" diskutiert worden, wobei die Frage nach der Bedeutung des Internet einen hohen Stellenwert einnahm (vgl. Kamps 1999e; Kleinsteuber 1996a; Kleinsteuber/Hagen 1998b). Mit dem Erfolg des „Silicon Valley" wurde das Netz als kalifornische Aufklärungsideologie und Marker eines neuen athenischen Zeitalters – *electronic agora* – verstanden. Dabei sind im Kern drei Ansätze zu unterscheiden: *Teledemocracy, Cyberdemocracy, Electronic Democratization* (vgl. Hagen 1996, 1997, 1999). Gemein ist ihnen, dass sie den IuK-Medien aufklärerische Potenziale zur Überwindung von Politikverdrossenheit zutrauen.

Teledemocracy: Dieser Ansatz speist sich aus der Kritik am repräsentativen System der USA und der Berichterstattung der klassischen Medien. Teledemokraten gehen davon aus, dass es der Politik wie dem Journalismus nicht angemessen gelingt, den steigenden Anforderungen der sozial segmentierten amerikanischen Gesellschaft zu begegnen. Eingerichtet habe sich eine banale Zuschauerdemokratie, die einzig auf ein triviales politisches Spektakulum abhebe. Sie trage dazu bei, *dass* und *wie* sich die politische Elite von der Lebenswelt ihrer Wählerschaft entferne. „Kommerzielle Massenmedien, allen voran die Fernsehgesellschaften, aber haben [...] die Öffentlichkeit mit protzigen, verlogenen und oft gewalttätigen Bildern verseucht, eine Öffentlichkeit, die einst in breiten Teilen bestimmt wurde durch Lesen, Schreiben und rationale Diskussion" (Rheingold 1994: 26). Schon das Kabelfernsehen mit seiner Rückkanalfähigkeit hatte hier eine Reihe Projekte angeregt. Nun, so die Annahme, könnten die neuen IuK-Medien über direkt-demokratische Verfahren das repräsentative System ergänzen – horizontal, in Anlehnung an bestehende Institutionen recht konventionell in Form unmittelbarer Abstimmungen und Televoten, vertikal, auf lokaler Ebene z. B. elaborierter durch „Electronic Town Hall Meetings". Darüber würde den Bürgern ein Gefühl für ihre Souveränität zurückgegeben. Auch ließen sich die Transaktionskosten beispielsweise im Rahmen eines Referendums senken, „was diesem Entscheidungsmodus eine höhere Praktikabilität verleihe" (Zittel 1997: 25).

Cyberdemocracy: Die Verfechter des Cyberdemocracy-Ansatzes nehmen die Potenziale der Computernetze zum Anlass, eine direktere Form der Demokratie einzufordern, eine selbstbestimmtere Regierung durch die Bürger, die sie im bestehenden System als unzureichend bemängeln. „Virtuellen Gemeinschaften" sollte es gelingen, über effizientere Kommunikation und Information Engagement und politische Bildung zu fördern; das würde den Bürgern mehr Gewicht im Willensbildungsprozess verleihen. Vor allem richten sich Cyberdemokraten gegen jeglichen staatlichen Zentralismus. Vielmehr setzen sie ihre Hoffnung auf selbstorganisierte, nicht-staatliche Institutionen, die „Community networks", lokale „Grassroots"-Initiativen und deren „soziales Kapital" (vgl. Hagen 1999: 67), sowie den Abbau von Kommunikationshierarchien („many-to-many"). Diese Initiativen stehen in der Tradition der Kommunitarismusdebatten der 80er und 90er Jahre (vgl. Friedland 1996; Kleinsteuber/Hagen 1998b: 132). „The political significance of CMC lies in its capacity to challenge the existing political hierarchy's monopoly on powerful communications media, and [...] thus revitalize citizen-based democracy." (Howard Rheingold; zit. n. Hagen 1999: 67) Dementsprechend sollen Computernetze nicht nur Kommunikationsmittel sein, sondern als „Community networks" ein eigenständiges politisches Leben ermöglichen (vgl. Hagen 1997: 75 f.).

Electronic Democratization: Modelle der elektronischen Demokratisierung stützen sich auf die Qualitäten computergestützter Kommunikation, um alternative Kommunikationskanäle zwischen Regierenden und Regierten einzurichten. Anders aber als bei dem „Teledemocracy"- oder dem „Cyberdemocracy"-Ansatz werden hier nicht *direkt*-demokratische, sondern *repräsentativ*-demokratische Verfahren vorgezogen: Mit Hilfe elektronischer Medien soll das repräsentative System offener gestaltet werden, um Defizite der kommerziell orientierten Massenmedien aufzufangen. So sollen das WWW, E-Mail-Systeme oder Internet-Relay-Chats als Informations- und Verteilmedien politisches Engagement anregen, indem sie den Informationsgrad der Gesellschaft erhöhen. Dieser eher auf effizientere Kommunikation und Wissen denn auf neue Formen zivilgesellschaftlichen Handelns ausgerichtete Zugang hat, zumal er im *Mainstream* der an der repräsentativen Demokratie orientierten amerikanischen Öffentlichkeit liegt, viel dazu beigetragen, dass für die USA ein kaum zu überschauendes politisches Angebot, von öffentlicher wie von privater Hand, im World Wide Web zu finden ist.

Gemein ist diesen Ansätzen, dass sie die Medienentwicklungen nicht umstandslos mit Demokratisierung gleichsetzen, sondern praxisorientiert Transformationspotenziale ausloten. Das entspricht im Übrigen der politischen Kultur der Vereinigten Staaten, in der Demokratie häufig als *Projekt* verstanden wird, das es beständig zu reformieren und weiterzuentwickeln gilt (vgl. Hagen 1996: 64). Auffällig ist, dass sich die Reaktionen auf die Frage „Was kann das Internet für die politische Partizipation oder die Demokratisierung leisten?" grob zwei „Lagern" zuordnen lassen: Hier verficht man direkt-demokratische Ideen; man sucht die Technologie zu nutzen, um über einen Wandel des institutionellen Gefüges die Kommunikationsbeziehungen zwischen Regierenden und Regierten an bestehenden intermediären Strukturen *vorbei* zu intensivieren. Dort dominieren Vorstellungen vom Nutzen der Technologie zur Steigerung der Responsivität zwischen politischen Akteuren und der Bürgerschaft im Rahmen *gegebener* Institutionen.

Dieses Argumentationsmuster korrespondiert mit der Beteiligungsdebatte in der Bundesrepublik: „In den 70er und 80er Jahren wurde unter dem Topos der ‚Demokratisierung' überlegt, wie möglichst jede gesellschaftliche Organisation den Bedingungen der Selbstregierung und Selbstbestimmung angepaßt werden könnte. In den 90er Jahren sind die Diskutanten dazu übergegangen, nicht die Organisationen, sondern die Institutionen der parlamentarischen Demokratie durch neue Formen direktdemokratischer Verfahren zu ergänzen" (von Alemann/Strünck 1999: 21). Die eine Partizipationskultur richtet ihr Augenmerk auf innerorganisatorische Demokratisierung sowie etablierte Formen der Interessenvermittlung. Die andere sucht Verfahren einzurichten, etwa Volksentscheide, um Bevölkerungsinteressen unmittelbarer in den Willensbildungsprozess zu integrieren. Winfried Steffanie (1980: 154 ff.) unterschied hier zwischen „repräsentativer" und „ple-

biszitärer" Partizipation. So gesehen koppelt sich die partizipationsorientier-
te Netzdebatte – grob – an ältere Diskussionsstränge.

Fasst man die Argumente pro und contra einer „elektronischen Demokratie" summarisch, dann zeigt die Orientierung an technischen Komponenten in nahezu jeder Kategorie (Interaktion, Information usf.) mit ähnlicher
Plausibilität „sowohl ein demokratie-förderliches als auch ein demokratie-
gefährdendes Potential des Internet" (Bühl 1997: 308).

Pro	Contra
Senkung der Zugangsschwelle für Information	„Information-Overkill"
Realisation einer polydirektionalen Interaktion	Verlust des Ortes der Politik
Enthierarchisierung politischer Kommunikation	Vertiefung der Segmentierung (Gewinner und Verlierer der High-Tech-Orientierung)
Herstellung von Öffentlichkeit und Gegenöffentlichkeit	Zerstörung der integrierenden Öffentlichkeit
Vergrößerung der Raum- und Zeitunabhängigkeit	Hyperrealismus
Immunisierung der politischen Kommunikation gegen autoritäre Strukturen	Überwachung und staatliche Kontrolle
Möglichkeit einer bürgernahen Verwaltung	„Schlanke" Verwaltung statt Bürgernähe
Verbesserung des Informationsmanagements	Kommerzialisierung und „Vermarktung" der Öffentlichkeit
Effektivierung der Meinungsbildung	Auftauchen neuer politischer Konfliktlinien
Soziale und informationelle Dekontextualisierung	Verflüchtigung der Solidarität
Neue Perzeptions- und Handlungsmuster	Anonymisierung und Verlust körperlicher Anwesenheit

Tab. 4: Argumente pro/contra einer „elektronischen Demokratie"
Quelle: eigene Darstellung in Anlehnung an Bühl 1997: 301 ff.

Die Technik nützt oder schadet der Demokratie nicht *per se*. Etwa kommt eine Arbeit über verschiedene „Teledemocracy"-Projekte zu dem Schluss, im Kern sei nicht die Technik selbst für den Erfolg oder Misserfolg der Projekte verantwortlich, sondern die *Vorstellung ihrer Initiatoren* von Politik und Partizipation (Arterton 1987; vgl. Leib 1998: 90). Gegenüber technizistischen Prognosen scheint für die Analyse des Partizipationspotenzials einer Medientechnik respektive verschiedener Kommunikationsmodi ein anderer Ansatz bürgerschaftlicher Kommunikation zunächst tragfähiger. Nach einem Standardmodell der Politikwissenschaft beeinflussen folgende Faktoren die Konditionen und den Verlauf politischer Partizipation: Demographische Merkmale (z. B. Alter, Geschlecht), das politische System (z. B. Grad der Institutionalisierung von Partizipation), Politikvermittlung (z. B. politische Kommunikationskultur, Mediensystem) sowie subjektive Faktoren (z. B. Werte, Einstellungen). Sie sind auch hier nicht zu vernachlässigen, zumal sie Faktoren einer „sozialen Gestaltung" der Medientechnologie sein können bzw. damit korrelieren (vgl. Kleinsteuber/Hagen 1998a: 63). Gleichwohl wird zunächst eine funktionale Perspektive eingenommen: Information, Artikulation und Organisation (vgl. Scherer 1998).

▪ *Information:* Medien erlauben politische Information *top-down*, d. h. die Politik informiert über Ideen, Vorhaben, Ziele, strittige Punkte usf.; das Mediensystem leitet – selektiv, reformierend – diese Informationen an das Publikum weiter. Auch *bottom-up*-Information ist denkbar, das Informieren der Politik über Anliegen der Bürger.

▪ *Artikulation:* Kommunikation über Medien kann dazu beitragen, dass Ansichten kleinerer Kollektive öffentlich erörtert werden. Zudem artikulieren Medien die Botschaften vieler politischer, wirtschaftlicher und gesellschaftlicher Akteure, so dass Rezipienten ein breites Meinungsspektrum beobachten und die eigenen Anschauungen und Ideen hierzu in Relation setzen können.

▪ *Organisation:* Medien kann auch eine Organisationsfunktion zugeschrieben werden, als sie die Kommunikation über öffentliche Angelegenheiten *unter* Bürgern erlauben. Bürgerschaftliche Partizipation jenseits ausgetretener institutioneller Pfade setzt ja u. a. voraus, dass Bürger über die Interessen anderer informiert sind und darüber Initiativbereitschaft und Handeln aufeinander abstimmen können.

Im Sinne dieser Funktionszuschreibungen kann ein Medium oder eine mediale Infrastruktur dann als partizipationsfördernd beurteilt werden, wenn es die bürgerbezogenen Komponenten stärkt, wenn also (1) mehr qualitative, im Kontext „nützliche" Informationen vermittelt werden, die Aufschluss über Handlungsbedarf geben; wenn (2) die Artikulation der Bürger nicht nur möglich ist, sondern diese Äußerungen auch dazu beitragen, dass sie *faktisch* von der Politik gehört werden; wenn (3) die Organisation der Bürgerschaft, die Koordination von Interessen und Initiativen unterstützt werden. Wie ist anhand dieser Kategorien das Partizipationspotenzial des Internet einzuschätzen?

Informationsfunktion: Zweifelsohne vermehrt das Internet mit seinen Datenbanken, Suchmaschinen, digitalen Bibliotheken und unzähligen Homepages die Informationsoptionen der Nutzer. Einmal abgesehen davon, dass Informationen immer noch von Kommunikatoren mit Motiven und Intentionen vorgebracht werden, so kann man sich über das Internet zumindest selbstbestimmter informieren, da Selektionsbarrieren der klassischen Medien umgangen werden. Im Prinzip kann auch jeder seine politischen Ein- und Ansichten der (Netz-)Welt mitteilen – stets aktualisiert z. B. über Weblogs[14]. Nicht zu vernachlässigen sind zudem Primärquellen, die im Netz veröffentlicht werden: Vorlagen zu Gesetzgebungsverfahren, Drucksachen, Protokolle von Parlamentsdebatten usf. sowie der Zugriff auf Archive. Doch bleibt zweifelhaft, ob mehr Information auch mehr Informiertheit nach sich zieht. Der Weg vom Informationsangebot bis zur bürgerschaftlichen Aktivität ist lang. Das Internet als Umschlagplatz von (weitgehend) ungefilterten Informationen stößt zwangsläufig auf Grenzen: In einem Kommunikationsraum, in dem jeder über alles, was er mitzuteilen hat, informiert, sinkt die Differenzierungskraft jeder Information, ja sie tendiert gegen Null. Jedem, der das einmal ausprobieren will, empfehle ich die Suchbegriffe „George W. Bush", alternativ: „Günter Grass".

In dieser Situation wandelt sich notwendigerweise unser Bild von Information, sie ist nicht länger gleichzusetzen mit jenem neuen Kommunikati-

---

14   Da hier um generalisierend argumentiert wird, sei nur angemerkt, dass das Internet insofern noch mehrfach exklusiv und großen Teilen der Weltbevölkerung nicht zugänglich ist; faktisch bedienen sich (noch) eher die technologie-interessierten Kreise der Industrienationen des Netzes, weshalb man auch von einer „netzweltliche[n] Verdoppelung der realen Ungleichheit" sprechen kann; vgl. Rilling 1998b: 8. Innerhalb der Industriegesellschaften zeigen Erhebungen, dass dort mittlerweile nicht nur die „Early Adaptors", „Frühanwender" online sind; zur Problematik eines möglichen *Digital Divide* in Deutschland siehe Kubicek/Welling 2000.

onselement, das Unwissen in Wissen verwandelt. In Anlehnung an das lateinische *Informatio* bezeichnet Information schon seit zwei Jahrtausenden Zeichen, die Neuigkeiten transportieren oder Unsicherheiten reduzieren (vgl. Kleinsteuber 1996b: 8). Allein, nicht „umsonst spricht man heute in Katastrophenmetaphern von der Informationsflut oder -schwemme. [...] Informationen sind zur Massenware mutiert, die – manchmal ohne Rücksicht auf ihren Nutzen – ge- und verkauft werden" (Dernbach 1998b: 54). Wenn Informationen Unterschiede sind, die einen Unterschied machen, dann führt die totale Informiertheit zu totaler Desinformation, weil nicht mehr ausgemacht werden kann, *warum* und *inwiefern* eine bestimmte Information einen Unterschied macht. Mehr Transparenz, mehr Information erfordert mehr Aufmerksamkeitsmanagement, mehr Glaubwürdigkeitszuschreibungen, mehr Auswahlverfahren, mehr Orientierungswissen: Informationen über Informationen[15] – weshalb bezeichnenderweise eine Nische zur Entwicklung intelligenter Software zur Abwehr unnutzer Daten entstanden ist (vgl. Wirth/ Schweiger 1999). Je beliebiger sich eine Informationsumwelt gestaltet, desto mehr gewinnen Unterscheidungsverfahren an Bedeutung – was u. U. die Funktion nicht-mediatisierter Information aufhebt[16]. Neben die Diagnose einer Informationsflut tritt die Erwartung einer weiteren Differenzierung der aufmerksamkeitsleitenden Verzweigungsstruktur des Netzes. Damit wird es künftig immer wichtiger, nicht „Wissen zu haben, sondern zu wissen, wo und wie es zu haben ist [...]" (Schmid 2000: 10). Dem Journalismus dürfte hier nicht trotz, sondern wegen einer „Kommunikation ohne Kommunikatoren" (Kleinsteuber/Thomaß 1998: 223) eine wichtige Orientierungsfunktion zukommen.

Den IuK-Medien kann so gesehen kaum allein mit einer technischen Transport-Metapher begegnet werden, mit der Annahme also, sie transportierten mehr als andere Medien Informationen von einem Sender zu einem formal zu unterscheidenden Empfänger, worüber das Informationsangebot steige und die Urteilsfähigkeit der Rezipienten wachse. Erneut geht es nicht nur darum, was die Medien mit den Menschen machen – der Philosoph

---

15 Natürlich sind Suchmaschinen wie *Google* hierunter zu fassen. Zukünftig werden sich diese Angebote wohl weiter individualisieren, so dass z. B. Nutzer über Interessenprofile ein spezifisches Kompendium an Informationen bereitgestellt bekommen, das sich nach Maßgabe der zuvor abgerufenen Information beständig neu formiert.

16 So bevorzugen die Nutzer von politischen Informationen im Internet solche Angebote, die von bekannteren Printmedien zur Verfügung gestellt werden: z. B. die Netz-Seiten der *Süddeutschen Zeitung* und des *Spiegels*.

Wilhelm Schmid (2000: 11) spricht gar von einem „Totalitätsanspruch" der Technologie –, sondern auch darum, was die Menschen mit den Medien machen. „Was einen Unterschied macht, wird von uns zwar sehr individuell, aber zugleich in sozialen Kontexten und im Zuge eines Prozesses bestimmt." (Jarren 1998f: 37) Gerade das Abwägen politischer Problemlagen oder Alternativen, eine „qualifizierte Responsivität" (Marschall 1997: 305), setzt neben *Information* auch sozialkontextuelles *Verstehen* voraus. Zum einen wirft das Fragen auf zur persönlichen wie gesellschaftlichen Kompetenz der Medien- und Informationsselektion, eine „Ökologie der Vermeidung [...], die schon in der Grundschule trainiert werden sollte" (Enzensberger 2000: 97). Zum anderen revidieren Aufmerksamkeitsdienstleister den ursprünglich nicht-mediatisierten Informationsmodus des Internet zumindest partiell.

Artikulationsfunktion: Analoges gilt für die Artikulationsfunktion. Einerseits kann das Internet, da es – im Prinzip – keine Zugangsschwellen vorsieht, Differenzen wie Übereinstimmungen im Anspruch politischen Handelns offen legen. Das Differenzierungs-, Kritik- und Artikulationspotenzial der Gesellschaft steigt. Andererseits wächst in einem Kommunikationsraum, in dem sich jeder mit bescheidenem Aufwand artikulieren kann, mit der Zahl der Artikulierenden ihr Distinktionsbedarf. Erneut werden sich Aufmerksamkeitsstrukturen und Selektionsmechanismen herausbilden. Je mehr Personen oder Gruppen sich artikulieren, desto größer wird die Wahrscheinlichkeit, Äußerungen zu *verpassen*. Artikulation mit Ambition auf Gehör, zumal im politischen System, bedarf weiterer Distinktionsverfahren, um Aufmerksamkeit zu erhalten. „Sicher, die Gesellschaft kann ihren Bedarf an Palaver und Geschwätz stillen. [...] Doch vom unmittelbaren Ausbrechen der großen Bürgerfreiheit kann nicht die Rede sein." (Maresch 1999: 145)

Zugleich wächst das Authentizitäts- und Glaubwürdigkeitsproblem: „Je größer die Zahl der potentiellen und tatsächlichen Kommunikatoren, desto unmöglicher wird es für Rezipienten, die Glaubwürdigkeit eines Angebots einzuschätzen" (Schweiger 1998: 130; vgl. Rössler/Wirth 1999). Das Nebeneinander von äußerst heterogenen Inhalten verlangt nicht nur ein Finden, sondern auch neue Strategien beim Einschätzen von Relevanz und Authentizität. Empirisch, schließlich, sind Kontakte mit Politikern im Internet häufig einzig symbolisch zu lesen. Auf den Netzseiten der etablierten Parteien dominieren Informations*angebote*, nicht responsiv motivierter Informations*austausch*. Und die Gesamtheit der Netznutzer hat eher ein Interesse daran,

Informationen abzurufen, als durch Computernetze mitzureden. Der *Information Superhighway* – „eine Breitbandversion des altmodischen Fernsprechers" (Adrian 1996: 345) – kennt metaphorisch keine Einbahnstraße, sehr wohl jedoch *in real life*. „[I]m Zweifelsfall zieht die Politik den Netzstecker und ignoriert die Stimmen aus der Tiefe des Datenraumes." (Bieber/Hebecker 1998: 175)

Die Organisationsfunktion: Für politische Minderheiten oder Initiativen besteht ein grundsätzliches Problem allein darin, Gleichgesinnte zu identifizieren und Interessen und Aktionen abzustimmen. Das Netz verspricht hier bei geringerem organisatorischen Aufwand eine größere Effektivität und Effizienz in der Binnenkommunikation und Organisation von Teilöffentlichkeiten: „[...] [T]he Internet will be a boon to organized groups – making it easier for activists, organizers, mobilizers, and lobbying organizations to do what they do" (Bimber 1998: 25). In der Tat mag ein besonderes Partizipationspotenzial des Netzes darin liegen, dass es die organisatorische Differenzierung von Teilöffentlichkeiten begünstigt (vgl. Dahinden 2000).

Die beschriebenen Überlastprobleme betreffen auch die Organisationsfunktion des Internet, sobald wir den Komplex der Binnenkommunikation verlassen. „Der Erfolg des Netzes kann sein Fluch sein" (Scherer 1998: 182): Zwar stellt das Internet mit seinen reziproken Strukturen Verfahren zur Verfügung, die die Organisation disperser Interessen erleichtert. Derweil wirkt auch hier ein „Grenznutzen" in Form des Gesetzes der wachsenden Zahl: Je mehr das Netz dazu beiträgt, Differenzen oder Übereinstimmungen in Ansprüchen und Vorhaben offen zu legen, desto problematischer gestaltet sich eine Aufmerksamkeitsökonomie. So aber steigt mit der Zahl der Interessen deren Distinktionsbedarf: Je mehr Online-(Teil)-Öffentlichkeiten einen Anspruch auf Gehör in der Politik anmelden, desto eher werden Dritte (klassische Massenmedien, Politik) eigene Differenzkriterien entwickeln.

Information, Artikulation und Organisation im Rahmen bürgerschaftlicher Partizipation *können* also durch die IuK-Medien gefördert werden, und viele Beispiele zeigen, dass dies geschieht, national wie international. Netzöffentlichkeit vermag Kommunikation punktuell zu verdichten und „Thematisierungsprozesse jenseits des massenmedialen Agenda-Setting zu fördern" (Marschall 1998b: 54). Doch ist ein Bedarf an Distinktionsverfahren zu erkennen, sobald Anschluss jenseits der Binnenkommunikation angestrebt wird. Ein technizistischer Optimismus greift zu kurz.

Selbst wenn politische Geltungsansprüche im Virtuellen verfasst werden: ein Netz braucht Zwischenräume (vgl. Krämer 1997: 99), Online-Öffentlichkeiten müssen ihre Relevanz offline belegen. Partizipation via Internet kann sich nicht in der Differenz des Virtuellen erschöpfen – Sein oder Nicht-Sein –, sondern letztlich nur in der Differenz des politischen Kollektivs – verbindliche oder unverbindliche Entscheidungen. Hierzu bedarf es der Anschlussoptionen diesseits des Bildschirms. Dass politische Kommunikation durch das Internet angestoßen werden kann (und wird), genau darin liegt sein primäres Partizipationspotenzial. Daneben kann es schon einen beträchtlichen Zuwachs an Demokratisierung bedeuten, wenn politische Akteure und Instanzen in ihrem Handeln antizipieren, dass Bürger besser informiert sind und bei Bedarf etwa auf Protest-E-Mails zurückgreifen können oder ein *Weblog* einrichten.

Mehr „politische Wirkungen" der IuK-Medien sind momentan darin zu sehen, dass die politischen Akteure sie für ihre Zwecke nutzen. Seinen exponiertesten Niederschlag findet das im Gebrauch des Internet als Wahlkampfinstrument.

8.4   Wahlkampf mit dem Netz

Der Vorteil des Internet für die moderne Wahlkampfführung ist evident: Online-Kommunikation ist preiswert, unmittelbar, schnell, und durch die Kombination von auditiven und visuellen Komponenten mit Texten (und einer Textverweisungsstruktur) intensiv. Bei den Wahlen zum Bundestag 1998 feierte das Internet als Kampagnenmedium auch in der Bundesrepublik Premiere. Mit einigem Engagement gestalteten die Parteien und Kandidaten, aber auch unabhängige „Informationslotsen" (vgl. noch Kap. 8.5), eine bunte Palette an Netzseiten, die Informationen und interaktive Foren bereitstellten. 26 der 33 zur Bundestagswahl 1998 zugelassenen Parteien präsentierten sich im Internet, und betraten damit „werbliches Terrain abseits der ausgetretenen Trommelpfade"[17] – und sicherten sich ob dieser Moderne „free media" in den „alten" Medien. Zählt man noch andere Institutionen hinzu, so konnten sich Interessierte damals auf etwa 90 Seiten informieren (vgl. Gellner/Strohmeier 1999: 91). Damit folgte die deutsche Politik amerikanischen Erfahrungen: Seit dem Präsidentschaftswahlkampf 1996 gilt das Netz dort

---

17   Rheinische Post, Nr. 198, vom 27. August 1998, S. 3.

als Selbstverständlichkeit der Wahlkampfführung. Ohne Präsenz im Internet mit korrespondierender demonstrativer Publizität über dieses Netzdasein in klassischen Medien ist seitdem kein Anwärter auf das Präsidentenamt mehr angetreten[18]. Rasch konkurrierten in den USA zahlreiche Unternehmen, die Kampagnen-Seiten entwickeln und betreuen. Sich im Internet zu präsentieren besitzt Symbolkraft und dürfte – neben Kostengründen[19] und der Unmittelbarkeit der Wähleransprache – ein Grund dafür gewesen sein, dass es schnell als Wahlkampfinstrument erkannt wurde. Schon seit einigen Jahren also setzt sich, wer *nicht* über das Netz ansprechbar ist, „unweigerlich dem Verdacht [aus], technisch nicht mehr auf der Höhe der Zeit zu sein und es zudem an der Responsivität gegenüber dem Bürger mangeln zu lassen" (Clemens 1999b: 50 f.). So ist es nicht mehr eine Frage des „Ob" sondern einzig eine Frage des „Wie": Wie kann das Internet während des Wahlkampfs genutzt werden?

Der 98er Parteienwahlkampf als Vorläufer der Internet-Kampagnen hierzulande stützte sich auf die bis dato eingerichteten „virtuellen Parteizentralen"; ihnen schlossen sich einige Dutzend Kandidaten-Domains und eine Vielzahl regionaler und lokaler Parteigliederungen mit eigenen Seiten an. Im Gegensatz zu den Erwartungen erfuhren die Netzaktivitäten der Parteien seinerzeit überwiegend negative Bewertungen (vgl. Clemens 1999a). Das lag zum einen am mitunter ungeschickten Umgang von Spitzenpolitikern mit dem Internet – „Neandertaler im Cyberspace"[20] –, auch an mangelnder Aktualität der ins Netz gestellten Information, zum anderen an den selten dauerhaft organisierten Kommunikationsforen. Allen logistischen Problemen zum Trotz scheint die Bilanz des Online-Wahlkampfes mit Blick auf die Zugriffszahlen schon in diesen Anfangsjahren respektabel: „Die SPD hatte nach eigenen Angaben im August 1998 4,5 Millionen und im September 9,5 Millionen Seitenabrufe, und die CDU verzeichnete auf ihrem Diskussionsfo-

---

18   Erste Ansätze von Netz-Kampagnen wurden im Präsidentschaftswahlkampf 1992 vom Massachusetts Institute of Technology unternommen; Senator Edward Kennedy ließ 1994 die erste Wahlkampf-Seite vom MIT entwerfen und verbreitete über elektronische „Bulletin Boards" Presseerklärungen; vgl. Zittel 1997: 24; aber erst im Wahlkampf 1996 setzten die meisten „Kandidaten mit eigener Hompage diese [...] zur Verbreitung von herkömmlichen Wahlkampfinformationen ein"; Clemens 1999b: 52.

19   Für den Bundestagswahlkampf 2002 benennt Schweitzer (2003: 195) ein Maximum von 5 Prozent des Kampagnenetats, das die Parteien für ihren Internet-Auftritt aufwendeten; einzig die FDP externalisierte dabei die redaktionelle Gestaltung und Betreuung ihrer Wahlkampfseite vollständig.

20   *Spiegel-Online* über einen missglückten Internet-Chat Helmut Kohls; Spiegel-Online vom 29. September 1998; vgl. auch Clemens 1999a: 156.

rum etwa 20 000 monatliche Diskussionsbeiträge" (Clemens 1999a: 155). Hier deutete sich bereits an, dass Politik-Interessierte differenziertere Informationsmöglichkeiten ausschöpften, die ihnen das Leitmedium Fernsehen in seinen Alltagsformaten weniger bietet. Zunächst konzentrierte man sich auf die digitale Zweitverwertung von herkömmlichem Informationsmaterial: „Kandidatenbiografien, Wahlprogramme, Forderungskataloge, Veranstaltungshinweise, digitalisierte Devotionalien wie Grafiken, Bildschirmschoner oder kleine Computerspiele [...] Eine mediengerechte Aufwertung bildeten dabei nur eigens für die Web-Präsenzen entwickelte Inhalte wie Online-Dossiers zu wichtigen Wahlkampfthemen, per E-Mail versendete Newsletter, Diskussionsforen oder Chat-Events mit Parteienvertretern" (Bieber 1999: 140). Hinzu kamen interaktive Spielereien, „von ernsthaften Ratespielen bis zum virtuellen Spielzeugkücken ‚Kohligotchi'" (Gellner/Strohmeier 1999: 91). Später differenzierten sich die Kampagnen, als nun einzelne Kandidaten ihre persönliche Präsenz forcierten (z. B. „schroeder98.de"[21], „joschka.de"). Eine Ausnahme von diesem dualen Domainschema fand sich bei der SPD: „Die üblichen Elemente der Kandidatendomains (Biografie, Programmatik, Veranstaltungen, Online-Übertragungen etc.) waren auf der zur Kandidatenplattform gewandelten Partei-Homepage zu finden" (Bieber 1999: 143).

Als vorteilhaft erweist sich das Internet natürlich hinsichtlich der Möglichkeit, aktuelle Informationen schneller, billiger und einfacher als auf dem Postweg zu versenden. Auch werden die Informationen der virtuellen Parteizentralen an den klassischen Medien vorbei geführt. Zudem dürfen Online-Angebote darauf hoffen, von Journalisten beobachtet zu werden – mit förderlichen Distributions- und Multiplikationseffekten. Schließlich können über optionale „Links" die Kommunikationsressourcen und die Kreativität von Unterstützern genutzt werden. Die Wahlkampfdomain dient als Knotenpunkt, als „Verteiler" einer breiteren politischen Perspektive. Bereits im US-Wahlkampf 1996 organisierte sich z. B. ein virtuelles *Political Action Comittee* von Clinton-Anhängern („NewtWatch", in Anlehnung an den republikanischen Sprecher des Repräsentantenhauses Newt Gingrich), auf deren

---

21 Während des 98er-Wahlkampfs ließ sich die Junge Union die URL-Adresse „www.gerhard-schroeder.de" reservieren und wies dort darauf hin, die Seite befände sich noch im Aufbau. Wer, ohne die eigentliche Urheberschaft zu kennen, diese Seite aufrief, konnte zu dem Schluss kommen, der SPD-Spitzenkandidat habe es mit der Präsenz im Netz nicht sonderlich eilig; vgl. Harth 1999: 11.

Homepage die offizielle Clinton-Seite verwies und wo sich ein detailliertes *Negative Campaigning* fand (Clemens 1999b: 57). Die offizielle Seite des Präsidentschaftskandidaten begnügte sich mit „faktengestützten" Angriffen.

Ausgehend von Erfahrungen mit dem amerikanischen Wahlkampf im Netz kategorisiert Christoph Bieber (2000: 104) die Interaktivitätsdimensionen wie folgt. Zielte 1996 das Angebot noch auf die „höchste" Interaktivitätsdimension, die „virtuelle Gemeinschaft", so dominierte im Präsidentschaftswahlkampf 2000 und 2004 der „virtuelle Markt". Immerhin haben die Parteien auch hierzulande mit dem Bundestagswahlkampf 1998 das Internet als Infrastruktur persuasiver Kommunikation erkannt. In den folgenden Wahlen präsentierten sich dann neben den Parteien auch Spitzenpolitiker und viele Wahlkreiskandidaten mit eigenen Domains. Damit eröffnet sich zudem eine weitere Dimension politischer Selbstdarstellung, Personalisierung und Privatisierung – etwa über „Fotoalben".

Interaktivitäts-Dimension	Inhaltstyp
Marketing-Kommunikation	• statische, meist personenbezogene Informationen (z. B. Kandidatenprofil, Issue-Guide, Calendar of Events, Speeches)
Inhaltsvermittlung	• dynamische, redaktionell betreute Inhalte (z. B. News, Pressemitteilungen, Umfragen) • Multimedia-Angebote (Audio-, Videomaterial)
Virtueller Markt	• Online-Dienstleistungen (z. B. Downloads, Newsletter-Abonnement) • Online-Transaktionen (Fundraising, Shop, Volunteer-/Voter-Registration, Wahlbörsen, E-Voting)
Virtuelle Gemeinschaft	• Offene Diskussionsforen • Online-Veranstaltungen (z. B. Chat-Veranstaltungen, Online-Debatten)

Tab. 5: Interaktive Elemente im US-Online-Wahlkampf (Auswahl)[22]
Quelle: Bieber 2000: 104.

---

22 Christoph Bieber weist darauf hin, dass sich diese Systematisierung auf den Online-Wahlkampf als Gesamtheit der Angebote bezieht. Die komplexen Gebilde der Kandidaten-Seiten, Informationslotsen usf. sind nicht mehr auf einzelne Formate und Dimensionen von Interaktivität zu reduzieren.

„Braucht der gut informierte Bürger diesen Schnickschnack?" (Leggewie 1999: 1). Offenbar müht man sich um die Aufmerksamkeit der Online-Gemeinde auch über Entertainisierungsformen – vom virtuellen Spaziergang durch Schloss Bellevue, bis zum Audio-Clip mit dem authentischen Miauen der Ex-US-Präsidial-Katze „Socks" (vgl. Meckel 1999). Letztlich geht es aus demokratiepraktischer Sicht aber weniger um technische Expertise, humoristische Originalität und die Raffinesse der Internet-Präsenz. Gemessen an den ausgefeilteren US-Seiten wurde das Internet von den Wahlkombattanten hierzulande lange weitgehend als Darstellungsplattform herkömmlicher Materialien genutzt. „‚Mehr vom selben' drückt ein Bestreben nach symbolischer Modernisierung der politischen Kommunikation aus." (Leggewie 1998: 31)

In der Retrospektive wird der 98er Wahlkampf im Netz als primär symbolisch interpretiert, als Ausweis von Modernität und Zukunftsfähigkeit (vgl. u. a. Gellner/Strohmeier 2002). Dabei sollte festgehalten werden, dass das Internet keinesfalls zum entscheidenden Medium der Wahlkampfführung geworden ist; nur: ohne geht auch nicht. In erster Linie besitzt die Netznutzung durch Wahlkämpfer einen symbolischen (PR-)Wert: Innovationsfähigkeit und Zukunftsorientierung. Wenn Spitzenpolitiker sich zum „Chatten" in das Internet begeben, dann geraten sie aber leicht unter Verdacht, sich mit Federn der Moderne zu schmücken. So kommentierte die *Süddeutsche Zeitung* nach dem ersten Online-Versuch Helmut Kohls, der Gang in das Internet habe eine eigene Botschaft, „weil die CDU in Sachen Netz den Ruf einer gewissen Verschnarchtheit hat"[23]. Doch hat die Netzpräsenz sicher auch mehr als nur eine Symbolik, heute ist sie schlichtweg eine Selbstverständlichkeit.

Zum Potenzial des Netzes gehört inzwischen auch die Übertragung aufwendiger Audio- und Videoaufzeichnungen in die Computer der Wähler. Ab dem 2002er Wahlkampf wiesen die Seiten ein stark ausgebautes Multimediaangebot, Audio- und Video-Streams und ähnliches auf. Grundsätzlich erlauben die Online-Medien die kostengünstige Distribution von auch komplex modulierten Informationen an ausgesuchte Adressaten (vgl. Zipfel 1998: 27). Journalisten können kostengünstig und reaktiv mit aktuellen Informationen „beliefert" werden, Terminplanungen können abgestimmt werden. Gleiches gilt für innerparteiliche Serviceleistungen gegenüber Mit-

---

23   Süddeutsche Zeitung, Nr. 216, vom 19./20. September 1998, S. 1.

gliedern und Funktionären als Multiplikatoren. Die polydirektionale „Betreuung" von Online-Nutzern eröffnet der Wahlkampfkommunikation zusätzliche Optionen. Damit zeichnen sich zwei Anwendungsfelder ab: (1) die Rationalisierung der Wahlkampforganisation einschließlich der Mobilisierung von Parteianhängern, sowie (2) die Interaktion mit Wählergruppen respektive die Ansprache von Zielgruppen.

Rationalisierung der Wahlkampforganisation: Die Parteien rüsten sich computertechnisch nicht nur hinsichtlich ihrer Außendarstellung. So ist es eine der wichtigsten Entwicklungen, dass sie eigene, interne Netze einrichten; diese Intranets ermöglichen den Zugangsberechtigten den Zugriff auf Datenbanken der Partei, unabhängig von Zeit, Raum und Computersystem. Seit 1998 nutzen die etablierten Parteien solche internen Netze, um Werbemittel und anderes Material den örtlichen Wahlkämpfern zukommen zu lassen (vgl. von Webel 1999: 24). Termine werden koordiniert und das thematisch-taktische Auftreten der Partei verzahnt, bis hin zu Sprachregelungen: Kurzfassungen zu den Positionen der Partei, Meldungen vom Tage und eine detaillierte E-mail-Adressenliste. Diese Top-down-Struktur kann durch Bottom-up-Elemente ergänzt werden, indem die Erfahrungen der Wahlkämpfer vor Ort abgefragt werden, durchaus im Sinne einer Evaluation.

Hinsichtlich dieses Potenzials der Online-Medien für die Wahlkampforganisation und die Mobilisierung von Unterstützern lohnt ein Blick auf die Vereinigten Staaten: Für US-Kandidaten ist aufgrund des Wahlsystems und der Regulierung der Kampagnenfinanzierung die Akquirierung von Spendengeldern und die Rekrutierung von freiwilligen lokalen Helfern unerlässlich. Und gerade in Zeiten geringer werdender Parteibindung ist der Aufbau eines Interessenten- und Sympathisanten-Netzwerkes ein wichtiges Instrument der Online-Kampagne. Über Kommunikationsnetze können dort Spendenformulare ressourcensparend heruntergeladen werden („Online-Fundraising"), E-Mail-Adressen potenzieller Helfer ermöglichen dem Wahlkampfteam „im Bedarfsfall eine die Grenzen herkömmlicher Kommunikation per Telefon oder Fax-Gerät sprengende, schnelle, billige, flächendeckende und zielgenaue Mobilisierung von jedweder Unterstützung organisatorischer oder finanzieller Art" (Clemens 1999b: 54). Wiederum ressourcensparend (Speicher-, Archivierungs- und Transaktionskosten) können Förderer, Anhänger oder die verstreuten örtlichen Wahlkampfteams mit aktuellen Informationen oder strategischen Tipps und Hilfsmitteln (Grafiken, Datensätze, Dossiers) versorgt werden. Eben für solche Informations- und Kommunikationsvorgänge eignet sich ein Intranet ausgezeichnet – besonders, wenn der Dualismus des Wahlsystems (Parteien- und Kandidatenwahlkampf) eine Koordination der Kampagnenebenen nahe legt.

Interaktion, Ansprache von Zielgruppen: In der Bundestagswahl 2002 ging die SPD dazu über, ein „Mikro-Marketing" zur Zielgruppensprache einzusetzen, das die Bürger, vorzugsweise die Wechselwähler, in den umkämpften Wahlkreisen erfassen sollte. Der unbestreitbare Vorteil eines solchen Dateneinsatzes – Kosten, Aktualität, Permanenz – potenziert sich mit dem Internet, sobald derartige Marketing-Daten in *Narrowcasting*-Daten übersetzt werden, über die Internetnutzer regelmäßig mit regional oder lokal und thematisch individuell zugeschnittenen Informationen versorgt werden. Ein elaboriertes *Narrowcasting*, das das wohlproportionierte Ansprechen bestimmter Bezirke der Online-Gemeinde umfasst, setzt allerdings voraus, dass sich die Nutzer mit Angaben zur Person und zu politischen Präferenzen den Parteien gegenüber öffnen und sich registrieren lassen. Ist das geschehen, dann können politische Akteure systematisch über E-Mail (oder ein „Remote Voting") Stimmungsbilder bei den Nutzern abfragen. „Dadurch wird [der Online-Nutzer] im besten Fall zum organisierbaren potentiellen Mitglied der Werbekampagne, in jedem Fall aber zum Adressaten gezielter Werbung, sei es durch Newsletter der Parteien, sei es durch eine Überwachung der Bewegungen der Nutzer zu den inhaltlichen Angeboten der Website und dann entsprechend zusammengestellte maßgeschneiderte Informationen [...]." (Clemens 1999a: 158) Technisch mag die Distribution „passender" Informationen als „elektronische Postwurfsendungen" möglich sein, faktisch bleibt eine derartige Wähleransprache abhängig von der Akzeptanz durch die Adressaten.

Eine Besonderheit des Online-Wahlkampfes 2002 war die erstmals von allen Parteien vorgenommene Lancierung von speziellen Aktionsseiten zur Ergänzung von Partei- und Kandidatenseiten: Beispielsweise richtete die SPD anlässlich des Dresdener Parteitages der CDU eine *Negative Campaigning* Seite mit satirischem bis polemischem Unterton ein – unter der Netz-Adresse „www.nicht-regierungsfaehig.de"; zuvor hatte die CDU in *Rapid-Response*-Manier zum SPD Parteitag eine Website unter der Adresse „www.wahlfakten.de" eröffnet. Daneben nutzte die FDP als einzige Partei neben den Kampagnenseiten zwei Domains einzig zum Zweck der Spendenakquisition bzw. Anwerbung von Mitgliedern und Wahlkampfhelfern (vgl. Schweitzer 2003: 198). Die CDU installierte im März 2002 eine Politik-simulation unter wahlkreis300.de; dort sollte der dreihundertste Abgeordnete gesucht werden; das Angebot richtete sich an Jung- und Erstwähler und wich mit seiner *Community*-Orientierung deutlich vom bis dato vorherrschenden distributionslastigen, presseorientierten Stil der Parteien ab (vgl. Bieber 2002).

Gänzlich unabhängig davon sind politische Diskussionen im Netz beobachtbar. Die dezentrale Struktur des Internet bringt ein offenbar endloses Repertoire diskussionswürdiger Themen hervor. Das online referierte Themenspektrum umfasst die gesamte Palette sozialer Kommunikation. Sicher, manche dieser Diskussionen beschränken sich auf das Für und Wider von Kochrezepten oder die Authentizität von „Elvis-Erscheinungen" (vgl. Seeligmüller 1998: 78). Die Politik kann sich diesen Reichtum an Stimmen insofern zu eigen machen, als sie annäherungsweise Meinungsbilder zu politisch relevanten oder brisanten Fragen aufzeigen. Das Beobachten der – unrepräsentativen – virtuellen Kommunikationsräume und der dort vorgetragenen Argumente wird zwar kaum zur Konkurrenz für hergebrachte Umfragen erwachsen, immerhin aber geben sie ansatzweise Einsicht in die politische Gemüts- und Seelenlage bestimmter Bevölkerungssegmente. Ähnliches gilt für Meinungsumfragen und (konkrete) Probeabstimmungen im Netz, die Aufschluss darüber geben könnten, wie die „Netizens" mit welcher Position umgehen[24]: Sie können die routinierten „klassischen" Meinungsumfragen nicht ersetzen, sie aber um heuristische Kategorien ergänzen. Dass es sich bei den online erreichbaren Personen keineswegs um einen repräsentativen Bevölkerungsquerschnitt handelt, schadet der Bedeutung des Online-Polling nicht, sofern man die Nicht-Repräsentativität bei der Interpretation beachtet. Etwas überspitzt ausgedrückt: Die Online-Medien konstituieren sich (über den Wahlkampf hinaus) nicht nur als Masseninformationssystem, sondern auch als *Informationsmedien über die Masse*, was allerdings noch die Konstruktion eines stringenten Beobachtungsschemas voraussetzt.

Der mangelnden Repräsentativität Abhilfe schaffen könnten passwortgeschützte Mail-Box-Systeme, über die ein ständiger Kontakt zu kleineren, in ihrer Soziodemographie bekannten Gruppen gehalten würde. Äquivalent

---

24 Allerdings ergibt sich hier das Problem der optionalen Anonymität der Nutzer, so dass eine methodisch einwandfreie Zuordnung der Beobachtungen zu einem bestimmten Bevölkerungssegment nicht möglich ist.

zum „deliberativen Polling", der „beratenden Umfrage" (vgl. Fishkin 1998), gilt es hier, einen ausgesuchten Teil der Wählerschaft mit aktualisierten Informationen zu versorgen, sie kontinuierlich zu betreuen, sie in virtuellen Räumen – moderiert und nicht moderiert – diskutieren, auch „entscheiden" zu lassen. Über Befragungen, die eben auf längeren, sachorientierten Debatten beruhen, könnten politische Vorhaben, könnte die Politik der Partei oder auch die Kampagne selbst evaluiert werden.

Über diese sachkonzentrierte Betreuung hinaus versprechen offene Foren einen effizienteren Kontakt mit den Wählern. Für die Wahlkampfführung dürfte es immer wichtiger werden, über das Internet politisch interessierte Bürger ohne Parteibuch anzusprechen. Im Bundestagswahlkampf 2005 ließ sich dann erstmals der Einsatz von Weblogs durch Kandidaten beobachten, die einen *Community*-Gedanken rund um das tagesaktuelle Geschehen fördern sollten – während *Watchblogger* das politische Wahlkampftreiben im Netz beobachteten (vgl. Bieber 2005). Den Kandidaten und Parteien ist schon länger daran gelegen, parteipolitisch weniger gebundene Personen auf ihre Seite zu ziehen, die dann in ihrem sozialen Umfeld Themen und Stimmungen transportieren. Im Grundsatz vermögen das auch die „alten" Wahlkampfmedien. Netzspezifische Kommunikation (wie eben Weblogs, die keineswegs auf individuelle Meinungsäußerung festgelegt sind) eignet sich aber hierfür in besonderer Weise. „Das [...] Internet mit seiner erheblich größeren, polydirektionalen statt nur distributiven Kommunikationsleistung könnte [...] zweifellos den Wirkungsgrad solcher Multiplikationseffekte erheblich erhöhen, vor allem, wenn in den virtuellen Gemeinschaftsräumen Mitglieder der Wahlkampfteams oder zumindest engagierte – und vorzugsweise wieder über e-mail-Nutzergruppen aus der Wahlkampfzentrale mit aktuellen Hintergrundinformationen versorgte – Unterstützer der Kandidaten agieren und die Diskussion in die gewünschte Richtung zu lenken versuchen." (Clemens 1999b: 59) Der „Wirkungs"-Konnex scheint hier recht simpel: Ein „direkter Draht" sei nicht nur informationsfördernd, weil mit weniger Rauschen verbunden (z. B. Missverständnisse), sondern gibt den Empfängern auch das Gefühl, im politischen Raum gehört zu werden. Das, so die Vermutung, steigere die Bereitschaft, sich *offline* zu engagieren. Im Übrigen unterscheiden sich Online-Nutzer hinsichtlich ihrer (selbstzugeschriebenen) Persönlichkeitsprofile von der Bevölkerung, insofern sie sich selbst als einflussreiche Personen einschätzen (vgl. Gellner/Strohmeier 1999:

104; Hagen/Kamps 1999: 213). Sollte es gelingen, Meinungsführer-Prozesse über das Internet anzuregen oder zu forcieren – etwa über „Peer-to-Peer"-Kommunikation –, so würde damit auch dem Argument ein Stück weit begegnet werden, das Internet sei nur ein von kleineren Segmenten der Gesellschaft *politisch* genutztes Medium. Abgesehen davon, dass (in den Industriestaaten) die Zugangsschwellen zum Netz in den letzten Jahren erheblich gesunken sind, so sind es womöglich gerade politisch interessierte Online-Nutzer, die sich als Multiplikatoren jenseits des Bildschirms eignen.

Letztlich ist natürlich von den Parteien und ihren Kandidaten im Wahlkampf nicht zu erwarten, dass sie die Kommunikationspotenziale des Internet primär ausschöpfen, um einen Beitrag zum digitalen Bürgerdialog im Stil einer „elektronischen Demokratie" zu leisten. „Insgesamt gilt aus der Sicht der Parteien/Kandidaten, daß Internet und Intranets vor allem in der taktischen Organisation der Wahlkampagnen ein unschlagbares Potenzial bieten, dem in seiner Leistungsfähigkeit und Schnelligkeit kein Kommunikationsmedium gleichkommt." (Clemens 1999a: 158) Aus der Sicht politikinteressierter Internetnutzer dürften parteiunabhängige Informationsplattformen weitaus bemerkenswerter sein, Informationslotsen, die Wahlkämpfe im Netz begleiten.

8.5   Informationslotsen, Informationsplattformen im Internet

Konnte man im US-Präsidentschaftswahlkampf 1996 das erste umfassende „Cyber-Campaigning" beobachten, so fanden sich damals bereits politische Informationsdienste – z. B. *Politics Now, Voter 96* und *Vote Smart* –, parteiunabhängige Organisationen und Projekte zur Wählerinformation, die über Internetseiten, anwenderfreundliche Präsentationen oder Suchmaschinen versuchten, die politische Urteilsfähigkeit ihrer Seitenbesucher zu stärken (vgl. Clemens 1999a, 1999b; Hagen 1996).

Die Tradition dieser Einrichtungen reicht in den USA mitunter Jahrzehnte zurück, und sie waren schon im Internet aktiv, „als die Kandidaten das neue Medium gerade erst zu entdecken begannen" (Clemens 1999a: 164). Bei der ausgesprochen erfolgreichen Plattform *Vote Smart* beispielsweise handelt es sich um eine 1988 gegründete Vereinigung, die anfangs über gebührenfreie Telefonanschlüsse operierte und seit 1994 online präsent ist (vgl. Clemens 1999b: 63 f.). Die Mitarbeiter von *Vote Smart* sammeln und lichten auf nationaler oder regionaler Ebene Informationen über Kandidaten: „biographische Daten, ihren politischen Werdegang, die Herkunft ihrer Finanzmittel, ihre Positionen zu den wichtigsten Sachfragen, [sie] erhoben in dem 1996 mit über 20 000 Kandidaten und Amts- bzw. Mandatsträgern im ganzen Land durchgeführten ,National Political Awareness Test', [gaben] daneben aber auch Auskünfte über das Wahlsystem, Regierungsfragen oder mit der Wahl einhergehenden Referenden in den Einzelstaaten" (ebd.). Zur Grundausstattung dieser Plattformen gehören Link-Sammlungen, Vordrucke zur Wählerregistrierung sowie Informationen über die finanziellen Zuwendungen an die Kandidaten. Dem Gewicht der Eigeninitiative in der amerikanischen politischen Kultur[25] entsprechend, versteht sich *Vote Smart* „als ,Wählerselbstverteidigungsorganisation' gegen die durch die elektronischen Massenmedien [...] gesteigerten Möglichkeiten der Kandidaten zur beschönigenden Selbstdarstellung und zur Manipulation der Wähler" (Clemens 1999b: 64 f.). Solche Informationslotsen arbeiten nicht nur Hintergründe zu Kandidaten auf, sie informieren auch über die Funktionsweise und rechtlichen Grundlagen des politischen Systems, über den Stand wichtiger Gesetzesinitiativen im Kongress, und sie sichten die politische Berichterstattung der „klassischen" Medien.

Auch in der Bundesrepublik haben sich zu Bundestagswahlen parteiunabhängige Plattformen gebildet – nicht zuletzt aufgrund des vergleichsweise geringen technischen Aufwandes für die Erstellung. Deren Kerninhalte identifiziert Detlev Clemens (1999a: 160) mit (1) der Prognose des Wahlausganges, (2) der Erläuterung des Wahlsystems und der Bedeutung des Wählens, sowie (3) der Bereitstellung von Informationen zu Parteiprogrammen, Kandidaten und den Wahlkampfverlauf. Gestaltet wurden diese Seiten von den Bildungszentralen des Bundes – die Bundeszentrale für politische Bildung hatte zuletzt im Wahlkampf 2005 ein ausnehmend elaboriertes Angebot in das Netz eingestellt – und der Länder, Nachrichtenagenturen, Presseverlagen, Radio- und Fernsehstationen, Universitätsinstituten aber auch von Privatleuten. Die Dachdomain der ARD zeigte eine Ausstellung historischer Wahlplakate, einschließlich der Wahlergebnisse, und gab Anmerkungen zum Kontext des jeweiligen Wahlkampfs (vgl. Ewald/Gscheidle/Schröter 1998: 512). Auch das ZDF, der Bayerische Rundfunk und die Deutsche Welle

---

25   Nur als Stichworte seien genannt: Informationelle Selbstbestimmung, geringere Stellenwert der Parteien, Bedeutung von Grassroots-Initiativen und „bottom-up-Politics".

bieten seitdem spezielle Wahlinformationen an. Am Wahlabend 1998 konnte man erstmals auf der ARD-Tagesschau-Seite direkt auf Daten von infratest dimap zurückgreifen, auf Übersichten zu Wahlkreisergebnissen sowie ein sich selbst aktualisierendes Programm mit Hochrechnungen, Sitzverteilungen, Gewinn- und Verlustrechnungen. Neben der schnellen Präsentation machte die permanente Informationsnovellierung das Besondere an der Internet-Wahlberichterstattung aus – heute bei den etablierten Sendern eine Selbstverständlichkeit.

Die „virtuelle Wahlberatung" konstituiert sich durchaus facettenreich: So konnten Interessierte während des Bundestagswahlkampfs 1998 in einem von der Universität Passau entwickelten Fragebogen „Wählen Sie ihre Meinung" (www.wahl-test98.org) anhand diverser Kernaussagen der Parteien zu den Themen Arbeitszeit, Staatsangehörigkeit, Steuern, Kernenergie und Kindergeld ermitteln, welche parteipolitische Positionen mit den eigenen Meinungen konform liefen (vgl. Gellner/Strohmeier 1999: 92 ff.). Immerhin nahmen fast 74 000 Nutzer an dem „Wahltest" teil. Auch im letzten Bundestagswahlkampf 2005 fand ein „Wahl-o-Mat", getragen von der Bundeszentrale für politische Bildung, ansprechende Aufmerksamkeit; solche Anwendungen gehören mittlerweile zum Standard auch auf Landesebene. Überhaupt gehören Probeabstimmungen zur Grundausstattung informationsorientierter Domains, und so konnte man z. B. schon bei „kanzler98.de" in einem virtuellen Wahllokal seine Stimme für einen der beiden Kanzlerkandidaten abgeben – was im „wirklichen Leben" eben nicht vorgesehen ist.

Für einige Furore sorgte 1998 eine von der *Zeit* und dem *Tagesspiegel* initiierte Börsensimulation: „Wahl$Street" (www.wahlstreet.de). Das Erstaunliche an dieser virtuellen Börse, bei der mit fiktiven Aktien von den zur Wahl anstehenden Parteien gehandelt wurde, war die Genauigkeit, mit der die ermittelten Kurse das politische Klima widerspiegelten – die „Börsenkurse" gaben präziser Auskunft über das zu erwartenden Wahlergebnis, als manch ein professionelles Meinungsforschungsinstitut (vgl. Meckel 1999: 230). Ähnlich verblüffende Prognosen gelangen einige Jahre zuvor einer Forschungsgruppe der University of Iowa: Im Präsidentschaftswahlkampf 1988 (Bush vs. Dukakis) konnte mit dieser Methode des „Stimmungswechsel gleich Kursschwankung" das Ergebnis auf 0,1 Prozentpunkte genau bestimmt werden; und auch schon 1994 war es Passauer Wirtschaftswissenschaftlern gelungen, ebenfalls mit einer virtuellen Wahlbörse, das Wahlergebnis recht präzise vorherzusagen. Mittlerweile haben sich Wahlbörsen oder der virtuelle Handel mit ähnlichen Stimmen-Portfolios mit durchweg ansprechenden Prognoseleistungen mehrfach bewiesen (vgl. Schoen 2002). Bei der unter Prognosegesichtpunkten „überraschenden" Wahl 2005 wich die wieder von Zeitungsverlagen initiierte Wahlbörse zwar ebenfalls in ihrer Vorhersage deutlich von den faktischen Stimmvergaben ab – allerdings etwas weniger als die etablierten Meinungsforschungsinstitute. Als methodologischer Hintergrund wird vermutet, dass, wie beim realen Aktienhandel, bei der Wahlbörse nicht Wünsche, sondern *Erwartungen* den Einsatz prägten – ein Umstand, dem in „normalen" Umfragen vielleicht nicht voll Rechnung getragen wird.

Hinsichtlich der Wählerunterweisung gaben die Informationslotsen in der Vergangenheit neben grundsätzlichen Informationen zum politischen System auch ausführliche Erläuterungen zum personalisierten Verhältniswahlrecht oder zur Arbeitsweise des Bundestages. Den größten Raum nahm die Kommentierung der Partei- und Kandidatenpositionen zu Politikfeldern ein, Presseschauen sowie Link-Sammlungen zu Parteien, Institutionen, Medien oder anderen Informationslotsen. Anders als bei den Domains der Parteien, wurde über die Verweisstruktur annäherungsweise das Spektrum des Wahlkampfs in seiner Gesamtheit avisiert. Im Vergleich zu amerikanischen Plattformen ließ hierzulande allerdings die Information*saufbereitung* zu wünschen übrig: Nirgends waren „eigens zusammengestellte Sammlungen sachlich neutraler Informationen zu finden, die den Hintergrund der im Wahlkampf dominierenden Themen mit Zahlenmaterial oder kritischen Analysen der Positionen und Lösungsansätze erhellt hätten" (Clemens 1999a: 161). Als wichtigste partei- und verlagsunabhängige Informationsplattform im hier wegweisenden Bundestagswahlkampf 1998 bewertet Clemens (1999a; vgl. auch Bieber 1999: 146) *Wahlkampf98.de.* Daneben wären noch zu nennen die für die Wahl organisierten Domains von Einrichtungen der politischen Bildung (z. B. Bundeszentrale für politische Bildung: „www.wahlen98.bpb.de") oder politischen Institutionen selbst (z. B. „www.bundestag.de/wahl98")[26].

---

26 Claus Leggewie; 1999: 3; erwähnt noch: „wahlatlas98.de" der Friedrich-Ebert-Stiftung; „wahlkreis329.de" (eine simulierte Abstimmung in einem Online-Wahlkreis), die „üblichen Verdächtigen": Online-Angebote der Presse („spiegel.de", „focus.de", „stern.de") sowie Wahlleitfäden populärer Suchmaschinen (z. B. Yahoo, Lycos).

In seinem Vergleich amerikanischer und deutscher Informationsplattformen arbeitet Clemens (1998a: 168 f.) vier Punkte zur Beurteilung ihrer Qualität heraus: *Erstens* sollte die Plattform das Zeitbudget der Nutzer nicht allzu sehr beanspruchen; die Zugangsseite sollte übersichtlich konzipiert sein. *Zweitens* sind retrospektive Informationen zur Beurteilung über Politiker im Amt (z. B. Abstimmungsverhalten) wichtig, nicht allein die Standpunkte und die Wahlprogramme der Parteien. *Drittens* sind Informationen über die Politiker auch hierzulande bedeutsam, als im *personalisierten* Verhältniswahlsystem der Bundesrepublik letztlich eben doch (auch) über Personen abgestimmt wird. *Viertens*, schließlich, hebt er das System des *Ratings* hervor: die Beurteilungen von Politikern und Positionen durch Dritte.

Damit soll skizziert werden, dass unabhängige Informationslotsen das Internet bereits zur politischen Information anzuwenden verstehen; gewiss kann dadurch den Nutzern solcher Angebote der Wahlentscheid erleichtert werden; und gewiss handelt es sich mitunter um Informationspräsentationen, die vielleicht auch solche Personen erreichen, die sich ansonsten nicht sonderlich für Politik interessieren. In Frage steht aber, wie und von wem welche Daten und Informationen aufgearbeitet werden und wie sie „ankommen": die Glaubwürdigkeit der Organisation selbst (weshalb z. B. die etablierten klassischen Fernsehsender wichtig sind), die bedarfsgerechte Darstellung, die Auswahl der Inhalte. Diese Aspekte sind im öffentlichen Raum keine Neuigkeit – insofern geht es erneut um die „soziale Gestaltung", die aus der Infrastruktur der IuK-Medien je spezifische Medien macht, die zur politischen Orientierung beitragen. Zweifelsohne können bei entsprechender Expertise die Informationslotsen eine wichtige Rolle bei der politischen Information und Kommunikation spielen.

8.6   Optionen jenseits des Wahlkampfs

Über den Wahlkampf hinaus eröffnen die Online-Medien der politischen Kommunikation neue Dimensionen und führen in Verbund mit einem allgemeinen Medienwandel zu kommunikationsbezogenen Adaptionsprozessen politischer Organisationen. Das Wachstum des Kommunikationssektors resultiert – gesellschaftsweit betrachtet – u. a. in einer relativen „Marginalisierung" der Politik: Politische Institutionen wie Regierungen und Parlamente können sich in der „Inszenierungsgesellschaft" nicht länger auf eine

„natürliche" Thematisierungskompetenz stützen. Wie sich nun die „neuen Medien" auf die interne wie externe Kommunikation von politischen Institutionen auswirken, soll kurz am Beispiel der Bundesregierung und des Bundestages erörtert werden.

Politikvermittlung ist eine vornehmliche Aufgabe von Regierungen. Inwieweit hat sich nun eine Art „digitale Regierungskommunikation" etabliert? Wie so Manches im Kontext steht die Wiege hierzu in den USA: 1993 eröffneten das Weiße Haus und der US-Senat ihre Online-Repräsentanzen mit Informationen zur Gesetzgebung und zu Abgeordneten – zu einer Zeit, als Bundeskanzler Kohl, gefragt nach dem Ausbau der „Info-Bahn", mit der Bemerkung irritierte, Autobahnen seien doch Ländersache. Während die Popularisierung politischer Online-Kommunikation Mitte der 90er Jahre hat sich die digitale Regierungskommunikation dann in Anlehnung an die digitale Parlaments- und Parteienkommunikation entwickelt; eine erste Netzpräsenz der Bundesregierung ist für 1996 festzuhalten.

Christoph Bieber (2006) unterscheidet drei Phasen digitaler Regierungskommunikation in der Bundesrepublik, wobei die Wahljahre markante Zäsuren darstellen: eine Frühphase (1996 bis 1998), eine Wachstumsphase (1998 bis 2002), eine Professionalisierungsphase (seit 2002). In der *Frühphase* beschränkte sich Regierungskommunikation im Netz primär auf „digitale Visitenkarten" einzelner Regierungsakteure; eine ressortübergreifende Strategie war nicht erkennbar, die Domain-Adressen folgten keiner Gesamtkonzeption. Die *Wachstumsphase* (nach dem Regierungswechsel von Kohl zu Schröder) zeichnete sich durch die Vereinheitlichung der heterogenen Regierungsangebote im Netz aus; im Zuge einer Neuorientierung wurde eine leistungsfähige Internet-Redaktion im Bundespresseamt eingerichtet; sie legte den Grundstein für die *Professionalisierungsphase*: Mit der Wiederwahl Schröders im September 2002 konnte hier die Netzpräsenz als Profilierungsinstrument der Bundesregierung ausgebaut werden. Neben Kernangeboten wie *bundesregierung.de* und *bundeskanzler.de* haben sich seitdem zahlreiche themenorientierte ,Spin-Off'-Seiten entwickelt, die eine begrenzte Informationsmenge unter einer selbstständigen Domain verwalten. „Mit dem Durchlaufen der unterschiedlichen Entwicklungsphasen hat sich allmählich ein genuines Selbstverständnis der digitalen Regierungskommunikation heraus gebildet, das die Nutzung des Internet als reines Instrument der Öffentlichkeitsarbeit übersteigt. Die lange Zeit ausschließlich auf Außenwirkung zielenden Selbstdarstellungsversuche sind komplexen Informationsangeboten gewichen, die nicht nur ein eigenständiges Kommunikationskonzept als interne Leitlinie entwickelt haben, sondern verstärkt die Nutzung des Internet als autonomen Medienakteur zum Ziel haben." (Bieber 2006: 247) Kennzeichnend für die gegenwärtigen Angebote der Regierung ist insbesondere die Ansprache unterschiedlicher Zielgruppen. Die Gestaltung der Netzseiten (Portal, Fachmagazin, Branchendienst) lässt eine effiziente Arbeitsteilung und Differenzierung der Inhalte erkennen – so zielen die meisten Angebote im Kern auf die Begleitung des politischen Entscheidungshandelns und die Vermittlung von Inhalten oder Programmen (*Policy*-Orientierung). Demgegenüber stellen im Sinne einer *Politics*-Orientierung andere Aktivitäten etwa der Bundeszentrale für politische Bildung die Prozessdimension von Politik in den Vorgrund: Wahlen, Bürgerbeteiligung usf.

Die Analyse von Bieber (2006) zeigt dabei für die digitale Regierungskommunikation noch eine Tendenz zur Übernahme von Funktionen herkömmlicher Massenmedien: so werden die Potenziale der Online-Kommunikation zur Adressierung breiter Publika ohne die Inanspruchnahme einer „Verstärkerrolle" herkömmlicher Medienanbieter (Presse, Rundfunk, Fernsehen) immer häufiger genutzt – als ein „Bypass", über den an den Medien vorbei potenzielle Adressaten *direkt* erreicht werden sollen. Seit Juni 2006 veröffentlicht Angela Merkel jeden Samstag eine eigene Videosendung für *Podcaster* (www.diekanzlerindirekt.de) – und seit Oktober 2006 können in Reaktion auf diese Initiative auf einer von Studenten und Absolventen eingestellten Seite (www.direktzurkanzlerin.de) Bürger zu vorgegebenen Themen eine Video- oder Audiobotschaft platzieren.

Grundsätzlich besteht ähnlich für den Deutschen Bundestag ein „parlamentarisches Kommunikationsdilemma" darin (Marschall 1998a: 195; i. O. kursiv), als seine Binnenkommunikation – „essenzielle Legitimationsquelle für Entscheidungshandeln" (Marschall 2000: 247) – sich den Bedingungen allzeit präsenter Massenmedien stellen muss. Parlamentarische Außenkommunikation, als notwendige Aufgabe einer repräsentativen Institution (vgl. Sarcinelli/Tenscher 2000), orientiert sich angesichts der „Ökonomie der Aufmerksamkeit" (Franck 1998) an den Kriterien massenmedialer Öffentlichkeit: „ohne weiteres läßt sich der demokratisch notwendige parlamentarisch-öffentliche Raum nicht mehr herstellen" (Marschall 1998a: 195; vgl. Sarcinelli 1994: 30 f.). Parlamentarische Öffentlichkeitsarbeit versucht daher, über eigene Kommunikationskanäle (Pressestellen), Eigenpublikationen, Multiplikatorenveranstaltungen oder das Parlamentsfernsehen die Transparenz der Arbeit des Parlaments zu erhöhen. Ferner wurde im Bundestag auf Fraktionsebene seit der „kleinen Parlamentsreform" Ende der 60er Jahre Öffentlichkeitsarbeit institutionalisiert und ausgebaut (vgl. Marschall 2000: 252 f.).

Ein parlamentarisch angemessenes Transparenzpotenzial scheint dem Internet immanent. Hier können umfangreiche Materialien und Daten recht kostenneutral und nutzerfreundlich veröffentlicht werden. So bieten die Online-Medien Organisationen wie eben dem Parlament besondere Informationsoptionen, die über zahlreiches Material zur Eigendarstellung verfügen: Dieses Material kann mit geringem Aufwand den neuen Kommunikationsträgern angepasst werden. Das betrifft die parlamentarische Außenkommunikation, da die im Parlament beständig und *en masse* produzierten Informationen (z. B. Entschlüsse, Protokolle, Initiativen) nicht damit rechnen dürfen, in den herkömmlichen Medien umfänglich dargestellt zu werden. Im Grundsatz können größere Informationsmengen nun so publiziert werden, dass Interessierte ohne großen Aufwand auf sie zurückgreifen können. Hinsichtlich interner Kommunikation wird über Intranets die Wissensvernetzung erhöht, bis hin zu einer Verdichtung des Akteursgefüges über den institutionellen Kernbereich hinaus (vgl. Bieber 1999: 187). So gesehen vermögen die IuK-Medien dem „parlamentarischen Kommunikationsdilemma" – technisch betrachtet – zu begegnen. Wie diskutiert, ist Information aber nicht mit Informiertheit gleichzusetzen.

Ausgangspunkt der Online-Offerten politischer Organisation ist meist die Außendarstellung über Netzseiten. Angeregt durch das Projekt „Abgeordnete im Internet" des Otto-Suhr-Instituts der FU-Berlin startete im Januar 1996 die Netzpräsenz des Bundestages. Auf seiner Internetseite finden sich seither Datenbanken zu Gesetzesvorhaben und Anfragen, Materialien zu Wahlkreisen, Wahlergebnissen und Abgeordnete, auch Mailing-Listen, über die man sich mit aktuellen Informationen versorgen lassen kann. Bereits im ersten Jahr griffen ca. 3,5 Millionen Nutzer auf die Seite zurück (vgl. Marschall 1998a: 198 f.).

Allerdings reicht es heute keineswegs mehr aus, wenn sich die Politik im Internet einzig über Präsentationsseiten öffnet. Je mehr z. B. Online-Chats oder Videokonferenzen sich jenseits des Politischen als Selbstverständlichkeit etablieren, desto mehr wächst der Anspruch gegenüber politischen Organisationen, gleiches zu berücksichtigen, ja auch zu institutionalisieren.

Im Vergleich zur Frage der Transparenz via Dokumentation gestaltet sich der über Diskussionsforen mögliche *Dialog* zwischen den Repräsentanten und den Repräsentierten problematischer. Wer bestimmt, welche Themen wann und mit wem diskutiert werden? Wer „moderiert", soweit erwünscht, diese Foren? Bisher sind Online-Kontakte des Parlaments überwiegend der Initiative einzelner Abgeordneter zu verdanken. Das mag auf das Profil einzelner Parlamentarier zurückzuführen sein. Vielleicht aber ist das *repräsentative*, realweltliche gebundene Selbstverständnis der Institution selbst nicht darauf eingerichtet, permanent Dialoge im Virtuellen zu führen. Ähnliches ist bei den Parteien anzunehmen, bei denen Kommunikationsforen primär als vertrauens- und akzeptanzbildendes Arrangement zu sehen sind. Wenn also einerseits argumentiert wird, z. B. Televoting-Verfahren seien nach wie vor unausgereift, so ist andererseits zu fragen, inwieweit die parlamentarische Elite überhaupt an einem solchen „Voting" interessiert ist, das den Diskussionen im Netz mehr Gewicht im politischen Willensbildungsprozess verleihen würde. Diese Relativierungen gewinnen an Schärfe, wenn man, unabhängig vom Machbaren, den Verlauf des „Policy"-Zyklus, den Politikprozess näher betrachtet. Die Politikwissenschaft unterscheidet hier folgende Stadien:

In einer Phase der *Problemartikulation* wird ein Sachverhalt erkannt und von einem Akteur als Problem benannt. Es folgt die *Problemdefinition*: Der Zustand muss von Dritten als Problem aufgefasst werden, etwa von Entscheidungsträgern. Die Phase der *Politikdefinition* widmet sich der Suche nach Lösungen, wobei zumeist mit der Zahl der Problemdefinierer die Zahl der Lösungsvorschläge steigt. Es folgt, viertens, die *Programmentwicklung*: Nach der Devise „es kann nur eine Lösung geben", wird aus den Reihen der Vorschläge ein Gedanke aufgegriffen, z. B. als Gesetzesentwurf vorgelegt und nach dem parlamentarischen Verfahren verabschiedet. In der Phase der *Implementation* wird die Vorgabe von den Instanzen vollzogen. Empfehlenswert ist die Phase der *Evaluation*, in der die Maßnahmen nach geraumer Zeit bewertet werden. Diese Stufenfolge wird als Zyklus konzipiert.

Traditionell wird dem Journalismus innerhalb dieses Prozesses eine hohe Bedeutung bei der Problemartikulation und -definition zugeschrieben (auch, da die politischen Entscheidungsträger die Medien aufmerksam verfolgen), eine geringere Bedeutung in den anschließenden Phasen. Wie sind hier die Online-Medien einzuordnen (vgl. Marschall 1999c: 45 ff.)?

Im Rahmen der *Problemartikulation* erlauben die Online-Medien nichtorganisierten und/oder ressourcenschwachen Personen, Gruppen oder Organisationen den Interessenvortrag: Die Zahl der Sprecherplätze ist unbegrenzt. Derweil ergibt sich aus Sicht der politischen Instanzen unmittelbar das hinlänglich deklinierte Problem des Grenznutzens einer Verdichtung von Artikulationsprozessen. Bereits bei der *Problemdefinition* wird die Kommunikation von Interessen daher prekär. Wie gesagt können die Dimensionen der Online-Kommunikation die Wahrnehmung von dort artikulierten Interessen mangels verbindlicher Normierung von Relevanz durchaus hemmen. Die für die Anschlussoptionen wichtigen Entscheidungsträger brauchen zentrale Orte der Problemdefinition (z. B. die Qualitätszeitungen; möglicherweise können dies auch erfolgreiche Weblogs sein). Die relative Beliebigkeit der Artikulation über Online-Kommunikation stößt auf aufmerksamkeitsökonomische Barrieren. So wäre zu erwarten, dass bei der *Politikdefinition* Online-Kommunikation wenig Bedeutung gewinnt. Andererseits sind hier responsive Verfahren des Kontakts und der Einflussnahme denkbar, etwa wenn Fraktionen oder Arbeitsgruppen noch während der Konsensfindung Gesetzesentwürfe und Anträge in News- oder Chatrooms zur Diskussion stellen (vgl. Tauss/Kollbeck 1998: 286). Tatsächlich informieren bereits einige Fraktionen auf diesem Wege über Entwürfe. Die SPD entwickelte auf Initiative ihres medienpolitischen Sprechers, Jörg Tauss, eine Netzseite, auf der ab Mitte 2000 über Gutachten und Diskussionsbeiträge zur seinerzeitigen Novellierung des Datenschutzrechts informiert wurde. Auch deliberative Verfahren, bei denen sachorientiert die Alternativen im Kontakt mit kleineren Gruppen erörtert werden, könnten durch Online-Kommunikation reformiert werden. Zumindest würde eine solche Kopplung an diskursive Aushandlungsprozesse einen Beitrag zur politischen Partizipation darstellen. Bei der *Programmentwicklung* selbst, der Entscheidung für ein Vorgehen, sind vorrangig die politischen Entscheidungsträger beteiligt; immerhin aber kann Online-Kommunikation zur Verbreitung dieser Entscheidungen und der entscheidungsleitenden Argumente beitragen. Analoges gilt für die *Implementation*. Auch hier dürfte vornehmlich die Informationsfunktion der Technologien zum Tragen kommen. Schließlich zur *Evaluation* ist ihr Einfluss wiederum höher einzuschätzen, wenn die von den

Entscheidungen Betroffenen ihre Erfahrungen online referieren – und die Politik dies wahrnimmt. Solche Betroffenheitskommunikation ließe sich über Online-Verfahren stützen; einer strukturierten Evaluation käme das jedoch nicht gleich. Generell ist die Modifikation von Vorhaben in diesem Stadium des Zyklus aus formalen Gründen ungleich schwerer zu realisieren; über Online-Medien mögliche Rückkopplungsprozesse versprechen daher insgesamt, soweit sie eine Revision der Politik nahe legen, in früheren Stadien mehr Erfolg (vgl. Marschall 1999c: 48).

Nach einer phasenweisen Etablierung beziehen die politischen Organisationen und Institutionen heute das Potenzial der IuK-Medien bzw. spezifische Anwendungen in ihr Kommunikationskalkül ein. Zum einen hat das pragmatische Gründe, wie bei Intranets, die die Kommunikationsbeziehungen innerhalb der Organisationsstruktur effizienter und effektiver gestalten. Extern werden vor allem Informationen sowie Serviceleistungen als Online-Optionen angeboten. Darüber hinausgehende Arrangements, bei denen Online-Kommunikation den Kontakt von Organisationen mit der Bevölkerung institutionalisiert, erscheinen mit Blick auch auf den Policy-Zyklus möglich, bedürfen aber noch der detaillierteren Exploration.

8.7   Optionen für nicht-etablierte Akteure

Sich billiger und schneller zu informieren – das ist neben der Eskapismusfunktion ein wichtiger Anspruch, den die Menschen gegenüber den IuK-Medien anmelden. Für Akteure jenseits des engeren politischen Systems wie Nicht-Regierungsorganisationen oder soziale Bewegungen ist zudem die Kampagnenfunktion hervorzuheben – was hier exemplarisch skizziert werden soll.

Ein frühes Beispiel für politische Netz-Kampagnen ist die „Foley-Kampagne" des Amerikaners Richard Hartmann. Hartmann, Wahlbürger aus dem Wahlkreis des Demokraten Tom Foley, organisierte zu den Kongresswahlen 1994 aus einem elektronischen Forum heraus eine Kampagne zur Nicht-Wiederwahl Foleys, damals immerhin *Speaker* des Repräsentantenhauses. Etwa 70 Aktivisten betrieben auf dem Höhepunkt der Kampagne über ein System aus *Computer-Bulletin-Boards* eine *E-Campaign* gegen Foley. Da der Demokrat in der Wahl nur knapp unterlag, wird dieser Netzkampagne ein entscheidender Einfluss unterstellt (vgl. Hagen 1996: 77) – nicht allein durch die Online-Kommunikation, sondern primär durch die Berichte der klassischen Medien darüber.

Viel Erfolg kann der „Blue Ribbon Campaign" für Rede-, Presse- und Versammlungsfreiheit im Netz attestiert werden, einer Protestkampagne gegen den 1996 vom amerikanischen Kongress verabschiedeten „Communication Decency Act", mit dem die Verbreitung von „obszönen" und „indezentem" Material über das Internet unterbunden werden sollte (vgl. Bieber 1999: 167 f.). Das Gesetz wurde „nicht zuletzt aufgrund der elektronischen Öffentlichkeitsarbeit 1997 als verfassungswidrig aufgehoben" (Leggewie 1998: 34). Bereits am 12. Dezember 1995 hatten über 20 000 Netizens den Kongress mit Anrufen, Fax und E-Mails gleichsam überschwemmt. Namensgeber der Kampagne war ein dem Symbol der Anti-Aids-Bewegung nachempfundenes „Blaues Band", das aus dem Netz heruntergeladen werden konnte. Neben den elektronischen Protestbriefen war für die Wahrnehmung der „Internet-Demonstration" noch das Schwärzen von Web-Seiten bemerkenswert – nach Schätzungen wurden während des Protestes etwa sieben Prozent aller damaligen Netzseiten schwarz eingefärbt (vgl. Bieber 1999: 168). Daneben bildeten sich spezielle Domains als Knotenpunkte, die „als vielgenutzte Protestzentralen zur Etablierung und Professionalisierung der Kampagnen beitrugen und eine Vorbildfunktion übernahmen" (ebd.: 169). Die Generalisierbarkeit dieses Erfolges ist aber insofern einzuschränken, als hier die Netznutzer unmittelbarer betroffen und rasch zu mobilisieren waren.

Einen praktisch-instrumentellen Nutzen besitzen die IuK-Medien für die Vorbereitung von Kongressen, Versammlungen usf. Im Vorfeld der Weltfrauenkonferenz 1995 in Peking umfasste ein konferenzorientiertes Angebot im Netz bereits Hompages, die Bereitstellung von offiziellen Dokumenten auf Gopher-Servern, Computerschulungen, Arbeitsgruppen und Mailing-Listen als Forum zur Diskussion über einzelne Punkte des anstehenden UN-Dokuments, ganz im Geiste einer „globalen Zivilgesellschaft" (vgl. Greve 1997). Mittlerweile hat sich für die Organisation von internationalen Kongressen, Protestveranstaltungen z. B. durch Globalisierungskritiker oder anlässlich von Weltwirtschaftsgipfeln oder Treffen der G8-Staaten das Netz als unumgängliches Artikulations- und Integrationsmedium sowohl für die Binnen- wie auch die Außenkommunikation erwiesen; keine größere Veranstaltung oder Gegen-Veranstaltung kommt heute ohne eine solche Netzpräsenz aus – einschließlich eines die Aktivitäten begleitenden Online-Journalismus.

Auch die bekannteren NGOs haben das Netz als Kampagneninstrument erkannt. So organisierte im Juli 1999 Greenpeace eine Internet-Kampagne gegen gentechnisch behandelte Lebensmittel („genetiXproject"). Über die Kampagnenseite konnten Hintergrundinformationen abgerufen werden, in einer „Gallery" konnte man sich und sein Konterfei mit unterstützenden Statements verewigen, und auf einem „Board" debattierte man über längere Zeit hinweg über Pro und Contra von „Genfood" (vgl. Stradtmann 2000). Höhepunkt der Unternehmung wurde ein Live-Chat, bei dem Jugendliche bundesweit in Internet-Cafés mit einem Greenpeace-Team diskutierten. Daneben können NGOs für transnationale Kampagnen auf Netzwerkstrukturen zurück greifen; beispielsweise setzt sich das *Climate Action Network* aus einigen Hundert Mitgliederorganisationen in rund 90 Ländern zusammen; über 13 regionale Knotenpunkte werden dort Informationen von der globalen Eben auf die lokale transferiert – und umgekehrt –, womit die transnationale Arbeit und eine schnelle, weltweite Reaktionsfähigkeit auf politische Prozesse gesichert werden soll (vgl. Kreutz 2003: 32 ff.).

Über dergleichen hinaus zeigt das Beispiel der „Zapatisten" in Mexiko, dass politische Gruppen mit dem Internet womöglich auf einen „Resonanzboden einer medial hergestellten Weltöffentlichkeit" zurückgreifen können (Dubiel 1997: 800; vgl. Harth 1999: 17; Schulz 2000). Die Zapatisten stießen im Netz auf viele Unterstützergruppen, wobei ihr Anliegen „damit nicht nur online weltweite Verbreitung fanden, sondern über traditionelle Medien, die auch von der Resonanz im Netz angeregt wurden, weiter wachgehalten werden konnten" (Harth 1999: 17). Nun kontrollierte aber die Führung der Rebellen den Netzzugang und den Kontakt zu den Unterstützern – und damit zeigt das Beispiel auch Probleme auf für Journalisten, die sich auf die ins Netz gestellten Information stützen: „Was einerseits unabhängig von der staatlichen mexikanischen Zensur gegenüber der Berichterstattung in Chiapas macht, macht andererseits abhängig von der Informationsvervielfältigung auf der Grundlage der Aussage der Führung der Rebellen" (ebd.). Neben eine „Machtressource Weltöffentlichkeit" gesellt sich das Authentizitäts- und Glaubwürdigkeitsproblem.

In der Bundesrepublik wurden im Studentenstreik im Wintersemester 1997/98 der Internet-Aktionen verschiedener Universitäten miteinander koordiniert, interaktive Medien avancierten „zum integralen Bestandteil in der Dramaturgie des Protestes [...], nahezu professionelle Web-Präsentationen [bildeten] das Rückgrat" des studentischen Streiks (Bieber/Hebecker 1998: 171). Anknüpfend an den hohen Vernetzungsgrad der Studierenden gab es netzbasierte Aktionen (virtuelle Vorlesungen, Protest-E-Mails), ein Netzwerk-Netzwerk wurde installiert („Streik-Links"), Streikinformationsseiten wurden an nahezu jeder Universität angeboten. In Mailinglisten wurden Forderungen, Termine, Aktionen abgestimmt, „Auflistungen von E-Mail-Adressen der zuständigen Landes- und Bundespolitiker wurden ergänzt durch vorgefertigte Beschwerdebriefe, auch die schon klassische Internet-Protestform, eine ‚Sammel-Mail' mit möglichst vielen Unterschriften, kursierte in den Datennetzen" (ebd.: 172). Nachdem in den ersten Monaten des Protestes die Online-Kampagne sich noch auf einzelne Streik-Seiten stützte, wurden sie schließlich zu einem bundesweiten Netz zusammengeführt. Es konstituierten sich Aktionsforen, die Aufmerksamkeit erregten und Anschlusskommunikation in den herkömmlichen Medien auslösten: „Die Besetzung des öffentlichen Raumes der Datennetze [...] zieht ähnlichen Aufmerksamkeitsgewinn nach sich wie die klassische Protestform der Demonstration auf Bonner Boden" (ebd.: 176). Gleichwohl gelten vergleichbare Halbwertzeiten: „Ebenso schnell, wie sich hier ein wirksames Netzwerk etablierte, verschwand es jedoch wieder, obwohl die politischen Ziele [...] nicht erreicht wurden" (Harth 1999: 17).

Im Kern läuft es auf die Frage hinaus, ob und inwiefern Online-„Gegenöffentlichkeiten" im Stande sind, einen bemerkenswerten Öffentlichkeitswandel *offline* anzuregen. Generell lassen sich drei Formen gesellschaftlichen Protesthandelns unterscheiden (vgl. Ludwig 1998: 179 f.): (1) *Protestaktionen*, die öffentliche Aufmerksamkeit erzeugen und Alternativen formulieren, (2) *Protestverhalten* z. B. in Gestalt individueller Verweigerung von wünschenswerten Aktivitäten (z. B. Boykott), (3) *Mobilisierung* von (Teil-)Öffentlichkeiten, um alternative Ziele über eine öffentliche Debatte zu realisieren: Zur Erhöhung der Reichweite bei der Mobilisierung von Unterstützung können die Potenziale computervermittelter Kommunikation zumindest ergänzend genutzt werden.

Protestaktionen können von sozialen Bewegungen oder den NGOs flankiert werden durch Informationen im Internet, gekoppelt mit „Links" und vorformulierten, per beiläufigem Maus-Klick im Schneeballsystem verschickten Protest-E-Mails, Kettenbriefen und Massenpetitionen. Das kam nicht nur bei der erwähnten „Blue-Ribbon"-Kampagne zum Tragen; etwa wurde die Bundesgeschäftsstelle der GRÜNEN ob der Benzinpreisbeschlüsse ihres Magdeburger Parteitages im März 1998 mit Protest-Mails nachgerade zugeschüttet. Solche Aktionen sind recht günstig zu realisieren.

Protestverhalten lässt sich ebenfalls über Information anregen, da hier Gründe für ein eingefordertes Verhalten, etwa einen Boykott, ausführlich kommentiert und erörtert werden können. Vielen *Watchblogs* liegt genau dieses Prinzip zugrunde. Der Vorteil des Internet liegt hier darin (neben dem Kostenfaktor), dass im Vergleich zum traditionellen Mediensystem weniger Filter dem Kommunikationsangebot vorgeschaltet sind. Das Netz kann derart Aufmerksamkeits- und Wahrnehmungsbarrieren einer traditionell am Journalismus mit dessen Publizitätskriterien orientierten Öffentlichkeit überwinden.

Zur *Mobilisierung* und Identifikation von Interessen und zur Verdichtung von Kommunikation wurde das Internet, wie erwähnt, während der Studentenproteste im Wintersemester 1997/1998 erstmals virtuos eingesetzt. Die über die Republik verstreuten Protestgruppen fanden einen eigenen Resonanzraum, eine integrative Plattform ihres Anliegens. Kontakt und Informationsaustausch über Distanz ist wohl der evidenteste Vorteil der Netzkommunikation. So sind digitale Initiativen weniger auf realweltliche Begegnungen und Versammlungen im öffentlichen Raum angewiesen, was aber „ihre Struktur zugleich fluider und fragiler macht. Es gelingt ihnen jedoch, räumliche Grenzen, also die ‚dilemmas of scale' schneller zu überschreiten; Ausbreitung und Koordination von Protest erfolgen reibungsloser und können sich auch von peripheren Regionen aus in Zentren hineinentwickeln." (Leggewie 1998: 35)

Gemein ist diesen Beispielen, dass sie in Verbund mit Thematisierungsprozessen in den klassischen Medien Erfolg versprechen. Gelingt es, ein „intermedia-agenda-setting" auszulösen, dann erhalten Einzel- oder Gruppeninteressen, manifestiert in Bürgerinitiativen, NGOs oder losen Interessenorganisationen, durch Online-Medien durchaus die Chance, ihre Konfliktfähigkeit zu steigern. Online-Medien vermögen damit nicht nur, entsprechende Aktivitäten zu organisieren, zu bündeln und Stetigkeit und Kohärenz zu verleihen. Womöglich können sie auch über die vergleichsweise geringen Ressourcen, die sie zur Teilhabe einfordern (Raum und Zeit), einer verbreiteten politischen Passivität entgegenwirken. Immerhin bieten sie im Vergleich zu den klassischen Medien eine grundlegend andere Qualität hinsichtlich symbolischer gegenüber aktiver Teilhabe an einer Protestaktion (vgl. Marcinkowski/Irrgang 1999: 28). Natürlich aber bleiben Online-Initiativen im Grundsatz noch von der Bereitschaft abhängig, sich zu beteiligen – und damit von Faktoren wie Motivation, Erfolgserwartung, Wahrnehmung der gesellschaftlichen Relevanz, die sich sozial-kontextuell konstituieren, nicht einzig virtuell. Insbesondere von Weblogs dürfen neue Formen kommunikativer Vernetzung mit hohem Multiplikations- und gegebenenfalls Kampagnencharakter erwartet werden; einige Beispiele aus der Wirtschaft haben bereits gezeigt, dass eine kritische „Blogosphäre" durchaus mit Reputationsrisiken verbunden sein kann.

8.8   Zwischenfazit

„Mit Propheten", so ein Bonmot des im März 2004 verstorbenen Peter Ustinov, „unterhält man sich am besten drei Jahre später". Vor rund zehn Jahren sahen sich zwei absolute Personen des Computerzeitalters zu folgenden Visionen veranlasst: „Zu Beginn des nächsten Jahrtausends werden unsere linken und rechten Armbänder oder Ohrringe auf dem Umweg über erdnahe Satelliten miteinander kommunizieren und dabei mehr Rechenpotential besitzen als unsere heutigen PCs. [...] Je mehr wir uns miteinander vernetzen, desto mehr werden die Wertvorstellungen eines Staates oder einer Nation den Werten größerer und kleinerer elektronischer Gemeinschaften weichen" (Negroponte 1995: 13). Und Bill Gates (1995: 392 f.) prophezeite der Politik: „Der Tag, an dem ein Abgeordneter eine Million E-Mail-Nachrichten erhält oder auf seinem Pieper ablesen kann, welche Ergebnisse eine vor fünf Minuten durchgeführte Umfrage unter seinen Wählern erbracht hat, ist gar nicht mehr so fern". Prognosen über soziale, gesellschaftliche oder politikrelevante Entwicklungen der IuK-Medien abzugeben, ist ausgesprochen plakativ. Auch Robert Dahl (1989: 340) schloss sein Standardwerk zur Demokratietheorie – „Democracy and its Critics" – mit dem Verweis auf demokratiefördernde Potenziale der sich seinerzeit anbahnenden Computernetze.

    Zwar wird die digitale Demokratie noch auf Workshops und in Parlamentsausschüssen hofiert – insgesamt ist aber von Ernüchterung zu sprechen, wenn man sich an Vorstellungen etwa der kalifornischen Aufklärungsideologie orientiert. Weder überschwängliche Utopien noch ausweichende Dystopien prägen derzeit die Diskussion um die „elektronische Demokratie". So wie die Überbewertung der *Dotcom*-Wirtschaft ein (vorläufiges) Ende in Form eines gewaltigen finanziellen Dämpfers gefunden hatte, so sind in den letzten Jahren demokratietheoretische Vorstellung vom Nutzen des Internet zurückgeschraubt worden bzw. konzentrieren sich praxisorientiert auf die Begleitung von Kommunikation meist *im Rahmen gegebener Strukturen* des repräsentativen Systems.

So ist es heute keine Frage mehr, *ob* die IuK-Medien auch unser politisches Alltagsleben und konkret Teile des politischen Kommunikationsmanagements verschiedener Akteure verändern werden, sondern nur *wie*. Der Cyber-Welt wird dabei mitunter erhebliches Lösungspotenzial realweltlicher Probleme zugeschrieben. Entsprechend vermag heute kein Positions-, kein Strategiepapier auszukommen ohne Verweis auf die IuK-Medien und auf das, was sich alles mit ihnen anstellen lässt. Sicher erfährt die in den Sozialwissenschaften postulierte Dynamik der Kommunikationsgesellschaft mit diesen Medien eine neuerliche Beschleunigung, und sicher eröffnen ihre polydirektionalen, multidimensionalen Kommunikationsoptionen erhebliche Perspektiven auch für die Politikvermittlung. Zu berücksichtigen aber bleibt vor allem die soziale Gestaltung der „neuen Medien".

Von dem Funkpionier Guglielmo Marconi wird die schöne Geschichte erzählt, eines Tages habe ihm einer seiner Mitarbeiter freudig eröffnet, seine drahtlose Technologie erlaube nun, „mit Florida zu sprechen" – woraufhin Marconi geantwortet haben soll: „Und? Haben wir Florida denn etwas zu sagen?" (zit. n. Barber 1998: 131) Die Technologie *allein* bedingt nicht ihre sozialen Folgen. Zu den populärsten Mythen rund um die Online-Medien, gehört die Vision von „virtuellen Gemeinschaften" und ihren „segensreichen Auswirkung auf Demokratie und Öffentlichkeit" (Roesler 1997: 171). Die Fortsetzung dieses Mythos lautet „politisches Engagement und Überwindung politischer Apathie". Insbesondere der nicht-hierarchische Charakter des Internet lässt ihm eine genuine Meinungsfreiheit inhärent erscheinen, nachgerade als „Schutzimpfung gegen jegliche Formen der Autokratie" (Weichert 1998: 3). Die Online-Medien mit ihrem Aushängeschild, dem Internet, werden überfrachtet mit Heilserwartungen. „Die neue Qualität des Internet führt nicht unbedingt zu einer *verbesserten* Form der Einmischungsmöglichkeiten in die Öffentlichkeit, sondern zu einer *veränderten*. [...]

Der Grundirrtum des Mythos besteht darin zu glauben, daß Öffentlichkeit ein *technisches* Problem darstellt, das sich mit einem geeigneten technologischen Instrumentarium lösen läßt" (Roesler 1997: 190; Herv. i. O.). Damit zeigen die nunmehr rund zehnjährigen Erfahrungen mit dem Internet zunächst eines: dass polydirektionale Formen der Mediennutzung nicht automatisch in einer gesteigerten Teilnahme der Menschen am politischen Leben führen; so konstituiert sich die Öffentlichkeit des Netzes bei genauerer Betrachtung vornehmlich über private bis intimste Inhalte und Interessen, weit weniger über politische oder gesellschaftliche Angelegenheiten.

Primär steigt mit den neuen Kommunikationstechnologien die Komplexität der Gesellschaft, insbesondere, wenn durch das Breitbande das Internet zur verbreiteten „Always-on"-Technologie avanciert: „Statt von ‚Informationsgesellschaft' muß künftig von ‚Informationsverhinderungsgesellschaft' gesprochen werden [...]" (Maresch 1997: 207). Diese pointierte Formulierung wendet sich gegen einen „Immermehrismus", nach dem die IuK-Medien allein durch Zugang und Verfügbarkeit zu immer mehr Information, immer mehr *Verstehen*, immer mehr Artikulation und darüber immer mehr Responsivität und Beteiligung führten. Sicher ist Information eine notwendige Bedingung; eine (elektronische) Demokratie gleich welcher Art bleibt in jedem Fall wirkungslos, wenn die Bürgerschaft nicht die Informationen bekommt, die sie zur Kritik und Kontrolle der Politik benötigt. Die Informationsgesellschaft aber hat „nur als Kommunikationsgesellschaft eine tatsächliche Perspektive" (Gellner 1998: 24). Mitteilungshandeln allein ist keine Kommunikation: „Das Internet ist als politische Arena immer nur so gut und demokratisch, wie es die vernetzten Stimmbürger machen" (Leggewie 1999: 2).

Vor allem spektakuläre Internetkampagnen haben die Hoffnung genährt, die Nutzung des Netzes könnte bürgerschaftliche Initiativen unterstützen und generieren. Eine Betrachtung dieses demokratischen Potenzial gibt gleichwohl zu erkennen, dass kein neues athenisches Zeitalter einer nun elektronischen Agora in Sicht ist. Sicher gehen von der vielbeschworenen Interaktivität und den Angeboten politischer als auch nicht-politischer Akteure im Netz förderlichen Effekte für politische Informiertheit aus. Das gilt auch für die unter dem Chiffre „web 2.0" avancierten Techniken der *Peer-to-Peer-Communities* mit ihren politischen Weblogs, die mehr sind als eindimensionale Publikationsplattformen (vgl. Bieber 2005). Doch für die etablierten politischen Akteure öffnet sich das Netz primär als willkommene, zusätzliche PR- respektive Selbstdarstellungs-Option, und so verharrt auch der Online-Kontakt der Politiker mit den Nutzern zumeist bei symbolträchtigen Videokonferenzen und Online-Chats. Trotz aller Differenzierung der Angebote der politischen Akteure: Gegenwärtig ist das Netz nicht als Ort des Politischen einsichtig, da es nur selten in die Binnenwelt der politischen Entscheidungsfindung vordringt: Erst wenn im Netz initiierte oder formulierte politische Positionen, Alternativen usf. im Kommunikationsraum diesseits des Bildschirms von den politischen Instanzen wahrgenommen werden, ist plausibel von politikrelevanten Wirkungen zu sprechen (vgl. Kamps 1999d). In Frage steht nach wie vor, wann und wo im Zuge eines „Spill-over-Effektes" (Weiß 1998) Online-Gemeinschaften *in real life* soziale und politische Konstitution erfahren, ob online induzierte, organisierte oder artikulierte Ansprüche offline *Realisation* erleben. Aufgabe der Technologie- und Telekommunikationspolitik wird es weiterhin sein, neue beteiligungsfreundliche Konzepte zu entwickeln.

In erster Linie sind Online-Medien damit zusätzliche Faktoren der Dynamisierung der Kommunikationsgesellschaft, die neuerliche Anpassungsleistungen des politischen Systems einfordern. Dazu gehört die systematische Adaption der Binnen- wie Außenkommunikation von Organisationen und Institutionen an die Kommunikationsoptionen dieser Medien – was man als technische Professionalisierung begreifen mag. So beginnen die Akteure des politischen Systems, die IuK-Medien in ihr Kommunikationskalkül einzubeziehen. Insbesondere als Instrument der Wahlkampfführung versprechen die Online-Medien, den Wirkungsgrad der Kampagne zu erhöhen (Koordination von Helfern, Datenverarbeitung und -transfer). Dabei spielt das Internet inzwischen eine unverzichtbare Rolle in einem ausgewogenen Medienmix: Jenseits seiner Symbolik von Bürgernähe und Moderne bietet es Optionen für das interne Wahlkampfmanagement sowie für die herkömmliche Selbstdarstellung der Parteien und Kandidaten. Dies dürfte überwiegend im „Broadcast"-Modus realisiert werden. Erkennbar aber ist bereits jenes „Narrowcasting" Potenzial, dass der Wahlkampfführung eine zielgenauere Wähleransprache erlaubt.

Diese Entwicklungen bleiben weiter zu beobachten. In der hier gelegentlich mäandrisch wirkenden Darstellung der IuK-Potenziale spiegelt sich eben die Offenheit dieses Prozesses wider. Einerseits ist festzuhalten, dass bei aller Distributions- und Innovationsdynamik die Online-Medien politische Kommunikation zumeist punktuell ergänzen. Realweltliche Informations- und Kommunikationsverhältnisse finden ihre Entsprechung, wenngleich die Zahl der Kommunikatoren unzweifelhaft steigt. Damit ist nicht auszuschließen, dass einzelne Optionen dieser Medien mittelfristig das eingefahrene Kommunikationsgefüge der politischen Trias weiter reformieren werden.

9 Kommunikation und politische Strategie

> „Glauben Sie im Ernst, dass meine Partei
> auf ein Gesprächsangebot von Frau Merkel bei dieser Sachlage einginge,
> in dem sie sagt, sie möchte Bundeskanzlerin werden.
> Also, ich meine, wir müssen die Kirche doch mal im Dorf lassen."
>
> *Bundeskanzler Gerhard Schröder* in der ZDF/ARD-„Elefantenrunde"
> am Wahlabend des 18. Septembers 2005

9.1 Politiksteuerung, Organisation, Kommunikation

Im Herbst 2001 verknüpfte Gerhard Schröder im Bundestag die Entscheidung über die Beteiligung der Bundeswehr am Anti-Terror-Einsatz in Afghanistan mit einer Vertrauensfrage nach Art. 68 des Grundgesetzes. Die Zulässigkeit dieser Koppelung einer Sachfrage an die Vertrauensfrage (der vierten in der Geschichte der Bundesrepublik) wurde kurze Zeit kontrovers diskutiert; manchen Kommentatoren galt der Vorgang allein als Macht- und Mehrheitsmanagement, als Disziplinierung der Regierungsfraktionen – weit vom „Geist" des Verfassungsverfahrens entfernt. Immerhin schließt das parlamentarische Prinzip *Policy*-Durchsetzung mittels quasi-autoritärer Anordnung eigentlich aus, weshalb der (sachliche) Fraktionszwang über die hohe Hürde der (personellen) Kanzlerfrage in den Geruch dirigistischen Handelns geriet.

Fragen der Verfassungskapriolen einmal außen vor: der Vorgang spiegelte Teile der *Politikverflechtung* wider, die der Kanzler (dem gelegentlich ja auch ein „Basta"-Stil zugesprochen wurde) zu überwinden suchte: das deutsche Regierungssystem kennzeichnet sich durch ein hohes Maß an Föderalismus, durch getrennte oder geteilte Zuständigkeiten, durch einen institutionellen Pluralismus, der die Entscheidungsmacht der Bundesregierung (im „Normalfall") deutlich begrenzt; die zentralen Akteure – Parteien, Regierungen, Parlamente – weisen über formelle und informelle Komponenten autonome Handlungskorridore auf (Kropp 2003: 23), innerhalb derer sie konstitutionell Machtchancen besitzen oder sich Entscheidungs- und Steuerungsspielräume schaffen. Das fragmentierte Regierungssystem kennt dabei sehr unterschiedliche Handlungsebenen: im Föderalismus, mit Blick auf transnationale Politik (EU) oder etwa nach innen, hinsichtlich Partei- oder Koalitionsstrategien. Hinzu kommen Institutionen wie das Bundesverfassungsgericht oder die Bundesbank mit ebenfalls konstitutionellen Autonomieansprüchen[1].

Regieren (schon: im Alleingang) gestaltet sich in diesem Mehrebenensystem[2] recht komplex: meist ist eine Vielzahl politischer Organisationen in die formalen Entscheidungsverfahren integriert. Charakteristisch für *Policy*-Prozesse in der Bundesrepublik ist daher das Zusammenspiel von Koalitionspartnern, Fraktionen und auch von Parlamentsmehrheiten und Opposition (z. B. über den Bundesrat); hinzu kommt eine recht aktive Rechtssprechung des Bundesverfassungsgerichts – all dies verbunden mit der Gefahr der Entscheidungs- und/oder Exekutionsblockade durch einzelne Akteure. Weniger formell und doch zentral machtvoll sind daneben die Parteien zu nennen, deren grundsätzliche Funktion darin besteht, gesellschaftliche Meinungen zu bündeln und zu artikulieren – inhaltliche Linien können *dem Prinzip nach* nicht ohne weiteres „von oben" vorgegeben werden (vgl. Rösler 2002): eben das unterscheidet die Demokratie von autoritären Institutionen oder Regimes.

Prozesse der Entscheidungsfindung und Konfliktlösung können nun kategorisiert werden nach (vgl. Korte/Fröhlich 2004: 179) *Hierarchie, Mehrheit,* und *Verhandlungssystem*. Während hierarchische (dirigistische) Steuerung im *politischen* System (im Vergleich zum administrativen System) nicht allzu häufig anzutreffen sind, sind mehrheitliche Entscheidungsfindungen oder solche, die sich innerhalb eines Verhandlungssystems heraus bilden, dem politischen Handeln wesentlich alltäglicher. Neben die genannten auch konstitutionell verankerten Akteure treten dabei Institutionen und Organisationen des intermediären Systems.

Die politische Soziologie spricht in diesem Zusammenhang von einer „Netzwerkgesellschaft" (vgl. Helms 2003: 4 f.) und betont damit die Intensität der Aktivitäten von Interessengruppen und anderen gesellschaftlichen Akteuren, die politische Entscheidungen im vorparlamentarischen Raum zu

---

1   Hinzu kommt eine „Supranationalisierung" der Funktionen des Bundesverfassungsgerichts und der Bundesbank, als sie sich mehr und mehr an der EU orientieren müssen; vgl. Helms 2003: 6.

2   Mehrebenensystem impliziert *nicht* ein „Oben und Unten", wenngleich viele Organisationseinheiten hierarchisch geordnet sind. Das Allgemeinere, für das eine obere Ebene zuständig scheint, meint nicht notwendigerweise einen Vorrang gegenüber dem Speziellen; erinnert sei nur an die Bedeutung regionaler oder lokaler Gebietkörperschaften im politisch-administrativen System der Bundesrepublik.

beeinflussen suchen bzw. umgekehrt, über „Runde Tische", „Kommissionen", „Bündnisse", „Beiräte" und ähnliche Gremien vom Staat zur Teilnahme am politischen Entscheidungsfindungsprozess aufgefordert werden. Der Netzwerk-Begriff unterstreicht hier die Vorstellung eines *kooperativen* Systems, bei dem kein Beteiligter zu einer bestimmten Entscheidung oder Handlung gezwungen wird; steuerungstheoretisch steht dabei die „indirekte Steuerung der Bedingungen (die Möglichkeit von Selbstorganisation) vor der direkten Steuerung über Geld und Recht" (Korte/Fröhlich 2004: 181). Die steigende Zahl von Akteuren und Beteiligten, die in verschiedenen Verhandlungssystemen (je nach Politiksektor oder -ebene) spezifische Problemlösungen erarbeiten, ist zugleich Ausdruck der Binnenkomplexität und Interdependenz in Deutschland. Auf der Bundesebene wurden erst kürzlich rund 600 so genannte Expertengremien gezählt (vgl. Schröder/Stegherr 2006); erinnert sei stellvertretend noch an Organisationen bzw. Institutionen gesellschaftlicher Selbstregulierung wie etwa Ärzte- oder Handelskammern, die Freiwillige Selbstkontrolle Film oder die selbstregelnden Aktivitäten von Wirtschaftsverbänden (technische Regelungen wie DIN), bei denen der Staat allein Rahmenbedingungen vorgibt.

Regieren formiert sich hier als „Interdependenzmanagement" – eine im Grundsatz nicht neue Systematik, doch (möglicherweise der Reformagenda geschuldet) der Regierung Schröder als prägendes Stilelement beigegeben: „Regierungskommissionen waren schon immer Gremien der Politikberatung und der konkreten Politikvorbereitung. Verändert hat sich jedoch die Zahl der Konsensrunden, die unter Kanzler Schröder deutlich angestiegen ist und der damit einhergehende funktionale und machtpolitisch veränderte Entscheidungsprozess" (Korte/Fröhlich 2004: 247). Das mag in der Feinanalyse relativiert werden, doch haben selbst „Vertreter der klassischen, rechtswissenschaftlich dominierten Gesetzgebungslehre [...] von der Idee eines zentralen, verfassungsrechtlich berufenen Gesetzgebers mittlerweile Abschied genommen und diese durch die Vorstellung einer ‚Instanzenvielfalt in der offenen Gesellschaft der Gesetzgeber' ersetzt; damit korrespondiert eine stärkere Fragmentierung des Entscheidungssystems auch im Implementationsstadium des Gesetzgebungsprozesses" (Helms 2003: 5).

Da umfassende Legitimation politischer Entscheidungen nur im parlamentarischen Prozess gewährleistet werden kann – wenngleich mitunter allein über die Repräsentationsschiene –, wäre das zentrale Problem der

„Netzwerkpolitik" benannt: Entparlamentarisierung, das materielle Substrat wird dem (den) in der Verfassung vorgesehenen Organ(en) insofern vorenthalten, als vom Parlament ein regelhaftes (drei Lesungen) Abnicken erwartet wird, es also allein als Ratifikationsorgan agiere. Dem schließt sich, ohne das weiter darauf eingegangen werden kann, das Problem der Zuschreibung politischer Verantwortung an sowie die Frage nach der faktischen Bindungswirkung der Entscheidungen solcher Konsensrunden als verfassungsrechtliches Problem (vgl. von Blumenthal 2003: 10)[3].

Die Politikwissenschaft kennt zur Analyse der institutionellen Regelungs- und Steuerungsmuster kollektiver Akteure den Ansatz des akteurszentrierten Institutionalismus (Mayntz/Scharpf 1995): Hier werden Steuerungen und Strukturierungen der Politikfelder nicht primär – wie etwa bei systemtheoretischen Ansätzen – aus einer Makro-Perspektive betrachtet, sondern koppeln sich an das individuelle, durch einen institutionellen Korridor geleitete Entscheiden und Handeln von Personen als (institutionelle) Rollenträger. Mit Regierungssteuerung ist dabei das „strategische Regierungshandeln gemeint: Wie setzt die Bundesregierung politische Entscheidungen zur politischen Problemlösung durch?" (Korte/Fröhlich 2004: 177) Dieser Ansatz bildet auch im Folgenden den „Rahmen zur Analyse der praktisch relevanten Kombinationen aus Hierarchie, Verhandlungen und privater Selbststeuerung, zum anderen schließt er informelle, aber dauerhafte Interaktionsmuster zwischen staatlichen, kommunalen und gesellschaftlichen Akteuren (Netzwerke) ein" (Benz 2004: 22). Prämisse der Überlegungen ist dabei, dass bei der Politikentwicklung, Problemdefinition, Entscheidungsfindung und Implementation in den verschiedenen Arenen der „Verhandlungsdemokratie" diskrete und institutionengebundene Kommunikationsstrukturen eine zentrale Rolle spielen, wobei wachsende Ansprüche an Informationsverarbeitungs-, Kommunikations- und Koordinierungskapazitäten politischer (Spitzen-)Akteure zu beobachten sind. Dem organisationstheoretischen Satz *„to manage is not to control"* folgend, wird darüber hinaus davon ausgegangen, dass es sich hier überwiegend *nicht* um imperative Verhaltenssteuerung handelt, dass die Politik gleichwohl in die Machtbeziehungen zwischen den gesellschaftlichen Gruppen eingreift und gelegentlich autoritativ bei konkurrierenden Forderungen Prioritäten setzt. „Staatliche

---

3   Gleichwohl kann man wohl von einer präventiven „Vorwirkung" des formalen Letztentscheidungsrechtes des Parlaments auf die Verhandlungen ausgehen.

Machtausübung und Verhandlung wirken mithin nebeneinander und ergänzen sich fallweise sogar." (Mayntz 2004: 72)

9.2 Strategie und Steuerung

Strategien erfassen neben dem Ziel, den Ressourcen und Mitteln, den in
Frage kommenden Verfahrensregeln auch sach- und problemrelevante Akteure sowie deren Handlungslogik und -spielraum. Abseits von Routinen,
situationsübergreifend und auf möglichst breiter empirischer Basis operationalisiert (vgl. Machnig 2002c), haben sie im politischen Raum meist die
Funktion, (in einem Politikfeld) langfristige Handlungsperspektiven aufzuzeigen (Ziel-Mittel-Umwelt-Kalküle), um spezifische Interessen durchzusetzen bzw. zu erhalten (vgl. Raschke 2002: 210). (Politische) Strategie unterstellt damit im Grundsatz ein Mindestmaß an (politischem) Steuerungsbedarf.

Hinsichtlich der durch Verfassungsorgane vorgegebenen Rahmenbedingungen, die jede strategische Steuerbarkeit von Nationalökonomien formen,
hat George Tsebelis (2002) ein Konzept der „Vetospieler" vorgeschlagen.
„Vetospieler", das sind Akteure und Institutionen, die *unmittelbar* den
Handlungsspielraum der Exekutiven und/oder der Legislativen einschrän-
ken können, also vetofähig sind, weil ihre Zustimmung für eine Änderung
des Status Quo nötig wäre. Zu unterscheiden sind in der Basiskonzeption
parteipolitische Vetospieler wie Fraktionen und Parteiräte sowie *institutionelle*
Vetospieler, hierzulande der Bundesrat, das Bundesverfassungsgericht, der
Bundespräsident: Verfassungsgewalten, die das Grundgesetz neben den
klassischen Gewalten mit eigenständigen Chancen politischer Macht und
Machtkontrolle ausstattet. Daneben sind die autonom entscheidende Noten-
bank und, je nach Politikfeld konstituiert, formell nicht einspruchsberechtig-
te *Mitregenten* zu nennen (Schmidt 2002: 24): Gewerkschaften, Verbände,
Sozialversicherungsträger usf. „All diese Vetomächte mahlen jede ursprüng-
liche Richtungspolitik klein [...]" (Walter 2004: 74). Mitregenten sind so ein-
flussreich, dass die politischen Akteure sie in ihren Überlegungen einzubeziehen sollten – etwa auch Medien und Journalismus (vgl. noch Kap. 9.3).

Relativ betrachtet, im Vergleich etwa zu anderen westeuropäischen Staaten, wird der zentralen Politiksteuerung hierzulande meist ein geringerer
Gestaltungsspielraum zugesprochen. Strukturell ist für die Bundesrepublik

zudem kennzeichnend, dass auch Teile der Opposition meist mit regieren, über „ihre Ministerpräsidenten, im Bundesrat, in den öffentlich-rechtlichen Gremien, über ihre Repräsentanten und Parteimitglieder in den Tarifauseinandersetzungen, in den üblichen korporatistischen Bündnissen" (Walter 2004: 83) – das gilt, wenngleich abgeschwächt und anders formiert, auch in Zeiten einer großen Koalition. In einer Untersuchung zum deutschen Regierungssystem hat daher Peter Katzenstein (1987; vgl. Helms 2003) den Begriff des „semisouveränen Staates" aufgegriffen: So „[...] verkörpert die Bundesrepublik zumindest innerhalb der Familie der parlamentarischen Demokratie ein Modell, das durch eine nahezu einmalige Vielfalt und Stärke von potentiellen ‚Vetospielern' regierender Mehrheiten gekennzeichnet ist" (Helms 2003: 3). Für Katzensteins „Semisouveränität" sind *Koalitionsregierungen* ein zentraler Indikator – Spiegelbild der Kräfteverteilung innerhalb des politischen Raums. So gesehen symbolisieren die in wechselnden Konstellationen aktivierten Koalitionsregierungen im Bund und in den Ländern die pluralistischen Politikverflechtungsstruktur der Republik.

Die Unterscheidung von „institutionellen" und „parteipolitischen" Vetospielern ist in der Praxis des deutschen Regierungssystems gekoppelt: *Erstens* agieren Parteien binnenpluralistisch und kontextdifferenziert. Mit Blick auf die Transmission gesellschaftlicher Anliegen (ihr Verfassungsauftrag) ist das in einer industriellen Großgesellschaft nicht weiter verwunderlich: immerhin gilt es insbesondere für die Volksparteien, komplexe Interessensspektren und das gesellschaftliche Wunschkonzert der Meinungen und Ansprüche in staatliches Handeln (und Nicht-Handeln) zu transformieren; insofern spiegelt sich die Vielfalt der Lebensverhältnisse in den (etablierten) Parteien wider: in Arbeitskreisen, „Flügeln" usf. *Zweitens* konstituieren Parteien sich in ihren „staatlichen" Rollen gegenüber der Regierung – also als Regierungs- oder Oppositionsfraktion – nicht als Einheit, sondern als „Vielheit": aus der Steuerungsperspektive verbinden sich mit „Semisouveränität" und „Verhandlungsdemokratie" nicht nur Kreise jenseits der eigenen Partei – andere Verfassungsorgane, Verbände, die Opposition, der Koalitionspartner usf. – sondern eben auch „die eigene Reihe".

Das unterstreicht, wie hinsichtlich des Handlungskorridors der Politiksteuerung durch Regierungen die Parteien als zentral positionierte, heterogene und konfliktriskante Mitregenten zu verstehen sind. Jenseits entsprechender Akteurskonstellationen und Interessenskonflikte finden sich manifestiert in den Schlagwörtern „Globalisierung", „Internationalisierung" und „Liberalisierung der Finanzmärkte" weitere Schranken der Steuerungs- und Strategiefähigkeit nationalstaatlicher Regierungen. Diese Fragen nach Reichweite und Operationalisierung einer Ziel-Mittel-Relation, nach der strategischen Steuerungsfähigkeit von Staat und Gesellschaft sind seit den 1980er Jahren ein zentrales Thema der Politikwissenschaft. Dabei machte angesichts diverser Restriktionen des staatlichen Handeln in einzelnen Politikfeldern das Stichwort der „Unregierbarkeit" eine bemerkenswerte Karriere. Heute zeichnet die Forschung ein facettenreicheres Bild – jenseits vom Steuerungsideal des souveränen Nationalstaates, aber auch abseits der Vorstellung jeglichen Verlustes staatlicher Eingriffsmöglichkeiten. Das faktische Steuerungspotenzial und die Strategiekompetenz der Politik sind natürlich von demokratietheoretischer Bedeutung. Zur Disposition stand und steht, wie der moderne Staat auf die Anspruchs- und Erwartungshaltungen der Bürger und der Gesellschaft reagieren kann (vgl. Korte/Fröhlich 2004: 40).

Institutionenarrangement und Vielfalt externer Einflussfaktoren werden auch von der *Governance*-Diskussion aufgegriffen (vgl. Benz 2004): Im Kern geht es um komplementäre Steuerungsformen – Netzwerke, Verhandlungssysteme – dort, wo die Problemlagen die Kompetenzgrenzen des politisch-administrativen Systems überschreiten: Grundlage von *Governance* ist das Fehlen einer autoritären Instanz innerhalb des politischen Systems, einer Instanz, die in der Lage wäre, bestimmten Problematiken effektiv und effizient zu begegnen. Dabei wird die traditionelle Trennung von Staat hier, Gesellschaft dort aufgehoben; gegenüber einem staatszentrierten Verständnis der Findung und Implementierung von *Policies* tritt die kooperative Interaktion nicht-staatlicher Akteure (vgl. Papadopoulos 2004), wobei der Staat meist die Rolle eines *koordinierenden Moderators* übernimmt. Aufgrund einer traditionellen, konstitutionellen Verhandlungsarchitektur kann ein derartiges *Governance* in Deutschland nicht als ausgesprochen neues Modell gelten. Kritisch ist anzumerken, dass der Staat der einzige Akteur bleibt, der die legitime Rechtsetzungs- und Vollzugsmacht im Streit der Interessen gewährleisten kann, und daher scheint es mitunter „fragwürdig, die zentrale Funktion des Staates durch die Kommunikation gesellschaftlicher Akteure und durch soziale Vernetzung ersetzen zu wollen" (Weidenfeld 2004: 86).

Neben möglicherweise „rein" praktischen Erwägungen zielt die Erweiterung des Kreises derjenigen, die an der Politikformulierung und der Implementation faktisch, wenn auch nicht formell, beteiligt sind, auf die Akzeptanz der zugrunde liegenden Entscheidung – beispielsweise über Expertenkreise, deren „objektives Image" in die politische Sphäre transferiert wird. Dabei geht es um institutionelle Regelsysteme auf verschiedenen Ebenen (lokales bis internationales *Governance*), wobei die Arenen der *Governance* häufig von den Institutionen der repräsentativen Demokratie abgekoppelt sind. Die Politikwissenschaft unterscheidet konkret drei Formen der Beteiligung von Nicht-Regierungskreisen (vgl. von Blumenthal 2003: 9 f.).

Zum einen finden sich unter dem Begriff „*pluralistischer Korporatismus*" Konsensrunden, in denen die Regierungen in Verhandlungen mit Interessenverbänden treten. Solche Runden, konstitutionell nicht verankert, beruhen auf dem Gedanken, dass in Abstimmung mit politikbetroffenen Akteuren für bestehende Probleme bessere und legitimere Lösungen erarbeitet werden können, als im Zuge einseitiger Politikgestaltung. Normativ gesehen sollte die Regierungsseite in derartigen Kreisen nicht Partikularinteressen gleichsam addieren, sondern das Allgemeininteresse herausfiltern. Allerdings wurde diesbezüglich, da es durchaus *Entscheidungs*handeln ist, auch eine „Auswanderung aus den Verfassungsinstitutionen" moniert (von Blumenthal 2003: 9): ein Trend, problematische Themen aus dem formalen, systemischen und konstitutionellen Verfahren an eben „Runde Tische", „Gipfel", „Kommissionen" usf. zu delegieren (vgl. Gebauer 1998: 471). Daneben hat es gelegentlich einen faden Beigeschmack, wenn (auch regierungskritische) Verbände frühzeitig und vormedial in den *Policy*-Prozess eingebunden werden – verbunden mit der Gefahr, dass informationelle Vorverhandlungen den Blick auf Alternativen verstellen bzw. den Kreis der Alternativen interessengeleitet klein halten.

Zum anderen *Expertenkommissionen*, zusammengesetzt vorwiegend aus Wissenschaftlern und praxisgeprüften Vertretern der Wirtschaft (Rürup, Hartz usf.), auch unter Beteiligung von Interessensgruppen; hier überwiegt die Beratungsfunktion – mit unverbindlichem Konnex zu faktischem Regierungshandeln. Auch Expertenkommissionen haben über den Konsens und die Akzeptanz der Lastenverteilung durch Einbindung von Verbänden und hochspezialisierten Sachverstand eine Legitimitätsfunktion – und damit ebenfalls das Problem einer „Auswanderung aus den Verfassungsinstitutionen". So wird die Einberufung eines nationalen Ethikrates durch Bundeskanzler Schröder parallel zur bereits bestehenden Entquete-Kommission des

Bundestages meist als Paradebeispiel einer Entparlamentarisierung zitiert, der kein absehbarer Vorteil gegenüber steht (vgl. von Blumenthal 2003: 15). Oder es sei an den Innovationsrat erinnert, der sich ab und zu beim Kanzler traf und Innovationsrhetorik versprühte: „Es ist nicht verwunderlich, dass Symbolworte Symbolhandlungen hervor bringen. Ein Beispiel dafür ist die ‚Kommissionitis', die in der Politik vor einigen Jahren ausgebrochen ist. Nahezu jedes Thema wird zunächst in eine Kommission wegdelegiert. Die Botschaft lautet: Seht her, es wird ja an dem Thema gearbeitet. Tatsächlich vergeht immer mehr Zeit zwischen der Benennung eines Problems und seiner Lösung [...]" (Meckel 2006: 93).

Drittens sind schließlich noch *Konsensgespräche* innerhalb der *Koalition* oder zwischen den großen politischen Flügeln zu nennen; diese Runden werden dem formellen Gesetzgebungsverfahren vorgeschaltet. Während ansonsten innerhalb des *Entscheidungssystems* die maßgeblichen staatlichen Kommunikationsprozesse hochformalisiert sind (vgl. Gebauer 1998: 466), charakterisieren sich diese Gespräche über informelle Verfahren und Regelsysteme. In diese Sphäre fallen dann meist auch politische „Schachzüge": z. B. das Aufteilen von Gesetzesvorlagen nach zustimmungsbedürftig und zustimmungspflichtig; das Durchbrechen oppositioneller Phalanx im Bundesrat durch Angebote an einzelne Länder usf. Allerdings: „Übermäßige Informalisierung zieht die Spielregeln in Mitleidenschaft, die in Verfassung und Gesetz vorgesehen sind" (Schmidt 2002: 35). Hinzuweisen ist zudem auf kooperative Verfahren im Vorfeld und im Rahmen des parlamentarischen Gesetzgebungsprozesses.

Dieses grob dreigliedrige *Einflusssystem* charakterisiert sich also über meist informelle Regeln zwischen kollektiven Akteuren, die Wissen akkumulieren oder gesellschaftliche Gruppen formieren und deren Interessen gegenüber dem Staat und der Exekutive artikulieren. Zu beobachten ist, dass angesichts gewachsene Restriktionen des klassischen Steuerungspotenzials, Regierungen in Strukturen des Einflusssystems eine Koordinations-, Schlichtungs- und Moderierungsfunktion übernehmen, um bei Verstärkung der eigenen (demonstrativen) Lösungskompetenz langfristig Legitimation und strukturelle Mehrheiten zu erhalten (vgl. Machnig 2002: 168).

Daneben sind als Grundlage der strategischen Steuerung durch die Politik noch *administrative* Faktoren zu benennen; sie umfassen die verschiedenen Arten bürokratischer Rationalität und damit jenen Einfluss der gouvernementalen Organisation auf das Regierungshandeln, der sich auf die Zuarbeit durch die Ministerialbürokratie bezieht (vgl. Gebauer 1998). Dabei ist einerseits zu sagen, dass Politiker und Ministerialbeamte in diesem Sektor hochgradig formalisiert handeln: „[...] Geschäftsordnungen kodifizieren bis ins Einzelne die internen, in Ansätzen auch die externen Kommunikationsbeziehungen der Behörden (Mitzeichnung, Mitbeteiligung, Informationsfluss, Auskünfte an die Presse/Bearbeitung parlamentarischer Anfragen, Einschaltung von Verbänden, Einholen von Gutachten, Beantwortung von Eingaben, Zusammenarbeit mit Dienststellen anderer staatlicher Ebenen)" (Gebauer 1998: 467). Andererseits ist die Exekutivsteuerung oder auch politische Verwaltungsführung in hohem Maße kommunikations- und informationsorientiert und umfasst handlungsleitende Routineabläufe, in die Spitzenakteure nur selten persönlich eingebunden sind (vgl. Korte 2006). Darüber hat die Ministerialbürokratie, die direkt und routiniert an politischen Gestaltungsprozessen beteiligt wird, schon aufgrund fachlicher Informationsasymmetrien einen Einfluss auf Politikfindungs- und Politikformulierungsprozesse; ein mehrdimensionales Beratungsverfahren: von der Vorlage eines Redeentwurfs, der Analyse eines Sachverhalts in einem Vermerk, der Bearbeitung von Ausschuss-Agenden und Sitzungsprotokollen zur Vorbereitung der Hausspitze bis hin zur Recherche von Hintergrundinformationen usf. Gelegentlich, abhängig von den persönlichen Konstellationen im Haus (z. B. der Formierung eines „Küchenkabinetts"), werden Fachreferenten auch im persönlichen Vortrag Einschätzungen zu politischen Vorgängen oder Alternativen abgeben (können) (vgl. Kamps 2006. Im Kontext des ministerialbürokratischen Informationsmanagement spricht Korte (2003) von Informationsmaklern oder Machtmaklern, die die „Botschaft des Herrn" (ebd.: 37) vermitteln, eben diesem Herrn als kommunikativer Sparringspartner dienen, eine zentrale Rolle in der Koordination des *Policy*-Zirkels einnehmen, den Spitzenakteur hin und wieder auch abschirmen und als personifiziertes Frühwarnsystem dienen. Regierungsbürokratien können derart einen nicht zu unterschätzenden Einfluss auf die Entscheidungsfindung ausüben. Entscheidend für die Optimierung des Informationsmanagements eines „Hauses" ist dabei die Arbeitsteilung zwischen Spitzenakteur und „Makler": Für die *Policies* einer Regierung haben Personen mit Maklermacht eine Einfluss, der aus dem Organigramm nicht abzulesen sein muss (vgl. Korte 2006).

Regierungssteuerung ist somit *auch* in Abhängigkeit von den formalisierten, administrativen Prozessen des Informationsmanagements zu bewerten, die als Politikberatung von innen verstanden werden. Wie sich jedoch der Spitzenakteur auf diese formalisierten, internen Wege der Informationsverarbeitung eines „Hauses" (dem Ministerium, dem Kanzleramt) einlässt, ist von seinem persönlichen Führungsstil abhängig. Das Beziehungsfeld zwischen Information und Entscheidung ist somit auch auf den Faktor des handelnden Akteurs zuzuspitzen (vgl. Korte 2006).

Nun liegt es in der Natur der meist kontroversen politischen Sphäre, dass politische Strategien und ihre Grundlagen kaum Öffentlichkeit erfahren: eine Strategie, die bekannt wird, hört schnell auf, eine Strategie zu sein. Dennoch stellen sich Fragen nach den Kommunikationsmodi, mit denen die skizzierten Arenen, die bürokratischen und institutionellen Arrangements operieren und kommunizieren (vgl. Sarcinelli 2005: 64) – gegenüber dem engeren politischen System, innerhalb des Verhandlungssystems, gegenüber einer generalisierten Öffentlichkeit.

9.3 Regierung, Mitregenten, Öffentlichkeit

Die pluralistische Demokratie kennt den legitimen Dissens wie den notwendigen Konsens; ausgehend von einer Vielfalt an Bedürfnissen, Interessen und Organisationen konstituiert sich politische Gestaltung und Steuerung *auch* über eine Öffentlichkeit, die die Heterogenität der Interessen und Kräfte offen legt – und damit die Organisationsvielfalt des Politischen selbst. Hingegen der Begriff der „Verhandlungsdemokratie" impliziert ein Absprachengeflecht, das den *öffentlichen* Streit vermeidet. So wie die Verschränkung von Sach- und Machtfragen ein Kennzeichen des modernen Regierungsmanagements ist, ist es auch die Verflechtung öffentlicher und nicht-öffentlicher, formeller und informeller Verfahren der Entscheidungsfindung und -durchsetzung.

„Regieren" erfolgt dabei im Spannungsverhältnis von „Authentizität" und „Effektivität": Effektiv, als sich Regierungen um Lösungen für gesellschaftliche Probleme bemühen müssen, authentisch, als sich in ihren Vorschlägen den gesellschaftlicher Wille widerspiegeln sollte (vgl. Scharpf 1993). Problemlösungsstrategien koppeln sich also an Machterhaltungsstrategien und damit an Vermittlungs- und Kommunikationskompetenz. So wie der sachlichen Strategie selbst, ist es Ziel der begleitenden Kommunikation, eine langfristige strukturelle Mehrheitsfähigkeit zu erhalten (vgl. Machnig 2002c: 168) . Das unterstreicht noch einmal, dass Öffentlichkeit zwar eine notwendige, doch keine hinreichende Bedingung für die Ausübung von Macht ist. Daneben eröffnen sich der Politik Verfahren der informellen Kommunikation, also eine zweite politische Handlungsebene.

Öffentlichkeit als Moment des Regierens umfasst im Kern die Setzung und Vermeidung von Themen und Akzente, die Betonung bestimmter Argumente und die Dramatisierung abgelehnter Alternativen[4] – also vordergründig klassische Medienarbeit. Daneben wird vermutlich die Mehrzahl politischer Entscheidungen entgegen der Begrifflichkeit „Mediendemokratie" jenseits jeder Öffentlichkeit getroffen: „Viele davon sind extrem technisch und kompliziert, doch sie haben erstaunliche Nebenwirkungen. Hinzu kommt, dass viele durchaus denkbare Entscheidungen niemals entschieden werden, weil Interessengruppen sie aus dem Rampenlicht heraushalten. Wer aus wissenschaftlicher Perspektive politische Kommunikation unter die Lupe nimmt, muss sich auch in solchen dunklen Ecken aufhalten und nicht nur die öffentliche Bühne begutachten." (Strünck 2006: 196 f.).

Auf informelle, entscheidungsvorbereitende und entscheidungslegitimierende Netzwerke, auf Konsensrunden, Kommissionen und informelle „Bündnisse" wurde schon hingewiesen. Zumindest die zweite Legislaturperiode Gerhard Schröders wird der Nachwelt als Periode weitreichender Reformvorhaben in Erinnerung bleiben – primär im Kontext der sozialen Sicherungssysteme und dort in Kommissionsform; die Regierung Schröder pflegte das Kommissionswesen: ein *Bündnis für Arbeit*, eine *Wehrstrukturkommission*, ein *nationaler Ethikrat*, eine *Zuwanderungskommission* usf. Allerdings hatte Rot-Grün Kommissionen nicht entdeckt. So initiierte schon in den 60er Jahren Karl Hohmann, eine Schlüsselfigur in Ludwig Erhards Küchenkabinett, einen „Sonderkreis", in dem sich Wissenschaftler, Intellektuelle und Journalisten trafen, um über die Fortentwicklung der sozialen Marktwirtschaft zu debattieren – und über das Image Erhards (vgl. Müller/Walter 2004: 62 f.).

Doch möglicherweise haben die Kommissionen im Umfeld des Schröder-Kabinetts eine andere Qualität, weil Rot-Grün in die Vernetzung von gesell-

---

4   Nicht alles in der Politik ist strategiefähig: Werte und programmatische Grundlinien basieren meist auf parteipolitischen Traditionen und sind in der Regel nicht mittelfristig verfügbar.

schaftlichen und politisch-administrativen Akteuren besondere Hoffnungen setzte (vgl. Heinze 2004: 118) – eine zunehmend kritisch beäugte Tendenz: So wurde die Ausgliederung der politischen Entscheidungsvorbereitung aus den parlamentarischen Raum hinaus in Kommissionen als „Chefsachen-Präsidentialismus" angemahnt (Leggewie 2004: 110), als ein Unterfangen, das die Systematik der konstitutionellen Regierungsmechanismen und die parlamentarische Legitimation untergrabe. Das Stichwort „Entparlamentarisierung" ist schon gefallen (vgl. von Blumenthal 2003: 15). Andererseits ist eine sachliche Expertise für „gute", zumal konsensuale Politik eben faktisch nicht immer allein aus den Reihen der Politik und des administrativen Systems selbst zu leisten. Zumindest in der Pluralismustheorie ist organisierte Interessenvertretung konstitutiv für die Demokratie. Dies wird besonders in Politikfeldern deutlich, in denen der Staat zwar einem Handlungsdruck unterliegt, nicht aber autonom durch hierarchische Steuerung handlungsfähig ist: etwa in der Arbeitsmarkt- und Wirtschaftspolitik. Das *Bündnis für Arbeit* wäre, wertungsfrei, ein Beispiel für das Regieren durch Einigung auf Parameter, die für die Beteiligten insgesamt besser sind als ein Nicht-Handeln, ein Nicht-Entscheiden (ebd.: 13).

So haben sich in verschiedenen Politikfeldern *Policy*-Netzwerke mit „Entscheidungsinseln" formiert: „das Zusammenwirken diverser, häufig sehr heterogener Akteure (individuelle, kollektive, korporatistische) bei der Entstehung und Durchführung politischer Entscheidungen zum Zwecke der politischen Steuerung" (Korte/Fröhlich 2004: 33). Derart „sektorale Politik" und politikfeldspezifische Koordination manifestiert sich nicht allein in „offiziellen" Kreisen, sondern auch in einer Informalisierung der politischen Entscheidungsvorbereitung – auch unter Einbeziehung von parlamentarischen Fachpolitikern – durch Lobbyismus: einer Praxis, die „als Normalfall der politischen Steuerung immer bedeutsamer wird" (Leif/Speth 2003b: 13). Weil dies einem Politikverständnis zu widersprechen scheint, nach dem „die Abgeordneten ganz allein, Kraft ihres Wissens und ihrer politischen und moralischen Prinzipien zu entscheiden hätten" (ebd.: 9), wurde hierzulande schon in den 50er Jahren von Theodor Eschenburg (1955) besorgt eine „Herrschaft der Verbände" hinterfragt. Gegenwärtig werden auf der Lobbyliste des Bundestages knapp 1 800 Verbandsvertreter geführt; rund 4 000 Repräsentanzen von Interessensgruppen und Verbindungsbüros von Unternehmen tummeln sich im und um das Berliner Regierungsviertel, hinter

jedem Abgeordneten stehen, statistisch, über 20 Lobbyisten und Verbands-
funktionäre (Klingenburg 2003: 274). Regierungsmitglieder (und einzelne
Abgeordnete) stehen damit nicht nur gegenüber Interessensgruppen sondern auch intern und in Beziehung mit ihren Parteikadern in einem komplexen, informellen Kommunikationsgeflecht, dass gegenüber den üblichen
parlamentarische oder gouvernementalen Arenen abzugrenzen wäre.

Hier sollte man sich die Palette an Lobby-Tätigkeiten und -Kontakten
vor Augen führen: In einem engen Sinne meint Lobbying den Austausch
von Informationen mit öffentlichen Institutionen – als informeller Versuch,
diese Institutionen zu beeinflussen (vgl. van Schendelen 1993). Basierend auf
einer Analyse des politischen Umfeldes geschieht dies, wie es der Wortstamm nahe legt, im vorparlamentarischen Raum über Telefonate, Ge-
sprächskontakte, in kleineren und größeren Kreisen, im Umfeld von offiziellen Veranstaltung wie Kongressen usf. Vor allem durch die Vorlage von
Expertisen, Referaten, juristischen Gutachten verstehen sich Lobbyisten
durchaus als Politikberater, die in Zeiten komplexer Politik den politischen
Entscheidern (und der Ministerialbürokratie) strategische Hilfestellung leisten – oder gegebenenfalls die Opposition munitionieren (vgl. Leif/Speth
2003b: 20). Nun ist hier nicht die Stelle, Lobbyismus umfänglich zu sezieren.
Für unseren Kontext sollte festgehalten werden, dass Lobbyisten als zentrale
„Mitregenten" im Vorfeld öffentlicher Kommunikation erheblichen Einfluss
ausüben.

Ist der informelle Einfluss von Lobbyisten im Arkanraum des Politischen
unter demokratietheoretischen Gesichtspunkten sicher strittig, so stehen im
öffentlichen Raum die Medien selbst unter dem Verdacht der „Mitregent-
schaft" – in dem Sinne, als sie Politik lenken bzw. verhindern können. Immerhin kommt ihnen normativ, konkretisiert in den kommunikativen Frei-
heitsrechten, eine Aufgabe zu, die einer formalen Vetomacht oder einem
„Mitregenten" sehr nahe kommt: Die offene Gesellschaft nimmt die Medien
in die Informations-, Kritik- und Kontrollpflicht; dies macht sie aber natürlich nicht formell vetofähig (vgl. Kamps 2006).

Vetofähig sind Medien allerdings, erstens, *latent*: In Entscheidungsfin-
dungsprozessen der Politik wie etwa in der Programmentwicklung bei den
Parteien spielt die schlichte Existenz eines selbst durch wohlfeile Öffentlichkeitsarbeit letztlich *nicht kontrollierbaren* Beobachtungssystems eine zentrale
Rolle. Das Wissen um latent folgende öffentliche Kommunikation wirkt als

potenzielle Vetokraft: es wird nicht nur in Einzelfällen bereits während des Politikprozesses eruiert, was, wie, in welcher Form „vermittelbar" sei – und was nicht. Mehr noch: je stärker die Politik sich in ihrer Steuerungsfähigkeit aufgrund mangelnder Ressourcen und gegebener Verbindlichkeiten eingeschränkt sieht, desto größer wird die Bedeutung eines öffentlichen Handelns *an und für sich*, sei es sachorientiert, sei es symbolisch. Das mag mitunter auch paradox anmuten: Dass ein Bedeutungsgewinn öffentlicher Kommunikation für die Politik mit dem Risiko des allseits sichtbaren Scheiterns verbunden ist, eben diese öffentliche (Selbst-)Darstellung gleichwohl als notwendig betrachtet wird, belegen zahlreiche Beispiele, von misslungenen Inszenierungen bis zu Auftritten der politischen Entourage bei *Christiansen*, wo, ganz nebenbei, Positionen gleichsam im medialen Resonanzraum getestet werden – Stunden vor den montäglichen Treffen der Parteispitzen.

Vetofähig sind Medien, zweitens, *prozessual* und *akteursspezifisch*: Unterstützung und Zustimmung zur Änderung des Status Quo wird nicht nur *über* die Medien – bei der Bevölkerung, bei den Parteianhängern usf. – gesucht, sondern auch *bei* den Medien, und dies Tag für Tag: bei herausragenden (Schaltstellen-)Journalisten, bei Verbreitungs- oder Prestigemedien wie dem *Spiegel*, der *Bild*-Zeitung, der *FAZ* oder der *Süddeutschen Zeitung*. Diese „Meinungsführer" des Mediensystems besitzen Themenstrukturierungsmacht, Interpretationskraft und die Option, Anschlusskommunikation in der Gesellschaft zu generieren – und im Gegenteil: Beachtung, Bedeutung zu versagen. Sie tragen also den *Prozess* politischer Programm- und Entscheidungsfindung im Zuge öffentlicher Kommunikation durch deren Akzentuierung erheblich mit: Das Durchsetzungspotenzial von Positionen ermittelt sich nicht allein im Vorfeld mit Blick auf Medien, sondern auch im Zuge der öffentlichen Kommunikation *bei den Medien selbst*, wobei einzelne mediale Akteure sicher größeren Einfluss auf das Schicksal von Politik (Personen, Inhalte) besitzen, als andere. „*Noch* ersetzt die Talkshow nicht den Ortsverein." (Korte/Fröhlich 2004: 100; Herv. K. K.)

Drittens, schließlich, besitzt das Mediensystem eine *initiative* Vetomacht, sogar in einem recht formellen Sinne: Nicht erst von der Politik hervorgehobene Inhalte sind potenziell öffentlichkeitsinteressant, sondern *alle* Vorgänge im politischen System und deren (faktische oder unterstellte) Folgen. Das Bundesverfassungsgericht hat mit der Anerkennung z. B. der journalistischen Informationsrechte in seiner laufenden Rechtsprechung diese autonome, initiativ-kritische Funktion des Mediensystems mehrfach betont. Dass die fortschreitenden Ökonomisierung der Medien dabei auch einen besonderen Hang zu Skandal, Emotion und Konflikt evoziert, sei dahin gestellt, auch, dass Medien mit ihrem Skandalisierungspotenzial aus dem politischen Raum selbst instrumentalisiert werden. Anders als die institutionellen Vetospieler des politisch-administrativen Sektors, die auf Verfahren festgelegt werden, besitzen Medien einen universellen, Thematisierungs- und Publizitätsanspruch – wenngleich ohne förmlich verbrieftes Anhörungsrecht.

Offensichtlich spielen Medien – abseits von formalen Prozedere – bei der Vermittlung *und Durchsetzung* von gesellschaftspolitischen Entscheidungen eine wichtige Rolle. Im (engeren) Sinne einer Vetomacht ist die „Macht der Medien" dabei nicht festzuschreiben. Zentrale Akteure mit Vetostatus hingegen sind in der Bundesrepublik die Parteien. Die Reformagenda der Regierung Schröder zeigt, dass mitunter eine Unterscheidung von Regierung hier, Partei dort, allein analytisch oder mit Blick auf die originäre Initiation von Politikprozessen zu treffen ist: Gerade bei komplexeren Vorhaben stehen die Partei- und Regierungsebenen in einer beständigen, reflexiven, kommunikativen Austauschbeziehung zueinander und gegenüber anderen (etwa korporatistischen) Akteuren – und dies nicht allein hinter verschlossenen Türen, sondern auch öffentlich, vor den Kameras und in den Printmedien. Kaum ein umfangreicheres Politikprogramm, dass nicht eine Vielzahl von divergierenden Stimmen, Gegenvorschlägen usf. aus dem politischen System evoziert – nicht selten über Parteilinien hinweg, womit sich neben die Sachlage eine korrespondierende, von den Medien akzentuierte und gelegentlich forcierte Kommunikationslage gesellt. So sind als Medialisierungsfolgen zwei zentrale Tendenzen zu beobachten: *Erstens* ist das „Medienbild von Parteien [...] organisationsblind und prominenzlastig" (Sarcinelli: 2003: 41). Es ist, *zweitens*, ebenso kontrovers: Auseinandersetzungen und Kritik haben für den Journalismus einen zweifellos höheren Nachrichtenwert als einstimmig beschlossene Entschließungsanträge. Mit Blick auf die Verflechtung komplexer Politikprogramme, auf den enger werdenden faktischen Handlungskorridor politischer Steuerung und den resultierenden Kompromissen und Konsensmechanismen zwischen korporativen Akteuren stößt man dann auf ein Paradox: „dass den politischen Eliten in der Gegenwartsgesellschaft gleichzeitig ein *Bedeutungsverlust* und ein *Bedeutungszuwachs* zu attestieren ist" (Dörner 2004: 241; Herv. i. O.).

So vervielfacht die Medien- und Kommunikationsgesellschaft die Optionen für individuelle Akteure zur strategischen Kommunikation *über* die Medien in die politische Sphäre zurück: In einer Kommunikationsumwelt, der daran gelegen ist, z. B. aufgrund von Konkurrenzdenken, komplexe Zusammenhänge an Personen zu binden, geriet öffentliche Kommunikation zum herrschaftskonstitutiven und gegebenenfalls disziplinierenden Machtinstrument; neben die interne Auseinandersetzung in Parteien um Politikprogramme tritt eine einflussreiche Parallelwelt der öffentlichen Demonstration von Meinungen und Positionen. Für Regierungsakteure oder Parteifunktionäre kann dieser Mechanismus des *Going Public* als Verschiebung der Kommunikationsstruktur zu Gunsten indirekter Kommunikation über Medien, zu Lasten parteiinterner, direkter Kommunikation beschrieben werden. „Kommunikationsstrategien und Politikmanagement greifen ineinander, sind voneinander nicht mehr zu trennen. Das hebt die Bedeutung der Zentrale gegenüber jeder Basis." (Meng 1997: 131) Auch der Politiker Fritz Kuhn (2002: 90) betont in einem Beitrag zur Frage der „Strategischen Steuerung der Öffentlichkeit", dass aufgrund der funktionalen Notwendigkeit, Vielstimmigkeit zu reduzieren und diese in Botschaften zu fassen, „Machtzentren immer stärker auch Kommunikationszentren" seien.

Diese etwa durch Politainment-Formate forcierten „Medialisierungsfolgen" werden auch als „Transformation der politischen Elite" diskutiert (vgl. Dörner 2004). Zwar obliegen Rekrutierung und Nominierung politischer Eliten immer noch originär den Parteien (vgl. Sarcinelli 2004: 229), doch ist die strategische Medienkommunikation mit Adressaten aus der politischen Sphäre wiederum ein Beispiel für den engen Zusammenhang von „Mediendemokratie" und „Verhandlungsdemokratie". Dabei ist wohl zu konstatieren, dass die Regierung kommunikativ betrachtet das „Tagesgeschäft" für die Regierungsparteien betreibt: „Die Schrumpfung der Wählerbasis für die großen Volksparteien fördert somit einen auf die Mitte zentrierten Populismus als Regierungsstil der Amtsinhaber, der auf Mobilisierung und Konssenssicherung, weniger auf die Umsetzung politischer Konzepte achtet" (Korte/Fröhlich 2004: 166). Die Gefahr besteht, dass die politische Führung zum Opfer der eigenen Inszenierungen wird: trotz bekannter Verhandlungszwänge stellen sie sich so dar, „als wären sie die potenten politischen Gladiatoren, die mächtigen Lenker der Staatsgeschäfte" (Walter 2004: 70).

Eine derartige „Kommunifizierung" und die Erhöhung der Kommunikationsoptionen für die Spitzenpolitik bedingt einerseits eine Mehrfachadressierung verschiedener Publika, andererseits auch ein parteispezifisches Kommunikationsproblem: Die Vielstimmigkeit, eine an und für sich doch wünschenswerte Komponente der Parteiendemokratie, geriert in der medialen Kommentierung rasch zum Signal von Unentschlossenheit im Vorgehen, Unsicherheit in der Sache, Uneinigkeit in den Zielen. Gegenüber einer partiellen Öffnung der Politik in Richtung „mehr Kommunikation" ist dann auch eine Verschließung und einer Reduktion von komplexen Zusammenhängen auf „vermittelbare" – zielgruppenspezifische – Botschaften zu beobachten. Mit der Allgegenwart medialer Akteure und deren umfassenden Informationsansprüchen werden daher Konflikte in innerparteiliche oder innergouvernementale Gremien verlagert – mit der Folge mangelnder Transparenz der Entscheidungsstrukturen und einer Informalisierung des politischen Handelns. Zugleich übernehmen Medien die Funktion der (breiten) Mitgliederansprache; sie sind der Spiegel, in dem sich die dispersen Parteigliederungen gegenseitig beobachten – in dem sie ihre politische Spitze beobachten und dass, was dem (medialen) Anschein nach kommunikations- und politikfähig ist.

9.4 Regierungskommunikation und politisches Marketing[5]

Kurz nach Beginn ihrer ersten Legislaturperiode hatte die Regierung Schröder sich per Kabinettsbeschluss darüber verständigt, vom Bundespresseamt ein gemeinsames kommunikatives Rahmenkonzept erarbeiten zu lassen: unter dem philosophischen Titel „Aufbruch und Erneuerung" und mit dem Anspruch, komplizierte Sachverhalte nachvollziehbar darzustellen, damit ein Dialog zwischen Regierung und Bevölkerung auf Augenhöhe zustande käme. Damit sollten die Grundlagen für eine Modernisierung der Regierungskommunikation und des Presse- und Informationsamtes (der „Neuigkeitszentrale") gelegt werden – einer Modernisierung in Anlehnung an die Erkenntnisse und Instrumente der Wirtschaftskommunikation.

Eine der basalen Anforderungen an Politik und Wirtschaft gleichermaßen lautet, die Aufmerksamkeit der Menschen zu gewinnen, als Bürger oder als Kunden: Aufmerksamkeit für das, was als zielführend definiert ist. In der

---

5   Teile dieses Abschnittes basieren auf den Beitrag Meckel/Kamps 2006.

Politik meint dies: von den Kernaussagen eines politischen Programms über z. B. Reformkonzepte bis zu den Führungspersonen selbst, die für die Ideen einstehen. Nun ist öffentliche Kommunikation in den vergangenen Jahren auch für die Politik zweifellos komplizierter geworden. Und so haben Medialisierungsfolgen in der „Aufmerksamkeitsökonomie" nicht nur mit einem Kultur- und Ideenwandel zu tun, sondern sind auch Ausdruck des banalen Versuchs, die Komplexität der Kommunikation auf ein – für die Kommunikatoren wie für die Rezipienten – handhabbares Maß zu reduzieren.

In verschiedener Hinsicht ist dabei zu beobachten, dass Regierungshandeln nachgerade *ökonomisiert*; das Schlagwort der „Deutschland AG" beinhaltet einige Komponenten eines solchen Transfers, auch in kommunikativen Dimensionen: Die Bundeskanzlerin als Vorstandsvorsitzende dieser Länder-AG misst ihre Problemlösungskompetenzen an Managementqualifikationen, fasst die Leistungsbilanz der Regierungsarbeit an Indizes zusammen – Wirtschaftswachstum, Nettokreditaufnahme, Arbeitslosenquote usf. – und vergleicht sie in einem *Benchmarkingprozess* mit Leistungen andernorts (und muss sich umgekehrt daran messen lassen). Daneben hat ein Trend zur Markenbildung längst die Grenzen des ökonomischen Sektors überschritten. War es früher überwiegend die Wirtschaft, die Marken für Produkte schuf, so gilt dies längst auch für den Non-Profit-Sektor, und auch in der politischen Kommunikation haben Analogien zwischen Produkt- und Politikmarken Konjunktur. Wenn sich Politik „als Marke" mit Marketingmethoden profiliert, so ist das keine Entwicklung der vergangenen Jahre, sondern ein Langzeitprozess. Im Wahlkampf 1957 wurde in der CDU darüber gestritten, ob die Parteimitglieder Knöpfe mit einem Adenauer-Portrait tragen sollten; und dem Vernehmen nach gefiel Willy Brandt der Slogan „Willy wählen" nicht recht, mit dem die SPD 1972 in den Bundestagswahl zog, weil er ihm allzu dicht an einer Waschmittelwerbung lag (vgl. Leinemann 2004: 10).

Im Laufe der 80er und 90er Jahre änderte sich das Erscheinungsbild der Politik und der Regierungskommunikation: Parteitage als professionelles *Eventmanagement*, unterhaltende Elemente in die Politikvermittlung (*Politainment*), das Erschließen aller Kommunikationsplattformen einschließlich des Internet prägen die moderne politische Kommunikation. Das alles hat viel mit Professionalisierung zu tun: politische Kommunikation unterliegt – in Strategie und Verfahren – einem Management, das dem der Wirtschaftskommunikation ähnelt; und hatte sich die professionalisierte Konzeption von Politikvermittlung einige Zeit noch auf den Wahlkampf konzentriert, so bereichert das Stichwort der „permanenten Kampagne" seit den frühen 80er Jahren die politische Kommunikationsforschung und wirft Fragen nach Stil und Reichweite von Regierungskommunikation auf: Regierung, wenn man so will, als Marke, Regierungskommunikation als Marketing?

Um entsprechende Analogien auszuloten, müssen die Begriffe näher betrachtet werden. Eine Marke definiert sich nach Meffert (2002: 6) „[...] als ein in der Psyche des Konsumenten und sonstiger Bezugsgruppen der Marke fest verankertes, unverwechselbares Vorstellungsbild von einem Produkt oder einer Dienstleistung [...]. Die zu Grunde liegende Leistung wird dabei in einem möglichst großen Absatzraum über einen längeren Zeitraum in gleichartigem Auftritt und in gleich bleibender oder verbesserter Qualität angeboten". Eine Markenidentität vermittelt Kompetenz, bietet Orientierungshilfe, erzeugt Vertrauen und entlastet: Es ist keinem Menschen möglich, sich permanent alle Informationen über ein Produkt zu beschaffen.

Sind solche Indikatoren der Markendefinition auf die Politik und dort die Regierungskommunikation zu übertragen? „Unverwechselbares Vorstellungsbild", „gleichbleibende oder verbesserte Qualität": viele Beispiele lassen vermuten, dass „Politik als Marke", dass die Markenführung im definierten Sinne nicht so ohne weiteres auf die Politik übertragen werden kann – Koalitionsstreitigkeiten, abweichende Stimmen im Kabinett, „Nachbesserungen" respektive deren Forderung usf.: *Corporate Identity* ist kein stringentes Merkmal des Regierungshandelns, und war es wohl noch nie – allein schon, weil demokratisch verfasste Parteien kaum stringent hierarchisch steuerbar sind. Allerdings geht es hier nicht um die ideale Umsetzung des Markenkonzepts, so wie in Lehrbüchern beschreibbar, sondern um die Frage, ob Politik in der *Aufmerksamkeitsökonomie* ohne Rekurs auf Elemente moderner Markenführung überhaupt kommunikationsfähig ist.

Einerseits lassen sich Konsummarken und Politikmarken nicht eins zu eins übertragen. Politik ist nicht Persil oder Nivea, und die gesellschaftlichen und ökonomischen Wirkungen politischer Entscheidungen sind nicht mit denen von Kaufentscheidungen gleichzusetzen. Andererseits lassen sich zahlreiche Parallelen in die politischen Sphäre ziehen; auch ist die Nutzung des Markenbegriffs in der Politik keineswegs neu: Schon in der Vergangenheit waren Politikmarken eng mit konkreten Inhalten und politisch klar unterscheidbaren Auffassungen verknüpft. Glaubwürdigkeit und Beständigkeit galten als Kennzeichen solcher – langfristig angelegter – Grundpositionen. So stand der Slogan „Wandel durch Annäherung" für die Ostpolitik Willy Brandts und seiner Regierung und hatte durchaus *Claim*-Charakter. Solche Politikmarken dienen der Profilierung gegenüber politischen Alternativkonzepten. Sie bilden Leitlinien für die praktische Politik und ermöglichen eine einprägsame Vermittlung komplexer Sachverhalte mit hohem Wiedererkennungswert: sie zielen – wie in der Wirtschaft – auf die Förderung von Markentreue. Die Politik hat sich dieser Erkenntnis in den vergangenen Jahrzehnten immer konsequenter bedient.

So nahm sich die rot-grüne Bundesregierung im Koalitionsvertrag vom Herbst 1998 nicht nur „Fortschritt und Innovation", sondern gleich mehrere Reformvorhaben vor. Dass diese dann unter Begriffen, wie „Hartz I bis IV", „Riester-Rente" usf. kommuniziert wurden, ist allerdings auch gleich wieder ein Beleg für die mangelnde Perfektion politischen Marketings. Sperrige Reformkonzepte werden durch sperrige, bürokratische Begriffe nicht verständlicher. Es ist auch nicht unbedingt ratsam, ein ganzes Politikkonzept an eine Person (und deren Namen) zu binden. Weder Walter Riester, noch Peter Hartz haben die Umsetzung ihrer Konzepte in allen Stufen erlebt (und damit Metakommunikation ermöglicht, die dem jeweiligen Konzept nicht gerade zugute kam).

Wenn Politikmarken zur *Markenpolitik* werden sollen, wenn also die entwickelte Marke in den politischen Prozess „eingespeist" wird, erhält die praktische Umsetzung – das „Produkt- und Leistungsversprechen" – einen existentiellen Wert: Regierungen bieten den Wählerinnen und Wählern ein konkretes Versprechen an (Interessenvertretung, wirtschaftlichen Fortschritt, Wertebewahrung). Häufen sich die Diskrepanzen zwischen Versprechen und Einlösung, wird die Glaubwürdigkeit der Marke beschädigt, die Marke beliebig. Hier unterscheiden sich Politik und Wirtschaft höchstens graduell: Wenn ein Politik- oder ein Produktversprechen (faktisch oder imaginär) enttäuscht wird, wendet der Wähler sich ebenso ab wie der Kunde: von der Regierung (und ihren Parteien) und von den Personen (vgl. Meckel/Kamps 2006).

Im allgemeinen Sinne einer Austauschbeziehung, einer Orientierung an einem Markt, einer Kundenorientierung, ist der Marketing-Begriff somit leicht auf die Politik zu transferieren: Zwar sollte sich, normativ gesehen, demokratische Politik am übergeordneten Sozialgefüge orientieren, sicher aber ist (und war) sie stets auch *klientel*orientiert. Verständlicher wird die Popularisierung des Marketingbegriffs in der Politik, wenn man sich vor Augen führt, wie sehr die Politik in der Kommunikationsgesellschaft – der Logik der „Aufmerksamkeitsökonomie" folgend – einem Professionalisierungsdruck unterliegt. Der Ausdifferenzierung der Kommunikationsgesellschaft folgt parallel ein Wandel der politischen Kommunikation hin zu einer differenzierenden Klientelorientierung, wobei die politische Programmatik nach Maßgabe wahrgenommener Kundenwünsche entwickelt wird – so wie beim modernen Marketing die Kundenorientierung schon vor der Entwicklung eines Produktes ansetzt.

Für Regierungskommunikation folgt dem, dass ein adäquater Marketingansatz dort die richtige Mischung von *Outside-In-* und *Inside-Out-Orientierung* verlangt: *Outside-In-Orientierung* meint die wählerorientierte Gestaltung des Programms, die Integration von Ansprüchen und Wertezuweisungen der „Kunden". Jede erfolgreiche Markenpolitik muss die Erwartungen der Wählerschaft und spezifischer Teile der Wählerschaft, Parteiflügel, Vetospieler usf. als Erwartungserwartungen kommunikativ umsetzen. Die *Inside-Out-Orientierung*, die das „Verkaufen" der Politik umfasst – in Interviews, vor Kameras, in Gesprächsrunden, im Parlament usf. – gehört zu den Selbstverständlichkeiten politischer Kommunikation. Wer diese zweite Komponente zu stark hervorhebt, verengt die politischen Agenden. Beides ist in Balance zu halten. Eine Abweichung davon ließ sich wiederum bei Schröder unter dem Stichwort „Dislozierung" beobachten, einer Art „Chefsachen"-Strategie: Bündnis für Arbeit, Aufbau Ost, Zwangsarbeiterentschädigung, Billigjobs, ja selbst eine vorweihnachtliche Fahndung nach Bahn-Erpressern (vgl. Geyer et al. 2005: 82) – eine deutliche Überdehnung *Outside-In-Orientierung* des Regierungschefs.

Daneben gilt für die Organisation von Regierungskommunikation – und darüber hinaus: *Intern* muss die jeweilige Regierung die Kommunikationsprozesse so ordnen, dass eine offene und effiziente Diskussionskultur etabliert und gepflegt wird, ohne dass dies *extern* sofort als Unentschlossenheit oder Handlungsunfähigkeit wahrgenommen wird. Marketing in der Regierungskommunikation zur Generierung allgemeiner Unterstützung (in Politik *und* Gesellschaft) kann nur erfolgreich sein, wenn es gelingt, unter Berücksichtigung interner wie externer Ansprüche die Regierungsvorschläge oder -beschlüsse als allgemein verbindliches Entscheidungsprogramm schmackhaft zu machen. Ohne diesen Primärschritt der Generierung von Unterstützung bei ausgesuchter Klientel – *Outside-In*-Orientierung – wäre und ist jede noch so gute Öffentlichkeitsarbeit der Regierung – *Inside-Out*-Orientierung – zum Scheitern verurteilt.

In der „Aufmerksamkeitsökonomie" operiert die Politik, operiert Regierungskommunikation notwendigerweise in Anlehnung an Verfahren der Wirtschaftskommunikation – und umgekehrt. Schnittstellen sind: Legitimationsdiskurse, Personalisierung, Governance-Konzepte, Markenführung bzw. -kommunikation und Marketingstrategien. Insbesondere die Frage nach Marken und Marketing in der Politik hat derzeit in der Analyse politischer Kommunikation Konjunktur – wohl auch, weil in den jüngsten Wahlkämpfen die entsprechenden Veränderungen offenkundig wurden. Allgemein folgt dies einer zunehmenden Medialisierung der Gesellschaft und der Politik, und so ist eine weitere Professionalisierung der Regierungskommunikation zu erwarten. Eine solcherart integrierte Regierungskommunikation hat sicher immer mit machtpolitischen Verwerfungen zu rechnen; erst sie aber kann die professionellen Standards setzen, in der „Vielkanalöffentlichkeit" der Kommunikationsgesellschaft komplexe politische Vorhaben zu legitimieren – und durchzusetzen (vgl. Meckel/Kamps 2006).

9.5 Zwischenfazit

In der Bundesrepublik konstituiert sich der politischer Prozess mehrdimensional mit Vetospielern, „Nebenregierungen" oder „Mitregenten" und der Einbindung eines heterogenen intermediären Systems in die politische Willensbildung. Im fragmentierten Regierungssystem „bilden sich mehr oder weniger regelhafte, in vielen Fällen aber nicht rechtlich verfasste [...] Entscheidungs- und Handlungsmuster aus" (Kropp 2003: 23). Regierungsmanagement und Entscheidungsfindung in der „verhandelnden Wettbewerbsdemokratie" (Korte/Fröhlich 2004: 73 ff.) kennzeichnen sich nicht allein über den Parteienwettbewerb und die Dezisionskraft von Parlament(en) und Exekutive(n); vielmehr wird die verbindliche Konfliktregelung von einem Modus des Aushandelns geprägt, der *Macht* und *Interessensdurchsetzung* nicht auf Repräsentanten und Regierungsorgane beschränkt, sondern gesellschaftliche Akteure integriert.

Nachhaltige Veränderungen der Gesellschaftsstruktur (z. B. Individualisierung, Wertewandel, Flüchtigkeit politischer Einstellungen) stellen die
Politik seit geraumer Zeit vor gravierende Steuerungsprobleme (vgl. Sarcinelli 1994b: 42). Der Handlungsspielraum ist eng, und er wird mit dem dra-
matischen Rückgang materieller Verteilgüter immer enger. Restriktionen
politischer Steuerungsfähigkeit, die Minimalisierung sachlicher Entscheidungsspielräume ergeben sich daneben noch aus globalen Interdependenzen und Finanz- und Wirtschaftstrends, aus internationalen Abmachungen,
aus einer Abhängigkeit der binnenstaatlichen Entwicklung von nationalstaatsexternen Daten und mehr. „Überverflechtung und Überkomplexität,
Autonomieverlust und Vetosysteme gegen die Exekutivmacht deuten schon
begrifflich an, dass sich das Regieren unter modernen Bedingungen gewandelt hat." (Korte/Fröhlich 2004: 101)

War schon der föderalen Konzeption der *Bundes*republik ein pluralistischen Grundsatz inhärent, so können heute mehr denn je politische Programme nicht hierarchisch festgelegt werden. Dieser Zugang meint gleichfalls nicht, der politische Geltungsanspruch marginalisiere: „Weder ist die
Gesetzgebung als politisches Steuerungsinstrument vollständig obsolet geworden noch ist der Staat zu einem lediglich gleichberechtigten Spieler innerhalb eines nach allen Seiten offenen Entscheidungssystems herabgesun-
gen" (Helms 2003: 5). In der parlamentarischen Demokratie, die sich auf
(Koalitions-)Mehrheiten und Konsens über mehrer politische Ebenen hinweg stützt „erfolgen Konfliktregelungen und Problemlösungen in gegensei-
tiger Abhängigkeit, die Verhandlungszwänge entstehen lassen", wobei politischer Wettbewerb, Hierarchie, Verhandlungen im politischen System als
Handlungsmuster überlappen. Der Staat bedarf hier Steuerungsinstrumen-
tarien, „die über den traditionellen politischen Prozess zwischen den Verfassungsorganen weit hinausweisen" (Korte/Fröhlich 2004: 75). Dabei kann
festgehalten werden, dass die Politikwissenschaft sowohl theoretisch als
auch empirisch dargelegt hat (und damit einem wohl landläufigen Vorurteil
begegnete), dass komplexe Entscheidungen in einem komplexen Verhandlungssystem keineswegs ineffizienter sind als solche Entscheidungen, die
einem hierarchischen Entscheidungssystem entspringen (vgl. Scharpf 1991).
Politische Steuerung ist also nicht ausgeschlossen, sie ist in der Bundesrepublik möglich, wenngleich gelegentlich unter „schwierigen" Bedingungen.
Reformen (Steuer, Öko usf.) sprechen für das Prinzip, zeigen aber auch, mit

welchen Restriktionen und Hürden stets zu rechnen ist. Schachzüge wie das Umspielen von Vetospielern, etwa im Kontext der eingangs erwähnten Vertrauensfrage Schröders, sind dann allerdings meist mit Nebenwirkungen und Folgeproblemen verbunden (vgl. Schmidt 2002).

In einzelnen Politikbereichen sind *Policy*-Netzwerke mit „Entscheidungsinseln" zu beobachten, also das Zusammenwirken „häufig sehr heterogener Akteure (individuelle, kollektive, korporatistische) bei der Entstehung und Durchführung politischer Entscheidungen zum Zwecke der politischen Steuerung" (Korte/Fröhlich 2004: 33). In diesen Entscheidungsinseln dominiert weder ein gouvernementaler Dezisionismus, noch können gesellschaftliche oder wirtschaftliche Akteure gänzlich autonom agieren. Darüber hinaus ist hier eine Informalisierung des politischen Prozesses als Ergänzung ansonsten hierarchischer *Top-Down-Politics* zu registrieren.

So hat sich eine Vielzahl alternativer Entscheidungsstrukturen im unmittelbaren Umfeld der Spitzenpolitik entwickelt, jenseits der traditionellen, formalen Verfahren der Ministerialbürokratie. Als Kehrseite wurde gelegentlich die schleichende Entmachtung der Parlamente moniert. „Demokratietheoretisch stimmt es bedenklich, wenn immer mehr ‚Erwählte' an Stelle der ‚Gewählten' an Einfluss gewinnen" (Korte 2003: 38).

Ein zusätzliches Merkmal des modernen Politikmanagements ist, kurz gefasst, dass eine politische „Vermittlungsrationalität" neben die Rationalität der Sache tritt und „pragmatische Moderationen" von Interessen hierarchische Steuerung und normschaffende Verfügungen begleiten (vgl. Korte 2003). Im „Kräfteparallelogramm ihrer Machtressourcen" (Korte 2002: 21) kann politische Führung in Demokratien ihre materiellen Politikziele kaum noch ohne Referenz auf die „Handlungsebene Medien" verfolgen. Die Bedeutung öffentlicher Kommunikation erstreckt sich dabei nicht nur auf das demokratietheoretische Transparenzprinzip, sondern auf die Form der Machtgestaltung in der komplexen Gesellschaft. Dass der Zugang zu Medien durch Hierarchien (mit-)gesteuert wird und dann als Definitionsmacht reüssiert, mag ein Beispiel verdeutlichen: Als am Abend der letzten Sitzung des seinerzeit gescheiterten *Bündnisses für Arbeit* der Verdi-Chef Frank Bsirske einen Interview-Termin mit dem *Heute Journal* hatte, stand an zu erwarten, dass er dort seine Kritik an der Bundesregierung wiederholen würde. Das avisierte Interview war in Regierungskreisen bekannt, und so organisierte Regierungssprecher Anda kurzerhand ein Exklusiv-Interview

des ZDF mit dem Regierungschef; daraufhin wurde Bsirske ausgeladen –
und Schröder konnte als Erster seine Deutung der Ereignisse dem (Millio-
nen-)Publikum darlegen (vgl. Korte/Fröhlich 2004: 258).
Die Frage nach den Steuerungsmöglichkeiten und dem politisch Machbaren umfasst so gesehen die Frage nach dem Zustand und der Erreichbarkeit der Öffentlichkeit. Legitimation, Zustimmung und die Akzeptanz bisweilen „einschneidender" Vorschläge setzt eben voraus, dass der Staat, die
politischen Entscheidungsträger und Organisationen in „parakonstitutionelle[n] Vermittlungs- und Verhandlungssysteme[n]" (Sarcinelli 1994b: 42)
auch über das schon demokratisch gebotene Maß hinaus – Stichwort: Komplexität – Kommunikationsaufwand betreiben. Dabei gewinnen – neben
anderem – Sprecherstrategien an Bedeutung, Strategien dezentraler und
auch massenmedialer Kommunikation, bei denen die Akteure nicht nur
miteinander diskutieren, sondern immer zugleich um die Aufmerksamkeit
und Zustimmung eines dispersen Publikums konkurrieren. Politikvermittlung jenseits einseitiger Steuerung im neokorporatistischen Entscheidungsverfahren (vgl. Benz 1998; Mayntz 1996) konstituiert sich als operatives
Handlungsfeld mit der Aufgabe, in der Öffentlichkeit „,Resonanzen' im
Interesse des politischen Systems zu erzeugen" (Tenscher 2000: 9). Dies um
so mehr, als in der „Verhandlungsdemokratie" staatliche und nicht-
staatliche Akteure interagieren und dabei auf unterschiedliche Öffentlichkeitsformen und Medienzugänge zurück greifen (vgl. Jarren 1994e: 7).

10 Resümee

Wie kein anderer politischer Denker wird der Florentiner Niccolò Machiavelli mit einer negativ konnotierten, utilaristischen politischen Maxime identifiziert. Sein spektakulärer „Il Principe" gilt als paradigmatisches Plädoyer einer jeder Moral fernen Herrschaft, „Machiavellismus" als kühl kalkulierendes Politikmanagement, eine „radikal betriebene Zuspitzung auf das Prinzip der Macht", eine „Utilität der politischen Mittel bis hin zu systematischem Lug und Trug, Mord und Totschlag" (Nitschke 1997: 299). Im „Fürsten" typologisierte Machiavelli ein regulatives System der Politik, darin *virtù, prudenzia, occasione* und *fortuna* auch im Szenario einer Volksherrschaft: „Um zu dieser Herrschaft zu gelangen, ist nicht bloß Tüchtigkeit oder Glück erforderlich, sondern vielmehr eine erfolgreiche Schlauheit und ein Buhlen um die Gunst des Volkes oder der Großen. [...] Ein Fürst muß sich daher wohl hüten, je ein Wort auszusprechen, das nicht voll der [...] Tugenden ist. Alles, was man von ihm sieht und hört, muß Mitleid, Treue, Menschlichkeit, Redlichkeit und Frömmigkeit ausstrahlen"[1].

Nahezu ein halbes Jahrtausend nach der Publikation des „Principe" stehen Politiker nicht selten unter Verschleierungsverdacht, und ihre Kommunikationsberater schicken sich an, Machiavelli den Rang abzulaufen[2]: Nicht unbedingt Politik per se, häufig aber *politische Kommunikation* wird gleichgesetzt mit Täuschung oder Ablenkung, Vernebelung oder Selbstinszenierung, inhaltsarmen Geschwafel oder trübem Stimmenfang. Kaum Wunder, könnte man meinen, wenn sich ein „Politikverdruss" ausbreite, der öffentliche Kommunikation jede Relevanz für die demokratische Praxis abspricht. In dem Ausdruck „Mediokratie" klingt daneben an, die Medien hätten die Aufgaben des „Torwächters der öffentlichen Meinung und des öffentlichen

---

1   Niccolò Machiavelli 1997 [1513], Der Fürst. Frankfurt a. M., Insel TB, S. 54, 88.

2   Bezeichnenderweise gab Dick Morris, ehemaliger Berater von Bill Clinton, einem vielbeachteten Buch den Titel „The New Prince. Machiavelli Updated for the Twenty-First Century"; Morris 1999; auch nennt sich eine Wahlkampfagentur, die einst u. a. den russischen Präsidenten Boris Jelzin beriet, „Niccolò M"; vgl. Castells 2003a: 347.

Konsens" (Mazzoleni 1998: 107) übernommen und die Volkssouveränität gleichsam okkupiert. Zeigt sich – etwa – in der strapazierten Öffentlichkeit eines parlamentarischen (Visa-)Untersuchungsausschusses, in dem öffentlich überstrapazierten Prozentgeschacher einer Gesundheitsreform ein schleichender Wandel von der *repräsentativen* zur *präsentativen* Demokratie: einer Staatsform, die sich allein über Massenspektakel legitimiert, als Polit-Theater, das mit der „wirklichen" Politik wenig gemein hat?

Nun orientiert sich, das wurde immer wieder aufgegriffen, in Demokratien das Handeln der Politik *notwendigerweise* an einer Öffentlichkeit. Machterhalt und -gewinnung ist an Akzeptanz gebunden, die in einem 82-Millionen-Einwohner-Staat die Vermittlungsinstanz Medien benötigen. Und just hat es den Anschein, als sei eben dieser elementare Mechanismus der (Massen-)Demokratie – *öffentliche* Politik – ihr auffälligstes Krankheitssymptom. Wer sich in der „Kommunikationsgesellschaft" nicht *verkaufen* kann, wer sich im Wettbewerb um Aufmerksamkeit nicht strategisch zu positionieren weiß, Kampagnen nicht anständig dekliniert, wer Interviews nicht akquirieren, platzierten (und redigieren) kann, wer Gegenpositionen nicht öffentlich zu isolieren vermag, wer in Talksshows nicht eloquent plaudernd Sympathiepunkte „macht" und sich als Streiter für das Allgemeinwohl präsentiert (usf.), der hat womöglich schlechte Aussichten, an geeigneter Stelle politisch tätig zu werden (und Gutes zu tun). *Verkaufen*, das ist unmittelbar evident, hat einige *metaphorische* Qualitäten. Ist heute politischer Erfolg also allein eine Frage der „richtigen", professionellen Präsentationsstrategie?

Im Zuge der Spendenaffäre um Helmut Kohl publizierte *Die Zeit* einen Leitartikel mit dem Titel „Die Gier der Medien"[3]. In dem Text mahnt Roger de Weck, dort, wo „früher der Staat die Pressefreiheit bedrohte", dies nun „die Medien selbst" täten: „Medien können Demokratie sowohl sichern als auch aushöhlen. [...] [F]ür den Medienbetrieb schlägt die Stunde des Outing" – die Stunde eines „Journalismus der Nullinformation", der eher auf „übersättigte Medienkonsumenten" denn auf Staatsbürger abhebe: „Eine Art Journalismus kommt hoch, der die Wirklichkeit nicht abbildet, sondern inszeniert und sich nicht ungern inszenieren lässt, vom Pop bis zur Politik. [...] Wuchert jedoch die Mediendemokratie, wird sie noch kurzatmiger als ohnehin bei vierjährigen Legislaturperioden: Reflexe statt Reflexion". Nun fände sich „Infotainment als Zeichen der Überforderung jener Politiker und

---

3   Die Zeit, Nr. 1, vom 29. Dezember 1999, S. 1; Herv. i. O.

Journalisten, die unfähig sind, die Komplexität zu bewältigen, deshalb ihr Heil als *terribles simplificateurs* und flache Entertainer suchen". Zwar wird noch ein anspruchsvoller Journalismus genannt; der sei allerdings gefährdet durch „das Übel der Eitelkeit, das alte Übel der zu großen Nähe zu den Akteuren" oder – bezeichnend – „das jüngere Übel der Einflussnahme durch PR-Strategen und *spin doctors*".

Zu Recht wird hier an den nötigen Differenzierungsgrad jeder Politik- und Medienschelte erinnert. Doch erscheint das „Outing" eines „Journalismus der Nullinformation" und die Renaissance einer publizistischen Qualität wie Phönix aus der Asche. „Wirklichkeit abbilden" – ein hehres Ziel, nur, „dass Wirklichkeitsabbildungen oft sehr irreführend sein können, weil sich nicht immer ganz einfach herausfinden lässt, was eigentlich die Wirklichkeit ist" (Leinemann 2004a: 154): So wie einst die Kunstfälscher am Mythos des Originals kratzten, so demonstriert das zitierte „Übel" der „PR-Strategen und Spin Doctors" ein gepflegtes Zutrauen in eine „natürliche" Objektivität des Journalismus: „Der faktischen Instrumentalisierung von Medien und Journalisten als ,Agenten der Macht', die nicht sichtbar werden soll, steht der Mythos von Medien als unabhängige Institutionen und von Journalisten als einsame Streiter gegenüber" (Weischenberg 1997: 58).

Wahrscheinlich hat die demokratische Gesellschaft noch nie einem Leitbild deliberativer Willensbildung entsprochen, nach dem die Bürger sich über alle anstehenden Angelegenheiten informieren, Positionen abwägen, ihre Meinung rationalisieren und sie über Wahlen und andere Formen politischer Partizipation in das Repräsentativsystem einfließen lassen – und umgekehrt die Politik ihre Vorstellungen und Vorhaben wohlausgewogen, umfassend darlegt, während die Medien das Spektrum des Politischen erschließen und gegebenenfalls kritisieren. Allein die allfälligen Klagen, von der jeweils anderen Seite instrumentalisiert, „eingenommen" zu werden, lässt das Ausmaß der reflexiven Verschränkung zwischen Politik und Journalismus erahnen (vgl. Kaase 1986: 168).

Heute durchdringen die Medien alle gesellschaftlichen Teilbereiche, und wer in der „Ökonomie der Aufmerksamkeit" (Franck 1998) gehört, gesehen und gewählt werden will, orientiert sich an medialen Wahrnehmungs- und Vermittlungsmechanismen. Politik konstituiert sich für die meisten von uns bis auf Residualbereiche als vermittelte Sekundärerfahrung – einer Erfahrung, der man sich mitunter „besser mit der Haltung des Theaterkritikers als mit der des Informationssammlers aussetzen sollte" (Schmitt-Beck/Pfetsch 1994: 108). So überrascht die in den 80er Jahren von Roger-Gérard Schwartzenberg prominent kritisierte „Showbusiness-Politik" heute so recht niemanden mehr. Schwartzenberg (1998) selbst entwickelte eine „Théorie du mensonge", eine Theorie der Täuschung – in expliziter Anlehnung an Machiavelli. Ist jene „Politik als Theater" (Meyer 1998) in ihrer Grundform noch eine dem Publikum streckenweise doch einsichtige Aufführung von Laienschauspielern, so erwartet Paul Virilio schon länger einen „ungeheuren Kollaps"[4]: eine Ablösung der politischen Klasse durch eine Medienklasse.

1933 führte Franklin D. Roosevelt in einer seiner ersten Pressekonferenzen als amerikanischer Präsident etwas Neues ein: Er bat die anwesenden Reporter, ihn bei einigen heiklen Dingen nicht namentlich zu zitieren; im Gegenzug offerierte er ihnen „Background" und „Off-the-Record-Information": „[...] Franklin D. Roosevelt elevated *news management* to an art form" (Kerbel 1995: 32; Herv. i. O.). Dass „FDR" Einfluss auf Ton und Fokus der Berichterstattung üben wollte, ist einsichtig. Die anwesenden Reporter allerdings gaben „Standing Ovations" (vgl. Kurtz 1998: xx). Heute gehört diese Geschichte zusammen mit Konrad Adenauers Plaudereien am Kamin zum Anekdotenschatz der politischen Kommunikation. In einer „notwendigerweise spannungsreichen Beziehung" (Sarcinelli 1994b) kennt die Symbiose von Politik und Medien viele Schattierungen: von der Allgegenwart des Medialen in der Politik, vom Aufgehen des Politischen im Medialen bis zur subtileren, auch persönlichen Affinität und Verflechtung von Politikern und politischer Persuasion mit den Publizitätsansprüchen des Journalismus. Öffentlichkeit entfaltet sich als fluktuierendes „gesellschaftliches Totalphänomen" (Saxer 1998: 26). Die Konstruktion politischer Wirklichkeitsofferten evolviert zum politischen Handeln selbst (vgl. Patzelt 1998: 432).

Jetzt braucht man sich nicht gleich mit Kulturverfallsszenarien plagen, um die zentrale Rolle von Presse und elektronischen Medien für die moderne Politikvermittlung festzuhalten. Und man muss auch nicht apodiktisch dem radikalen Konstruktivismus zuneigen, „um zu begreifen, daß im Zeitalter einer Allpräsenz des Medialen die Massenmedien in besonderer Weise zu ‚Wirklichkeitsgeneratoren' geworden sind" (Sarcinelli 1997a: 317). Als Walter Lippmann 1922 die „Öffentlichen Meinung" untersuchte, gab es noch kein flächendeckendes Radio, geschweige denn ein Fernsehen. Doch erkann-

---

4   Die Zeit, Nr. 16, vom 15. April 1994, S. 53.

te er schon, dass den Chancen auf Information und Partizipation, auf politische wie affektive Integration abstrakter Kollektive immer Risiken der wirk-
lichkeitskonstitutiven Kraft der Medien gegenüber stünden – über einen
Mechanismus, durch den die Massenmedien in „doppelter Weise [...] zu
einem gesellschaftlichen ‚Ersatzindikator' geworden [sind]: zum einen für
die politischen Akteure im Hinblick auf die Wahrnehmung von Bürgermei-
nungen und zur Einschätzung des Volkswillens, zum anderen für die Bürger zur Wahrnehmung des politischen Geschehens" (Sarcinelli 1997a: 317).
Der Kommunikationsbedarf des politisch-administrativen Systems ist
erheblich gestiegen, und der Staat selbst referiert in einem komplexen Verhandlungssystem auf weitgehend autonome Akteure. Machte in den 80er
Jahren noch das Stichwort „Unregierbarkeit" Karriere, so zeichnet die Forschung heute ein facettenreicheres Bild, das weder auf das Steuerungsideal
des souveränen Nationalstaates, noch auf den völligen Verlust staatlicher
Steuerungsmöglichkeiten abhebt: „Am Ende des zwanzigsten Jahrhunderts
ist der Staat in ein [...] polyzentristisches Geflecht innergesellschaftlicher und
transnationaler Verhandlungsnetzwerke eingebunden, die einerseits seine
Fähigkeit zu hierarchischer Steuerung eng begrenzen, andererseits einer
umfassenden Steuerung gar nicht mehr bedürfen, sondern lediglich der
korrigierenden Intervention und komplementären Partizipation staatlicher
Instanzen." (Marcinkowski 1994: 53) Staatliches Handeln vollzieht sich weniger hierarchisch, mehr als Koorientierung und Kooperation. „Auch wenn
man die gleichsam modernisierungstheoretisch gewendete, alte (marxisti-
sche) These vom Absterben des Staates nicht ganz wörtlich nehmen muß, so
wird doch plausibel, daß Verhandlungs-, Koordinatoren- und Moderatoren-
kompetenz, Akzeptanz- und Konsensmanagement, kurz: kommunikative
Fähigkeiten legitimationstheoretisch und politisch-praktisch eine wachsende
Bedeutung zukommt." (Sarcinelli 1997a: 323)
Eine kommunikative Dependenz demokratischer Politik ist an sich nicht
neu; auch ist ein „Betreiben" politischer Selbstdarstellung nicht Ausdruck
allzu gewöhnlicher Eitelkeit, sondern eine Frage des politischen Überlebens.
Politikvermittlung in „professionelle" Bahnen zu lenken, mag zugleich ein
Reflex der Politik sein auf eine Pluralisierung der Werte, auf Säkularisierung
und Individualisierung, auf die Auflösung traditioneller sozialer Milieus
und institutioneller Bindungen. „Politisches Marketing ist nicht mehr und
nicht weniger als eine [...] Antwort, mit der die politischen Akteure auf die

Verwerfungen in der politischen Struktur reagieren: auf die Volatilität des Elektorats, die Schwächung tradierter Organisationen, die Mediatisierung politischer Kommunikation und die Verwissenschaftlichung von Politik" (Vowe/Wolling 2000: 88). Bereits Anfang der 80er Jahre hatte Wolfgang Langenbucher angesichts enger Gestaltungsspielräume von einer „Kommunifizierung" gesprochen: „Aus den überkommenen Formen und Praktiken politischer Werbung ist ein differenziertes Kommunikationsmarketing geworden, das aus Parteien [...] auch Kommunikationsinstitutionen, ähnlich den Massenmedien, macht" (Langenbucher 1983: 38): Es überrascht kaum, wenn die Politik sich dann in ihren kommunikativen Aktivitäten fachlich begleiten lässt; Demoskopen, Werber, Medienberater, PR-Fachleute usf.: Man kann sich den Beobachtungen kaum verschließen, dass die Akteure die „Rezepte" massenmedialer Darstellung differenziert anzuwenden suchen – und verstehen. „An dieser Stelle schleicht sich schnell ein ironischer Unterton ein und die Nase beginnt sich zu rümpfen [...] Irgendwie mögen wir professionelle politische Kommunikation nicht, sie hat einen Hauch von professioneller Liebe, sie hat die Anmutung künstlicher Blumen [...]" (Arlt 2004: 101 f.).

Viel Kritik an politischer Kommunikation basiert auf dem (idyllischen) Muster der Trennung von Inhalt und Vermittlung. Doch „scheinen Herstellung und Darstellung von Politik tendenziell zu verschmelzen, das eine wird nicht mehr ohne das andere gedacht" (Schmitt-Beck/Pfetsch 1994: 107): viele politische Positionen konstituieren und konkretisieren sich erst *in der öffentlichen Auseinandersetzung*. In der Praxis nimmt das Politische darüber dann mitunter Züge einer permanenten Kommunikationskampagne an. Was vormals (allein?) als notwendige Technik der repräsentativen Demokratie verstanden werden konnte – Politikvermittlung –, transformiert zur machtpolitischen Kompetenz. Absorbieren nun die *Spin Doctors*, nachgerade als letzte Instanz der Habermas'schen Vermachtungsthese, das Mediensystem gleichsam als kreative Souffleure jener Laiendarsteller des politischen Theaters? Politik, so ein verbreiteter Tenor, verliert ihre demokratische Unschuld, wenn sie sich darauf einlässt, die Welt aus den Augen von James Carville, Dick Morris, Karl Rove, Mathias Machnig, Michael Spreng usf. zu sehen. Wenn auch diese Haltung sehr pauschal anmutet und angesichts des hierzulande immer noch recht eigenwilligen Kommunikationsverhaltens der Spitzenpolitik etwas übertrieben, so ist sie doch als Warnhinweis zu lesen auf das Täuschungspotenzial, das jeder offenen Gesellschaft zu eigen ist – und sei es durch Unterlassung: „Je mehr Tele- und Medienpräsenz gefordert wird, desto eher könnte die Rückkehr der Arkanpolitik die Folge sein. Die vermeintliche Öffnung des politischen Feldes würde also de facto zur Schließung führen" (Jäckel 1999a: 52).

So mag man hinter der Praxis politischer Kommunikation einen neuartigen Machiavellismus vermuten, einen Schritt mehr nur hin zu einer Präsentationsdemokratie. So lange sich die Politik in ihren kommunikativen Aktivitäten auf ein Publikum einstellt, auf Medien und Zuschauer und deren (unterstellte) Erwartungen (und sich dabei beraten lässt), so lange wird es diese Kritik sicher geben. Im Kern läuft es auf die weniger plakativen Fragen hinaus, wo und mit welchen Folgen ein traditionelles Gefüge zwischen Parteien, Politikern, anderen politischen Organisationen oder Institutionen und Medien sowie der Bevölkerung einem funktional-differenzierten Zusammenspiel weicht: einem subtilen Arrangement der Interpenetration zwischen Politik und Journalismus.

Eingangs dieser Arbeit wurden nach der Leitfrage – *Welche Kommunikationsvorgänge intendieren politische Akteure und mit welchen Mitteln suchen sie diese zu realisieren, warum handeln sie so und was für einen Unterschied macht es?* – drei Analyseebenen unterschieden: (1) Die Akteurs- und Strukturebene, (2) die Ebene der Mittel und (3) die Funktionsebene.

Akteure und Strukturen

Einen Wandel von – *technisch* betrachtet – revolutionärem Charakter durchlief das gesellschaftliche Kommunikationsgefüge durch die Informations- und Kommunikationstechnologien respektive den Facettenreichtum ihrer Anwendungen. Auch für die politische Kommunikation hat allen voran das Internet, haben mobile Dienste und andere, innovative Kommunikationsdienstleister zu weitgehenden Veränderungen im Selbstverständnis, in der Anlage wie auch der alltäglichen Praxis geführt: Das System „kommunifiziert" allein über die schlichte Intensität und eine neue Form der Binnenkommunikation von Organisationen und zwischen Organisationen sowie neuen kommunikativen Verfügungsräumen der Akteure. Parteien, Verbände, Regierungen, Fraktionen, Verwaltungen usf. reformieren über die IuK-Technologien ihre internen wie externen kommunikativen Aktivitäten. Diese Entwicklung unterstützt innerhalb des politisch-administrativen Systems die über ein *New Public Management* in den 90er Jahren forcierten neuen „institutionellen Arrangements" (Sarcinelli/Schatz 2002b: 18), gekennzeichnet u. a. durch eine klientelorientierte Organisationskultur. Doch erstreckt sich dieser technologisch intensivierte Wandel zunächst auf die *Organisation* von Kommunikation und die *Verbreitung* von Informationen einschließlich der informativen Selbstdarstellung. So sehr man die Technik selbst als revolutionär begreifen mag: Strukturell durchlaufen die Akteure des Politikvermittlungssystems eine *evolutionäre* Phase der Modernisierung ihres Kommunikationsgefüges. Darüber gestalten die IuK-Technologien die für die politische Kommunikation zentrale Beziehung von Politik und Journalismus mitunter direkter, effizienter und ergänzen sie durch neue Informations- und Darstellungssegmente. Auch der Kontakt zwischen den politischen Akteuren und der Bevölkerung durchläuft keinen allumfassend grundlegenden Wandel, sondern wird durch spezifische Funktionen der Technologien *erweitert* – nicht nur im Wahlkampf mit kontextuell bestimmten Kampagnenseiten. Dabei wird zugleich in Teilbereichen, etwa Online-Abteilungen, das institutionelle Gefüge durch neue Akteursformationen umgestaltet; bei der Bürgerschaft wäre hier beispielsweise zu denken an durch die Online-Medien forcierte Protestformationen, *Online Communities* oder *Weblogs*.

Daneben sind die IuK-Technologien in einen übergeordneten Kontext der Evolution des Mediensystems seit den 80er Jahren einzuordnen. Mit der Ausdifferenzierung im Mediensystem der Bundesrepublik im Zuge der Einführung des dualen Rundfunksystems, mit den Transformationsprozessen nach der Wiedervereinigung und mit der Etablierung neuer Dienstleister durch Online-Medien und die Digitalisierung geht ein Wandel politischer Kommunikation einher: Ökonomische und technologische Entwicklungen revidieren Orientierungsstandards sowie Publikums-, Sprecher- und Vermittlerrollen beständig. Mit der Innovations- und Distributionsdynamik der elektronischen Medien stützt sich die Politik (weit über wahltaktisches Kalkül hinaus) in ihrem Kontakt mit dem Souverän auf die Vermittlungsleistungen eines Systems, das selbst vielfältige Wandlungsprozesse durchläuft – und einem steigenden ökonomischen Druck unterliegt. Politische Kommunikation und „ihre" Öffentlichkeit stellen sich mehr denn je als sozial fluktuierende und stets kontingente Konstrukte dar.

Im Kern stützt sich dieser Trend auf Aspekte der Ökonomisierung, Internationalisierung, einen technischen Wandel, die Entwicklung neuer Me-

dientypen, auf eine dynamische Differenzierung der Medienkultur und eine
steigende Selbstbezüglichkeit der Medien (vgl. u. a. Jarren 1998e: 78 ff.).
Diese *medienimmanente* Komplexität wird über die Pluralisierung der Werte,
über Säkularisierung und Individualisierung noch gesteigert durch eine
strukturelle Fragmentierung der Gesellschaft: Nachhaltige Veränderungen –
Wertewandel, Wandel des intermediären Systems, Flüchtigkeit politischer
Einstellungen, schwindende Bindungsbereitschaft der Bevölkerung an Parteien und gesellschaftliche Organisationen, Dienstleistungserwartungen
gegenüber dem (Reform-)Staat – sind für die politische Kommunikation
insofern ausgesprochen folgenreich, als sie zunehmend davon mitbestimmt
wird, inwiefern es den Beteiligten überhaupt noch gelingt, mit einzelnen
Positionen und Argumenten wahrgenommen und gegebenenfalls unterstützt zu werden. Neben Restriktionen des politischen Handlungs- und
Steuerungsspielraumes, neben einen (relativen) Verlust der Vermittlungs-
und Grenzstellenposition der Politik – z. B. durch Globalisierungsprozesse
oder Restriktionen der Staatshaushalte – treten strukturelle, medieninitiierte
Herausforderungen politischer Kommunikation. Zentrales handlungstheo-
retisches Merkmal des Politikmanagements ist nunmehr, dass eine politische
„Vermittlungsrationalität" neben die „Rationalität der Sache" tritt und
„pragmatische Moderationen" von Interessen hierarchische Steuerung begleiten, mitunter: ersetzen (vgl. Korte 2003).

Public Relations der Politik als (naheliegender) Nukleus ihres Kommunikationsmanagements ist dabei lediglich *ein* kommunikatives Handlungsfeld
unter anderen. In der Bundesrepublik entwickeln sich derzeit spezifische
Berufsrollen, Sparten und Nischen politischer Kommunikationsberater.
Dabei ist fallweise zu beobachten, wie einige Medienstrategen und Kommunikationsexperten nahe an politische Entscheidungsstrukturen herangeführt
werden – in der großen Koalition etwa im Falle der neuerlichen Berufung
von Mathias Machnig zum Staatssekretär (nun im Umweltministerium).
Jenseits derartiger Posten bleibt der Handlungskorridor von kommunikationsstrategisch versierten Beratern in der Praxis des politischen Alltags
gleichwohl eingeschränkt: Vom Öffentlichkeitsarbeiter wird, neben der
kommunikationsbezogenen Fachkompetenz, vor allem eine auf einen Spitzenpolitiker oder eine Organisation konzentrierte Loyalität erwartet; die
politische Funktionslogik dominiert nach wie vor die Kommunikationslogik
– womit Fragen der strategischen Kommunikation weitgehend in der politi-

schen Sphäre verbleiben. Für die Bundesrepublik muss festgehalten werden, trotz der siebenjährigen Ära eines „Medienkanzlers", dass sich ein Kommunikationsmanagement nicht vom Handwerk zur Profession gewandelt hat. Insbesondere im Vergleich zu den USA wird doch deutlich, dass der Know-How-Transfer der Kommunikations- und Medienarbeit wesentlich informeller und parteipolitischer verläuft: „der Markt für strategische Beratungsleistungen ist in Westeuropa stärker durch parteipolitische Loyalitäten, persönliche Vertrauensverhältnisse und den ideologischen Hintergrund der externen Politikberater segmentiert" (Plasser/Scheucher/Senft 1998: 26). Hier sind zwei Trends hervorzuheben:

Erstens positionieren sich einige Kommunikationsagenturen auf dem Markt der Politikberatung, sie profilieren sich – marktorientiert – als Dienstleister mit spezifischen Know-How in der Technik und im Verfahren medialer Kommunikation *für das politische System*; doch konzentrieren sich ihre Aktivitäten deutlich kommunikations*taktisch*, nicht politik*strategisch*. Solche strategischen Funktionen im Rahmen der Formulierung und Vermittlung von Politikprogrammen (so wie sie in den USA auch von den *Think* oder *Advisory Tanks* erfüllt werden) bleiben, neben der Spitzenpolitik selbst, einigen prominenten *politischen* Beratern vorbehalten, deren Karriereaussichten sich meist an den Erfolg der von ihnen vertretenen Politikprogramme bindet – und nicht an publizistische Kriterien. Die Entwicklung bleibt also dahingehend zweigeteilt, als einerseits in der Tat einige Akteure der Kommunikationsbranche eine spezifische Profilierung im politischen Raum anstreben, dass andererseits aber ein Kommunikationsmanagement, das politische Positionierungen und zumindest mittelfristiges strategisches Denken einschließt, überwiegend aus den Reihen der Politik selbst geleistet wird[5].

Zweitens ist ein Ausbildungs- und Qualifikationsweg für kommunikationsorientierte Politikberatung, was ein Indiz für eine Professionalisierung *als Berufsbranche* wäre, hierzulande allein in Ansätzen erkennbar. Mit den in den Bundesländern forcierten neuen Studienabschlüssen – Bachelor, Masters – sind an einigen Universitäten Studiengänge eingerichtet worden, in deren (weiteren) Zusammenhang auch politisches Kommunikationsmanagement fällt. Das umfasst eine Spannbreite von der „Organisationskommunikation" über „Politische Kommunikation" bis hin zur engeren „Politikberatung".

---

5   Diese Entwicklung wird wertungsfrei referiert: es wird nicht unterstellt, etwa, dass die Heranziehung von (explizit so ausgebildeten) Medienberatern wünschenswert oder im Gegenteil nicht anzustreben wäre.

Auch in Berufsakademien der *Public Relations*-Branche oder deren Umfeld wird dem Thema politische Kommunikation mehr und mehr Aufmerksamkeit gewidmet, häufig unter dem Begriff *Public Affairs*. Hier wird politische Kommunikation auch in der Aus- und Weiterbildung von Akteuren des gesellschaftlichen Kommunikationssystems bereits unmittelbar an Politikmanagement, an unternehmerische Interessenrepräsentation und Lobbyismus gekoppelt. Gleichwohl ist ein über solche Ansätze hinausgehender institutionalisierter Niederschlag in entsprechenden Bildungs- und Studienfeldern bislang nur ansatzweise zu erkennen. Andererseits aber wird dadurch eine Spezialisierung einzelner Akteure gefördert: ein *relativer* Rückgang der allein dem (partei-)politischen System geschuldeten Karrierewege von Kommunikationsberatern kann zumindest festgehalten und künftig in größerem Maße erwartet werden.

Mittel

Auch hinsichtlich der Entwicklung der Verfahren und Instrumente politischer Kommunikation ist zunächst an die durch die Innovationsdynamik inzwischen etablierten Anwendungen der Online-Kommunikation zu denken. Wenngleich empirische Arbeiten beständig referieren, dass diese Anwendungen *im politischen Kontext* noch keinen umfassenden Einbruch in tradierte Verfahren der politischen Kommunikation der Gesellschaft gefunden haben, so ist doch festzuhalten, dass die Online-Infrastruktur beachtliche Öffentlichkeitsarenen jenseits des engeren politischen Systems eröffnen und schon eröffnet haben. Für diese Arenen wie auch die Binnen- und Außenkommunikation in politischen Organisationen und Institutionen haben die Vielfalt und der Facettenreichtum der IuK-Anwendungen, hat die technische Kommunifizierung aller Politikbereiche und -akteure sicher zur Steigerung von Effizienz und Effektivität der Kommunikationsbeziehungen geführt. Anekdotisch auf dem (wertungsfrei) niedrigsten Niveau für entsprechende Stile bleibt anzumerken, dass die erste Frau in der Kanzlerschaft der Bundesrepublik Deutschland sich mittlerweile regelmäßig und direkt über *Podcast*-Sendungen an die (derart interessierte) Bevölkerung wendet.

Viele Anwendungen der Online-Medien entwickeln ihr politisches Potenzial im Rahmen der Wahlkampfkommunikation, ja der Wahlkampf ist schon traditionell als Katalysator von später in anderen Kontexten etablierten Instrumenten und Techniken der politischen Kommunikation zu verstehen. Insbesondere im Zusammenhang mit einer „Amerikanisierung" der Wahlkampfmethodik kann jenseits der semantischen Dürftigkeit des Amerikanisierungsbegriffs doch beobachtet werden: An amerikanischen Vorbildern orientierte und an die Bedingungen in der Bundesrepublik adaptierte Kampagnentechniken und -instrumente, einschließlich demoskopischer Verfahren, markieren schon seit den 60er Jahren in wechselnden Schüben die „Modernisierung" politischer Kommunikation und Kampagnen – auch für weniger etablierte Akteure oder *Non-Profit*-Organisationen. „Yet rather than a specifically American development, with practices like negative advertising, personalized politics, or high campaign expenditures which are subsequently exported in a pre-packaged box to other countries, it seems more accurate to understand this process as an ‚import-export‘ shopping model with campaigners borrowing whatever techniques are believed to work" (Norris 1999: 1). Vor allem hinsichtlich ihrer „Professionalisierung" im Sinne einer De-Politisierung haben Wahlkämpfe breitere Aufmerksamkeit auf das Thema gelenkt: Die Externalisierung der Kampagnenführung – keinesfalls *unisono* als Trend zu beobachten – hat die Debatte um Form und Wesen der Politikvermittlung auch über Fachkreise hinaus angeregt; sicher haben die *Kampa*-Kampagnen der SPD ihren eigenen Anteil daran.

Dabei zeigt sich bei näherer Betrachtung dreierlei: *Erstens* scheint der Wahlkampfkontext (allein schon aufgrund seiner machtpolitischen Konsequenz) ein idealer Nährboden für die Spezifizierung von Kommunikationstechniken und -verfahren, für einen eher instrumentellen, persuasiven Blick auf das Verhältnis von Herstellungs- und Darstellungspolitik, für ein grundlegendes Verständnis von Kommunikation als politisches *Mittel* – jenseits der Parteitags- oder Parlamentsreden. Dabei, *zweitens*, entwickelt (zumal in Zeiten einer permanenten Kampagne) der Wahlkampfkontext Vorbildcharakter für den politischen Alltag, wenngleich allein aufgrund stets knapper Ressourcen die hierzulande zentralen politischen Akteure, die Parteien, keinen „wirklichen" Dauerwahlkampf mit allen Feinheiten und Instrumentarien der Kommunikationsbranche führen können; gleichwohl scheinen die Kampagnenerfahrungen – z. B. was den operativen Einsatz von demoskopischen Daten betrifft – durchaus auf den „Normalfall" Politik auszustrahlen: also etwa auf die kommunikative Begleitung von Politikimplementierungsprozessen durch Ministerien und die Neuausrichtung und Umstrukturierung der gouvernementalen Presse- und Informationsämter. *Drittens* wiederum ist bei aller Orientierung an amerikanischen Vorbildern die über Wahlkampfkommunikation initiierte Kommunifizierung eher als Teil eines allgemeinen gesellschaftlichen Modernisierungsprozesses zu verstehen, der wiederum auf technologischen, ökonomischen, sozialen und politischen Transformationsprozessen beruht. In der Folge dieser Prozesse ist als Trend eine Konvergenz der vormals strukturell wie instrumentell differenzierteren Kommunikationsprozesse in Politik und Wirtschaft zu erkennen: politische Kommunikation *ökonomisiert*, Wirtschaftskommunikation *politisiert.*

Mehr den ökonomischen Parametern der Modernisierung des Mediensystems geschuldet ist daneben die Orientierung der Politik an medialen Darstellungsangeboten jenseits der klassischen Informationsformate – und jenseits von Verfassungsorganen. Der leidlich bekannte Glückwunsch von Friedrich Merz an *Sabine Christiansen* anlässlich der 250. Ausstrahlung der Sendung, sie würde „die politische Agenda in Deutschland mittlerweile mehr als der deutsche Bundestag" bestimmen (hier zit. n. van Rossum 2004: 15), trifft diese Orientierung und ihre (unterstellten) Folgen in mancher Hinsicht: die Ausdifferenzierung des Mediensystems hat insbesondere im Feld des „Infotainment" die schlichte Quantität an Selbstdarstellungsplattformen für die Politik, für *Politainment* vermehrt. Damit gehen nicht nur struktur-normative Konsequenzen einher, so wie sie Merz andeutete, sondern auch Fragen der Personalisierung, Glaubwürdigkeit und Akteurskompetenzen im Zuge eines *Going Public*: die Fähigkeit, beispielsweise, im TV-Auftritt Sachkenntnisse an Eloquenz zu koppeln oder einen entsprechenden Zusammenhang zumindest zu inszenieren, gewinnt mitunter an Bedeutung für die Wahrnehmungschancen und damit Karrieren einzelner Personen. Dass die Politik in Zeiten abnehmender Steuerungsfähigkeit, schrumpfender Handlungsspielräume und ökonomischer Verwerfungen auf fremd- und selbstinszenierte Muster politischen Handelns in solchen Unterhaltungsformaten zurückgreift, ist an sich nicht verwunderlich (auch nicht, dass sie sich gerne davon distanziert und dem politischen Opponenten einen Hang zum Schwadronieren in quotenträchtigen Formaten vorwirft). Mit einer stärkeren, medienspezifischen Betonung der politischen Personals gewinnt die Spitzenpolitik – die sich in den entsprechenden Kreisen bewegt – insofern eine Machtressource hinzu: Das Instrument der Inszenierung jenseits von *Sound Bites* in klassischen Nachrichtenformaten. Als dysfunktional ist natürlich anzunehmen, dass Politik weitaus komplexer ist, komplexer als es in unterhaltenden, mitunter auch hochpersonalisierten Politikformaten in der Regel angesprochen wird oder werden kann – was zu Fehlerwartungen z. B. hinsichtlich der Lösungskompetenzen oder Alternativen beim politischen Publikum führen mag. Rein kommunikativ betrachtet betreibt die Politik dabei durchaus eine an der „Jetztzeit orientierte Diskursvermeidung" (Meyer 2001: 88): eine Mediatisierung als Mittel der politischen Verhandlungsprozesse, die das Aufbrechen von Widersprüchen, Hindernissen, Konsenszwängen usf. erschwert, weil allein der mediale Augenblick das längerfristige Sein bestimmt oder das rhetorische Geplänkel die Durchsetzungsfähigkeit eines Politikers manifestiert und Vertrauen (in ihn, seine Partei, in Positionen, bekannte wie unbekannte) rechtfertigt.

Schließlich ist hier, neben den ersten beiden Komplexen – klassische Medienarbeit, Ausweitung der Inszenierungszone –, noch das Phänomen der Strategiebildung durch Kommissionierung und Verwissenschaftlichung der Politik zu nennen. Nun hatten von der Politik eingesetzte Kommissionen wohl schon immer den faden Beigeschmack der Ablenkungsstrategie. Doch scheint es, dass mit den beschriebenen, enger werdenden Handlungsspielräumen die Politik über eine „Kommissionitis" diese engen Spielräume zu kompensieren sucht; so hat die Zahl und die verfahrensbegleitende, inhaltliche Bedeutung der Kommissionen (und ähnlicher Kreise) für die Programmfindung und Politikimplementierung in der Bundesrepublik in den letzten Jahren zugenommen; das mag auch an einem eigenen Politikstil der Regierung Schröder liegen (die gegenwärtige große Koalition muss offensichtlich wieder deutlich parteipolitischer agieren), schuldet sich aber sicher zu einem Teil der weitreichenden Natur der Reformvorhaben die sich z. B. hinter „Rürup", „Riester" oder „Hartz" verbergen. Kommunikationsstrategisch betrachtet werden hier Ressourcen aus Teilbereichen der Gesellschaft – Wissenschaft, Wirtschaft – von der Politik eingefordert und öffentlich zur Legitimation, zur Beiführung eines generalisierten Konsenses demonstriert.

Funktions- und Zielebene

Hinsichtlich der Funktionen und proximaten wie ultimaten Ziele politischer Kommunikation gilt zunächst, dass sich der normative Horizont politischer Kommunikation in den letzten Jahren nicht verschoben hat: Kommunikation bleibt nach wir vor elementar für die *Legitimation* demokratischer Macht (und Machtzuweisung). Bei aller Subtilität von kommunikationsorientierten Überlegungen innerhalb der Politik: der „letzte Zweck" hat sich nicht prinzipiell verändert.

Allerdings ist sogleich hinzuzufügen, dass mit der Ausdifferenzierung des Mediensystems und anderen dargelegten Entwicklungen hinsichtlich der Handlungs- und Steuerungsfähigkeit der Politik auch eine Differenzierung der legitimationsführenden Aktivitäten im Rahmen des politischen Prozesses einher geht. Erinnert sei an das Beispiel der Legitimation durch Beratung, an die Inszenierungsproblematik und die Reduktion von Komplexität, an die Personalisierungsfrage und die Kopplung von Legitimation an Vertrauen in die Lösungskompetenz von einzelnen Personen. Zugleich sind Medien nicht *allein* als funktionales Äquivalent für die Kommunikation zwischen Politik und Gesellschaft zu begreifen. Politik, Journalismus und Bevölkerung charakterisieren sich nicht durch eine (relative) Autonomie ähnlich der von Schauspiel, Rezensent und Publikum, vielmehr als Trias mit symbiotischen, interdependenten und spannungsreichen Beziehungen. Sicher erfüllt der Journalismus nach wie vor zu einem überwiegenden Teil die wichtige Funktion der aktuellen Information der Gesellschaft; daneben aber entwickeln sich im Mediensystem andere Plattformen der Kommunikation zwischen Politik und Bevölkerung sowie neue *Going-Public*-Instrumente – und relativieren die Bedeutung eines „klassischen" politischen Journalismus, zumal in seiner Konnotation als „vierte Gewalt".

Auf Seiten der Politik ist eine stärkere Konzentration auf proximate, also kurzfristige Ziele im Kontext öffentlicher Kommunikation unverkennbar. Beispielsweise scheint – geschuldet der medial genügsamen Dichotomie von Sieg und Niederlage – mitunter das zweckrationale, am *darstellbaren* Erfolg *an und für sich* orientierte Handeln die strategische, verständigungsorientierte und in den ausdifferenzierten Industriegesellschaften von einiger Komplexität begleitete Politik zu dominieren. Auch die Tagesaktualität der medial geprägten Themengesellschaft beschleunigt einen Hang zur Kurzfristigkeit, überspitzt: Promiskuität der Debatte. Diese Perspektive legt immer noch die hier nicht abschließend zu beurteilende Frage nahe, „wie weitgehend die Veränderung der politischen Logik selbst unter dem Einfluß der massenmedialen Politikvermittlung ist und was vom Politischen dabei überhaupt noch übrig bleibt" (Meyer 1999: 148).

Insgesamt folgt dies dem Trend einer übergeordneten „Mediengesellschaft": Für die politischen Akteure und Organisationen, insbesondere die
Parteien, wird angesichts der Pluralität im Mediensystem, in der Gesellschaft und im politischen System der Faktor Kommunikationsdisziplin ihrer
Parteimitglieder und Spitzenpolitiker zu einer operativen, kurzfristigen und
taktischen Frage der Profilierung und Positionierung. Dabei ist Thomas
Meyer (2001: 153 f.) sicher in seiner Diagnose zu folgen, wonach die Parteien
einerseits nach wie vor als Diskurs- und Entscheidungsgemeinschaften herkömmliche Strukturen der Interessenaggregation und -durchsetzung fern
der kommunikativen Vermittlungsebene aufrecht erhalten, andererseits aber
in ihren faktischen Wirkungsmöglichkeiten stark eingeschränkt werden –
wobei insbesondere eine kontinuierliche Interventions- und Einflussrolle
unter dem doppelten Druck von Medienzeit und Medienlogik nicht länger
gehalten wird. Die Parteien (aber auch Verbände und Gewerkschaften) tendieren dann dazu, sich von der politischen Gesinnungsgemeinschaft zum
optimierten Dienstleistungsbetrieb zu entwickeln (vgl. Sarcinelli/Schatz
2002b: 17): Sie gewinnen an „Beobachtungskompetenz" (z. B. Meinungsmarkt, Demoskopie, Auftragsforschung) und professionalisieren ihren
Kommunikationsapparat (Presse- und Öffentlichkeitsreferate) durch Ausdifferenzierung, Spezialisierung und mitunter systemübergreifende Ausweitung, um im subtilen Zusammenspiel von Inhalt, Verbreitung und Wahrnehmung ihre jeweilige, spezifische gesellschaftliche Operation zu vollziehen: Machterhalt oder Machtgewinnung.

*

Politisches Kommunikationsmanagement in der Bundesrepublik ist damit
als relationale, sich graduell evolvierende Größe zu bewerten: Im Vergleich
zu etwa den 80er und 90er Jahren gewinnt es stetig an Bedeutung. Entsprechende Transformationsprozesse und Trends – gerne plakativ in Wand-
lungsmetaphern gefasst – erweisen sich aber bei näherer Betrachtung über
einen längeren Zeitraum als sehr viel langfristiger und hintergründiger, als
dies meist dargestellt oder in Komposita wie der „Mediendemokratie" gefasst werden kann. Auch deckt politische Kommunikation in all ihren Facetten zwar einen wichtigen, doch nach wie vor nur spezifischen Ausschnitt
der politischen Wirklichkeit und des politischen Handelns ab. Die angespro-

chenen Politikvermittlungsmuster und -strukturen, die der Konzentration des Textes geschuldete Betonung von Kommunikation und Öffentlichkeit u. ä. sollten also nicht den Blick darauf verwehren, dass „es auch eine bisweilen sehr wirkungsreiche Politikvermittlung in eher medienfernen, wenig spektakulären, verhandlungsdemokratischen Strukturen, Gremien und Prozessen gibt" (Sarcinelli 1998b: 14). Deutlich unterrepräsentiert, beispielsweise, erscheint in der öffentlichen Darstellung des politischen Prozesses wie auch in der Analyse von politischer Kommunikation vor allem die einflussreiche Ministerialbürokratie – und der Einfluss nicht-öffentlicher strategischer Kommunikation über Lobbyismus oder *Public Affairs*. Daneben wird in den Gremien und Ausschüssen der Parlamente und Ministerien und Fraktionen usf. noch immer in hohem Maße Politik betrieben, die nicht ihre Öffentlichkeitsarbeit oder Politikvermittlungsstrategien bereits im Geiste führt. Zwar mag auch dort die mediale Vermittelbarkeit von Positionen und Argumenten eine latente, dem jeweiligen Amt folgende Rolle spielen; aber das soziale Konstrukt und der kommunikative Druck einer „Mediengesellschaft" überwiegt keinesfalls die Problemlösungsansprüche und Handlungsspielräume des politischen Alltags, wenngleich er in ihn hineinreicht. Dabei bleibt noch festzuhalten, dass und wie ursprünglich ohne Beachtung der kommunikativen, vermittelnden Dimensionen erarbeitete Programme, *Policies*, mehr und mehr aus einer Interaktion zwischen politischem und medialen System entstehen, aus einer Aktivität, die gelegentlich als „mediales Probehandeln" zu bezeichnen wäre: in der öffentlichen Kommunikation wird die Resonanz des politischen und gesellschaftlichen Raums „getestet", es wird eruiert, welche Reaktionen sich auf welche Positionen melden und als (macht)relevant erweisen und welche Alternativen und Argumente für die eigene Seite vereinnahmt werden können, ja mitunter: wie die eigene Seite selbst „auf Kurs" gebracht werden kann: „Die Policy-Dimension wird somit in der Mediendemokratie aus einem *medienexogenen* zu einem *medienendogenen* Faktor" (Meyer 2001: 144; Herv. i. O.). Medien transformieren von der Vermittlungsstruktur zur *Kalkulationsstruktur*.

Sicher: nach wie vor bestimmt sich der Zugang zur medialen Öffentlichkeit auch über Kriterien und Merkmale des sozialen oder politischen Status; aber diese Kalkulationsstruktur bietet nicht nur Chancen für Professionalisierungsbemühungen einzelner Akteure mit besonderem Talent oder Einblick, sondern fordert zugleich eigenständige Leistungsmerkmale von prak-

tisch allen politisch relevanten Organisationen und Institutionen ein. Waren
Vermittlungsstrategien immer schon ein Stück weit an Kommunikationstechnologien und das gesellschaftliche Kommunikationsgefüge gebunden,
so forciert die „Informations- und Kommunikationsgesellschaft" eine evolutionäre Entwicklung des explizit politischen Kommunikationsgefüges, in
dessen Zentrum in der Tat ein *Management* jenseits des Hintergrundge-
sprächs steht: die Planung, Koordination und Exekution von vielschichtigen
Kommunikationsprozessen auf allen gesellschaftlichen Ebenen – mit, aber
auch: abseits einer schlichten „Medienarbeit" und mit einem multikanalfä-
higen Blick auf Publika, Vetoakteure, Ministerialbürokratien, Verbände,
Gremien, gesellschaftliche Gruppen sowie die Steuerungs- und Strategiefähigkeit des Politischen selbst. Das politische Kommunikationsmanagement
wird sich darüber sicher nicht nur hinsichtlich der strategischen Orientierung des politischen Systems differenzieren, sondern wohl auch unter *berufssoziologischen* Gesichtspunkten professionalisieren; und dies wird wiederum eine Kommunifizierung des gesellschaftspolitischen Systems weiter
forcieren.

Epilog:
Die Politik und ihre Bedingungen am 11. März 1999, am 14. Dezember 2003, am 8. August 2004 und am 22. Mai 2005

> Und also stand sie auf und schritt hin und her – etwas steif zunächst,
> denn sie fürchtete, die Krone würde ihr sonst herunterfallen.
> Aber dann schöpfte sie wieder Mut bei dem Gedanken, daß ihr keiner zusah.
> „Und wenn ich wirklich eine Königin bin", sagte sie und setzte sich wieder hin,
> „werde ich im Lauf der Zeit damit schon zurechtkommen."
>
> *Lewis Caroll*, Alice hinter den Spiegeln

Am 11. März 1999 trat, für einige Kommentatoren noch überraschend, Oskar Lafontaine, der damalige SPD-Parteivorsitzende und Bundesfinanzminister im Kabinett Schröder, von seinen politischen Ämtern zurück. Vorausgegangen war dieser „Implosion, einmalig in der deutschen Geschichte"[1], ein Richtungsstreit um die wirtschafts- und finanzpolitische Richtung der Rot-Grünen Koalition – ein „Duell unter Freunden"[2], wie es *Der Spiegel*[3] schließlich begriff, das sich um die inkompatiblen wirtschaftspolitischen Vorstellungen Schröders und Lafontaines rankte.

Der Sensationsgrad der Totaldemission war hoch: Mit abendlichen Sondersendungen reagierte das Fernsehen, allerorten wurde über Konfliktszenarien parliert, ließ sich lavieren, wer weshalb mit wem seit wann nicht konnte, obwohl er sollte. Jenseits des Kanals ergab sich die britische Tabloid-Presse ihren Ressentiments gegenüber dem „Champagner-Sozialisten"[4], und die *Times* hörte die Nachtigall trapsen: „Lafontaine is gone, but unlikely to be a quiet ghost"[5].

---

1   Die Zeit, Nr. 41, vom 7. Oktober 1999, S. 2.
2   Dass „Freunde" hier nicht im üblichen Sprachgebrauch zu lesen ist, hat der Spiegel mit bemerkenswerter Selbstreferenz kurz ach dem Rücktritt selbst erläutert: Die „überdrehte Männerfreundschaft zwischen Lafontaine und Schröder" sei ein von beiden mit „aufdringlichem Krampflächeln" erzähltes „Medienmärchen" gewesen; Der Spiegel, Nr. 11, vom 15. März 1999, S. 27.
3   Der Spiegel, Nr. 40, vom 4. Oktober 1999, S. 112.
4   Zitiert nach Der Bunten, Nr. 50, vom 3. Dezember 1998; Lafontaine war ob seines „Euro-Kurses" kein Freund der britischen Boulevard-Presse; so titelte die Sun, immerhin in einer Auflage von fast vier Millionen, im Dezember 1998: „Ist dies der gefährlichste Mann Europas?"
5   The Times vom 12. März 1999, S. 1.

In den folgenden Wochen war viel über Stil und Umgang im Kabinett Schröder, beim „Kaschmir- und Cohiba-Kanzler"[6], zu lesen: „Wenn der Kanzler sich nicht anders zu helfen weiß, als sich über seine Mitstreiter in Abwesenheit abfällig und in Anwesenheit demütigend zu äußern, dann offenbart das eine Charakterschwäche, die beängstigend ist. Die SPD sollte es sich dreimal überlegen, ob sie diesen Gernekanzler zu ihrem Vorsitzenden macht"[7]. Sie machte ihn (für geraume Zeit) zu ihrem Vorsitzenden, und im Sommer darauf fand sich reichlich Anlass zu bisweilen boulevardesken Spekulationen über Wohl und Wehe des opponierenden Privatiers von der Saar. Kristallisationspunkt der Kassandra-Rufe wurde der „anschwellende Bocksgesang des Bücher schreibenden Abtrünnigen"[8]. Es drohte ein Manuskript aus dem Haus Lafontaine.

„Nach einer politischen und publizistischen PR-Kampagne von besonderer Qualität" (*RTL-Aktuell*[9]) kündigte sich mit der Präsentation des Buches „Das Herz schlägt links" ein als „Abrechnung" mit „publizistischer Begleitmusik"[10] charakterisierter *coup d'état médiatique* an. Bereits die Vorveröffentlichung hatte fiebrige Reaktionen ausgelöst. „Ein Mann sieht Rot" titelte *Der Spiegel*: Die „Sphinx von der Saar" habe in der Manier „gnadenloser Rechthaberei [...] ein Pamphlet und eine Rechtfertigungsorgie" geschrieben und suche, „die Binnenkonflikte zu vertiefen und die Kalamitäten der Regierung zu verschärfen"[11]. Etappe des „Werbefeldzuges des durchgebrannten Oskar Lafontaine", war Anfang Oktober sein Auftritt – „fernsehtauglich gepudert und rosig"[12] – bei *Sabine Christiansen*. Dort drängte der Saarländer immerhin darauf, über finanzpolitische Fragen, nicht allein solche des Stils oder der (mangelnden) Kollegialität zu reden. „Nur bei [Christiansen] konnte Lafontaine damit durchkommen, eine geradezu lachhaft zusammengeschluderte Kantinen- und Küchen-Indiskretion als ‚Beitrag zur Sache' zu verkaufen"[13]. Die Nation amüsierte sich noch über den Diskussionsbeitrag des eben geehrten Nobelpreisträgers Günter Grass: „Halt's Maul Oskar. Geh Rotwein trin-

---

6   Der Spiegel, Nr. 41, vom 11. Oktober 1999, S. 6.
7   Frankfurter Allgemeine Zeitung, Nr. 71, vom 25. März 1999, S. 51.
8   Der Spiegel, Nr. 40, vom 4. Oktober 1999, S. 22 f.
9   Hier und im Folgenden, soweit nicht anders gekennzeichnet, sind die Zitate den bezeichneten Sendungen am 13. Oktober 1999 entnommen.
10   So im Spiegel, Nr. 40, vom 4. Oktober 1999, S. 3.
11   Der Spiegel, Nr. 40, vom 4. Oktober 1999, S. 23 ff.
12   Rheinische Post, Nr. 238, vom 12. Oktober 1999, S. 5.
13   Der Spiegel, Nr. 42, vom 18. Oktober 1999, S. 144.

ken!"[14] Und so verdichtete sich die Kritik am „Polit-Autor, der Regierung und Parteifreunde literarisch vermöbelt" (ARD-Tagesschau), in des Ehemaligen Hang zum verantwortungslosen, da verantwortungsfernen Kritikastern: „Kein Interview ohne Häme über den Kanzler, der's nicht bringt. [...] Das Medienopfer Oskar Lafontaine ist eine rege verfolgende Unschuld"[15].

Die tu-quoque-Tonlage gegenüber dem Verflossenen wurde gehalten, als das Stück nach einer „generalstabsmäßigen PR-Kampagne"[16] in einem „furiosen Auftritt"[17] und „großem Trommelwirbel"[18] seinen vorläufigen Höhepunkt erfuhr: in einer Pressekonferenz Lafontaines auf der Frankfurter Buchmesse vor rund fünfhundert Journalisten und vierzig Kamerateams. Lafontaine „zickte mit den Medien wie in alten Zeiten"[19]. „Jetzt hat auch die Buchmesse ihren Michael Jackson", kommentierte Die Welt[20] ein „Lehrstück in Selbstvermarktung und Geschäftstüchtigkeit ohne Skrupel" (ARD/ZDF-Mittagsmagazin), an dessen Aufführung so recht niemand mehr beteiligt gewesen sein wollte. Man gab den Beobachter und klärte auf. Immerhin besaß die Angelegenheit alles, was eine achtbare Seifenoper ausmacht: Darsteller abgestufter Sympathiegrade, Gut und Böse, Pikanterie (Animositäten aus der hohen Politik), Konfliktlinien und Dilemmata (die wirtschaftliche und finanzpolitische Lage), finalen Liebesentzug, alte Rechnungen und Anschlussoptionen – Fortsetzung droht: Sogleich kündigte Lafontaine an, er werde sich künftig wieder stärker in die Politik einmischen.

Vornehmlich die kolportierte Honorarsumme stand einem querulierenden Sozialdemokraten mit Anspruch auf Linkslastigkeit schlecht zu Gesicht. Die Zeit legte in ihrem „Dossier" minutiös offen, wie Lafontaine „um sein Buchhonorar pokerte"[21]: Dem garantierten Autorenentgelt folgte reichlich spöttelndes Fingerheben, zumal das Werk selbst – allseits Einigkeit – nicht lesenswert sei und lediglich von der vergänglichen Prominenz des Autors lebe. „Auch ihr Herz schlägt links" beschrieb der Kölner Express[22] die Emphase eines spärlich bekleideten Frontpage-Mädchens, „na ja, die Millionen

---

14 Hier zitiert nach Die Welt, Nr. 240-41, vom 14. Oktober 1999, S. 4.
15 Der Spiegel, Nr. 41, vom 11. Oktober 1999, S. 34.
16 Süddeutsche Zeitung, Nr. 238, vom 14. Oktober 1999, S. 3.
17 Die tageszeitung, Nr. 5964, vom 14. Oktober 1999, S. 5.
18 Die Rheinische Post, Nr. 240, vom 14. Oktober 1999, S. 5.
19 Die tageszeitung, Nr. 5964, vom 14. Oktober 1999, S. 3.
20 Die Welt, Nr. 240-41, vom 14. Oktober 1999, S. 4.
21 Die Zeit, Nr. 42, vom 14. Oktober 1999, S. 22.
22 Express, Nr. 238, vom 14. Oktober 1999, S. 1.

für das Buch hätte Eva auch gerne". „Das Buch bringt sicher mehr als eine Million ein", bemerkte Verona Feldbusch[23], damals mit ihrem Opus „Kochen mit dem Blubb" auf der Buchmesse engagiert – Grund genug einzuwerfen, „vermutlich wird auch Oskar Lafontaine zugeben, dass der praktische Nutzen eines Spinat-Kochbuchs größer ist". Selten ist in Deutschland so dicht über ein Buch geredet worden, das so wenige gelesen haben.

Sicher steht die Qualität des Buches in umgekehrt proportionalem Verhältnis zu der Aufmerksamkeit, die ihm zuteil wurde. Lafontaine selbst nannte es auf besagter Pressekonferenz eine „Art verlängerte Parteitagsrede"[24], und warum die strategisch zu operationalisieren sei, erläutert er im fraglichen Werk: „Die ständige Medienpräsenz führt zu narzißtischen Verhaltensweisen. [...] Es kommt darauf an, in den Fernsehnachrichten desselben Tages gut auszusehen. Es kommt darauf an, in den Schlagzeilen des folgenden Tages [...] gut wegzukommen. Politik wird dadurch zum Mediengeschäft und löst sich von längerfristigen Konzepten" (Lafontaine 1999: 261 ff.).

Eine Legislaturperiode darauf vollzog sich im Dezember 2003 im Vermittlungsausschuss ein „Kraftakt in der steilen Wand"[25]: Die „Agenda 2010", nun ohne Lafontaine durch Regierungen, Parlamente und Gremien geschleust, erschöpfte zweiunddreißig berufene Verhandler aus Bundesrat und Bundestag über Wochen. Immerhin hatte in der Geschichte der Bundesrepublik noch nie ein derart komplexes Gesetzespaket mit allein 2 800 zu diskutierenden Seiten seinen Weg in das Konsensorgan gefunden – und noch nie ein Bundeskanzler, zum Abschluss der Gespräche, am Sonntag den 14. Dezember, in den Sitzungssaal 1128. Den Umständen angemessen hatten die Unterhändler begleitet von den „Primadonnen des staatlichen Rechnungswesens" in den Sitzungstagen zuvor bei „Bockwurst und Buletten" auch Grundsatzvorträge zum Thema „Wesen und Wirken der Volkswirtschaft"[26] über sich ergehen lassen. Der Tragweite angemessen zitierten sich die Spitzen der Parteien zuletzt selbst in den Verhandlungszirkel; der Prominenz angemessen harrten die Journalisten bis halb vier Uhr morgens in der Wendelhalle des Bundesrates. Es kam, was kommen musste: Matt traten sie, die Spitzen, vor die Mikrofone und hatten, alle irgendwie, gewonnen.

---

23   RTL Aktuell, vom 14. Oktober 1999.
24   Zitiert nach Süddeutsche Zeitung, Nr. 238, vom 14. Oktober 1999, S. 3.
25   Süddeutsche Zeitung, Nr. 289, vom 16. Dezember 2003, S. 3.
26   Frankfurter Allgemeine Zeitung, Nr. 290, vom 13. Dezember 2003, S. 4.

Freilich hätte man das Geplänkel ein wenig verkürzen können. Aber es war Sonntag, abends. Also begab sich in den Verhandlungspausen die ein oder andere „Live-Schalte" zu *Sabine Christiansen*. Henning Scherf, seinerzeit Bremens Bürgermeister, Vorsitzender des Vermittlungsausschusses und launiger „Brückenbauer"[27] *ex officio*, befand das an CNN-*Breaking-News* erinnernde Spektakel im Gespräch mit der Moderatorin der Würde der Verfassungsorgane noch leidlich. Der „Knutscher" – „weil er alle in den Arm nimmt"[28] – hatte sich längst daran gewöhnt, „dass der Vermittlungsausschuss öffentlich ist"[29]. Da wird jeder Gang zur Toilette dokumentiert, jedes Zucken einer Pressesprecherin zur Blockadehaltung, jede parteiübergreifende Begrüßungsgeste eine Frage brüchiger Koalitionen. Und irgendein Unterhändler schlüpft eben immer mal wieder durch die Tür und vor die Mikrofone im Foyer und erklärt, „worüber nur 30 Meter entfernt gerade verhandelt wird"[30]. Der Vermittlungsausschuss, zweifellos, verhandelte öffentlich; Wolfgang Clement hingegen bemühte noch eine geschlossenere Formel: „Wir sitzen dort im Raum wie in einem Konklave. Ich bin überzeugt, dass [...] weißer Rauch aufsteigen wird." Für alle, die den sportlichen Charakter der Veranstaltung bislang nicht bemerkt hatten, eröffnete Sabine Christiansen den Dialog mit Erwin Huber später mit: „Na, wie steht's?" Es stand – wie immer.

Der Inszenierungscharakter der Runde entpuppte sich jenseits von Privatisierungserlösen, Subventionsabbau, Lockerung der Tarifverträge, Anteil der Schuldenfinanzierung, Anschubfinanzierung, Handwerksreform und den einhergehenden Auseinandersetzungen *en detail*. Er orientierte sich am Streit *an und für sich* – und an seiner kathartischen Bewältigung im Pressegeflüster. Da braucht es schon für Journalismus mit Bedürfnis nach Überblick die Daumenhoch-, Daumenrunter-Nuancen der durch die Türen rein-, raus-, durchrauschenden Politik. Und so amüsierte Fraktionsvize Ludwig Stiegler die rund 120 Journalisten mit spannenden Episoden aus seinem politischen Bergsteigerleben: „Wir haben das Vorgebirge durchwandert und allmählich beginnt nun der steile Anstieg. Aber wir werden die Eigernordwand schon noch besteigen"[31]. Offenbar ließ sich das Tage später nicht mehr ganz so

---

27 Süddeutsche Zeitung, Nr. 287, vom 13. Dezember 2003, S. 3.
28 Süddeutsche Zeitung, Nr. 286, vom 12. Dezember 2003, S. 6.
29 In „Sabine Christiansen", vom 14. Dezember 2003.
30 Süddeutsche Zeitung, Nr. 286, vom 12. Dezember 2003, S. 6.
31 Süddeutsche Zeitung, Nr. 286, vom 12. Dezember 2003, S. 6.

fröhlich an: „Wir hängen in der Wand, der Schnee peitscht, und wir funken SOS"[32]. Kaum Wunder, dass die ausdauernden Journalisten Verhandlungsführer Scherf forthin mit einer gewissen Erlösungshaltung begegneten: „Sie schauen mich so erwartungsvoll an, wie meine Enkelkinder kurz vor Weihnachten"[33]. Nach standesgemäßen Ringen und der angemessenen Demonstration dieses Ringens fand sich schließlich der Knackpunkt der „Aktion Eichhörnchen"[34] – zäh, zielorientiert – in Gestalt des Vorziehens der Steuersenkungen.

Massive Vermittlungsprobleme der (nun gemeinsam getragenen Beschlüsse) warf rund eineinhalb Jahre darauf die Opposition der Regierung Schröder vor – als sich in Leipzig und anderen Städten „Montagsdemonstrationen" (re)formierten und sich die Diskussion an Hartz IV festbiss. Die Opposition wäre nicht die Opposition, hätte sie nicht die Zeichen der Zeit erkannt: dass man Verbesserungen hier und da anmahnend die Standardschelte gegenüber der Schröderregierung bemühen könnte – „Die können es einfach nicht". Als die Absetzbewegungen zu einer veritablen Stampede in Richtung Volkes Stimme auswuchs, konnte Peer Steinbrück, damals Ministerpräsident in Nordrhein-Westfalen und selbst von Wahlen bedroht, an keinem Mikrofon mehr vorbei, ohne sich zu echauffieren, die Mitentscheider aus der Union würden sich unzulässigerweise „in die Furche legen" oder „in die Büsche schlagen". Ein wohlhabendes, freies Land erlebte erste Stufen einer Volksaufstands-Hysterie.

Dem Ärgernis rekordverdächtiger Umfragetiefs und chronisch gewordener Niederlagen nicht genug, erfuhr die SPD am 8. August 2004 dann prominentes Feuer aus den (eigenen?) Reihen: „Bauernhof, Linkspartei oder Rache an Schröder. Was will Oskar Lafontaine?" rätselte die *Welt am Sonntag*[35] anlässlich eines *Spiegel*-Interviews über die (Frei-)Zeitpläne des wie einst der Vater Hamlets an der Zeitenwende auftauchenden Saarländers. Im *Spiegel* forderte er Bundeskanzler Gerhard Schröder ultimativ auf, den Reformkurs zu ändern. Andernfalls würde *ER* bei der nächsten Bundestagswahl eine andere Partei unterstützen: „Oskar [...] schlägt mal wieder hart mit der Linken zu"[36]. Kehrte nun, wie lange spekuliert, ein „Davon-Läufer"

---

32   Süddeutsche Zeitung, Nr. 289, vom 16. Dezember 2003, S. 3.
33   Süddeutsche Zeitung, Nr. 286, vom 12. Dezember 2003, S. 6.
34   Ebenda.
35   Welt am Sonntag, Nr. 33, vom 15. August 2004, S. 3.
36   Express, Nr. 183, vom 8. August 2004, S. 2.

aus dem „finsteren Nörgler-Wald"[37] zurück? Womöglich war Lafontaine den reformbedingten Thematisierungschancen eines „wilden Wettbewerb[s] der Schauermärchen"[38] erlegen: Kinder, die ihre Sparschweine schlachten, Massenumzüge in Plattenbauten – das erlaubt die ein oder andere Anschlusskommunikation. Der „Meinungs- und Verführungsmacht" Lafontaines begegnete SPD-Chef Franz Müntefering jedenfalls mit der These, Lafontaine wolle Deutschland „eine Politik der Illusionen auferlegen"[39].

Der gelegentlich putzigen Dauerfehde zwischen Schröder und Lafontaine gab der Kanzler dann am 22. Mai 2005 nach der Wahlniederlage seiner Partei bei den Landtagswahlen in Nordrhein-Westfalen einen neuen strukturellen Unterbau: Mit der Bekanntgabe, Neuwahlen für den Bundestag für den Herbst des Jahres anzustreben, schossen Spekulationen über ein neues Linksbündnis in die Gazetten. Zunächst aber schien die Ankündigung vorgezogener Wahlen ein „grandioser Coup", Schröder agiere wie ein „Desperado": der Kanzler machte „ein Fass auf, das ganz große"[40] – freilich derart, dass erst die Presse, dann der Bundespräsident von der Idee erfuhr, weil man sich am Abend der Niederlage nicht von der Opposition öffentlich in die (parteispitzen-)intern schon beschlossenen Neuwahlpläne treiben lassen wollte (und der Bundespräsident, wie man sagte, nicht so schnell erreicht werden konnte). Wenige Wochen und Verfassungsdebatten darauf war die politische Strategie hinter dem angestrengt strengen Verfahren einem anderen Motto gewichen: „Man wirft sich in die Schlacht, und dann wird man sehen".[41] Man durfte sehen, dass sich „Gregor Gysi als der charmante, aber nicht ganz so ernst zu nehmende Salonlinke, und Oskar Lafontaine, der abtrünnige Racheengel, die Nemesis des Gerhard Schröder"[42] als Spitzenkandidaten eines hurtig geschmiedeten Linksbündnisses aus PDS und WASG aufstellen ließen – mit absehbarer Aussicht auf Parlamentssitz. Dass wiederum mit dem Ende der Rot-Grünen-Koalition nicht das Ende aller Ambitionen des Saarländers erreicht sein dürfte, darüber ließ sich schon vor dem Urnengang spekulieren: „Wenn nicht alles täuscht, verfolgt Lafontaine ein strategisches Ziel, und darüber wird hinter den Kulissen auch viel ge-

37   Rheinische Post, Nr. 184, vom 9. August 2004, S. 2.
38   SPD-Generalsekrektär Benneter in der Welt a. Sonntag, Nr. 32, v. 8. August 2004, S. 1.
39   Zitiert nach Welt am Sonntag, Nr. 33, vom 15. August 2004, S. 3.
40   Süddeutsche Zeitung, vom 23. Mai 2005, S. 7.
41   Süddeutsche Zeitung, vom 29. Juni 2005, S. 7.
42   Die Zeit, Nr. 25, vom 16. Juni 2005.

munkelt: Danach könnte er sich vorstellen, die Linke und die SPD in der kommenden Spielzeit wieder zu vereinen – allerdings zu seinen Bedingungen"[43]. Politik als Narration.

Umberto Eco (1994: 103, 117) hat für die Literaturwissenschaften einmal einen „Fiktionsvertrag" formuliert: Leser treffen mit dem Autor und seinem fiktiven Werk, einem Roman etwa, eine förmlich instinktive Abmachung darüber, dass die Schilderungen zwar nicht wahr seien, es aber eben sein *könnten*. Sie verabschieden sich bei der Lektüre von der Wirklichkeit, ohne sich ihr gänzlich zu entziehen – eine nachgerade therapeutische Funktion des Textes, die der von Mythen entspricht: einer unerfindlichen Erfahrung Sinn abzugewinnen. Auch in einer akzeptierten Welt der Illusionskunst, so Eco, muss ein Wahrheitsprinzip gelten, ein Mindestmaß an Nachvollziehbarkeit als Ankerplatz ansonsten frei schwebender Bilder und Assoziationen. Die Analogie liegt auf der Hand: In der Welt der hohen Politik ersetzt die Glaubwürdigkeit und Professionalität der Politikvermittlungsakteure und des Journalismus das engere Wahrheitsprinzip. Wir legen einen „Realitätsvertrag" zu Grunde und gehen davon aus, dass all die Dinge, von denen wir erfahren, tatsächlich mehr oder weniger „wahr" und wichtig sind (oder sein könnten), dass sich fiktionale Komponenten auf die nötige technische Aufbereitung beschränken würden – Interpretation und Inszenierung außen vor. „La politique mensonge" beobachtet hingegen der Politologe Roger-Gérard Schwartzenberg (1998: 65), eine Politik der „Täuschung" transformiere im Zuge einer „exhibition permanente" zur „Egopolitique", der Staat zum „l'Etat spectacle". Die Wirklichkeit kopiert die Fiktion.

So verweisen die Ab- und Auftritte Lafontaines (nachgerade als Metapher der Rot-Grünen-Regierungszeit) und die Mediatisierung des Vermittlungsausschusses als Beispiele politischer Alltagsgeschichte auf einige Fiktionsofferten: Die Fiktion der politischen Transparenz, des politischen Journalismus, des Politischen selbst.

In der *Fiktion politischer Transparenz* treten zwei Kontrahenten an, um die Komplexität des ausgehenden 20. Jahrhunderts auf sich zu vereinen. Wer bis dato ehrfürchtig bis ratlos die Neoliberalismus- und Globalisierungsdebatten verfolgte, dem boten sich nun, garniert mit der Delikatesse des einst gemeinsamen Parteibuchs, Pro und Contra einer „Modernisierung" in der finalen Form von Sieg und Niederlage. Ein Schiff verträgt keine zwei Steu-

---

43   Die Zeit, Nr. 33, vom 11. August 2005.

ermänner, weiß der Volksmund, und so ist nach geschlagener Schlacht für-derhin klar, dass das bundesdeutsche *mare politicum* (auf Zeit) im Sinne und im Stil Gerhard Schröders besegelt wird. Die Intransparenz politischer Ent-wicklungen und Alternativen transformiert im Lichte personeller Klarheit zur Fiktion politischen Handlungsvermögens. Transparenz wird sodann fiktionalisiert, als unterstellt werden darf, der diensthabende Steuermann wisse auch, auf welchem Frachter er welches Meer erobert. Unabhängig davon, wie man zu Kurs und Schiff stand: der iterative Pressehype um La-fontaine reflektierte einzig – um im Bild zu bleiben – eine für alle einsichtige Festlegung des Kurses als solche. (Dass dies die Dislozierung politischer Steuerungsfähigkeit nicht zu überwinden vermag, gehört als Randbemer-kung in ein Buch über politisches Kommunikationsmanagement.) Sinnfäl-ligerweise fallen nicht nur alternative Kurse und anstehende Gegenwinde unter den Tisch. Da primär die Vehemenz des Konflikts und die Mimosen der Widersacher und nicht der Konfliktgegenstand von Interesse sind, ver-harrt auch die Berichterstattung über die Richtung des Kanzlers zunächst (und bis zur Neuwahl 2005) in der formelhaften Referenz auf jene schwer greifbare „Modernisierung". Als dann der politische Alltag bei Aushand-lungsverfahren und Hartz IV angekommen ist, klärt sich die Lage in Gestalt von „Ein-Euro-Jobs" und ähnlich Fassbarem. Nun fallen die Reformen aus dem Himmel der Modernisierungsdebatte in ein plakatives Links-Rechts-Schema herkömmlicher Güte: Sozialstaat *versus* Wirtschaftsstaat – ganz so, als könne diese Alternativstellung Finanzierungsmodelle oder die Sozialver-antwortung des Politischen in einer „Netzwerkgesellschaft" (Castells 2003a, 2003b, 2004) tatsächlich erfassen.

In der *Fiktion des politischen Journalismus* ließen sich die Beobachter bei ih-rer Arbeit beobachten: Der Journalismus zog die klassischen Register seines (Selbst-)Thematisierungs- und (Selbst-)Darstellungsvermögens. Ein Bun-desminister tritt zurück, er hatte seine Gründe. Ein dann Ex-Bundesminister schreibt eine „Rechtfertigungsorgie", und deren Gehalt wird kritisiert. Ein Politik-Pensionär verteilt linke Haken und wird von Pressesprechern distan-ziert – bis die Konstellation ein mit neuen Parteistrukturen untermauertes *Comeback* erlaubt. Und beim Poker um Zeitpunkte, Finanzierung, Subventi-onen und Steuer(senkungs)prozente im Vermittlungsausschuss kann man sich dem Eindruck nur schwer entziehen, die Kalamität des Politischen kam der banalen Demonstration einer der Politik und ihrer Manöver entzogenen

Berichterstattung zumindest gelegen. *Dass* Medien Realität in Szene setzen und Journalismus sich darüber im Symbolischen verläuft, ist in dieser Form trivial. Das Feuerwerk der Öffentlichkeitsarbeit des Oskar Lafontaine, der Unterhändler, der Politikspitzen entzündete sich vor dem Hintergrund des an der Inszenierung interessierten Journalismus: Als ginge es nur so, betrieb man, wenngleich in unterschiedlicher Intensität, *l'art pour l'art*. Wenn aber die Kraft und Professionalität des Medienkontaktes die Authentizität der Berichterstattung ausmacht, dann fiktionalisiert der politische Journalismus selbst: Er transformiert – Banalität der Wendelhalle im Bundesrat – zur routinierten Präsentation der eigenen Existenz und hinterlässt letztlich keinerlei Spuren (außer der, dass da *etwas* war). Eine weitere Fiktion schließt sich an: Wer die Medienberichterstattung um Lafontaine und seinen Konflikt mit Schröder verfolgte, der konnte zu dem Schluss kommen, der PR-gewiefte Saarländer würde mit diesen Methoden des allzu egomanen „In-Szene-setzen" nicht durchkommen. Der Politik stehe noch der Journalismus gegenüber, eine traditionsreiche Branche, die eine eigene Logik verfolge, und die wisse unter anderem die an Selbstvermarktung oder ideologischer Fahne interessierte Penetration zu verhindern. Doch ist die klassische Medienfunktion „Kritik und Kontrolle" gelegentlich einem erschöpfenden Pragmatismus des Dabeiseins gewichen – und eben das demonstriert die Instrumentalisierung des Journalismus durch die Signalökonomie des Saarländers, die Kritik verträgt, so lange und so weit die Summe medialer Beachtung im doppelten Wortsinn erträglich ist. Wenn beispielsweise schon im Vorfeld der Präsentation seines Buches zu dessen dokumentarischer Qualität derartig wenig Positives zu finden ist (*nichts*, folgt man dem Einvernehmen nach der Vorveröffentlichung), dann steht die mit rekordverdächtiger Aufmerksamkeit bedachte Pressekonferenz für Journalisten mit Hang zur Konsequenz mindestens unter dem Verdacht, sich ihr zu entziehen – es sei denn, man zählte die Vermittlung von persönlichen Animositäten oder die Darstellung der Journalistenkollegen und *deren* Aufregung zu den Primärtugenden des Journalismus.

Diese Punkte kumulieren in der *Fiktion des Politischen*. Die Berichterstattung über Oskar Lafontaine, sein Buch und seine Wiederkehr, der Medienrummel im Bundesrat in Verbund mit der *quod-erat-demonstrandum*-Berichterstattung *über* diese Berichterstattung sind nur beispielhafter Ausdruck einer gesteigerten Neigung zu Fiktionsofferten: Politiker und Journalisten entfalten angesichts der Multidimensionalität des Politischen ein Interesse an einer kalkulierbaren, der Galerie gegenüber offenen Erzählstruktur mit gelegentlich quietistischen Zügen. Da muss man nicht gleich Anhänger der Frankfurter Schule sein: Der einsichtigen Öffentlichkeitsarbeit der Spitzenpolitik wird mit einem transparenten Gestus hilfloser Resistenz begegnet – ganz so, als besitze das Politische keinerlei Substrat von Bedeutung, ganz so, als trage der Kaiser zwar keine Kleider, über die nichtsdestoweniger trefflich zu streiten wäre. Im kurzatmigen Rhythmus täglicher Narration entfaltet sich ein System symbolischen wie symbiotischen Handelns – ein flüchtiges, aber präsentables Spektakulum, dem beide Seiten bei aller Brisanz Sinn abgewinnen: ein Hintergrundrauschen, das die Konditionen der Politik und ihre monetären und gesellschaftspolitischen Handlungsspielräume nicht sonderlich berührt. Im Effekt bleibt dem Publikum ein Panoptikum politischer Realitäten, das in hohem Maße einer – auch ökonomisierten – Logik der Mediendemokratie folgt: einer transaktionalen Logik, in der die präventive Fiktionalisierung der Politik *durch* die Politik einvernehmlich vom Journalismus durch einen Akt ebensolcher Fiktionalisierung (scheinbar) gebändigt wird. Politik evolviert als mythisches Gesamtkunstwerk mit therapeutischer Funktion. Politische Öffentlichkeit synthetisiert im Sog einer „Inszenierungsschraube" als Drama mit Impetus, Plot und Katharsis. Das „vernünftige Abwägen alternativer Vorstellungen [...] erscheint wie ein Märchen aus längst vergangener Zeit" (Meyer 1998: 28 f.).

Kreise schließen. Knapp ein Jahr nach Inauguration der ersten Kanzlerin meldete die *Zeit* die „Show des Jahres [...]. Die beste PR-Kampagne seit Harry Potter"[44] – Gerhard Schröder legte seine Amtszeitmemoiren vor, meint, nach Vorveröffentlichung im *Spiegel* einschließlich Exklusivinterview mit Nachfolgerinschelte übertrugen die Fernsehsender ntv, Phönix und n24 live aus dem Willy-Brandt-Haus, wie Jean-Claude Juncker das neue Werk der vollzählig erschienenen Hauptstadtpresse präsentierte. Die anschließende, bundesweite Werbetour eröffnete Schröder selbst dann standesgemäß bei *Beckmann* und *Christiansen*. „Ich bin's nur".

---

44 Die Zeit, Nr. 44, vom 26. Oktober 2006, S. 1 ff.

Literatur

ADAM, Silke / Barbara BERKEL / Barbara PFETSCH (2005): Public Relations aus politikwissenschaftlicher Sicht. In: Bentele, Günter / Romy Fröhlich / Peter Szyszka (Hrsg.): *Handbuch der Public Relations. Wissenschaftliche Grundlagen und berufliches Handeln. Mit Lexikon.* Wiesbande: VS Verlag für Sozialwissenschaften, S. 78-89.

DRIAN, Robert (1996): Infobahn Blues. In: Maresch, Rudolf (Hrsg.): *Medien und Öffentlichkeit. Positionierungen, Symptome, Simulationsbrüche.* O. O.: Klaus Boer Verlag, S. 345-351.

ALEMANN, Ulrich von (1985): Politische Moral und politische Kultur in der Bundesrepublik – Vergiften oder reinigen Skandale die Politik? In: *Gewerkschaftliche Monatshefte*, 36, Heft 5, S. 259-269.

ALEMANN, Ulrich von (1997): Parteien und Medien. In: Gabriel, Oscar W. / Oskar Niedermayer / Richard Stöss (Hrsg.): *Parteiendemokratie in Deutschland.* Bonn: Bundeszentrale für politische Bildung, S. 478-494.

ALEMANN, Ulrich von (2000): *Das Parteiensystem der Bundesrepublik Deutschland.* Opladen: Leske + Budrich.

ALEMANN, ULRICH von (2003): Der Zittersieg der SPD. Mit einem blauen und grünen Auge davon gekommen. In: Niedermayer, Oskar (Hrsg.): *Die Parteien nach der Bundestagswahl 2002.* Opladen: Leske + Budrich, S. 43-69.

ALEMANN, Ulrich von / Stefan MARSCHALL (Hrsg.) (2002a): *Parteien in der Mediendemokratie.* Wiesbaden: Westdeutscher Verlag.

ALEMANN, Ulrich von / Stefan MARSCHALL (2002b): Einleitung. Parteien in der Mediendemokratie – Medien in der Parteiendemokratie. In: Alemann, Ulrich von / Stefan Marschall (Hrsg.):): *Parteien in der Mediendemokratie.* Wiesbaden: Westdeutscher Verlag, S. 15-41.

ALEMANN, Ulrich von / Christoph STRÜNCK (1999): Die Weite des politischen Vor-Raumes. Partizipation in der Parteiendemokratie. In: Kamps, Klaus (Hrsg.): *Elektronische Demokratie? Perspektiven politischer Partizipation.* Opladen, Wiesbaden: Westdeutscher Verlag, S. 21-38.

ALGER, Dean E. (1989): *The Media and Politics.* Englewood Cliffs: Prentice Hall.

ALTHAUS, Marco (1998): *Wahlkampf als Beruf. Die Professionalisierung der Political Consultants in den USA.* Frankfurt a. M. u. a.: Lang.

ALTHAUS, Marco (2002): Professionalismus im Werden: Amerikas Wahlkampfberater im Wahljahr 2000. In: Schatz, Heribert / Patrick Rössler / Jörg-Uwe Nieland (Hrsg.): *Politische Akteure in der Mediendemokratie. Politiker in den Fesseln der Medien?* Wiesbaden: Westdeutscher Verlag, S. 79-99.

ALTHAUS, Marco (Hrsg.) (2002a): *Kampagne! Neue Strategien für Wahlkampf, PR und Lobbying.* Münster: Lit Verlag, 3. Aufl.

ALTHAUS, Marco (2002b): Strategien für Kampagnen. Klassische Lektionen und modernes Targeting. In: Ders. (Hrsg.): *Kampagne! Neue Strategien fürWahlkampf, PR und Lobbying.* Münster: Lit Verlag, 3. Aufl., S. 11-44.

ALTHAUS, Marco (2002c): Political Consulting. Beratung durch Profis in amerikanischen Wahlkämpfen. In: Ders. (Hrsg.): *Kampagne! Neue Strategien für Wahlkampf, PR und Lobbying.* Münster: Lit Verlag, 3. Aufl., S. 198-214.

ALTHAUS, Marco (2002d): West Point for Politics. Die Akademisierung des politischen Managements. In: Ders. (Hrsg.): *Kampagne! Neue Strategien für Wahlkampf, PR und Lobbying.* Münster: Lit Verlag, S. 226-249.

ALTHAUS, Marco (2002e): Kommunikationsmanagement im Wahlkampf: Spielregeln für Strategie und taktische Disziplin. In: Berg, Thomas (Hrsg.): *Moderner Wahlkampf. Blick hinter die Kulissen.* Opladen: Leske + Budrich, S. 115-143.

ALTHAUS, Marco (2003a): Europas neuer Wahlkampfstil. In: Althaus, Marco / Vito Cecere (Hrsg.): *Kampagne! 2. Neue Strategien für Wahlkampf, PR und Lobbying.* Münster: Lit Verlag, S. 14-49.

ALTHAUS, Marco (2003b): Zielscheiben im Wahlkreis. In: Althaus, Marco / Vito Cecere (Hrsg.): *Kampagne! 2. Neue Strategien für Wahlkampf, PR und Lobbying.* Münster: Lit Verlag, S. 151-167.

ALTHAUS, Marco / Vito CECERE (Hrsg.) (2003): *Kampagne! 2. Neue Strategien für Wahlkampf, PR und Lobbying.* Münster: Lit Verlag.

ALTMEPPEN, Klaus-Dieter / Martin LÖFFELHOZ (1998): Journalismus. In: Jarren, Otfried / Ulrich Sarcinelli / Ulrich Saxer (Hrsg.): *Politische Kommunikation in der demokratischen Gesellschaft. Ein Handbuch.* Opladen, Wiesbaden: Westdeutscher Verlag, S. 414-421.

ANDERSEN, Uwe / Wichard WOYKE (1998): *Wahl '98. Zur Bundestagswahl 1998: Parteien und Wähler. Wahlrecht und Wahlverfahren. Politische Entwicklung.* Opladen: Leske + Budrich.

ARENDT, Hannah (1972): *Wahrheit und Lüge in der Politik. Zwei Essays.* München: Piper.

ARLT, Hans-Jürgen (1998): *Kommunikation, Öffentlichkeit, Öffentlichkeitsarbeit. PR von gestern, PR für morgen – Das Beispiel Gewerkschaft.* Opladen, Wiesbaden: Westdeutscher Verlag.

ARLT, Hans-Jürgen (2004): Interessenvermittlung unter Bedingungen von Komplexität und Eigensinn. In: Forum.Medien.Politik (Hrsg.): *Trends in politischer Kommunikation. Beiträge aus Theorie und Praxis.* Münster: Lit Verlag, S. 99-108.

ARNOLD, Sabine R. / Christian FUHRMEISTER / Dietmar SCHILLER (Hrsg.) (1998a): *Politische Inszenierung im 20. Jahrhundert. Zur Sinnlichkeit der Macht.* Wien: Böhlau.

ARNOLD, Sabine R. / Christian FUHRMEISTER / Dietmar SCHILLER (1998b): Hüllen und Masken der Politik. Ein Aufriß. In: Dies. (Hrsg.): *Politische Inszenierung im 20. Jahrhundert. Zur Sinnlichkeit der Macht.* Wien: Böhlau, S. 7-24.

ARTERTON, Christopher F. (1987): *Teledemocracy. Can Technology Protect Democracy?* Newbury Park: Sage.

AVENARIUS, Horst (1995): *Public Relations. Die Grundform der gesellschaftlichen Kommunikation.* Darmstadt: Wissenschaftliche Buchgesellschaft.

BACHMANN, Cornelia (1997): *Public Relations: Ghostwriting für Medien? Eine linguistische Analyse der journalistischen Leistung bei der Adaption von Pressemitteilungen.* Bern u. a.: Lang.

BAERNS, Barbara (1991): *Öffentlichkeitsarbeit oder Journalismus? Zum Einfluß im Mediensystem.* Köln: Verlag Wissenschaft und Politik, 2. Aufl.

BARBER, Benjamin (1994): *Starke Demokratie. Über die Teilhabe am Politischen.* Hamburg: Rotbuch.

BARBER, Benjamin (1998): Wie demokratisch ist das Internet? Technologie als Spiegel kommerzieller Interessen. In: Leggewie, Claus / Christa Maar (Hrsg.): *Internet & Politik. Von der Zuschauer- zur Beteiligungsdemokratie.* Köln: Bollmann, S. 120-133.

BARINGHORST, Sigrid (1995): Öffentlichkeit als Marktplatz – Solidarität durch Marketing? In: *Vorgänge,* 34, Heft 4, S. 55-67.

BARINGHORST, Sigrid (1998a): Politik des Überlebens – Symbolische Strategien zur Rettung der Umwelt. In: Arnold, Sabine R. / Christian Fuhrmeister / Dietmar Schiller (Hrsg.): *Politische Inszenierung im 20. Jahrhundert. Zur Sinnlichkeit der Macht.* Wien: Böhlau, S. 158-170.

BARINGHORST, Sigrid (1998b): Zur Mediatisierung des politischen Protests. Von der Institutionen- zur „Greenpeace-Demokratie"? In: Sarcinelli, Ulrich (Hrsg.): *Politikvermittlung und Demokratie in der Mediengesellschaft. Beiträge zur politischen Kommunikationskultur.* Bonn: Bundeszentrale für politische Bildung, S. 326-342.

BARINGHORST, Sigrid (1998c): *Politik als Kampagne. Zur medialen Erzeugung von Solidarität.* Opladen: Westdeutscher Verlag.

BARTELS, Larry M. (1993): Messages Received: The Political Impact of Media Exposure. In: *American Political Science Review*, 87, Heft 2, S. 267-285.

BAUDRILLARD, Jean (1981): *Simulacres et simulation.* Paris: Galilée.

BAUER, Wilhelm (1930): *Die öffentliche Meinung in der Weltgeschichte.* Potsdam: Akademische Verlags-Gesellschaft Athenaion.

BAUERNEBEL, Herbert (1998): Monica und Bill. Eine verhängnisvolle Affäre. In: Pelinka, Peter (Hrsg.): *Jagd auf Clinton. Warnsignale für unsere Demokratie.* Wien: Kremayr & Scheriau, S. 37-62.

BECK, Ulrich (1986): *Risikogesellschaft.* Frankfurt a. M.: Suhrkamp.

BECKER, Jörg (1994): Die Einfalt in der Vielfalt. Standardisierte Massenkommunikation als Problem der politischen Kultur. In: *Aus Politik und Zeitgeschichte*, B 39/94, S. 21-28.

BECKER-SONNENSCHEIN, Stefan / Manfred SCHWARZMEIER (Hrsg.) (2002): Vom schlichten Sein zum schönen Schein? Kommunikationsanforderungen im Spannungsfeld von Public Relations und Politik. Wiesbaden: Westdeutscher Verlag.

BEHRENBECK, Sabine (1996): „Der Führer". Die Einführung eines Markenartikels. In: Diesener, Gerald / Rainer Gries (Hrsg.): *Propaganda in Deutschland.* Darmstadt: Wissenschaftliche Buchgesellschaft, S. 51-78.

BEHRENT, Michael (2000): Politik ist nicht Persil. Und politische Kommunikation ist nicht Markenkommunikation. In: *Forschungsjournal Neue Soziale Bewegung*, 13, Heft 3, S. 81-86.

BEIERWALTES, Andreas (2000): *Demokratie und Medien. Der Begriff der Öffentlichkeit und seine Bedeutung für die Demokratie in Europa.* Baden-Baden: Nomos.

BENTELE, Günter (1992): Symbolische Politik im Fernsehen: ein Analysemodell. In: Hess-Lüttich, Ernest W. B. (Hrsg.): *Medienkultur – Kulturkonflikt. Massenmedien in der interkulturellen und internationalen Kommunikation.* Opladen: Westdeutscher Verlag, S. 215-232.

BENTELE, Günter (1995): Public Relations und Öffentlichkeit – ein Diskussionsbeitrag – oder: Über einige Fehlinterpretationen von PR. In: *Publizistik*, 40, Heft 4, S. 483-486.

BENTELE, Günter (1997): Defizitäre Wahrnehmung: Die Herausforderung der PR an die Kommunikationswissenschaft. In: Bentele, Günter / Michael Haller (Hrsg.): *Aktuelle Entstehung von Öffentlichkeit. Akteure – Strukturen – Veränderungen.* Konstanz: UVK Medien, S. 67-84.

BENTELE, Günter (1998a): Politische Öffentlichkeitsarbeit. In: Sarcinelli, Ulrich (Hrsg.): *Politikvermittlung und Demokratie in der Mediengesellschaft.* Bonn: Bundeszentrale für politische Bildung, S. 124-145.

BENTELE, Günter (1998b): Öffentlichkeitsarbeit. In: Jarren, Otfried / Ulrich Sarcinelli / Ulrich Saxer (Hrsg.): *Politische Kommunikation in der demokratischen Gesellschaft. Ein Handbuch.* Opladen, Wiesbaden: Westdeutscher Verlag, S. 695-696.

BENTELE, Günter (1999): Parasitentum oder Symbiose? Das Intereffikationsmodell in der Diskussion. In: Rolke, Lothar / Volker Wolff (Hrsg.): *Wie die Medien die Wirklichkeit steuern und selber gesteuert werden.* Opladen, Wiesbaden: Westdeutscher Verlag, S. 177-193.

BENTELE, Günter (1999a): Öffentlichkeitsarbeit in der DDR. Verständnisse, Berufsfeld und zeitgeschichtlicher Faktor. In: Wilke, Jürgen (Hrsg.): *Massenmedien und Zeitgeschichte.* Konstanz: UVK-Medien, S. 395-408.

BENTELE, Günter (2003): Kommunikatorforschung: Public Relations. In: Bentele, Günter / Hans-Bernd Brosius / Otfried Jarren (Hrsg.): *Öffentliche Kommunikation. Handbuch Kommunikations- und Medienwissenschaft.* Wiesbaden: Westdeutscher Verlag, S. 54-78.

BENTELE, Günter / Hans-Bernd BROSIUS / Otfried JARREN (Hrsg.) (2003): *Öffentliche Kommunikation. Handbuch Kommunikations- und Medienwissenschaft.* Wiesbaden: Westdeutscher Verlag.

BENTELE, Günter / Romy FRÖHLICH / Peter SZYSZKA (Hrsg.) (2005): *Handbuch der Public Relations. Wissenschaftliche Grundlagen und berufliches Handeln. Mit Lexikon.* Wiesbaden: VS Verlag für Sozialwissenschaften.

BENTELE, Günter / Tobias LIEBERT / Stefan SEELING (1997): Von der Determination zur Intereffikation. Ein integriertes Modell zum Verhältnis von Public Relations und Journalismus. In: Bentele, Günter / Michael Haller (Hrsg.): *Aktuelle Entstehung von Öffentlichkeit. Akteure – Strukturen – Veränderungen.* Konstanz: UVK Medien, S. 225-250.

BENZ, Arthur (1998): Postparlamentarische Demokratie? Demokratische Legitimation im kooperativen Staat. In: Greven, Michael (Hrsg.): *Demokratie – eine Kultur des Westens?* Opladen: Leske + Budrich, S. 201-222.

BENZ, Arthur (2004): Einleitung: Governance – Modebegriff oder nützliches sozialwissenschaftliches Konzept? In: Ders. (Hrsg.): *Governance – Regieren in komplexen Regelsystemen. Eine Einführung.* Wiesbaden: VS Verlag für Sozialwissenschaften, S. 12-28.

BERELSON, Bernard (1954): Communications and Public Opinion. In: Schramm, Wilbur / Donald F. Roberts (Hrsg.): *Communications in Modern Society.* Urbana: University of Illinois Press, S. 342-356.

BERG, Thomas (Hrsg.) (2002): *Moderner Wahlkampf. Blick hinter die Kulissen.* Opladen: Leske + Budrich.

BERGER, Peter L. / Thomas LUCKMANN (1970): *Die gesellschaftliche Konstruktion der Wirklichkeit. Eine Theorie der Wissenssoziologie.* Frankfurt a. M.: Fischer.

BERGSDORF, Wolfgang (1988): *Über die Macht der Kultur. Kommunikation als Gebot der Politik.* Stuttgart: Deutsche Verlagsanstalt.

BERGSDORF, Wolfgang (1990): Politische Kommunikation: Definitionen – Probleme – Methoden. In: Dörrbecker, Klaus / Thomas Rommerskirchen (Hrsg.): *Blick in die Zukunft – Kommunikations-Management. Perspektiven und Chancen der Public Relations.* Remagen: Verlag Rommerskirchen, S. 30-40.

BERGSDORF, Wolfgang (1998): Innenpolitische Kommunikation. In: Jarren, Otfried / Ulrich Sarcinelli / Ulrich Saxer (Hrsg.): *Politische Kommunikation in der demokratischen Gesellschaft. Ein Handbuch mit Lexikonteil.* Opladen, Wiesbaden: Westdeutscher Verlag, S. 531-540.

BERKA, Walter (1986): Politische Kommunikation in der demokratischen Verfassungsordnung. In: Langenbucher, Wolfgang R. (Hrsg.): *Politische Kommunikation. Grundlagen, Strukturen, Prozesse.* Wien: Braumüller, S. 26-31.

BERNAYS, Edward L. (1961): *Preface to New Edition of Crystallizing Public Opinion.* New York: Liveright Publication.

BERTELSMANN STIFTUNG (Hrsg.) (1996): *Politik überzeugend vermitteln. Wahlkampfstrategien in Deutschland und den USA.* Gütersloh: Verlag Bertelsmann Stiftung.

BESSON, Waldemar / Gotthard JASPER (1990): *Das Leitbild der modernen Demokratie. Bauelemente einer freiheitlichen Staatsordnung.* Bonn: Bundeszentrale für politische Bildung.

BETTETINI, Gianfranco (1988): Informierte Gesellschaft – informatisierte Kultur. Alltagserfahrungen unter Experimentalbedingungen? In: Thomas, Hans (Hrsg.): *Die Welt als Medieninszenierung. Wirklichkeit, Information, Simulation.* Köln: Colloqium, S. 119-130.

BEULE, Jürgen / Karl Otto HONDRICH (1990): Skandale als Kristallisationspunkte politischen Streits. In: Sarcinelli, Ulrich (Hrsg.): *Demokratische Streitkultur. Theoretische Grundpositionen und Handlungsalternativen in Politikfeldern.* Opladen: Westdeutscher Verlag, S. 144-156.

BIEBER, Christoph (1999): *Politische Projekte im Internet. Online-Kommunikation und politische Öffentlichkeit.* Frankfurt a. M., New York: Campus.

BIEBER, Christioph (2000): Millenium-Campaigning. Der US-Präsidentschaftswahlkampf 2000 im Internet. In: Kamps, Klaus (Hrsg.): *Trans-Atlantik, Trans-Portabel?* Die Amerikanisierungsthese in der politischen Kommunikation. Wiesbaden: Westdeutscher Verlag, S. 93-108.

BIEBER, Christoph (2001): Internet, Parteienkommunikation, Multimediapolitiker. Eine Einführung. In: Ders. (Hrsg.): *Parteipolitik 2.0. Der Einfluss des Internet auf parteiinterne Kommunikations- und Organisationsprozesse*. Bonn: Friedrich-Ebert-Stiftung, S. 6-27.

BIEBER, Christoph (2002): Online-Wahlkampf 2002. Formate und Inhalte in der digitalen Politikarena. In: *Media Perspektiven*, 6/2002, S. 277-283.

BIEBER, Christoph (2005): Der Online-Wahlkampf 2005. Supporter-Sites, Negative Campaigning, Weblogs. In: *Dossier Bundestagswahl*. Bundeszentrale für politische Bildung, 1.9.2005.

BIEBER, CHRISTOPH (2006): Zwischen Grundversorgung und Bypass-Operation. Von der Idee zur Praxis digitaler Regierungskommunikation. In: Kamps, Klaus / Jörg-Uwe Nieland (Hrsg.): *Regieren und Kommunikation. Meinungsbildung, Entscheidungsfindung und gouvernementales Kommunikationsmanagement – Trends, Vergleiche, Perspektiven*. Köln: von Halem, S. 239-260.

BIEBER, Christoph / Eike HEBECKER (1998): Internet und soziale Bewegungen. Der Studentenstreik als Beispiel. In: Gellner, Winand / Fritz von Korff (Hrsg.): *Internet und Demokratie*. Baden-Baden: Nomos, S. 171-177.

BILGERI, Alexander / Dorothea LAMATSCH (2001): Offliner 2001 – Abgeordnete meiden die Datenautobahn. In: *forum medienethik*, 1/2001, S. 55-59.

BIMBER, Bruce (1998): The Internet and Politics in the USA. In: Eisel, Stephan / Mechthild Scholl (Hrsg.): *Internet und Politik*. Sankt Augustin: Konrad-Adenauer-Stiftung, S. 17-26.

BLÖBAUM, Bernd (1994): *Journalismus als soziales System. Geschichte, Ausdifferenzierung und Verselbständigung*. Opladen: Westdeutscher Verlag.

BLUMENTHAL, Julia von (2003): Auswanderung aus den Verfassungsinstitutionen? Kommissionen und Konsensrunden. In: *Aus Politik und Zeitgeschichte*, B 43/2003, S. 9-15.

BLUMLER, Jay G. (1998): Public Spheres in Contention. Reflections from Britain, 1997. In: Holtz-Bacha, Christina / Helmut Scherer / Norbert Waldmann (Hrsg.): *Wie die Medien die Welt erschaffen und wie die Menschen darin leben*. Opladen, Wiesbaden: Westdeutscher Verlag, S. 83-101.

BLUMLER, Jay G. / Michael GUREVITCH (1995): *The Crisis of Public Communication*. London, New York: Routledge.

BLUMLER, Jay G. / Dennis KAVANAGH (1999): The Third Age of Political Communication: Influences and Features. In: *Political Communication*, 16, Heft 3, S. 209-230.

BOBBIO, Norberto (1988): *Die Zukunft der Demokratie*. Berlin: Rotbuch.

BODE, Markus (1995): *Politikvermittlung im Wahlkampf: Massenmedien und parteiinterne Strukturbedingungen als „constraints" der Wahlkampfkommunikation?* Hamburg: Magisterarbeit.

BOHNET, Iris (1997): *Kooperation und Kommunikation. Eine ökonomische Analyse individueller Entscheidungen*. Tübingen: Mohr.

BOLZ, Norbert (1993): Politik als ob oder Die Lizenz zu lügen. In: Kemper, Peter (Hrsg.): *Opfer der Macht. Müssen Politiker ehrlich sein?* Frankfurt a. M., Leipzig: Insel Verlag, S. 58-70.

BOURDIEU, Pierre (1998): *Über das Fernsehen*. Frankfurt a. M.: Suhrkamp.

BOVENTER, Herman (1994): Muckrakers. Investigativer Journalismus zwischen Anspruch und Wirklichkeit. In: Wunden, Wolfgang (Hrsg.): *Öffentlichkeit und Kommunikationskultur*. Hamburg, Stuttgart: J. F. Steinkopf, S. 215-230.

BRADY, John (1997): *Bad Boy. The Life and Politics of Lee Atwater*. Reading u. a.: Addison Wesley.

BRANAHL, Udo (1992): *Medienrecht. Eine Einführung*. Opladen: Westdeutscher Verlag.

BRECHT, Bertolt (1992): Der Rundfunk als Kommunikationsapparat. In: *Werke* (Große kommentierte Berliner und Frankfurter Ausgabe; hrsg. v. Werner Hecht et al.), Bd. 21, Berlin, Weimar, Frankfurt a. M.: Suhrkamp.

BREDOW, Wilfried von (1992): Legitimation durch Empörung. Vorüberlegungen zu einer politischen Theorie des Skandals. In: Schoeps, Julius H. (Hrsg.): *Der politische Skandal*. Stuttgart, Bonn: Burg Verlag, S. 190-208.

BRETTSCHNEIDER, Frank (1998): Medien als Imagemacher? Bervölkerungsmeinungen zu den beiden Spitzenkandidaten und der Einfluß der Massenmedien im Vorfeld der Bundestagswahl 1998. In: *Media Perspektiven*, 8/98, S. 392-401.

BRETTSCHNEIDER, Frank (2002): Wahlen in der Mediengesellschaft. Der Einfluss der Massenmedien auf die Parteipräferenz. In: Alemann, Ulrich von / Stefan Marschall (Hrsg.): *Parteien in der Mediendemokratie*. Wiesbaden: Westdeutscher Verlag, S. 57-80.

BRETTSCHNEIDER, Frank (2002a): Die Medienwahl 2002: Themenmanagement und Berichterstattung. In: *Aus Politik und Zeitgeschichte*, B 49-50, S. 36-47.

BRETTSCHNEIDER, Frank / Markus RETTICH (2005): Medieneinflüsse auf Wahlverhalten. In: Falter, Jürgen W. / Oscar W. Gabriel / Bernhard Weßels (Hrsg.): *Wahlen und Wähler. Analysen aus Anlass der Bundestagswahl 2002*. Wiesbaden: VS Verlag für Sozialwissenschaften, S. 157-185.

BROSDA, Carsten / Christian SCHICHA (2002): Interaktion von Politik, Public Relations und Journalismus. In: Schatz, Heribert / Patrick Rössler / Jörg-Uwe Nieland (Hrsg.): *Politische Akteure in der Mediendemokratie. Politiker in den Fesseln der Medien?* Wiesbaden: Westdeutscher Verlag, S. 41-64.

BROSIUS, Hans-Bernd (1997a): *Modelle und Ansätze der Medienwirkungsforschung. Überblick über ein dynamisches Forschungsfeld*. Düsseldorfer medienwissenschaftliche Vorträge, Heft 8, Bonn: Zeitungs-Verlag Service.

BROSIUS, Hans-Bernd (1997b): Multimedia und digitales Fernsehen: Ist eine Neuausrichtung kommunikationswissenschaftlicher Forschung notwendig? In: *Publizistik*, 42, Heft 1, S. 37-45.

BROSIUS, Hans-Bernd (2003): Medienwirkung. In: Bentele, Günter / Hans-Bernd Brosius / Otfried Jarren (Hrsg.): *Öffentliche Kommunikation. Handbuch Kommunikations- und Medienwissenschaft*. Wiesbaden: Westdeutscher Verlag, S. 128-148.

BROSIUS, Hans-Bernd / Frank ESSER (1995): *Eskalation durch Berichterstattung? Massenmedien und fremdenfeindliche Gewalt*. Opladen: Westdeutscher Verlag.

BROSIUS, Hans-Bernd / Frank ESSER (1998): Mythen in der Wirkungsforschung: Auf der Suche nach dem Stimulus-Response-Modell. In: *Publizistik*, Heft 4, S. 341-361.

BROSIUS, Hans-Bernd / Frank ESSER (2000): Auf der Suche nach dem Stimulus-Response-Modell. Ein kritischer Beitrag zur Geschichtsschreibung der Medienwirkungsforschung. In: Schorr, Angela (Hrsg.): *Publikums- und Wirkungsforschung. Ein Reader*. Wiesbaden: Westdeutscher Verlag, S. 55-70.

BROSZIEWSKI, Achim (2004): Die Öffentlichkeit der Beratung. Zur Prominenz des Unternehmensberaters Roland Berger. In: Hitzler, Roland / Stefan Hornbostel / Cornelia Mohr (Hrsg.): *Elitenmacht*. Wiesbaden: VS Verlag für Sozialwissenschaften, S. 261-273.

BROWN, David (1997): *Cyberdiktatur. Das Ende der Demokratie im Informationszeitalter*. Berlin: Ullstein.

BRÜGGEMANN, Michael (2002): *The Missing Link. Crossmediale Vernetzung von Print und Online*. München: Reinhard Fischer.

BRÜGGEMANN, Michael (2004): Jetzt erst recht. Crossmedia-Strategien können die journalistische Qualität verbessern. In: Beck, Klaus / Wolfgang Schweiger / Werner Wirth (Hrsg.): *Gute Seiten – schlechte Seiten. Qualität in der Onlinekommunikation*. München: Reinhard Fischer, S. 222-232.

BRUNNER, Wolfram (2002): *Wahlkampf in den USA*. Sankt Augustin: Konrad-Adenauer-Stiftung.

BRUNS, Thomas / Frank MARCINKOWSKI (1997): *Politische Information im Fernsehen. Eine Längsschnittstudie.* Opladen: Leske + Budrich.

BRYANT, Jennings / Dolf ZILLMANN (1994): *Media Effects. Advances in Theory and Research.* Hillsdale: Erlbaum.

BUCHSTEIN, Hubertus (1996): Bittere Bytes: Cyberbürger und Demokratietheorie. In: *Deutsche Zeitschrift für Philosophie,* 44, Heft 4, S. 583-607.

BÜHL, Achim (1997): *Die virtuelle Gesellschaft. Ökonomie, Politik und Kultur im Zeichen des Cyberspace.* Opladen, Wiesbaden: Westdeutscher Verlag.

BURKART, Roland (1993a): *Public Relations als Konfliktmanagement. Ein Konzept für verständigungsorientierte Öffentlichkeitsarbeit. Untersucht am Beispiel der Planung von Sonderabfalldeponien in Niederösterreich.* Wien: Wilhelm Braumüller Verlag.

BURKART, Roland (1993b): Verständigungsorientierte Öffentlichkeitsarbeit – Ein Transformationsversuch der Theorie des kommunikativen Handelns. In: Bentele, Günter / Manfred Rühl (Hrsg.): *Theorien öffentlicher Kommunikation. Problemfelder, Positionen, Perspektiven.* München: Ölschläger, S. 218-227.

BURKART, Roland (2002): *Kommunikationswissenschaft. Grundlagen und Problemfelder. Umrisse einer interdisziplinären Sozialwissenschaft.* Wien, Köln, Weimer: Böhlau, 4. Aufl.

BURKART, Roland / Sabine PROBST (1991): Verständigungsorientierte Öffentlichkeitsarbeit: eine kommunikationstheoretisch begründete Perspektive. In: *Publizistik,* 36, S. 56-75.

BUSCH-JANSER, Florian (2006): *Personalstudie Public Affairs 2005. Gehälter, Strukturen, Einstiegsvoraussetzungen und Bewerbungsverfahren.* www.dipa-berlin.org (Januar 2006).

BUTTER, Thomas / Dion FUCHS / Katharina SRNKA (2002): Vom Wahlkampf- zum POLIT-Marketing: Lehren aus verwandten Marketingbereichen. In: Berg, Thomas (Hrsg.): *Moderner Wahlkampf. Blick hinter die Kulissen.* Opladen: Leske + Budrich, S. 231-258.

CALLIEß, Jürgen (Hrsg.) (1998): *Die Inszenierung von Politik in den Medien. Die Inszenierung von Politik für die Medien.* Loccum: Evangelische Akademie.

CASMIR, Fred L. (1996): Hitler als Prototyp des politischen Redners. Charisma und Mystifikation. In: Diesener, Gerald / Rainer Gries (Hrsg.): *Propaganda in Deutschland.* Darmstadt: Wissenschaftliche Buchgesellschaft, S. 79-99.

CASPI, Dan (1996): American-Style Electioneering in Israel: Americanization versus Modernization. In: Swanson, David L. / Paolo Mancini (Hrsg.): *Politics, Media, and Modern Democracy. An International Study of Innovations in Electoral Campaigning and Their Consequences.* Westport: Praeger, S. 173-192.

CASTELLS, Manuel (2004): *Der Austieg der Netzwerkgesellschaft.* (Teil 1 der Triologie „Das Informationszeitalter"). Opladen: Leske + Budrich; 2. Aufl.

CASTELLS, Manuel (2003a): *Die Macht der Identität.* (Teil 2 der Triologie „Das Informationszeitalter"). Opladen: Leske + Budrich; 2. Aufl.

CASTELLS, Manuel (2003b): *Jahrtausendwende.* (Teil 3 der Triologie „Das Informationszeitalter"). Opladen: Leske + Budrich.

CAZENAVE, Hugues (1992): Médias et vie politique. In: *Les Cahiers français,* Nr. 258, S. 62-67.

CECERE, Vito (2002): Man nennt es Oppo. Opposition Research als systematische Beobachtung des Gegners. In: Althaus, Marco (Hrsg.): *Kampagne! Neue Strategien für Wahlkampf, PR und Lobbying.* Münster: Lit-Verlag, S. 65-80.

CECERE, Vito (2003): Kampf um die Mitte. In: Althaus, Marco / Vito Cecere (Hrsg.): *Kampagne! 2. Neue Strategien für Wahlkampf, PR und Lobbying.* Münster: Lit Verlag, S. 69-95.

CHAFFEE, Steven H. (1975): Asking New Questions About Communication and Politics. In: Ders. (Hrsg.): *Political Communication. Issues and Strategies for Research.* Beverly Hills, London: Sage, S. 13-20.

CHARTERS, Werret Wallace (1933): *Motion Pictures and Youth. A Summary.* New York: Macmillian.

CLEMENS, Detlev (1998): Wahlkampf im Internet. In: Gellner, Winand / Fritz von Korff (Hrsg.): *Demokratie und Internet.* Baden-Baden: Nomos, S. 143-156.

CLEMENS, Detlev (1999a): Netz-Kampagnen. Parteien und politische Informationslotsen in den Internet-Wahlkämpfen 1998 in Deutschland und den USA. In: Kamps, Klaus (Hrsg.): *Elektronische Demokratie? Perspektiven politischer Partizipation.* Opladen, Wiesbaden: Westdeutscher Verlag, S. 153-174.

CLEMENS, Detlev (1999b): Campaigning in Cyberspace: Internet-Einsatz in amerikanischen Bundeswahlkämpfen 1996 und 1998. In: *Zeitschrift für Politik,* 46, Heft 1, S. 50-67.

CLEMENS, Detlev (1999c): Das Potential des Internets in Wahlkämpfen. Bestandsaufnahme und Perspektiven anhand aktueller Wahlkämpfe in den USA und Deutschland. In: Woyke, Wichard (Hrsg.): *Internet und Demokratie.* Schwalbach/Ts.: Wochenschau Verlag, S. 52-63.

CROUSE, Timothy (1972): *The Boys on the Bus.* New York: Random House.

CUTLIP, Scott M. / Allen H. CENTER (1978 [1952]): *Effective Public Relations.* New York: Englwood Cliffs, 5. Aufl.

DAELE, Wolfgang van den / Friedhelm NEIDHARDT (1996): „Regierung durch Diskussion" – Über Versuche, mit Argumenten Politik zu machen. In: Dies. (Hrsg.): *Kommunikation und Entscheidung. Politische Funktionen öffentlicher Meinungsbildung und diskursiver Verfahren.* Berlin: Edition Sigma, S. 9-50.

DAHINDEN, Urs (2000): Demokratisierung dank Internet? – Zum Austauschverhältnis zwischen neuen elektronischen und traditionellen massenmedialen Öffentlichkeiten. In: Jarren, Otfried / Kurt Imhof / Roger Blum (Hrsg.): *Zerfall der Öffentlichkeit?* Wiesbaden: Westdeutscher Verlag, S. 240-254.

DAHL, Robert A. (1989): *Democracy and its Critics.* New Haven u. a.: Yale University Press.

DAHLEM, Stefan (2001): *Wahlentscheidung in der Mediengesellschaft. Theoretische und empirische Grundlagen der interdisziplinären Wahlforschung.* Freiburg, München: Verlag Karl Alber.

DAHRENDORF, Ralf (1967): Aktive und passive Öffentlichkeit. In: *Merkur,* 21, Heft 2, S. 1109-1122.

DALTON, Russell J. (1984): Cognitive Mobilization and Partisan Dealignment in Advanced Industrial Democracies. In: *Journal of Politics,* 46, S. 264-284.

DANIEL, Ute / Wolfram SIEMANN (Hrsg.) (1994): *Propaganda. Meinungskampf, Verführung und politische Sinnstiftung 1789-1989.* Frankfurt a. M.: Fischer.

DEBATIN, Bernhard (1999): Allwissenheit und Grenzenlosigkeit: Mythen um Computernetze. In: Wilke, Jürgen (Hrsg.): *Massenmedien und Zeitgeschichte.* Konstanz: UVK-Medien, S. 481-493.

DEHM, Ursula (2002): Fernsehduelle im Urteil der Zuschauer. Eine Befragung des ZDF zu einem neuen Sendungsformat bei der Bundestagswahl 2002. In: *Media Perspektiven,* 12/2002, S. 600-609.

DERNBACH, Beatrice (1998a): Von der „Determination" zur „Intereffikation". Das Verhältnis von Journalismus und PR. In: *Public Relations Forum,* 2/98, S. 62-65.

DERNBACH, Beatrice (1998b): Braucht die Multimedia-Gesellschaft Berufskommunikatoren? Aufgaben und Anforderungen im Wandel. In: Dernbach, Beatrice / Manfred Rühl / Anna Maria Theis-Berglmair (Hrsg.): *Publizistik im vernetzten Zeitalter. Berufe – Formen – Strukturen.* Opladen, Wiesbaden: Westdeutscher Verlag, S. 53-67.

DERNBACH, Beatrice (2000): Themen der Publizistik. Wie entsteht die Agenda öffentlicher Kommunikation? In: *Publizistik,* 45, Heft 1, S. 38-50.

DETJEN, Joachim (1998): Pluralismus. In: Jarren, Otfried / Ulrich Sarcinelli /Ulrich Saxer (Hrsg.): *Politische Kommunikation in der demokratischen Gesellschaft. Ein Handbuch mit Lexikonteil.* Opladen, Wiesbaden: Westdeutscher Verlag, S. 275-284.

DEUTSCH, Karl W. (1969): *Politische Kybernetik. Modelle und Perspektiven.* Freiburg: Raubach.

DOERING-MANTEUFFEL, Anselm (1999): *Wie westlich sind die Deutschen? Amerikanisierung und Westernisierung im 20. Jahrhundert.* Göttingen: Vandenhoeck & Ruprecht.

DÖRNER, Andreas (1998): Zivilreligion als politisches Drama. Politisch-kulturelle Traditionen in der populären Medienkultur der USA. In: Willems, Herbert / Martin Jurga (Hrsg.): *Inszenierungsgesellschaft. Ein einführendes Handbuch.* Opladen, Wiesbaden: Westdeutscher Verlag, S. 543-564.

DÖRNER, Andreas (2001): *Politainment. Politik in der medialen Erlebnisgesellschaft.* Frankfurt a. M.: Suhrkamp.

DÖRNER, Andreas (2002): Wahlkämpfe – eine rituelle Inszenierung des „demokratischen Mythos". In: Dörner, Andreas / Ludgera Vogt (Hrsg.): *Wahl-Kämpfe. Betrachtungen über ein demokratisches Ritual.* Frankfurt a. M.: Suhrkamp, S. 16-42.

DÖRNER, Andreas (2002a): Von der 'Krönungsmesse' zur 'Götterdämmerung'. Politikinszenierung in der deutschen Unterhaltungsöffentlichkeit. In: Soeffner, Hans-Georg / Dirk Tänzler (Hrsg.): *Figurative Politik. Zur Performanz der Macht in der modernen Gesellschaft.* Opladen: Leske + Budrich, S. 317-332.

DÖRNER, Andreas (2002b): Wahlkämpfe – eine rituelle Inszenierung des „demokratischen Mythos". In: Dörner, Andreas / Ludgera Vogt (Hrsg.): *Wahl-Kämpfe. Betrachtungen über ein demokratisches Ritual.* Frankfurt a. M.: Suhrkamp, S. 16-42.

DÖRNER, Andreas (2004): *Power Talks. Zur Transformation der politischen Elite in der medialen Erlebnisgesellschaft.* In: Hitzler, Ronald / Stefan Hornbostel / Cornelia Mohr (Hrsg.): *Elitenmacht.* Wiesbaden, S. 239-259.

DÖRNER, Andreas (2006): Politik als Fiktion. In: *Aus Politik und Zeitgeschichte,* B7/2006, S. 3-11.

DÖRNER, Andreas / Ludgera VOGT (2002a): Wahlkampf im Unterhaltungszeitalter. In: Machnik, Matthias (Hrsg.): *Politik – Medien – Wähler. Wahlkampf im Medienzeitalter.* Opladen: Leske + Budrich, S. 9-19.

DÖRNER, Andreas / Ludgera VOGT (Hrsg.) (2002b): *Wahl-Kämpfe. Betrachtungen über ein demokratisches Ritual.* Frankfurt a. M.: Suhrkamp.

DOHMEN, Florian (1998): *Medien & Macht. Ökonomische, politische und kulturelle Dimensionen multimedialer Entwicklung.* Hamburg: VSA-Verlag.

DOMBROWSKI, Ines (1997): *Politisches Marketing in den Massenmedien.* Wiesbaden: Deutscher Universitäts Verlag.

DONGES, Patrick (2000): Amerikanisierung, Professionalisierung, Modernisierung? Anmerkungen zu einigen amorphen Begriffen. In: Kamps, Klaus (Hrsg.): *Trans-Atlantik, Trans-Portabel? Die Amerikanisierungsthese in der politischen Kommunikation.* Wiesbaden: Westdeutscher Verlag, S. 27-40.

DONGES, Patrick / Otfried JARREN (1999): Politische Öffentlichkeit durch Netzkommunikation? In: Kamps, Klaus (Hrsg.): *Elektronische Demokratie? Perspektiven politischer Partizipation.* Opladen, Wiesbaden: Westdeutscher Verlag, S. 85-108.

DONSBACH, Wolfgang (1990): Aspekte des Meinungsbildungsprozesses – der politische Einfluß der Medien. In: Hütter, Gerhard / Hermann Linke (Hrsg.): *Informiert bis zur Unmündigkeit? Einfluß und politische Verantwortung der Medien in der Bundesrepublik Deutschland.* Herford, Bonn: Maximilian Verlag, S. 36-63.

DONSBACH, Wolfgang (1994): Mit kleinen Schritten voran. Zum Stand der Medienwirkungsforschung zu Beginn der neunziger Jahre. In: Jarren, Otfried (Hrsg.): *Medien und Journalismus 2. Eine Einführung.* Opladen: Westdeutscher Verlag, S. 51-74.

DONSBACH, Wolfgang (1999): Drehbücher und Inszenierungen. Die Union in der Defensive. In: Noelle-Neumann, Elisabeth / Hans Mathias Kepplinger / Wolfgang Donsbach: *Kampa. Meinungsklima und Medienwirkung im Bundestagswahlkampf 1998.* Freiburg, München: Alber, S. 141-171.

DONSBACH, Wolfgang (2003): Mediendemokratie zwischen normativer Vision und normativem Albtraum. In: Donsbach, Wolfgang / Olaf Jandura (Hrsg.): *Chancen und Gefahren der Mediendemokratie.* Konstanz: UVK-Medien, S. 28-46.

DONSBACH, Wolfgang / Dietmar GATTWINKEL (1998): *Öl ins Feuer. Die publizistische Inszenierung des Skandals um die Rolle der Ölkonzerne in Nigeria.* Dresden: University Press.

DONSBACH, Wolfgang / Olaf JANDURA (Hrsg.) (2003): *Chancen und Gefahren der Mediendemokratie.* Konstanz: UVK-Medien.

DOVIFAT, Emil (1990 [1927]): *Der amerikanische Journalismus.* (Reprint des Originals, hrsg. von Stephan Ruß-Mohl). Berlin: Deutsche Verlags-Anstalt.

DOWNS, Anthony (1968): *Ökonomische Theorie der Demokratie.* Tübingen: Mohr.

DRÖSSER, Christoph (1995): *Fernsehen.* Reinbek b. Hamburg: Rowohlt.

DUBIEL, Helmut (1997): Der utopische Realismus der Demokratie. In: *Merkur,* 51, S. 796-804.

DYE, Thomas R. (1976): *Policy Analysis. What Governments Do, Why They Do It, And What Difference It Makes.* Tuscaloosa: University of Alabama Press.

EBBIGHAUSEN, Rolf (1995): Inszenierte Öffentlichkeit und politischer Skandal. Arkanpolitik unter den Bedingungen von bürgerlichem Verfassungsstaat und Parteiendemokratien. In: Göhler, Gerhard (Hrsg.): *Macht der Öffentlichkeit – Öffentlichkeit der Macht.* Baden-Baden: Nomos, S. 231-239.

EBBIGHAUSEN, Rolf / Sighard NECKEL (Hrsg.) (1989): *Anatomie des politischen Skandals.* Frankfurt a. M.: Suhrkamp.

ECO, Umberto (1994): *Im Wald der Fiktionen. Sechs Streifzüge durch die Literatur. Harvard Vorlesungen.* München, Wien: Hanser.

EDELMAN, Murray (1976): *Politik als Ritual. Die symbolische Funktion staatlicher Institutionen und politischen Handelns.* Frankfurt a. M.: Campus.

EIMEREN, Birgit van et al. (1999): ARD/ZDF-Online-Studie 1999: Wird Online Alltagsmedium? In: *Media Perspektiven,* 8/99, S. 401-414.

EISEL, Stephan (1998): Internet und Politik. Fakten und Hinweise. In: Eisel, Stephan / Mechthild Scholl (Hrsg.): *Internet und Politik.* Sankt Augustin: Konrad-Adenauer-Stiftung, S. 9-16.

EISEL, Stephan / Mechthild SCHOLL (Hrsg.) (1998): *Internet und Politik.* Sankt Augustin: Konrad-Adenauer-Stiftung.

EISELE, Hans (1994): Warum Schnellschüsse ins Leere gehen. Public Relations – ihre Arbeitsbereiche, Instrumentarien, Mittel und Maßnahmen. In: Kalt, Gero (Hrsg.): *Öffentlichkeitsarbeit und Werbung. Instrumente, Strategien, Perspektiven.* Frankfurt a. M.: IMK, 5. Aufl., S. 41-46.

EISENSTEIN, Cornelia (1994): *Meinungsbildung in der Mediengesellschaft. Eine Analyse zum Multi-Step Flow of Communication.* Opladen: Westdeutscher Verlag.

ELLWEIN, Thomas / Joachim Jens HESSE (1997): *Der überforderte Staat.* Frankfurt a. M.: Suhrkamp.

ENZENSBERGER, Hans Magnus (1997): *Baukasten zu einer Theorie der Medien. Kritische Diskurse zur Pressefreiheit.* München: Verlag Reinhard Fischer.

ENZENSBERGER, Hans Magnus (2000): Das digitale Evangelium. In: *Der Spiegel,* Nr. 2, vom 10. Januar 2000, S. 92-101.

ESCHENBURG, Theodor (1955): *Herrschaft der Verbände?* Stuttgart.

ESSER, Frank (2000): Spin-doctoring als Regierungs-PR. Strategisches Skandal-, Themen- und Imagemanagement der Clinton-Administration. In: Kamps, Klaus (Hrsg.): *Trans-Atlantik, Trans-Portabel? Die Amerikanisierungsthese in der politischen Kommunikation.* Wiesbaden: Westdeutscher Verlag, S. 129-158.

ESSER, Frank / Uwe HARTUNG (2004): Nazis, Pollution, and No Sex. Political Scandals as a Reflection of Political Culture in Germany. In: *American Behavioral Scientist*, 47, Heft 8, 1-32.

ESSER, Frank / Barbara PFETSCH (2003): Amerikanisierung, Modernisierung, Globalisierung. Ein programmatisches Plädoyer für die komparative Kommunikationswissenschaft. In: Donsbach, Wolfgang / Olaf Jandura (Hrsg.): *Chancen und Gefahren der Mediendemokratie*. Konstanz: UVK-Medien, S. 47-61.

ESSER, Frank / Barbara PFETSCH (Hrsg.) (2003a): *Politische Kommunikation im internationalen Vergleich. Grundlagen, Anwendungen, Perspektiven*. Wiesbaden: Westdeutscher Verlag.

ESSER, Frank / Carsten REINEMANN (1999): „Mit Zuckerbrot und Peitsche". Wie deutsche und britische Journalisten auf das News Management politischer Spin Doctors reagieren. In: Holtz-Bacha, Christina (Hrsg.): *Wahlkampf in den Medien – Wahlkampf mit den Medien. Ein Reader zum Wahljahr 1998*. Opladen, Wiesbaden: Westdeutscher Verlag, S. 40-68.

ESSER, Frank / Uwe HARTUNG (2006): Skandale als Spiegel der politischen Kultur in Deutschland. Konstruktionen und Berichterstattungsmuster. In: Kamps, Klaus / Jörg-Uwe Nieland (Hrsg.): *Regieren und Kommunikation. Meinungsbildung, Entscheidungsfindung und gouvernementales Kommunikationsmanagement – Trends, Vergleiche, Perspektiven*. Köln: von Halem, S. 305-336.

EWALD, Karl / Christoph GSCHEIDLE / Christian SCHRÖTER (1998): Professionalisierung und Spezialisierung im Onlinemedium. Internetangebote öffentlich-rechtlicher Rundfunkveranstalter in Deutschland 1998. In: *Media Perspektiven*, 10/98, S. 508-516.

FALTER, Jürgen (1998): Alle Macht dem Spin Doctor. In: *Frankfurter Allgemeine Zeitung*, vom 27. April 1998, S. 11-12.

FALTER, Jürgen W. / Oscar W. GABRIEL / Bernhard WESSELS (2005): Einleitung. In: Dies. (Hrsg.): *Wahlen und Wähler. Analysen aus Anlass der Bundestagswahl 2002*. Wiesbaden: VS Verlag für Sozialwissenschaften, S. 9-12.

FALTER, Jürgen / Andrea RÖMMELE (2002): Professionalisierung bundesdeutscher Wahlkämpfe, oder: Wie amerikanisch kann es werden? In: Berg, Thomas (Hrsg.): *Moderner Wahlkampf. Blick hinter die Kulissen*. Opladen: Leske + Budrich, S. 49-63.

FARRELL, David M. (2002): Kampagnenmanagement heute. In: Machnig, Matthias (Hrsg.): *Politik – Medien – Wähler. Wahlkampf im Medienzeitalter*. Opladen: Leske + Budrich, S. 71-96.

FAULSTICH, Werner (Hrsg.) (1993): *Konzepte von Öffentlichkeit. 3. Lüneburger Kolloquium zur Medienwissenschaft*. Lüneburg: Bardowick.

FAULSTICH, Werner (2000): *Grundwissen Öffentlichkeitsarbeit*. München: Fink (UTB).

FELDER, Michael / Dieter GRUNOW (2003): Das administrative Kommunikationsmanagment. Von der Implementations- zur Entscheidungsvorbereitung. In: Hirscher, Gerhard / Karl-Rudolf Korte (Hrsg.): *Information und Entscheidung. Kommunikationsmanagment der politischen Führung*. Wiesbaden: Westdeutscher Verlag, S. 29-51.

FENGLER, Susanne / Uwe JUN (2003): Kopie der Kampa 98 im neuen Kontext. In: Althaus, Marco / Vito Cecere (Hrsg.): *Kampagne! 2. Neue Strategien für Wahlkampf, PR und Lobbying*. Münster: Lit Verlag, S. 168-198.

FESTINGER, Leon (1957): *A Theory of Cognitive Dissonance*. Stanford: University Press.

FILZMAIER, Peter / Fritz PLASSER (1997): *Die amerikanische Demokratie. Regierungssystem und politischer Wettbewerb in den USA*. Wien: Manz.

FISHKIN, James F. (1998): Das ganze Land in einem Raum. Experimente mit beratenden Meinungsumfragen. In: Leggewie, Claus / Christa Maar (Hrsg.): *Internet & Politik. Von der Zuschauer- zur Beteiligungsdemokratie*. Köln: Bollmann, S. 342-353.

FLUCK, Winfried (1998): „Amerikanisierung" der Kultur. Zur Geschichte der amerikanischen Populär-kultur. In: Wenzel, Harald (Hrsg.): *Die Amerikanisierung des Medienalltags*. Frankfurt a. M., New York: Campus, S. 13-52.

FLUCK, Winfried (1999): Amerikanisierung und Modernisierung. In: *Transit*, 17, Sommer, S. 55-71.

FORUM.MEDIEN.POLITIK (Hrsg.) (2004): *Trends der politischen Kommunikation. Beiträge aus Theorie und Praxis*. Münster: Lit Verlag.

FRANCK, Georg (1998): *Ökonomie der Aufmerksamkeit. Ein Entwurf*. München, Wien: Hanser Verlag.

FREUDENFELD, Burghard (1985): Gesellschaft und Information. In: Bacher, Gerd (Hrsg.): *Harmonie verblö-det!? Wirkung und Wirkungslosigkeit von Presse, Funk und Fernsehen*. Köln: Infomedia, S. 25-57.

FRIE, Ewald (2002): Bühnensuche. Monarchie, Bürokratie, Stände und ‚Öffentlichkeit' in Preußen 1800-1830. In: Soeffner, Hans-Georg / Dirk Tänzler (Hrsg.): *Figurative Politik. Zur Performanz der Macht in der modernen Gesellschaft*. Opladen: Leske + Budrich, S. 53-67.

FRIEDENBERG, Robert V. (1997): *Communication Consultants in Political Campaigns. Ballot Box Warriors*. Westport: Praeger.

FRIEDLAND, Lewis A. (1996): Electronic democracy and the new citizenship. In: *Media, Culture & Society*, 18, S. 185-212.

FRÜH, Werner (1994): *Realitätsvermittlung durch Massenmedien. Die permanente Transformation der Wirklich-keit*. Opladen: Westdeutscher Verlag.

GATES, Bill (1995): *Der Weg nach vorn. Die Zukunft der Informationsgesellschaft*. Hamburg: Hoffmann und Campe.

GEBAUER, Klaus-Eckart (1998): Regierungskommunikation. In: Jarren, Otfried / Ulrich Sarcinelli / Ulrich Saxer (Hrsg.): *Politische Kommunikation in der demokratischen Gesellschaft. Ein Handbuch*. Opladen, Wiesbaden: Westdeutscher Verlag, S. 464-472.

GEBHARDT, Hartwig (1994): Organisierte Kommunikation als Herrschaftstechnik. Zur Entwicklungsge-schichte staatlicher Öffentlichkeitsarbeit. In: *Publizistik*, 39, Heft 2, S. 175-189.

GEISLER, Alexander / Ulrich SARCINELLI (2002): Modernisierung von Wahlkämpfen und Modernisierung von Demokratie? In: Dörner, Andreas / Ludgera Vogt (Hrsg.): *Wahl-Kämpfe. Betrachtungen über ein demokratisches Ritual*. Frankfurt a. M.: Suhrkamp, S. 43-68.

GELLNER, Winand (Hrsg.) (1989): *Europäisches Fernsehen – American-Blend? Fernsehmedien zwischen Ameri-kanisierung und Europäisierung*. Berlin: Vistas.

GELLNER, Winand (1997): Individualisierung und Globalisierung. Die Privatisierung der Öffentlichkeit? In: Rohe, Karl (Hrsg.): *Politik und Demokratie in der Informationsgesellschaft*. Baden-Baden: Nomos, S. 25-44.

GELLNER, Winand (1998): Das Ende der Öffentlichkeit? In: Gellner, Winand / Fritz von Korff (Hrsg.): *Demokratie und Internet*. Baden-Baden: Nomos, S. 11-24.

GELLNER, Winand / Fritz von KORFF (Hrsg.) (1998): *Demokratie und Internet*. Baden-Baden: Nomos.

GELLNER, Winand / Gerd STROHMEIER (1999): Netzwahlk(r)ampf. Die Wahlkommunikation im Internet. In: Holtz-Bacha, Christina (Hrsg.): *Wahlkampf in den Medien – Wahlkampf mit den Medien. Ein Reader zum Wahljahr 1998*. Opladen, Wiesbaden: Westdeutscher Verlag, S. 86-108.

GELLNER, Winand / Gerd STROHMEIER (2002): Parteien in Internet-Wahlkämpfen. In: Alemann, Ulrich von / Stefan Marschall (Hrsg.): *Parteien in der Mediendemokratie*. Wiesbaden: Westdeutscher Ver-lag, S. 189-209.

GERHARDS, Jürgen(1992): Dimensionen und Strategien öffentlicher Diskurse. In: *Journal für Sozialfor-schung*, 32, Heft ¾, S. 306-318.

GERHARDS, Jürgen (1993): *Neue Konfliktlinien in der Mobilisierung öffentlicher Meinung. Eine Fallstudie.* Opladen: Westdeutscher Verlag.

GERHARDS, Jürgen (1994a): Politische Öffentlichkeit. Ein system- und akteurstheoretischer Bestimmungsversuch. In: Neidhardt, Friedhelm (Hrsg.): *Öffentlichkeit, öffentliche Meinung, soziale Bewegung.* (=Kölner Zeitschrift für Soziologie und Sozialpsychologie, Sonderheft 34). Opladen: Westdeutscher Verlag, S. 77-105.

GERHARDS, Jürgen (1994b): Diskursive versus liberale Öffentlichkeit. Eine empirische Auseinandersetzung mit Jürgen Habermas. In: *Kölner Zeitschrift für Soziologie und Sozialpsychologie,* 49, Heft 1, S. 1-34.

GERHARDS, Jürgen (1998): Öffentlichkeit. In: Jarren, Otfried / Ulrich Sarcinelli / Ulrich Saxer (Hrsg.): *Politische Kommunikation in der demokratischen Gesellschaft. Ein Handbuch.* Opladen, Wiesbaden: Westdeutscher Verlag, S. 268-274, 694-695.

GERHARDS, Jürgen / Friedhelm NEIDHARDT (1990): *Strukturen und Funktionen moderner Öffentlichkeit. Fragestellungen und Ansätze.* Discussion Paper WZB, Berlin.

GERHARDS, Jürgen / Friedhelm NEIDHARDT (1991): Strukturen und Funktionen moderner Öffentlichkeit. Fragestellungen und Ansätze. In: Müller-Doohm, Stefan / Klaus Neumann-Braun (Hrsg.): *Öffentlichkeit, Kultur, Massenkommunikation.* Oldenburg: Bibliotheks- und Informationssystem der Universität Oldenburg, S. 31-89.

GERMAN, Christiano (1996): Politische (Irr-)Wege in die globale Informationsgesellschaft. In: *Aus Politik und Zeitgeschichte,* B 32/96, S. 16-25.

GERSTER, Martin (2002): Botschaften und Bilder: Messages und Images in Wahlkampagnen. In: Berg, Thomas (Hrsg.): *Moderner Wahlkampf. Blick hinter die Kulissen.* Opladen: Leske + Budrich, S. 97-113.

GEYER, Matthias / Dirk KURBJUWEIT / Cordt SCHNIBBEN (2005): *Operation Rot-Grün. Geschichte eines politischen Abenteuers.* München: DVA.

GIEGEL, Hans-Joachim (Hrsg.) (1992): *Kommunikation und Konsens in modernen Gesellschaften.* Frankfurt a. M.: Suhrkamp.

GLEICH, Uli (1998): Die Bedeutung medialer politischer Kommunikation für Wahlen. In: *Media Perspektiven,* 8/98, S. 411-422.

GLOTZ, Peter (1996): Politisches Wrestling – eine Schlachtbeschreibung. Nachtrag zum Bundestagswahlkampf 1994. In: Bertelsmann Stiftung (Hrsg.): *Politik überzeugend vermitteln. Wahlkampfstrategien in Deutschland und den USA.* Gütersloh: Verlag Bertelsmann Stiftung, S. 25-32.

GLOTZ, Peter (1997): Die politische Krise als Kommunikations-Krise. Eine kommunikationswissenschaftliche Makroanalyse. In: *Aus Politik und Zeitgeschichte,* B 36-37/97, S. 3-7.

GLOTZ, Peter (1999): *Die beschleunigte Gesellschaft. Kulturkämpfe im digitalen Kapitalismus.* München: Kindler.

GÖTTLICH, Udo / Jörg-Uwe NIELAND (1999): Politik in der Pop-Arena. Neue Formen der Politikvermittlung. In: *Transit,* 17, S. 110-123.

GOLLNICK, Ines (2003) : Gut, dass Kameras keine Gedanken lesen können. In: *Das Parlament,* 53, Nr. 10-11, S. 4.

GOUREVITCH, Jean-Paul (1998): *L'image en politique. De Luther à Internet et de l'affiche au clip.* Paris: Hachette.

GRAFE, Peter (1994): *Wahlkampf. Die Olympiade der Demokratie.* Franfurt a. M.: Eichborn.

GREVE, Dorothee (1997): Internet und soziale Bewegungen. In: Werle, Raymund / Christa Lang (Hrsg.): *Modell Internet? Entwicklungsperspektiven neuer Kommunikationsnetze.* Frankfurt a. M., New York: Campus, S. 289-304.

GRIESE, Honza (2002): Von der Notwendigkeit des Wahlkampfmanagements. In: Berg, Thomas (Hrsg.): *Moderner Wahlkampf. Blick hinter die Kulissen.* Opladen: Leske + Budrich, S. 81-95.

GROEBEL, Jo et al. (1995): *Bericht zur Lage des Fernsehens: für den Präsidenten der Bundesrepublik Deutschland.* Gütersloh: Verlag Bertelsmann Stiftung.

GROSS, Herbert (1951): *Moderne Meinungspflege. Für die Praxis der Wissenschaft.* Düsseldorf: Droste-Verlag.

GROSS, Johannes (1997): *Begründung der Berliner Republik. Deutschland am Ende des 20. Jahrhunderts.* Berlin: Ullstein, 2. Aufl.

GROSS, Peter (1994): *Die Multioptionsgesellschaft.* Frankfurt a. M.: Suhrkamp.

GROSSER, Dieter (1987): Politikvermittlung als Problem politischer Bildung. In: Sarcinelli, Ulrich (Hrsg.): *Politikvermittlung. Beiträge zur politischen Kommunikation.* Bonn: Bundeszentrale für politische Bildung, S. 73-82.

GROSSMAN, Lawrence K. (1995): *The Electronic Republic: Reshaping Democracy in the Information Age.* New York: Viking.

GROßMANN, Brit (1999): *Medienrezeption. Bestehende Ansätze und eine konstruktivistische Alternative.* Opladen, Wiesbaden: Westdeutscher Verlag.

GRUNIG, James E. / Larissa A. GRUNIG (1992): Models of Public Relations and Communication. In: Grunig, James E. (Hrsg.): *Excellence in Public Relations and Communication Management.* Hillsdale, NJ: Erlbaum, S. 285-325.

GRUNIG, James E. / Todd HUNT (1984): *Managing Public Relations.* New York u. a.: Harcourt Brace College Publishers.

GRUNIG, James E. et al. (1996) : Das situative Modell exzellenter Public Relations. Schlußfolgerungen aus einer internationalen Studie. In: Bentele, Günter / Horst Steinmann / David M. Dozier (Hrsg.): *Dialogorientierte Unternehmenskommunikation. Grundlagen – Praxiserfahrungen – Perspektiven.* Berlin: Vistas, S. 199-228.

GUÉHENNO, Jean-Marie (1996): *Das Ende der Demokratie.* München: Deutscher Taschenbuch Verlag.

GÜRNTKE, Kai (1998): Vom „Kanzler der Einheit" zur „neuen Mitte". Politik und Kommunikation: 5 Thesen. In: *Public Relations Forum,* 4, S. 232-233.

HABERMAS, Jürgen (1988): *Theorie des kommunikativen Handelns.* 2 Bde. Frankfurt a. M.: Suhrkamp, 4. Aufl.

HABERMAS, Jürgen (1991 [1961]): *Strukturwandel der Öffentlichkeit. Untersuchungen zu einer Kategorie der bürgerlichen Gesellschaft.* Frankfurt a. M.: Suhrkamp, 2. Aufl.

HAFEZ, Kai (2005): Auslandsberichterstattung. In: Weischenberg, Siegfried /Hans J. Kleinsteuber / Bernhard Pörksen (Hrsg.): *Handbuch Journalismus und Medien.* UVK: Konstanz 2005, S. 22-26.

HAGEMANN, Walter (1948): *Publizistik im Dritten Reich. Ein Beitrag zur Methodik der Massenführung.* Hamburg: Hansischer Gildenverlag.

HAGEN, Lutz M. (1998a): Online-Nutzung und Nutzung von Massenmedien. Eine Analyse von Substitutions- und Komplementärbeziehungen. In: Rössler, Patrick (Hrsg.): *Online-Kommunikation. Beiträge zu Nutzung und Wirkung.* Opladen, Wiesbaden: Westdeutscher Verlag, S. 105-122.

HAGEN, Lutz M. (1998b): Nutzung von Online-Medien zur politischen Information. Einführung und Überblick. In: Ders. (Hrsg.): *Online-Medien als Quellen politischer Information. Empirische Untersuchungen zur Nutzung von Internet und Online-Diensten.* Opladen, Wiesbaden: Westdeutscher Verlag, S. 7-19.

HAGEN, Lutz M. / Klaus KAMPS (1999): Netz-Nutzer und Netz-Nutzung. Zur Rezeption politischer Informationen in Online-Medien. In: Kamps, Klaus (Hrsg.): *Elektronische Demokratie? Perspektiven politischer Partizipation.* Opladen, Wiesbaden: Westdeutscher Verlag, S. 209-226.

HAGEN, Lutz M. / Markus MAYER (1998): Der direkte Draht zur Politik? Formen und Inhalte der Online-Nutzung im Hinblick auf die Entstehung politischer Öffentlichkeit. In: Hagen, Lutz M. (Hrsg.): *Online-Medien als Quellen politischer Information. Empirische Untersuchungen zur Nutzung von Internet und Online-Diensten.* Opladen, Wiesbaden: Westdeutscher Verlag, S. 94-129.

HAGEN, Martin (1996): A Road to Electronic Democracy? – Politische Theorie, Politik und der *Information Superhighway* in den USA. In: Kleinsteuber, Hans J. (Hrsg.): *Der „Information Superhighway".* Amerikanische Visionen und Erfahrungen. Opladen: Westdeutscher Verlag, S. 63-85.

HAGEN, Martin (1997): *Elektronische Demokratie. Computernetzwerke und politische Theorie in den USA.* Hamburg: Lit.

HAGEN, Martin (1999): Amerikanische Konzepte elektronischer Demokratie. Medientechniken, politische Kultur, politische Beteiligung. In: Kamps, Klaus (Hrsg.): *Elektronische Demokratie? Perspektiven politischer Partizipation.* Opladen, Wiesbaden: Westdeutscher Verlag, S. 63-81.

HALBACH, Wulf R. / Manfred FAßLER (1998): Einleitung in eine Mediengeschichte. In: Faßler, Manfred / Wulf R. Halbach (Hrsg.): *Geschichte der Medien.* München: Fink, S. 17-53.

HALLER, Michael (2000): Die zwei Kulturen. Journalismustheorie und journalistische Praxis. In: Löffelholz, Martin (Hrsg.): *Theorien des Journalismus. Ein diskursives Handbuch.* Wiesbaden: Westdeutscher Verlag, S. 101-122.

HALLIN, Daniel C. / Paolo MANCINI (2003): Amerikanisierung, Globalisierung und Säkularisierung: Zur Konvergenz von Mediensystemen und politischer Kommunikation in westlichen Demokratien. In: Esser, Frank / Barbara Pfetsch (Hrsg.): *Politische Kommunikation im internationalen Vergleich. Grundlagen, Anwendungen, Perspektiven.* Wiesbaden: Westdeutscher Verlag, S. 35-55.

HAMDAN, Fouad (2000): Aufdecken und Konfrontieren. NGO-Kommunikation am Beispiel Greenpeace. In: *Forschungsjournal Neue Soziale Bewegung,* 13, Heft 3, S. 69-74.

HARLOW, Rex (1976): Building a Public Relations Definition. In: *Public Relations Review,* 2, Heft 4, S. 34-42.

HART, Roderick P. (1987): *The Sound of Leadership. Presidential Communication in the Modern Age.* Chicago, London: University of Chicago Press.

HART, Roderick P. (1999): *Seducing America. How Television Charms the Modern Voter.* Thousand Oaks, London, New Dehli: Sage.

HARTH, Thilo (1999): Internet und Demokratie – neue Wege politischer Partizipation: Überblick, Potential, Perspektiven. In: Woyke, Wichard (Hrsg.): *Internet und Demokratie.* Schwalbach/Ts.: Wochenschau Verlag, S. 8-24.

HARTMANN, Christian / Christoph HÜTTIG (Hrsg.) (1998): *Netzdiskurs. Das Internet und der Strukturwandel von Kommunikation und Öffentlichkeit.* Loccumer Protokolle 67/97, Loccum: Evangelische Akademie.

HARVEY, David (1989): *The condition of postmodernity: An enquiry into the origins of cultural change.* New York: Basil Blackwell.

HASEBRINK, Uwe (1994): Ergebnisse der Mediennutzungsforschung. In: Jarren, Otfried (Hrsg.): *Medien und Journalismus 2. Eine Einführung.* Opladen: Westdeutscher Verlag, S. 15-50.

HASEBRINK, Uwe (2002): Publikum, Mediennutzung und Medienwirkung. In: Jarren, Otfried / Hartmut Weßler (Hrsg.): *Journalismus – Medien – Öffentlichkeit. Eine Einführung.* Wiesbaden: Westdeutscher Verlag, S. 323-412.

HASEBRINK, Uwe (2003): Nutzungsforschung. In: Bentele, Günter / Hans-Bernd Brosius / Otfried Jarren (Hrsg.): *Öffentliche Kommunikation. Handbuch Kommunikations- und Medienwissenschaft.* Wiesbaden: Westdeutscher Verlag, S. 101-127.

HASEBRINK, Uwe / Patrick RÖSSLER (Hrsg.) (1999): *Publikumsbindungen. Medienrezeption zwischen Individualisierung und Integration*. München: Verlag Reinhard Fischer.

HAUTZINGER, Nina (2003): *Pharmakommunikation im Internetzeitalter. Theorie und Praxis eines patientenorientierten Kommunikationsmanagements am Beispiel der Pharmabranche in der Schweiz*. München: Reinhard Fischer.

HEBEKER, Eike (2002): Experimentieren für den Ernstfall. Der Online-Wahlkampf 2002. In: *Aus Politik und Zeitgeschichte*, B 49-50, S. 48-54.

HEINZE, Rolf G. (2004): Die neue deutsche Räterepublik. Strategien für den Umgang mit Unsicherheit oder unbeabsichtigte Selbstblockade? In: Marschall, Stefan / Christoph Strünck (Hrsg.): *Grenzenlose Macht? Politik und Politikwissenschaft im Umbruch*. Baden-Baden: Nomos, S. 117-127.

HELMS, Ludger (2003): Deutschlands „semisouveräner Staat". Kontinuität und Wandel parlamentarischer Regierung in der Bundesrepublik. In: *Aus Politik und Zeitgeschichte*, B43/2003, S. 9-15.

HERMANNS, Arnold / Michael PÜTTMANN (1993): Integrierte Marketing-Kommunikation. In: Berndt, Ralph/ Arnold Hermanns (Hrsg.): *Handbuch Marketing-Kommunikation – Strategien, Instrumente, Perspektiven*. Wiesbaden: Gabler, S. 19-42.

HERZOG, Roman (1997): Kommunikation als Fundament der Demokratie. In: Hamm, Ingrid (Hrsg.): *Kommunikationsgesellschaft der Zukunft*. Medienforum mit dem Bundespräsidenten. Gütersloh: Verlag Bertelsmann Stiftung, S. 9-16.

HEYE, Uwe-Karsten (2002): Alles ist anders, alles bleibt gleich. Journalisten und Politiker im Bonn-Berlin-Vergleich. In: Schatz, Heribert / Patrick Rössler / Jörg-Uwe Nieland (Hrsg.): *Politische Akteure in der Mediendemokratie. Politiker in den Fesseln der Medien?* Wiesbaden: 265-284.

HICKETHIER, Knut (1993): *Film- und Fernsehanalyse*. Stuttgart, Weimar: Verlag Metzler.

HICKETHIER, Knut / Joan Kristin BLEICHER (1998): Die Inszenierung der Information im Fernsehen. In: Willems, Herbert / Martin Jurga (Hrsg.): *Inszenierungsgesellschaft. Ein einführendes Handbuch*. Opladen, Wiesbaden: Westdeutscher Verlag, S. 369-383.

HINRICHS, Jan-Peter (2002): Wir bauen einen Themenpark. Wähler werden doch mit Inhalten gewonnen – durch Issues Management. In: Althaus, Marco (Hrsg.): *Kampagne! Neue Strategien für Wahlkampf, PR und Lobbying*. Münster: Lit Verlag, S. 45-64.

HIRSCHER, Gerhard / Karl-Rudolf KORTE (Hrsg.) (2003): *Information und Entscheidung. Kommunikationsmanagement der politischen Führung*. Wiesbaden: Westdeutscher Verlag.

HITZLER, Ronald (2002): Inszenierung und Repräsentation. Bemerkungen zur Politikdarstellung in der Gegenwart. In: Soeffner, Hans-Georg / Dirk Tänzler (Hrsg.): *Figurative Politik. Zur Performanz der Macht in der modernen Gesellschaft*. Opladen: Leske + Budrich, S. 35-49.

HÖFLICH, Joachim R. (1998a): Computerrahmen und Kommunikation. In: Pommer, Elizabeth / Gerhard Vowe (Hrsg.): *Computervermittelte Kommunikation. Öffentlichkeit im Wandel*. Konstanz: UVK Medien, S. 141-174.

HÖFLICH, Joachim R. (1998b): Computerrahmen und die undifferenzierte Wirkungsfrage. Oder: Warum erst einmal geklärt werden muß, was die Menschen mit dem Computer machen. In: Rössler, Patrick (Hrsg.): *Online-Kommunikation. Beiträge zu Nutzung und Wirkung*. Opladen, Wiesbaden: Westdeutscher Verlag, S. 47-64.

HOFFJANN, Olaf (2003): Das öffentliche Gesicht der Politik. Konflikte, Interdependenzen und deren Folgen für die Beziehungen von Politik und Journalismus. In: Donsbach, Wolfgang / Olaf Jandura (Hrsg.): *Chancen und Gefahren der Mediendemokratie*. Konstanz: UVK-Medien, S. 212-225.

HOFFMANN, Jochen / Ulrich SARCINELLI (1999): Politische Wirkungen der Medien. In: Wilke, Jürgen (Hrsg.): *Mediengeschichte der Bundesrepublik Deutschland*. Bonn: Bundeszentrale für politische Bildung, S. 720-748.

HOFFMANN-RIEM, Wolfgang / Wolfgang SCHULZ (1998): Politische Kommunikation – Rechtswissenschaftliche Perspektiven. In: Jarren, Otfried / Ulrich Sarcinelli / Ulrich Saxer (Hrsg.): *Politische Kommunikation in der demokratischen Gesellschaft. Ein Handbuch.* Opladen, Wiesbaden: Westdeutscher Verlag, S. 154-172.

HOLTZ-BACHA, Christina (1990): *Ablenkung oder Abkehr von der Politik? Mediennutzung im Geflecht politischer Orientierung.* Opladen: Westdeutscher Verlag.

HOLTZ-BACHA, Christina (1994): Politikvermittlung im Wahlkampf. Befunde und Probleme der Wirkungsforschung von Wahlspots. In: *Rundfunk und Fernsehen,* 42, Heft 3, S. 340-350.

HOLTZ-BACHA, Christina (1996): Massenmedien und Wahlen. Zum Stand der deutschen Forschung – Befunde und Desiderata. In: Holtz-Bacha, Christina / Lynda Lee Kaid (Hrsg.): *Wahlen und Wahlkampf in den Medien. Untersuchungen aus dem Wahljahr 1994.* Opladen: Westdeutscher Verlag, S. 9-44.

HOLTZ-BACHA, Christina (1998): Fragmentierung der Gesellschaft durch das Internet? In: Gellner, Winand / Fritz von Korff (Hrsg.): *Demokratie und Internet.* Baden-Baden: Nomos, S. 219-226.

HOLTZ-BACHA, Christina (Hrsg.) (1999a): *Wahlkampf in den Medien – Wahlkampf mit den Medien. Ein Reader zum Wahljahr 1998.* Opladen, Wiesbaden: Westdeutscher Verlag.

HOLTZ-BACHA, Christina (1999b): Wahlkampf 1998 – Modernisierung und Professionalisierung. In: Dies. (Hrsg.): *Wahlkampf in den Medien – Wahlkampf mit den Medien. Ein Reader zum Wahljahr 1998.* Opladen, Wiesbaden: Westdeutscher Verlag, S. 9-23.

HOLTZ-BACHA, Christina (2000a): Wahlkampf in Deutschland. Ein Fall bedingter Amerikanisierung. In: Kamps, Klaus (Hrsg.): *Trans-Atlantik, Trans-Portabel? Die Amerikanisierungsthese in der politischen Kommunikation.* Wiesbaden: Westdeutscher Verlag, S. 43-55.

HOLTZ-BACHA, Christina (2000b): Entertainisierung der Politik. In: *Zeitschrift für Parlamentsfragen,* 31, Heft 1, S. 157-166.

HOLTZ-BACHA, Christina (2000c): *Wahlwerbung als politische Kultur. Parteienspots im Fernsehen 1957-1998.* Wiesbaden: Westdeutscher Verlag.

HOLTZ-BACHA, Christina (2001): Das Private in der Politik: Ein neuer Medientrend? In: *Aus Politik und Zeitgeschichte,* B 41-42/2001, S. 20-26.

HOLTZ-BACHA, Christina (2002): Parteien und Massenmedien im Wahlkampf. In: Alemann, Ulrich von / Stefan Marschall (Hrsg.): *Parteien in der Mediendemokratie.* Wiesbaden: Westdeutscher Verlag, S. 42-56.

HOLTZ-BACHA, Christina (Hrsg.) (2003a): *Die Massenmedien im Wahlkampf. Die Bundestagswahl 2002.* Wiesbaden: Westdeutscher Verlag.

HOLTZ-BACHA, Christina (2003b): Bundestagswahlkampf 2002: Ich oder der. In: Holtz-Bacha, Christina (Hrsg.): *Die Massenmedien im Wahlkampf. Die Bundestagswahl 2002.* Wiesbaden: Westdeutscher Verlag, S. 9-28.

HOLTZ-BACHA, Christina (2006): Personalisiert und emotional: Strategien des modernen Wahlkampfs. In: *Aus Politik und Zeitgeschichte,* B7/2007, S. 11-19.

HOLTZ-BACHA, Christina / Wolfram PEISER (1999): Verlieren die Massenmedien ihre Integrationsfunktion? Eine empirische Analyse zu den Folgen der Fragmentierung des Publikums. In: Hasebrink, Uwe / Patrick Rössler (Hrsg.): *Publikumsbindungen. Medienrezeption zwischen Individualisierung und Integration.* München: Verlag Reinhard Fischer, S. 41-53.

HOLZER, Werner (1996): Von Hexenmeistern und Media-Handwerkern. Politische Öffentlichkeitsarbeit in den USA – ein (un-)heimliches Wesen. In: Bertelsmann Stiftung (Hrsg.): *Politik überzeugend vermitteln. Wahlkampfstrategien in Deutschland und den USA.* Gütersloh: Verlag Bertelsmann Stiftung, S. 117-148.

HONDRICH, Karl Otto (1989): Skandalmärkte und Skandalkultur. In: Haller, M. / H. J. Hoffmann-Nowotny / W. Zapf (Hrsg.): *Kultur und Gesellschaft*. Frankfurt a. M.: Campus, S. 575-586.

HONDRICH, Karl Otto (1992): Skandale als gesellschaftliche Lernmechanismen. In: Schoeps, Julius H. (Hrsg.): *Der politische Skandal*. Stuttgart, Bonn: Burg Verlag, S. 175-189.

HOVLAND, Carl I. / Irving L. JANIS / Harold H. KELLEY (1953): *Communication and Persuasion. Psychological Studies of Opinion Change*. New Haven, London.

HUNDHAUSEN, Carl (1951): *Werbung um öffentliches Vertrauen. „Public Relations"*. Essen: Giradet.

IMHOF, Kurt (2000): Öffentlichkeit und Skandal. In: Neumann-Braun, Klaus / Stefan Müller-Dohm (Hrsg.): *Einführung in die Medien- und Kommunikationssoziologie*. Weinheim: Juventa (Manuskript).

IMHOF, Kurt (2003): Öffentlichkeitstheorien. In: Bentele, Günter / Hans-Bernd Brosius / Otfried Jarren (Hrsg.): *Öffentliche Kommunikation. Handbuch Kommunikations- und Medienwissenschaft*. Wiesbaden: Westdeutscher Verlag, S. 193-209.

IYENGAR, Shanto / Richard REEVES (Hrsg.) (1997): *Do the Media Govern? Politics, Voters, and Reporters in America*. Thousand Oaks, London, New Dehli: Sage.

JACKOB, Nikolaus (2002): Antike Traditionen im modernen Wahlkampf. Quintius T. Ciceros Denkschrift über die Konsulatsbewerbung. In: Berg, Thomas (Hrsg.): *Moderner Wahlkampf. Blick hinter die Kulissen*. Opladen: Leske + Budrich, S. 9-23.

JÄCKEL, Michael (1994): Auf dem Weg zur Informationsgesellschaft? Informationsverhalten und die Folgen der Informationskonkurrenz. In: Jäckel, Michael / Peter Winterhoff-Spurk (Hrsg.): *Politik und Medien. Analysen zur Entwicklung der politischen Kommunikation*. Berlin: Vistas, S. 11-33.

JÄCKEL, Michael (1996): *Wahlfreiheit in der Fernsehnutzung. Eine soziologische Analyse zur Individualisierung der Massenkommunikation*. Opladen: Westdeutscher Verlag.

JÄCKEL, Michael (1999a): Die Krise der politischen Kommunikation. Eine Annäherung aus soziologischer Perspektive. In: Winterhoff-Spurk, Peter / Michael Jäckel (Hrsg.): *Politische Eliten in der Mediengesellschaft. Rekrutierung – Darstellung – Wirkung*. München: Verlag Reinhard Fischer, S. 31-55.

JÄCKEL, Michael (1999b): *Medienwirkungen. Ein Studienbuch zur Einführung*. Opladen, Wiesbaden: Westdeutscher Verlag.

JÄGER, Wolfgang (1992): *Fernsehen und Demokratie. Scheinplebiszitäre Tendenzen und Repräsentation in den USA, Großbritannien, Frankreich und Deutschland*. München: Beck.

JAKUBOWSKI, Alex (1998): Kommunikationsstrategien in Wahlwerbespots. Systemtheoretische und inhaltsanalytische Untersuchung zur Bundestagswahl 1994. In: *Media Perspektiven*, S. 402-410.

JAMIESON, Kathleen Hall (1986): The Evolution of Political Advertising in America. In: Kaid, Lynda Lee / Dan Nimmo / Keith R. Sanders (Hrsg.): *New Perspectives on Political Advertising*. Carbondale: Southern Illinois University Press, S. 1-20.

JANSEN, Andrea / Rosaia RUBERTO (1997): *Mediale Konstruktion politischer Realität. Politikvermittlung im Zeitalter der Fernsehdemokratie*. Wiesbaden: Deutscher Universitäts-Verlag.

JARREN, Otfried (1988): Politik und Medien im Wandel. Autonomie, Interdependenz oder Symbiose? In: *Publizistik*, 33, Heft 4, S. 619-632.

JARREN, Otfried (Hrsg.) (1994a): *Politische Kommunikation in Hörfunk und Fernsehen. Elektronische Medien in der Bundesrepublik Deutschland*. Opladen: Leske + Budrich.

JARREN, Otfried (Hrsg.) (1994b, 1995): *Medien und Journalismus. Eine Einführung*. 2 Bde. Opladen: Westdeutscher Verlag.

JARREN, Otfried (1994c): Medien-Gewinne und Institutionen-Verluste? Zum Wandel des intermediären Systems in der Mediengesellschaft. In: Ders. (Hrsg.): *Politische Kommunikation in Hörfunk und Fernsehen. Elektronische Medien in der Bundesrepublik Deutschland*. Opladen: Leske + Budrich, S. 23-34.

JARREN, Otfried (1994d): Kann man mit Öffentlichkeitsarbeit die Politik „retten"? Überlegungen zum Öffentlichkeits-, Medien- und Politikwandel in der modernen Gesellschaft. In: *Zeitschrift für Parlamentsfragen*, 25, Heft 4, S. 653-673.

JARREN, Otfried (1994e): Politik und politische Kommunikation in der modernen Gesellschaft. In: *Aus Politik und Zeitgeschichte*, B 39/94, S. 3-10.

JARREN, Otfried (1996): Auf dem Weg in die „Mediengesellschaft"? Medien als Akteure und institutionalisierter Handlungskontext. Theoretische Anmerkungen zum Wandel des intermediären Systems. In: Imhof, Kurt / Peter Schulz (Hrsg.): *Politisches Raisonnement in der Informationsgesellschaft*. Zürich: Seismo, S. 79-96.

JARREN, Otfried (1997a): Politische Kommunikation und Integration in der „Mediengesellschaft". In: *forum medienethik*, 1/97, S. 43-49.

JARREN, Otfried (1997b): Politik und Medien: Einleitende Thesen zu Öffentlichkeitswandel, politischen Prozessen und politischer PR. In: Bentele, Günter / Michael Haller (Hrsg.): *Aktuelle Entstehung von Öffentlichkeit. Akteure, Strukturen, Veränderungen*. Konstanz: UVK Medien, S. 103-110.

JARREN, Otfried (1998a): Internet – neue Chancen für die politische Kommunikation? In: *Aus Politik und Zeitgeschichte*, B 40/98, S. 13-21.

JARREN, Otfried (1998b): Die „Mediengesellschaft" als Risikogesellschaft. Medien als Akteure und eigener Institutionentypus. In: Calließ, Jörg (Hrsg.): *Die Inszenierung von Politik in den Medien. Die Inszenierung von Politik für die Medien*. Loccum: Evangelische Akademie, S. 272-279.

JARREN, Otfried (1998c): Politik und Medien: ein notwendig schwieriges Verhältnis? Über Öffentlichkeitswandel, politische Prozesse und politische PR. In: Calließ, Jürgen (Hrsg.): *Die Inszenierung von Politik in den Medien. Die Inszenierung von Politik für die Medien*. Loccum: Evangelische Akademie, S. 280-288.

JARREN, Otfried (1998d): Legitimität und politische Kommunikation in der „Mediengesellschaft". In: Calließ, Jürgen (Hrsg.): *Die Inszenierung von Politik in den Medien. Die Inszenierung von Politik für die Medien*. Loccum: Evangelische Akademie, S. 289-305.

JARREN, Otfried (1998e): Medien, Mediensystem und politische Öffentlichkeit im Wandel. In: Sarcinelli, Ulrich (Hrsg.): *Politikvermittlung und Demokratie in der Mediengesellschaft*. Bonn: Bundeszentrale für politische Bildung, S. 74-94.

JARREN, Otfried (1998f): Demokratie durch Internet? In: Eisel, Stephan / Mechthild Scholl (Hrsg.): *Internet und Politik*. Sankt Augustin: Konrad-Adenauer-Stiftung, S. 27-51.

JARREN, Otfried (1999): Mehr Demokratie durch das Internet. 14 Thesen zum Einsatz des Internets in der politischen Kommunikation. In: *www.politik-digital.de* (22. November 1999).

JARREN, Otfried (2001): „Mediengesellschaft" – Risiken für die politische Kommunikation. In: *Aus Politik und Zeitgeschichte*, B 41-42/2001, S. 10-19.

JARREN, Otfried / Hans-Jürgen ARLT (1997): Kommunikation – Macht – Politik. Konsequenzen der Modernisierungsprozesse für die politische Öffentlichkeitsarbeit. In: *WSI Mitteilungen*, Heft 7, S. 480-486.

JARREN, Otfried / Patrick DONGES (2002a): *Politische Kommunikation in der Mediengesellschaft. Eine Einführung. Bd. 1: Verständnis, Rahmen und Strukturen*. Wiesbaden: Westdeutscher Verlag.

JARREN, Otfried / Patrick DONGES (2002b): *Politische Kommunikation in der Mediengesellschaft. Eine Einführung. Bd. 2: Akteure, Prozesse und Inhalte*. Wiesbaden: Westdeutscher Verlag.

JARREN, Otfried / Werner A. MEIER (2002): Mediensyteme und Medienorganisationen als Rahmenbedingungen für den Journalismus. In: Jarren, Otfried / Hartmut Weßler (Hrsg.): *Journalismus – Medien – Öffentlichkeit. Eine Einführung*. Wiesbaden: Westdeutscher Verlag, S. 99-163.

JARREN, Otfried / Ulrike RÖTTGER (1999): Politiker, politische Öffentlichkeitsarbeiter und Journalisten als Handlungssystem. Ein Ansatz zum Verständnis politischer PR. In: Rolke, Lothar / Volker Wolff (Hrsg.): *Wie die Medien die Wirklichkeit steuern und selber gesteuert werden.* Opladen, Wiesbaden: Westdeutscher Verlag, S. 199-221.

JARREN, Otfried / Ulrike RÖTTGER (2004): Steuerung, Reflexierung, Interpenetration: Kernelemente einer strukturationstheoretisch begründeten PR-Theorie. In: Röttger Ulrike (Hrsg.): *Theorien der Public Relations. Grundlagen und Perspektiven der PR-Forschung.* Wiesbaden: VS Verlag für Sozialwissenschaften, S. 25-45.

JARREN, Otfried / Ulrike RÖTTGER (2005): Public Relations aus kommunikationswissenschaftlicher Sicht. In: Bentele, Günter / Romy Fröhlich / Peter Szyszka (Hrsg.): *Handbuch der Public Relations. Wissenschaftliche Grundlagen und berufliches Handeln. Mit Lexikon.* Wiesbande: VS Verlag für Sozialwissenschaften, S. 19-36.

JARREN, Otfried / Ulrich SARCINELLI (1998): „Politische Kommunikation" als Forschungs- und als politisches Handlungsfeld: Einleitende Anmerkungen zum Versuch der systematischen Erschließung. In: Jarren, Otfried / Ulrich Sarcinelli / Ulrich Saxer (Hrsg.): *Politische Kommunikation in der demokratischen Gesellschaft. Ein Handbuch.* Opladen, Wiesbaden: Westdeutscher Verlag, S. 13-20.

JARREN, Otfried / Ulrich SARCINELLI / Ulrich SAXER (Hrsg.) (1998): *Politische Kommunikation in der demokratischen Gesellschaft. Ein Handbuch.* Opladen, Wiesbaden: Westdeutscher Verlag.

JARREN, Otfried / Hartmut Weßler (Hrsg.) (2002): *Journalismus – Medien – Öffentlichkeit. Eine Einführung.* Wiesbaden: Westdeutscher Verlag.

JONES, Nicholas (1995): *Soundbites and Spin Doctors. How Politicians Manipulate the Media – and Vice Versa.* London: Cassell.

JUNG, Hugo (1994): PR als Seismograph und Kompaß. In: Kalt, Gero (Hrsg.): *Öffentlichkeitsarbeit und Werbung. Instrumente, Strategien, Perspektiven.* Frankfurt a. M.: IMK, 5. Aufl., S. 27-39.

KAASE, Max (1986): Massenkommunikation und politischer Prozess. In: Langenbucher, Wolfgang R. (Hrsg.): *Politische Kommunikation. Grundlagen, Strukturen, Prozesse.* Wien: Braumüller, S. 156-171.

KAASE, Max (1998): Demokratisches System und die Mediatisierung von Politik. In: Sarcinelli, Ulrich (Hrsg.): *Politikvermittlung und Demokratie in der Mediengesellschaft.* Bonn: Bundeszentrale für politische Bildung, S. 24-51.

KÄSLER, Dirk (1989): Der Skandal als „Politisches Theater". Zur schaupolitischen Funktionalität politischer Skandale. In: Ebbighausen, Rolf / Sighard Neckel (Hrsg.): *Anatomie des politischen Skandals.* Frankfurt a. M.: Suhrkamp, S. 307-333.

KÄSLER, Dirk et al. (1991): *Der politische Skandal. Zur symbolischen und dramaturgischen Qualität von Politik.* Opladen: Westdeutscher Verlag.

KAID, Lynda Lee / John C. TEDESCO (1999): Die Arbeit am Image. Kanzlerkandidaten in der Wahlwerbung. In: Holtz-Bacha, Christina (Hrsg.): *Wahlkampf in den Medien – Wahlkampf mit den Medien. Ein Reader zum Wahljahr 1998.* Opladen, Wiesbaden: Westdeutscher Verlag, S. 218-241.

KAISER, Robert (1999): Online-Informationsangebote der Politik. Parteien und Verbände im World Wide Web. In: Kamps, Klaus (Hrsg.): *Elektronische Demokratie? Perspektiven politischer Partizipation.* Opladen, Wiesbaden: Westdeutscher Verlag, S. 175-190.

KALT, Gero (Hrsg.) (1993): *Schlecht informiert. Wie die Medien die Wirklichkeit verzerren. Eine Fallsammlung.* Frankfurt a. M.: IMK, 2. Aufl.

KALT, Gero (Hrsg.) (1994): *Öffentlichkeitsarbeit und Werbung. Instrumente, Strategien, Perspektiven.* Frankfurt a. M.: IMK, 5. Aufl.

KALTENBORN, Olaf (1998): Die Ästhetisierung des politisch-gesellschaftlichen Diskurses durch die elektronischen Medien. In: Calließ, Jürgen (Hrsg.): *Die Inszenierung von Politik in den Medien. Die Inszenierung von Politik für die Medien.* Loccum: Evangelische Akademie, S. 163-183.

KAMPS, Klaus (1998): *Die offene Gesellschaft und ihre Medien. Transformations- und Modernisierungsprozesse.* Düsseldorfer medienwissenschaftliche Vorträge, Heft 17, Bonn: Zeitungs-Verlag Service.

KAMPS, Klaus (1999a): *Politik in Fernsehnachrichten. Struktur und Präsentation internationaler Ereignisse – Ein Vergleich.* Baden-Baden: Nomos.

KAMPS, Klaus (Hrsg.) (1999b): *Elektronische Demokratie? Perspektiven politischer Partizipation.* Opladen, Wiesbaden: Westdeutscher Verlag.

KAMPS, Klaus (1999c): Individualisierung und Integration durch das Netz? Der Grenznutzen des Internet für die politische Partizipation. In: Hasebrink, Uwe / Patrick Rössler (Hrsg.): *Publikumsbindungen. Medienrezeption zwischen Individualisierung und Integration.* München: Verlag Reinhard Fischer, S. 21-40.

KAMPS, Klaus (1999d): Perspektiven elektronischer Demokratie. Einleitende Anmerkungen zur Diskussion. In: Ders. (Hrsg.): *Elektronische Demokratie? Perspektiven politischer Partizipation.* Opladen, Wiesbaden: Westdeutscher Verlag, S. 7-18.

KAMPS, Klaus (1999e): Internet und Demokratie. Führt uns das Internet auf den verheißungsvollen Olymp einer Cyber Democracy? In: *Zukünfte,* 8, Heft 27, S. 31-33.

KAMPS, Klaus (Hrsg.) (2000): *Trans-Atlantik, Trans-Portabel? Die Amerikanisierungsthese in der politischen Kommunikation.* Wiesbaden: Westdeutscher Verlag.

KAMPS, Klaus (2002a): Kommunikationsmanagement in der Politik: Anmerkungen zur „zirzensischen" Demokratie. In: Schatz, Heribert / Patrick Rössler / Jörg-Uwe Nieland (Hrsg.): *Politische Akteure in der Mediendemokratie. Politiker in den Fesseln der Medien?* Wiesbaden: Westdeutscher Verlag, S. 101-110.

KAMPS, Klaus (2002b): Politische Parteien und Kampagnen-Management. In: Dörner, Andreas / Ludgera Vogt (Hrsg.): *Wahl-Kämpfe. Betrachtungen über ein demokratisches Ritual.* Frankfurt a. M.: Suhrkamp, S. 69-91.

KAMPS, Klaus (2003): Politisches Kommunikationsmanagement in der Mediengesellschaft. Zur Professionalisierung der Politikvermittlung. In: Hirscher, Gerhard / Karl-Rudolf Korte (Hrsg.): *Information und Entscheidung. Kommunikationsmanagement der politischen Führung.* Wiesbaden: Westdeutscher Verlag, S. 197-210.

KAMPS, Klaus (2006): Gut unterrichtende Kreise. Politikberatung und Regierungskommunikation. In: Kamps, Klaus / Jörg-Uwe Nieland (Hrsg.): *Regieren und Kommunikation. Meinungsbildung, Entscheidungsfindung und gouvernementales Kommunikationsmanagement – Trends, Vergleiche, Perspektiven.* Köln: von Halem Verlag, S. 164-195.

KAMPS, Klaus / Thomas KRON (1999): Telekommunikation als Integrationsmuster politischer Partizipation. Eine handlungstheoretische Perspektive. In: Kamps, Klaus (Hrsg.): *Elektronische Demokratie? Perspektiven politischer Partizipation.* Opladen, Wiesbaden: Westdeutscher Verlag, S. 245-262.

KAMPS, Klaus / Miriam MECKEL (Hrsg.) (1998): *Fernsehnachrichten. Prozesse, Strukturen, Funktionen.* Opladen, Wiesbaden: Westdeutscher Verlag.

KAMPS, Klaus / Jörg-Uwe NIELAND (Hrsg.) (2006): *Regieren und Kommnikation. Meinungsbildung, Entscheidungsfindung und gouvernementales Kommunikationsmanagement – Trends, Vergleiche, Perspektiven.* Köln: von Halem.

KAMPS, Klaus / Heike SCHOLTEN-REICHLIN (2000): „Ich will den Präsidenten!" Klatsch- und Skandalberichte: Reflexe auf die Lewinsky-Affäre. In: Kamps, Klaus (Hrsg.): *Trans-Atlantik, Trans-Portabel?*

Die Amerikanisierungsthese in der politischen Kommunikation. Wiesbaden: Westdeutscher Verlag, S. 159-176.

KAPFERER, Stefan (2004): Einmal Inszenierung und zurück? Zur Professionalisierung der politischen Kommunikation. In: Forum.Medien.Politik (Hrsg.): *Trends der politischen Kommunikation. Beiträge aus Theorie und Praxis.* Münster: Lit Verlag, S. 38-46.

KATZENSTEIN, Peter, J. (1987): *Policy and Politics in West Germany. The Growth of a Semisovereign State.* Philadelphia.

KEPPLINGER, Hans Mathias (1985): Systemtheoretische Aspekte der politischen Kommunikation. In: *Publizistik*, 30, Heft 3/4, S. 247-264.

KEPPLINGER, Hans Mathias (1992): *Ereignismanagement. Wirklichkeit und Massenmedien.* Zürich: Edition Interform.

KEPPLINGER, Hans Mathias (1996): Skandale und Politikverdrossenheit – ein Langzeitvergleich. In: Jarren, Otfried / Heribert Schatz / Hartmut Weßler (Hrsg.): *Medien und politischer Prozess. Politische Öffentlichkeit und massenmediale Politikvermittlung im Wandel.* Opladen: Westdeutscher Verlag, S. 41-58.

KEPPLINGER, Hans Mathias (1998a): Der Nachrichtenwert der Nachrichtenfaktoren. In: Holtz-Bacha, Christina / Helmut Scherer / Norbert Waldmann (Hrsg.): *Wie die Medien die Welt erschaffen und wie die Menschen darin leben.* Opladen, Wiesbaden: Westdeutscher Verlag, S. 19-38.

KEPPLINGER, Hans Mathias (1998b): *Die Demontage der Politik in der Informationsgesellschaft.* Freiburg, München: Alber.

KEPPLINGER, Hans Mathias (1998c) : Inszenierung. In: Jarren, Otfried / Ulrich Sarcinelli / Ulrich Saxer (Hrsg.): *Politische Kommunikation in der demokratischen Gesellschaft. Ein Handbuch mitLexikonteil.* Opladen, Wiesbaden: Westdeutscher Verlag, S. 662-663.

KEPPLINGER, Hans Mathias (1999a): Die Kontrahenten in der Fernsehberichterstattung. Analyse einer Legende. In: Noelle-Neuman, Elisabeth / Hans Mathias Kepplinger / Wolfgang Donsbach: *Kampa. Meinungsklima und Medienwirkung im Bundestagswahlkampf 1998.* Freiburg, München: Alber, S. 108-140.

KEPPLINGER, Hans Mathias (1999b): Publizistische Konflikte. In: Wilke, Jürgen (Hrsg.): *Mediengeschichte der Bundesrepublik Deutschland.* Bonn: Bundeszentrale für politische Bildung, S. 698-719.

KEPPLINGER, Hans Mathias (2001): *Die Kunst der Skandalierung und die Illusion der Wahrheit.* München: Olzog.

KEPPLINGER, Hans Mathias / Marcus MAURER (1999): Der Nutzen erfolgreicher Inszenierung. In: Holtz-Bacha, Christina (Hrsg.): *Wahlkampf in den Medien – Wahlkampf mit den Medien. Ein Reader zum Wahljahr 1998.* Opladen, Wiesbaden: Westdeutscher Verlag, S. 24-39.

KERBEL, Matthew Robert (1995): *Remote & Controlled. Media Politics in a Cynical Age.* Boulder u. a.: Westview Press.

KEVENHÖRSTER, Paul (1984): *Politik im elektronischen Zeitalter. Politische Wirkungen der Informationstechnik.* Baden-Baden: Nomos.

KEVENHÖRSTER, Paul (1998): Repräsentation. In: Jarren, Otfried / Ulrich Sarcinelli / Ulrich Saxer (Hrsg.): *Politische Kommunikation in der demokratischen Gesellschaft. Ein Handbuch mit Lexikonteil.* Opladen, Wiesbaden: Westdeutscher Verlag, S. 292-297.

KINDELMANN, Klaus (1994): *Kanzlerkandidaten in den Medien. Eine Analyse des Wahljahres 1990.* Opladen: Westdeutscher Verlag.

KIPER, Manuel / Ingo RUHMANN (1997): Internet. Technologiepolitische Weichenstellungen. In: *Transit*, Heft 13, S. 71-81.

KLAUS, Elisabeth (1997a): Die Brent-Spar-Kampagne oder: Wie funktioniert Öffentlichkeit? In: Röttger, Ulrike (Hrsg.): *PR-Kampagnen. Über die Inszenierung von Öffentlichkeit.* Opladen: Westdeutscher Verlag, S. 99-123.

KLAUS, Elisabeth (1997b): Konstruktion der Zuschauerschaft: vom Publikum in der Einzahl zu den Publika in der Mehrzahl. In: *Rundfunk und Fernsehen,* 45, Heft 4, S. 456-474.

KLAUS, Elisabeth (1998): Öffentlichkeit als gesellschaftlicher Selbstverständigungsprozeß. In: Imhof, Kurt / Peter Schulz (Hrsg.): *Kommunikation und Revolution.* Zürich: Seismo, S. 131-149.

KLAUS, Elisabeth / Margret LÜNENBORG (2000): Herausforderung an die Journalismusforschung: Plädoyer für eine kulturorientierte Annäherung. In: *Medien & Kommunikation,* 48, Heft 2, S. 188-211.

KLEIN, Markus (2002): Die Verbundanalyse als Instrument zur zielgruppenspezifischen Optimierung von Wahlprogrammen. In: Berg, Thomas (Hrsg.): *Moderner Wahlkampf. Blick hinter die Kulissen.* Opladen: Leske + Budrich, S. 209-229.

KLEIN, Markus / Dieter OHR (2000): Der Kandidat als Politiker, Mensch und Mann. Ein Instrument zur differenzierten Erfassung von Kandidatenorientierungen und seine Anwendung auf die Analyse des Wählerverhaltens bei der Bundestagswahl 1998. In: *ZA-Information,* 46, S. 6-25.

KLEINNIJENHUIS, Jan / Ewald M. RIETBERG (1995): Parties, media, the public and economy: Patterns of societal agenda-setting. In: *European Journal of Political Research,* 28, S. 95-118.

KLEINSTEUBER, Hans (Hrsg.) (1996a): *Der „Information Superhighway". Amerikanische Visionen und Erfahrungen.* Opladen: Westdeutscher Verlag.

KLEINSTEUBER, Hans (1996b): Das Elend der Informationsgesellschaft. Über wissenschaftliche Begrifflichkeit und politische Funktionalisierung. In: *Forum Wissenschaft,* 13, Heft 1, S. 6-10.

KLEINSTEUBER, Hans (1996c): Kommunikationspolitik: Herangehensweisen und Theorien. In: Wittkämper, Gerhard W. / Anke Kohl (Hrsg.): *Kommunikationspolitik. Einführung in die medienbezogene Politik.* Darmstadt: Wissenschaftliche Buchgesellschaft, S. 17-37.

KLEINSTEUBER, Hans (1999): Politik und Medienevolution. Politikrelevante Aspekte der Kommunikationstechnik. In: Kamps, Klaus (Hrsg.): *Elektronische Demokratie? Perspektiven politischer Partizipation.* Opladen, Wiesbaden: Westdeutscher Verlag, S. 39-62.

KLEINSTEUBER, Hans / Martin HAGEN (1998a): Interaktivität – Verheißung der Kommunikationstheorie und das Netz. In: Neverla, Irene (Hrsg.): *Das Netz-Medium.* Opladen, Wiesbaden: Westdeutscher Verlag, S. 63-88.

KLEINSTEUBER, Hans / Martin HAGEN (1998b): Was bedeutet „elektronische Demokratie"? Zur Diskussion und Praxis in den USA und Deutschland. In: *Zeitschrift für Parlamentsfragen,* Heft 1, S. 128-143.

KLEINSTEUBER, Hans / Barbara THOMAß (1998): Politikvermittlung im Zeitalter von Globalisierung und medientechnischer Revolution. Perspektiven und Probleme. In: Sarcinelli, Ulrich (Hrsg.): *Politikvermittlung und Demokratie in der Mediengesellschaft.* Bonn: Bundeszentrale für politische Bildung, S. 209-229.

KLEINSTEUBER, Hans / Volkert WIESNER / Peter WILKE (1991): Public Broadcasting im internationalen Vergleich. Analyse des gegenwärtigen Stands und Szenarien einer zukünftigen Entwicklung. In: *Rundfunk und Fernsehen,* 39, Heft 1, S. 33-53.

KLEWES, Joachim (1998): Spin-Doctoring – reden wir darüber. In: *Public Relations Forum,* 2/98, S. 105.

KLINGEMANN, Hans-Dieter / Katrin VOLTMER (1998): Politische Kommunikation als Wahlkampfkommunikation. In: Jarren, Otfried / Ulrich Sarcinelli / Ulrich Saxer (Hrsg.): *Politische Kommunikation in der demokratischen Gesellschaft. Ein Handbuch.* Opladen, Wiesbaden: Westdeutscher Verlag, S. 396-405.

KLINGENBURG, Konrad (2003): Dagegen sein ist nicht alles. Gewerkschaftliche Interessenvertretung in Berlins neuer Unübersichtlichkeit. In: Leif, Thomas / Rudolf Speth (Hrsg.): *Die stille Macht. Lobbyismus in Deutschland*. Wiesbaden, S. 271-280.

KNOCHE, Manfred / Gabriele SIEGERT (Hrsg.) (1999): *Strukturwandel der Medienwirtschaft im Zeitalter digitaler Kommunikation*. München: Verlag Reinhard Fischer.

KOCKS, Klaus (1998): Welche Fäden spinnt denn diese neue Spezies? Die Rolle der „spin-doctors" und die Amerikanisierung der politischen PR. In: *Frankfurter Rundschau*, vom 15. Juli 1998, S. 18.

KOCKS, Klaus (2001): *Glanz und Elend der PR. Zur praktischen Philosophie der Öffentlichkeitsarbeit*. Wiesbaden: Westdeutscher Verlag.

KÖPPL, Peter / Andreas KOVAR (2002): Fürs Business trommeln. Public Affairs Management für Unternehmen und Verbände. In: Althaus, Marco (Hrsg.): *Kampagne! Neue Strategien für Wahlkampf, PR und Lobbying*. Münster: Lit Verlag, S. 174-182.

KÖRBER, Esther-Beate / Rudolf STÖBER (1994): Geschichte der öffentlichen Kommunikation. In: Jarren, Otfried (Hrsg.): *Medien und Journalismus 1. Eine Einführung*. Opladen: Westdeutscher Verlag, S. 51-106.

KORTE, Karl-Rudolf (2002): Regieren in der Mediendemokratie: Regierungssteuerung der Staats- und Regierungschefs im Vergleich. In: Schatz, Heribert / Patrick Rössler / Jörg-Uwe Nieland (Hrsg.): *Politische Akteure in der Mediendemokratie. Politiker in den Fesseln der Medien?* Wiesbaden: Westdeutscher Verlag, S. 21-40.

KORTE, Karl-Rudolf (2003): Information und Entscheidung. Die Rolle von Machtmaklern im Entscheidungsprozess von Spitzenakteuren. In: *Aus Politik und Zeitgeschichte*, B43/2003, S. 32-38.

KORTE, Karl-Rudolf (2003a): Maklermacht. Der personelle Faktor im Entscheidungsprozess von Spitzenakteuren. In: Gerhard Hirscher / Karl-Rudolf Korten (Hrsg.): *Information und Entscheidung. Kommunikationsmanagement der politischen Führung*. Wiesbaden: Westdeutscher Verlag, S. 15-28.

KORTE, Karl-Rudolf (2003b): Regieren als informeller Prozess. Das Koalitionsmanagement der rot-grünen Bundesregierung. In: *Aus Politik und Zeitgeschichte*, B43/2003, S. 32-38.

KORTE, Karl-Rudolf / Manuel FRÖHLICH (2004): *Politik und Regieren in Deutschland. Strukturen, Prozesse, Entscheidungen*. Paderborn: Schöningh UTB.

KORTE, Karl-Rudolf (2006): Politikmanagement und Steuerung. Machtmakler im Kommunikationskontext. In: Kamps, Klaus / Jörg-Uwe Nieland (Hrsg.): *Regieren und Kommunikation. Meinungsbildung, Entscheidungsfindung und gouvernementales Kommunikationsmanagement – Trends, Vergleiche, Perspektiven*. Köln: von Halem, S. 73-87.

KOTLER, Philip / Friedhelm BLIEMEL (1995): *Marketing-Management. Analyse, Planung, Umsetzung und Steuerung*. Stuttgart: Schäffer-Poeschel, 5. Aufl.

KRÄMER, Sybille (1997): Vom Mythos „Künstliche Intelligenz" zum Mythos „Künstliche Kommunikation" oder: Ist eine nicht anthropomorphe Beschreibung von Internet-Interaktionen möglich? In: Münker, Stefan / Alexander Roesler (Hrsg.): *Mythos Internet*. Frankfurt a. M.: Suhrkamp, S. 83-107.

KRAUCH, Helmut (1972): *Computer Demokratie*. Düsseldorf: VDI-Verlag.

KRAUS, Wolfgang (1989): *Neuer Kontinent Fernsehen. Kultur oder Chaos*. Frankfurt a. M.: Fischer.

KREBS, Thomas (1996): *Parteiorganisation und Wahlkampfführung. Eine mikropolitische Analyse der SPD-Bundestagswahlkämpfe 1965 und 1986/87*. Wiesbaden: DUV.

KREIMEIER, Klaus (1995): *Lob des Fernsehens*. München, Wien: Carl Hanser Verlag.

KRETSCHMER, Heiko (2003): Kann Krise politisch sein? In: Althaus, Marco / Vito Cecere (Hrsg.): *Kampagne! 2. Neue Strategien für Wahlkampf, PR und Lobbying*. Münster: Lit Verlag, S. 118-131.

KREUTZ, Christian (2003): *Protestnetzwerke. Eine neue Dimension transnationaler Zivilgesellschaft*. Münster.

KRONACHER, Michael (2002): Härte mit Stil: Politik inszenieren. In: Machnig, Matthias (Hrsg.): *Politik – Medien – Wähler. Wahlkampf im Medienzeitalter.* Opladen: Leske + Budrich, S. 49-55.

KROPP, Sabine (2003): Regieren als informaler Prozess. Das Koalitionsmanagement der rot-grünen Bundesregierung. In: *Aus Politik und Zeitgeschichte*, B43/2003, S. 23-31.

KROTZ, Friedrich (1995): Elektronisch mediatisierte Kommunikation. Überlegungen zur Konzeption einiger zukünftiger Forschungsfelder der Kommunikationswissenschaft. In: *Rundfunk und Fernsehen*, 43, Heft 4, S. 445-462.

KROTZ, Friedrich (1998): Computervermittelte Kommunikation im Medienalltag von Kindern und Jugendlichen in Europa. Vorläufige Ergebnisse eines empirischen Forschungsprojekts in zehn europäischen Ländern und Israel. In: Rössler, Patrick (Hrsg.): *Online-Kommunikation. Beiträge zu Nutzung und Wirkung.* Opladen, Wiesbaden: Westdeutscher Verlag, S. 85-102.

KRÜGER, Christian (2000): Kommunikation der Aktion. Grundzüge der Kommunikationspolitik, nach der Praxis entworfen. In: Krüger, Christian / Matthias Müller-Hennig (Hrsg.): *Greenpeace auf dem Wahrnehmungsmarkt. Studien zur Kommunikationspolitik und Medienresonanz.* Hamburg: Lit-Verlag, S. 19-33.

KRÜGER, Christian / Matthias MÜLLER-HENNIG (Hrsg.) (2000): *Greenpeace auf dem Wahrnehmungsmarkt. Studien zur Kommunikationspolitik und Medienresonanz.* Hamburg: Lit-Verlag.

KUBICEK, Herbert (1998): Das Internet 1995-2000. Zwingende Konsequenzen aus unsicheren Analysen. In: Leggewie, Claus / Christa Maar (Hrsg.): *Internet & Politik. Von der Zuschauer- zur Beteiligungsdemokratie.* Köln: Bollmann, S. 55-69.

KUBICEK, Herbert / Stefan WELLING (2000): Vor einer digitalen Spaltung in Deutschland? Annäherung an ein verdecktes Problem von wirtschafts- und gesellschaftspolitischer Brisanz. In: *Medien & Kommunikationswissenschaft*, 48, Heft 4, S. 497-517.

KÜCHLER, Manfred (2000): Mehr Demokratie oder mehr Manipulation? Neue Informations- und Kommunikationstechnologien und politische Willensbildung. In: Niedermayer, Oskar / Bettina Westle (Hrsg.): *Demokratie und Partizipation.* Wiesbaden: Westdeutscher Verlag, S. 313-331.

KÜCKELHAUS, Andrea (1998): *Public Relations. Die Konstruktion von Wirklichkeit. Kommunikationstheoretische Annäherung an ein neuzeitliches Phänomen.* Opladen, Wiesbaden: Westdeutscher Verlag.

KUHLMANN, Christoph (1999): *Die öffentliche Begründung politischen Handelns. Zur Argumentationsrationalität in der politischen Massenkommunikation.* Opladen, Wiesbaden: Westdeutscher Verlag.

KUHN, Fritz (2002): Strategische Steuerung der Öffentlichkeit? In: Nullmeier, Frank / Thomas Saretzki (Hrsg.): *Jenseits des Regierungsalltags. Strategiefähigkeit politischer Parteien.* Frankfurt a. M.: Campus, S. 85-97.

KUHNE, Stefanie (2000): Bilder-Krisen – Krisen-Bilder. Ikonen und Bilderfluten in der multimedialen Gesellschaft. In: Kamps, Klaus (Hrsg.): *Trans-Atlantik, Trans-Portabel? Die Amerikanisierungsthese in der politischen Kommunikation.* Wiesbaden: Westdeutscher Verlag, S. 287-306.

KUNCZIK, Michael (1993): *Public Relations. Konzepte und Theorien.* Köln, Weimar, Wien: Böhlau.

KUNCZIK, Michael (1997): *Geschichte der Öffentlichkeitsarbeit in Deutschland.* Köln, Weimar, Wien: Böhlau.

KUNCZIK, Michael (1998): Politische Kommunikation als Marketing. In: Jarren, Otfried / Ulrich Sarcinelli / Ulrich Saxer (Hrsg.): *Politische Kommunikation in der demokratischen Gesellschaft. Ein Handbuch.* Opladen, Wiesbaden: Westdeutscher Verlag, S. 330-341.

KUNCZIK, Michael (1999a): Öffentlichkeitsarbeit. In: Wilke, Jürgen (Hrsg.): *Mediengeschichte der Bundesrepublik Deutschland.* Bonn: Bundeszentrale für politische Bildung, S. 545-569.

KUNCZIK, Michael (1999b): Verdeckte Öffentlichkeitsarbeit unter Adenauer: Die Arbeitsgemeinschaft Demokratischer Kreise. In: Wilke, Jürgen (Hrsg.): *Massenmedien und Zeitgeschichte.* Konstanz: UVK, S. 381-394.

KURTZ, Howard (1998): *Spin Cycle. Inside the Clinton Propaganda Machine*. New York u. a.: Free Press.

LAFONTAINE, Oskar (1999): *Das Herz schlägt links*. München: Econ.

LANGENBUCHER, Wolfgang R. (1979): *Politik und Kommunikation. Reader zur Politologie. Über die öffentliche Meinungsbildung*. München, Zürich.

LANGENBUCHER, Wolfgang R. (1983): Gegenwärtige Trends der politischen Kommunikation. In: Saxer, Ulrich (Hrsg.): *Politik und Kommunikation. Neue Forschungsansätze*. München: Ölschläger, S. 38-41.

LAUX, Lothar / Astrid SCHÜTZ (1996): „*Wir, die wir gut sind*". *Die Selbstdarstellung von Politikern zwischen Glorifizierung und Glaubwürdigkeit*. München: Deutscher Taschenbuch Verlag.

LAVER, Michael / Ben HUNT (1992): *Policy and party competition*. New York, London: Routledge.

LAZARSFELD, Paul F. / Bernard BERELSON / Hazel GAUDET (1944): *The People's Choice. How the Voter Makes Up His Mind in a Presidential Campaign*. New York: Columbia University Press.

LEGGEWIE, Claus (1997): Netizens oder: Der gut informierte Bürger heute. In: *Transit*, Heft 13, S. 3-25.

LEGGEWIE, Claus (1998): Demokratie auf der Datenautobahn oder: Wie weit geht die Zivilisierung des Cyberspace? In: Leggewie, Claus / Christa Maar (Hrsg.): *Internet & Politik. Von der Zuschauer- zur Beteiligungsdemokratie*. Köln: Bollmann, S. 15-51.

LEGGEWIE, Claus (1999): Das Internet als Wahlkampfarena. In: *Politik-digital*. http://www.politik-digital.de.

LEGGEWIE, Claus (2004): Spektakelpolitik, Kommissions(un)wesen und der Beruf zur Politik heute. In: Marschall, Stefan / Christoph Strünck (Hrsg.): *Grenzenlose Macht? Politik und Politikwissenschaft im Umbruch*. Baden-Baden: Nomos, S. 101-115.

LEGGEWIE, Claus / Christoph BIEBER (2001): Interaktive Demokratie. Politische Online-Kommunikation und digitale Politikprozesse. In: *Aus Politik und Zeitgeschichte*, S. 37-45.

LEGGEWIE, Claus / Christa MAAR (Hrsg.) (1998): *Internet & Politik. Von der Zuschauer- zur Beteiligungsdemokratie*. Köln: Bollmann.

LEIB, Volker (1998): Wissenschaftsnetze und Bürgernetze. Vom selbstgesteuerten Internet zur elektronischen Demokratie? In: Gellner, Winand / Fritz von Korff (Hrsg.): *Internet und Demokratie*. Baden-Baden: Nomos, S. 81-94.

LEIF, Thomas (2001): Macht ohne Verantwortung. Der wuchernde Einfluss der Medien und das Desinteresse der Gesellschaft. In: *Aus Politik und Zeitgeschichte*, B 41-42/2001, S. 6-9.

LEIF, Thomas (2003): Distanz aus der Nähe. Medien und Politikberatung – Besichtigung eines schwierigen Terrains. In: Hirscher, Gerhard / Karl-Rudolf Korte (Hrsg.): *Information und Entscheidung. Kommunikationsmanagement der politischen Führung*. Wiesbaden: Westdeutscher Verlag, S. 211-223.

LEIF, Thomas / Rudolf SPETH (Hrsg.) (2003): *Die stille Macht. Lobbyismus in Deutschland*. Wiesbaden.

LERG, Winfried B. (1992): Medienmacht und Politik. In: Wittkämper, Gerhard W. (Hrsg.): *Medien und Politik*. Darmstadt: Wissenschaftliche Buchgesellschaft, S. 14-26.

LEINEMANN, Jürgen (2004a): Die Staatsschauspieler. In: *Der Spiegel*, Nr. 39, v. 20. September 2004, S. 142-154.

LEINEMANN, Jürgen (2004b): *Höhenrausch. Die wirklichkeitsleere Welt der Politiker*. München: Karl Blessing Verlag.

LIPPMANN, Walter (1990 [1922]): *Die öffentliche Meinung*. Bochum: Universitätsverlag Brockmeyer.

LOCHARD, Guy / Henri BOYER (1998): *La communication médiatique*. Paris: Seuil.

LÖFFELHOLZ, Martin (1997): Dimensionen struktureller Kopplung von Öffentlichkeitsarbeit und Journalismus. Überlegungen zur Theorie selbstreferentieller Systeme und Ergebnisse einer repräsentativen Studie. In: Bentele, Günter / Michael Haller (Hrsg.): *Aktuelle Entstehung von Öffentlichkeit. Akteure – Strukturen – Veränderungen*. Konstanz: UVK Medien, S. 187-208.

LÖFFELHOLZ, Martin (1999): Perspektiven politischer Öffentlichkeit. Zur Modellierung einer system- und evolutionstheoretischen Perspektive. In: Kamps, Klaus (Hrsg.): *Elektronische Demokratie? Perspektiven polititscher Partizipation.* Opladen, Wiesbaden: Westdeutscher Verlag, S. 263-279.

LÖFFELHOLZ, Martin (2000): Ein priviligiertes Verhältnis. Inter-Relationen von Journalismus und Öffentlichkeitsarbeit. In: Löffelholz, Martin (Hrsg.): *Theorien des Journalismus. Ein diskursives Handbuch.* Wiesbaden: Westdeutscher Verlag, S. 185-208.

LÖW, Raimund (1998): Clintons Amerika. Szenen einer politischen Jagd. In: Pelinka, Peter (Hrsg.): *Jagd auf Clinton. Warnsignal für unsere Demokratie.* Wien: Kremayr & Scheriau, S. 62-75.

LOOSEN, Wiebke / Miriam MECKEL (1999): Journalismus in eigener Sache. Veränderungen von Journalismus und Public Relations am Beispiel Greenpeace TV. In: *Rundfunk und Fernsehen,* 47, Heft 3, S. 379-392.

LUDES, Peter (1991): *Kulturtransfer und transkulturelle Prozesse. Amerikanisierung und Europäisierung des Fernsehprogramms in der Bundesrepublik.* Heidelberg: C. Winter Universitätsverlag.

LUDWIG, Johannes (1998): Öffentlichkeitswandel durch „Gegenöffentlichkeit"? Zur Bedeutung computervermittelter Kommunikation für gesellschaftliche Emanzipationsprozesse. In: Pommer, Elizabeth / Gerhard Vowe (Hrsg.): *Computervermittelte Kommunikation. Öffentlichkeit im Wandel.* Konstanz: UVK Medien, S. 177-209.

LÜDTKE, Alf / Inge MARßOLEK / Adelheid von SALDERN (1996): Einleitung. Amerikanisierung: Traum und Alptraum im Deutschland des 20. Jahrhunderts. In: Dies. (Hrsg.): *Amerikanisierung. Traum und Alptraum im Deutschland des 20. Jahrhunderts.* Stuttgart: Steiner Verlag, S. 7-33.

LUHMANN, Niklas (1971): Öffentliche Meinung. In: Ders.: *Politische Planung.* Opladen, S. 9-34.

LUHMANN, Niklas (1974): Öffentliche Meinung. In: Langenbucher, Wolfgang R. (Hrsg.): *Zur Theorie der politischen Kommunikation.* München: Piper, S. 27-54.

LUHMANN, Niklas (1975): *Macht.* Stuttgart: Enke Verlag.

LUHMANN, Niklas (1989): *Vertrauen. Ein Mechanismus der Reduktion sozialer Komplexität.* Stuttgart: Enke Verlag, 3. Aufl.

LUHMANN, Niklas (1993): Die Ehrlichkeit der Politiker und die höhere Amoralität der Politik. In: Kemper, Peter (Hrsg.): *Opfer der Macht. Müssen Politiker ehrlich sein?* Frankfurt a. M., Leipzig: Insel Verlag, S. 27-41.

LUHMANN, Niklas (1996): *Die Realität der Massenmedien.* Opladen: Westdeutscher Verlag, 2. Aufl.

MAAREK, Philippe J. (1993): *Political Marketing and Communication.* London et al.: John Libbey.

MAASE, Kaspar (1999): Diagnose: Amerikanisierung. Zur Geschichte eines Deutungsmusters. In: *Transit,* 17, S. 72-89.

MACHNIG, Matthias (Hrsg.) (2002a): *Politik – Medien – Wähler. Wahlkampf im Medienzeitalter.* Opladen: Leske + Budrich.

MACHNIG, Matthias (2002b): Politische Kommunikation in der Mediengesellschaft. In: Machnig, Matthias (Hrsg.): *Politik – Medien – Wähler. Wahlkampf im Medienzeitalter.* Opladen, Leske + Budrich, S. 145-152.

MACHNIG, Matthias (2002c): Strategiefähigkeit in der beschleunigten Mediengesellschaft. In: Nullmeier, Frank / Thomas Saretzki (Hrsg.): *Jenseits des Regierungsalltags. Strategiefähigkeit politischer Parteien.* Frankfurt a. M.: Campus, S. 167-178.

MACHNIG, Matthias (2004): Politische Kommunikation unter Modernisierungsdruck. Medien- und Gesellschaftswandel verlangen auch neue Medienstrategien der politischen Akteure. In: Forum.Medien.Politik (Hrsg.): *Trends der politischen Kommunikation. Beiträge aus Theorie und Praxis.* Münster: Lit Verlag, S. 18-26.

MAI, Manfred (1998): *Der Strukturwandel in den Medien und seine Konsequenzen für die Sicherung der politischen Meinungsbildung.* Düsseldorfer medienwissenschaftliche Vorträge, Heft 16, Bonn: Zeitung-Verlag Service.

MAIER, Jürgen / Thorsten FAAS (2005): Schröder gegen Stoiber: Wahrnehmung, Verarbeitung und Wirkung der Fernsehdebatten im Bundestagswahlkampf 2002. In: Falter, Jürgen W. / Oscar W. Gabriel / Bernhard Wessels (Hrsg.): *Wahlen und Wähler. Analysen aus Anlass der Bundestagswahl 2002.* Wiesbaden: VS Verlag für Sozialwissenschaften, S. 77-101.

MALETZKE, Gerhard (1998): *Kommunikationswissenschaft im Überblick. Grundlagen, Probleme, Perspektiven.* Opladen, Wiesbaden: Westdeutscher Verlag.

MALTESE, John Anthony (1992): *Spin Control. The White House Office of Communications and the Management of Presidential News.* Chapel Hill, London: University of North Carolina Press.

MANCINI, Paolo (1999): New Frontiers in Political Professionalism. In: *Political Communication,* 16, Heft 3, S. 231-245.

MANDL, Heinz / Gabi REINMANN-ROTHMEIER (1998): Wissensmanagement. Ein innovatives Ziel der Wissensgesellschaft. In: Leggewie, Claus / Christa Maar (Hrsg.): *Internet & Politik. Von der Zuschauer- zur Beteiligungsdemokratie.* Köln: Bollmann, S. 389-400.

MANTOW, Wolfgang (Hrsg.) (1995): *Die Ereignisse um Brent Spar in Deutschland. Darstellung und Dokumentation mit Daten und Fakten. Die Hintergründe und Einflußfaktoren. Kommentare und Medienresonanzen.* Hamburg: Deutsche Shell AG.

MARCINKOWSKI, Frank (1993): *Publizistik als autopoietisches System. Politik und Massenmedien. Eine systemtheoretische Analyse.* Opladen: Westdeutscher Verlag.

MARCINKOWSKI, Frank (1994): Irritation durch Programm. Wie kommunizieren Politik und Rundfunk? In: Jarren, Otfried (Hrsg.): *Politische Kommunikation in Hörfunk und Fernsehen. Elektronische Medien in der Bundesrepublik Deutschland.* Opladen: Leske + Budrich, S. 51-65.

MARCINKOWSKI, Frank (1997): Politische Macht und Publizität von Politik. Das Verhältnis zweier Medien und die Empirie des „dualen" Fernsehsystems. In: Schatz, Heribert / Otfried Jarren / Bettina Knaup (Hrsg.): *Machtkonzentration in der Multimediagesellschaft? Beiträge zu einer Neubestimmung des Verhältnisses von politischer und medialer Macht.* Opladen: Westdeutscher Verlag, S. 46-64.

MARCINKOWSKI, Frank (1998): Politikvermittlung durch Fernsehen und Rundfunk. In: Sarcinelli, Ulrich (Hrsg.): *Politikvermittlung und Demokratie in der Mediengesellschaft. Beiträge zur politischen Kommunikationskultur.* Bonn: Bundeszentrale für politische Bildung, S. 165-183.

MARCINKOWSKI, Frank (2002): Was kann die politikwissenschaftliche Kommunikationsforschung zu einer modernen Regierungslehre beitragen? Zwei Hinweise zu einer notwendigen Diskussion. In: Schatz, Heribert / Patrick Rössler / Jörg-Uwe Nieland (Hrsg.): *Politische Akteure in der Mediendemokratie. Politiker in den Fesseln der Medien?* Wiesbaden: Westdeutscher Verlag, S. 357-367.

MARCINKOWSKI, Frank / Volker GREGER (2000): Die Personalisierung politischer Kommunikation im Fernsehen. Ein Ergebnis der „Amerikanisierung"? In: Kamps, Klaus (Hrsg.): *Trans-Atlantik, Trans-Portabel? Die Amerikanisierungsthese in der politischen Kommunikation.* Wiesbaden: Westdeutscher Verlag, S. 179-197.

MARCINKOWSKI, Frank / Michael IRRGANG (1999): Politische Partizipation und Internet im lokalen Raum. In: Woyke, Wichard (Hrsg.): *Internet und Demokratie.* Schwalbach/Ts.: Wochenschau Verlag, S. 25-39.

MARESCH, Rudolf (1997): Öffentlichkeit im Netz. Ein Phantasma schreibt sich fort. In: Münker, Stefan / Alexander Roesler (Hrsg.): *Mythos Internet.* Frankfurt a. M.: Suhrkamp, S. 193-212.

MARESCH, Rudolf (1999): Die Militarisierung der Öffentlichkeit. In: Kamps, Klaus (Hrsg.): *Elektronische Demokratie? Perspektiven politischer Partizipation.* Opladen, Wiesbaden: Westdeutscher Verlag, S. 127-150.

MARSCHALL, Stefan (1997): Politik „online" – Demokratische Öffentlichkeit dank Internet? In: *Publizistik,* 42, Heft 3, S. 304-324.

MARSCHALL, Stefan (1998a): Wirkungen von Online-Kommunikation auf das Kommunikationsmanagement von Organisationen. In: Rössler, Patrick (Hrsg.): *Online-Kommunikation. Beiträge zu Nutzung und Wirkung.* Opladen, Wiesbaden: Westdeutscher Verlag, S. 189-205.

MARSCHALL, Stefan (1998b): Netzöffentlichkeit – eine demokratische Alternative? In: Gellner, Winand / Fritz von Korff (Hrsg.): *Demokratie und Internet.* Baden-Baden: Nomos, S. 43-54.

MARSCHALL, Stefan (1999a): *Öffentlichkeit und Volksvertretung. Theorie und Praxis der Public Relations von Parlamenten.* Opladen, Wiesbaden: Westdeutscher Verlag.

MARSCHALL, Stefan (1999b): Glaubwürdigkeit in der politischen Online-Kommunikation. Politische Netzöffentlichkeit in der „Unglaubwürdigkeitsfalle". In: Rössler, Patrick / Werner Wirth (Hrsg.): *Glaubwürdigkeit im Internet. Fragestellungen, Modelle, empirische Befunde.* München: Verlag Reinhard Fischer, S. 157-172.

MARSCHALL, Stefan (1999c): Politischer Prozeß und Internet – neue Einflußpotentiale für organisierte und nichtorganisierte Interessen? In: Woyke, Wichard (Hrsg.): *Internet und Demokratie.* Schwalbach/Ts.: Wochenschau Verlag, S. 40-51.

MARSCHALL, Stefan (2000): „Amerikanisierung" parlamentarischer Öffentlichkeit? Kommunikative Modernisierungsprozesse zwischen Anpassung und Authentizität. In: Kamps, Klaus (Hrsg.): *Trans-Atlantik, Trans-Portabel? Die Amerikanisierungsthese in der politischen Kommunikation.* Wiesbaden: Westdeutscher Verlag, S. 247-262.

MARSCHALL, Stefan (2001): Parteien und Internet – Auf dem Weg zu internet-basierten Mitgliederparteien? In: *Aus Politik und Zeitgeschichte,* B 10/2001, S. 38-46.

MARSCHALL, Stefan (2001a): Virtuelle Parteibuchinhaber – Chancen und Grenzen internet-basierter Parteimitgliedschaft. In: Bieber, Christoph (Hrsg.): *Parteipolitik 2.0. Der Einfluss des Internet auf parteiinterne Kommunikations- und Organisationsprozesse.* Bonn: Friedrich-Ebert-Stiftung, S. 29-47.

MARSCHALL, Stefan (2001b): Das Parlament in der Mediengesellschaft – Verschränkungen zwischen parlamentarischer und massenmedialer Arena. In: *Politische Vierteljahresschrift,* 42, Heft 3, S. 388-413.

MARSCHALL, Stefan (2002): „Forum der Nation"? Die Volksvertretung, die Medien und die Publizität parlamentarischer Arenen. In: Schatz, Heribert / Patrick Rössler / Jörg-Uwe Nieland (Hrsg.): *Politische Akteure in der Mediendemokratie. Politiker in den Fesseln der Medien?* Wiesbaden: Westdeutscher Verlag, S. 147-162.

MATALIN, Mary / James CARVILLE (1994): *All's Fair. Love, War, and Running for President.* New York: Random House.

MAURER, Marcus (2003): Mobilisierung oder Malaise? Wie verändert die Politikdarstellung der Massenmedien die Rezipientenurteile über Politik? In: Donsbach, Wolfgang / Olaf Jandura (Hrsg.): *Chancen und Gefahren der Mediendemokratie.* Konstanz: UVK-Medien, S. 319-332.

MAURER, Marcus / Carsten REINEMANN (2003): *Schröder gegen Stoiber. Nutzung, Wahrnehmung und Wirkung der TV-Duelle.* Wiesbaden: Westdeutscher Verlag.

MAUSS, Alexander (2002): Filtern, fragen und beraten. Das Ohr an der öffentlichen Meinung durch quantitative Politikforschung. In: Althaus, Marco (Hrsg.): *Kampagne! Neue Strategien für Wahlkampf, PR und Lobbying.* Münster: Lit Verlag, S. 81-96.

MAYER-TASCH, Peter Cornelius (1991): *Politische Theorie des Verfassungsstaates. Eine Einführung.* München: Deutscher Taschenbuch Verlag.

MAYNTZ, Renate (1996): Politische Steuerung: Aufstieg, Niedergang und Transformation einer Theorie. In: Beyme, Klaus von / Klaus Offe (Hrsg.): *Politische Theorien in der Ära der Transformation.* Opladen: Westdeutscher Verlag, S. 148-168.

MAYNTZ, Renate (2004): Governance im modernen Staat. In: Benz, Arthur (Hrsg.): *Governance – Regieren in komplexen Regelsystemen. Eine Einführung.* Wiesbaden: VS Verlag für Sozialwissenschaften, S. 65-76.

MAYNTZ, Renate / Fritz W. SCHARPF (1995): Der Ansatz des akteurszentrierten Institutionalismus. In: Dies. (Hrsg.): *Gesellschaftliche Selbstregelung und politische Steuerung.* Frankfurt a. M., New York, S. 39-72.

MAZZOLENI, Gianpietro (1998): Medienpolitik oder Politik mittels Medien? Die Unzulänglichkeit des Begriffs ‚Mediokratie'. In: Holtz-Bacha, Christina / Helmut Scherer / Norbert Waldmann (Hrsg.): *Wie die Medien die Welt erschaffen und wie die Menschen darin leben.* Opladen, Wiesbaden: Westdeutscher Verlag, S. 104-124.

MCNAIR, Brian (1995): *An Introducion to Political Communication.* New York: Routledge.

MCQUAIL, Denis (1987): *Mass Communication Theory. An Introduction.* London, Beverly Hills, New Dehli: Sage.

MCQUAIL, Denis (1998): Reflections on *The People's Choice*: Start of a Great Tradition or of a False Trail? In: Holtz-Bacha, Christina / Helmut Scherer / Norbert Waldmann (Hrsg.): *Wie die Medien die Welt erschaffen und wie die Menschen darin leben.* Opladen, Wiesbaden: Westdeutscher Verlag, S. 155-172.

MCQUAIL, Denis (2000): Medienwirkungen als Thema der kommunikationswissenschaftlichen Forschung: Versuch einer Evaluation unter besonderer Berücksichtigung der Variable Zeit. In: Schorr, Angela (Hrsg.): *Publikums- und Wirkungsforschung. Ein Reader.* Wiesbaden: Westdeutscher Verlag, S. 31-43.

MEADOW, Robert G. (1980): *Politics As Communication.* Norwood: Ablex.

MECKEL, Miriam (1994): *Fernsehen ohne Grenzen? Europas Fernsehen zwischen Integration und Segmentierung.* Opladen: Westdeutscher Verlag.

MECKEL, Miriam (1999): Cyberpolitics und Cyberpolity. Zur Virtualisierung politischer Kommunikation. In: Kamps, Klaus (Hrsg.): *Elektronische Demokratie? Perspektiven politischer Partizipation.* Opladen, Wiesbaden: Westdeutscher Verlag, S. 229-244.

MECKEL, Miriam (2001): *Die globale Agenda. Kommunikation und Globalisierung.* Wiesbaden: Westdeutscher Verlag.

MECKEL, Miriam (2006): Das Neusprech der Deutschland AG. Über Vermittlungsprobleme der Politik. In: Kamps, Klaus / Jörg-Uwe Nieland (Hrsg.): *Regieren und Kommunikation. Meinungsbildung, Entscheidungsfindung und gouvernementales Kommunikationsmanagement – Trends, Vergleiche, Perspektiven.* Köln: von Halem, S. 88-109.

MECKEL, Miriam / Klaus KAMPS (1998): Fernsehnachrichten. Entwicklungen in Forschung und Praxis. In: Kamps, Klaus / Miriam Meckel (Hrsg.): *Fernsehnachrichten. Prozesse, Strukturen, Funktionen.* Opladen, Wiesbaden: Westdeutscher Verlag, S. 11-29.

MECKEL, Miriam / Klaus KAMPS (2006): Regierungskommunikation und Marketing. Differenzen und Schnittstellen. In: Kamps, Klaus / Jörg-Uwe Nieland (Hrsg.): *Regieren und Kommunikation. Meinungsbildung, Entscheidungsfindung und gouvernementales Kommunikationsmanagement – Trends, Vergleiche, Perspektiven.* Köln: von Halem, S. 54-72.

MECKEL, Miriam / Marianne RAVENSTEIN (Hrsg.) (2000): *Cyberworlds. Computerwelten der Zukunft.* Ottobrunn: Trurnit & Partner.

MECKEL, Miriam / Armin SCHOLL (2000): „Amerika, du hast es besser". Politik und Journalismus in den USA und in Deutschland. In: Kamps, Klaus (Hrsg.): *Trans-Atlantik, Trans-Portabel? Die Amerikanisierungsthese in der politischen Kommunikation.* Wiesbaden: Westdeutscher Verlag, S. 111-128.

MENG, Richard (1997): *Nach dem Ende der Parteien. Politik in der Mediengesellschaft.* Marburg: Schüren.

MENG, Richard (2002): Macht und Elend der Interpreten. In: Nullmeier, Frank / Thomas Saretzki (Hrsg.): *Jenseits des Regierungsalltags. Strategiefähigkeit politischer Parteien.* Frankfurt a. M.: Campus, S. 149-165.

MERTEN, Klaus (1992): Begriff und Funktion von Public Relations. In: *PR-Magazin,* 11/92.

MERTEN, Klaus (1994): Wirkungen von Kommunikation. In: Merten, Klaus / Siegfried J. Schmidt / Siegfried Weischenberg (Hrsg.): *Die Wirklichkeit der Medien. Eine Einführung in die Kommunikationswissenschaft.* Opladen: Westdeutscher Verlag, S. 291-328.

MERTEN, Klaus (1995): *Inhaltsanalyse. Einführung in Theorie, Methode und Praxis.* Opladen: Westdeutscher Verlag, 2. Aufl.

MERTEN, Klaus (2001): Determinanten des Issues Managements. In: Röttger, Ulrike (Hrsg.): *Issues Management. Theoretische Konzepte und praktische Umsetzung. Eine Bestandsaufnahme.* Wiesbaden: Westdeutscher Verlag, S. 41-57.

MERTEN, Klaus / Siegfried J. SCHMIDT / Siegfried WEISCHENBERG (Hrsg.) (1994): *Die Wirklichkeit der Medien. Eine Einführung in die Kommunikationswissenschaft.* Opladen: Westdeutscher Verlag.

MERTEN, Klaus / Joachim WESTERBARKEY (1994): Public Opinion und Public Relations. In: Merten, Klaus / Siegfried J. Schmidt / Siegfried Weischenberg (Hrsg.) (1994): *Die Wirklichkeit der Medien. Eine Einführung in die Kommunikationswissenschaft.* Opladen: Westdeutscher Verlag, S. 188-211.

MERTES, Michael (2003): Bundeskanzleramt und Bundespresseamt. Das Informations- und Kommunikationsmanagement der Regierungszentrale. In: Hirscher, Gerhard / Karl-Rudolf Korte (Hrsg.): *Information und Entscheidung. Kommunikationsmanagement der politischen Führung.* Wiesbaden: Westdeutscher Verlag, S. 52-78.

MESSNER, Dirk (2003): Wissenschaftliche Politikberatung. Einige Anmerkungen zu einem schwierigen Verhätnis. In: Hirscher, Gerhard / Karl-Rudolf Korte (Hrsg.): *Information und Entscheidung. Kommunikationsmanagement der politischen Führung.* Wiesbaden: Westdeutscher Verlag, S.163-183.

MEYER, Thomas (1992): *Die Inszenierung des Scheins. Essay-Montage.* Frankfurt a. M.: Suhrkamp.

MEYER, Thomas (1994): *Die Transformation des Politischen.* Frankfurt a. M.: Suhrkamp.

MEYER, Thomas (1997): Verfügungsmacht, Wettbewerb und Präsentationslogik. Einflußfaktoren auf den politischen Diskurs in den elektronischen Medien. In: Schatz, Heribert / Otfried Jarren / Bettina Knaup (Hrsg.): *Machtkonzentration in der Multimediagesellschaft? Beiträge zu einer Neubestimmung des Verhältnisses von politischer und medialer Macht.* Opladen: Westdeutscher Verlag, S. 63-77.

MEYER, Thomas (1998): *Politik als Theater. Die neue Macht der Darstellungskunst.* (Mit: Martina Kampmann: Augenblicke der Inszenierung. Eine fotografische Studie.) Berlin: Aufbau-Verlag.

MEYER, Thomas (1999): Aufklärung durch politische Informationsdiskurse der Massenmedien. Schwerpunkt Fernsehen. Demokratietheoretische und demokratiepolitische Fragen. In: Ludes, Peter / Helmut Schanze (Hrsg.): *Medienwissenschaften und Medienwertung.* Opladen, Wiesbaden: Westdeutscher Verlag, S. 147-160.

MEYER, Thomas (2001): *Mediokratie. Die Kolonisierung der Politik durch die Medien.* Frankfurt a. M.: Suhrkamp.

MEYER, Thomas (2003): Die Theatralität der Politik in der Mediendemokratie. In: *Aus Politik und Zeitgeschichte,* B 53/2003, S. 12-19.

MEYER, Thomas / Rüdiger ONTRUP (1998): Das ‚Theater des Politischen'. Politik und Politikvermittlung im Fernsehzeitalter. In: Willems, Herbert / Martin Jurga (Hrsg.): *Inszenierungsgesellschaft. Ein einführendes Handbuch.* Opladen, Wiesbaden: Westdeutscher Verlag, S. 523-541.

MEYER, Thomas / Rüdiger ONTRUP / Christian SCHICHA (2000): *Die Inszenierung des Politischen. Zur Theatralität von Mediendiskursen.* Wiesbaden: Westdeutscher Verlag.

MICHIE, David (1998): *The Invisible Persuaders. How Britain's Spin Doctors Manipulate the Media.* London u. a.: Bantam Press.

MIHR, Christian (2004): In aller Munde. Aktuelle Beobachtungen der PR-Journalismus-Beziehung in der deutschen Politik. In: Forum.Medien.Politik (Hrsg.): *Trends der politischen Kommunikation. Beiträge aus Theorie und Praxis.* Münster: Lit Verlag, S. 72-83.

MORRIS, Dick (1997): *Behind the Oval Office. Winning the Presidency in the Nineties.* New York: Random House.

MORRIS, Dick (1999): *The New Prince. Machiavelli Updated for the Twenty-First Century.* Los Angeles: Renaissance Books.

MÜLLER, Albrecht (1999): *Von der Parteiendemokratie zur Mediendemokratie. Beobachtungen zum Bundestagswahlkampf 1998 im Spiegel früherer Erfahrungen.* Opladen: Leske + Budrich.

MÜLLER, Albrecht (2002): Die strategische Bedeutung der Meinungsführerschaft und der multiplikativen Wirkung von Menschen für Wahlsiege. In: Machnig, Matthias (Hrsg.): *Politik – Medien – Wähler. Wahlkampf im Medienzeitalter.* Opladen: Leske + Budrich, S. 57-69.

MÜLLER, Herbert (1996): Stimmungsumschwung. Die Strategie der Union im Wahlkampfjahr 1994. In: Oberreuter, Heinrich (Hrsg.): *Parteiensystem am Wendepunkt? Wahlen in der Fernsehdemokratie.* München, Landsberg am Lech: Olzog, S. 165-180.

MÜLLER, Jörg Paul (1993): *Demokratische Gerechtigkeit. Eine Studie zur Legitimität rechtlicher und politischer Ordnung.* München: Deutscher Taschenbuch Verlag.

MÜLLER, Kay / Franz WALTER (2004): *Graue Eminenzen der Macht. Küchenkabinette in der deutschen Kanzlerdemokratie. Von Adenauer bis Schröder.* Wiesbaden: VS Verlag für Sozialwissenschaften.

MÜLLER, Marion G. (1999a): Parteienwerbung im Bundestagswahlkampf 1998. Eine qualitative Produktionsanalyse politischer Werbung. In: *Media Perspektiven,* 5/99, S. 251-261.

MÜLLER, Marion G. (1999b): „Seht mich, liebt mich, wählt mich!" Wahlkampf in der ikonischen Öffentlichkeit des Bundestagswahlkampfes 1998. In: Winterhoff-Spurk, Peter / Michael Jäckel (Hrsg.): *Politische Eliten in der Mediengesellschaft. Rekrutierung – Darstellung – Wirkung.* München: Verlag Reinhard Fischer, S. 121-123.

MÜLLER, Marion G. (2000): Parteitagsinszenierungen diesseits und jenseits des Atlantiks. In: Kamps, Klaus (Hrsg.): *Trans-Atlantik, Trans-Portabel? Die Amerikanisierungsthese in der politischen Kommunikation.* Wiesbaden, Opladen: Westdeutscher Verlag, S. 221-246.

MÜLLER, Marion G. (2000a): Visuelle Kommunikation im Bundestagswahlkampf 1998. Eine qualitative Produktanalyse der visuellen Werbemittel. In: Brosius, Hans-Bernd (Hrsg.): *Kommunikation über Grenzen und Kulturen.* Konstanz: UVK-Medien, S. 361-379.

MÜLLER, Marion G. (2002): Parteienwerbung im Bundestagswahlkampf 2002. Eine qualitative Analyse politischer Werbung und PR. In: *Media Perspektiven,* 12/2002, S. 629-638.

MÜLLER-HAGEDORN, Lothar (1990): *Einführung in das Marketing.* Darmstadt: Wissenschaftliche Buchgesellschaft.

MÜLLER-ULRICH, Burkhard (1998): *Medienmärchen. Gesinnungstäter im Journalismus.* München: Siedler.

MÜNCH, Richard (1992): *Dialektik der Kommunikationsgesellschaft.* Frankfurt a. M.: Suhrkamp, 2. Aufl.

MÜNCH, Richard (1995a): *Dynamik der Kommunikationsgesellschaft.* Frankfurt a. M.: Suhrkamp.

MÜNCH, Richard (1995b): *Vom Fachspezialisten zum Kommunikationsvirtuosen. Der Strukturwandel der Berufsarbeit und seine Auswirkungen auf das Universitätsstudium.* Düsseldorfer medienwissenschaftliche Vorträge, Heft 1. Bonn: Zeitungs-Verlag Service.

NECKEL, Sighard (1989): Das Stellhölzchen der Macht. Zur Soziologie des politischen Skandals. In: Ebbighausen, Rolf / Sighard Neckel (Hrsg.): *Anatomie des politischen Skandals.* Frankfurt a. M.: Suhrkamp, S. 55-79.

NEGRINE, Ralph (1996): *The Communication of Politics.* London u. a.: Sage.

NEGRINE, Ralph / Stylianos PAPATHANASSOPOULOS (1996): The „Americanization" of Political Communication. A Critique. In: *Press/Politics*, 1, Heft 2, S. 45-62.

NEGROPONTE, Nicholas (1995): *Total digital. Die Welt zwischen 0 und 1 oder Die Zukunft der Kommunikation.* München: C. Bertelsmann.

NEIDHARDT, Friedhelm (1994a): Öffentlichkeit, öffentliche Meinung, soziale Bewegungen. In: Ders. (Hrsg.): *Öffentlichkeit, öffentliche Meinung, soziale Bewegungen.* (= Kölner Zeitschrift für Soziologie und Sozialpsychologie, Sonderheft 34). Opladen: Westdeutscher Verlag, S. 7-41.

NEIDHARDT, Friedhelm (1994b): Jenseits des Palavers. Funktionen politischer Öffentlichkeit. In: Wunden, Wolfgang (Hrsg.): *Öffentlichkeit und Kommunikationskultur.* Hamburg, Stuttgart: Steinkopf, S. 19-29.

NESKE, Fritz (1977): *PR-Management.* Gernsbach: Deutscher Betriebswirte-Verlag.

NEUBERGER, Christoph (2000): Renaissance oder Niedergang des Journalismus? Ein Forschungsüberblick zum Online-Journalismus. In: Altmeppen, Klaus-Dieter / Hans-Jürgen Bucher / Martin Löffelholz (Hrsg.): *Online-Journalismus. Perspektiven für Wissenschaft und Praxis.* Wiesbaden: Westdeutscher Verlag, S. 15-48.

NEWTON, Ken (2000): Versagt politisches Marketing? In: Niedermayer, Oskar / Bettina Westle (Hrsg.): *Demokratie und Partizipation.* Wiesbaden: Westdeutscher Verlag, S. 177-191.

NIELAND, Jörg-Uwe (2000): Politics goes popular. Anmerkungen zur Popularisierung der politischen Kommunikation. In: Kamps, Klaus (Hrsg.): *Trans-Atlantik, Trans-Portabel? Die Amerikanisierungsthese in der politischen Kommunikation.* Wiesbaden: Westdeutscher Verlag, S. 307-330.

NIELAND, Jörg-Uwe / Christine KUGLER (2004): Die neuen Helden? Zum Medienerfolg der Kampagnenführer im Bundestagswahlkampf 2002. In: Forum.Medien.Politik (Hrsg.): *Trends der politischen Kommunikation. Beiträge aus Theorie und Praxis.* Münster: Lit Verlag, S. 84-97.

NIELAND, Jörg-Uwe / Jens TENSCHER (2002): Talkshowisierung des Wahlkampfes? Eine Analyse von Politikerauftritten im Fernsehen. In: Sarcinelli, Ulrich / Heribert Schatz (Hrsg.): *Mediendemokratie im Medienland? Inszenierungen und Themensetzungsstrategien im Spannungsfeld von Medien und Parteieliten am Beispiel der nordrhein-westfälischen Landtagswahl im Jahr 2000.* Opladen: Leske + Budrich, S. 319-394.

NITSCHKE, Peter (1997): Niccolò Machiavelli. In: Stammen, Theo / Gisela Riescher / Wilhelm Hofmann (Hrsg.): *Hauptwerke der politischen Theorie.* Stuttgart: Kröner, S. 297-305.

NOAM, Eli M. (1999): Digitaler Schwindel – Ein Hilferuf aus den USA. In: *www.politik-digital.de* (22. November 1999).

NOELLE-NEUMANN, Elisabeth (1990): Wirkung der Massenmedien. In: Noelle-Neumann, Elisabeth / Winfried Schulz / Jürgen Wilke (Hrsg.): *Fischer Lexikon Publizistik Massenkommunikation.* Frankfurt a. M.: Fischer, S. 360-400.

NOELLE-NEUMANN, Elisabeth (1992): Manifeste und latente Funktionen öffentlicher Meinung. In: *Publizistik*, 37, Heft 2, S. 283-297.

NOELLE-NEUMANN, Elisabeth (1998): Öffentliche Meinung. In: Jarren, Otfried / Ulrich Sarcinelli / Ulrich Saxer (Hrsg.): *Politische Kommunikation in der demokratischen Gesellschaft. Ein Handbuch.* Opladen, Wiesbaden: Westdeutscher Verlag, S. 81-94.

NORRIS, Pippa (1997): Introduction: The Rise of Postmodern Political Communications? In: Norris, Pippa (Hrsg.): *Politics and the Press. The News Media and Their Influences.* Boulder, S. 1-21.

NORRIS, Pippa (1999): Political Communications and Democratic Politics. In: Bartle, John / Dylan Griffiths (Hrsg.): *Political Communication Transformed: From Morrison to Mandelson.* Basingstoke: Macmillan. Draft, 7. Dezember 1999.

NORRIS, Pippa (2006): Die Überzeugten überzeugen? Pluralismus, Partizipation und Parteien im Internet. In: Kamps, Klaus /Jörg-Uwe Nieland (Hrsg.): *Regieren und Kommunikation. Meinungsbildung, Entscheidungsfindung und gouvernementales Kommunikationsmanagement – Trends, Vergleiche, Perspektiven.* Köln: von Halem, S. 261-284.

NULLMEIER, Frank / Thomas SARETZKI (Hrsg.) (2002): *Jenseits des Regierungsalltags. Strategiefähigkeit politischer Parteien.* Frankfurt a. M.: Campus.

OBERREUTER, Heinrich (1982): *Übermacht der Medien. Erstickt die demokratische Kommunikation?* Zürich: Edition Interform.

OBERREUTER, Heinrich (1996): Zwischen Erlebnisgesellschaft und Medieneinfluß: Die offene Zukunft des Parteiensystems. In: Ders. (Hrsg.): *Parteiensystem am Wendepunkt? Wahlen in der Fernsehdemokratie.* München, Landsberg am Lech: Olzog, S. 9-22.

OBERREUTER, Heinrich (1997): Medien und Demokratie. Ein Problemaufriß. In: Rohe, Karl (Hrsg.): *Politik und Demokratie in der Informationsgesellschaft.* Baden-Baden: Nomos, S. 11-24.

OECKEL, Albert (1964): *Handbuch der Public Relations. Theorie und Praxis der Öffentlichkeitsarbeit in Deutschland und der Welt.* München: Süddeutscher Verlag.

OECKEL, Albert (1990): Die Zukunf der Public Relations aus der Sicht des PR-Pioniers. In: Dörrbecker, Klaus / Thomas Rommerskirchen (Hrsg.): *Blick in die Zukunft – Kommunikations-Management. Perspektiven und Chancen der Public Relations.* Remagen: Verlag Rommerskirchen, S.13-27.

OECKEL, Albert (1994a): Die historische Entwicklung der Public Relations. In: Reineke, Wolfgang / Hans Eisele: *Taschenbuch der Öffentlichkeitsarbeit. Public Relations in der Gesamtkommunikation.* Heidelberg: Sauer-Verlag, S. 11-15.

OECKEL, Albert (1994b): Die historische Entwicklung der PR in Deutschland. In: Kalt, Gero (Hrsg.): *Öffentlichkeitsarbeit und Werbung. Instrumente, Strategien, Perspektiven.* Frankfurt a. M.: IMK, 5. Aufl., S. 17-25.

PAPADOPOULOS, Yannis (2004): Governance und Demokratie. In: Benz, Arthur (Hrsg.): *Governance – Regieren in komplexen Regelsystemen. Eine Einführung.* Wiesbaden: VS Verlag für Sozialwissenschaften, S. 215-237.

PATZELT, Werner J. (1991): Abgeordnete und Journalisten. In: *Publizistik,* 36, S. 315-329.

PATZELT, Werner J. (1998): Parlamentskommunikation. In: Jarren, Otfried / Ulrich Sarcinelli / Ulrich Saxer (Hrsg.): *Politische Kommunikation in der demokratischen Gesellschaft. Ein Handbuch mit Lexikonteil.* Opladen, Wiesbaden: Westdeutscher Verlag, S. 431-441.

PATZELT, Werner J. (2006): Regierung und Parlament. Entscheidungsgewalten in der Mediendemokratie. In: Kamps, Klaus / Jörg-Uwe Nieland (Hrsg.): *Regieren und Kommunikation. Meinungsbildung, Entscheidungsfindung und gouvernementales Kommunikationsmanagement – Trends, Vergleiche, Perspektiven.* Köln: von Halem, S. 139-163.

PAULI-BALLEIS, Gabriele (1987): *Polit-PR. Strategische Öffentlichkeitsarbeit politischer Parteien. Zur PR-Praxis der CSU.* Zirndorf: Eigenverlag.

PERLOFF, Richard M. (1998): *Political Communication. Politics, Press, and Public in America.* Mahwah, London: Erlbaum.

PELINKA, Peter (1998): Menetekel an der Wand. Es geht um weit mehr als um Bill Clinton. In: Ders. (Hrsg.): *Jagd auf Clinton. Warnsignale für unsere Demokratie.* Wien: Kremayr & Scheriau, S. 7-21.

PELLS, Richard H. (1997): *Not Like Us. How Europeans Have Loved, Hated, and Transformed American Culture Since World War II.* New York: Basic Books.

PFADENHAUER, Michaela (1998): Das Problem zur Lösung. Inszenierung von Professionalität. In: Willems, Herbert / Martin Jurga (Hrsg.): *Inszenierungsgesellschaft. Ein einführendes Handbuch.* Opladen, Wiesbaden: Westdeutscher Verlag, S. 291-304.

PFETSCH, Barbara (1994a): Themenkarrieren und politische Kommunikation. Zum Verhältnis von Politik und Medien bei der Entstehung der politischen Agenda. In: *Aus Politik und Zeitgeschichte*, B 39/94, S. 11-20.

PFETSCH, Barbara (1994b): Politische Fernsehwelten: Die Politikberichterstattung in privaten und öffentlich-rechtlichen Sendern. In: Jarren, Otfried (Hrsg.): *Politische Kommunikation in Hörfunk und Fernsehen. Elektronische Medien in der Bundesrepublik Deutschland.* Opladen: Leske + Budrich, S. 111-122.

PFETSCH, Barbara (1997): Zur Beobachtung und Beeinflussung öffentlicher Meinung in der Mediendemokratie. Bausteine einer politikwissenschaftlichen Kommunikationsforschung. In: Rohe, Karl (Hrsg.): *Politik und Demokratie in der Informationsgesellschaft.* Baden-Baden: Nomos, S. 45-54.

PFETSCH, Barbara (1998a): Regieren unter den Bedingungen medialer Allgegenwart. In: Sarcinelli, Ulrich (Hrsg.): *Politikvermittlung und Demokratie in der Mediengesellschaft. Beiträge zur politischen Kommunikationskultur.* Bonn: Bundeszentrale für politische Bildung, S. 233-252.

PFETSCH, Barbara (1998b): Bürger – Publikum. In: Jarren, Otfried / Ulrich Sarcinelli / Ulrich Saxer (Hrsg.): *Politische Kommunikation in der demokratischen Gesellschaft. Ein Handbuch.* Opladen, Wiesbaden: Westdeutscher Verlag, S. 406-413.

PFETSCH, Barbara (1998c): Government News Management. In: Graber, Doris / Denis McQuail / Pippa Norris (Hrsg.): *The Politics of News, the News of Politics.* Washington: CQ Press, S. 70-93.

PFETSCH, Barbara (1999): Politische PR-Kultur? Zur These der Amerikanisierung der politischen Kommunikation. In: Imhof, Kurt / Otfried Jarren / Roger Blum (Hrsg.): *Steuerungs- und Regelungsprobleme in der Informationsgesellschaft.* Opladen, Wiesbaden: Westdeutscher Verlag, S. 180-191.

PFETSCH, Barbara (2001): „Amerikanisierung" der politischen Kommunikation? Politik und Medien in Deutschland und den USA. In: *Aus Politik und Zeitgeschichte*, S. 27-36.

PFETSCH, Barbara / Rüdiger SCHMITT-BECK (1994): Amerikanisierung von Wahlkämpfen? Kommunikationsstrategien und Massenmedien im politischen Mobilisierungsprozeß. In: Jäckel, Michael / Peter Winterhoff-Spurk (Hrsg.): *Politik und Medien. Analysen zur Entwicklung der politischen Kommunikation.* Berlin: Vistas, S. 231-252.

PFETSCH, Barbara / Stefan WEHMEIER (2002): Sprecher: Kommunikationsleistungen gesellschaftlicher Akteure. In: Jarren, Otfried / HartmutWeßler (Hrsg.): *Journalismus – Medien – Öffentlichkeit. Eine Einführung.* Wiesbaden: Westdeutscher Verlag, S. 39-97.

PIERER, Heinrich von (1997): Chancen durch Mikroelektronik. In: Hamm, Ingrid (Hrsg.): *Kommunikationsgesellschaft der Zukunft. Medienforum mit dem Bundespräsidenten.* Gütersloh: Verlag Bertelsmann Stiftung, S. 27-30.

PIERETH, Wolfgang (1994): Propaganda im 19. Jahrhundert. Die Anfänge aktiver staatlicher Pressepolitik in Deutschland (1800 – 1871). In: Daniel, Ute / Wolfram Siemann (Hrsg.): *Propaganda. Meinungskampf, Verführung und politische Sinnstiftung 1789-1989.* Frankfurt a. M.: Fischer, S. 21-43.

PLAKE, Klaus (1999): *Talkshows. Die Industrialisierung der Kommunikation.* Darmstadt: Wissenschaftliche Buchgesellschaft.

PLANK, Sven (2002): Kampagnen: Gut geplant ist halb geschafft? In: Berg, Thomas (Hrsg.): *Moderner Wahlkampf. Blick hinter die Kulissen.* Opladen: Leske + Budrich, S. 65-80.

PLASSER, Fritz (1985): Elektronische Politik und politische Technostruktur reifer Industriegesellschaften. Ein Orientierungsversuch. In: Plasser, Fritz / Peter A. Ulram / Manfried Welan (Hrsg.): *Demokratierituale.* Wien, Köln, Graz: Böhlau, S. 9-31.

PLASSER, Fritz (1993): Tele-Politik, Tele-Image und die Transformation politischer Führung. In: *Österreichische Zeitschrift für Politikwissenschaft,* 22, Heft 4, S. 409-425.

PLASSER, Fritz (2000): „Amerikanisierung" der Wahlkommunikation in Westeuropa: Diskussions- und Forschungsstand. In: Bohrmann, Hans et al. (Hrsg.): *Wahlen und Politikvermittlung durch Massenmedien.* Wiesbaden: Westdeutscher Verlag, S. 49-67.

PLASSER, Fritz / Christian SCHEUCHER / Christian SENFT (1998): *Praxis des Politischen Marketing aus Sicht westeuropäischer Politikberater und Parteimanager. Ergebnisse einer Expertenbefragung.* Manuskript, Wien, Mai 1998.

PLASSER, Fritz / Christian SCHEUCHER / Christian SENFT (1999): Is There a European Style of Political Marketing? A Survey of Political Managers and Consultants. In: Newman, Bruce I. (Hrsg.): *Handbook of Political Marketing.* Thousand Oaks, London, New Dehli: Sage, S. 89-112.

PLASSER, Fritz / Franz SOMMER (1991): Politische Öffentlichkeitsarbeit in informationsgesellschaftlichen Demokratien. In: Dorer, Johanna / Klaus Lojka (Hrsg.): *Öffentlichkeitsarbeit. Theoretische Ansätze, empirische Befunde und Berufspraxis der Public Relations.* Wien: Wilhelm Braumüller, S. 93-110.

PLASSER, Fritz / Franz SOMMER / Christian SCHEUCHER (1996): Medienlogik: Themenmanagement und Politikvermittlung im Wahlkampf. In: Plasser, Fritz / Peter A. Ulram / Günther Ogris (Hrsg.): *Wahlkampf und Wählerentscheidung. Analysen zur Nationalratswahl 1995.* Wien: Signum, S. 85-118.

POLLMANN, Klaus Erich (1997): Wahlen und Wahlkämpfe in den Ländern der Bundesrepublik 1949-1969. In: Ritter, Gerhard A. (Hrsg.): *Wahlen und Wahlkämpfe in Deutschland. Von den Anfängen im 19. Jahrhundert bis zur Bundesrepublik.* Düsseldorf: Droste, S. 241-266.

POMMER, Elizabeth / Gerhard VOWE (Hrsg.) (1998): *Computervermittelte Kommunikation. Öffentlichkeit im Wandel.* Konstanz: UVK Medien.

POPKIN, Samuel L. (1999) : *The Reasoning Voter : Communication and Persuasion in Presidential Campaigns.* Chicago: University of Chicago Press.

POPPER, Karl R. (1995): *Auf der Suche nach einer besseren Welt. Vorträge und Aufsätze aus dreißig Jahren.* München: Piper, 8. Aufl.

POSTER, Mark (1997): Elektronische Identitäten und Demokratie. In: Münker, Stefan / Alexander Roesler (Hrsg.): *Mythos Internet.* Frankfurt a. M.: Suhrkamp, S. 147-170.

POSTMAN, Neil (1991): *Wir amüsieren uns zu Tode. Urteilsbildung im Zeitalter der Unterhaltungsindustrie.* Frankfurt a. M.: Fischer, 2. Aufl.

PÜRER, Heinz (1990): *Einführung in die Publizistikwissenschaft. Systematik, Fragestellungen, Theorieansätze, Forschungstechniken.* München: Ölschläger, 4. Aufl.

RADUNSKI, Peter (1980): *Wahlkämpfe. Moderne Wahlkampfführung als politische Kommunikation.* München, Wien: Olzog.

RADUNSKI, Peter (1992): The Show Must Go On. Politiker in der Fernsehunterhaltung. In: *Bertelsmann Briefe,* Heft 128, S. 76-78.

RADUNSKI, Peter (1996): Politisches Kommunikationsmanagement. Die Amerikanisierung der Wahlkämpfe. In: Bertelsmann Stiftung (Hrsg.): *Politik überzeugend vermitteln. Wahlkampfstrategien in Deutschland und den USA.* Gütersloh: Verlag Bertelsmann Stiftung, S. 33-52.

RADUNSKI, Peter / Axel WALLRABENSTEIN (2004): Die Zukunft des Political Consultings. Politische Berater in Deutschland. In: Forum.Medien.Politik (Hrsg.): *Trends in politischer Kommunikation. Beiträge aus Theorie und Praxis.* Münster: Lit Verlag, S. 118-125.

RAMGE, Thomas (2003): *Die großen Polit-Skandale. Eine andere Geschichte der Bundesrepublik.* Frankfurt a. M., New York: Campus.

RAMONET, Ignacio (1999): *La Tyrannie de la communication.* Paris: Galilée.

RASCHKE, Joachim (2002): Politische Strategie. Überlegungen zu einem politischen und politologischen Konzept. In: Nullmeier, Frank / Thomas Saretzki (Hrsg.): *Jenseits des Regierungsalltags. Strategiefähigkeit politischer Parteien.* Frankfurt a. M.: Campus, S. 207-241.

RASKOP, Christian (1995): *Grenzen und Möglichkeiten der Verständigung. Politische Kommunikation zwischen Inszenierung und Aufklärung.* Frankfurt a. M. u. a.: Lang.

RAT FÜR FORSCHUNG, TECHNOLOGIE UND INNOVATION (1995): *Informationsgesellschaft. Chancen, Innovationen und Herausforderungen.* Hrsg. vom Bundesministerium für Bildung, Wissenschaft, Forschung und Technologie. Bonn.

RAVENSTEIN, Marianne (1996): Wirkungsfelder der Kommunikation: Von der Kleingruppe bis zum internationalen System. In: Wittkämper, Gerhard W. / Anke Kohl (Hrsg.): *Kommunikationspolitik. Einführung in die medienbezogene Politik.* Darmstadt: Wissenschaftliche Buchgesellschaft, S. 169-186.

RECKER, Marie-Luise (1997): Wahlen und Wahlkämpfe in der Bundesrepublik Deutschland 1949-1969. In: Ritter, Gerhard A. (Hrsg.): *Wahlen und Wahlkämpfe in Deutschland. Von den Anfängen im 19. Jahrhundert bis zur Bundesrepublik.* Düsseldorf: Droste, S. 267-309.

REEVES, Richard (1997): The Brave New World of Media Politics. In: Iyengar, Shanto / Richard Reeves (Hrsg.): *Do the Media Govern? Politics, Voters, and Reporters in America.* Thousand Oaks, London, New Dehli: Sage, S. ix-xx.

REISER, Stefan (1994): *Parteienkampagne und Medienberichterstattung im Europawahlkampf 1989. Eine Untersuchung zu Dependenz und Autonomieverlust im Verhältnis von Massenmedien und Politik.* Konstanz: UVK.

RHEINGOLD, Howard (1994): *Virtuelle Gemeinschaft. Soziale Beziehungen im Zeitalter des Computers.* Bonn u. a.: Addison-Wesley.

RIEPL, Wolfgang (1913): *Das Nachrichtenwesen des Altertums mit besonderer Rücksicht auf die Römer.* Leipzig, Berlin.

RILLING, Rainer (1998a): Marktvermittelt oder selbstorganisiert? Zu den Strukturen von Ungleichheit im Netz. In: Leggewie, Claus / Christa Maar (Hrsg.): *Internet & Politik. Von der Zuschauer- zur Beteiligungsdemokratie.* Köln: Bollmann, S. 366-377.

RILLING, Rainer (1998b): *Auf dem Weg zur Cyberdemokratie?* http://staff-www.uni-marburg.de /~rillingr/bdweb/texte/cyberdemokratie-texte.html.

RISTAU, Malte (1998): *Wahlkampf für den Wechsel – Die Wahlkampagne der SPD 1997/98.* Manuskript, o. O., November 1998.

RISTAU, Malte (2002): Wahlkampf ist eine Langstrecke. Planung, Steuerung und Kommunikation am Beispiel der SPD. In: Becker-Sonnenschein, Stefan / Manfred Schwarzmeier (Hrsg.): *Vom schlichten Schein zum schönen Sein? Kommunikationsanforderungen im Spannungsfeld von Public Relations und Politik.* Wiesbaden: Westdeutscher Verlag, S. 14Wiesbaden: Westdeutscher Verlag, S. 141-161.

RITTER, Gerhard A. (Hrsg.) (1997): *Wahlen und Wahlkämpfe in Deutschland. Von den Anfängen im 19. Jahrhundert bis zur Bundesrepublik.* Düsseldorf: Droste.

RITZER, George (1993): *The McDonaldization of Society.* Thousand Oaks: Pine Forge Press.

RITZER, George (1998): *The McDonaldization Thesis.* London, Thousand Oaks, New Dehli: Sage.

RÖMMELE, Andrea (2002): Parteien und Wahlkämpfe – gestern, heute, morgen. In: Machnig, Matthias (Hrsg.): *Politik – Medien – Wähler. Wahlkampf im Medienzeitalter.* Opladen: Leske + Budrich, S. 97-105.

ROESLER, Alexander (1997): Bequeme Einmischung. Internet und Öffentlichkeit. In: Münker, Stefan / Alexander Roesler (Hrsg.): *Mythos Internet.* Frankfurt a. M.: Suhrkamp, S. 171-192.

RÖSLER, Philipp (2002): Füchse und Löwen. Eine Kampagne führen heißt entscheiden statt warten. In: Althaus, Marco (Hrsg.): *Kampagne! Neue Strategien für Wahlkampf, PR und Lobbying.* Münster: Lit Verlag, S. 150-157.

RÖSSLER, Patrick (1997): Die Definitionsmacht für Themen des politischen Diskurses in einer veränderten Kommunikationswelt. Agenda-Setting und die Individualisierungstendenzen im Online-Zeitalter – ein Szenario. In: Schatz, Heribert / Otfried Jarren / Bettina Knaup (Hrsg.): *Machtkonzentration in der Multimediagesellschaft? Beiträge zu einer Neubestimmung des Verhältnisses von politischer und medialer Macht.* Opladen: Westdeutscher Verlag, S. 78-97.

RÖSSLER, Patrick (Hrsg.) (1998a): *Online-Kommunikation. Beiträge zu Nutzung und Wirkung.* Opladen, Wiesbaden: Westdeutscher Verlag.

RÖSSLER, Patrick (1998b): Information und Meinungsbildung am elektronischen „Schwarzen Brett". Kommunikation via Usenet und mögliche Effekte im Licht klassischer Medienwirkungsansätze. In: Pommer, Elizabeth / Gerhard Vowe (Hrsg.): *Computervermittelte Kommunikation. Öffentlichkeit im Wandel.* Konstanz: UVK Medien, S. 113-139.

RÖSSLER, Patrick (1998c): Wirkungsmodelle: die digitale Herausforderung. Überlegungen zu einer Inventur bestehender Erklärungsansätze der Medienwirkungsforschung. In: Ders. (Hrsg.): *Online-Kommunikation. Beiträge zu Nutzung und Wirkung.* Opladen, Wiesbaden: Westdeutscher Verlag, S. 17-46.

RÖSSLER, Patrick (1999): Politiker: Die Regisseure in der medialen Themenlandschaft der Zukunft? Agenda-Setting-Prozesse im Zeitalter neuer Kommunikationstechnologien. In: Imhof, Kurt / Otfried Jarren / Roger Blum (Hrsg.): *Steuerungs- und Regelungsprobleme in der Informationsgesellschaft.* Opladen, Wiesbaden: Westdeutscher Verlag, S. 149-166.

RÖSSLER, Patrick (2003): Online-Kommunikation. In: Bentele, Günter / Hans-Bernd Brosius / Otfried Jarren (Hrsg.): *Öffentliche Kommunikation. Handbuch Kommunikations- und Medienwissenschaft.* Wiesbaden: Westdeutscher Verlag, S. 504-522.

RÖSSLER, Patrick / Werner WIRTH (Hrsg.) (1999): *Glaubwürdigkeit im Internet. Fragestellungen, Modelle, empirische Befunde.* München: Verlag Reinhard Fischer.

RÖTTGER, Ulrike (Hrsg.) (1997a): *PR-Kampagnen. Über die Inszenierung von Öffentlichkeit.* Opladen: Westdeutscher Verlag.

RÖTTGER, Ulrike (1997b): Campaigns (f)or a better world? In: Dies. (Hrsg.): *PR-Kampagnen. Über die Inszenierung von Öffentlichkeit.* Opladen: Westdeutscher Verlag, S. 13-33.

RÖTTGER, Ulrike (2000): *Public Relations – Organisation und Profession. Öffentlichkeitsarbeit als Organisationsfunktion. Eine Berufsfeldstudie.* Wiesbaden: Westdeutscher Verlag.

RÖTTGER, Ulrike (2001): Issues Management – Mode, Mythos oder Managementfunktion? Begriffserklärung und Forschungsfragen – eine Einleitung. In: Röttger, Ulrike (Hrsg.): *Issues Management. Theoretische Konzepte und Praktische Umsetzung. Eine Bestandsaufnahme.* Wiesbaden: Westdeutscher Verlag, S. 11-39.

RÖTTGER, Ulrike (2004): *Theorien der Public Relations. Grundlagen und Perspektiven der PR-Forschung.* Wiesbaden: VS Verlag für Sozialwissenschaften.

RÖTZER, Florian (1999): Aufmerksamkeit als Medium der Öffentlichkeit. In: Maresch, Rudolf / Niels Werber (Hrsg.): *Kommunikation, Medien, Macht.* Frankfurt a. M.: Suhrkamp, S. 35-58.

ROLKE, Lothar (1998): Journalisten und PR-Manager. Unentbehrliche Partner wider Willen. In: *Public Relations Forum,* 2/98, S. 66-78.

RONNEBERGER, Franz (1977): *Legitimation durch Information.* Düsseldorf, Wien: Econ.

RONNEBERGER, Franz (1983): Das Syndrom der Unregierbarkeit und die Macht der Medien. In: *Publizistik,* 28, Heft 4, S. 487-511.

RONNEBERGER, Franz (1991): Legitimation durch Information. Ein kommunikationstheoretischer Ansatz zur Theorie der PR. In: Dorer, Johanna / Klaus Lojka (Hrsg.): *Öffentlichkeitsarbeit. Theoretische Ansätze, empirische Befunde und Berufspraxis der Public Relations.* Wien: Wilhelm Braumüller, S. 8-19.

RONNEBERGER, Franz / Manfred RÜHL (1992): *Theorie der Public Relations. Ein Entwurf.* Opladen: Westdeutscher Verlag.

ROSS, Dieter (1998): Die Regression des Politischen. Die Massenmedien privatisieren die Öffentlichkeit. In: Imhof, Kurt / Peter Schulz (Hrsg.): *Die Veröffentlichung des Privaten – Die Privatisierung des Öffentlichen.* Opladen, Wiesbaden: Westdeutscher Verlag, S. 149-156.

ROSSMANN, Torsten (1993): Öffentlichkeitsarbeit und ihr Einfluß auf die Medien. Das Beispiel Greenpeace. In: *Media Perspektiven,* 2/93, S. 85-94.

ROSSUM, Walter van (2004): *Meine Sonntage mit „Sabine Christiansen". Wie das Palaver uns regiert.* Köln: Kiepenheuer & Wietsch, 3. Aufl.

RUBENSTROCH-BAUER, Peter. Moderne Regierungskommunikation. Aktuelle Konzepte, Strategien und Vorhaben des Presse- und Informationsamtes der Bundesregierung. In: Sarcinelli, Ulrich / Jens Tenscher (Hrsg.): *Machtdarstellung und Darstellungsmacht. Beiträge zu Theorie und Praxis moderner Politikvermittlung.* Baden-Baden, S. 33-47.

RUDOLPH, Hermann (1996): Ereignismodellierung. Der Wahlkampf in den Printmedien. In: Oberreuter, Heinrich (Hrsg.): *Parteiensystem am Wendepunkt? Wahlen in der Fernsehdemokratie.* München, Landsberg am Lech: Olzog, S. 145-151.

RUDZIO, Wolfgang (1991): *Das politische System der Bundesrepublik Deutschland.* Opladen: Leske + Budrich, 3. Aufl.

RÜHL, Manfred (1999): *Publizieren. Eine Sinngeschichte der öffentlichen Kommunikation.* Opladen, Wiesbaden: Westdeutscher Verlag.

RÜHL, Manfred (1999a): Leitbegriffe einer publizistischen Öffentlichkeit in der Gesellschaft. In: Szyszka, Peter (Hrsg.): *Öffentlichkeit. Diskurs zu einem Schlüsselbegriff der Organisationskommunikation.* Opladen, Wiesbaden: Westdeutscher Verlag, S. 37-48.

RUHRMANN, Georg (1998): Politische Kommunikation als Risikokommunikation. In: Jarren, Otfried / Ulrich Sarcinelli / Ulrich Saxer (Hrsg.): *Politische Kommunikation in der demokratischen Gesellschaft. Ein Handbuch.* Opladen, Wiesbaden: Westdeutscher Verlag, S. 369-375.

RUß-MOHL, Stephan (1994): Symbiose oder Konflikt: Öffentlichkeitsarbeit und Journalismus. In: Jarren, Otfried (Hrsg.): *Medien und Journalismus 1. Eine Einführung.* Opladen: Westdeutscher Verlag, S. 313-327.

RUß-MOHL, Stephan (1999): Spoonfeeding, Spinning, Whistleblowing. Beispiel USA: Wie sich die Machtbalance zwischen PR und Journalismus verschiebt. In: Rolke, Lothar / Volker Wolff (Hrsg.): *Wie die Medien die Wirklichkeit steuern und selber gesteuert werden.* Opladen, Wiesbaden: Westdeutscher Verlag, S. 163-176.

RUß-MOHL, Stephan (2000): Scheinheilige Aufklärer. In: *Message,* 2, S. 10-17.

SAFFARNIA, Pierre A. (1993): Determiniert Öffentlichkeitsarbeit den Journalismus? Empirische Belege und theoretische Überlegungen gegen die PR-Determinierungsannahme. In: *Publizistik,* 38, S. 412-425.

SANDBOTHE, Mike (1997): Interaktivität – Hypertextualität – Transversalität. Eine medienphilosophische Analyse des Internet. In: Münker, Stefan / Alexander Roesler (Hrsg.): *Mythos Internet*. Frankfurt a. M.: Suhrkamp, S. 56-82.

SARCINELLI, Ulrich (1986): Politikvermittlung in der Demokratie. Zwischen kommunikativer Sozialtechnik und Bildungsauftrag. In: Langenbucher, Wolfgang R. (Hrsg.): *Politische Kommunikation. Grundlagen, Strukturen, Prozesse*. Wien: Braumüller, S. 92-105.

SARCINELLI, Ulrich (1987a): Politikvermittlung und demokratische Kommunikationskultur. In: Ders. (Hrsg.): *Politikvermittlung. Beiträge zur politischen Kommunikationskultur*. Bonn: Bundeszentrale für politische Bildung, S. 19-45.

SARCINELLI, Ulrich (1987b): *Symbolische Politik. Zur Bedeutung symbolischen Handelns in der Wahlkampfkommunikation der Bundesrepublik Deutschland*. Opladen: Westdeutscher Verlag.

SARCINELLI, Ulrich (1992): Massenmedien und Politikvermittlung – eine Problem- und Forschungsskizze. In: Wittkämper, Gerhard W. (Hrsg.): *Medien und Politik*. Darmstadt: Wissenschaftliche Buchgesellschaft, S. 37-62.

SARCINELLI, Ulrich (1994a): Politikvermittlung durch Parlamente: ein Problemaufriß. In: Ders. (Hrsg.): *Öffentlichkeitsarbeit der Parlamente. Politikvermittlung zwischen Public Relations und Parlamentsdidaktik*. Baden-Baden: Nomos, S. 19-33.

SARCINELLI, Ulrich (1994b): Mediale Politikdarstellung und politisches Handeln: analytische Anmerkungen zu einer notwendigerweise spannungsreichen Beziehung. In: Jarren, Otfried (Hrsg.): *Politische Kommunikation in Hörfunk und Fernsehen. Elektronische Medien in der Bundesrepublik Deutschland*. Leske + Budrich, S. 35-50.

SARCINELLI, Ulrich (1997a): Demokratiewandel im Zeichen medialen Wandels? Politische Beteiligung und politische Kommunikation. In: Klein, Ansgar / Rainer Schmalz-Bruns (Hrsg.): *Politische Beteiligung und Bürgerengagement in Deutschland. Möglichkeiten und Grenzen*. Bonn: Bundeszentrale für politische Bildung, S. 314-345.

SARCINELLI, Ulrich (1997b): Von der Parteien- zur Mediendemokratie? Das Beispiel Deutschland. In: Schatz, Heribert / Otfried Jarren / Bettina Knaup (Hrsg.): *Machtkonzentration in der Multimediagesellschaft? Beiträge zu einer Neubestimmung des Verhältnisses von politischer und medialer Macht*. Opladen: Westdeutscher Verlag, S. 34-45.

SARCINELLI, Ulrich (Hrsg.) (1998a): *Politikvermittlung und Demokratie in der Mediengesellschaft*. Bonn: Bundeszentrale für politische Bildung.

SARCINELLI, Ulrich (1998b): Politkvermittlung und Demokratie: Zum Wandel der politischen Kommunikationskultur. In: Ders. (Hrsg.): *Politikvermittlung und Demokratie in der Mediengesellschaft*. Bonn: Bundeszentrale für politische Bildung, S. 11-23.

SARCINELLI, Ulrich (1998c): Legitimität. In: Jarren, Otfried / Ulrich Sarcinelli / Ulrich Saxer (Hrsg.): *Politische Kommunikation in der demokratischen Gesellschaft. Ein Handbuch*. Opladen, Wiesbaden: Westdeutscher Verlag, S. 253-267.

SARCINELLI, Ulrich (1998d): Politische Inszenierung im Kontext des aktuellen Politikvermittlungsgeschäfts. In: Arnold, Sabine R. / Christian Fuhrmeister / Dietmar Schiller (Hrsg.): *Politische Inszenierung im 20. Jahrhundert. Zur Sinnlichkeit der Macht*. Wien, Köln, Weimar: Böhlau, S. 146-157.

SARCINELLI, Ulrich (1998e): Parteien und Politikvermittlung: Von der Parteien- zur Mediendemokratie? In: Ders. (Hrsg.): *Politikvermittlung und Demokratie in der Mediengesellschaft*. Bonn: Bundeszentrale für politische Bildung, S. 273-296.

SARCINELLI, Ulrich (1998f): Repräsentation oder Diskurs? In: *Zeitschrift für Politikwissenschaft*, 8, Heft 2, S. 549-569.

SARCINELLI, Ulrich (1999): Politische Inszenierung, symbolische Politik. In: Greiffenhagen, Martin / Sylvia Greiffenhagen (Hrsg.): *Handwörterbuch zur politischen Kultur der Bundesrepublik Deutschland. Ein Lehr- und Nachschlagewerk.* 2. überarb. Aufl., Opladen, Wiesbaden: Westdeutscher Verlag, S. 370-379.

SARCINELLI, Ulrich (2003): Demokratie unter Kommunikationsstress? Das parlamentarische Regierungssystem in der Mediengesellschaft. In: *Aus Politik und Zeitgeschichte*, B43/2003, S. 39-46.

SARCINELLI, Ulrich (2004): Politische Kommunikation. Zwischen wissenschaftlichem Interesse und Politikum. In: Forum.Medien.Politik (Hrsg.): *Trends der politischen Kommunikation. Beiträge aus Theorie und Praxis.* Münster: Lit Verlag, S. 8-16.

SARCINELLI, ULRICH (2005): *Politische Kommunikation in Deutschland. Zur Politikvermittlung im demokratischen System.* Wiesbaden: VS Verlag für Sozialwissenschaften.

SARCINELLI, Ulrich / Jens TENSCHER (2000): Vom repräsentativen zum präsentativen Parlamentarismus? Entwurf eines Arenenmodells parlamentarischer Kommunikation. In: Jarren, Otfried / Kurt Imhof / Roger Blum (Hrsg.): *Zerfall der Öffentlichkeit?* Wiesbaden: Westdeutscher Verlag, S. 74-93.

SARCINELLI, Ulrich / Heribert Schatz (Hrsg.) (2002a): *Mediendemokratie im Medienland. Inszenierungen und Themensetzungsstrategien im Spannungsfeld von Medien und Parteieliten am Beispiel der nordrhein-westfälischen Landtagswahl 2002.* Opladen: Leske + Budrich.

SARCINELLI, Ulrich / Heribert Schatz (2002b): Von der Parteien- zur Mediendemokratie. Eine These auf dem Prüfstand. In: Sarcinelli, Ulrich / Heribert Schatz (Hrsg.): *Mediendemokratie im Medienland. Inszenierungen und Themensetzungsstrategien im Spannungsfeld von Medien und Parteieliten am Beispiel der nordrhein-westfälischen Landtagswahl 2002.* Opladen: Leske + Budrich, S. 9-32.

SARTORI, Giovanni (1992): *Demokratietheorie.* Darmstadt: Wissenschaftliche Buchgesellschaft.

SAXER, Ulrich (1992): Public Relations als Innovation. In: Avenarius, Horst / Wolfgang Ambrecht (Hrsg.): *Ist Public Relations eine Wissenschaft? Eine Einführung.* Opladen, S. 47-76.

SAXER, Ulrich (1993): Medienwandel – Journalismuswandel. In: *Publizistik*, 38, Heft 3, S. 292-304.

SAXER, Ulrich (1998): System, Systemwandel und politische Kommunikation. In: Jarren, Otfried / Ulrich Sarcinelli / Ulrich Saxer (Hrsg.) (1998): *Politische Kommunikation in der demokratischen Gesellschaft. Ein Handbuch.* Opladen, Wiesbaden: Westdeutscher Verlag, S. 21-64.

SAXER, Ulrich (1998a): Mediengesellschaft: Verständnisse und Mißverständnisse. In: Sarcinelli, Ulrich (Hrsg.): *Politikvermittlung und Demokratie in der Mediengesellschaft.* Bonn: Bundeszentrale für politische Bildung, S. 52-73.

SCHANTEL, Alexandra (2000): Determination oder Intereffikation? Eine Metaanalyse der Hypothesen zur PR-Journalismus-Beziehung. In: *Publizistik*, 45, Heft 1, S. 70-88.

SCHARF, Wilfried (1999): Risiken des Neo-Bonapartismus in der politischen Meinungs- und Willensbildung – das Beispiel Gerhard Schröder. In: Wilke, Jürgen (Hrsg.): *Massenmedien und Zeitgeschichte.* Konstanz: UVK Medien, S. 73-89.

SCHARPF, Fritz W. (1991): Die Handlungsfähigkeit des Staates am Ende des 20. Jahrhunderts. In: *Politische Vierteljahresschrift*, 32, Heft 4, S. 621-634.

SCHARPF, Fritz W. (1992): Zur Theorie von Verhandlungssystemen. In: Benz, Arthur/Fritz W. Scharpf/Reinhard Zintl (Hrsg.): *Horizontale Politikverflechtung. Zur Theorie von Verhandlungssystemen.* New York, Frankfurt, S. 11-25.

SCHARPF, Fritz W. (1993): Versuch über Demokratie im verhandelnden Staat. In: Czada, Robert / Manfred G. Schmidt (Hrsg.): *Verhandlungsdemokratie, Interessenvermittlung, Regierbarkeit.* Opladen, S. 25-50.

SCHATZ, Heribert (1994): Rundfunkentwicklung im „dualen System": die Konvergenzhypothese. In: Jarren, Otfried (Hrsg.): *Politische Kommunikation in Hörfunk und Fernsehen. Elektronische Medien in der Bundesrepublik Deutschland*. Opladen: Leske + Budrich, S. 67-79.

SCHATZ, Heribert (1997): Einführung in die Thematik und Überblick über die Beiträge. In: Schatz, Heribert / Otfried Jarren / Bettina Knaup (Hrsg.): *Machtkonzentration in der Multimediagesellschaft. Beiträge zu einer Neubestimmung des Verhältnisses von politischer und medialer Macht*. Opladen, Westdeutscher Verlag, S. 11-21.

SCHATZ, Heribert / Patrick RÖSSLER / Jörg-Uwe NIELAND (Hrsg.) (2002): *Politische Akteure in der Mediendemokratie. Politiker in den Fesseln der Medien?* Wiesbaden: Westdeutscher Verlag.

SCHENDELEN, Rinus van (1993): *National Public and Private Lobbying*. Aldershot.

SCHENK, Michael (1995): *Soziale Netzwerke und Massenmedien. Untersuchungen zum Einfluß der persönlichen Kommunikation*. Tübingen: Mohr.

SCHENK, Michael / Thomas DÖBLER (1998): Politische Kommunikation – Soziologische Perspektiven. In: Jarren, Otfried / Ulrich Sarcinelli / Ulrich Saxer (Hrsg.): *Politische Kommunikation in der demokratischen Gesellschaft. Ein Handbuch mit Lexikonteil*. Opladen, Wiesbaden: Westdeutscher Verlag, S. 138-153.

SCHENK, Michael / Patrick RÖSSLER (1994): Das unterschätzte Publikum. Wie Themenbewußtsein und politische Meinungsbildung im Alltag von Massenmedien und interpersonaler Kommunikation beeinflußt werden. In: *Kölner Zeitschrift für Soziologie und Sozialpsychologie*, 46, Sonderheft 34, S. 261-295.

SCHERER, Helmut (1997): *Medienrealität und Rezipientenhandeln. Zur Entstehung handlungsleitender Vorstellungen*. Wiesbaden: Deutscher Universitäts-Verlag.

SCHERER, Helmut (1998): Partizipation für alle? Die Veränderungen des Politikprozesses durch das Internet. In: Rössler, Patrick (Hrsg.): *Online-Kommunikation. Beiträge zu Nutzung und Wirkung*. Opladen, Wiesbaden: Westdeutscher Verlag, S. 171-188.

SCHMID, Wilhelm (2000): Lebenskunst im Cyberspace. In: *forum medienethik*, 2/2000, S. 7-12.

SCHMITDT, Manfred G. (2002): Politiksteuerung in der Bundesrepublik Deutschland. In: Nullmeier, Frank / Thomas Saretzki (Hrsg.): *Jenseits des Regierungsalltags. Strategiefähigkeit politischer Parteien*. Frankfurt a. M.: Campus, S. 23-38.

SCHMIDT, Siegfried J. (1987): *Der Diskurs des radikalen Konstruktivismus*. Frankfurt a. M.: Suhrkamp.

SCHMIDT, Siegfried J. (1994): Die Wirklichkeit des Beobachters. In: Merten, Klaus / Siegfried J. Schmidt / Siegfried Weischenberg (Hrsg.): *Die Wirklichkeit der Medien. Eine Einführung in die Kommunikationswissenschaft*. Opladen: Westdeutscher Verlag, S. 3-19.

SCHMIDT, Siegfried J. (1996a): *Die Welt der Medien. Grundlagen und Perspektiven der Medienbeobachtung*. Braunschweig, Wiesbaden: Vieweg.

SCHMIDT, Siegfried J. (1996b): Technik – Medien – Politik. Die Erwartbarkeit des Unerwartbaren. In: Maresch, Rudolf / Niels Werber (Hrsg.): *Kommunikation, Medien, Macht*. Frankfurt a. M.: Suhrkamp, S. 108-132.

SCHMIDT, Siegfried J. (2002): Was heißt „Wirklichkeitskonstruktion"? In: Baum, Achim / Siegfried J. Schmidt (Hrsg.): *Fakten und Fiktionen. Über den Umgang mit Medienwirklichkeiten*. Konstanz: UVK-Medien, S. 17-30.

SCHMITT-BECK, Rüdiger (1994): Politikvermittlung durch Massenkommunikation und interpersonale Kommunikation. Anmerkungen zur Theorieentwicklung und ein empirischer Vergleich. In: Jäckel, Michael / Peter Winterhoff-Spurk (Hrsg.): *Politik und Medien. Analysen zur Entwicklung der politischen Kommunikation*. Berlin: Vistas, S. 159-180.

SCHMITT-BECK, Rüdiger (1998): Kommunikation (Neuer) Sozialer Bewegungen. In: Jarren, Otfried / Ulrich Sarcinelli / Ulrich Saxer (Hrsg.): *Politische Kommunikation in der demokratischen Gesellschaft. Ein Handbuch mit Lexikonteil.* Opladen, Wiesbaden: Westdeutscher Verlag, S. 473-481.

SCHMITT-BECK, Rüdiger (2000): *Politische Kommunikation und Wählerverhalten. Ein internationaler Vergleich.* Wiesbaden: Westdeutscher Verlag.

SCHMITT-BECK, Rüdiger (2002): Das Nadelöhr am Ende: Die Aufmerksamkeit der Wähler für die Wahlkampfkommunikation als Voraussetzung wirksamer Kampagnen. In: Machnig, Matthias (Hrsg.): *Politik – Medien – Wähler. Wahlkampf im Medienzeitalter.* Opladen: Leske + Budrich, S. 21-48.

SCHMITT-BECK, Rüdiger (2002a): Laufen, um auf der Stelle zu bleiben. „Postmorderne" Kampagnenpolitik in Deutschland. In: Nullmeier, Frank / Thomas Saretzki (Hrsg.): *Jenseits des Regierungsalltags. Strategiefähigkeit politischer Parteien.* Frankfurt a. M.: Campus, S. 109-132.

SCHMITT-BECK, Rüdiger / Barbara PFETSCH (1994): Politische Akteure und die Medien der Massenkommunikation. ZurGenerierung von Öffentlichkeit in Wahlkämpfen. In: *Kölner Zeitschrift für Soziologie und Sozialpsychologie,* 46, Sonderheft 34, S. 106-138.

SCHMITZ, Manfred (1981): *Theorie und Praxis des politischen Skandals.* Frankfurt a. M., New York: Campus.

SCHNEIDER, Volker (1998): Politische Kommunikation in Mehrebenenstrukturen: Zwischen Internationalem System und nationalstaatlichen Handlungsfeldern. In: Jarren, Otfried / Ulrich Sarcinelli / Ulrich Saxer (Hrsg.): *Politische Kommunikation in der demokratischen Gesellschaft. Ein Handbuch mit Lexikonteil.* Opladen, Wiesbaden: Westdeutscher Verlag, S. 506-515.

SCHNIBBEN, Cordt (1994): Napalm ja, Pudding nein. Warum Pop zu Politik wird und Politik zu Pop. In: *Spiegel Spezial Pop & Politik,* 2, S. 74-78.

SCHOEN, Harald (2002): Wirkungen von Wahlprognosen auf Wahlen. In: Berg, Thomas (Hrsg.): *Moderner Wahlkampf. Blick hinter die Kulissen.* Opladen: Leske + Budrich, S. 171-191.

SCHÖNBACH, Klaus (1996): The „Americanisation" of German Election Campaigns and its Impact for the Voters. In: Swanson, David / Paolo Mancini (Hrsg.): *Politics, Media, and Modern Democracy.* Westport, S. 91-104.

SCHÖNBACH, Klaus (1998): Politische Kommunikation – Publizistik- und kommunikationswissenschaftliche Perspektiven. In: Jarren, Otfried / Ulrich Sarcinelli / Ulrich Saxer (Hrsg.): *Politische Kommunikation in der demokratischen Gesellschaft. Ein Handbuch mit Lexikonteil.* Opladen/Wiesbaden: Westdeutscher Verlag, S. 114-137.

SCHÖNBACH, Klaus / Werner FRÜH (1982): Der dynamisch-transaktionale Ansatz. Ein neues Paradigma der Medienwirkungen. In: *Publizistik,* 27, Heft 1/2, S. 74-88.

SCHÖNBACH, Klaus / Holli A. SEMETKO (1996): Wahlkommunikation, Journalisten und Wähler: Fünf Thesen zum Bundestagswahlkampf 1990 – mit einem internationalen Vergleich und einem ersten Blick auf 1994. In: Oberreuter, Heinrich (Hrsg.): *Parteiensystem am Wendepunkt? Wahlen in der Fernsehdemokratie.* München, Landsberg am Lech: Olzog, S. 153-164.

SCHOENEBERGER, Markus (1981): *Diplomatie im Dialog. Ein Jahrhundert Informationspolitik des Auswärtigen Amtes.* München, Wien: Olzog-Studienbuch.

SCHOLL, Armin / Siegfried WEISCHENBERG (1998): *Journalismus in der Gesellschaft. Theorie, Methodologie und Empirie.* Opladen, Wiesbaden: Westdeutscher Verlag.

SCHONHAGEN, Philomen (1999): Der Journalist als unabhängiger Beobachter. In: *Publizistik,* 44, Heft 3, S. 271-287.

SCHORR, Angela (Hrsg.) (2000): *Publikums- und Wirkungsforschung. Ein Reader.* Wiesbaden: Westdeutscher Verlag.

SCHRÖDER, Till / Mirjam STEGHERR (2006): Der Rat der Macht. In: *Politik & Kommunikation,* Nr. 39, September 2006, S. 14-18.

SCHÜTZ, Astrid (1992): *Selbstdarstellung von Politikern. Analysen von Wahlkampfauftritten.* Weinheim: Deutscher Studien Verlag.

SCHUBERT, Klaus (1991): *Politikfeldanalyse. Eine Einführung.* Opladen: Leske + Budrich.

SCHÜTZ, Astrid (1999): Selbstdarstellung in der Politik: Techniken und ihre Wirkung. In: Winterhoff-Spurk, Peter / Michael Jäckel (Hrsg.): *Politische Eliten in der Mediengesellschaft. Rekrutierung – Darstellung – Wirkung.* München: Verlag Reinhard Fischer, S. 105-120.

SCHÜTZE, Christian (1985 [1967]): *Skandal. Eine Psychologie des Unerhörten.* Bern, München: Scherz.

SCHÜTZE, Christian (1992): Was ist ein Skandal? In: Schoeps, Julius H. (Hrsg.): *Der politische Skandal.* Stuttgart, Bonn: Burg Verlag, S. 11-36.

SCHULZ, Beate (1991): *Strategische Planung von Public Relations. Das Konzept und ein Fallbeispiel.* Frankfurt a. M., New York: Campus.

SCHULZ, Winfried (1976): *Die Konstruktion von Realität in den Nachrichtenmedien. Analyse der aktuellen Berichterstattung.* Freiburg: Alber.

SCHULZ, Winfried (1984): „Agenda-Setting" und andere Erklärungen. Zur Theorie der Medienwirkungen. In: *Rundfunk und Fernsehen,* 32, S. 206-213.

SCHULZ, Winfried (1994): Medienwirklichkeit und Medienwirkung. Aktuelle Entwicklung der Massenkommunikation und ihre Folgen. In: Hoffmann, Hilmar (Hrsg.): *Gestern begann die Zukunft. Entwicklung und gesellschaftliche Bedeutung der Medienvielfalt.* Darmstadt: Wissenschaftliche Buchgesellschaft, S. 122-144.

SCHULZ, Winfried (1997): *Politische Kommunikation. Theoretische Ansätze und Ergebnisse empirischer Forschung.* Opladen, Wiesbaden: Westdeutscher Verlag.

SCHULZ, Winfried (1998): Wahlkampf unter Vielkanalbedingungen. Kampagnenmanagement, Informationsnutzung und Wählerverhalten. In: *Media Perspektiven,* 8/98, S. 378-391.

SCHULZ, Winfried (2003): Politische Kommunikation. In: Bentele, Günter / Hans-Bernd Brosius / Otfried Jarren (Hrsg.): *Öffentliche Kommunikation. Handbuch Kommunikations- und Medienwissenschaft.* Wiesbaden: Westdeutscher Verlag, S. 458-480.

SCHULZ, Winfried / Harald BERENS / Reimar ZEH (1998): *Der Kampf um Castor in den Medien. Konfliktbewertung, Nachrichtenresonanz und journalistische Qualität.* München: Reinhard Fischer Verlag.

SCHULZ, Markus S. (2000): Die dynamischen Netze der Öffentlichkeit. Struktur, Dynamik und Effektivität politischer Telekommunikation. In: Jarren, Otfried / Kurt Imhof / Roger Blum (Hrsg.): *Zerfall der Öffentlichkeit?* Wiesbaden: Westdeutscher Verlag, S. 266-281.

SCHWARTZENBERG, Roger-Gérard (1980): *Politik als Showgeschäft. Moderne Strategien im Kampf um die Macht.* Düsseldorf, Wien: Econ.

SCHWARTZENBERG, Roger-Gérard (1998): *La Politique Mensonge.* Paris: Éditions Odile Jacob.

SCHWARZ, Robert (2003): „Die Geister, die ich rief". When the Spin-Doctor becomes the Story. In: *Politik & Kommunikation,* März 2003, S. 38-39.

SCHWEIGER, Wolfgang (1998): Wer glaubt dem World Wide Web? Ein Experiment zur Glaubwürdigkeit von Nachrichten in Tageszeitungen und im World Wide Web. In: Rössler, Patrick (Hrsg.): *Online-Kommunikation. Beiträge zu Nutzung und Wirkung.* Opladen, Wiesbaden: Westdeutscher Verlag, S. 123-145.

SCHWEITZER, Eva (2003): Wahlkampf im Internet. Eine Analyse der Internetauftritte von SPD, CDU, Bündnis '90/Die Grünen und FDP zur Bundestagswahl 2002. In: Holtz-Bacha, Christina (Hrsg.): *Die Massenmedien im Wahlkampf. Die Bundestagswahl 2002.* Wiesbaden: Westdeutscher Verlag, S. 194-215.

SCHWELIEN, Michael (1999): *Die voyeuristische Gesellschaft oder Bill Clinton und die Selbstzerstörung der amerikanischen Demokratie.* Reinbek b. Hamburg: Rowohlt.

SCHWENK, Johanna (2002): *Cyberethik. Ethische Problemstellungen des Internets und Regulierungsansätze aus Sicht der Online-Nutzer.* München: Reinhard Fischer.

SEELIGMÜLLER, Ingo (1998): *Strukturwandel politischer Öffentlichkeit durch Online-Medien.* Düsseldorf: Magisterarbeit.

SEYMOUR-URE, Colin (2003): *Prime Ministers and the Media. Issues of Power and Control.* Oxford.

SHEA, Daniel M. / Michael John BURTON (2004): *Campaign Craft. The Strategies, Tactics, and Art of Political Campaigning.* Westport: Praeger, 3. Aufl.

SIGNITZER, Benno (1992): Theorie der Public Relations. In: Burkart / Walter Hömberg (Hrsg.): *Kommunikationstheorien. Ein Textbuch zur Einführung.* Wien: Wilhelm Braumüller, S. 134-152.

SILBERMANN, Alphons (1992): Vom Skandal und dem Mythos der öffentlichen Meinung. In: Schoeps, Julius H. (Hrsg.): *Der politische Skandal.* Stuttgart, Bonn: Burg Verlag, S. 37-51.

SOEFFNER, Hans-Georg (1998): Erzwungene Ästhetik. Repräsentation, Zeremoniell und Ritual in der Politik. In: Willems, Herbert / Martin Jurga (Hrsg.): *Inszenierungsgesellschaft. Ein einführendes Handbuch.* Opladen, Wiesbaden: Westdeutscher Verlag, S. 215-234.

SOEFFNER, Hans-Georg / Dirk TÄNZLER (2002): Medienwahlkämpfe – Hochzeiten ritueller Politikinszenierung. In: Dörner, Andreas / Ludgera Vogt (Hrsg.): *Wahl-Kämpfe. Betrachtungen über ein demokratisches Ritual.* Frankfurt a. M.: Suhrkamp, S. 92-115.

SOMMER, Carlo Michael (1997): Stars als Mittel der Identitätskonstruktion. Überlegungen zum Phänomen des Star-Kults aus sozialpsychologischer Sicht. In: Faulstich, Werner / Helmut Korte (Hrsg.): *Der Star. Geschichte – Rezeption – Bedeutung.* München: Wilhelm Fink Verlag, S. 114-124.

SONTHEIMER, Kurt (1990): *Deutschlands politische Kultur.* München, Zürich: Piper.

SPENGLER, Oswald (1991 [1923]): *Der Untergang des Abendlandes. Umrisse einer Morphologie der Weltgeschichte.* München: Deutscher Taschenbuch Verlag.

SREBERNY-MOHAMMADI, Annabelle et al. (Hrsg.) (1985): *Foreign News in the Media. International Reporting in 29 Countries.* Paris: UNESCO.

STAAB, Joachim Friedrich (1998): Faktoren aktueller Berichterstattung. Die Nachrichtenwert-Theorie und ihre Anwendung auf das Fernsehen. In: Kamps, Klaus / Miriam Meckel (Hrsg.): *Fernsehnachrichten. Prozesse, Strukturen, Funktionen.* Opladen, Wiesbaden: Westdeutscher Verlag, S. 49-64.

STAUBER, John / Sheldon RAMPTON (1995): *Toxic Sludge is Good For You! Lies, Damn Lies and the Public Relations Industry.* Monroe: Common Courage Press.

STEFFANIE, Winfried (1980): *Pluralistische Demokratie.* Opladen: Leske + Budrich.

STÖCKLER, Markus (1992): *Politik und Medien in der Informationsgesellschaft.* Münster: Lit.

STOLTE, Dieter (1996): Die Inszenierung der Wirklichkeit. Fernsehen am Wendepunkt. In: Bubmann, Peter / Petra Müller (Hrsg.): *Die Zukunft des Fernsehens. Beiträge zur Ethik der Fernsehkultur.* Stuttgart, Berlin, Köln: Kohlhammer, S. 9-21.

STRADTMANN, Philipp (1999): Deutschland auf dem Weg in die elektronische Demokratie? In: *www.politk-digital.de* (6. Juli 1999).

STRADTMANN, Philipp (2000): Internet-Protest gegen Genfood. Greenpeace organisiert genetiXproject. In: *www.politk-digital.de* (28. Februar 2000).

STRAßNER, Erich (1992): Dementis, Lügen, Ehrenwörter. Zur Rhetorik politischer Skandale. In: *Jahrbuch Rhetorik,* Band 11, S. 1-31.

STRÜNCK, Christoph (2006): Die hohe Kunst des Non-Agenda-Setting. Framing als Instrument politischer Kommunikation von Interessengruppen. In: Kamps, Klaus / Jörg-Uwe Nieland (Hrsg.): *Regieren und Kommunikation. Meinungsbildung, Entscheidungsfindung und gouvernementales Kommunikationsmanagement – Trends, Vergleiche, Perspektiven.* Köln: von Halem, S. 196-214.

SWANSON, David L. / Paolo MANCINI (1996): Politics, Media and Modern Democracy: Introduction. In: Dies. (Hrsg.): *Politics, Media, and Modern Democracy. An International Study of Innovations in Electoral Campaigning and their Consequences.* Westport: Praeger, S. 1-26.

SWINT, Kerwin C. (1998): *Political Consultants and Negative Campaigning. The Secrets of the Pros.* Lanham, New York, Oxford: University Press of America.

SZYSZKA, Peter (1997): Bedarf oder Bedrohung? Zur Frage der Beziehungen des Journalismus zur Öffentlichkeitsarbeit. In: Bentele, Günter / Michael Haller (Hrsg.): *Aktuelle Entstehung von Öffentlichkeit. Akteure – Strukturen – Veränderungen.* Konstanz: UVK Medien, S. 209-224.

SZYSZKA, Peter (1999): *Öffentlichkeit. Diskurs zu einem Schlüsselbegriff der Organisationskommunikation.* Opladen, Wiesbaden: Westdeutscher Verlag.

SZYSZKA, Peter (1999a): Inszenierte Öffentlichkeit. Eine qualitative Analyse der zentralen Akteure im Fall „Brent Spar". In: Imhof, Kurt / Otfried Jarren / Roger Blum (Hrsg.): *Steuerungs- und Regelungsprobleme in der Informationsgesellschaft.* Opladen, Wiesbaden: Westdeutscher Verlag, S. 118-135.

TARDE, Gabriel (1912): *Penal Philosophy.* London: W. Heinemann.

TAUSS, Jörg / Johannes KOLLBECK (1998): Der vernetzte Politiker. Die virtuelle Diskussion stärkt die Kompetenz. In: Leggewie, Claus / Christa Maar (Hrsg.): *Internet & Politik. Von der Zuschauer- zur Beteiligungsdemokratie.* Köln: Bollmann, S. 277-289.

TEDESCO, John S. / Jerry L. MILLER / Julia A. SPIKER (1999): Presidential Campaigning on the Information Supherhighway: An Exploration of Content and Form. In: Kaid, Lynda Lee / Dianne G. Bystrom (Hrsg.): *The Electronic Election. Perspectives on the 1996 Campaign Communication.* Mahwah, London: Erlbaum, S. 51-63.

TENSCHER, Jens (1998): Politik für das Fernsehen – Politik im Fernsehen. Theorien, Trends und Perspektiven. In: Sarcinelli, Ulrich (Hrsg.): *Politikvermittlung und Demokratie in der Mediengesellschaft. Beiträge zur politischen Kommunikationskultur.* Bonn: Bundeszentrale für politische Bildung, S. 184-208.

TENSCHER, Jens (1999a): Politikvermittlungsexperten. Eine akteurs- und handlungsorientierte Untersuchung zu Selbst- und Fremdinszenierungen im Rahmen politisch-medialer Interaktionen. *Landauer Arbeitsberichte und Preprints, 7,* März 1999.

TENSCHER, Jens (1999b): „Sabine Christiansen" und „Talk im Turm". Eine Fallanalyse politischer Fernsehtalks. In: *Publizistik,* 44, Heft 3, S. 317-333.

TENSCHER, Jens (2000): Politikvermittlungsexperten. Die Schaltzentralen politischer Kommunikation. In: *Neue Soziale Bewegungen,* 13, Heft 3, S. 7-16.

TENSCHER, Jens (2002): Verkünder – Vermittler – Vertrauensperson. Regierungssprecher im Wandel der Zeit. In: Schatz, Heribert / Patrick Rössler / Jörg-Uwe Nieland (Hrsg.): *Politische Akteure in der Mediendemokratie. Politiker in den Fesseln der Medien?* Wiesbaden: Westdeutscher Verlag, S. 245-269.

TENSCHER, Jens (2003): *Professionalisierung der Politikvermittlung? Politikvermittlungsexperten im Spannungsfeld von Politik und Massenmedien.* Wiesbaden: Westdeutscher Verlag.

TENSCHER, Jens (2005): Bundestagswahlkampf 2002 – Zwischen strategischem Kalkül und der Inszenierung des Zufalls. In: Falter, Jürgen W. / Oscar W. Gabriel / Bernhard Weßels (Hrsg.): *Wahlen und Wähler. Analysen aus Anlass der Bundestagswahl 2002.* Wiesbaden: VS Verlag für Sozialwissenschaften, S. 102-133.

THIMM, Caja (2003): Elektronische Demokratie und politische Partizipation. Strukturen und kommunikative Stile eines virtuellen Parteitages. In: Donsbach, Wolfgang / Olaf Jandura (Hrsg.): *Chancen und Gefahren der Mediendemokratie.* Konstanz: UVK-Medien, S. 389-398.

TONNEMACHER, Jan (1996): *Kommunikationspolitik in Deutschland. Eine Einführung.* Konstanz: UVK-Medien.

TREICHEL, Peter / Marco ALTHAUS (2003): High-Tech, High-Touch per Telefon. In: Althaus, Marco / Vito Cecere (Hrsg.): *Kampagne! 2. Neue Strategien für Wahlkampf, PR und Lobbying*. Münster: Lit Verlag, S. 346-365.

TSEBELIS, George (2002): *Veto Player: How Political Institutions Work*. Princeton.

VOLTMER, Katrin / Judith STAMPER (2006): Die innenpolitische Sprengkraft von Massenvernichtungswaffen. Zum Verhältnis von Regierung und öffentlichem Rundfunk in Großbritannien. In: Kamps, Klaus / Jörg-Uwe Nieland (Hrsg.): *Regieren und Kommunikation. Meinungsbildung, Entscheidungsfindung und gouvernementales Kommunikationsmanagement – Trends, Vergleiche, Perspektiven*. Köln: von Halem, S. 285-304.

VOWE, Gerhard (1997): Feldzüge um die Öffentliche Meinung. Politische Kommunikation in Kampagnen am Beispiel von Brent Spar und Mururoa. In: Röttger, Ulrike (Hrsg.): *PR-Kampagnen. Über die Inszenierung von Öffentlichkeit*. Opladen: Westdeutscher Verlag, S. 125-147.

VOWE, Gerhard / Gernot WERSIG (1983): „Kabel-Demokratie" – der Weg zur Informationskultur. In: *Aus Politik und Zeitgeschichte*, B 45/83, S. 15-22.

VOWE, Gerhard / Jens WOLLING (2000): Amerikanisierung des Wahlkampfs oder Politisches Marketing? Zur Entwicklung der politischen Kommunikation. In: Kamps, Klaus (Hrsg.): *Trans-Atlantik, Trans-Portabel? Die Amerikanisierungsthese in der politischen Kommunikation*. Wiesbaden: Westdeutscher Verlag, S. 57-92.

WAGNER, Hans (1991): *Medien-Tabus und Kommunikationsverbote. Die manipulierte Wirklichkeit*. München: Olzog.

WALTER, Franz (2004): *Abschied von der Toskana. Die SPD in der Ära Schröder*. Wiesbaden: VS Verlag für Sozialwissenschaften.

WATZLAWICK, Paul (1998): *Wie wirklich ist die Wirklichkeit? Wahn, Täuschung, Verstehen*. München: Piper, 28. Aufl.

WEBEL, Diana von (1999): Der Wahlkampf der SPD. In: Noelle-Neumann, Elisabeth / Hans Mathias Kepplinger / Wolfgang Donsbach: *Kampa. Meinungsklima und Medienwirkung im Bundestagswahlkampf 1998*. Freiburg, München: Alber, S. 13-39.

WEBER, Johanna (1999): Das Verhältnis Journalismus und Öffentlichkeitsarbeit. Eine Forschungsübersicht zu den Eckpunkten einer wiederentdeckten Diskussion. In: Rolke, Lothar / Volker Wolff (Hrsg.): *Wie die Medien die Wirklichkeit steuern und selber gesteuert werden*. Opladen, Wiesbaden: Westdeutscher Verlag, S. 265-276.

WEBER, Max (1911): Zu einer Soziologie des Zeitungswesens. In: *Schriften der Deutschen Gesellschaft für Soziologie*, Serie 1, Bd. I, S. 39-62.

WEBER, Max (1980 [1921]): *Wirtschaft und Gesellschaft. Grundriß der verstehenden Soziologie*. Tübingen: Mohr, 5. Aufl.

WEICHERT, Stephan A. (1998): *In memoriam: Die politische Dimension des Internet*. http://www. politik-digital.de/e-demokratie/polkom.

WEIDENFELD, Werner (2004): Plädoyer für eine neue Innovationspolitik. In: Steinmeier, Frank-Walter / Matthias Machnig (Hrsg.): *Made in Germany '21. Innovationen für eine gerechte Zukunft*. Hamburg, S. 77-91.

WEISCHENBERG, Siegfried (1987): Die Glaubwürdigkeitslücke des Fernsehjournalismus. Anmerkungen zum Zusammenhang zwischen der Politikmüdigkeit der Bevölkerung und der aktuellen politischen Berichterstattung. In: *Media Perspektiven*, 11/87, S. 711-717.

WEISCHENBERG, Siegfried (1989): Die Glaubwürdigkeit des Fernsehjournalisten. In: Bundeszentrale für politische Bildung (Hrsg.): *Politische Gesprächskultur im Fernsehen*. Bonn: Bundeszentrale für politische Bildung, S. 37-48.

WEISCHENBERG, Siegfried (1990): Gladiatoren oder Propagandisten? Die Akteure politischer Kommunikation in einer medialen Streitkultur. In: Sarcinelli, Ulrich (Hrsg.): *Demokratische Streitkultur. Theoretische Grundpositionen und Handlungsalternativen in Politikfeldern.* Opladen: Westdeutscher Verlag, S. 101-120.

WEISCHENBERG, Siegfried (1995): *Journalistik. Medienkommunikation: Theorie und Praxis.* Bd. 2 (Medientechnik, Medienfunktionen, Medienakteure). Opladen: Westdeutscher Verlag.

WEISCHENBERG, Siegfried (1996): Forum oder Zirkus? Politische Kommunikation und Journalismus in der Informationsgesellschaft. In: Tauss, Jörg / Johannes Kollbeck / Jan Mönikes (Hrsg.): *Deutschlands Weg in die Informationsgesellschaft. Herausforderungen und Perspektiven für Wirtschaft, Recht und Politik.* Baden-Baden: Nomos, S. 764-784.

WEISCHENBERG, Siegfried (1997): *Neues vom Tage. Die Schreinemakerisierung unserer Medienwelt.* Hamburg: Rasch und Röhring.

WEISCHENBERG, Siegfried (1997b): Selbstbezug und Grenzverkehr. Zum Beziehungsgefüge zwischen Journalismus und Public Relations. In: *Public Relations Forum für Wissenschaft und Praxis,* 1, S. 6-9.

WEISCHENBERG, Siegfried (1998): In Szene gesetzt. Amerikanisierung der Politik. In: *Journalist,* 5/98, S. 13-16.

WEIß, Ralf (2002a): Privatheit im „öffentlichen Raum" – Klärungsbedarf. In: Weiß, Ralf / Jo Groebel (Hrsg.): *Privatheit im öffentlichen Raum. Medienhandeln zwischen Individualisierung und Entgrenzung.* Opladen: Leske + Budrich, S. 17-24.

WEIß, Ralf (2002b):Vom gewandelten Sinn für das Private. In: Weiß, Ralf / Jo Groebel (Hrsg.): *Privatheit im öffentlichen Raum. Medienhandeln zwischen Individualisierung und Entgrenzung.* Opladen: Leske + Budrich, S. 27-87.

WEIß, Ralf (2002c): Publizistische Medienprodukte – im Blick der Kommunikationswissenschaft. In: Jarren, Otfried / Hartmut Weßler (Hrsg.): *Journalismus – Medien – Öffentlichkeit. Eine Einführung.* Wiesbaden: Westdeutscher Verlag, S. 241-321.

WEIß, Ralf / Jo GROEBEL (Hrsg.) (2002): *Privatheit im öffentlichen Raum. Medienhandeln zwischen Individualisierung und Entgrenzung.* Opladen: Leske + Budrich.

WEIß, Ulrich (1998): Das Politische am Internet. Eine politikphilosophische Reflexion. In: Gellner, Winand / Fritz von Korff (Hrsg.): *Internet und Demokratie.* Baden-Baden: Nomos, S. 27-42.

WENZEL, Harald (1998): Einleitung. In: Ders. (Hrsg.): *Die Amerikanisierung des Medienalltags.* Frankfurt a. M., New York: Campus, S. 7-12.

WEßLER, Hartmud (1999): *Öffentlichkeit als Prozess. Deutungsstrukturen und Deutungswandel in der deutschen Drogenberichterstattung.* Opladen, Wiesbaden: Westdeutscher Verlag.

WESTERBARKEY, Joachim (1995): Journalismus und Öffentlichkeit. Aspekte publizistischer Interdependenz und Interpenetration. In: *Publizistik,* 40, Heft 2, S. 152-162.

WESTERBARKEY, Joachim (1998): *Das Geheimnis. Die Faszination des Verborgenen.* Leipzig: Kiepenheuer.

WESTERBARKEY, Joachim (2002): Täuschung oder zur Unerträglichkeit ungeschminkter Wirklichkeit. In: Baum, Achim / Siegfried J. Schmidt (Hrsg.): *Fakten und Fiktionen. Über den Umgang mit Medienwirklichkeiten.* Konstanz: UVK-Medien, S. 48-62.

WHITE, Jon / Laura MAZUR (1995): *Strategic Communications Management. Making Public Relations Work.* Wokingham u. a.: Addison-Wesley Publishing.

WIEK, Ulrich (1996): *Politische Kommunikation und Public Relations in der Rundfunkpolitik. Eine politikfeldbezogene Analyse.* Berlin: Vistas.

WIENAND, Edith (2004): Zur Unprofessionalität von Public Relations. In: Köhler, Tanja / Adrian Schaffranitz (Hrsg.): *Public Relations – Perspektiven und Potenziale im 21. Jahrhundert.* Wiesbaden: VS Verlag für Sozialwissenschaften, S. 33-46.

WIESENDAHL, Elmar (1998): Parteienkommunikation. In: Jarren, Otfried / Ulrich Sarcinelli / Ulrich Saxer (Hrsg.): *Politische Kommunikation in der demokratischen Gesellschaft. Ein Handbuch mit Lexikonteil.* Opladen, Wiesbaden: Westdeutscher Verlag, S. 442-449.

WILKE, Jürgen (1998): Konstanten und Veränderungen der Auslandsberichterstattung. In: Holtz-Bacha, Christina / Helmut Scherer / Norbert Waldmann (Hrsg.): *Wie die Medien die Welt erschaffen und wie die Menschen darin leben.* Opladen, Wiesbaden: Westdeutscher Verlag, S. 39-57.

WILKE, Jürgen (2000): Auf langem Weg zur Öffentlichkeit. Von der Parlamentsdebatte zur Mediendebatte. In: Jarren, Otfried / Kurt Imhof / Roger Blum (Hrsg.): *Zerfall der Öffentlichkeit?* Wiesbaden: Westdeutscher Verlag, S. 23-38.

WILLEMS, Herbert / Martin JURGA (Hrsg.) (1998): *Inszenierungsgesellschaft. Ein einführendes Handbuch.* Opladen, Wiesbaden: Westdeutscher Verlag.

WINKEL, Olaf (2001): Die Kontroverse um die demokratischen Potenziale der interaktiven Informationstechnologien – Positionen und Perspektiven. In: *Publizistik*, 46, Heft 2, S. 140-158.

WINTER, Rolf (1995): *Little America: Die Amerikanisierung der deutschen Republik.* Hamburg: Rasch und Röhring.

WINTERHOFF-SPURK, Peter / Michael JÄCKEL (Hrsg.) (1999): *Politische Eliten in der Mediengesellschaft. Rekrutierung – Darstellung – Wirkung.* München: Verlag Reinhard Fischer.

WIRTH, Werner / Wolfgang SCHWEIGER (Hrsg.) (1999): *Selektion im Internet. Empirische Analysen zu einem Schlüsselkonzept.* Opladen, Wiesbaden: Westdeutscher Verlag.

WOLF, Werner (1987): Wahlkampf – Normalfall oder Ausnahmesituation der Politikvermittlung? In: Sarcinelli, Ulrich (Hrsg.): *Politikvermittlung. Beiträge zur politischen Kommunikationskultur.* Bonn: Bundeszentrale für politische Bildung, S. 290-300.

WOLF, Werner (1990): *Wahlkampf und Demokratie.* Köln: Verlag Wissenschaft und Politik, 2. Aufl.

WOLLING, Jens (1999): *Politikverdrossenheit durch Massenmedien? Der Einfluss der Medien auf die Einstellungen der Bürger zur Politik.* Opladen, Wiesbaden: Westdeutscher Verlag.

WOYKE, Wichard (Hrsg.) (1999): *Internet und Demokratie.* Schwalbach/Ts.: Wochenschau Verlag.

WUGGENIG, Ulf (1993): Öffentlichkeit und öffentliche Meinung. Die soziologische Perspektive. In: Faulstich, Werner (Hrsg.): *Konzepte von Öffentlichkeit. 3. Lüneburger Kolloquium zur Medienwissenschaft.* Lüneburg: Bardowick, S. 16-28.

WUNDEN, Wolfgang (Hrsg.) (1994): *Öffentlichkeit und Kommunikationskultur. Beiträge zur Medienethik.* Frankfurt a. M.: Steinkopf.

ZEISBERGER, Oliver (2001): Leitfaden für die digitale Parteiarbeit. Ein Erfahrungsbericht. In: Bieber, Christioph (Hrsg.): *ParteiPolitik 2.0. Der Einfluss des Internet auf parteiinterne Kommunikations- und Organisationsprozesse.* Bonn: Friedrich-Ebert-Stiftung, S. 89-96.

ZINTZ, Karin / Silke ROENNEFAHRT (1990): Der politische Skandal im Spannungsfeld zwischen Inszenierung und Kontrolle. Zur „Skandalogie" am Beispiel der Kieler Affäre. In: *Zeitschrift für Parlamentsfragen*, 21, Heft 4, S. 600-609.

ZIPFEL, Theodor (1998): Online-Medien und politische Kommunikation im demokratischen System. In: Hagen, Lutz M. (Hrsg.): *Online-Medien als Quellen politischer Information. Empirische Untersuchungen zur Nutzung von Internet und Online-Diensten.* Opladen, Wiesbaden: Westdeutscher Verlag, S. 20-53.

ZITTEL, Thomas (1997): Über die Demokratie in der vernetzten Gesellschaft. Das Internet als Medium politischer Kommunikation. In: *Aus Politik und Zeitgeschichte*, B 42/97, S. 23-29.

ZITTEL, Thomas (1998): Repräsentativverfassung und neue Kommunikationsmedien. In: Gellner, Winand / Fritz von Korff (Hrsg.): *Internet und Politik.* Baden-Baden: Nomos, S. 111-125.

ZUBAYR, Camille / Heinz GERHARD (2002): Berichterstattung zur Bundestagswahl 2002 aus Sicht der Zuschauer. Ergebnisse einer Repräsentativbefragung und der GfK-Fernsehforschung. In: *Media Perspektiven*, 12/2002, S. 586-599.

ZULAUF, Harald (2004): Mehr als Werbung: Politik-PR in der Praxis. Strategien – Instrumente – Ergebnisse. In: Forum.Medien.Politik (Hrsg.): *Trends in politischer Kommunikation. Beiträge aus Theorie und Praxis.* Münster: Lit Verlag, S. 142-154.

Allgemeines Programm

Klaus-Dieter Altmeppen
Journalismus und Medien als Organisationen
Leistungen, Strukturen und Management
2006. 291 S. Br. EUR 34,90
ISBN 3-531-14642-4

Barbara Berkel
Konflikt als Motor europäischer Öffentlichkeit
Eine Inhaltsanalyse von Tageszeitungen – in Deutschland, Frankreich, Großbritannien und Österreich
2006. 229 S. Br. EUR 24,90
ISBN 3-531-14945-8

Nikodemus Herger
Vertrauen und Organisationskommunikation
Identität – Marke – Image – Reputation
2006. ca. 260 S. Br. ca. EUR 34,90
ISBN 3-531-15136-3

Tanja Köhler
Krisen-PR im Internet
Nutzungsmöglichkeiten, Einflussfaktoren und Problemfelder
2006. 412 S. Br. EUR 44,90
ISBN 3-531-14898-2

Wolfgang R. Langenbucher / Michael Latzer (Hrsg.)
Europäische Öffentlichkeit und medialer Wandel
Eine transdisziplinäre Perspektive
2006. 419 S. Br. EUR 34,90
ISBN 3-531-14597-5

Jens Lucht
Der öffentlich-rechtliche Rundfunk: ein Auslaufmodell?
Grundlagen – Analysen – Perspektiven
2006. 358 S. Br. EUR 39,90
ISBN 3-531-15019-7

Christian Mattke
Albert Oeckl – sein Leben und Wirken für die deutsche Öffentlichkeitsarbeit
2006. 387 S. Br. EUR 39,90
ISBN 3-531-14989-X

Ulrike Röttger (Hrsg.)
PR-Kampagnen
Über die Inszenierung von Öffentlichkeit
3., überarb. und erw. Aufl. 2006. 377 S.
Br. EUR 34,90
ISBN 3-531-42950-7

Claudia Maria Wolf
Bildsprache und Medienbilder
Die visuelle Darstellungslogik von Nachrichtenmagazinen
2006. 335 S. Br. EUR 39,90
ISBN 3-531-14659-9

Erhältlich im Buchhandel oder beim Verlag.
Änderungen vorbehalten. Stand: Juli 2006.

www.vs-verlag.de

VS VERLAG FÜR SOZIALWISSENSCHAFTEN

Abraham-Lincoln-Straße 46
65189 Wiesbaden
Tel. 0611.7878-722
Fax 0611.7878-400

Allgemeines Programm